———————

"담로슈는 '더 클럽'의 막강한 인물들,
그리고 그들의 명석한 정신, 불꽃 튀는 재치,
상냥한 우애 등을 생생하게 되살려 놓는다."
—〈뉴욕타임즈〉, 2019년의 톱10책

―――――

"꼼꼼한 학자가 극도로 명징하게 서술해 나간다.
박학다식하고 통찰력이 번득거려 읽어나가기가 즐겁다.
빛나는 책이다."

-〈월스트리트 저널〉

———————

"이런 수준의 지성인과 문화인들이 한데 모이는 건 극히 드물다.
고전기의 아테네, 르네상스기의 피렌체, 그리고 공교롭게도
존슨의 집단과 거의 동시기의 필라델피아 정도이다.
그러할진대 그 누가 '더 클럽'의 대화 내용을 엿듣고 싶지 않겠는가!"
-〈내셔널 리뷰〉

"담로슈는 한 무리의 인물들에 대한 읽기 쉬운 입문서를 제공한다.
이들은 개별적으로나 집단적으로나,
수세기 동안 인문학자 및 사회학자들을 매혹시켜 왔다.
《더 클럽》은 특이한 책으로서 일부는 집단 일대기,
일부는 문학 비평이자 문학사상사,
또 일부는 18세기 영국의 정치사회사이다."

-〈파이낸셜 타임즈〉

THE
CLUB
더 클럽

THE CLUB

| 새뮤얼 존슨, 제임스 보즈웰, 애덤 스미스와 그들의 친구들 |

THE
CLUB
더 클럽

레오 담로슈 지음
장진영 옮김

아이템하우스

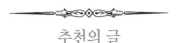

추천의 글

◆《더 클럽》- 인물과 시대에 대한 매력적이고 생생한 기록

역사에서 특정한 시대가 주목받는 까닭은 크게 두 가지 경우다. 하나는 정치경제적으로(군사적인 것까지 포함해서) 큰 변화를 겪는 경우고 다른 하나는 문화적으로 융성해지는 경우다. 18세기 영국은 그 두 가지 모두를 잉태했다. 우리는 역사를 통해서 또는 문학을 통해서 각각 따로 배우거나 지식을 습득했다. 둘이 함께 만나는 내용을 만나기는 생각보다 쉽지 않다. 《더 클럽》은 이런 모든 요소들을 담뿍 담아냈다는 점만으로도 이미 충분한 관심을 끈다.

공적인 삶과 사적인 생활은 때로는 이율배반적으로 보일 수도 있지만 둘은 밀접하게 맞물려 있다. 당연히 사람과의 관계는 더 복잡하게 얽힌다. 위대한 인물들의 경우는 마치 비밀을 엿보는 듯 짜릿함을 느낄 수도 있고 때론 그로 인해 그의 결실들이 더 새롭게 또는 더 위대하게 보일 때도 있다. 하물며 앞서 말한 그 '특정한 시대'의 인물들이라면 더 말할 것도 없다. '더 클럽'의 시작은 1764년 당대 최고의 화가 중 한 사람인 조슈아 레이놀즈가 새뮤얼 존슨의 우울한 심산을 해소시켜주기 위한 작은 모임에서 시작되었다. 새뮤얼 존슨, 에드먼드 버크, 조슈아 레이놀즈, 에드워드 기번, 애덤 스미스 등 이 클럽의 멤버들은 한 사람 한 사람이 모두 당대의 아이콘이었을 뿐 아니라 후대에 큰 영향을 미친 사람들이다. 이들이야말로 18세기 후반 문화의 '어벤져스'였다.

특정한 건물을 소유하지 않고 자유롭게 모여 온갖 담론과 담화가 오갔던 그 현장을 우리가 만날 수 있는 건 바로 제임스 보즈웰 덕분이다. 보즈웰은 존슨에 대한 경의로 그의 언행을 세밀하게 기록했다. 마치 셜록 홈즈의 모든 것을 기록한 닥터 왓슨처럼. 그런 점에서 보즈웰은 '더 클럽의 왓슨 박사'였고 모든 분야의 인물과 화제가 그의 '거미줄'을 통해 포착되었다. 보즈웰의 기록에 토대를 두었다는 점에서 이 책의 주인공은 단연 새뮤얼 존슨이다. 모든 인물들이 존슨을 중심으로 연결되어 있다. 그래서 다른 멤버들에 대한 평가도 거의 전적으로 존슨을 매개로 한 보즈웰의 시선으로 걸러진다는 점을 고려해야 한다.

새뮤얼 존슨은 귀족도 아니고 부자도 아니며 많은 저작들을 남긴 대문호도 아니다. 그러나 그의 《영어사전》만으로도 그는 이미 하나의 전범(典範)이었다. 그의 삶은 우울하고 고단했지만 최대한 고결한 인격을 유지했다. 독특한 강박관념과 우울증에 시달리기는 했으나 거기에 정복되지 않았다. 물론 그 투쟁을 도왔던 많은 이들의 덕택이기도 했다. 스레일 부부의 헌신적이고 깊은 우정은 그 대표적 사례다. 불우한 삶이었지만 끝까지 그는 최대한 고매했고 유머 감각과 천부적 언어 능력을 덜어내지 않았다. 그를 중심으로 한 '더 클럽'은 그런 점에서 당대 영국의 지성과 문화를 한 지점으로 수렴한 매력적 산물이었다.

18세기 런던에서 별처럼 빛났던 지식인들과 예술가, 그리고 정치인까지 두루 망라했지만 클럽 회원이 되는 가장 중요한 덕목이 '좋은 벗'이 되는 것이라는 사실은 왜 이 클럽이 당대는 물론 이후에도 크게 주목받지 못했는지를 알 수 있는 이유가 될 것이다. 그러나 어쩌면 그래서 더 '클럽다운' 모습을 제법 오래 유지했을 것이다. 쉽게 명멸하는 모임들을 지켜보면 더더욱 그렇다. 선술집에서 일주일에 한 번 모여서 온갖 주제에 대해 논쟁을 벌이면서도 특정한 규범이나 클럽 소유의 아지트가 없었다는 것도 그런 자유로움에 한 몫을 했겠지만 확실한 또 다른 이유는 바로 새뮤얼 존슨을 중심으로 엮였다는 점이고, 존슨의 품성과 인격이 한 몫을 차지했을 것이다.

내게 새뮤얼 존슨은 특별한 인물이다. 영문학도 시절 그의 《영어사전》을 만날 일이 많았다. 흔히 말하는 영어사전으로서가 아니라 독특한 '정의'와 그 문장 때문이었다. 그는 문학비평과 전기에서 탁월한 능력을 발휘했지만 그 어떤 것도 그의 '사전'을 넘지는 못할 것이다. 지금의 시선으로 보면 좀 낡은 정의도 있지만 그 명쾌함과 촌철살인까지 엿보이는 통찰력은 볼 때마다 감탄을 자아낸다. 때로는 셰익스피어의 명대사보다 더 맛깔난 것들도 많았다. 그의 능력이 부럽기도 하고 원망스럽기도 했던 청년 시절의 나를 이 책을 통해 다시 만난 것도 내게는 뜻밖의 산물이고 선물이었다.

가난해서 대학을 졸업하지 못하고 이런저런 직업을 전전하면서도 그의 능력은 감춰지지 않았다. 결국 그 대학에서 명예박사가 됨으로써 늘 '박사'라는 칭호로 불린 존슨은 말 그대로 '박(博)사'였고 그의 문장들이 그대로 사전의 정의가 되었다. 평생 특별한 지위를 차지한 적도 없으면서 동시대인들로부터 존경을 받았던 존슨의 삶이 고스란히 기록된 이 책은 그런 점에서 일종의 '새뮤얼 존슨의 전기'와도 같다. 그러나 엄밀히 말하면 그가 주인공은 아니다. 이 책의 주인공은 바로 그와 함께 살았던 다양한 사람들이고 특히 존슨을 흠숭하며 그의 언행들을 깨알같이 기록한 보즈웰이다. 그리고 또 한 사람을 꼽자면 대화와 선술집을 좋아한 귀한 친구인 존슨의 건강한 삶을 위해 클럽을 만든 레이놀즈다. 그들의 존경과 우정이 당대의 영웅들을 함께 모아 다양한 주제에 대한 심오한 토론뿐 아니라 잡다한 세상살이의 이면들을 고샅고샅 이어질 수 있게 했다. 그런 모습을 부러워만 할 게 아니라 지금 내가 할 수 있어야 한다. 내가 주인공이 될 생각만 접고 봉사할 마음만 먹으면 언제든 가능한 일이다.

의도하건 의도하지 않건 삶에 대한 공적인 전기나 평전은 그 주인공에 대한 포장과 화장의 효과를 지워내지 못한다. 그런 점에서 보자면 '존슨 바라기'였던 보즈웰의 시선은 말할 것도 없다. 하지만 보즈웰의 지나치게(?) 꼼꼼한 기록은 마치 속기사처럼 세밀해서 미처 자신의 감정과 평가를 끼워 넣을 여유가 별로 없어서 마치 그 옆에서 그들을 바라보는 듯한 느낌을 준다. 게다가 보즈웰의 시선은 다시 저자인 레오 담로슈의 눈으로 조정된다. 그래서 얼핏 보면 존슨의 교유기처럼 보일지 모르지만 유심히 보면 그 시대의 사회와 문화 그리고 생활방식들이 촘촘하게 엮이고 여러 인간관계에 대한 짧은 듯한 서술의 퍼즐들에 무수히 많은 요소들이 깔렸다는 걸 발견할 수 있다. 이 책의 진짜 묘미는 바로 그런 곳에 있다. 그래서 단순하게 교유한 인물들을 나열한 게 아니라 각 인물들의 속살과 삶의 결실에 대해 입체적으로 살펴볼 수 있는 실마리를 담고 있는 매력을 지녔다.

저자 담로슈는 보즈웰의 호들갑까지 무시하지 않으면서 주관과 객관의 시선을 잘 버무린다. 그럼으로써 존슨과 여러 인물들의 삶을, 그리고 그들의 관계가 갖는 의미를 씨줄과 날줄로 펼쳐낸다. 분명 어떤 씨줄과 날줄은 덜 촘촘하고 성긴 채로 있다. 그러나 그것은 기록의 주인공인 보즈웰의 입장을 끝까지 지켜주려는 저자의 배려라고 봐야 한다. 그런 점에서 보즈웰은 담로슈에게, 그리고 담로슈는 보즈웰에게 빚이 있다. 그리고 동시에 두 사람은 존슨에게 빚을 졌다. 하지만 최대수혜자가 존슨이라는 점에서 이 모든 빚들은 깔끔하게 청산된다. 이런 대차대조표를 가진 전기(굳이 이 책을 '집단 전기'라 한다면)를 만나기는 그리 쉽지 않다.

보잘것없는 출신, 나쁜 건강, 정신적 질병, 가난들 가운데에 하나만으로도 감당하지 못하는 경우가 많다. 그러나 이 모든 것들을 다 지닌 존슨은 의연하게 그러나 감추지 않고 견뎌냈다. 존슨을 미화하지 않으면서 그의 인격을 이렇게 풀어낸 건 오랫동안 그를 따르고 기록한 보즈웰 덕분이다. '더 클럽'을 보면서 부러운 마음이 드는 건 당연하다. 게다가 그 구성원들 면면이 당대뿐 아니라 후대까지, 런던과 영국에 갇히지 않고 세계로 이어진 영향력을 가졌다는 것만으로도 '더 클럽'은 특별하다. 하지만 부러워만 할 게 아니다. 우리에게 과연 그런 클럽은 '남의 사과'일 뿐일까? 이 책은 어쩌면 지금 우리에게 그런 클럽을 만들고 키워보라고, 그러려면 어떻게 해야 하는지를 충동하는지도 모른다.

두꺼운 책이지만 쉽게 손을 놓지 못하고 눈길을 거두지 못할 만큼 매력적이다. 거기에는 역동적인 시대와 고매하면서도 너무나 인간적인 사람들의 관계들이 생생하게 살아 있기 때문일 것이다. 새뮤얼 존슨과 제임스 보즈웰, 그리고 그들과 시대를 함께했던 친구들이 꼼지락대는 《더 클럽》, 모처럼 만난 단비같이 시원하다. 경쾌하되 경박하지 않고 중후하지만 무겁지 않은 보석 같은 책이다.

-김경집(인문학자)

목차

| 새뮤얼 존슨, 제임스 보즈웰, 애덤 스미스와 그들의 친구들 |

THE
CLUB
더 클럽

프롤로그

이것은 비범한 사람들에 관한 이야기다. 그들은 18세기 런던에서 별처럼 빛났던 지식인들이었다. 그들의 모임은 단순한 클럽으로 알려져 있었다. 그렇게 불려도 별로 틀린 말은 아니지만, 그렇게 단순하게 지나치기에는 우리가 지금 누리고 있는 문화에 지대한 영향을 끼친 그들의 기여가 너무 커 왠지 아쉬움도 남는다. 그래서 여전히 많은 이들이 그들을 기리고 있다. 이 클럽에 들어가려면, 중요한 하나의 요건을 충족시켜야 했다. 이것이 문화에 대한 기여보다 더 중요한 요건이었을지도 모른다. 바로 '좋은 벗'이 되는 것이다. 선술집인 터크스 헤드 태번(Turk's Head Tavern)에서 일주일에 한 번씩 열리는 모임에서 밤늦도록 먹고 마시고 웃고 떠들면서 논쟁을 벌일 준비가 된 좋은 벗만이 이 클럽에 들어갈 수 있었다. 후에 생긴 다른 클럽들과 달리, 이 클럽은 클럽 소유의 아지트가 없었다. 그래서 클럽 회원들은 런던의 평범한 선술집에서 만났다.

새뮤얼 존슨, 제임스 보즈웰, 에드먼드 버크, 에드워드 기번, 애덤 스미스처럼 위대한 비평가, 전기작가, 정치철학가, 역사가 그리고 경제학자가 이 클럽의 회원이었다. 이들 외에도, 이 클럽에는 화가 조슈아 레이놀즈, 극작가 리처드 셰리든과 올리버 골드스미스 그리고 당대 최고 배우 데이비드 개릭처럼 저명한 문화예술인들도 있었다. 신입회원은 투표로 선출했고, 투표에서 만장일치가 나온 사람만이 클럽에 가입할 수 있었다.

회원 대다수가 자수성가한 사람들이었다. 부유한 이들도 있었고 존슨과 골드스미스처럼 차상위계층도 있었다. 회원 모두가 뛰어난 지성을 지녔지만, 모두가 유명하지는 않았다. 몇 년 동안은 경력을 쌓기 시작한 지 얼마 되지 않은 사람들이 신입회원으로 자주 뽑혔다.

더 클럽의 회원들은 당대 문화와 후대에 지대한 영향을 끼쳤다. 새뮤얼 존슨은 문학비평과 깊은 연민을 자아내는 전기를 결합해냈다. 제임스 보즈웰은 한 개인의 괴벽과 내면을 생생하게 묘사하여 해당인물에 생기를 불어넣음으로써 전기를 하나의 예술로 승화시켰다. 정치가 에드먼드 버크는 사람들의 마음을 완전히 사로잡는 웅변가였고, 그의 글에는 보수주의자들뿐만 아니라 진보주의자들에게도 계속해서 영감을 주는 정치적 지혜가 담겨 있었다. 에드워드 기번은 사실상 후대에 나온 모든 역사서에 직접적으로 또는 간접적으로 영향을 준 새로운 역사적 관점을 제시했다. 그리고 모두가 알듯이, 애덤 스미스는 경제학의 기틀을 마련한 위대한 경제학자였다.

이들과 비교했을 때 후대에 영향을 덜 미쳤을지는 모르지만, 나머지 회원들도 각자 분야에서 중요한 역할을 했다. 조슈아 레이놀즈는 당대의 가장 인기 있고 성공한 미술가였다. 왕립미술아카데미의 창립자이자 초대 총장이었던 레이놀즈는 예술 교육의 기틀을 마련했다. 데이비드 개릭은 그때까지 그 누구도 본 적 없는 자연스러운 연기로 대중을 사로잡았다. 그리고 그는 오늘날의 영화감독처럼 연출하고 리허설을 했던 최초의 인물이었다. 이 클럽의 회원을 한 명 더 소개하겠다. 식물학자 조셉 뱅크스(Joseph Banks)는 제임스 쿡(James Cook) 선장을 따라 남태평양을 항해했고 그 후에 왕립학회의 회장이 됐다.

이 책의 주인공은 분명히 더 클럽이다. 지금부터 더 클럽이 창설된 1764년부터 20년 동안 클럽을 거쳐 간 사람들의 삶, 관심사, 우정, 경쟁의식과 업적을 살펴볼 것이다. 클럽에서 들었던 수많은 대화를 기록으로 남긴 보즈웰 덕분에, 이야기를 따라가다 보면 때로는 200년 전 이 클럽의 회원들이 밤늦도록 나누던 대화를 바로 옆에서 듣는 것 같은 착각을 불러일으키는 장면들도 꽤 많다. 이 클럽에서 그들은 아주 방대한 분야에 걸쳐 사상을 나누었고, 바로 이 사상들이 그들이 살던 시대에 지대한 영향을 미쳤다.

더 클럽은 빠르게 유명해졌다. 사실상 더 클럽은 개인적인 필요에서 탄생했다. 1763년 겨울 내내, 당대 최고의 화가였던 레이놀즈는 친구인 존슨을 걱정했다. 종종 칠흑 같은 우울증에 빠지는 존슨이 특별히 그해 겨울엔 더 심한 우울감의 늪에 빠져 헤어나지 못하고 있었다. 대부분의 시간을 떨어져 지냈던 아내가 11년 전에 죽은 일은 그에게 외로움과 죄책감을 동시에 안겨주었다. 아내가 죽은 지 3년 후에 새뮤얼 존슨은 《영어사전(Dictionary of the English Language)》을 완성했지만, 그 이후로는 이렇다 할 작품을 내놓지 못했다. 1756년에 계약한 셰익스피어와 관련된 작업을 완수하지 못한 것이 그에겐 가장 뼈아픈 일이었다.

생활고에 시달리던 존슨은 《영어사전》을 완성했던 안락한 집을 팔고 비좁은 셋방으로 이사했다. 그곳에서 그는 박식하지만 짜증을 잘 내는 눈먼 여인, 가난한 이들을 치료하는 무면허 의사, 죽은 아내의 친구였던 여인, 그리고 개심한 매춘부와 함께 살았다. 이들은 자신들의 생계를 위해 새뮤얼 존슨에게 의지했다. 그들은 존슨의 외로움을 달래줬지만, 존슨에게는 그들이 그리 편안한 사이는 아니었다. 당시의 상황을 묘사하면서 존슨은 "윌리엄스는 모두를 싫어해. 레벳은 데물랭을 싫어하고 윌리엄스를 사랑하지 않아. 데물랭도 윌리엄스와 레벳을 싫어하지. 그리고 폴은 그들 중 그 누구도 사랑하지 않아"라고 친구에게 말했다.

레이놀즈는 존슨이 대화와 선술집을 대단히 좋아한다는 것을 알고 있었다. 언젠가 존슨은 선술집 의자를 '인간에게 더할 나위 없는 행복을 주는 왕좌'라고 불렀다. 그래서 레이놀즈는 일주일에 한 번씩 제라드 스트리트에 있는 터크즈 헤드 태번에 몇몇 친구들을 불러서 작은 모임을 갖자고 존슨에게 제안했다. 터크즈 헤드 태번은 북적이는 더 스트랜드에서 약간 떨어진, 현재의 워털루 다리 근처에 있었던 선술집이다. 매주 금요일 저녁에 존슨, 레이놀즈 그리고 그들의 친구들은 이 선술집에 모여 밤늦도록 먹고 마시며 이야기했다.

당시는 대화 속에서 빛을 발하는 지성이 존중받던 시대였다. 이런 시대에 존슨, 레이놀즈와 그들의 친구들은 선술집에 모여 함께 즐거운 시간을 보냈다. 그들은 때론 논쟁도 벌였고 서로에게서 새로운 무언가를 배워가기도 했다. 처음부터 그들은 정치, 법, 의학, 문화, 예술처럼 중요한 분야에 대해서 이야기할 수 있는 사람이 모임에 나오기를 바랐다. 이후에 이 모임은 사람들에게 '문예 클럽'으로 알려졌지만, 그들에게는 '선술집에서 좋은 벗들과 이런저런 이야기를 나누는 클럽'일 뿐이었다. 그래서 그들은 자신들의 모임을 그냥 '더 클럽'이라 불렀다.

물론 그들이 터크즈 헤드 태번이란 선술집에서 보낸 시간은 찰나에 불과하다. 그래서 이 책은 이야기의 무대를 작은 선술집에서 클럽 회원들의 삶으로 확대할 것이다. 마치 중국의 풍경화 속 산맥이 굽이굽이 이어지듯, 이 책에서 동일한 인물들이 새로운 문맥에서 계속 등장할 것이다. 같은 길을 걷던 이들이 서로 다른 길을 걷기도 하고, 우연한 기회에 다시 만나기도 할 것이다. 클럽을 거친 인물들, 그 누구보다도 존슨과 보즈웰이 함께 또는 서로 떨어져서 어떤 삶을 살았는지를 살펴

본다는 것은 대단히 흥미롭다. 이것은 이 두 사람의 삶에 대한 기록이 아주 풍부하게 남아 있어서 가능한 일이다.

◆ 이상한 커플

제임스 보즈웰은 더 클럽이 만들어지기 몇 달 전에 새뮤얼 존슨을 만났다. 만나자마자 두 사람은 서로에게 가장 믿고 의지하는 친구가 되었다. 하지만 얼마 지나지 않아 보즈웰은 대륙을 둘러보겠다며 훌쩍 떠나버렸고 1766년이 돼서야 런던으로 돌아왔다. 여행에서 돌아온 보즈웰은 더 클럽과 함께하기를 간절히 원했다. 더 클럽의 회원들은 그를 쾌활하지만 별 볼일 없는 사람이라 여겼고, 그가 더 클럽에 들어오는 것을 달가워하지 않았다. 그러나 1773년 존슨이 마침내 회원들을 설득했고, 보즈웰은 더 클럽의 회원이 되었다. 그 후 보즈웰은 자신의 저서에서 더 클럽을 대문자 'THE CLUB'으로 표기하고 자랑스럽게 언급했다.

제임스 보즈웰은 자신의 일생을 꼼꼼하게 기록했다. 그는 이 기록을 바탕으로 1791년 《존슨전(Life of Samuel Johnson)》을 발표한다. 이 책에는 더 클럽에서 존슨과 그의 친구들이 나눴던 대화가 많이 담겨 있다. 비평가 토마스 칼라일(Thomas Carlyle)은 "정체를 알 수 없는 인물이 마구 등장하고 이해할 수 없는 대화가 쏟아졌지만 보즈웰은 흘러가는 순간 자신이 보고 들었던 것들을 거의 완벽하게 보존해 냈다"고 평했다. 보즈웰의 삶도 흥미로운 이야기로 가득하다. 따라서 이 이야기의 핵심 인물로는 제임스 보즈웰과 새뮤얼 존슨이 아주 적합하다.

존슨과 보즈웰은 이상한 커플이었다. 심지어 두 사람의 신체적 특징도 특이했다. 두 사람은 풍자화가들이 좋아할 만한 신체적 특징을 지닌 개성 있는 커플이었다. 존슨은 6피트라는 큰 키에 다부진 체격을 가지고 있었다. 당시에는 이 정도로 키가 큰 사람을 보기 힘들었다. 존슨과는 대조적으로 보즈웰은 키가 5피트 6인치였고 통통했다. 존슨은 고대어와 현대어를 막론하고 여러 언어에 조예가 깊었다. 그는 옥스퍼드 대학교에 입학했지만 1년 뒤 학비가 부족해서 학업을 중도에 포기했다(옥스퍼드 대학교는 1775년 그에게 명예박사학위를 수여한다). 보즈웰은 스코틀랜드 대학교 두 곳에서 수학했고 정식 변호사가 되었다. 보즈웰은 지적이었고 독서를 즐겼지만, 호사가 기질이 다분했다. 그는 자신이 노르만 정복으로 거슬러 올라가는 스코틀랜드 귀족가문의 후손이라는 사실을 자랑스럽게 여겼다. 존슨은 자수성가했다. 그가 사회에 대해서 쓴 글에서는 출생배경과 계급을 강조했지만 "나는 나의 할아버지가 누군지 모른다"고 말하며, 자신이 자수성가했다는 사실을 자랑스러워했다.

두 사람이 만났을 때, 존슨은 50대 초반이었고 보즈웰은 20대 초반이었다. 보즈웰은 스코틀랜드의 과거 봉건제도에 낭만적인 매력을 느꼈지만 화려한 런던에서의 삶을 동경하던 젊은이였다. 하지만 존슨은 이미 유명한 작가였다. 그래서 보즈웰이 존슨을 그렇게 찾아다녔는지도 모른다. 처음에 존슨은 뭐든 지나치게 밀어붙이는 이 젊은이를 다소 멀리했다. 하지만 그는 자신보다 훨씬 어린 사람들의 생기와 낙관적인 사고방식을 즐겼다. 보즈웰을 아는 사람들은 모두 그를 좋은 벗이라 평했다. 에드먼드 버크는 보즈웰을 "자신이 본 사람 중에서 가장 유쾌한 사람"이라고 칭찬했다. 존슨이 보즈웰에게 "사람들이 그대를 누구나 좋아하는 사람이라고 평가하더군. 그대의 인생은 참 살 만한 것 같아"라고 말했던 적이 있다.

W. H. 오든(W.H. Auden)은 존슨에 대한 보즈웰의 헌신을 "베아트리체에 대한 단테의 헌신만큼 대단하다"고 평했다. 보즈웰은 존슨의 이야

기의 에너지와 리듬 그리고 지력(知力)을 정확하게 포착해 내는 독특한 재주가 있었다. 보즈웰은 "새뮤얼 존슨만의 에테르가 나의 마음에 강하게 스며들면 나는 더할 나위 없는 행복감에 빠져 그의 한마디 한마디를 정확하게 기억했고, 생동감 넘치는 그의 지혜와 재치를 종이에 적어 뒀다"라고 《존슨전》에 자랑스럽게 썼다.

존슨과 보즈웰이 나이 차에도 불구하고 돈독한 우정을 쌓을 수 있었던 이유 중에는 정신질환에 대한 두려움이 있었다. 당시는 정신질환에 대하여 알려진 바가 거의 없었기 때문에, 사람들은 정신질환에 걸릴까 봐 몹시 두려워했다. 존 로크(John Locke)에 의해 유명해진 경험론적 심리학은 감각자료를 오해해서 정신이상이 생긴다고 설명했다. 로크는 별 도움이 안 되는 사례를 들었다. 로크는 "'자신은 유리로 만들어졌기 때문에 깨지지 않게 조심해야 한다'고 믿는 것을 제외하면 모든 면에서 지극히 정상적인 사람"을 소개했다. 그가 제시한 사례는 지나치게 합리적이고 정신이상자에 대한 공감이 놀라울 정도로 결여되어 있었다. 그에겐 정신질환자들의 혼란스럽고 격동적이며 말로 표현하기 어려운 특이한 경험에 대한 인식이 없었다.

보즈웰은 변덕스러운 감정 기복에 시달렸다. 만약 그가 오늘날의 정신병원을 방문했다면, 분명 조울증이란 진단을 받았을 것이다. 그의 조부 중에는 감정 기복이 심했던 분도 한 분 있었고, 형제 중 한 명은 정신질환으로 병원에 입원했다. 그래서 보즈웰은 항상 자신에게도 정신질환의 징후가 나타나지 않을까 전전긍긍했다.

한편, 존슨은 십대 시절부터 줄곧 정상적인 생활이 불가능할 정도의 극심한 우울증을 앓았다. 게다가 그는 특별한 이유 없이 자신도 모르게 신체 일부를 반복적으로 움직이고 숨을 헐떡거렸다. 그의 이런 이상한 버릇은 주변 사람들을 깜짝 놀라게 했고 평범한 직업을 가지는 데 방

1. 오지어스 험프리의
새뮤얼 존슨 초상화를 동판화로 옮긴 모습

해가 됐다. 오늘날이었다면, 그는 강박 장애 진단을 받았을 것이다. 지금 이런 행동들은 신경 질환으로 받아들여진다. 하지만 당시 존슨은 이 것들을 정신이상의 초기 증상이라고 생각했다.

강박적인 행동은 새뮤얼 존슨을 괴롭히는 문제의 일부분에 지나지 않았다. 존슨의 내면 깊숙한 곳에 자리한 그 문제가 신경증이었는지는 확실하지 않다. 하지만 분명 존슨은 삶을 하나의 긴 투쟁이라 여겼다. 보즈웰은 《존슨전》에 다음과 같이 기막힌 비유를 들어 삶에 대한 존슨의 관점을 설명했다.

"그의 마음은 로마의 거대한 원형 경기장 같았다. 그는 중앙에서 판단력을 무기로 위대한 검투사처럼, 우리에서 풀려나면 검투사를 공격할 준비가 된 원형 경기장의 맹수들처럼 자신의 세포를 가득 메운 불안과 맞서 싸웠다. 충돌 후에 존슨은 맹수들과 같은 불안을 다시 어두운 굴속으로 몰아넣었다. 하지만 완전히 없앤 것이 아니기에, 그는 아직도 불안에 시달렸다."

그 무엇보다도 보즈웰은 존슨이 장애에도 불구하고 아주 많은 일을 해냈다는 점에서 그를 존경했다. 실제로 보즈웰은 존슨을 도덕적 영웅으로 여겼다. 대부분의 초상화에서 존슨은 늙고 가발을 쓰고 있으며 무언가를 노려보고 있다. 그래서 그에게 정이 안 간다. 하지만 존슨을 사랑했던 많은 사람들은 오지어스 험프리(Ozias Humphry)의 초상화를 동판에 새겨서 잉크를 발라 찍어낸 19세기 동판화 속 모습으로 그를 바라봤을 것이다. 동판화의 낭만주의 화풍은 인물의 고귀함을 돋보이게 한다(그림 1).

◆ 그림자 클럽

새뮤얼 존슨에게 가장 소중한 동료들 중 몇몇은 여성이었다. 평생 그는 여성들과 돈독한 우정을 유지했다. 조슈아 레이놀즈의 누이인 프랜시스는 "존슨은 여성의 우정을 대다수의 남성들보다 더 높이 평가했다"고 말했다(새뮤얼 존슨은 그녀를 '레니'라는 애칭으로 불렀다). 그의 친구이자 전기작가인 존 호킨스(John Hawkins)는 "많은 남성들에 비해 존슨은 여성 지성인들을 높이 평가했다. 그 누구도 그가 그녀들과 비난받을 만한 친밀한 관계를 맺었을 거라고 의심하지 않았다. 그는 그녀들을 매우 존경했다"고 말했다. 존슨과 달리 보즈웰은 자신이 여성보다 우월하다고 자부했다. 사랑하는 여인과 행복한 결혼생활을 했지만, 그는 많은 여성과 불미스러운 관계를 맺기도 했다.

존슨은 많은 여자 친구들 중에서 특히 헤스터 스레일과 프랜시스 버니와 친했다. 그래서 때론 두 사람 앞에서는 더 클럽에서도 하지 않는 행동도 했다. 두 사람의 일기에는 장난기 많은 존슨의 모습이 고스란히 기록되어 있다. 게다가 헤스터 스레일과 그녀의 남편 헨리 스레일은 존슨에게 정서적 버팀목이나 다름없었다. 그를 지독한 우울증에서 구해

낸 장본인은 존슨의 다른 친구들도 더 클럽도 아닌 스레일 부부였다.

존슨은 강 건너 스트레텀에 있는 스레일 부부의 집에서 오랜 시간을 머물렀다. 부부의 집에는 존슨의 침대와 그가 읽고 싶은 책으로 가득한 멋진 서재가 있었다. 그곳은 존슨이 단 한 번도 경험한 적 없는 안락하고 사랑이 넘치는 집이었다. 헤스터는 사실상 존슨의 치료사나 다름없었다. 그녀는 존슨의 고통과 고뇌를 보즈웰보다 더 깊이 이해했다.

부유한 스레일 부부는 손님을 집으로 초대하여 접대하기를 좋아했고 존슨을 통해 더 클럽의 많은 회원들과 친구가 되었다. 레이놀즈, 골드스미스와 개릭에 관한 인상적인 이야기 중에서 스레일 부부의 집과 관련된 것들이 있다. 보즈웰에 대한 냉담한 이야기들 중에서도 이 윤택한 부부의 집과 관련된 사연들이 꽤 있다. 스레일 부부와 그들의 사교모임이 일종의 그림자 클럽을 형성했다고 할 수 있다. 스레일 부부의 집에서 열리는 이 그림자 클럽에 모인 사람들은 당대 문화에 대해 자신들의 생각과 의견을 나눴다. 스트레텀 대저택의 그림자 클럽은 터크즈 헤드 태번의 더 클럽과 닮은 구석이 많았다.

◆ 삽화가 있는 책

"그림이나 대화가 없는 책이 무슨 소용이 있어?"라고 앨리스(Alice)는 생각했다. 이미지는 과거 세계를 실감나게 만드는 데 유용한 수단이다. 역사학자 에이사 브리그스(Asa Briggs)는 이미지는 문자만큼 중요할 수 있다고 말한다.

"이미지를 보면 역사를 구성하는 사회적 사건 대부분이 추상적이지 않다는 사실을 깨닫게 된다. 그러므로 안목은 사회역사학자가 반드시 갖추어야 할 자질이다."

글에 대한 이해를 돕기 위해 삽화를 찾는 것은 진짜 즐거운 일이었다. 삽화로 찾은 그림들은 대부분 나를 깊은 생각에 빠져들게 했다. 첨언하면, 소장품을 복사하는 데 과도한 사용료를 부과하는 박물관과 수집가들도 있었다. 하지만 영국 미술 예일센터, 메트로폴리탄 미술관과 하버드 호튼 도서관처럼 풍부한 소장품을 무료로 사용하도록 허가해주는 곳들도 많았다. 그들의 관대함이 없었다면, 이 책은 훨씬 빈약하고 초라했을 것이다.

이 책에는 모든 주요인물의 초상화 및 장소와 사건을 보여주는 그림 다수가 실려 있다. 이 그림들은 우리에게 상당히 다른 이야기를 전달할 것이다. 당시 부유한 후원자들은 화려하고 품격 있는 풍경화를 의뢰했다. 베네치아의 카날레토(Giovanni Antonio Canal, 베네치아 출신의 18세기 이탈리아 풍경화의 대가. 그의 아버지 베르나르도 카날과 구별하기 위해 '작은 카날'이란 뜻으로 '카날레토'라고 불렀다–편집자 주) 작품을 동경했던 신사들은 그에게 영국으로 오라고 종용했다. 카날레토는 9년 동안 영국에서 '인상적인 배열, 대칭과 공간이 돋보이고 사람들로 바글거리는 런던의 부두, 거리와 광장에 베네치아의 품격을 얹은' 그림을 그렸다.

카날레토는 리치먼드 하우스에서 바라본 템스 강을 화폭에 담았다. 이 템스 강 그림이 앞서 말한 그런 이미지다(화보 그림 1). 언뜻 보면 탁 트인 강물과 하늘이 있는 베네치아 같다. 영국답지 않게 어른거리는 불빛, 저 멀리 흐릿하게 흩어진 첨탑들 그리고 산타 마리아 델라 살루테 대신 세인트 폴 대성당의 웅장한 돔이 그림에 담겨 있다. 우아한 신사 숙녀들은 전경에 있는 리치먼드 하우스의 테라스를 거닐며 강 건너 하늘을 찌를 듯이 높이 솟은 세인트 폴 대성당을 감상한다.

왼쪽에 있는 리치먼드 하우스의 뜰에는 나무가 많다. 뜰 안에는 귀족처럼 차려입은 방문객이 리치먼드 하우스의 문을 두드리고 있는 모습이 보인다. 그리고 그의 위로 청소를 하고 있는 하인과 발코니에 기댄 하녀가 있다. 오늘날의 모터보트에 해당하는 작은 배들이 강 건너편으로 손님을 실어 나른다. 그리고 무역선들도 매우 상징적으로 표현되어 있다. 화려하게 장식된 바지선들은 동업 조합들의 소유다. 동업 조합은 개인 무역을 관리하고 강에서 화려한 행사를 열어 자신들의 명성을 기념했던 길드다.

새뮤얼 존슨이 살았던 런던의 모습은 카날레토가 그린 런던의 모습과는 달랐다. 존슨이 살았던 런던의 모습을 보려면 채링 크로스로 가야 한다. 채링 크로스는 주요 거리가 교차하는 번화가로 존슨은 "사람들로 가득한 채링 크로스는 만조 때의 바다 같다"고 말했다. 하지만 채링 크로스를 가득 메운 인간 만조는 용솟음치는 위협적인 물결이었다. 토비아스 스몰렛(Tobias Smollett)은 이를 두고 "다양한 삶이 뒤죽박죽 뒤섞인다. (중략) 방탕하고 음탕한 악마들이 이 번화가를 움직인다. 그들은 번화가 어디든 존재한다. 그들은 거리를 거닐고 달리고 나뒹굴고 급히 움직이고 한데 뒤섞이고 뒤엉켜 싸우며 어리석고 타락한 역겨움으로 변모한다"고 표현했다.

풍자화가 토마스 롤런드슨(Thomas Rowlandson)이 그린 19세기 채링 크로스의 모습(화보 그림 2)이 존슨과 동시대인들이 본 채링 크로스의 모습에 가깝다. 그림의 왼쪽 구석에는 어떤 부자의 마차가 필로리(형틀에 묶인 채 광장에서 조리돌림을 당하는 처벌에 쓰인 나무형틀-편집자 주)를 쓰고 있는 두 남자를 보기 위해 모여든 군중을 에둘러서 빠르게 지나가고 있다. 때때로 구경꾼들은 많은 사람들이 보는 앞에서 필로리를 쓴 채로 하루를 보내는 이 형벌이 부당하다고 생각했고 죄인들을 다정하게 대했다. 하지만 항상 그랬던 것은 아니었다. 죄인이 악랄하다고 생각되면 구경꾼들은 흉포하게 돌변했다. 필로리를 쓴 죄인에게 벽돌과 돌을 던졌으며, 구경꾼들이 던진 벽돌과 돌에 맞아 죽는 죄인들도 있었다. 한 역사학자는 "모든 형벌 중에서도 죄인들은 필로리를 쓴 채로 벽돌과 돌에 맞아 죽는 것을 가장 두려워했다"고 말했다.

이 필로리를 중심으로 크고 작은 드라마가 전개된다. 왼쪽에서 4명의 여인들이 죄인들을 보려고 서둘러 달려온다. 그림의 중앙에 있는 초록 드레스를 입은 어떤 여인은 무언가를 집어들고 있다(아마도 죄인에게 던질 돌이지 않을까?). 그녀가 돌을 집으려 한눈을 판 사이에 개가 그녀의 바구니에서 음식을 훔쳐 먹는다. 초록 드레스를 입은 여인 뒤로 다른 사람들은 손을 흔들며 뭐라고 소리치고 있다. 흥분한 구경꾼을 등진 파란 드레스의 여인은 자신의 가슴을 만지는 남성의 손길을 만족스러운 듯 받아들인다. 파란 드레스의 여인의 오른쪽에는 핑크 드레스를 입은 여인이 군인과 시시덕거리고 있다. 그림의 오른편에는 안경을 쓴 남자가 통통한 친구의 설명을 들으며 모든 광경을 유심히 보고 있다. 그들의 뒤에 있는 마부는 말을 움직이려고 채찍질을 한다. 채찍질에 놀란 말이 갑자기 움직여서 마차 지붕에서 두 명의 여자 승객이 뒤로 떨어지고 있다.

존 콜렛(John Collet)의 〈런던 거리 모습(London Street Scene)〉은 런던 거리의 한 장면을 클로즈업해서 보다 생동감 있는 모습을 연출한다(화보 그림 3). 그림 중앙에는 잘 차려입은 신사가 자갈길 위에 다리를 쩍 벌린 채서 있다. 그는 칼싸움에서 승리해서 의기양양하다. 연극 무대에 오른 배우처럼 그는 자신에게 달려들려고 하는 경비원들을 막기 위해 검 대신 단도를 휘두른다. 경비원 중 한 명은 그 아수라장 속에서 깨진 가로등을 손으로 가리킨다. 단도를 든 남자의 뒤에는 딸기 장수의 커다란 바구니가 놓여 있고, 칼싸움에서 진 남자는 작은 바구니가 꽂힌 자신의 검을 든 채로 바닥에 널브러져 있다. 딸기 장수는 용감하게도 그에게서 검을 빼앗으려고 한다. 바닥에 널브러져 있는 사내의 주머니에는 피터 패리의 검 사용법이 들어 있다. 분명 피터 패리는 이 책으로 돈을 벌지 못했을 것이다. 그들의 뒤로 순경 및 수갑을 찬 남자가 보인다. 아마도 그 수갑을 찬 남자는 이 소란을 틈타 사람들의 지갑을 훔치던 소매치기일 것이다.

오른편 위의 '뉴 바뇨'는 2실링 6펜스로 '땀 빼기, 부항 그리고 목욕'을 즐길 수 있다고 광고한다. 간판대로 목욕탕이겠지만(bagnio는 이탈리아어로 '목욕탕'을 의미한다), 매매춘도 이뤄졌을 것이다. 이층 창문에 한 매춘부가 손님을 두고 창밖을 내다보고 있다. 펄럭이는 전단지는 헨리 필딩의 연극을 홍보한다. 아마도 〈정체를 들킨 성녀(*The Virgin Unmasked*)〉나 〈노인이 가르친 지혜(*An Old Man Taught Wisdom*)〉일 것이다. 문 앞에는 한 여인이 의자식 가마에서 내리면서 가마꾼 중 한 명이 들고 있는 모자에 비용을 놓고 간다. 그녀는 분명 매춘부는 아니다. 아마도 바뇨에서 연인과 밀애를 즐기는 상류층 여인일 것이다.

그림 배경에는 '바스 플라이'라는 이름의 역마차가 목적지를 향해 막 출발하려고 한다(역마차의 이름이 문에 적혀 있다). 역마차 지붕에 앉은 한 남자는 이미 거나하게 취했고, 다른 남자는 긴 파이프 담배를 피운다. 그들 사이에는 터번을 쓴 원숭이가 앉아 있다. 역마차 안에서 수수하게 차려입은 노부부가 못마땅한 표정으로 밖을 내다본다. 머리에 손수건을 두른 애완견도 역마차 안에서 밖을 내다보고 있다.

이 책은 사람들로 북적이고 소란스러우며 모순되고 폭력적인 18세기 런던을 되살리고자 한다. 이 책을 통해 역사학자 이안 모티머(Ian Mortimer)가 말한 '다른 시간을 살아가는 듯한 기분을 불러일으키는' 상상의 모험인 시간여행을 하게 될 것이다. 우리는 18세기를 영국이 거대한 제국을 유지하려고 애썼지만 북미 식민지를 잃게 되는 시대로만 알고 있다. 하지만 역사의 이면에는 이런 시대를 살았던 인물들이 분명 존재한다. G. M. 트리벨리언(G. M. Trevelyan)은 "과거는 한때 현재처럼 생생했고 미래처럼 불확실한 시간"이라 했다.

최근 한 역사학자는 새뮤얼 존슨을 '18세기 런던에서 살았던 가장 위대한 인물'이라고 불렀다. 이 책을 읽으면서 새뮤얼 존슨과 그의 친구들이 살았던 런던 생활이 머릿속에 끊임없이 떠오를 것이다. 더 클럽이 창설될 무렵에 존슨은 중년이었고 당대의 위대한 작가로 알려져 있었다. 하지만 이 책은 지방에서 가난과 정신이상으로 고통받던, 성공할 가능성이 거의 없는 무명의 작가 지망생 존슨의 이야기부터 시작할 것이다. 위대한 존슨이 되기 위한 그의 투쟁은 감동적인 이야기다.

마찬가지로, 존슨보다 더 부유하고 유리한 환경에서 출발했지만 보즈웰에게도 스스로 해결하고 맞서야 할 문제가 있었다. 두 사람이 만났을 때 보즈웰은 젊었으나 이미 충분히 매력적인 인물이었다. 두 사람은 1763년의 운명적인 만남을 위해 각자 자신의 길을 묵묵히 걸어가고 있었다.

▲ 1. 카날레토, 〈리치먼드 하우스에서 바라본 템스 강과 런던〉

▼ 2. 토마스 롤런드슨, 〈채링 크로스〉

▲ 3. 존 콜렛, 〈런던 거리 모습〉

◀ 4. 마리아 베렐스트,
〈엘리자베스 존슨〉

▶ 5. 앨런 램지,
〈오킨렉 경〉

▼ 6. 오킨렉 하우스

▲ 7. 새뮤얼 콜링스와 토마스 롤런드슨, 〈호스 가즈 퍼레이드〉

▼ 8. 발터사르 네보트, 〈코벤트 가든〉

▲ 9. 토마스 롤런드슨, 〈코벤트 가든〉

▼ 10. 존 보이델, 〈옛 런던 브리지〉

▲ 11. 〈빌링스게이트〉

◀ 12. 조지 윌리슨,
〈제임스 보즈웰〉

◀ 13. 〈터크즈 헤드 태번〉

▶ 14. 프랜시스 레이놀즈,
〈새뮤얼 존슨〉

◀ 15. 토마스 롤런드슨,
〈전시회장 회전계단〉

▼ 16. 윌리엄 호가스, 〈리처드 3세를 연기하는 데이비드 개릭〉

▲ 17. 〈템스 강에서 바라본 런던〉

▼ 18. 요한 조파니, 〈데이비드 개릭의 햄프턴 별장〉

◀ 19. 조슈아 레이놀즈,
〈프랜시스 애빙턴〉

▼ 20. 〈스트레텀 대저택〉

▲ 21. 윌리엄 호가스, 〈호가스의 6명의 하인들〉

▶ 22. 에드워드 프란체스코 버니,
〈프랜시스 버니〉

▲ 23. 리처드 새뮤얼, 〈아폴로 신전의 뮤즈들을 대변하는 인물들의 초상화〉

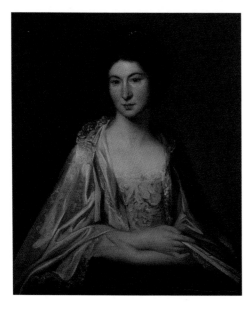

◀ 24. 〈마가렛 몽고메리 보즈웰〉

▲ 25. 헨리 싱글톤, 〈제임스 보즈웰과 그의 가족들〉

▼ 26. 〈왕의 서재〉

▲ 27. 맥스 비어봄, 〈나무 그늘에서〉

▶ 28. 제임스 길레이,
〈리처드 셰리든〉

◀ 29. 제임스 배리,
〈새뮤얼 존슨〉

◀ 30. 조슈아 레이놀즈,
〈제임스 보즈웰〉

◀ 31. 요한 조파니,
〈새뮤얼 존슨 흉상을
바라보는 베넷 랭턴〉

CHAPTER 1

새뮤얼 존슨: 역경의 시절

◆ 가망 없는 시작

제임스 보즈웰이 새뮤얼 존슨을 만났을 때, 존슨은 54살이었다. 그는 최선을 다해 명성을 쌓고 성공을 이뤄내며 이미 건실한 삶을 살고 있었다.

"고난을 감수하고 극복하는 것이 인간이 누릴 수 있는 최상의 행복이다. 있는 힘을 다하여 노력하는 자는 마땅히 고난을 극복해 낸다. 하지만 사는 동안 단 한 번도 경쟁이란 것을 해보지 않고 자랑할 만한 성공이나 장점이 없는 자는 스스로 인생을 허비하는 쓸모없는 존재로 느껴질 수 있다. 그러나 그런 사람이 자신의 성격에 만족하기도 한다. 이런 경우 그 만족감은 그의 둔감함에서 나오는 것이리라."

존슨은 1709년 인구 3,000명의 스태퍼드셔 리치필드에서 태어났다. 대성당이 있는 리치필드는 런던에서 북서쪽으로 120마일 떨어져 있었다. 이곳에서 가장 가까운 대도시는 버밍엄이었고, 산업혁명 훨씬 이전의 버밍엄은 탁 트인 평원이었다. 리치필드는 버밍엄과 같은 평원으로 둘러싸여 있었다.

새뮤얼 존슨의 아버지인 마이클 존슨(Michael Johnson)은 서점을 운영

2. 새뮤얼 존슨의 출생지, 리치필드

하고 있었다. 그는 언젠가는 1층에 가게가 딸린 커다란 집을 지을 것이란 희망을 품고 있었다. 1년 뒤 그곳에서 첫아이가 태어났다. 그가 바로 존슨이었다. 현재 존슨의 생가는 그의 업적과 생애를 살펴볼 수 있는 박물관이 되었다(그림 2). 존슨이 태어나던 해, 아버지 마이클 존슨은 52살이었고 어머니 사라 포드(Sarah Ford)는 40살이었다.

생계를 꾸리기 위해서 마이클은 장이 서는 날이면 이웃 마을로 가서 장사를 했고, 무두질과 양피지 공방도 운영했다. 하지만 그는 장사 수완이 좋은 사람이 아니었다. 그의 아내는 자신들은 점점 가난해지는 반면 직원들은 점점 부유해진다는 잔소리를 입에 달고 살았다. 사라는 자신이 남편보다 높은 계층 출신이라는 사실을 자랑스럽게 여겼다. 존슨의 부모는 사이가 그렇게 좋은 편이 아니었고 자주 말다툼을 했다. 나중에 존슨은 어느 글에서 '가정의 불화'라는 구절로 개인적인 감정을 토로했다.

새뮤얼 존슨의 탄생 과정은 그리 순탄하지 않았다. 그는 "나의 어머니는 난산으로 엄청 고생을 했다. (중략) 나는 거의 사산이나 다름없었다. 태어나서 잠시 동안 나는 울지 않았다"라고 말했다. 출산 과정에서의 산소 부족이 그의 신경을 손상시키고 선천성 장애를 악화시켰을 가능성이 있다. 그의 초상화를 보면, 그의 머리는 눈에 띌 정도로 오른쪽으로 기울어져 있다. 당시 사람들은 '뇌성마비'가 머리가 한쪽으로 기울어지는 사경(斜頸)의 원인이라 생각했다. 하지만 지금은 사경의 원인이 보다 정확하게 밝혀졌고, 제4 뇌신경의 마비와 사경이 관련있다는 것이 정설이다.

애석하게도 그의 불행은 여기서 끝나지 않는다. 난산으로 갓난쟁이인 존슨을 보살필 수 없었던 사라는 유모에게 그를 맡겼다. 하지만 안타깝게도 존슨은 유모 때문에 연주창에 감염되었으며, 결핵의 일종인 연주창이 존슨의 시력을 영구적으로 손상시켰다. "태어난 지 10주 뒤에 집으로 돌아왔을 때, 나는 장님이나 다름없는 불쌍하고 병든 젖먹이였다"고 존슨은 회상했다. 몇 년 뒤에 이모는 그에게 "길거리에 너처럼 불쌍한 아기가 버려졌다면 절대 주워 오지 않았을 것"이라고 말했다.

연주창 때문에 그의 목과 팔에 흉측한 종기가 생겼다. 목과 팔을 긁어서 종기가 터지는 것을 막기 위해 그의 부모는 어린 존슨의 팔다리를 침대에 묶어놓았다. 게다가 그의 팔을 일부러 절개하여 그가 6살이 될 때까지 봉합하지 않은 채 그대로 뒀다. 당시 사람들은 종기가 '사악한 체액' 때문에 생기는 것이라고 생각했다. 그리고 이것이 신체의 다른 부위로 옮겨갈 수 있으니 팔을 절개해서 몸 밖으로 빼내야 한다고 믿었던 것이다.

사라는 존슨의 연주창을 고치기 위해서 런던으로 향했다. 매년 런던에서는 군주가 연주창 환자를 손으로 만져주는 전통 행사가 열렸다. 당시 사람들은 군주가 환자를 만져주면 연주창이 씻은 듯이 낫는다고 믿었다. 이 당시 영국의 군주는 앤 여왕이었다. 참고로 앤 여왕을 마지막으로 더 이상 이런 행사는 열리지 않았다. 3살이 채 되지 않은 존슨을 데리고 사라는 이 런던 행사에 참여했던 것이다. 이 날은 존슨에게 '검은 후드를 쓰고 다이아몬드 장식을 한 귀부인'에 대해 분명하지 않지만 다소 엄숙한 기억으로 남게 된다. 그는 그녀에게서 받은, 재앙을 막아주는 작은 부적을 목걸이에 달고서 평생 목에 걸고 다녔다. 연주창은 몇 년 뒤에 자연스럽게 나았지만, 그의 목에 흉측한 흉터를 남겼다. 그리고 존슨은 연주창 때문에 한쪽 눈의 시력을 완전히 잃어버렸다.

존슨이 3살이었을 때, 동생 나사니엘(Nathaniel)이 태어났다. 형제는 사이가 좋았던 적이 단 한 번도 없었다. 어린 시절에도, 성인이 된 이후에도 둘의 사이는 나빴다. 오랜 세월이 흐른 뒤에 발견된, 어머니에게 보낸 편지에서 나사니엘은 "형이 자신을 정중하게 대한 적이 단 한 번도 없다"고 불평했다. 나사니엘은 미국 식민지로 이주할 생각이었지만 1737년 24살의 나이에 서머싯에서 사망했다. 그의 시신은 매장을 위해 고향인 리치필드로 옮겨졌다. 존슨은 자신이 사망하기 불과 2주 전에 주문한, 교회 바닥에 깔 돌에 새길 가족 묘비명에 자신의 동생을 마지막으로 추가했다. 사망하기 불과 몇 년 전에 존슨은 서머싯에 있는 누군가에게 그곳 사람들이 수년 전 '존슨이란 사람'에 대해서 뭐라도 기억하고 있는지 알아봐 달라는 편지를 썼다. 존슨은 편지에 '그는 나의 가까운 친척'이라고 덧붙였다. 존슨은 나사니엘을 자신의 '동생'이라고 말할 엄두가 나지 않았던 것이다.

새뮤얼 존슨은 '부인학교'를 다녔다. 여기서 아이들을 가르치던 여인은 존슨의 영민함에 깊은 감명을 받았다. 하지만 그의 장애에 대한 그녀의 지나친 관심 때문에 존슨은 가끔 수치심을 느꼈다. 그리고 그는 그 일을 결코 잊지 않았다. 나중에 그는 그날의 일을 보즈웰에게 이야기했다. 수업이 끝나면 보통 하인이 학교로 존슨을 데리러 왔다. 그러던 어느 날 아무도 그를 데리러 학교에 오지 않자, 존슨은 혼자서 집에 가기로 했다. 근시가 굉장히 심했던 그는 손과 무릎으로 배수로의 위치를 파악하고 안전하다고 판단되면 조심스럽게 한 걸음씩 앞으로 걸어갔다. 혼자서 하교하는 그가 걱정이 된 선생님이 어느 정도 거리를 두고 존슨의 뒤를 따라오고 있었다. 그녀의 존재를 느낀 어린 존슨은 그녀의 세심한 관심이 자신의 남자다움에 대한 모욕으로 느껴졌고 발끈해서 그녀에게로 달려가서 있는 힘껏 그녀를 때렸다. 존슨이 자신의 '남성다움'이 도전받았었다고 직접 이야기했는지, 아니면 보즈웰의 첨언이었는지는 분명하지 않다.

7살부터 15살까지, 새뮤얼 존슨은 최고의 중등학교인 리치필드 그래머 스쿨을 다녔다. 그는 라틴어에 뛰어났다. 이후에 존슨은 남학생들에게 언어를 가르치는 최고의 방법은 체벌이라고 했다.

"요즘 학교는 학생들에게 전보다 체벌을 덜 가하죠. 그래서 아이들이 학교에서 배우는 것도 전보다 적어요. 그래서 어찌 보면 아이들의 입장에선 하나를 얻고 다른 하나를 잃는 셈이에요."

새뮤얼 존슨의 의견에 동조하지 않는 이들도 있었다. 조너선 스위프트(Jonathan Swift)는 '회초리가 불러일으키는 공포심'을 떠올렸고, 에드워드 기번(Edward Gibbon)은 "학교는 공포와 슬픔으로 가득한 동굴로 혈기왕성한 청소년들을 잡아서 움직이지 못하게 책과 책상에 묶어둔다. (중략) 이렇게 사로잡힌 포로들은 채찍질 당하는 페르시아의 군인들처럼 힘겹게 움직인다"고 말했다.

아버지의 서점은 새뮤얼 존슨이 탐독할 라틴어 책들로 가득했다. 주로 내성당 성직자들과 전문직 종사자들이 서점의 단골이었다. 게다가 어린 새뮤얼은 상상력을 자극하는 영국 문학에 깊이 빠져 있었다. 분명히 이때 읽은 수많은 문학책들이 존슨만의 힘 있는 산문체를 형성하는 데 도움이 됐을 것이다. 9살 때 존슨은 부엌에서 〈햄릿(*Hamlet*)〉을 읽고 있었다. 유령 장면에 이르자 무서워진 그는 사람들을 보려고 갑자기 정문이 있는 위층으로 뛰어 올라갔다. 존슨은 소설도 좋아했다. 그는 과하다 싶을 정도로 기사가 많이 등장하는 로맨스 소설을 즐겨 읽었다. 그는 평생 이런 종류의 로맨스 소설을 즐겼다. 옛 발라드 모음집을 편찬한 토마스 퍼시(Thomas Percy)는 존슨의 이런 소설 취향을 듣고 "그런 허무맹랑한 소설들 때문에 새뮤얼 존슨이 어느 한 직업을 오래 유지하지 못하는 불안함을 가지게 되었을 것"이라고 말했다.

헤스터 스레일(Hester Thrale)은 새뮤얼 존슨이 그토록 바랐던 소설 3편이 《로빈슨 크루소(*Robinson Crusoe*)》, 《천로역정(*The Pilgrim's Progress*)》 그리고 《돈키호테(*Don Quixote*)》라고 들었다. 월터 잭슨 베이트(Walter Jackson Bate)는 "한 명은 조난자이고 다른 한 명은 순례자이며 나머지 한 명은 불가능을 쫓는다. 이 방랑자들은 새뮤얼 존슨이 자신의 삶에서 스스로에게 느끼는 감정의 원형"이라고 말했다.

새뮤얼 존슨은 하루가 다르게 성장했다. 그는 자신의 삼촌은 천하장사로, 런던 스미스필드에서 글러브를 끼지 않는 권투 선수였고 단 한 번도 내동댕이쳐지거나 패배한 적이 없다는 말을 하고 다녔다. 삼촌에게서 권투를 배운 존슨은 공격과 방어에 매우 능했다. 당시에는 수영은 친숙한 운동이 아니었고 심지어 대부분의 해군들도 수영을 할 줄 몰랐다. 하지만 존슨은 수영도 잘했다.

아주 오랜 시간이 흐른 뒤에 존슨은 수영을 배웠던 경험에 대해서 시를 썼다. 그 시는 아주 감동적이고, 시를 읽다 보면 존슨에 대한 그의 아버지의 사랑이 떠오른다. 존슨은 개인적으로 시를 쓸 때 주로 라틴 어를 사용했다. 아마도 시를 쓰는 동안 자신의 감정과 거리를 두고 싶 어서 그랬던 것 같다. 그를 아는 사람들은 '라틴어는 영어만큼 그에게 자연스러운 언어'라고 곧잘 말했다.

그 시는 'Errat adhuc vitreus per prata virentia rivus 에랏 아드훅 비트 레우스 페르 프라타 비렌티아 리부스'라는 구절로 시작한다. 이것은 '여기서 유리 같은 개울이 초록 들판으로 흐르네'라는 뜻이다. 시인 겸 소설가이자 새뮤얼 존슨의 전기작가인 존 웨인(John Wain)이 그의 시를 다음과 같이 번역했다.

유리처럼 투명한 개울이
푸른 들판으로 흐른다.
소년이었던 나는 여린 몸을 이 개울물에 담그고
허우적대며 좌절한다.
둑에 있는 아버지가 부드러운 목소리로
수영하는 법을 가르쳐준다.
나뭇가지는 은신처가 되고,
휘어진 나무들은 대낮의 어둠 속으로 물을 숨긴다.
지금은 단단한 도끼가 이 오래된 그림자들을 베어버렸다.
벌거벗은 개울이 멀리서도 보인다.
하지만 물은 지치지 않고 같은 길을 따라 흘러간다.
한때는 감춰졌지만 지금은 만천하에 드러난 길을
묵묵히 흘러내려간다.

마이클 존슨은 다정했지만, 그의 무책임은 아들을 짜증나게 했다. 새뮤얼 존슨은 아버지에게 근처 유톡시터에서 열리는 5일장에 책을 팔러 함께 가지 않겠다고 했다. 1731년 아버지가 죽던 해에 22살의 존슨은 이날의 반항을 후회했고 평생 괴로워했다. 자신의 죽음을 앞두고 존슨은 친구에게 "그날의 일을 속죄하고 싶었습니다. 하늘이 잔뜩 흐린 날에 유톡시터로 갔지요. 그곳에서 오랜 시간 비를 맞으며 서 있었어요. 아버지가 좌판을 벌였던 바로 그 자리에 말입니다. 저의 잘못을 뉘우쳤을 때, 고통이 사라지기를 희망했지요"라고 말했다. 제임스 보즈웰의 《존슨전》이 출간되자, 이 일화는 유명해졌다. 그 결과, 사람들은 그를 기리기 위해서 그가 비를 맞고 서 있었던 자리에 동상을 세웠다. 이 일화에 깊은 연민을 느낀 나사니엘 호손(Nathaniel Hawthorne)은 존슨의 동상을 보며 "그는 머리에 아무것도 쓰지 않은 채 비를 맞으며 서 있다. 덕망 있는 인물인 그는 비통한 표정으로 세찬 비바람을 맞으며 우두커니 서 있다. 그의 우울한 내면이 그대로 관중에게 전달된다"라고 말했다.

새뮤얼 존슨은 옥스퍼드 대학교에 입학했다. 옥스퍼드 대학은 집이 가난했던 그가 다니기에는 학비가 터무니없이 비쌌다. 하지만 그의 어머니가 상속받은 약간의 유산과 가족 친구가 빌려준 돈으로 학비를 마련할 수 있었다. 그리고 함께 옥스퍼드 대학교에 입학하게 된 부유한 학교 친구가 도움을 주기로 했다. 존슨은 대학교 생활에 별 흥미를 느끼지 못했고 공부도 열심히 안 했다(그와 마찬가지로 에드워드 기번과 애덤 스미스도 대학생활에 흥미가 없었다). 하지만 그곳에서 그는 평생 우정을 나눌 좋은 친구를 사귀게 된다. 바로 펨브로크 칼리지에서 새뮤얼 존슨을 지도했던 윌리엄 애덤스(William Adams)였다.

애덤스는 자신은 존슨을 아주 사랑했으며, 그는 명랑하고 놀기 좋아하는 청년이었고, 캠퍼스에서 가장 행복한 순간을 보냈다고 제임스 보즈웰에게 이야기했다. 보즈웰이 애덤스에게서 들은 이야기를 존슨에

게 전하자, 그는 "이보게, 나는 무례하고 난폭했다네(rude and violent). 그
들이 장난으로 오해한 것은 바로 비통함이었어. 난 비참할 정도로 가난
했지. 문학과 기지만이 내가 가진 유일한 무기라고 생각했다네. 그래서
난 모든 권력과 권위를 무시했지"라고 보즈웰에게 말했다. (제임스 보즈
웰이 자기가 쓴 글을 잘못 읽었거나, 원고를 교정할 때 출판사의 실수를 놓쳤던 것 같
다. 그래서 오랫동안 《존슨전》에는 '나는 미쳤었고 난폭했다네(mad and violent)'로 잘
못 적혀 있었다.) 《존슨전》에서 보즈웰은 좋은 뜻에서 존슨의 집 앞에 신
발 한 켤레를 몰래 두고 간 사람에 대한 일화를 소개했다. 그 사람은 신
발 밖으로 존슨의 발가락이 나온 것을 보고 선행을 베푼 것이었다. 하
지만 그의 선행에 모욕감을 느낀 존슨은 격분해서 신발을 내다 버렸다.

보즈웰은 애덤스의 또 다른 말을 존슨에게 전했고, 그 말은 그를 흐
뭇하게 만들었다.

"애덤스는 1776년 옥스퍼드 대학교에서 '자신은 새뮤얼 존슨에게 그
저 이름뿐인 강사에 불과했고 그가 자신보다 한 수 위였다'고 말했다. 나
는 이 말을 존슨 박사에게 그대로 전했다. 그러자 그의 눈은 감사와 만
족으로 빛났다. 그리고 그는 '거리낌없고 고결한 이야기'라고 외쳤다."

이것은 《존슨전》이 출간되기 15년 전에 제임스 보즈웰과 새뮤얼 존
슨이 나눴던 대화였다. 이렇게 보즈웰은 오래전부터 존슨의 전기를 쓰
기 위해 소재를 모으고 있었던 것이다.

안타깝게도 학비를 도와주겠다던 학교 친구는 약속을 지키지 않았
다. 얼마 뒤 존슨은 학업을 포기할 수밖에 없었다. 학위를 얻으려면 2
년을 더 학교를 다녀야 했다. 당시 존슨에게 옥스퍼드 대학교의 학위
를 못 받는다는 것은 좋은 직장을 얻을 수 없게 된다는 것을 의미했다.
그에게 학비가 없어서 옥스퍼드 대학교를 떠난다는 것은 아주 수치스
러운 일이었다. 그가 다시 옥스퍼드 대학교로 돌아가기까지 그로부터

25년이 걸렸다. 이후 존슨은 자신이 옥스퍼드 대학교를 졸업했다면, 교수가 되었을지도 모른다고 생각했다.

그의 친구인 저명한 학자이자 시인 토마스 워턴(Thomas Warton)은 옥스퍼드 대학교에서 학생들을 가르쳤다. 그는 보즈웰에게 존슨이 자신을 찾아왔던 날에 대하여 들려줬다. 존슨이 옥스퍼드 대학교로 워턴을 찾아온 날, 두 사람은 무명의 강사와 우연히 마주쳤다. 그 강사는 바로 존 미크(John Meeke) 목사였다. 이후 존슨은 "대학교에서 함께 어울릴 때 나는 미크가 훌륭한 장점을 지닌 인재라고 생각했지요. 하지만 애석하게도 그날 만난 미크는 수도원의 고독한 우울감에 빠져 있었어요! 예전에 대학 강당에서 고전문학 강의를 듣고 있으면, 난 미크의 우월함을 견딜 수가 없었어요. 그래서 그에게 가능한 멀찍이 떨어져서 앉았죠"라고 말했다. 과거를 떠올리며 다소 측은한 표정으로 존슨은 "비슷한 시기에 존 미크는 옥스퍼드 대학교에 남아 교수가 되었고 나는 먹고살기 위해 런던으로 갔죠. 이보게, 우리 두 사람의 인생이 얼마나 다르게 흘러갔는지 알겠지!"라고 덧붙였다.

◆ **새뮤얼 존슨의 불안한 마음**

옥스퍼드에서 집으로 돌아오자마자, 새뮤얼 존슨은 극심한 우울증에 빠졌다. 그는 끔찍한 병에 걸릴까봐 두려웠고 매사에 짜증이 났으며 무언가를 자꾸 잊어먹고 조바심이 난다고 제임스 보즈웰에게 설명했다. 그때부터 그는 실의에 빠지고 침울하고 절망에 빠져, 산다는 것 자체가 비참하게 느껴진다고 말했다. 실제로 존슨은 항상 무기력했고 비효율적으로 행동했다. 그래서 존슨은 리치필드와 버밍엄을 오고가는 데 꼬박 이틀이 걸렸다. 두 지역의 왕복거리는 고작 50마일이었는

데 말이다. "당시 나는 그의 이야기를 들으면서도 무엇을 어떻게 해줘야 좋을지 몰랐다"고 보즈웰은 《존슨전》에 적었다. 존슨은 아버지에게서 신체적 정신적 병적 기질을 물려받았다고 다른 친구에게 말했다. 때때로 그는 지독한 우울증과 정신이상 사이에서 위태로운 줄타기를 했다.

당시 '멜랑콜리'는 단지 우울과 비애만을 의미하는 감정상태가 아닌 병적인 우울감이었다. 이와 마찬가지로 '히포콘드리아(건강염려증 또는 심기증)'도 단지 자신의 건강을 필요 이상으로 염려하는 상태만을 의미하는 것은 아니었다. 히포콘드리아에 걸린 사람들은 실제로 정신장애에 시달렸다. 당시 사람들은 이 정신장애가 신체적 불균형 때문에 생기는 것이라고 여겼다. 고대 그리스의 의학 이론에 따르면 병은 혈액, 점액, 황담즙 그리고 흑담즙의 4가지 체액의 불균형 때문에 생긴다고 봤다. 이것이 바로 4체액설이다. 이 4가지 체액의 많고 적음에 따라 사람의 기질이 달라진다. 4체액설에 따르면, 지금은 잊힌 학설이 되었지만, 혈액이 많은 사람은 쾌활하고, 점액질이 많은 사람은 냉정하면서 무기력하고, 흑담즙이 많은 사람은 우울하고 침울하며, 황담즙이 많은 사람은 급하고 화를 잘 낸다고 했다.

계속해서 이 이론에 의하면 히포콘드리아의 원인은 비장에서 분비되는 과도한 흑담즙이었다. 새뮤얼 존슨은 《영어사전》에서 '멜랑콜리(melancholy)'를 '체내 과도한 흑담즙 때문에 생기는 병이다. 하지만 혈액이 과도하고 지나치게 끈적여서 발병하는 것으로 더 잘 알려져 있다. 치료법은 혈액을 빼내고 신경안정제와 강한 자극제를 복용하는 것이다'라고 정의했다. 당시에는 몸에서 피를 뽑아내는 사혈 치료는 선진화된 의료기술이었지만 실상은 그렇지 않았다. 사혈 치료는 거의 모든 병의 기본 치료법이었지만, 득보다 실이 많은 치료법이었다. 조지 워싱턴(George Washington)이 세균성 인후염에 걸렸을 때, 그의 요청에 따라 의사들은 그의 몸에서 40온스의 피를 뽑아냈다. 하지만 조지 워싱턴은 이 사혈 치료로 사망했다.

새뮤얼 존슨의 대부, 새뮤얼 스윈펜(Samuel Swynfen)은 리치필드에서 저명한 의사였다. 그래서 존슨은 자신의 병에 대하여 그에게 자문을 구했다. 이것은 실로 안타까운 선택이었다. 증상에 대한 존슨의 묘사가 너무나 인상적이었던 나머지 스윈펜은 친구들과 그것을 돌려봤다. 이 사실을 안 존슨은 배신감에 치를 떨었고 그들의 진단에 더욱 경악했다. 존슨의 친구이자 초기 전기작가인 존 호킨스(John Hawkins)는 "여기 그가 적은 증상들을 보면, 그는 스스로가 앓고 있는 극심한 우울증 때문에 정신이상에 걸릴 수 있다고 생각했던 것 같다. 그에게 세심한 주의를 기울이지 않으면, 그는 이성적 사고를 할 수 없는 상태에 이를지도 모른다"고 말했다. 다른 전기작가는 "인간 본성에 닥칠 수 있는 최악의 재앙에 대한 두려움이 손님의 목을 겨눈 폭군의 검처럼 평생 그를 괴롭혔다"고 말했다.

빅토리아시대 사람들은 새뮤얼 존슨을 현명하지만 현실에 안주했던 거만한 인물이라고 생각했다. 하지만 그를 사랑하는 독자들은 이런 인식이 얼마나 잘못된 것인지 알고 있었다. 토마스 칼라일(Thomas Carlyle)은 "그는 자신의 고결함에 대한 대가로 병적인 비애 속에서 산다"고 말했다. 칼라일은 유창하게 존슨의 '대단한 욕심과 그의 머릿속을 가득 메운 이루 말할 수 없이 혼란스러운 생각들'에 대해 언급했다.

어느 날 존슨은 옥스퍼드에서 쾌활한 척 생활했던 나날에 대해 이야기했다. 그 이야기에서도 존슨만의 재치가 돋보였다. 이를 두고 보즈웰은 "마음속에 슬픔을 품은 그는 사람들 앞에서 명랑하게 행동했다. 그의 유쾌하고 떠들썩한 웃음은 부상당한 군인과 죽어가는 군인의 신음 소리가 들리지 않게 전쟁터에서 울려 퍼지는 드럼과 나팔 소리 같았다"고 했다.

당시는 심리학이 고대 4체액설에서 막 발전하기 시작하던 시기였다. 더불어 정신이상자들은 감각 자료를 부정확하게 해석한다는 경험론적 추론에서도 심리학이 벗어나던 시기였다. 심지어 '심리학'이란 단어는 새뮤얼 존슨의《영어사전》에 등장하지도 않는다. 겨우 몇몇 작가들이 정신보다 사람의 마음을 다루는 학문으로 이 용어를 사용하기 시작했을 뿐이었다. 1767년 한 작가는 "심리학은 일반적으로 마음, 특히 인간의 마음에 관한 지식이다. 모든 노력에도 불구하고 인간의 마음을 합리적으로 설명해 내는 것은 아주 어렵다. 심지어 인간의 마음을 긍정적으로 평가하는 것은 훨씬 더 어렵다"고 솔직하게 말했다.

새뮤얼 존슨은 극심한 우울증과 불안에 시달리며 살았다. 그러다가 그는 한 가지 사실을 깨닫게 된다. 바로 불안에 대한 최고의 대처법은 불안을 해결하려고 애쓰는 것이 아니라 다른 것에 집중하는 것이란 사실이었다. 그는 불안한 생각을 억누르려고 미친 행동을 한다고 보즈웰에게 말했다. 존슨은 평생 자신의 '나태함'을 지독하게 자책했다. 그가 말한 나태함은 해야 할 일을 미루고 꾸물대는 습관이 아니었다. 그의 마음속에 악마들이 날뛰도록 하는 '정신적 해이'였다. 친구인 아서 머피(Arthur Murphy)는 "나태함에 빠지는 순간은 위험했다. 나태함에 빠지면 그의 마음은 내면에 존재하는 자신에 대한 적개심으로 변했다"고 말했다.

새뮤얼 존슨은 로버트 버튼(Robert Burton)의 1638년 저서인《우울의 해부(The Anatomy of Melancholy)》에 깊은 감명을 받았다.《우울의 해부》는 너무 우울해서 나태해질 수밖에 없는 멜랑콜리에 빠진 이들의 고통에 관한 서적이었다. 버튼은 "멜랑콜리는 그들의 영혼에 대못을 박아 그들올 박혀하고 순식간에 그들을 점령해 버린다. 활동하거나 대화를 나누거나 업무를 처리하거나 유희를 즐기거나 사람들 앞에 있을 때, 그들은 멀쩡하다. 하지만 홀로 남겨지면, 한순간 극심한 고통이 밀려오면서 나태해진다"라고 《우울의 해부》에 적었다. 존슨은 자신의 동료애 혹은 우정에 대한 굶주림이 고독에 대한 두려움 때문임을 알고 있었다.

불안을 떨치기 위해서 존슨은 '미친 행동'을 했다. 프로이트파는 이것을 신경증적 징후라고 설명했다. 하지만 오늘날에는 전혀 다르게 해석될 수 있다. 존슨은 틱을 가지고 있었고 강박적으로 행동하고 이상한 소리를 냈다. 이런 강박적인 행동들은 그에게 일종의 해방감을 줬다. 필요하면 존슨은 의식적으로 이 강박적인 행동들을 통제할 수도 있었다. 조심스럽게 말하면, 그를 처음 만난 사람들은 그의 강박적인 행동 때문에 깜짝 놀라곤 했다. 프랜시스 버니는 "그의 입은 마치 껌을 씹는 것처럼 끊임없이 움직인다. 그는 자주 이상하게 손가락을 빙빙 돌리고 손을 비튼다. 그의 몸은 계속 흥분상태다. 오르락내리락 시소처럼 아래위로 움직인다. 그는 발을 잠시도 가만히 두지 않는다. 요컨대 그의 모든 신체부위가 계속 움직인다"고 말했다.

그녀를 포함해 다른 사람들은 존슨이 헉헉대거나 낮은 소리로 그르렁거린다는 것도 알고 있었다.

◆ **결혼**

옥스퍼드 대학교를 중퇴한 이후 5년 동안 새뮤얼 존슨은 자취를 감췄다. 아마도 그 5년 동안 그는 어머니와 함께 서점을 운영했을 것이고 가끔 시를 썼을 것이다. 이를 제외하고, 그가 무엇을 했는지 알려진 바가 없다. 마침내 그는 버밍엄으로 이사했고, 외과 전문의로 일하던 오랜 학교 친구인 에드먼드 헥터(Edmund Hector)와 함께 지냈다. 그곳에서 존슨은 포목 도매상인 해리 포터(Harry Porter), 그의 아내 엘리자베스(Elizabeth)와 딸 루시(Lucy)를 알게 된다. 이들과 알고 지낸 지 1년 뒤에 해리 포터가 죽는다. 해리 포터가 죽은 지 채 1년이 안 된 어느 날 존슨은 엘리자베스와 결혼했고, 자신보다 6살 어린 루시의 계부가 되었다. 당시 그는 26살이었고 엘리자베스는 46살이었다. 사람들은 존슨이 처음에는 그보다 6살 어린 딸 루시에게 끌렸다고 생각했다.

제임스 보즈웰은 《존슨전》을 작업하는 동안 루시를 인터뷰했다. 그덕분에 《존슨전》에는 이 시기의 새뮤얼 존슨의 모습이 생생하게 담겨있다.

포터 양은 나에게 존슨을 처음 봤을 때 그의 모습이 굉장히 험악하고 으스스했다고 말했다. 당시 존슨은 야위었고 볼품없이 곧은 머리카락을 지니고 있었다. 그래서 그의 커다란 골격이 소름 끼칠 정도로 우악스러웠고, 연주창 흉터가 뚜렷하게 남아 있었다. 그는 가발을 쓰지 않았고 그의 머리카락은 곧고 뻣뻣했다. 그는 자주 발작적으로 흠칫 놀랐고 이상하게 몸을 움직였다. 그는 특히 놀라거나 조롱을 받으면 흥분했고, 점점 이런 강박적인 행동이 심해지는 듯했다. 포터 부인은 그와의 대화에 푹 빠져 있었고 그의 볼품없는 외모와 강박적인 행동은 그녀에게 전혀 문제가 되지 않았다. 그녀는 자신의 딸에게 존슨이 "평생 만났던 사내 중에서 가장 합리적인 사람"이라고 말했다.

오랜 시간이 흐른 뒤에 새뮤얼 존슨은 한 친구에게 30살이 되기 전까지 누군가를 기쁘게 해주려고 노력한 적이 단 한 번도 없었다고 고백했다. 그리고 자신은 누군가를 기쁘게 해줄 수 없는 사람이라고 생각했다고 덧붙였다.

대체로 맞는 말이지만 그는 엘리자베스 포터를 기쁘게 했다. 존슨은 그녀를 항상 테띠라고 불렀다. 사람들은 존슨이 그녀의 어머니와 같은 모성애에 끌렸을 것이라고 추측했다. 그럴 수도 있다. 하지만 존슨은 엘리자베스를 성적으로 매력적이라고 생각했다. 엘리자베스는 굉장히 지적이고 박식했다. 그녀는 유복한 가정에서 성장했고 남자 형제 모두 케임브리지 대학교를 다녔다. 살아생전의 그녀의 모습을 그린 초상화 이외에는 그녀에 대해서 알려진 바가 거의 없다(화보 그림 4). 심지어 이 초상화가 언제 제작되었는지도 알려지지 않았다. 초상화 속 그녀는 자신감 있고 우아한 목선을 가진 여인이다.

테띠는 600파운드라는 상당한 유산을 물려받았다. 이 돈으로 두 사람은 리치필드에서 3마일 떨어진 에디얼이라는 마을에 학교를 세우기로 결심했다. 학교에서 청년들에게 라틴어를 필수적으로 가르쳤다. 새뮤얼 존슨은 라틴어에 독보적인 재능을 지니고 있었다. 하지만 두 사람이 세운 학교를 찾는 학생들은 거의 없었는데, 왜냐하면 리치필드 그래머 스쿨이 훌륭했기 때문이다. 존슨과 테띠의 학교를 다니던 몇 안 되는 학생 중에 십대 초반의 데이비드 개릭(David Garrick)이 있었다. 먼 훗날 이 마을 사람들은 이곳 출신인 무명의 젊은이 두 명을 기리는 기념비가 웨스트민스터 사원에 나란히 세워졌다는 사실에 놀라고 감탄했다.

데이비드 개릭은 흉내를 잘 냈다. 그는 결혼식 피로연에서 신혼부부를 흉내내며 하객들을 즐겁게 하곤 했다. 제임스 보즈웰은 "악동들은 그의 침실 문에 귀를 대고 안을 엿듣고 열쇠 구멍으로 안을 훔쳐봤다. 그들은 존슨 부인에 대한 떠들썩하고 어설픈 사랑을 흉내내며 웃음거리로 삼았다"고 《존슨전》에 기록했다. 보즈웰은 개릭이 테띠를 두고 한 인색한 말도 인용했다.

"아주 뚱뚱하고 가슴이 작다. 터질 듯 통통한 볼은 화장을 너무 두껍게 해서 발그레하다. 코디얼을 너무 많이 마셔 안 그래도 붉은 볼이 더 붉다. 드레스를 입은 그녀는 화려하고 환상적이다. 그리고 그녀는 과장된 말과 행동을 한다."

분명히 말하자면, 개릭은 항상 과장해서 이야기를 했다. 그는 존슨의 스태퍼드셔 억양을 흉내내길 좋아했다. 상스러운 몸짓으로 펀치볼에 쥐어 짠 레몬을 집어넣고 주변을 둘러보며 "푸운쉬(펀치) 마실 분?"이라고 외쳤다. 누군가가 리치필드 극장에서 존슨의 자리에 앉았을 때, 개릭은 의자와 그 의자에 앉아 있던 남자를 동시에 번쩍 들어 올려 구덩이에 던져 버렸다. 헤스터 스레일은 이런 일이 정말 있었냐고 존슨에게 물었다. 존슨은 "개릭은 사실보다 줄여서 이야기하는 법이 없죠. 확신컨대 사실일 겁니다"라고 대답했다.

◆ **그럽 스트리트의 삶**

에디얼 학교를 세우는 데 투자한 돈은 공중으로 사라져 버렸다. 지금부터 무엇을 하면서 먹고살아야 할지를 존슨은 고민했다. 한 역사학자는 18세기 영국 사람들은 출생 배경, 사회적 지위, 재산 그리고 직업에서 자신의 정체성을 찾았다고 말했다. 이 중에서 존슨이 선택할 수 있는 것은 직업뿐이었다. 하지만 학위가 없었던 그는 전문직에 종사할 수 없었다. 학교에서 학생들을 가르치려고 했지만, 그 시도는 처참하게 실패했다. 이 어려운 시기에 사귀었던 한 친구는 "존슨은 먹고살기 위해 다른 방법을 찾아야만 했고, 전문직을 가질 수 없었기에 필요에 의해 작가가 됐다"고 했다.

작가가 되려면 런던으로 가야 했다. 1737년 새뮤얼 존슨은 한때 자신의 제자였던 데이비드 개릭과 함께 런던으로 간다. 테띠는 그가 런던에서 자리를 잡을 때까지 기다리기로 했다. 개릭은 배우가 되고 싶었다. 그의 꿈은 빨리 이뤄진다. 존슨은 비극 무운시 〈아이린(Irene)〉 원고를 들고 런던으로 갔다. 하지만 그 시를 발표할 기회는 주어지지 않았다. 개릭과 달리 존슨이 성공하기까지는 오랜 시간이 걸렸다.

애석하게도 글 쓰는 일은 돈이 되지 않았다. '서적상'으로 알려진 출판인들은 부를 쌓을 수 있었지만, 작가에게 지급하는 인세가 당시에는 존재하지 않았다. 그래서 일단 작가가 많지 않은 금액을 받고 원고를 팔고 나면, 원고 집필로 인한 더 이상의 수익을 기대할 수 없었다. 많은 사람들이 즐겨 읽는 소설의 작가들은 다른 방법으로 생계를 유지해야 했다. 예를 들어, 헨리 필딩(Henry Fielding)은 변호사였고, 스몰레트(Smollett)는 해군 군의관이었다가 기자가 되었고, 로렌스 스턴(Laurence Sterne)은 성직자였다. 귀족 예술 애호가인 호레이스 월폴(Horace Walpole)처럼 재산이 있는 작가들은 돈을 받지 않고 글을 쓰는 것을 자랑스럽게 여겼다. 하지만 새뮤얼 존슨처럼 오로지 글만 써서 먹고살아야 하는 사람은 그럽 스트리트의 천대받는 삼류 문인이 되는 것 외에는 달리 방법이 없었다.

실제로 그럽 스트리트라고 불리는 거리가 런던에 있었다(이후 밀턴 스트리트로 이름이 바뀌었다). 그럽 스트리트는 출판인들에게 원고를 주고 장당 원고료를 받는 무명작가들을 통칭하는 용어가 되었다. 이후 어느 글에서 존슨은 그럽 스트리트의 삼류 문인들을 '후대에 이름을 남기지 못한 펜을 들고 힘들고 단조로운 일을 하는 노예이자 문학을 생산하는 제조업자'라 불렀다. 그리고 '그들이 쓴 글의 생명은 일주일을 넘기지 못한다'고 했다.

그럽 스트리트의 무명작가들은 '다락방에 사는 사람'으로 알려졌다.

엘리베이터가 없었던 당시에는 꼭대기 층에 있는 다락방이 제일 쌌기 때문에 가난한 문인들은 주로 이 다락방에서 지냈다. 새뮤얼 존슨은 '그럽 스트리트(Grub Street)'를 '런던의 무어필즈에 있는 거리명이다. 소규모로 역사서, 사전 그리고 일시적으로 시를 쓰는 작가들이 주로 사는 곳이다. 주로 저급 출판물을 그럽 스트리트라고 부른다'라고 자신의 《영어사전》에 정의했다.

1780년대 풍자화가 토마스 롤런드슨(Thomas Rowlandson)은 그럽 스트리트의 무명작가들의 가난과 굴욕을 정확하게 화폭에 담아냈다. '그럽 스트리트의 시인'(그림 3)은 헝클어지고 몸에 맞지 않는 옷을 입고 있고 오른쪽 신발에는 발가락이 나와 있다. 그는 분명 아무것도 없는 바지 주머니에 한 손을 집어넣은 채 슬쩍 주변을 둘러본다. 빚쟁이들이 쫓아올까봐 두려워하는 눈치다. 다른 그림은 '서적상과 작가'(그림 4)다. 존 브루어(John Brewer)는 18세기 문화에 대한 책에서 '경멸하는 듯한 눈빛

3. 그럽 스트리트의 시인

4. 서적상과 작가

의 피둥피둥 살찐 서적상'과 '굽실대며 애원하는 여윈 작가'를 대비했다. 이 그림을 통해 당시 서적상들이 출판인으로 활동하면서 말 그대로 책도 팔았음을 알 수 있다. 그림의 왼쪽에 있는 성직자는 매우 꼼꼼하게 책을 들여다보고 있다.

한편, 새뮤얼 존슨은 서적상들과 관계가 좋았다. 그는 제임스 보즈웰에게 "문학의 후원자인 서적상들은 관대하고 진보적인 사고를 지닌 사람들"이라고 말했다. 하지만 소정의 원고료를 받고 서적상들에게 원고를 넘기는 대부분의 작가들은 그리 대단한 글을 쓰는 사람들은 아니었다.

런던에 왔을 때, 새뮤얼 존슨에게는 목표가 하나 있었다. 1731년 에드워드 케이브(Edward Cave)는 《젠틀맨즈 매거진(Gentleman's Magazine)》이라는 월간지를 출판했다. 《젠틀맨즈 매거진》에는 이것저것 다양한 글이 실렸고 1737년 널리 알려졌다. 실제로 에드워드 케이브는 현재 우리가

5. 젠틀맨즈 매거진

6. 에드워드 케이브

알고 있는 잡지로서의 매거진의 개념을 정립한 인물이다. 그 전까지 매거진(magazine)은, 새뮤얼 존슨이 《영어사전》에 정의했듯이, '주로 무기나 병기의 창고 또는 보급품의 저장소'를 칭하는 용어였다. 이제 매거진에 새로운 의미가 하나 더 추가됐다. '최근 이 단어는 에드워드 케이브의 《젠틀맨즈 매거진》이라는 정기물 때문에 다양한 이야기가 실린 팸플릿을 의미하게 되었다'고 새뮤얼 존슨이 《영어사전》에 적었다.

《젠틀맨즈 매거진》의 표지에는 항상 세인트 존스 게이트 그림이 들어갔다(그림 5). 아직도 세인트 존스 게이트는 런던에 남아 있다. 에드워드 케이브는 '실베이너스 어번'이라는 가명으로 활동했다. 새뮤얼 존슨을 만나고 1년 뒤에 제작된 초상화에서 에드워드 케이브는 '런던 세인트 존스 게이트'에 있는 그에게 보내진 편지를 들고 있다(그림 6). 새뮤얼 존슨은 제임스 보즈웰에게 자신이 그 초상화를 봤을 때, 경건하게 그 그림을 바라봤다고 말했다.

존슨은 리치필드에서 미리 《젠틀맨즈 매거진》에 실을 글을 써놨었다. 그의 글을 본 케이브는 단숨에 그의 재능을 알아봤다. 두 사람은 손발이 척척 맞았다. 에드워드 케이브가 죽자, 새뮤얼 존슨은 애정을 담아 "내성적인 성격 때문에 알기 어려운 사람이었지만, 그를 가장 잘 아는 사람들은 그의 죽음을 몹시 애통해했다"고 썼다. 그리고 "임종을 앞둔 케이브는 의식불명이었다. 그 와중에 그는 지금 이 보잘것없는 글을 쓰고 있는 나의 손을 지그시 잡았다"며 감동적으로 글을 마무리했다.

사실상 새뮤얼 존슨이 매거진 편집장이나 다름없었다. 그는 매거진에 다양한 글을 기고했다. 그가 얼마나 많은 글을 기고했는지 아무도 모른다. 존슨 본인도 매거진에 기고했던 글 상당수가 기억나지 않는다고 유쾌하게 인정했다. 하지만 그가 결코 잊지 못하는 기고글이 있었다. 그 글은 지속적인 창의력에서 나온 걸작이었다. 당시에는 의회 연설을 출판하는 것이 불법이었다. 청중이 그의 공범이었다. 청중은 자신들이 들은 연설을 메모해서 새뮤얼 존슨에게 전달했다. 존슨은 상상력을 발휘해 의회 연설문을 완성했고 영국 의회가 연상되도록 연설문에 등장하는 이름과 행사명을 살짝 각색해서 릴리퍼트 의회 연설인 양 정기적으로 매거진에 실었다. 이렇게 3년 동안 매거진에 실은 의회 연설문이 50만 단어에 달했고 실제 의회 연설문과는 아주 애매모호하게 닮아 있었다. 몇 년 뒤에 한 고전학자가 피트의 연설문이 데모스테네스의 연설문보다 낫다고 이야기했다. 이 말은 새뮤얼 존슨을 놀라게 했다. 존슨은 "그 연설문은 내가 엑세터 스트리트의 다락방에서 쓴 것"이라고 말했다.

◆ 여성 동료들

당시 노동을 할 수 있는 여성은 하층민에 속한 여성들뿐이었다. 그래서 중산층 여성들이 선택할 수 있는 직업은 그리 많지 않았다. 거의 없는 선택지 중 하나가 작가였다.

엘리자베스 카터(Elizabeth Carter)는 켄트의 딜이란 마을의 성직자의 딸이었다. 그녀는 고전문학, 히브리어, 수학 그리고 자연과학 등 고등교육을 받았고 현대 언어도 다수 익혔다. 그녀는 정말 열심히 공부했고 잠을 쫓기 위해서 코담배까지 피웠다. 런던으로 이주하면서 그녀는 에드워드 케이브의 주요 작가로서 새뮤얼 존슨과 함께 일했다. 그녀는 매거진에 여러 편의 시를 기고했다. 그녀의 시 중에서 〈대화(A Dialogue)〉는 특히 흥미로운 작품이었다. 〈대화〉에서 카터는 후에 철학자들이 '심신 문제'라고 부르는 개념을 풍자했다.

몸이 마음에게 말한다. 참으로 놀라운 일이라고
우리가 이토록 가깝게 연결되어 있는데,
단 한 번도 의견이 일치한 적 없고,
치열한 언쟁을 벌이며 함께하는 이상한 삶을 살아가며,
남편과 아내처럼 서로에게 대역병과도 같은 존재다.

다른 여성 지식인들처럼 엘리자베스 카터는 평생 혼자 살았다. 그녀에게 결혼을 해서 누군가의 아내가 된다는 것은 독립적인 삶을 잃는다는 의미였다. 하지만 그녀는 '카터 부인(Mrs. Carter)'이라 불렸다. '집안의 여주인(Mistress)'의 축약형으로 '부인(Mrs.)'이란 단어는 기혼 여성뿐만 아니라 미혼 여성을 부를 때도 사용되는 호칭이었다.

엘리자베스 카터는 매거진에 기고할 여러 종류의 기사를 썼고, 스토아학파의 철학자 에픽테토스(Epictetus)의 책을 번역하기도 했다. 그녀의 번역서는 1세기 동안 에픽테토스 번역서의 표준으로 평가받았다. 에픽테토스의 책을 번역하고 그녀가 받은 원고료는 무려 1,000파운드였다. 1745년 새뮤얼 존슨보다 8살 어린 28살의 그녀를 그린 초상화를 보면(그림 7), 한 수행원이 그녀에게 월계관을 씌워주려고 하고 있다. 카터의 손에 들려진 책은 그녀의 에픽테토스 번역서로 추정된다. 1910년 저명한 고대 그리스 · 로마 연구가 W. H. 라우즈(W.H. Rouse)는 '에브리맨즈 라이브러리(Everyman's Library)' 시리즈에 엘리자베스 카터의 에픽테토스 번역서를 원본 그대로 다시 실었다. 이때 그는 다음의 서문을 달았다.

"에픽테토스 번역서에서 보이는 카터 부인의 스타일은 에픽테토스의 스타일과는 전혀 다르다. 하지만 이것도 '하나의 스타일'이다. 당시 대부분의 작가들은 자신만의 스타일이 없었다. 자신의 스타일대로 그녀는 에픽테토스의 아이디어를 충실하고 일관성 있게 표현했다."

경제적으로 안정되자, 엘리자베스 카터는 자신의 고향으로 되돌아갔다. 하지만 이따금 런던으로 올라왔고 평생 새뮤얼 존슨과 좋은 친

7. 엘리자베스 카터

구로 지냈다. 오랜 시간이 흐른 뒤, 그녀의 조카는 "존슨은 항상 정중하고 세심하고 공손하게 자신을 대했다고 이모가 말했다"고 이야기했다. 존슨은 학식과 실용성을 겸비한 그녀를 존경했다.

"나의 오랜 친구 카터 부인은 그리스어로 된 에픽테토스의 책을 번역할 수 있을 뿐만 아니라 푸딩도 만들 수 있었다."

그녀의 그리스어 수준은 실로 놀라울 정도였다. 새뮤얼 존슨은 "좋은 벗인 베넷 랭턴(Bennet Langton)보다 그리스어를 더 잘하는 사람은 엘리자베스 카터를 제외하고 본 적이 없다"고 말했다. 한 번은 카터가 주교 토마스 세커(Thomas Secker)(이후 캔터베리 대주교가 된다)와 선의의 논쟁을 벌였다. 주교는《킹 제임스 성경(King James Bible)》에 나오는 고린도전서의 동사는 남성을 지칭하면 능동태로, 여성을 지칭하면 수동태로 번역되어야 한다는 그녀의 주장을 반박했다. 논쟁을 끝내기 위해서 두 사람은 조사를 했고 그녀의 통찰이 옳았음을 확인했다.

샬럿 레녹스(Charlotte Lennox)도 새뮤얼 존슨의 친구이자 동료였다. 그녀는 1730년 지브롤터에서 태어났고 뉴욕에서 자랐다. 그녀의 아버지는 뉴욕 부총독이었다. 런던으로 이주한 뒤 그녀는 글을 쓰기 시작했고 무책임한 관세청 직원인 알렉산더 레녹스(Alexander Lennox)와 결혼했다. 그녀는 시를 포함해 다양한 종류의 글을 썼다. 셰익스피어가 활용한 소재를 모은 《셰익스피어 일러스트레이티드(Shakespeare Illustrated)》를 썼고, 고대 그리스의 극장사에 대한 3권짜리 프랑스어 역사서를 번역했다. 이 3권짜리 역사서를 번역할 때 새뮤얼 존슨도 함께했다.

샬럿 레녹스는 유명한 소설가가 되었다. 그녀의 처녀작 《스스로 기록한 해리엇 스튜어트의 인생(The Life of Harriot Stuart, Written by Herself)》이 1751년 발표됐다. 당시 그녀는 고작 21살이었다. 그녀의 첫 번째 소설의 출간을 기념하기 위해서 새뮤얼 존슨과 그녀의 다른 친구들은 문학과 연관이 깊은 데블 태번이란 선술집에서 파티를 열었다. 데블 태번은 작가 벤 존슨(Ben Jonson)의 단골 선술집이었다. 벤 존슨의 친구 헨리 드러먼드(Henry Drummond)는 "술은 그가 빠져 살던 것들 중 하나"라고 했다.

존 호킨스(John Hawkins)도 그 기념파티에 참석했다. 그는 새뮤얼 존슨이 뜨거운 과일주인 애플파이를 주문했던 상황을 다음과 같이 회상했다.

"존슨은 월계수 잎이 가득 덮인 핫 애플파이를 주문했다. 아무렴 레녹스 부인은 여류작가였다. 그녀는 시를 썼다. 게다가 존슨은 그녀를 위해 월계관을 준비했다. 스스로 고안해 낸 의식으로 뮤즈들을 불러내고 나서야 그 월계관을 레녹스 부인에게 씌워줬다."

이어서 "아침 5시가 되자, 레모네이드만 마셨지만 존슨의 얼굴은 화려하게 빛났다. 밤새도록 흥청대며 놀았던 사람들이 집으로 돌아가려고 했다. 하지만 웨이터들은 전부 잠에 빠져 있었고 2시간이 지나서야 계산서를 받을 수 있었다. 거의 8시가 되어서야 데블 태번의 문이 삐걱거리면서 우리의 퇴장을 알렸다"고 말했다.

현대 논평가는 "여기 상류사회의 가장 변두리에 문인들의 파티가 열렸다. 자신들만의 축제를 만들고 자신들만의 영예를 누리며, 보헤미안과 전위예술이란 범주가 생기기 전, 후원자와 서적상의 속박에서 벗어난 독립을 기념하는 아주 기쁜 자리였다"고 말했다. 존 호킨스는 샬럿 레녹스를 축하하는 파티에 대해 언급하면서 '아무렴'이란 단어를 사용했다. 여기서 여성작가 또는 여류작가에 대한 그의 우월감이 나타난다. 제임스 보즈웰도 존 호킨스처럼 여성작가에 대해서 우월감을 갖고 있었다. 그래서 보즈웰의 《존슨전》에는 상대적으로 여성이 뜸하게 등장한다. 그리고 그는 존 호킨스의 새뮤얼 존슨 전기를 많이 참조했지

8. 샬럿 레녹스

만, 위의 일화는 무시했다.

　샬럿 레녹스는 두 번째 소설 《여성 돈키호테(*The Female Quixote*)》로 유명해졌다. 《여성 돈키호테》는 화려하고 사치스러운 로맨스가 인생의 지표라 생각하고 자신이 만난 모든 남자를 사랑스러운 연인 아니면 끔찍한 강간범으로 분류하는 젊은 여성에 관한 소설이었다. 헨리 필딩 같은 저명한 평론가는 그녀의 소설을 가장 비상하고 가장 훌륭한 작품이라고 평했다. 그리고 독자들은 즉시 깨달음을 얻고 엄청난 즐거움을 얻을 거라고 장담했다. 몇 년 뒤에 제인 오스틴(Jane Austen)은 《여성 돈키호테》에 깊은 감명을 받았고, 이 소설에서 《노생거 사원(*Northanger Abbey*)》의 아이디어를 얻었던 것 같다. 이미 샬럿 레녹스는 조슈아 레이놀즈가 그린 초상화를 가진 명사였다(그림 8).

◆ 실패한 결혼생활

1737년 새뮤얼 존슨이 런던으로 간 지 몇 달 뒤에 테띠도 런던으로 올라왔다. 두 사람은 얼마 동안 우드스톡 스트리트, 하노버 광장에서 살았고 이후에는 캐슬 스트리트, 캐번디시 광장에서도 살았으며 캐리 스트리트에서도 살았다. 당시 사람들은 이사를 많이 다녔다. 죽을 때까지 존슨은 거의 17번 이사를 했다.

1740년대 초반에 이르러 새뮤얼 존슨은 거의 총각이나 다름없는 생활을 했다. 테띠는 그와 함께 친구들의 모임에 나가지 않았고 절대 자신들의 집으로 친구들을 초대하지도 않았다. 테띠는 점점 술과 아편에 의존했다. 그리고 신선한 바람을 쐰다는 핑계로 작은 집을 빌려 햄스테드에서 머물렀다. 헤스터 스레일은 테띠를 알고 있던 한 지인에게서 "그녀는 항상 술에 취해 있고 침대에서 로맨스 소설을 읽었다. 결국 그 침대에서 아편을 먹고 자살했다"고 들었다. 존 호킨스는 존슨은 테띠를 드러내놓고 사랑했지만, 이런 사랑은 기계적인 학습에 의한 것이라고 생각했다. 그리고 "두 사람의 행동에는 뭔가 묘한 점이 있었다. 존슨에게선 깊은 존경심이, 테띠에게선 예스런 아름다움이 풍겼다"고 말했다.

제임스 보즈웰에게는 새뮤얼 존슨과 테띠의 결혼생활에 대해 수집한 이야기가 훨씬 많았다. 존슨보다 7살 어린 엘리자베스 데물랭(Elizabeth Desmoulins)은 그의 대부인 새뮤얼 스윈펜(Samuel Swynfen)의 딸이었다. 그녀는 햄스테드에서 테띠와 함께 지냈다. 데물랭은 데물랭이란 성을 지닌 버밍엄 출신 남성과 결혼했지만, 그녀의 남편은 두 사람이 결혼하고 얼마 지나지 않아 사망했다. 그 후 그녀는 존슨의 집에서 여생을 보냈다. 존슨의 말년에 보즈웰과 화가 모리셔스 로우(Mauritius Lowe)는 당시 60대였던 데물랭 부인과 기가 막힌 대화를 나눴다. 그녀와의 대화를 기록으로 남긴 뒤, 보즈웰은 '새뮤얼 존슨의 기이한 발언-타켄다'라고 제목을 달았다. '타켄다(tacenda)'는 '발설 금지, 기밀 유지'란 뜻이다.

모리셔스 로우는 능글맞게, 새뮤얼 존슨이 여성들과 오직 플라토닉한 관계만을 원했는지 물었다. 이 질문에 데물랭 부인은 "단단히 오해하고 있네요. 존슨 박사는 성욕이 대단히 강했어요. 단지 그 성욕을 억눌렀던 거죠"라고 대답했다. 로우와 보즈웰의 끈질긴 추궁에 그녀는 비밀 이야기를 하나 더 했다.

"그 시기에 테띠는 남편과 절대 동침하지 않았어요. 하지만 그건 그녀의 잘못이 아니었죠. 테띠는 충격적일 만큼 술을 마셨고 몸이 좋지 않았어요. 그리고 누군가가 옆에 있으면 잠을 못 잤죠."

그래서 새뮤얼 존슨은 엘리자베스 데물랭의 침실을 자주 찾았고 그녀의 곁에 누웠다.

제임스 보즈웰: 그래서 존슨은 무엇을 했나요? 어서 말해 봐요.

(로우는 깜짝 놀랐다.) 당신을 애무했나요? 당신에게 키스했나요?

데물랭 부인: 네.

제임스 보즈웰: 그의 키스는 아버지가 딸에게 하는 키스와 달랐나요?

데물랭 부인: 네, 달랐어요.

모리셔스 로우: (그녀의 가슴에 손을 가져가며) 이런 것도 했어요?

데물랭 부인: 그는 품위에 어긋나는 행동은 하지 않았어요. 선을 지켰죠.

모리셔스 로우: 그가 당신과 관계할 수도 있었다고 맹세하나요?

데물랭 부인: 네, 맹세해요.

제임스 보즈웰: 그런데 그가 그 폭력적인 성욕을 억눌렀다?

데물랭 부인: 네. 그랬어요. 존슨 박사는 저를 밀쳐내며 '꺼져'라고 소리쳤어요.

성욕을 억눌러 본 적이 없는 보즈웰은 이것이 얼마나 비통한 이야기인지 이해할 수 없었을 것이다. 그는 "이상하네"라는 말만 연신 되풀이했다.

1752년 테띠는 63세의 나이로 사망했고, 런던 교외의 브롬리의 교회 묘지에 묻혔다. 존슨은 여생 동안 아내의 죽음을 애도했다. 아내에 대한 그의 헌신에 그녀를 알지 못하는 친구들도 깊이 감동했다. 존슨이 여생 동안 아내의 죽음을 비통해 한 주된 이유는 일종의 죄책감 때문이었을 것이다. 그는 불행한 결혼생활의 책임이 일부 자신에게 있다고 생각했다. 심리학자들은 문제가 많고 갈등이 심한 결혼생활을 하다가 사별로 배우자를 잃은 사람들은 평생 슬픔에 시달린다고 말한다.

24년 뒤 죽기 몇 개월 전에 존슨은 친구에게 가슴 저미는 이야기를 해줬다.

"불쌍한 나의 아내가 임종에 이르렀을 때, 누군가 도시 외곽에서 지내도록 하라고 충고했지요. 그래서 그녀가 머물 수 있도록 숙소를 마련했고 그곳으로 그녀를 옮겼어요. 테띠는 계단이 불안하고 벽 여기저기에 회반죽이 떨어져 나갔다고 불평했어요. 그 말을 들은 집주인이 '오, 이 숙소에서 죽은 불쌍한 영혼들의 관 뚜껑 닫히는 소리에 비하면 아무것도 아니랍니다'라고 말했어요."

존슨은 웃으면서 말했지만, 아내를 잃은 슬픔은 감추지 못했다. 죽기 직전에 새뮤얼 존슨은 테띠의 무덤에 세울 묘비를 주문했고 묘비명을 지었다. 의붓딸 루시에게 그는 영어로 그 묘비명을 번역해 줬다. 묘비명에서 존슨은 테띠를 "아름답고 우아하고 총명하고 가여운 여인"이라 부르며 "그녀의 첫 번째 남편은 헨리 포터였고, 그녀를 너무도 사랑했고 오래도록 애도했던 그녀의 두 번째 남편 새뮤얼 존슨이 이 묘비를 세운다"고 기록했다. 그의 묘비명에 감동한 학자는 "존슨은 실제 두 사람의 결혼생활보다 더 감동적이고 더 만족스러운 상상 속의 로맨스를 묘비명으로 지었다"고 말했다.

이 당시 새뮤얼 존슨은 재혼을 고민했다. 그가 마음에 두고 있었던 여인은 매력적이고 종교심이 깊은 힐 부스비(Hill Boothby)였다. 그녀는 리치필드에서 멀지 않은 애시본 출신으로 존슨의 오랜 지인이었다. 두 사람은 주기적으로 편지를 주고받았다. 안타깝게도 두 사람이 주고받은 편지는 많이 남아 있지 않다. 지금까지 남아 있는 편지 중에 존슨이 그녀가 위독하다는 사실을 알고 1755년 12월에 쓴 편지가 있다. 당시 그 또한 기관지염과 폐렴일 가능성이 있는 병을 앓고 있었다. 존슨은 힐 부스비를 "나의 사랑스런 천사" 또는 "너무나도 사랑하는 당신"이라 불렀다. 이 긴 편지는 다음과 같이 시작해서 끝을 맺는다.

다시 자정이 찾아왔소. 이 한밤중에 난 또다시 혼자구려. 이 어둡고 공허한 쓸모없는 시간 동안 어떤 생각을 하면 즐거울까요? 나 자신에 대해 생각하면 즐거울까요? 난 초라하고 구할 길 없는 영혼이라오. 거센 바람이 그런 날 나약하고 고통스럽게 만들어 버렸소. (중략) 데카르트가 한 말을 알고 있을 것이오. "나는 생각한다. 고로 나는 존재한다." 이 말은 결론적으로 "나는 글을 쓴다. 고로 살아 있다"란 의미죠. 그리고 "나는 살아 있다. 고로 나는 부스비 양을 사랑한다"란 의미이기도 하다오. 바라건대, 우리의 우정이 삶보다 훨씬 더 오래 지속되길.

일주일 뒤에 존슨은 "부디 살고자 노력해 주오"라고 편지를 썼고, 그로부터 일주일 뒤 힐 부스비는 사망했다. 헤스터 스레일은 당시 그를 알고 있던 누군가로부터 그가 슬픔으로 거의 정신이 나갔고 그의 곁에서 친구들이 그의 격렬한 감정을 진정시키려 노력했다고 전해 들었다.

◆시와 전기

　새뮤얼 존슨은 글을 항상 잘 썼다. 작자 미상의 글일지라도, 스타일만으로 존슨의 글인지 아닌지 구분이 가능했다. 그는 자신만의 스타일이 돋보이는 작품을 발표하기 시작했다. 이른바 '존슨 스타일(Johnsonian)'은 호소력 짙고 정도를 지키려는 정신적 용기로 가득했다. 하나의 사례가 존슨이 1738년 익명으로 발표한 〈런던(London)〉이다. 〈런던〉은 새뮤얼 존슨이 고대 로마의 시인 유베날리스(Juvenal)의 여섯 번째 풍자시를 현대적으로 각색하여 압운이 있는 쿠플레 형식으로 작성한 시로 힘 있고 격정적이다. 알렉산더 포프(Alexander Pope)는 이런 압운이 있는 쿠플레 형식으로 고대 로마의 풍자시인 호라티우스(Horace)를 모방했다. 존슨은 자신의 경험을 바탕으로 다음의 구절을 썼다.

　어디서나 들려오는 슬픈 진실이여
　더딘 출세는 의미 있지만, 가난으로 암울할지니

　알렉산더 포프가 〈런던〉에 찬사를 보냈다는 소식을 듣고 존슨의 어깨는 한껏 으쓱해졌다. 그리고 그는 〈런던〉의 작가는 곧 무덤에서 파낸 시체마냥 그 정체가 밝혀질 것이라고 말했다. T. S. 엘리엇(T. S. Eliot)은 "이 시에 생기를 불어넣는 것은 젊은 시절 새뮤얼 존슨이 직접 경험한 역경, 모욕, 마음의 상처 그리고 궁핍의 쓸쓸함이라는 내면에 숨어 있는 개인적인 감정"이라고 평했다.
　새뮤얼 존슨의 첫 번째 성공작은 1744년 발표한 《리처드 새비지의 인생(*An Account of the Life of Mr. Richard Savage*)》이었다. 그로부터 몇 년 뒤, 그 때까지 존슨을 알지 못했던 조슈아 레이놀즈는 우연히 이 책을 발견하고 벽난로 위 선반에 기대어 읽기 시작했다. 후에 레이놀즈는 보즈웰에게 "깊이 빠져들어 끝낼 때까지 그 책을 내려놓을 수 없었고, 다 읽고 난 뒤 자리를 옮기려고 하자 팔에 아무 감각이 없었다"고 말했다.

《리처드 새비지의 인생》은 작은 걸작이었지만, 당시 사람들에게 다소 낯선 작품이었다. 리처드 새비지는 교양 있고 매력적인 인물로 재능 있는 시인이었다. 새뮤얼 존슨보다 12살 많고 알렉산더 포프와 어울렸던 그는 세상 돌아가는 이치를 잘 알았다. 그는 교만했고 사람들을 능수능란하게 다뤘다. 그리고 그에겐 약간의 망상이 있었다. 새비지는 살인을 저지르고 그 사실을 부인하지 않았다. 이로 인해 그는 사형을 당할 처지에 놓이게 됐다. 그의 영향력 있는 친구들이 힘겹게 왕실 사면을 얻어내 그의 목숨을 구해냈다. 게다가 새비지는 자신이 한 귀족부인의 사생아라고 주장했고 이를 이용해서 부와 명성을 얻었다. 그가 어머니라고 주장한 귀족부인은 이해할 수 없을 정도로 그를 박해했다. 존슨은 매사 의심이 많았지만, 귀족부인의 사생아라는 새비지의 주장만은 그대로 믿었다. 하지만 현대 학자들은 이것은 새비지가 꾸며낸 이야기이고 그가 어머니라고 주장한 귀족부인이야말로 박해받았던 인물이었을 것이라 확신한다.

새뮤얼 존슨의 《리처드 새비지의 인생》은 특별한 애원으로 가득하다. 이 전기에는 존슨이 옛 친구에 대한 의리뿐만 아니라 그럽 스트리트의 모욕에서 벗어나려고 처절하게 집필에 몰두하는 이방인의 모습이 담겨 있다. 리처드 새비지는 친구들에게서 돈을 꾸지 못하면 돈을 벌려고 글을 썼다. 존슨은 그의 생활 방식을 회상하며 격분했다. 새비지가 식사다운 식사를 하는 날은 손가락에 꼽을 정도였다. 셋방에서 자는 날도 마찬가지였다. 때로는 야간에 방랑자들에게 개방하는 허름한 집에서 하룻밤을 보냈고, 세상에서 가장 하찮고 비천한 이들과 뒤섞여 움집에서 자기도 했다. 돈이 없어 이런 허름한 잠자리조차 구할 수 없는 날이면, 그는 지칠 때까지 거리를 거닐다가 여름에는 야적장에서, 겨울에는 궁핍한 사람들과 뒤섞여 온실의 잿더미 곁에서 잤다. 존슨이 그렇게 말하진 않았지만, 그 자신도 궁핍한 사람들 중 한 명이었다.

리처드 새비지는 시골에서 검소한 생활을 할 수 있을 정도로 충분한 돈을 친구들에게서 얻어 냈다. 그리고 그는 눈물을 글썽이며 존슨과 헤어졌다. 새비지는 브리스틀까지 내려갔다. 그곳에서도 돈을 빌렸고 결국 감옥에 갇혔다. 감옥에서 그는 병을 얻어 사망했다. 새비지의 마지막 말에 대한 존슨의 이야기는 연민을 자아낸다. 마지막으로 교도관이 새비지를 봤을 때가 1743년 7월 31일이었다. 그는 자신의 침대 맡에 서 있는 교도관을 보고 축 늘어뜨린 손을 움직였다. 자신이 무슨 말을 하려고 했는지 도저히 기억나지 않자, 그는 "이제 끝이다"라고 말했다. 그 즉시 교도관은 자리를 떠났고 다음날 아침에 새비지는 세상을 떠났다. 당시 그의 나이 46세였다.

새뮤얼 존슨은 독자들에게 다음과 같이 일갈하며 이야기를 마무리했다.

"풍족한 환경에서 자신의 인생을 헛되이 보내는 사람들은 리처드 새비지의 행동을 판단할 자격이 없다. 현명한 자는 '내가 새비지와 같은 처지였다면, 그보다 더 잘 살거나 글을 더 잘 썼을 것이다'라고 쉽게 말하지 않을 것이다."

존슨은 가난을 절대 낭만적으로 그리지 않았다.

"찢어질 듯 가난했을 때, 나는 이 마을을 돌아다니며 가난의 장점에 대해서 열변을 토했다네. 하지만 솔직히 내가 가난하다는 현실이 너무 슬펐어. 이봐, 사람들은 가난은 악이 아니라고 주장하지. 하지만 실제로 그런 주장들이 가난은 거대 악이라는 반증이라네. 자네는 자신이 부유한 환경에서 매우 행복하게 살고 있다고 설득하려고 애쓰는 사람을 본 적이 있는가?"

이것이 새뮤얼 존슨이 제임스 보즈웰과 처음 나눈 대화였다. 어느 글에서 존슨은 보다 강력하게 가난에 대한 자신의 생각을 밝혔다.

"가난은 암울하고 우울할 뿐이다. 가난은 몸과 마음을 모두 괴롭힌다. 가난의 고통은 그 무엇으로도 완화할 수 없다. 가난한 상태에서는 모든 미덕은 모호해지고 그 어떤 행동도 비난을 피할 수 없다. 그리고 쾌활함은 무감각해지고 낙담은 언짢아진다. 가난한 이가 역경을 이겨내도 영예가 없고, 노동을 해도 보상이 없다."

CHAPTER 2

새뮤얼 존슨: 마침내 얻은 명성

◆천직

새뮤얼 존슨이 1748년에 죽었다면, 몇 안 되는 전문가들만이 그를 알았을 것이다. 1748년은 존슨이 40살을 앞둔 해였다. 1750년대 존슨은 문인으로서 사실상 그 누구도 넘볼 수 없는 위치에 오르게 되는 걸작을 연달아 발표했다. 이를 두고 제임스 보즈웰은 다음과 같이 평가했다.

"미천한 신분에 오직 글로만 먹고사는 사람들 중에서, 간단히 말해 직업작가 중에서 존슨처럼 이 나라에서 유명한 자리에 오른 사람은 없다."

이런 그의 평은 설득력이 있다.

새뮤얼 존슨은 십여 년간 익명으로 글을 쓰다가, 1749년에야 비로소 자신의 이름으로 압운이 있는 쿠플레 형식의 시와 무운시 형식의 희곡을 발표했다. 한두 세대 전이라면(가령 엘리자베스 여왕 시대의 셰익스피어가 활약했던 시절이라면) 시와 희곡은 분명 그에게 명성을 안겨줬을 것이다. 그런데 시와 희곡이 사랑받던 시기는 이미 지난 뒤였다. 하지만 존슨은 그렇게 생각하지 않았다.

새뮤얼 존슨이 자신의 이름으로 발표한 희곡은 터키 역사를 바탕으로 한 〈아이린〉이었다. 그는 연극에는 큰 관심이 없었다. 그래서 〈아이린〉은 희곡이었지만 연극에 올릴 작품으로는 적합하지 않았다. 존슨

9. 〈욕망의 공허〉 원고

은 몇 년 동안 〈아이린〉을 출판하려고 노력했지만, 모두 헛수고였다. 결국 데이비드 개릭이 개인적인 호의로 〈아이린〉을 출판했다. 〈욕망의 공허(The Vanity of Human Wishes)〉는 존슨이 자신의 이름을 걸고 발표한 첫 번째 시다. 〈욕망의 공허〉는 그가 익명으로 발표한 〈런던〉처럼 유베날리스의 풍자시를 각색한 것이었지만, 〈런던〉보다 힘이 넘쳤다. 그리고 존슨의 유일한 장편 시였다. 〈그림 9〉는 존슨이 직접 쓴 〈욕망의 공허〉 원고의 첫 장이다.

유베날리스는 인간의 어리석음을 신랄하게 경멸했다. 하지만 새뮤얼 존슨은 결코 그런 글을 쓸 수 없었다. 그는 "글을 쓰는 유일한 목적은 독자들이 삶을 더욱 잘 즐기거나 견뎌낼 수 있게 하는 것"이라고 썼다. 존슨은 풍자를 피했고 인간의 경험을 보다 넓고 관대한 시각에서 바라봤다. 하지만 월터 잭슨 베이트(Walter Jackson Bate)는 새뮤얼 존슨을 두고 '되다가 만 풍자작가'라고 했다. 다시 말해 존슨이 풍자에 재능이 있었는데 그 재능을 마음껏 발휘하지 않고 스스로 억눌렀다는 것이다.

존슨은 전도서에 나오는 "헛되고 헛되도다. 모든 것이 헛되도다"란 글귀에서 아이디어를 얻어 자신의 시에 제목을 붙였다. 〈욕망의 공허〉의 첫 구절은 다음과 같다.

관찰로 하여금 광범위한 시각으로
중국부터 페루까지의 인류를 조사하게 하여라.

새뮤얼 존슨은 전지적 시점에서 시를 쓰려고 했던 것 같다. 비웃는 것이 아니라 애끊는 심정으로 이 세계의 어리석음을 보기 위해 멀리 떨어져서 전 세계를 응시하려고 했다.

〈욕망의 공허〉는 정치가, 군인, 기독교 성직자 그리고 학자 등 여러 분야에서 실패로 끝나버린 희망의 사례를 살폈다.

셀 수 없이 많은 탄원자들이 등용(preferment)의 문 앞으로 모여든다.
부에 목말라하고 위대해지고자 불타오른다.
기만적인 행운이 탄원자들의 끊임없는 외침을 듣는다.
그들은 그 문을 올라 빛나지만,
그 빛은 서서히 사라지고 그들은 바닥으로 추락한다.

'등용'은 강력한 후원자의 개입을 통해 영달을 얻는 것을 말한다. 하지만 안타깝게도 새뮤얼 존슨은 어떤 식으로든 단 한 번도 등용된 적이 없었다.

존슨은 인생이란 인간이 흐름을 거스를 수 없는 어딘가로 흘러가는 물줄기 같다고 느꼈다.

가련한 자는 남모르게 주저앉아

운명의 급류에 휩쓸려 어디론가 흘러가야만 하는가?

〈욕망의 공허〉 초안에는 두 번째 구절이 '운명의 해류를 따라 헤엄친다'라고 적혀 있다. 지금은 '헤엄치다'가 '휩쓸려 흘러가다'로, '해류'가 '급류'로 수정됐다.

존슨은 마지막 구절에서 초월적인 존재에게 호소한다.

천상의 지혜여, 마음을 진정시키고

그녀가 찾지 못한 행복을 만들어 주소서

마지막 구절에서 존슨은 유베날리스의 이교주의를 기독교의 안식으로 대응했다. 하지만 정작 존슨 자신도 기독교의 안식을 얻지 못했다.

새뮤얼 존슨은 작가로서 유명해지기로 결심했다. 하지만 가장 유망한 듯 보였던 시와 희곡이란 두 장르는 그에게 명성을 가져다주지 못했다. 이후 그는 두 번 다시 장편 시를 쓰려고 하지 않았다. 그리고 단한 편의 희곡은 그가 극작가가 될 수 없다는 사실만을 증명했다. 지금 돌이켜보면 당시 성공하는 최고의 길은 소설가가 되는 것이었다. 그 당시에 소설은 시와 희곡과 같은 옛 장르를 대신할 새로운 장르였다. 하지만 소설이 이제 막 인정을 받기 시작하던 시기였기 때문에 존슨도 소설이란 장르에 대해 심각하게 생각하지 않았다. 후에 그는 간략한 중편소설 《라셀라스(Rasselas)》를 발표했다. 하지만 그는 소설에는 별다른 재능이 없었다.

시, 희곡 그리고 소설 외에 유망한 장르가 하나 남아 있었다. 그것은 바로 정기간행물이었다. 40년 전에 조셉 애디슨(Joseph Addison)과 그의 조력자 리처드 스틸(Richard Steele)은 정기간행물《더 스펙테이터(*The Spectator*)》로 스타덤에 올랐다. 이에 자극을 받은 새뮤얼 존슨은 출판인들 몇몇을 설득했고 2기니에 일주일에 두 번《더 램블러(*The Rambler*)》를 발표했다.

존슨은 마감시간에 쫓겨 정기간행물의 제목을 무작위로 정했다고 조슈아 레이놀즈에게 말했다. 그러면서 "이보게, 될 일은 되게 되어 있다네. 정기간행물을 출판하기로 결심했을 때, 뭐라고 제목을 붙일지 모르겠더군. 밤에 침대에 앉아서 생각했지. 제목을 정할 때까지 자지 않겠다고 말이네. 방랑자란 의미로 '더 램블러'가 딱이겠다 싶었지. 그래서 정기간행물의 제목이 '더 램블러'가 된 것이라네."

제임스 보즈웰은 이 단어를 이탈리아어로 번역하면 '일 바가본도(*Il Vagabondo*)'가 된다는 사실에 감탄했다.

원고 마감일은 매주 화요일과 토요일이었다. 하지만 존슨은 마감일에 임박해서 부랴부랴 글을 썼다. 원고를 마무리하지 못해서 인쇄소에 넘기는 순간까지 글을 쓰는 경우가 다반사였다. 1750년부터 1752년까지 존슨은 거의 208편의 글을《더 램블러》에 실었다. 이 중에서 그의 친구들이 기고한 글은 몇 편 안 된다(엘리자베스 카터가 한 편을 기고했다). 초기에 단어 수는 평균 1,500개였다. 하지만 점점 글의 길이가 줄어들더니 마지막에 가서는 단어 수가 1,200개까지 줄어들었다. 요즘 〈뉴욕타임스〉의 기고란에 실리는 글의 단어 수가 대략 1,200개 정도다.

본래《더 램블러》는 6쪽의 팸플릿으로 출간됐다. 그 뒤 다양한 형식으로 출간됐고, 하나의 수필집으로 출간되기도 했다. 존슨이 살아 있을 동안, 연이어 10판까지 인쇄됐다. 그 무렵에《더 램블러》는 이미 현대 고전으로 평가받고 있었다. 테띠는 "전 당신을 좋게 생각해 왔어요. 하지만 당신이 이렇게 대단한 글을 쓸 수 있을 것이라고는 상상도 못했어요"라고 존슨에게 말했다. 이 말을 듣고 그는 깊은 감동을 받았다.

새뮤얼 존슨은 인간성과 인간이 살아가는 법을 탐구하고 거기서 얻은 깨달음을 수필이나 짧은 글로 표현하는 문필가, 즉 모럴리스트가 자신의 소명임을 깨달았다. 당시 이 용어가 사람들 사이에서 사용되고 있었다(프랑스에서는 여전히 이 용어가 사용되고 있다). 그는 《영어사전》에서 모럴리스트(moralist)를 '삶의 의무를 가르치는 자'라고 정의했다. 모럴리스트의 목표는 참신함으로 독자를 놀라게 하는 것이 아니었다. 《더 램블러》 2호에 실은 글에서 썼듯이, "사람들에게 새로운 무언가를 알려주는 것보다 이미 알고 있는 사실을 더 자주 상기시켜 주는 것"이 모럴리스트의 목표였다.

《더 램블러》에 실린 그의 글에는 그만의 개성이 있는 스타일이 생겨났다. 그는 도입부에서 사람들이 익숙하게 느끼는 '뻔한 사실'을 언급하고 그것을 낱낱이 파헤쳐 그 뻔한 사실의 부당함을 폭로했고, 결론에 이르러선 뻔한 사실을 다시 조합해서 진실로 만들었다. 월터 잭슨 베이트는 존슨이 어떤 사안을 완전히 뒤집어 색다른 논리를 펴 터무니없는 생각을 떨쳐내는 재능이 있었다고 말했다.

새뮤얼 존슨은 독단적인 사람이었다. 그의 독단성은 대화를 나눌 때 두드러졌다. 사실 그는 대화의 상대방과 논쟁을 벌이기 위해서 일부러 독단적인 태도로 대화에 임했다. 하지만 글을 쓸 때는 절대 독단적이지 않았다. 보즈웰은 "그의 글에는 바다와 같은 그의 머릿속을 굽이굽이 흐르는 위대한 생각이 들어 있다"고 말한 한 역사가의 평을 《존슨전》에 인용했다.

그렇다고 그가 당대의 중요한 이슈를 무시했던 것은 아니었다. 그는 당대의 첨예한 이슈에 대해 논했고, 《더 스펙테이터》의 세상 경험이 풍부한 '스펙테이터 씨'보다 당대 이슈에 더 깊이 공감했다. 《더 램블러》에 실린 35편의 글과 후속작인 《디 아이들러(*The Idler*)》와 《디 어드벤처러(*The Adventurer*)》는 1인칭 시점으로 여성의 경험에 대해 논한다.

《디 아이들러》에서 "선생님, 저는 막대한 재산을 소유한 여자입니다. 하지만 아이들러 씨, 저는 재력가의 불행한 아내랍니다"란 여인의 말을 들은 남성 화자가 "사람들은 나를 부자이고 아내를 원하는 사람으로 알죠"라고 답한다. 이 대화가 제인 오스틴에게 깊이 각인되었던 듯하다. 존슨의 글을 사랑했던 그녀는 《오만과 편견(*Pride and Prejudice*)》의 첫 문장을 "재산깨나 있는 독신남에게 아내가 꼭 필요하다는 것은 누구나 인정하는 진리다"란 문장으로 강렬하게 시작했다.

다른 수필에서 존슨은 사회가 용인하거나 심지어 강요하는 여러 형태의 잔인함을 폭로했다. 그는 매춘부의 고통에 대해 깊은 관심을 가지고 있었다. 그는 런던에 올라온 지 얼마 되지 않았을 때 많은 매춘부들과 알게 되었다(나중에 그의 친구들은 과연 새뮤얼 존슨이 그들을 얼마나 잘 알았는가에 대해 왈가왈부했다).

한 집에서 지냈던 엘리자베스 데뮬랭(Elizabeth Desmoulins)은 매춘부에 대한 존슨의 감동적인 일화를 들려주었다. 플리트 스트리트에서 새벽 2시경 존슨은 곤경에 처한 누군가의 비명소리를 듣고 깜짝 놀랐다. 그는 길바닥에서 죽어가고 있는 누더기 차림의 여인을 발견했다. 그녀는 존슨에게 무자비한 주인이 자신을 쫓아냈다고 아주 힘겹게 말했다. 그는 그녀를 등에 업고 자신의 집으로 돌아왔다. 알고 보니 그녀는 성병에 걸려 있었다. 존슨은 3개월 동안 그녀를 자신의 집에 머무르도록 했고 의사는 성공적으로 그녀를 치료했다. 그녀가 매춘부의 삶을 싫어한다는 사실을 확인한 그는 친구들에게 여자 모자 가게에서 그녀가 일할 수 있도록 자리를 마련해달라고 부탁했다. 그 가게에서 그녀는 몇 년을 아주 착실하게 일했다. 윌리엄 해즐릿(William Hazlitt)은 이를 두고 착한 사마리아인에 관한 이야기가 현실이 된 사례라고 평했다.

　새뮤얼 존슨은 '채무자의 감옥'이라는 끔찍한 제도도 글에서 다뤘다. 빚을 갚지 못하는 사람들을 그 빚을 갚을 때까지 감금하는 곳이 바로 채무자의 감옥이었다. 대신 빚을 갚아 줄 친구가 있는 사람들도 있었을 것이다. 하지만 그런 친구가 없는 사람들은 채무자의 감옥을 나갈 방도가 없었다. 수감자의 아내와 자녀가 겪는 고통을 애써 외면하는 채권자에 대해 존슨은 "나는 오직 인간에게만 편지를 쓰니까, 인간 같지 않은 채권자에겐 편지를 쓰지 않겠다. 하지만 어떤 다른 힘을 이용해 그들이 그 고통에 눈뜨게 하겠다"고 말했다.

　존슨의 수필 중 정신적 경험을 다룬 수필들이 특히나 감동적이다. 물론 그의 첫 번째 독자들은 몰랐지만, 지금 우리는 그런 경험이 지극히 개인적이었음을 안다. 헤스터 스레일은 "존슨은 삶의 공허함에 대해 깊이 몰두했다. 반복적으로 삶은 공허하다고 느낀 그는 삶은 본래 공허한 것이라는 가설을 세웠다. 그리고 보통 그의 추론은 이 가설로 귀결됐다"고 말했다. 이 주제는 실제로 그의 글에 깊이 스며들어 있었다. 억지로라도 건설적인 관심사나 관심을 쏟을 만한 무언가로 삶을 채우지 않으면 삶은 공허해진다는 두려움이 그의 글에 깊이 배어 있었다.

　새뮤얼 존슨이 대단히 존경하는 블레즈 파스칼(Blaise Pascal)은 《팡세 (Pensées)》에서 삶의 공허함과 유사한 말을 한다. '앙뉘(Ennui)'는 단순한 지루함이 아니다. 지독한 정신적 공허함이다.

　"앙뉘. 열정 없이, 직업 없이, 즐거움 없이, 일 없이 완전히 쉬는 것만큼 인간에게 괴로운 일은 없다. 인간은 자신이 헛되고 버려지고 부족하고 의존적이고 무력하고 공허하다고 느낀다. 그러면 즉시 인간의 마음 깊은 곳에서 권태, 우울, 애통, 분개, 짜증, 절망이 치밀어 오른다."

　존슨은 원치 않는 생각과 욕망을 통제하는 노력을 '도덕적 절제'라 불렀다. 그는 도덕적 절제에 대해 관심이 깊었다. 하지만 그 역시 살아가면서 도덕적으로 절제한다는 것이 얼마나 어려운 일인지를 잘 알고 있었다. 그는 내적으로 매우 격정적이고 위협적인 경험을 했다. 그래서 그에게 내면을 다스리는 노력은 일종의 치유적인 효과가 있었다. 그는 자신의 내면을 다스리려고 노력하는 환자였다. 그리고 그 환자는 이런 노력을 통해 스스로 누군가의 스승이 되고자 했다.

새뮤얼 존슨은 《더 램블러》가 사랑받진 않았지만 널리 인정을 받고 있다는 사실에 기뻐했다. 하지만 그는 자신이 조셉 애디슨과 리처드 스틸처럼 폭넓은 대중을 만족시킬 수 없다는 사실을 잘 알고 있었다. 《더 램블러》를 폐간해야 할 시기가 왔을 때, 그는 자부심과 실망감이 뒤섞인 애통한 심정으로 다음과 같은 말을 했다.

"지친 그는 곧 대중도 지치게 할 것이다. 그는 더 이상 예전처럼 왕성한 활동도 할 수 없고 집중력을 발휘할 수도 없다. 그러므로 그의 직업이 무엇이든지 간에 하던 일을 내려놓아야 한다. 불신임의 고통에서 벗어나도록 하자. 그렇지 않으면 완강하게 무대에서 버티다가 결국 대중의 야유를 받고 떠나게 될 것이다."

◆ 존슨체

새뮤얼 존슨은 복잡하고 과장된 산문체를 선호했다. 그의 문체는 '존슨체(Johnsonese)'로 잘 알려져 있다. 일생 동안 그리고 사후에 존슨체는 비난과 패러디의 대상이었다. 특히 그는 라틴어에 뿌리를 둔 긴 단어를 좋아했다. 대다수가 일반 독자들에겐 친숙하지 않은 단어들이었다. 소설가 조지 오웰(George Orwell)은 "짧은 단어로 충분한데 긴 단어를 쓰지 마라"고 했다. 조지 오웰은 부정한 의도를 숨기기 위해서 길고 장황

한 단어를 쓰는 정치와 광고의 불명료화에 반대했다. 그 누구도 그런 조지 오웰의 발언에 새뮤얼 존슨보다 더 비판적일 수는 없었을 것이다. 존슨은 짧은 단어로는 생각을 정확하게 전달할 수 없다고 주장했을 것이다. 그리고 긴 단어 하나로 그 짧은 단어를 공들여 선택한 의도를 강조해서 명확하게 전달할 수 있다고 주장했을 것이다.

물론 길거나 짧거나, 단어만이 문체를 결정하지 않는다. 새뮤얼 존슨은 어느 글에서 각각의 문장과 문단을 하나의 완전한 글로 빚어내는 작업의 어려움에 대해 논했다.

"보통 작가는 '적절한 마침표(a happy period)'가 될 단어를 찾고자 고심한다. 그는 함축적인 부연설명이 될 수 있는 오직 하나의 단어를 원하고, 문단을 우아하게 마무리하기 위해 상응하는 용어가 필요하며, 글을 구성하는 모든 요소들이 서로 대응되도록 한다. 하지만 항상 이런 글이 나오는 것은 아니다. 오랜 연구와 괴로움 끝에 문단은 새로워지고 복잡하게 얽힌 거미줄이 풀려 글은 완성된다."

새뮤얼 존슨이 '적절한 마침표'를 언급한 까닭은 존슨체는 일종의 도미문체였기 때문이다. 우리는 '마침표'를 단순히 문장의 끝을 알리는 구두점으로만 사용한다. 하지만 전통적인 수사에서는 결론에 이르는 상관관계에 있는 문단 전체를 의미했다. 리처드 래넘(Richard Lanham)은 "도미문체에서는 균형, 대조, 병렬 그리고 세심한 반복 패턴이 중요하다. 이 모든 요소들이 경험을 지배하고 작가의 의도에 맞게 변형하는 핵심 아이디어를 극대화한다"고 평했다. 이렇게 문장과 문단을 구성하는 것은 독자에게 보내는 일종의 찬사다. 병렬 구조의 구절을 계속 나열한 뒤 마지막에 주어와 동사가 있는 문장을 등장시켜 핵심 아이디어를 전달하는 도미문은 난해하다. 도미문은 독자에게 글이 어떻게 결론을 맺을지 곰곰이 생각해보라고 권하고, 독자는 이 난해한 문체의 글을 읽어 내려가면서 결론에 이른다. 새뮤얼 존슨에게 도미문체는 단지 지적인 구성체가 아니라 음악적이라 불릴 수 있는 리듬을 지닌 심미적이고 감정적인 문장이었다. 《더 램블러》의 마지막 글에서 그는 영어의 우아함과 어조의 조화로움에 뭔가 기여했기를 바란다고 말했다.

◆ 사전 편집자

1746년 여러 출판인으로 구성된 컨소시엄이 사전 편찬을 하기 위해 새뮤얼 존슨과 계약을 체결했다. 계약을 체결한 뒤에 그는 사전 편찬을 위해 꾸준히 작업했다. 1755년 사전 편찬이 완료됐고, 그의 사전은 출판 즉시 기념비적 성과로 인정받았다. 초기 전기작가는 그것을 '새뮤얼 존슨의 단어 세상'이라 불렀다. 존슨 사망 200주년에 《더 타임즈》의 논설위원은 "영국 사람의 주요 자랑거리는 그들의 언어와 새뮤얼 존슨의 《영어사전》이다. 이 지구상에서 천재적인 작가가 사전을 편찬한 유일한 언어가 영어다. 새뮤얼 존슨의 《영어사전》 덕분에 이 언어의 영예가 드높아졌다"고 말했다.

이것은 과찬이 아니다. 새뮤얼 존슨의 《영어사전》이 나오기 전까지, 모든 사전은 단어 목록에 지나지 않았다. 의미의 뉘앙스에 별 관심을 두지 않았고, 오랜 시간에 걸쳐 단어의 의미가 어떻게 변해 왔는가에 대해서는 전혀 관심이 없었다. 존슨은 단어의 '맛'을 중요하게 생각하고 사랑했다. 그리고 단어의 뉘앙스를 알고 살아 있는 생물과 같은 언어가 어떻게 변해 왔는지를 인지하고 있었다. 프랑스의 아카데미 프랑세즈도 사전 편찬을 준비하고 있었다. 목표는 영구히 모든 단어의 '정확한' 의미를 정하는 것이었다. 이와 달리, 존슨은 단어를 정의하는 방법을 고안했다. 그는 단어가 사용되는 모든 상황을 사전에 담고자 했다. 작가들이 그 단어를 사용한 구체적인 문맥을 예문으로 사용했다. 《옥스퍼드 영어사전(*Oxford English Dictionary*)》은 이 방법에 따라 단어를 정의한다.

두 단으로 나누어진 2절지 용지에 대략 4만 개의 단어와 단어 수의 3배에 달하는 인용문이 실려 있다. 이렇게 편집된 책이 무려 2권이다. 2절지는 가로 길이와 세로 길이가 각각 12인치와 18인치의 용지로 현대 지도책과 크기가 비슷하다. 그렇게 엄청난 길이의 용지로 만들어진 책은 당연히 무거울 수밖에 없었다. 어떤 작가는 이런 종류의 책을 '튼튼한 말이 있으면 휴대할 수 있는 책'이라고 했다. 사전 표지에 새뮤얼 존슨의 이름과 함께 문학 석사라 적혀 있다. 그가 옥스퍼드에서 사귄 토마스 워턴(Thomas Warton)은 존슨이 학자로서 권위를 가질 수 있도록 옥스퍼드 대학교와 논의하여 그에게 명예학위를 수여했다. 아직 새뮤얼 존슨을 만나지 못한 애덤 스미스(Adam Smith)는 "다른 사전과 비교하면 그의 사전에선 작가의 매우 훌륭한 가치가 드러난다"고 열렬한 후기를 썼다.

아카데미 프랑세즈는 40명으로 구성되어 있었지만 몇 년 동안 사전 편찬을 마무리하지 못하고 있었다. 데이비드 개릭은 이 점을 넌지시 언급하며 운문으로 친구의 위대한 성취를 축하했다.

옛 영웅처럼 잘 무장한 존슨은
40명의 프랑스인을 격퇴했고 앞으로 40명을 더 무찌를 것이다!

얼마 지나지 않아 사람들은 새뮤얼 존슨을 '위대한 사전 편집자'로 부르기 시작했다.

사전을 의뢰한 출판인들은 그에게 무려 1,575파운드를 지급했다. 상

10. 거프 스퀘어 17번지

당한 금액이었지만, 9년 뒤 사전이 출판될 무렵 존슨은 이보다 더 많은 비용을 썼다. 충분한 작업 공간을 확보하기 위해서 그는 플리트 스트리트에서 떨어진 거프 스퀘어 17번지에 살아생전에 가장 큰 집을 빌렸다. 그가 사전을 편찬했던 집은 아직 남아 있고 박물관으로 사용되고 있다(그림 10). 6명의 유급 조수들이 이 다락방으로 와서 매일 방대한 자료를 수집했다. 존슨은 영국 작가들의 표준 작품을 사거나 빌렸고, 그들의 작품을 읽으면서 사전에 싣고 싶은 단어에 밑줄을 쳤다. 그러면 조수들이 밑줄 친 단어가 나오는 문장을 쪽지에 베꼈다. 후에《옥스퍼드 영어사전》의 편집자들도 이와 같은 방법을 사용했다.

어마어마하게 모인 쪽지를 알파벳 순서로 정리하면서, 존슨은 예문으로 삽입할 문장을 선택했다. 이렇게 삽입된 예문이 그 단어의 용례가 어떻게 변해 왔는지를 대략적으로 보여줬다. 존슨의 엄선된 예문이 실린 그의 사전은 좋은 문장이 실린 일종의 문집 같았다. 그는 셰익스피어의 글에서 뽑은 문장을 주로 예문으로 사용했다. 아마도 셰익스피어처럼 다양한 단어를 사용하는 작가가 없었기 때문이었을 것이다. 예를 들어 '베드프레서(bedpresser)'란 단어를 사용한 작가는 셰익스피어가 유일했다. 존슨은 이 단어를 '체중이 많이 나가는 게으른 자'라고 정의하고 '자신감이 넘치는 비겁자, 베드프레서, 말 등골을 부러지게 하는 거대한 살덩어리'라고 할(Hal) 왕자가 폴스타프(Falstaff)에게 한 모욕을 인용했다.

사전의 장대한 서문에서 새뮤얼 존슨은 솔직하게 '살아 있는 언어의 한없는 혼돈' 속에서 변화를 멈출 순 없다고 인정했다. 라틴어는 죽은 언어이기 때문에 안정적이었다. 하지만 라틴어는 현대의 낭만적인 언어인 영어로 변모했고 영어는 변화를 멈추지 않았다. 이런 변화를 멈추려는 프랑스의 노력이 없었다면 영어는 더욱더 변할 수 있었고 아주 간단한 단어가 엄청나게 넓은 범위의 의미를 지녔을 것이다. 존슨은 'put'의 정의로 3쪽을 채웠고 'take'의 정의로 무려 5쪽을 채웠다. 그는 "이 단어들의 관계는 매 시간마다 변한다. 그러므로 사전에서 이런 단어의 의미를 확인하는 것은 더 이상 불가능하고, 폭풍과 같은 관계의 혼란 속에서 정확하게 단어의 의미를 설명하는 것도 불가능하다"고 했다.

그의 여성 벗들 중 한두 명이 존슨이 사전에 외설적인 단어를 싣지 않았다고 기뻐했다. 그러자 그는 "친애하는 벗이여! 자네들이 사전에서 찾던 단어가 도대체 뭔가?"라고 되물었다. 실제로《영어사전》에는 굉장히 외설적인 단어들 중 몇 가지는 등장하지 않는다. 하지만 존슨은 아무런 반감 없이 'bubby'를 '여성의 젖가슴'으로 정의했다. 그리고 '우리가 깔고 앉는 신체 부위, 엉덩이'를 의미하는 'rump', 'bum' 그리고 'arse'와 '더디거나 부진하거나 미적거린다는 뜻의 속된 표현'인 'to hang an arse'란 숙어도《영어사전》에 나온다. 이런 경우 재미있는 예문으로 이런 표현의 용례를 설명했다. 'bubby'의 경우 존슨은 조너선 스위프트와 알렉산더 포프의 재치 있는 친구이자 존 불(John Bull)이란 인물을 창조해낸 존 아버스넛(John Arbuthnot)의 글을 인용했다.

"맹목적으로 사랑하는 늙은 여인에게 고분고분한, 잘생기고 빠릿빠릿하고 점잖은 젊은이를 보며 그들은 '푸! 가서 그녀의 젖가슴(bubby)을 빨아주지 그래?'라고 말했다."

그리고 존슨은 엉덩이에서 나오는 바람, 즉 방귀를 뜻하는 단어 'fart'에는 존 서클링(John Suckling) 경의 17세기 시를 인용했다.

사랑은 방귀(fart)요
모든 심장이 이 방귀를 뀐다(fart)
이 방귀(fart)를 참으려 항문을 조이면 고통스럽다
항문에서 참았던 방귀(fart)가 새어나오면 그 냄새에 다른 이들이 불쾌해한다.

새뮤얼 존슨은 고서에서 봤지만 동시대 작가들이 거의 접한 적이 없는, 어원이 라틴어인 단어들도 《영어사전》에 실었다. T. E. 로렌스(T. E. Lawrence)는 친구인 옥스퍼드 경제학자가 그런 단어를 좋아한다는 사실을 알았다. 런던에서 돌아온 어느 날, 그 친구가 로렌스에게 "런던은 매우 흐렸지(caliginous)?"라고 물었다. 에드워드는 "다소 흐렸지만, 안개가 짙지는 않았다네(inspissate)"라고 답했다. 'caliginous'와 'inspissate'는 라틴어에서 나온 단어다. 이 두 단어 모두 존슨의 《영어사전》에 나온다. 'caliginous'는 '모호한, 흐릿한, 어둠으로 가득한'이란 의미를 지닌 단어이고 'inspissate'는 '짙어지다, 짙게 하다'란 의미의 단어다. 존슨은 셰익스피어에 대한 대화에서 'inspissate'를 직접 사용했다.

"〈맥베스〉의 밤 묘사에서 딱정벌레와 박쥐는 어두움의 일반적 개념, 즉 짙어진 음울함(inspissated gloom)에서부터 벗어난다."

새뮤얼 존슨은 재미를 위해서 라틴어에서 나온 용어를 사용하기도 했다. 한 만찬에서 존슨이 〈거지오페라(*The Beggar's Opera*)〉의 등장인물인 노상강도 때문에 '불한당이 되는(make a rogue)' 이는 아무도 없다고 말했다. 그러곤 마음을 가라앉힌 뒤, 다정하게 툭 치면서 그는 '〈거지오페라〉에서는 모든 원칙이 몰락한다. 이는 도덕성에 해롭다'고 덧붙였다. 존슨이 이렇게 이야기하자, 그 자리에 모인 사람들은 터져 나오려는 웃음을 참은 채 몸을 배배 꼬며 우스꽝스럽게 앉아 있었다.

《영어사전》의 원고를 인쇄소에 넘기는 작업이 무한정 지연되고 있었다. 인쇄 작업은 단계적으로 진행되어야만 했다. 1회 분량의 원고의 인쇄가 끝나야, 금속 활자를 다시 분배해서 재사용할 수 있었다. 작업 속도를 높이기 위해 긴박한 메시지가 거프 스퀘어에 전해졌다. 제임스 보즈웰은 마지막 원고를 인쇄소에 넘기고 새뮤얼 존슨이 배달원과 주고받은 대화를 《존슨전》에 공개했다. 마지막 원고를 밀러 인쇄소에 전달하고 돌아온 배달원에게 존슨이 물었다. "그래, 밀러가 뭐라고 하던가?" 배달원이 대답했다. "밀러는 '신이시여 감사합니다. 이제 그와 완전히 끝났습니다'라고 말했습니다." 그러자 미소를 머금고 존슨이 말했다. "그가 그 어떤 것이든 신에게 감사해서 기쁘구먼."

《영어사전》은 실로 걸작이었다. 새뮤얼 존슨은 거의 10년이란 긴 세월 동안 사전 편찬에 몰두했고, 사람들은 그런 그를 인간미 없는 인물이라 여겼다. 테띠는 사전이 완성되기 3년 전에 이미 세상을 떠나고 없었다. 하지만 서문의 마지막 부분은 이 작업이 결코 비인간적이지 않다는 인상을 준다.

"난 완벽한 사전이라는 찬사가 없더라도 분명 만족했을 것이다. 어두운 고독 속에서 이런 찬사가 나에게 무슨 도움이 될까? 기쁘게 해주고 싶었던 사람들 대부분이 세상을 떠날 때까지, 난 이 작업을 진행했다. 성공과 유산은 공허하다. 나에겐 질책을 할까 두렵거나 찬사를 해주길 바랄 사람이 없다. 그러니 나는 이 책에 쏟아지는 찬사를 아주 평온하게 떨쳐 버린다."

◆후원자

필립 도머 스태너프(Phillip Dormer Stanhope)는 네 번째 체스터필드 백작 지위를 계승했다. 그는 스스로를 뛰어난 작가라고 생각하는 문학 애호가였다. 사전 편찬을 시작하자마자, 새뮤얼 존슨은 출판인들에게서 받은 돈은 사전을 편찬하기에 턱없이 부족한 액수임을 깨달았다. 그는 체스터필드 백작이 이 작업에 관심을 가질지도 모른다는 생각을 했다. 1747년 발표한 《영어사전 편찬 계획(*Plan of a Dictionary of the English Language*)》에서 그는 체스터필드 백작에게 후원자가 되어 달라고 개인적으로 간청했다. 존슨은 《영어사전 편찬 계획》을 "얼마나 많은 노력을 쏟아야 하는가엔 관심 없습니다. 다만 저에게 큰 영예를 안겨 줄 이 일을 시작하게 되어 기쁠 뿐이고 이 일을 시작한 것을 전혀 후회하지 않습니다. 친애하는 백작의 가장 순종적이고 보잘것없는 하인, 새뮤얼 존슨 드림"으로 마무리했다.

체스터필드 백작은 우쭐했을지 몰라도 새뮤얼 존슨이 던진 미끼를 덥석 물진 않았다. 그러나 8년 뒤 《영어사전》의 출간을 앞두고 체스터필드 백작은 정기 간행물에 《영어사전》를 추천하는 글을 한두 편 기고했고, 존슨을 언어의 독재자라고 칭찬했다. 아마 체스터필드 백작은 자신도 《영어사전》의 탄생에 일조했다는 인상을 심어주고 싶었을 것이다. 그리고 자신의 이름이 《영어사전》의 표지에 실리고 예쁘게 포장한 증정본을 받을 수 있을 것이라 생각했다. 하지만 그는 존슨에 대한 자신의 찬사를 모욕으로 이어갔다. 그는 존슨을 예의 바르기보다 지나치게 규칙에 얽매이는 부류로 분류했다. 존슨이 사회적 품위가 부족하다는 점을 넌지시 언급하면서 체스터필드 백작은 세련된 신사로서 그의 정중함보다 심판으로서 그의 공명정대함을 더 높이 평가한다고 말했다. 로렌스 리프킹(Lawrence Lipking)이 말했듯, 아주 예의 바른 점잖은 신사가 그런 글을 썼으리라고는 누구도 생각할 수 없었다.

체스터필드 백작의 행동에 몹시 화가 난 존슨은 그에게 편지를 썼다. 다년간 출간되지는 않았지만 이 편지는 곧 널리 알려졌다. 체스터필드 백작이 이 편지를 보란 듯이 탁자에 뒀다. 그리고 자신을 찾아오는 손님들에게 보여주며 그 편지가 얼마나 잘 쓰였는가에 대해 이야기했다. 그 편지는 단순히 잘 쓰인 글이 아니었다.

친애하는 백작님, 제가 백작님의 저택 별채에서 기다리거나 문 밖으로 쫓겨난 지 7년이 흘렀습니다. 그 기간 동안 전 숱한 어려움 속에서 사전 편찬을 밀어붙였습니다. 지금 와서 제가 겪은 어려움에 대해 말한들 무슨 소용이 있겠습니까. 그 어떤 도움, 그 어떤 격려나 그 어떤 호의 없이 전 사전을 편찬했고 출간을 앞두고 있습니다. 후원자가 있었던 적이 단 한 번도 없었기에 전 그런 대우를 받으리라 기대하지도 않았습니다.(중략)

받지 않은 호의에 대한 의무를 고백하는 저의 글이 냉소적이고 퉁명스럽게 받아들여지지 않기를 바랍니다. 그리고 본의 아니게 대중이 저를 후원자에게 은혜를 입은 자라고 생각하지 않기를 바랍니다. 신의 섭리에 따라 후원 없이 사전을 편찬했습니다.

그 어떤 후원자에 대한 그 어떤 의무 없이 지금까지 글을 쓰면서, 적은 돈으로, 그 적은 돈이라도 있다면, 글을 마무리해야 할지라도 저는 실망하지 않았습니다. 많은 후원을 받으며 아주 의기양양하게 스스로를 뽐낼 날이 오리라 희망했죠. 하지만 전 이미 오래전에 이 꿈같은 희망에서 깨어났습니다. 친애하는 백작님의 가장 겸손하고 가장 순종적인 하인, 새뮤얼 존슨 드림.

새뮤얼 존슨은 〈욕망의 공허〉 신판을 내면서 단어 하나를 변경했다. '고역, 시기, 욕망, 다락방과 감옥'으로 위태로운 학자를 묘사하는 부분에서 '다락방'을 '후원자'로 변경했다.

◆연금

1759년 리치필드에서 편지 몇 통이 도착했다. 거기에는 어머니의 임종이 머지않았다고 적혀 있었다. 그럼에도 불구하고 그는 그녀를 보러 고향으로 내려가는 것을 미뤘다. 그는 자신이 서둘러 내려가지 않았던 유일한 이유는 어머니를 보살필 돈 그리고 필요하다면 장례를 치를 돈을 벌기 위해서였다고 주장했다. 분명 죽음을 앞둔 어머니를 보러 빨리 고향으로 가지 않았던 자신의 행동에 대한 합리화였을 것이다. 이것이 아마 그가 《라셀라스》를 쓰게 된 이유였을 것이다.

새뮤얼 존슨은 1759년 1월 20일 어머니에게 마지막 편지를 썼다. 바로 이날 그의 어머니는 세상을 떠났다.

"존경하는 어머니에게, 어머니의 건강 상태나 성격을 놓고 봤을 때 이렇게 많은 말을 하는 것이 적절하지 않겠네요. 하지만 당신은 최고의 어머니였습니다. 그리고 전 어머니가 이 세상에서 최고의 여성이었다고 믿습니다. 저에게 보여주신 관대함에 감사드립니다. 그동안 제가 저지른 모든 잘못과 하지 않은 옳은 일에 대하여 용서를 구합니다. (중략) 사랑하는 어머니, 당신의 순종적인 아들 샘 존슨 드림."

1월 23일 사라 존슨은 자신의 순종적인 아들이 런던에 있을 동안 땅에 묻혔다. 한 정신의학자는 "죽어가는 어머니를 보면, 그가 어머니가 곁에 없는 동안 만들어낸 어머니에 대한 상징적인 환상이 무너져 버릴 위험이 있었다. 바로 자신의 어머니가 '최고의 어머니'라는 이상적인 이미지가 산산이 부서질 수 있었던 것이다"라고 꽤 그럴듯한 가설을 제시했다.

실제로 새뮤얼 존슨이 어머니를 보살필 돈을 벌기 위해서 《라셀라스》를 썼는지 알 수 없다. 하지만 분명히 당시 그는 상당히 궁핍했다. 1756년 마침내 《더 램블러》와 《영어사전》을 발표하여 유명해진 그는 부유한 출판인이자 유명 소설가인 새뮤얼 리처드슨(Samuel Richardson)에게 긴급 서신을 보냈다.

"어쩔 수 없이 자네에게 도움을 청하네. 나는 지금 5파운드 18실링 때문에 체포되었네. 이런 경우 스트라한 씨에게 도움을 청해야 하는데, 그 사람이 지금 집에 없다네. 그리고 인쇄소에 못 갈까봐 두렵네. 나에게 이 돈을 빌려준다면, 반드시 갚겠네."

편지 여백에 새뮤얼 리처드슨은 (요청한 액수보다 8실링 많은) 6기니를 보냈고 존슨이 진심으로 감사를 표했다고 썼다.

1762년 마침내 경제적 숨통이 트였다. 예상치 못하게 정부로부터 연 300파운드의 연금을 받게 되었던 것이다. 편안하게 살기에 충분한 액수였다. 이때부터 그는 생계를 유지하기 위해 글을 쓸 필요가 없었다. 하지만 난처한 점이 있었다. 존슨은 '연금(pension)'을 《영어사전》에 '누군가에게 업적에 상응하는 대가로 주어지는 수당으로, 일반적으로 영국에선 자국을 배신한 대가로 국가의 하수인에게 주는 보수'라고 정의했다. 그를 비판하는 사람들은 이렇게 연금을 정의해놓고 연금을 받는 그의 위선을 꼬집었다. 하지만 존슨은 무언가에 대한 보상이 아니라 사전을 편찬한 공로를 치하하기 위해서 주는 것이라고 해서 연금을 받아들였다. 2년 전 왕위를 계승한 조지 3세는 전임자들과 달리 독서광이었고 진심으로 존슨의 재능을 존경했다.

하지만 영국 정부는 새뮤얼 존슨에게 무언가 기대를 하는 바가 있었을 것이다. 당시는 정치적으로 논란이 많았던 시기였다. 7년 전쟁이 끝나지 않았고, 미국 식민지에서 소요가 빈번하게 발생했다. 대놓고 요구하진 않았지만, 토리당 정부는 존슨이 정부를 옹호하는 글을 써주기를 은근히 바랐다. 그리고 실제로 존슨은 그들을 대신하여 격론을 촉발시킬 팸플릿을 썼다. 많은 이들이 이런 그의 행동을 어리석다고 여겼다.

CHAPTER 3

제임스 보즈웰: 넓은 세상을 향하여

◆ 판사의 아들

제임스 보즈웰의 아버지 알렉산더 보즈웰(Alexander Boswell)은 오킨렉 경으로 알려져 있다. 이 호칭은 세습 작위가 아니라 최고의 판사에게 주어지는 영예로운 칭호였다. 오킨렉 경은 스코틀랜드의 최고 민사 법원과 최고 법원 소속이었다. 오킨렉은 집안 대대로 내려오는 부동산의 이름이었고, 보즈웰의 할아버지가 그 부동산을 소유했다. 때론 두 번째 음절에 악센트를 두고 '애플렉'이라고도 발음했다. 개인 자격으로 알렉산더 보즈웰이 그 칭호를 물려받았다. 즉 그가 오킨렉의 여덟 번째 지주였다. '~의'라는 단어가 특정 장소에 대한 관계를 보여주는데, 지주는 넓고 오래된 부동산의 소유자였다.

삼남매 중 장남인 제임스 보즈웰은 1740년 에든버러에서 태어났다. 오킨렉 경은 자신의 아들이 당연히 훌륭한 직업을 얻고 자신의 뒤를 이어 오킨렉의 지주가 될 것이라 생각했다. 오킨렉 경은 근엄하고 쉽게 만족할 줄 모르는 사람이었고 타인에게 마음의 상처가 될 정도로 빈정거리는 말을 곧잘 했다. 그는 스스로 박학하다고 자부했다. 하지만 부동산 관리자는 오킨렉 경이 그 어떤 가르침도 얻지 않고 나방처럼 책을 설렁설렁 읽는 사람이었다고 말했다. 보즈웰이 15살이었을 때 유명 화가 앨런 램지(Allan Ramsay)가 오킨렉 경의 초상화를 그렸다. 그 초상화를 보면 그가 얼마나 위협적인 인물이었는지 알 수 있다(화보 그림 5).

제임스 보즈웰은 유일하게 아버지로부터 배운 건 엄격하게 진실성을 추구하는 태도였다고 했다. 실제로 그는 평생 엄격하게 진실성을 추구했다. 이런 태도는 새뮤얼 존슨과 다른 친구들의 대화를 기록하는 데 엄청난 자산이 되었다.

"어린 시절부터 아버지에게 맞아가면서 진실에 대한 지엄한 관심을 배웠다. 이를 제외하고 아버지에게서 배운 귀중한 가치는 없다."

보즈웰은 후회하며 이렇게 일기에 썼다. 그날 보즈웰은 자신의 4살 아들을 평소답지 않게 때려서 기분이 많이 상해 있었다.

새뮤얼 존슨은 유약한 아버지와 지배적인 어머니 아래서 자랐다. 반대로 제임스 보즈웰은 지배적인 아버지와 유약한 어머니 아래서 자랐다. 오킨렉 경은 아들을 단 한 번도 흡족하게 여긴 적이 없었다. 심지어 30대가 되어서도 아버지가 자신을 어린아이처럼 대했다고 보즈웰은 불평했다. 그의 어머니는 정반대였다. 유페미아 어스킨이란 이름으로 남편보다 10살 어린 그녀는 소심하고 세상과 단절된 생활을 했으며 독실한 신앙인이었다. 그녀의 독실함은 자녀들에게 고통스러운 영향을 미쳤다. 그녀는 지나치게 엄격한 신앙심에 따라 아이들을 키웠다.

스코틀랜드 장로교는 칼뱅주의를 엄격하게 따랐고 운명과 지옥 불을 강조했다. 20대의 보즈웰은 "나는 어린 시절에 견뎌야만 했던 음울한 시간을 결코 잊을 수 없다. 종교의 편협한 관념으로 인한 불안함을 인내해야 했다. 그 시간 동안 나의 여린 마음은 지옥 같은 공포로 난도질당했다"고 썼다. 그는 《소 교리문답(Shorter Catechism)》을 외워야만 했다. 소 교리문답에는 "인류는 타락으로 인해 하느님과의 교제가 끊어지고, 하느님의 진노와 저주 아래 놓여서, 세상에서는 비참하게 살다가 죽고, 지옥에서는 영원히 고통받게 되었다"고 적혀 있다. 장 자크 루소(Jean-Jacques Rousseau)를 만난 보즈웰은 '주변 사람들이 신이라 불렀던 끔찍한 존재'를 두려워하라고 배웠다고 매섭게 말했지만, 루소는 칼뱅파 부모 아래서 자랐지만 그의 종교관은 훨씬 관대했다.

제임스 보즈웰이 유년시절을 보낸 에든버러는 인구 5만의 도시였고 그 크기는 런던의 1/15이었다. 1707년 연합법에 의해 스코틀랜드는 잉글랜드와 함께 연합왕국이 되었다(영국 국기 유니언잭에는 잉글랜드를 상징하는 성 조지의 십자가와 스코틀랜드를 상징하는 성 안드레아의 십자가가 그려져 있다). 스코틀랜드 사람들은 국회 의사당에 앉을 국회의원들을 선출했다. 하지만 정치 연합은 문화 통합에 비하면 그리 중요한 게 아니었다. 한 역사학자는 "연합왕국이 설립된 이후에도 스코틀랜드는 하나의 국가로 남아 있었다. 스코틀랜드는 연합왕국을 구성하는 다른 지역들과는 상당한 차이가 있는 사회사상, 사법체계, 정치구조와 경제구조, 교육제도와 종교제도 그리고 교육원칙과 종교원칙을 가지고 있었다"고 말한다. 보즈웰은 평생 잉글랜드와 특히 런던을 사랑했다. 하지만 그는 스코틀랜드 사람이라는 정체성을 항상 소중히 여겼다.

'Scotch'는 '스코틀랜드의'를 뜻하는 형용사다. 이 시기에 이 단어의 인기가 시들해지기 시작했다. 데이비드 흄(David Hume)은 1754년 《영국사(History of Great Britain)》 초판에 이 단어를 사용했다. 하지만 이후 개정판에 이 단어를 '스코틀랜드의, 스코틀랜드 사람의'란 뜻의 형용사 'Scottish'로 변경했다. 반면에 보즈웰은 흄처럼 단어를 수정하지 않았다. 그는 《존슨전》에서 스코틀랜드 억양을 완전히 없애려고 애쓰는 스코틀랜드 사람(any Scotchman)을 경멸한다고 말했다. 그런 그에게 잉글랜드 지인들은 그의 스코틀랜드 억양은 그대로 살아 있다고 말해 줬다.

11. 오킨렉의 성 잔해

제임스 보즈웰은 가문 대대로 내려오는 부동산을 상속받아 지주가 되기를 간절히 기대했다. 어렸을 때 에든버러에서 살았지만 여름이면 오킨렉으로 가서 시간을 보냈다. 하지만 오킨렉에 있던 가문의 오래된 저택은 더 이상 존재하지 않았다. 오킨렉의 지주가 된 아버지가 낡은 저택을 허물고 새로 집을 지었다. 당시 유행하는 고전양식의 화려한 대리석 저택이 1762년에 완성됐다(화보 그림 6).

오킨렉에서 보즈웰이 가장 좋아했던 것은 오래된 중세 성의 잔해였다(그림 11). 아버지가 지은 3층 저택에는 2층에 부부가 침실로 사용하는 마스터 베드룸과 커다란 서재로 이어지는 웅장한 계단이 있었다. 3층에는 5개의 침실이 있었다. 그 중에 성 잔해가 보이는 침실이 보즈웰의 방이었다. 보즈웰은 자신의 방에서 보이는 성 잔해를 낭만적이라고 생각했다.

제임스 보즈웰은 "내 가문의 명예는 일종의 자기애"라고 인정했다.

여기에는 상당한 통찰이 녹아 있었다. 그는 '프랑스의 부아빌'을 자랑스럽게 생각했다. 그는 정복자 윌리엄(William)과 함께 스코틀랜드로 넘어온 보즈웰 가문의 조상이었다. 그리고 그는 프랑스 파이프의 토마스 보즈웰을 더 자랑스럽게 여겼다. 토마스 보즈웰은 1505년 오킨렉의 첫 지주로 인정받았고 1513년 플로든 필드에서 잉글랜드와 싸우다 사망했다. 1782년 보즈웰이 아버지의 뒤를 이어 오킨렉의 9대 지주가 되었다. 여행을 하는 동안 그는 우연히 실제로 플로든 필드를 소유한 신사를 만났다. 보즈웰은 "그는 그곳에서 전사한 토마스 보즈웰의 기념비를 세우기 위해 플로든 필드를 그대로 내버려 두겠다고 약속했다"고 일기에 썼다. 하지만 실제로 그런 일은 일어나지 않았다. 보즈웰은 항상 자신이 많은 사랑을 받는 시골의 대지주가 되어 소작인들을 관리하는 상상을 했다. 하지만 그가 매력을 느낀 것은 대지주라는 지위였지, 실제 대지주의 삶이 아니었다. 마침내 오킨렉의 지주가 되었을 때, 그는 그곳에서의 생활을 참을 수가 없었다. 그는 에든버러를 더 선호했고 가능하다면 런던으로 가서 대부분의 시간을 보냈다.

6살 때 제임스 보즈웰은 에든버러의 사립학교를 다니기 시작했다. 성인이 된 후 그는 매년 선술집에서 옛 동창생들을 만나 즐거운 시간을 보냈다.

"이상하게 우리는 만나기만 하면 유쾌했고 떠들썩했다. 매번 똑같은 농담을 했지만 즐거웠다. 그리고 우리 모두는 기꺼이 즐길 준비가 되어 있었다."

13살 때 보즈웰은 에든버러 대학교에 입학했다. 당시에는 13살에 대학교에 입학할 수 있었다. 그는 강의실을 들락날락거리며 6년을 다녔다. 그는 에든버러 대학교에서 평생의 친구들을 여럿 만들었다. 그 중 한 명이 스코틀랜드와의 국경에서 남쪽으로 2마일 정도 떨어져 있는 노섬벌랜드 버릭어폰트위드 출신인 윌리엄 템플(William Temple)이다. 윌리엄 템플은 성직자가 되었다. 살아생전 보즈웰은 그에게 보내는 편지에 자신의 감정을 항상 솔직하게 표현했다.

제임스 보즈웰은 교육에 반대하지 않았다. 다만 자신은 즐기기 위해서 이 세상에 태어났다고 생각했다. 조금씩 술을 마시기 시작했고 친구들과 어울려 사교생활에 빠져들었다. 그는 과시욕이 강했다. "나의 충격적인 흠은 상대방을 웃기기 위해서 모든 것, 심지어 나 자신도 조롱거리로 삼는다는 것이다"라고 아직 젊었을 적의 자신의 일기에 썼다. 그의 장난기 많은 유머러스함은 전염성이 있었다. 나중에 한 스코틀랜드 판사가 "항상 그의 얼굴에는 익살스러움이 묻어 있었다. 그런 그의 얼굴을 보고 웃지 않을 재간이 없었다. 그는 모습 자체가 웃음의 씨가 되는 그런 부류의 사람이었다"고 말했다. 또 다른 지인은 종이에 인쇄된 그의 이야기도 즐거웠지만, 그에게 직접 들으면 이야기는 훨씬 재미있었다고 말했다.

"그의 통통 튀는 유쾌한 말씨와 생생한 묘사 때문이기도 했지만, 무엇보다 유머러스하고 다소 엉뚱한 표정과 몸짓 때문이기도 했다."

보즈웰은 흉내도 잘 냈다. 이 재능은 그가 새뮤얼 존슨의 말투를 흉내 낼 때 더욱 빛을 발했다. 재미삼아 누군가를 흉내 낼 때, 그는 그 사람의 표정, 몸짓과 특이한 말투까지 그럴듯하게 따라 했다. 22살에 그는 한 사교 모임에서 돌아와 "난 오늘밤 모임에서 만난 사람들을 모두 즐겁게 해줬다. 이번에는 데이비드 흄을 제일 먼저 흉내 냈다. 기가 막힌 흉내였다. 흉내라기보다 진짜 흄이 그 자리에 있는 것 같았다. 나는 그의 외적 특징뿐만 아니라 그의 정서와 표현 방식까지 흉내 냈다"고 일기에 썼다.

보즈웰은 하루 동안 있었던 일을 자세하게 일기장에 기록하면서 사교 모임에서 만났던 사람들과의 대화를 효과적으로 기록하는 방법을 익혀나갔다. 이것은 그의 문학적 성취의 아주 중요한 자산이 된다. 어느 날 그는 한 만찬에서 은퇴한 변호사를 만났고 그를 사무적으로 묘사했다.

"그는 꼼꼼하고 위엄 있고 거만하다. 어두운 갈색 코트, 담황색 가죽 조끼와 반바지를 입었다. 그의 얼굴은 길고 무쇠 같다. 햇볕에 거칠어진 반가발을 쓰고 있다. 의자에 등을 세운 채 꼿꼿이 앉아 미국 억양으로 태리 우(Tarry Woo)의 노래를 부른다."

공교롭게도 이것은 월터 스콧(Walter Scott) 경이 사람들 앞에서 부르는 몇 안 되는 노래 중 하나였다.

저기 양치기가 노래하네.
누가 왕인가? 구분할 수 있는가?
정직한 마음으로 그리고 타르로 더러워진 양모(tarry woo)를 쓰고
멋지게 노래하고 자신의 빚을 갚네. ('tarry woo'는 타르로 더러워진 양모다.)

보즈웰은 "우린 그날 저녁을 아주 즐겁게 보냈다. 나는 너무 경박했고 술을 많이 마셨다"고 덧붙였다.

보즈웰은 좋은 목소리를 갖고 있었고 노래를 잘 불렀다. 그는 당연히 이런 점을 스스로 자랑스러워했다. 그는 위대한 시인을 자처했고 평생 우스꽝스러운 시만 발표했다. 그는 자신의 시가 무척 훌륭하다고 생각했다. 하지만 그를 제외한 모든 사람들은 그의 시를 끔찍하다고 생각했다. 그들이 옳았다. 심지어 보즈웰이 발표한 시들 중 몇 편은《보즈웰의 형편없는 시 모음집(Boswell's Book of Bad Verse)》으로 출간됐다. 이런 제목도 그나마 관대하게 붙여진 것이다.

보즈웰은 애정 어린 자화상을 표현한 시도 발표했다. 이 시를 통해 그가 사람들 앞에서 스스로를 어떻게 내보였는지 알 수 있다.

그는 아주 편안하고 우아하게 말하네.
너무나 매력적이어서 우리 모두의 관심이 집중되네.
그리고 그는 익살스러운 표정으로 노래하네.
그의 노래에 즉시 그에게 마음을 뺏기네.

이 시에서 보즈웰은 청중 중 한 명이고 그 청중들과 함께 자기 자신에게 박수갈채를 보낸다.

에든버러의 칼뱅파의 연극 금지법이 완화됐다. 제임스 보즈웰은 재능 있는 배우들이 창조해 낸 상상 속의 세상에서 황홀해 했다. 그는 존 게이(John Gay)의 〈거지오페라〉에서 주인공 노상강도를 연기한 웨스트 디기스(West Digges)라는 영국 배우에게서 강한 동질감을 느꼈다. 연극을 보러 가는 것은 어머니의 가치에 대한 정면 도전이었다. 어머니가 단 한 번 극장에 갔던 적이 있다. 그때 그녀는 울음을 터뜨렸다.

결국 그의 방탕한 생활은 아버지의 귀에 들어갔다. 오킨렉 경은 장남이 여배우들과 난잡한 관계를 맺는 한량이 되었다는 사실을 알게 됐다. 이 사실을 알게 된 오킨렉 경은 아들에게 에든버러를 떠나 글래스고 대학교로 가라고 명령했다. 보즈웰이 19살이 되던 1759년이었다.

글래스고는 교양 있는 에든버러와는 완전히 다른 곳이었다. 그곳은 사람들로 북적이는 상업 도시였고 가장 엄격한 칼뱅파의 전통에 따라 극장은 허용되지 않았다. 보즈웰은 글래스고의 그런 풍토가 싫었다. 그는 글래스고를 '예의 없고 천하고 편협한 불쌍한 영혼들로 가득한 장소'로 경멸했다. 보즈웰이 글래스고에서 친구에게 보낸 편지는 슬픔으로 가득했다.

> 불행한 나! 한창 젊은 나는
> 슬픔으로 뒤덮인 마음의
> 우울함을 견뎌야 하네.

글래스고 대학교의 교칙은 교수진뿐만 아니라 학생들에게도 엄격했
다. 애덤 스미스는 10월부터 6월까지 일주일에 한 번 오전 7시 30분부
터 오후 1시까지 철학과 수사학을 가르쳤다(경제학은 아직 학문이 아니었
다). 그리고 오후에는 학생들과 개별 지도 시간을 가졌다. 제임스 보즈
웰도 여기에 포함되어 있었다. 애덤 스미스는 헌신적인 교사였고, 학
생들은 존경심을 담아 따뜻하게 그를 대했다. 보즈웰은 "개인적으로
그는 정말 쾌활하고 정감 있는 사람이라네. 교수들에게서 자주 발견되
는 경직되고 지나치게 규칙에 얽매이는 모습을 찾을 수 없지. 그는 굉
장히 예의 바르고 본데있게 자란 남자지. 학생들과 함께하는 것을 매
우 좋아하고 학생들을 편안하고 상냥하게 대한다네"라고 친구에게 썼
다. 당시 스미스는 유명하지는 않았지만, 곧 유명해질 인물이었다. 스
미스는 보즈웰을 가르치던 그 해에 《도덕감정론(The Theory of Moral Senti-
ments)》을 발표했다.

글래스고로 간 지 6개월이 흐른 뒤에 제임스 보즈웰은 대단한 행동을
했다. 그는 학교에서 무단이탈해서 런던으로 도망쳤다. 말을 타고 300
마일을 달려 글래스고에서 런던으로 간 것이다. 그는 칼라일에서 런던
까지 이틀하고 반나절 만에 갔다. 성공한 기수들에게 이 일을 이야기
했을 때, 그들은 "뭐라고요? 같은 말을 타고 말입니까?"라고 물었고 그
는 "아니에요. 같은 말을 타고 갔던 것은 아니랍니다. 하지만 더 재미

있는 이야기 해줄까요? 런던까지 가는 동안 전 같은 엉덩이를 깔고 앉았죠"라고 익살스럽게 답했다.

런던에 도착한 보즈웰은 잠시 천주교로 개종할 생각을 했다. 천주교의 호화로운 예식과 죄의 사함은 그에게 매력적이었다. 천주교로의 개종은 부모에 대한 충격적인 반란이었고 출세에 치명적인 걸림돌이 될 행동이었다. 여기에까지 생각이 미치자 보즈웰은 천주교로 개종할 생각을 바로 접었다. 국교로 돌아갔지만(역설적으로 국교는 스코틀랜드에선 장로교지만 잉글랜드에선 영국 성공회교다), 그는 특정 교파에 국한되지 않은 너그러운 신앙심을 선호했다. 몇 년 뒤, 그는 예수회 소속 사제에게 "예수에게서 믿음을 배웠고 신을 열렬히 사모하려고 노력했다. 웅장한 예배가 나의 신앙심을 자극했고 로마 가톨릭 교회에서 예배를 볼 수 있어 행복했다. 신에 대한 나의 생각은 신이 잔인할까 두려워하지 않게 만들었다"고 말했다.

런던에서 제임스 보즈웰은 가능한 많은 연극을 보겠노라 생각했다. 드루어리 레인 극장에서 관객들은 감정을 숨기지 않았다. 어느 날 보즈웰은 에든버러에서 온 휴 블레어(Hugh Blair)와 극장 바닥에 앉아 있었다(날짜는 명확하지 않다). 그의 친구였던 블레어는 성직자였다. 보즈웰은 극장에서 젊은이 특유의 기백으로 소의 울음소리를 흉내 내서 관객들을 즐겁게 했다. 흥분한 관객들은 그에게 앙코르를 외쳤다. 보즈웰은 다른 동물을 흉내 냈고 이번에는 소 울음소리만큼 반응이 좋지 않았다. 그러자 블레어는 엄숙하고 진지하게 보즈웰에게 "이보게, 나라면 소에서 그만뒀을 걸세"라고 말했다.

과시욕이 강한 보즈웰은 오랜 시간이 흐른 뒤에 드루어리 레인 극장에서 있었던 일을 책에 실었다. 풍자화가 토마스 롤런드슨은 여기에 영감을 받고 풍자화를 그렸다(그림 12). 전경의 못은 관객이 무대로 올라

12. 음메 소리를 내는 제임스 보즈웰

오는 것을 막기 위해서 설치된 것이었다. 못이 없었다면, 관객은 너도 나도 무대 위로 뛰어올라갔을 것이다. 보즈웰은 가능한 무대 가까이에 앉는 것을 좋아했다. 심지어 자신이 '무대 못 위에' 앉아서 연극을 봤다고 말한 적도 있었다.

　오킨렉 경이 런던으로 달아난 아들을 찾는 데는 그리 오랜 시간이 걸리지 않았다. 그는 아들에게 당장 에든버러로 내려오라고 명령했다. 그 이후 보즈웰은 글래스고로 되돌아가지 않았고 학위도 따지 못했다(스코틀랜드 청년들은 학위에 별 관심이 없었다). 대신 그는 혼자서 법을 공부했다. 당시에는 지금의 로스쿨과 같은 제도가 없었다. 그의 아버지는 그에게 민법 시험을 통과하면, 런던으로 돌아가도 좋다는 약속을 했다. 그 후 그는 네덜란드에서 계속 공부할 계획이었다. 네덜란드의 사법체계는 로마법에 근거했고 스코틀랜드 법과 유사했다.

◆ 히포콘드리아

17살에 제임스 보즈웰은 끔찍한 우울증을 앓았었다. 그리고 런던에서 돌아오자마자 다시 우울증에 걸렸고, 25년이 지난 뒤에도 그는 "20살과 21살에 나는 극심한 우울감에 시달렸다"라며 당시 자신의 상태를 생생하게 기억했다. 우울증은 가족력이었다. 그의 할아버지, 외과의사였던 삼촌 존 그리고 이름이 존이었던 남동생도 우울증을 앓았다. 보즈웰은 아버지보다 삼촌인 존과 더 마음이 맞았다. 그리고 동생은 우울증 때문에 오랫동안 병원에서 지내야만 했다.

심각한 우울증 가족력이 있던 보즈웰 가문이었지만 이상하게도 오킨렉 경은 우울증을 앓지 않았고, 그러다 보니 우울증에 대해 연민도 없었다. 마침내 부모에게서 벗어난 보즈웰은 "아버지는 나와 완전히 다른 사람이었다. 그의 정신은 아주 건강했다. 아버지는 내가 사업가가 아니라면 아무짝에도 쓸모없다고 생각했다. 그런 아버지와 집에서 어린 지주로 있는 것은 몹시 짜증나는 일이었다"라고 썼다. 그와 같은 스코틀랜드 사람인 토마스 칼라일은 보즈웰의 아버지에 대한 이야기를 들었고 "아들에 대해 화려하고 꼬리를 활짝 펼친 공작새처럼 뽐내기 좋아하는 허영심을 드러내지 않으면, 오킨렉 경은 아들에 대해 서서히 몰래 접근해서 언쟁을 벌이고 비난을 퍼붓는 허영심을 드러냈다"고 평했다.

당시 멜랑콜리와 히포콘드리아는 유의어로 여겨졌다. 그래서 제임스 보즈웰은 울적할 때 두 단어를 동시에 사용했다. 새뮤얼 존슨을 알게 된 이후, 그는 자신들이 같은 질환을 앓고 있다고 생각했다. 두 사람 모두 병적으로 우울했다. 하지만 존슨과 달리, 보즈웰은 아침에 기분 좋게 일어나서 한동안 기분이 좋았다가 갑자기 우울해졌다. 당시에는 이런 심리상태를 설명할 이론이 없었지만, 그는 분명 조울증을 앓고 있었다.

조지 체이니(George Cheyne)는 《영국의 병(The English Malady)》이란 제목의 논문을 발표했다. 당시 그의 논문은 히포콘드리아에 있어서 권위 있는 논문으로 여겨졌다. 이런 그의 논문에 조울증을 연상시키는 구절이 나온다(외국인들은 이상하게 영국 사람들이 그 병에 잘 걸린다고 주장했다). 일반적인 신체적 증상을 설명한 뒤에 조지 체이니는 심리적 증상에 대해 설명했다.

"깊고 변함없는 우울감에 빠지고 서성이며 망상에 시달린다. 불안정하고 초조하며 기억상실을 경험하고 의기소침해지고 공포와 절망을 느낀다. 어떤 때는 주체할 수 없이 웃음이 터져 나오고 극단적인 기쁨에 빠지고 방방 뛰어다니며 덩실덩실 춤을 추다가, 어떤 때는 울음을 터트리고 슬픔과 고뇌에 잠긴다."

보즈웰은 아주 가까이서 이런 증상들을 경험했다. 그가 좋아했던 삼촌에게서 이런 증상이 나타났던 것이다. 15년 뒤에 그는 일기에 "삼촌은 감정 기복이 지나칠 정도로 심했으며, 불안하고 신경질적인 성격이었다. 이것은 우리 가족의 특징이다. 하지만 삼촌은 나에게 아주 다정했다"고 썼다.

살아가는 동안 보즈웰은 자신의 병에 대해 고민했고 1777년부터 1783년까지 《더 히포콘드리악크(The Hypochondriack)》라는 제목으로 히포콘드리아를 주제로 드문드문 총 70편의 글을 발표했다(그는 새뮤얼 존슨을 따라서 단어 마지막에 'k'를 붙였다). 여기서 그는 자신의 병을 설명했다.

지적이고 히포콘드리아를 지닌 우아한 여성이 나에게 어려운 문제를 제안했다. 언뜻 보기에는 아주 건강하지만 때론 아주 불안해지는 이 질환을 어떻게 설명할 것인가? 눈에 보이는 증상이 없는 질환을 앓는 사람들은 더 미세한 부분, 신경, 체액 또는 감각과 감정을 관장하는 기관이 아주 예민한 사람만이 느낄 수 있을 정도로 미세하게 손상됐을지도 모른다. 아니면 마음이 아프거나 '전갈들로 가득 차' 있거나 창백한 병색으로 물들었을지도 모른다. 모든 질환이 신체 상태와 연결되어 있지 않다.

맥베스는 자신의 마음이 전갈들로 가득 차 있다고 절규했고 햄릿은 결단이 '창백한 병색으로 물들었다(sicklied o'er with the pale cast of thought)'고 체념했다.

당시 사람들은 체액이 신경을 따라 자극을 전달한다고 생각했다. 그리고 4체액설처럼 정신질환에는 생리적 원인이 반드시 존재한다고 생각했다. 신경증도 마찬가지다. 그리고 19세기 말, 신경증은 굳이 정신질환으로 발현되지 않더라도 신경계와 관련된 모든 질환을 의미했다. 우울한 기간 동안, 보즈웰은 "체액이 엉망"이라고 자주 말했다. 그가 도저히 이해할 수 없었던 부분은 몸 상태가 최상일 때도 극심한 우울감에 빠진다는 것이었다.

◆ 마침내 얻은 자유

제임스 보즈웰은 22살이 되기 직전에 민법 시험에 합격했다. 1762년 11월 15일 그는 부모님과 작별인사를 나누고 마침내 에든버러를 떠났다.

"두 분은 나에게 아주 다정했다. 나는 나를 향한 부모님의 사랑을 느꼈고 자식으로서 두 분을 공경했다. 아들이 집을 떠나 거친 세상으로 나가는 장면과 부모의 속박에서 벗어난다는 생각은 나를 매우 즐겁게 했다."

부모의 사랑이나 부모에 대한 공경 같은 판에 박힌 표현은 단조롭지만, 아마도 그는 그 어느 때보다 집을 떠나는 그 순간에 두 가지 감정을 느끼고 싶었던 것 같다. 하지만 분명 그는 모험을 향해 거친 세상 속으로 나아가는 동화 속 왕자 역할에 푹 빠져 있었다. 흥미롭게도 그는 이날을 기록하면서 '장면'이란 단어를 사용했다. 보즈웰은 항상 자신의 인생을 연극에 등장하는 장면이라고 상상했다.

작별인사가 끝나자, 그는 다른 승객이 타고 있는 작은 마차에 올라탔다.

"그렇게 나는 집을 떠났다. 에든버러의 크로스를 지나칠 때, 캐디들과 가마꾼들이 고개 숙여 인사했고 '신이시여, 우리의 고귀한 보즈웰과 번영이 함께하도록 하소서'라고 말하는 것 같았다."

여기서 '신이시여, 우리의 고귀한 왕과 번영이 함께하도록 하소서'로 시작하는 체비 체이스(Chevy Chase)의 오래된 발라드가 연상된다. 캐디는 골프에만 국한된 직업이 아니다. 기차역 등에서 승객의 짐을 나르는 짐꾼도 캐디였다. 그리고 가마꾼은 의자식 가마로 사람을 실어 나르는 사람들이었다. 보즈웰은 캐디와 가마꾼들이 하던 일을 멈추고 에든버러를 떠나는 자신에게 존경을 표한다고 상상했다. 그는 마부에게 마차를 잠깐 세워달라고 요청했고 홀리루드하우스 궁전과 아서시트를 향해 연극배우처럼 고개 숙여 인사했다.

"어린 시절 저 높은 산에 올라 마음껏 명상에 빠졌고, 신과 그의 창조물의 기품에 대한 생각으로 가득 찬 영혼의 황홀함을 느꼈다."

자신의 상상력과 시에 대한 천재적 재능을 자랑스러워한 뒤에, 그는 현실로 돌아왔고 긴 여정을 시작했다.

에든버러에서 런던까지는 역마차로 보통 5일이나 6일이 걸렸다. 보즈웰은 역마차를 타고 여행하는 것을 좋아했다. 사교적이었던 그는 낯선 사람들과 금방 친해졌다. 하지만 잘 손질된 도로가 이제 막 만들어

13. 역마차

지기 시작했고 대부분의 도로는 형편없는 상태였다. 몇 년 뒤에 여행
객들은 잉글랜드 북부에 있는 도로들을 '혐오스럽다'고 했고, 한 더러
운 도로에는 무려 4피트 깊이의 바퀴 자국이 생겼다.

역마차(그림 13)는 다음 역에서 신선한 말들로 교체한다고 해서 붙은
이름이다. 역마차 안에 서로 마주보도록 설치된 2개의 벤치에는 최대
6명의 승객이 앉을 수 있었다. 더 많은 승객을 태우고 싶으면, 마부는
정상 운임의 절반만 받고 승객을 마차 지붕 위에 앉혔다. 역마차의 지
붕은 덜컥거렸고 위험했다. 보즈웰은 가끔 역마차의 지붕에 앉았다.

오킨렉 경은 아들에게 연간 200파운드의 수당을 할당하고 신중하게
대리인을 고용하여 6주 단위로 25파운드씩 나눠 줬다. 보통 보즈웰은
25파운드를 받자마자 다 써버렸다. 그래서 다음 수당이 들어올 때마다
그는 뛸 듯이 기뻐했다.

"나는 돈이 들어오면 사랑스럽게 반짝이는 동전들을 탁자 위에 올려

놓고 하나씩 헤아렸고, 근위병처럼 나열하고, 다양한 모양으로 배열했다. 난 초등학생이 알사탕을 좋아하는 것보다 더 금화를 좋아했다."

당시 정부는 지폐를 발행하지 않았다. 은행이 지폐를 발행했지만, 대부분의 사람들은 금속으로 만든 동전을 종이로 만든 지폐보다 더 진짜 돈처럼 여겼다.

보즈웰은 하숙집의 한 층을 쓰는 데 연간 40파운드를 지불했다. 각 층에는 침실, 거실 그리고 벽난로가 있었다. 이곳에서 지내면서 그는 아주 자세하게 자신의 일상을 기록했다. 밤늦게까지 깨어 있던 날 촛불이 갑자기 꺼졌다.

"내 불은 이미 오래 전에 차갑게 식어 있었다. 그래서 나는 앞으로 어떻게 할지 큰 딜레마에 빠졌다."

그는 발끝으로 살금살금 부엌으로 내려갔다. 하지만 부엌에는 "그린란드의 눈 덮인 산 위에서 바람과 냉기로 사그라지는 작은 불씨"밖에 없었다. 그는 주인이 아침에 불을 붙이기 위해서 부엌 어딘가에 부싯돌 통을 둔다는 사실을 알고 있었다. 어둠 속에서 더듬거리며 부싯돌 통을 찾았지만, 그 어디에도 부싯돌 통은 없었다. 그 순간 소동에 대비해서 주인이 침대 곁에 장전한 권총을 두고 잔다는 사실이 떠올랐다. 그래서 그는 조용히 자신의 방으로 되돌아갔다. 보즈웰은 야경꾼이 새벽 3시를 외칠 때까지 깨어 있었다. 그는 하숙집 앞을 지나치는 야경꾼을 불러 세웠고, 그가 들고 있던 랜턴을 빌려 자신의 촛불에 불을 붙였다.

"그제야 나는 한숨을 돌릴 수 있었다. 그때부터 나는 동이 틀 때까지 부산스럽게 움직였다."

이렇게 뜬 눈으로 밤을 지새우는 일은 그에게는 거의 일상이었다. 이런 생활 습관이 그에게 그다지 부정적인 영향을 미쳤던 것 같지는 않다.

아버지의 권위에서 벗어난 보즈웰은 법조인과는 완전히 다른 직업을 꿈꾸기 시작했다. 그는 자신의 하숙집이 호스 가즈와 가깝다는 사실을 알고 기뻐했다. 호스 가즈는 기병대와 보병대가 훈련하는 근위기병 연대본부다(화보 그림 7). 장교들은 매력이 넘쳤다. 그들은 마치 제인 오스틴의 소설에 등장하는, 여인에게 추파를 던지는 건방진 젊은이들 같았다. 애덤 스미스는 "우리는 쾌활하고 경박하고 활기차고 자유로운 인물을 군인과 연관 짓는 경향이 있다"고 말했다.

《젠틀맨즈 매거진》에 실린 한 풍자글을 보면, 보즈웰이 장교에게 매력을 느낀 부분을 확인할 수 있다.

Q. 장교의 임무는 무엇입니까?

A. 평화 시기에는 이 선술집에서 저 선술집으로, 이 커피하우스에서 저 커피하우스로 옮겨 다니죠. 뜰에서 극장으로, 극장에서 바뇨로, 바뇨에서 복스홀로 그리고 래닐러로 유유히 이동하죠. 그리고 래닐러에서 하이드파크로 가죠.

복스홀과 래닐러는 유명한 유원지로 여자를 유혹하기에 좋은 장소였다. 물론 전쟁이 일어나면, 장교들은 과녁처럼 가만히 서 있다가 명령이 떨어지면 최대한 많은 생면부지의 사람들을 죽여야 했다.

보즈웰은 이렇게 목숨을 걸어야 하는 일에는 전혀 관심이 없었다. 그러던 어느 날 그는 만찬에서 7년 전쟁에서 돌아온 장교를 만나게 된다. 그 장교는 전투와 끔찍한 부상에 대하여 이야기했다. 모두가 그의 이야기에 몸서리쳤다. 그의 이야기는 사교모임의 화제로 부적절했고 정말 충격적이었다. 보병대는 수도에 배치됐고 해외 파병을 가는 일이 없었다.

보통 사람들은 돈으로 장교직을 샀다. 하지만 오킨렉 경이 자신의 아들을 위해서 그런 식으로 돈을 쓸 리 만무했다. 보즈웰도 이것을 잘 알고 있었다. 그가 장교가 되는 방법은 높은 지위에 있는 사람의 후원을 받는 것이었다. 그래서 그는 문턱이 닳도록 노섬벌랜드 백작부인을 찾아갔다. 그녀는 채링 크로스의 노섬벌랜드 하우스에서 화려한 파티를 자주 열었다. 노섬벌랜드 백작부인은 보즈웰을 좋아했다. 하지만 노섬벌랜드 백작부인뿐만 아니라 높은 지위의 사람들 중에서 그 누구도 그의 아버지의 뜻을 거스를 생각을 추호도 하지 않았다. 보즈웰은 그들이 왜 그랬는지 전혀 이해할 수 없었다.

보즈웰은 화려한 옷을 입고 그녀를 만나러 갔다. 몇 년 뒤, 그는 "옷차림은 그 사람의 많은 부분을 보여준다"고 말했다. 그는 "옷은 음악처럼 불가항력적으로 나의 기분에 영향을 미친다"고도 했다. 당시 신사는 공작새였다. 한 역사학자의 말에 따르면, 1970년대까지 신사들은 레이스, 실크와 화려한 색상의 옷감으로 치장했다. 레이스는 부의 상징으로 많은 신사들이 선호했던 장식품이었다. 옷에는 관심이 없었던 새뮤얼 존슨은 "그리스인은 레이스 같다. 모든 남자들이 최대한 많은 레이스를 달고 다닌다"고 언급했다.

런던에 도착하고 얼마 지나지 않아, 보즈웰은 고상한 보라색 프록코트를 장만했다. 맞춤 제작한 예복이었다. 노섬벌랜드 하우스의 첫 방문을 앞두고, 그는 레이스가 풍성하게 많이 달린 옷을 사고 싶었다. 하지만 상대적으로 얌전하게 입고 노섬벌랜드 하우스로 갔다.

"난 내 성향을 억누르고 핑크에 금 단추가 달린 소박한 수트를 입었다."

빠듯한 생활비에도 그는 항상 외모에 신경을 썼다.

"나는 매일 헤어드레서에게 머리를 맡긴다. 헤어드레서가 머리를 만져주면 편안해진다. 체트윈드(Chetwynd)는 뛰어난 헤어드레서다. 그는 바로 건너편에 산다. 그는 고상하고 수다스러운 친구다. 이것은 헤어 드레서들의 보편적인 성격인 것 같다."

아무 소득 없이 몇 달이 지났지만, 그는 자신의 꿈을 차마 포기할 수 없었다. 아무것도 안 하는 노섬벌랜드 백작부인에게 분노가 치밀어 오르기 시작했다.

"이 대단한 사람들! 그들은 슬픈 존재들이다. 나에게 다정하게 친구인 것처럼 행동하고 좋은 지위를 약속했던 이 여자는 어딘가 틀려먹은 말괄량이다."

그는 친구에게 "확실히 나는 천재다. 나는 주목 받을 자격이 있다. 나의 손주들은 '제임스 보즈웰, 쾌활한 사람. 그는 오킨렉을 개선하고 아름답게 꾸몄다. 그는 뛰어난 하원 의원이었고 보병대를 지휘했다. 그리고 조지 3세의 법정에서 가장 현명한 자 중 한 명이었다'란 인물평을 읽게 될 것이다"라고 편지를 썼다.

운명은 그에게 전혀 친절하지 않았다. 보즈웰은 실제로 오킨렉을 향상시켰지만, 엄청난 빚을 지게 되었다. 살아생전 계속 시도했지만, 그는 끝내 의원이 되지 못했다. 그리고 보병대에 들어가는 것은 그저 한낱 허황된 꿈에 불과했다. 그의 말년에 《존슨전》이 대성공했지만, 동시대인들 중에서 그 누구도 그가 현명하다고 평가하지 않았다. 그는 법조인이 되는 것을 고민했다. 이런 고민을 할 때 그가 썼던 글은 정확하게 미래를 예언했다.

"평생 동안 한번은 복잡한 법을 다루는 일을 하게 되고, 그로 인해 마음속에 짜증만 가득하게 될 것이다."

한편 보즈웰은 즐겁게 사는 것에만 집중했다. 그는 런던을 처음 방문했을 때 알게 된 친구들 몇몇과 재회했다. 그들 중 3명은 스코틀랜드 사람이었다. 앤드루 어스킨(Andrew Erskine)은 보즈웰과 동갑이었다. 사람들은 그를 두고 '(제임스 보즈웰보다 몇 배는 훌륭하지만) 미천한 재능을 지닌 시인'이라고 말했다.

 "어느 저녁, 어스킨과 나는 서로 농담을 주고받고 큰 소리로 웃으며 헤이마켓을 걸어 내려갔다. '이봐, 어스킨. 나보다 자네 인생을 술술 잘 풀리게 하는 사람이 누가 있나?'라고 내가 말했다. 어스킨은 없다고 대답했다. '자네의 입에서 더 좋은 시들이 쏟아지도록 하는 사람이 나 말고 누가 있나?'라고 내가 말했다. '자네가 최고지. 자네는 그 누구보다 나에게서 많은 것을 뽑아내지. 자네는 그 누구보다 나에게 많은 자극을 주지'라고 어스킨이 대답했다."

 또 다른 스코틀랜드 출신의 친구인 조지 뎀스터(George Dempster)는 30살의 하원 의원이었다. 잉글랜드에서 제임스 보즈웰은 항상 자신의 스코틀랜드다움에 대해 불안함을 느꼈다. 그는 투박한 지방 출신처럼 보일까 봐 걱정했다. 한 번은 어스킨과 뎀스터가 '스코틀랜드 억양과 거칠고 자유분방한 태도'로 그를 짜증나게 했다. 보즈웰은 어리석은 습관을 버리고 합리적인 습관을 가질 생각이라고 그들에게 진지하게 말했다. 이 말에 대한 그들의 반응은 간단명료했다. 보즈웰의 말을 들은 그들은 소리 내어 웃었다.

 세 번째 스코틀랜드 출신의 친구는 에글린턴(Eglinton) 백작이었다. 6살에 백작 지위를 계승한 그는 거의 40살이었다. 미혼에 여러 여자들과 어울렸던 에글린턴 백작은 정계에 아는 사람들이 많았다. 보즈웰은 그를 통해 힘을 좀 받고 싶었다. 실제로 에글린턴 백작은 해외 주둔하는 부대의 장교직을 그에게 제안했다. 하지만 보즈웰은 단칼에 거절했다.

 "나리, 장담컨대 근위대에 들어가려는 저의 위대한 계획은 군인이 되는 것이라기보다는 고상한 신사가 되는 것입니다."

 그의 말을 듣고 짜증이 난 에글린턴 백작은 "난 정말 제이미 자네를 이해할 수 없네"라고 대답했다. 이 두 사람의 관계에서 눈에 띄는 점은 에글린턴 백작은 보즈웰을 항상 '제이미'라고 불렀고, 보즈웰은 백작을 '나리'라고 불렀다는 것이다.

에글린턴 백작은 보즈웰을 함께 있으면 즐겁고, 재미있게 사는 친구라고 생각했다. 하지만 그렇다고 백작에게 그가 인상적인 친구는 아니었다. 보즈웰은 백작에게 많은 평정과 지혜를 얻었다고 말했다.

"내가 '나리, 저는 지금 조금 더 지혜로워졌습니다'라고 말하자, 백작은 '자네가 생각하는 것만큼은 아닐세'라고 말했다."

후에 에글린턴 백작은 보즈웰의 성격을 묘사했고, 보즈웰도 백작의 묘사가 정확했다고 인정했다.

"제이미, 자넨 머리는 가볍지만 엉덩이는 아주 무겁지. 분명 그런 사람은 내리막길에서 쉽게 달려. 하지만 혼신의 힘을 다해야 오르막길을 오를 수 있어."

제임스 보즈웰은 "이것은 나의 성격을 아주 잘 보여주는 말이다. 나는 의욕적으로 프로젝트를 구상하고 계획하지만, 실행 단계에선 의욕을 상실하고 꾸물거린다"고 일기에 썼다.

이들 외에도 보즈웰은 에든버러에서 알았던 친구들과도 재회해서 우정을 다시 이어나갔다. 그중 한 명이 40대 초반의 아일랜드인인 토마스 셰리든(Thomas Sheridan)이었다. 셰리든은 자신의 대부인 조너선 스위프트의 전기를 썼다. 그는 얼마 동안 더블린에서 극장을 운영했다. 극장이 망했을 때, 그는 런던에서 배우가 됐고(그림 14) 웅변술을 가르쳤다. 그는 에든버러에서 보즈웰과 함께 웅변술을 공부했다. 요즘 '웅변술'이란 단어에는 19세기 웅변의 예스러운 맛이 있다. 한 논평가는 토마스 셰리든은 언어 치료사, 대화 코치, 연극 감독, 억양 전문가 그리고 대중 연설 컨설턴트였다고 말한다. 잉글랜드에 사는 야망에 가득 찬 스

14. 토마스 셰리든

코틀랜드 사람들은 자신들의 스코틀랜드 억양을 없애고 싶어 안달이었다. 아일랜드 억양을 평생 없애지 못한 사람에게서 스코틀랜드 억양을 없애는 법을 배운다는 것이 이상할 뿐이다. 토마스 제퍼슨(Thomas Jefferson) 등 많은 이들이 셰리든의 대중 연설에 관한 책을 읽었다.

셰리든에겐 매력적인 아내 프랜시스가 있었다. 보즈웰은 그녀를 "분별 있고 독창적이고 겸손하며 대화가 잘 통하는 여인"이라고 표현했다. 셰리든은 소설《시드니 비둘프 양의 회고록(Memoirs of Miss Sidney Bidulph)》의 작가로 유명했다. 고결한 여인과 그녀의 연인이 끊임없이 운명에 의해 좌절을 경험하고 신의 섭리를 받아들이기 위해서 연인의 자살을 쫓는 이야기다. 새뮤얼 존슨은 그녀에게 짓궂은 찬사를 보냈다.

"부인, 독자들을 아주 괴롭게 할 도덕적 원칙들을 제시할 권리가 부인에게 있는 줄 몰랐네요."

데이비드 개릭(David Garrick)이 드루어리 레인에 올린 연극 몇 편은 프랜시스 셰리든의 작품이었다. 토마스와 프랜시스 셰리든의 12살 막내 아들은 해로 스쿨을 다녔고 기숙사에서 생활했다. 보즈웰은 오가다가

스치면서 그들의 막내아들을 만났다. 그가 바로 리처드 셰리든(Richard Sheridan)이다. 리처드 셰리든은 뛰어난 극작가로 성장했고 더 클럽의 회원이 된다.

◆ 제임스 보즈웰이 살던 런던

당시에도 런던은 걸어 다니기 좋은 도시였다. 제임스 보즈웰은 무거운 짐이 있으면 전세 마차를 이용했지만, 그 외에는 런던에서 항상 걸어 다녔다. 오직 부자들만 가마를 타고 다녔다. 두 사람이 비바람을 막아주는 지붕과 창문이 있는 가마를 어깨에 짊어지고 운반했다. 그리고 아주 소수의 부자들만 개인 마차를 소유했다.

제임스 보즈웰이 살았던 런던의 지도에는 이 책에서 상당히 중요한 장소들이 표시되어 있다(그림 15). 보즈웰에게 중요했던 장소 중에서 이 지도에 표시되지 않은 곳은 다우닝 스트리트에서 동쪽으로 대략 2마일 떨어진 세인트 폴 대성당이다. 세인트 폴 대성당이 있는 세인트 폴 처치야드에서 보즈웰은 차일드 커피하우스를 자주 찾았다. 이유는 간단했다. '스펙테이터 씨'가 다른 사람들의 대화를 엿듣던 곳이 바로 차일드 커피하우스였기 때문이다. 그는 일기에 "그곳은 내 마음에 쏙 든다. 어스름하고 안락하고 따뜻하다. 그곳에서는 현명하고 익살스러운 시민과 의사들이 어울려 정치를 논한다"고 일기에 썼다.

유명한 정기간행물이었던 《더 스펙테이터》의 스펙테이터 씨를 따라 보즈웰도 그곳에서 다른 사람들이 나누는 대화를 슬쩍 엿들으며 기록했다.

시민: 의사 선생님, 그 환자는 어떻게 되나요? 그녀의 두개골이 부서지지

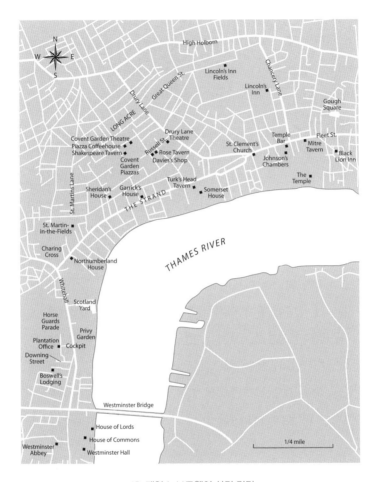

15. 제임스 보즈웰이 살던 런던

않았나요?

의사: 네. 산산조각 났죠. 하지만 제가 치료했습니다.

시민: 하느님 맙소사.

제임스 보즈웰은 '시민(citizen)'이었다. 세인트 폴 대성당 주변은 금융의 중심지로 예나 지금이나 시티(City)라 불린다. 시민은 시티에 사는 사람을 의미했다. 상거래는 주로 이 지역의 커피하우스에서 이뤄졌다. 익스체인지 앨리에 있는 조너선 커피하우스는 최초의 비공식 주식시장 역할을 했고, 런던의 로이즈의 전신인 로이즈는 운송과 보험 서비스를 제공했다.

지도에서 제일 위 부분에 인스 오브 코트 중에서 가장 유명한 링컨즈 인이 있다. 인스 오브 코트는 중세시대부터 법조인을 양성하던 교육기관으로 런던 도시 한복판에 자리 잡고 있다. 보즈웰도 변호사 시험을 보기 위해서 법학원에서 공부했다. 그는 근처 공원인 링컨즈 인 필즈에서 자주 산책을 했다. 그리고 1780년대 링컨즈 인 필즈의 서쪽에 위치한 그레이트 퀸 스트리트에 집을 임대했다.

링컨즈 인 아래에는 이 책에서 중요시하는 장소들이 상당히 밀집되어 있다. 1760년 이후로 새뮤얼 존슨은 더 템플에서 살았다. 법학원들이 몰려 있고 법조인이 주로 거주했던 이 지역은 비법조인도 주민으로 받아들였다. 제임스 보즈웰도 하숙집 주인과 말다툼을 하고 다우닝 스트리트를 떠나 여기서 머물렀다. 진짜 여관인 블랙 라이언 인은 보즈웰이 런던에 도착해서 처음 머물렀던 곳이다. 나중에 그는 블랙 라이언 인에서 루이자(Louisa)란 이름의 여배우와 밀회를 나눴다. 블랙 라이언 인 바로 위에 마이터 태번이 있다. 보즈웰은 이 선술집에서 존슨과 주로 시간을 보냈다. 마이터 태번 위 그리고 플리트 스트리트 건너편에 거프 스퀘어가 있다. 바로 이곳에서 존슨이 10년 전에 사전을 편찬했다.

플리트 스트리트 주변에는 볼거리가 많았다. 보즈웰은 런던에 머무르는 동안 여러 곳을 보러 갔다. 어느 오후, "나는 플리트 스트리트에

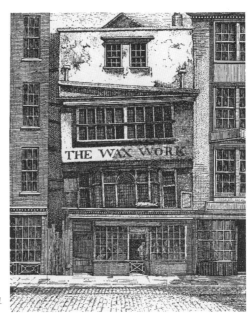

16. 더 왁스 워크

있는, 새먼(Salmon) 부인의 유명한 밀랍인형을 보러 갔다. 밀랍인형은 훌륭했고 나는 15분 동안 밀랍인형을 보며 즐거웠다(그림 16)."고 당시를 회상했다. 전시된 밀랍인형 중에는 두 명의 자녀와 함께 있는 안토니우스와 클레오파트라, 처형대에 오른 찰스 1세, 자신의 자녀를 몰렉 신에게 제물로 바치는 가나안 여성과 터키 술탄의 궁전이 있었다.

서쪽으로 계속 가다 보면 터크즈 헤드 태번이 나온다. 이듬해 바로 이 선술집에서 더 클럽이 탄생한다. 강 근처 더 스트랜드를 따라 데이비드 개릭과 토마스 셰리든의 셋방이 있고, 조슈아 레이놀즈의 왕립미술아카데미가 매년 전시회를 개최한 서머싯 하우스가 있다.

이제 북쪽으로 이동하면 제임스 보즈웰에게 어마어마하게 중요한 장소 2곳이 나온다. 보즈웰은 1763년 5월 토마스 데이비스(Thomas Davies)의 작은 서점에서 마침내 새뮤얼 존슨을 만난다. 그를 만나고자 몇 달

동안 노력한 끝에 성사된 만남이었다. 이 서점의 서쪽에는 그 유명한 코벤트 가든이 있다. 보즈웰은 좋은 시간을 보내기 위해 규칙적으로 코벤트 가든을 찾았고, 이곳은 그가 가장 좋아하는 장소가 되었다.

많은 미술가들이 코벤트 가든을 화폭에 담았다. 1750년에 화가 발터사르 네보트(Balthasar Nebot)가 고요하고 탁 트인 코벤트 가든을 그렸다(화보 그림 8). 코벤트 가든에서 서쪽으로 눈을 돌리면 세인트 폴 대성당의 고전적인 전경이 보인다. 세인트 폴 대성당은 건축가 이니고 존스(Inigo Jones)가 설계했고 1633년 완공됐다. 세인트 폴 대성당은 지금도 그 자리에 그대로 있다. 하지만 기둥은 1790년에 철거됐다. 그림의 왼쪽에는 아침 일찍 근처 시골에서 사온 싱싱한 채소가 가득 놓인 노점상들이 있다.

토마스 롤런드슨(Thomas Rowlandson)은 보다 왁자지껄한 코벤트 가든을 판화로 옮겼다. 그는 선거 유세 기간의 코벤트 가든을 묘사했다(화보 그림 9). 세인트 폴 대성당 앞에는 유세를 위한 연단이 설치되어 있다. 해군 사관들이 웨스트민스터 선거구를 대표했기 때문에, 선원들이 후보자를 배 위에 태워 운반하고 있다. 사람들은 창문에서 밖을 내려다본다. 세인트 마가렛 처치, 웨스트민스터 대성당, 세인트 마틴 인 더 필즈 등 거주지를 알려주는 선거구 내에 있는 교회들의 이름이 배너에 적혀 있다. 굴뚝에선 석탄 연기가 피어오른다. 런던에선 건물 난방에 석탄을 사용했다.

윌리엄 호가스(William Hogarth)는 코벤트 가든의 우울한 모습을 판화에 옮겼다. '하루의 네 시간(Four Times of Day)' 시리즈에서 〈아침(Morning)〉이란 작품이다(그림 17). 세인트 폴 대성당의 박공 벽에 걸린 시계가 아침 8시를 가리키고 있다. 교회의 바로 앞에 톰 킹즈 커피하우스란 간판이 붙은 건물의 굴뚝에서 연기가 피어오른다. 이튼 칼리지의 졸업생인 톰

17. 윌리엄 호가스, 〈아침〉

킹은 행실이 나빠서 케임브리지 대학교의 킹즈 칼리지에서 쫓겨났다. 그의 아내 몰은 코벤트 가든에서 과일과 채소를 팔던 여인의 딸이었다. 1720년쯤 그들은 판잣집에서 커피하우스를 열었다. 윌리엄 호가스는 이 커피하우스에서 손님들을 스케치했다. 톰과 몰에게는 토마스라는 이름의 아들이 있었다. 토마스는 훗날 데이비드 개릭과 리처드 셰리든의 연극에 주연으로 등장하게 된다.

커피하우스 안에서 싸움이 벌어졌다. 커피하우스에서는 커피보다 술이 더 많이 팔렸다. 싸우는 사람들은 검을 휘두르고 가발이 문 밖으로 튕겨져 날아간다. 그림의 전경에 두 명의 청년들이 각자 매춘부를 끌어안고 부드럽게 애무하고 있다. 그들 곁에서 한 여인은 언 손을 녹이려고 불을 쬐고 있다. 한편 또 한 명의 다른 여인이 교회로 가는 길에 그 어떤 것에도 눈길을 주지 않는 오만한 부인을 향해 애원하듯 손을 들고 있다.

18세기 런던을 방문한 독일인 게오르크 크리스토프 리히텐베르크(Georg Christoph Lichtenberg)가 이 그림에 대한 해설을 남겼다.

"그림의 전경에서 인상적인 부분은 부인의 드레스 아래로 보이는 그녀의 신발이다. 그녀는 쇠 굽이 달린 나막신을 신고 있다. 당시 런던의 여인들은 주로 이런 종류의 신발을 신고 진흙 길을 미끄러지듯 걸어 다녔다. 쇠 굽이 런던 길에 부딪혀서 나는 소리는 이방인의 귀에 결코 거슬리지 않는다. 대체로 아름다운 부인들이 내는 소리이기 때문이다."

그리고 그는 "경건한 표정의 근엄한 부인의 반짝이는 눈 옆에는 촛불 주위로 몰려드는 날벌레처럼 애교점이 찍혀 있다"고 덧붙였다. 그녀는 추운 날 아무 쓸모도 없는 화려한 부채를 들고 있다. 그녀의 어린 시종은 그 추운 날씨에 슬리퍼만 신은 탓에 발이 꽁꽁 얼어 있다. 윌리엄 호가스의 전문가 로날드 폴슨(Ronald Paulson)은 차가운 고전양식의 교회와 사람이 임시로 만든 톰 킹스 태번을 대비하여 윌리엄 호가스가 교회에 기대서 흥청대며 술을 마시는 사람들의 편을 들고 있다고 해석했다.

지도로 돌아가자. 서쪽에서 동쪽으로 시선을 옮기면, 여러 장소가 코벤트 가든 주변에 밀집해 있음을 알 수 있다. 북동쪽 구석에 코벤트 가든 극장이 있다. 데이비드 개릭은 근처 드루어리 레인(Drury Lane)이 극장을 운영하기 전 이 극장에서 연기를 했다. 런던에 도착하자마자, 보즈웰은 희곡 오페라를 보러 갔다. 극장에 스코틀랜드 하이랜드 연대 소속 장교 두 명이 들어서자, 극장에서 소동이 벌어졌다. 이 소동에 보즈웰은 머리끝까지 화가 났다.

"2층 좌석에 앉아 있던 무리가 '스코틀랜드 사람 출입 금지! 스코틀랜드 사람 출입 금지! 썩 꺼져!'라며 소리쳤고 야유를 퍼부으며 그들을 향해 먹던 사과를 던졌다. 팔은 안으로 굽는다. 내 혈관을 흐르는 스코틀랜드의 피가 분노로 끓어올랐다. 나는 벤치 위로 올라가 '개새끼들, 꺼져!'라고 고함치며 야유를 퍼부었다. 정말 화가 머리끝까지 났다."

영국 사람들이 스코틀랜드 사람에 대해 적개심을 갖는 것은 많은 스코틀랜드 사람들이 왕위를 되찾기 위해 1745년 반란을 일으킨 보니 프린스 찰리(Bonnie Prince Charlie) 편에 섰기 때문이다. 스코틀랜드 사람들은 찰스 에드워드 스튜어트 왕자를 '잘생긴 찰리 왕자'란 뜻인 '보니 프린스 찰리'라고 불렀다. 하지만 보니 프린스 찰리는 왕위를 되찾기 위해 벌인 전쟁에서 패배했다. 보니 프린스 찰리의 반란은 1773년 스코틀랜드를 함께 여행하던 새뮤얼 존슨과 제임스 보즈웰의 단골 대화 주제였다.

극장이 코벤트 가든의 유일한 명소는 아니었다. 헨리 필딩(Henry Fielding)의 동생인 존 필딩(John Fielding) 경은 보 스트리트 재판부의 치안 판사였다. 그는 그 지역을 '비너스의 위대한 광장'이라 불렀다. 존 호킨스는 "극장과 그 주변은 범죄의 온상이다. 극장이 들어서면 그 주변으로 윤락업소가 들어서며 사창가가 형성된다"고 불만스럽게 말했다. 다른 지역의 치안판사였던 존 호킨스는 소위 커피하우스 폭동 사건을 맡았다. 말이 커피하우스이지 실제로는 선정적인 행위가 이뤄지는 유곽이나 다름없는 곳이었다. 존 호킨스는 특히 퀘이커 교도처럼 옷을 입은 커피하우스 여주인의 모습을 보고 충격을 받았다.

"퀘이커교는 악행과 부도덕한 행위를 철저하게 금하는 종파다. 심지어 품행이 바르지 않은 사람은 종파에서 쫓겨나는 것으로 알려져 있다. 난 그녀의 생활방식을 꾸짖었고 그 일을 그만두라고 종용했다. 하지만 그녀는 나의 말을 귓등으로도 듣지 않았다."

존 호킨스는 새무얼 존슨의 좋은 친구였고 더 클럽의 창립 회원이었다.

드루어리 레인(Drury Lane)에 대한 평판은 아주 오랫동안 나빴다. 언어 역사학자들은 드루어리 레인이란 이름이 중세 영어 'druwery'에서 비롯됐다고 본다. 《옥스퍼드 영어사전》은 'druwery'를 '성적인 사랑, 성관계, 성인 남녀의 짝짓기 그리고 사회 통념에 어긋나는 사랑, 통정'이라 정의한다. 제프리 초서(Geoffrey Chaucer)의 작품에선 이 단어를 긍정적으로 해석했다.

"여인들의 사랑과 성적인 사랑(druerie)에 대하여 / 곧 내가 당신에게 말해 주리"

18세기 매독은 '드루어리 레인 학질(Drury Lane ague)'이라고도 불렸다.

'오, 머핀 맨을 아시나요(O do you know the muffin man)'란 노래의 원래 의미는 분명치 않다. 하지만 '그는 드루어리 레인에 살아요'란 가사는 의미심장하다('머핀(muffin)'에는 '성적인 매력이 있는 남성'이란 의미가 있다). 헨리 필딩의 《톰 존스(Tom Jones)》에 등장하는 소피아 웨스턴의 '머프'에는 오

18. 더 머핀 맨

늘날과 같은 외설적인 의미가 있다('머프(muff)'는 '여성의 외음부'를 부르는 속
어로도 사용된다).

　"그녀의 머프(muff) 안에 누워 있던 큐피드가 갑자기 살금살금 떠났다."

　하지만 실제로 거리에서 머핀을 파는 상인들도 있었다. '런던의 12가
지 울부짖음(Twelve London Cries Done from the Life)'이라는 유명 시리즈에
머핀 장수가 등장한다(그림 18). 열린 창문 곁에서 기품 있는 부인들이 차
를 마시고 있다. 창문 밖에는 얼굴을 잔뜩 찌푸린 머핀 장수가 있다. 그
녀들이 자신의 머핀을 거부해서 짜증이 난 것이 아닐까?

　코벤트 가든 광장에는 셰익스피어 헤드 태번이 있다. 이곳은 매춘
본부였다. 다음 장에서는 셰익스피어 헤드 태번에서 즐거운 시간을 보
내는 제임스 보즈웰을 만나게 될 것이다. 셰익스피어 헤드 태번 근처
에는 '마더 더글라스'가 운영하는 악명 높은 윤락업소가 있었다. 이 윤

락업소의 손님들 중 한 명은 그녀를 두고 "이 포주는 살이 축 늘어지고 뚱뚱하다. 몸에서 고약한 냄새가 나고 욕과 거친 말을 입에 달고 산다. 이 나라에 사는 남자들 중에 그녀를 모르는 사람은 거의 없을 것이다"라고 했다.

마지막으로 지도를 한 번 더 보자. 지도 아래에는 법과 정치와 관련된 장소들이 즐비해 있다. 보즈웰의 하숙집도 이 지역에 있었다. 그가 만족스럽게 말했듯 다우닝 스트리트에서 호스 가즈는 가까웠다. 보즈웰의 하숙집 바로 아래에 의회 건물, 웨스트민스터 사원과 웨스트민스터 브리지가 있다. 당시 웨스트민스터 브리지는 꽤 참신했다. 낡은 런던 브리지에 뒤이어 템스 강에 두 번째로 세워진 다리로 1750년에 완공됐다. 런던 브리지는 이 지도에는 나오지 않지만 웨스트민스터 브리지의 동쪽에 있다. 두 다리가 너무 떨어져 있어서, 당시 사람들은 템스 강을 건너려면 뱃사공을 고용해야 했다.

CHAPTER 4

제임스 보즈웰: 자아를 찾아서

◆ 위대한 일기

20대 초반의 새뮤얼 존슨의 내면에 대해서 알려진 바는 거의 없다. 하지만 제임스 보즈웰은 다르다. 그는 스스로에게 깊은 관심을 가지고 있었고 자신의 일상을 거의 하루도 빠짐없이 기록했다. 그에게 일기는 일종의 실험이었다. 당시에는 많은 사람들이 일기를 썼다. 대부분의 사람들은 주로 자신의 종교와 신앙심에 대해 썼다. 자신의 일상을 세세하고 직설적으로 기록하는 사람은 거의 없었다. 새뮤얼 피프스(Samuel Pepys)의 일기는 분명 예외다. 1660년대 작성된 일기지만, 19세기가 되어야 책으로 출간됐다. 일기에 담긴 비밀 암호가 19세기가 되어서야 풀렸던 것이다. 런던에서 보즈웰은 8개월 동안 일기를 썼다. 그 양이 무려 700쪽에 달하고 그의 일상이 아주 자세하게 기록되어 있다.

제임스 보즈웰의 일기장과 관련하여 유명 일화가 하나 있다. 세상에서 감쪽같이 자취를 감췄던 그의 일기장이 20세기 초에 갑자기 그의 후손들이 살고 있던 아일랜드의 한 성에서 모습을 드러냈다. 부유한 미국인 수집가가 그들에게 제임스 보즈웰의 일기장 전 권을 팔라고 이야기했다. 그의 후손들은 그에게 당혹스러운 내용이 기록된 부분을 찢어버리기 전에는 절대 팔지 않겠다고 말했다. 그들의 뜻대로 난처한 내용이 적힌 부분을 없앤 일기장을 구입한 미국인 수집가는 그것을 예일 대학교에 팔았다. 그 이후 전문가들이 제임스 보즈웰의 생애를 전문적으로 연구하는 '보즈웰 공장'에서 보즈웰의 일기를 연구했다. 40년 전 보즈웰의 일기 한 권을 검토한 존 업다이크(John Updike)는 "이 한 권의 일기장을 분석하는 데에는 유대인의 탈무드를 분석하는 데 드는 시간과 재능이 들어갔다"고 말했다.

1권은《보즈웰의 런던 일기(Boswell's London Journal)》란 제목으로 1951년 출간됐다(제임스 보즈웰의 일기장은 총 13권이다). 1권을 편집한 프레더릭 포틀(Frederick Pottle)은 보즈웰 공장의 책임자였고 나중에 제임스 보즈웰의 전기를 발표한다.《보즈웰의 런던 일기》는 두어 달 동안 〈뉴욕타임즈〉 베스트셀러에서 1위를 했다. 이달의 책 클럽은 편집자에게 이익 배당금을 지급했고, 〈라이프〉는 '보즈웰을 만나다: 알수록 재미있고 우리를 괴롭히는 재주가 탁월한 인물'이란 제목으로 특집기사를 실었다. 1951년 미국에서 그의 일기가 큰 인기를 얻을 수 있었던 이유는 그의 '햇살이 눈부시게 내리쬐는 세상과 화려한 레이스로 치장한 코트와 곱게 만진 머리' 때문이었다. 당시 수소폭탄의 두려움에 떨던 미국인들에게 그의 일기는 큰 위안이었다. 트루먼 대통령은 휴가 기간 동안《보즈웰의 런던 일기》를 읽었다. 무엇보다도 성에 대한 솔직함으로《보즈웰의 런던 일기》는 사랑받았다.

제임스 보즈웰이 일기를 썼던 목적은 자신의 삶을 있는 그대로 기록하기 위함이었다.

"이 방식으로 나는 망각 속으로 사라져 버릴 많은 것들을 보존할 것이다."

몸이 아파서 침대에 꼼짝없이 누워 있을 때, 그는 "얼마 동안 내 일기장은 어떻게 될까? 아마 흰 여백으로 가득한 황량한 사막이 될 테지"라고 한탄했다. 그로부터 2주일 뒤에 "오늘은 일기에 적을 만한 일이 아무것도 없다. 대다수의 인생이 그렇듯, 어느 사이엔가 하루가 훌쩍 지나갔다"고 적었다. 하루도 빠지지 않고 일기를 쓰는 것은 그에게도 부담이었다.

"경사진 언덕에서 밀어 올리는 돌덩이처럼 일기 또한 한순간도 멈춰서는 안 된다. 멈추는 순간 아래로 굴러 떨어진다."

하지만 무언가 일기장에 기록하지 않는 것도 그에게 스트레스였다. 후에 보즈웰은 "일기가 밀렸다. 내가 일기장에 기록할 수 있는 양만큼만 살아야겠다. 이는 마치 거둬들일 수 있는 것보다 더 많이 옥수수를 키워서는 안 되는 것과 같다"고 썼다.

이 부분에서 우리는 제임스 보즈웰 본인은 몰랐던 사실을 깨닫게 된다. 보즈웰은 일기를 쓰면서 천직을 발견했던 것이다. 일종의 소명의식을 가지게 되었을 것이다. 사람들은 성공하기 위해서 직업을 선택한다. 보즈웰은 울며 겨자 먹기 식으로 법조인이 됐지만 법조인으로서 그다지 성공하지 못했다. 천직은 아무 이유 없이 그냥 하게 되는 일이다. 보즈웰은 글쓰기와 음주는 중독성이 있다고 말했다.

"어디서 멈춰야 할지도 모른 채 그냥 흘러간다."

제임스 보즈웰에게서 가장 중요한 가치는 아버지에게서 맞아가면서 배운 진실성이었다. 평생 그는 메모를 했다. 줄거리가 있는 완전한 이야기가 아니더라도 짧게나마 기록으로 남겼다. 이렇게 모인 기록이 하나의 사건이 됐다. 반면 사실로부터 점점 멀어져 허구가 되어 버리는 경우도 있었다. 이를 두고 현대 비평가는 '상상이 된 사실'이란 용어를 만들어냈다. 초기 일기에서 보즈웰은 자신이 보존하고 싶은 사건을 자세히 기록하는 행위를 화가의 섬세한 손길에 비유했다.

"무언가를 묘사하다 보면 우리는 대상에 생명을 불어넣는 작은 손길들을 무의식적으로 생략한다. 하지만 화가가 눈에 찍은 아주 작은 점 하나가 그림 속 인물에게 생기를 불어넣는다!"

◆ 내면 탐구

제임스 보즈웰이 가장 원하는 것이 있었다. 바로 일관성 있는 캐릭터였다. 변함없이 한결같고 안정적인 캐릭터 말이다. 보즈웰은 런던에 도착하고 얼마 지나지 않아 희망에 부풀어 "나는 어느 정도 스스로가 캐릭터를 선택할 수 있다는 사실을 깨달았다"고 썼다. 하지만 몇 년 뒤 그는 "나는 내가 원하는 캐릭터와 정반대의 기질을 많이 가지고 있다"고 인정했다. 포틀(Pottle)은 제임스 보즈웰을 '미완성의 영혼'이라 불렀다.

한 가지 문제가 있었다. 보즈웰은 익살꾼 노릇을 포기할 수가 없었다. 그는 사람들을 웃기는 것을 좋아했다.

"간단히 말해, 사람들 앞에서 나는 신이 의도하고 내가 선택한 캐릭터와는 완전히 다른 사람이 된다."

신이 자신을 어떤 캐릭터로 만들려고 했는지 그 의도를 확실히 알았다면, 그는 그 캐릭터를 받아들였을 것이다! 런던에 정착한 뒤 그는 자신의 이상적인 캐릭터를 정의하려 했다.

아버지가 마침내 나의 독립을 인정했을 때, 나는 나의 타고난 위엄(native dignity)을 되찾았다고 생각했다. 나는 조셉 애디슨과 같은 사람이 될 만한 자질을 강하게 타고났다고 생각했다. 난 모든 것을 조롱거리로 만들었다. 상상에 살을 붙이고 진정한 삶과 종교를 이해하는 데 시간이 필요했다. 하지만 나의 행동이 사회적으로 도덕적으로 서서히 받아들여지길 바랐다. 리처드 스틸 경

의 약간의 유쾌함과 웨스트 디기스의 예의바름이 가미된 조셉 애디슨의 캐릭
터와 정서가 내가 실현하고자 하는 이상적인 캐릭터였다.

　이것은 감동적일 정도로 진심 어리지만 혼란스럽다. '타고난 위엄'이
야말로 제임스 보즈웰에게 없는 것이었다. 평생 그는 자제하고 절제하
려고 노력했지만, 헛수고였다. 그리고 그가 이상적인 캐릭터라고 제시
한 사례는 실로 특이한 조합이다. 애디슨(Addison)과 스틸(Steele) 경을 합
치면 '스펙테이터 씨'가 된다. '스펙테이터 씨'는 그를 창조해 낸 작가들
과는 전혀 다른 재미있고 무심한 페르소나다. 리처드 스틸 경은 사람
들과 어울리기 좋아했고 기병대 장교였으며 결투를 벌였다. 반면 실제
조셉 애디슨은 병적일 만큼 내성적이었다. 그는 《더 스펙테이터》에 기
고한 첫 번째 글에 "나의 가장 큰 고통은 사람들이 나에 대해 이야기하
고 나를 응시하는 것"이라고 썼다. 조셉 애디슨과 달리 제임스 보즈웰
이 그 무엇보다 좋아했던 것은 사람들이 자신에 대해 이야기하고 그들
의 시선을 한몸에 받는 것이었다. 보즈웰은 주목 받는 것을 사랑했다.

　웨스트 디기스(West Digges)는 제임스 보즈웰이 에든버러에서 알고 지
냈던 늠름한 배우였다. 디기스는 그 어떤 여성도 거부할 수 없을 정도
로 아주 매력적이었다. 그는 〈거지오페라〉의 주인공인 낭만적인 노상
강도 맥히스(Macheath)의 전형이었다. 보즈웰은 맥히스에게 동질감을
느끼곤 했다.

　캐릭터에 대해서 생각하기보다, 보즈웰이 정말로 필요했던 것은 퍼
스낼리티(personality)란 개념이었다. 당시는 퍼스낼리티에 대한 개념이
정립되지 않은 시기였다. 새뮤얼 존슨의 《영어사전》에 '퍼스낼리티'는
그저 '누군가의 실재 또는 개성'이라 정의되어 있다. 다시 말해 독특한
특징들의 무리가 아닌 타인과 구분되는 한 개인인 것이다. 캐릭터에

는 일관성이 있을 수 있지만, 퍼스낼리티에는 놀랄 만큼 일관성이 없을 수 있다. 하지만 그 많은 모순 아래에 보다 심오한 통일성이 존재한다. 보즈웰은 자신에게서 이런 퍼스낼리티를 느꼈지만 그것을 분명하게 표현할 방법을 알지 못했다.

당시 서양문화에서 자기 제시는 대단히 중요했다. 사람들은 타인으로부터 보다 좋은 평가를 받기 위해서 스스로의 말과 행동을 꾸민다. 자기 제시는 진지한 인간(homo seriosus)과 수사적 인간(homo rhetoricus) 사이의 투쟁이다. 진지한 사람에게는 진짜 자아의 핵심이 있다. 다시 말해 진지한 사람은 그 무엇에 의해 영향을 받아 자아가 흔들리거나 변하지 않는다. 그리고 그들은 진실된 언어를 사용한다. 그들이 사용하는 언어는 진실되고 진실을 전달한다. 반면 수사적인 사람은 사회 속에서 존재하고, 그 속에서 다채로운 매력을 발산한다. 그리고 수사적인 사람은 자기 성찰이 아닌 타인의 피드백을 통해 자신의 정체성을 깨닫는다. 수사적인 사람에게 언어는 사람들을 즐겁게 하거나 설득하기 위해 이용하는 놀이의 수단이다. 수사적인 사람에게 언어는 '진실'을 표현하는 수단이 아니다. 과연 그들이 사용하는 언어에 진실성이 존재하기는 할까?

제임스 보즈웰은 자신에게도 진정한 자아의 핵심이 있다고 믿었다. 하지만 그는 누군가를 흉내 내고 즉흥적으로 행동할 때 가장 자유롭고 가장 행복했으며 온전한 자신일 수 있었다.

보즈웰이 데이비드 흄의 《인성론(A Treatise of Human Nature)》을 언제 처음 읽었는지는 알려져 있지 않다. 그는 흄의 가장 친한 친구인 애덤 스미스의 제자였다. 아마도 애덤 스미스에게서 가르침을 받던 시기에 흄의 《인성론》을 접하게 되었을 것이다. '인격동일성에 관하여(Of Personal Identity)'란 제목의 절에서 흄은 우리가 가질 수 있는 유일한 자의식은 마음이 시시각각 처리하는 연속적인 감각적 인상들이라고 언명했다.

"나 자신이라 부르는 존재 안으로 깊이 들어갈 때, 나는 항상 어떤 특정한 자각을 한다. 뜨거움이나 차가움에 대한 자각, 빛이나 그늘에 대한 자각, 사랑이나 증오에 대한 자각, 고통이나 기쁨에 대한 자각 말이다. 인간은 자각하지 않고 나 자신을 이해할 수 없으며, 오직 자각한 것만을 말할 수 있다."

무언가로 그런 감각적 인상들의 체계를 잡아야 하지만, 데이비드 흄은 무엇으로 감각적 인상들을 정리할지 자신도 모른다고 솔직하게 인정했다. 여기서 한 인간은 '여러 자각들의 묶음이거나 집합체이며, 자각들은 놀라운 속도로 서로의 뒤를 잇고 끊임없이 변하고 움직인다'는 결론이 나온다. 보즈웰도 이와 비슷한 말을 했다.

"하나의 육체에 존재하는 아이디어들은 끊임없이 변한다. 이는 마치 강물이 끊임없이 흐르는 수로 같다."

이것이야말로 수사적 인간처럼 들린다.

데이비드 흄은 자기 성찰을 통해 자아를 깨달으려는 시도는 헛되고 걱정스러운 불안감만 낳는다고 결론 내렸다. 자아를 깨닫는 방법은 자아를 깨달으려고 아예 시도하지 않는 것이라고 했다.

"나는 식사를 하고, 주사위 놀이를 하고, 사람들과 대화를 나누고, 친구들과 즐거운 시간을 보낸다. 서너 시간의 즐거움이 지나면 나는 이런저런 생각에 잠긴다. 너무 차갑고 억지스럽고 터무니없는 생각들이다. 생각들을 더 깊이 파고들 수 없음을 깨닫는다. 바로 그 순간 나는 보통 사람들처럼 살고 말하고 행동하겠노라 굳게 결심하는 나를 발견한다."

데이비드 흄의 이러한 자아 성찰론에 대해 어느 평론가는 이 부분에서 "잇단 생각들과 인상들이 먹고 마시고 즐겁게 노는 것인지도 모른다"라고 빈정대며 반론을 제기했다. 음식과 술을 사랑했던 흄은 그게 뭐가 문제냐고 했을 것이다. 우리는 삶의 의미를 알지 못할지도 모르지만 어떻게 살아가고 있는지는 분명히 알고 있다.

보즈웰은 경험에 대한 흄의 견해에 매력을 느꼈을 것이다. 새뮤얼 존슨의 《더 램블러》는 감정대로 행동하지 말라는 경고로 가득했고 '이성'을 바짝 붙들라고 명령했다. 흄의 《인성론》은 이런 윤리적 심리학에 대한 정면 도전이었다.

"이성은 욕망들의 노예다. 그리고 응당 그러해야 한다. 이성은 욕망들을 섬기고 복종하는 것 외에 다른 지위를 가질 수 없다."

청년 흄은 보즈웰처럼 엄격한 장로교 집안에서 자랐다. 하지만 그는 의심 많은 불가지론자 그리고 사실상 무신론자였다.

데이비드 흄과 동시대인들은 자신들이 '느낌'이라 불렀던 것과 우리가 감정이라 부르는 것을 '욕망'이라 불렀다. 다시 말해 그들에게 욕망은 삶의 요구에 대해 학습한 것이 아니라 본능에 따른 반응이었다. 사실상 욕망은 처벌 대상이 아니고 존재의 건설적인 부분이었다.

보즈웰은 자아에 대한 흄의 설명을 대체로 이해했을 것이다. 하지만 이해할 수 없는 부분들도 있었다. 흄에게는 이성을 욕망의 노예로 내버려두는 것은 별 문제가 되지 않았다. 그의 욕망은 온화했다. 암 투병 중에 흄은 〈나의 생애(My Own Life)〉라는 아주 짧은 자서전을 썼다.

"나는 온화한 성품의 소유자였다. 스스로의 성미를 다스릴 줄 알았고, 사교적이고 열려 있고 명랑한 유머감각을 지녔으며, 친분을 쌓는 데도 능했다. 적의를 품는 일도 거의 없었고, 욕망들 사이에서 중용을 견지할 줄 알았다."

하지만 보즈웰의 욕망은 과하고 격정적이었다. 흄은 가벼운 술자리를 좋아했다. 보즈웰도 취기가 살짝 돌 정도의 술자리를 좋아했다. 하지만 말년에는 고주망태가 되도록 술을 마셨다. 흄은 거의 성관계를 맺지 않았다. 하지만 보즈웰은 강박적으로 매춘부들과 몸을 섞었고 자신의 행동을 후회했다. 그는 흄의 끊임없이 변하는 퍼스낼리티 이상의 무언가가 필요했다. 그는 존슨을 모델로 안정적인 캐릭터를 형성해야 했다. 마침내 보즈웰은 존슨을 만났고 그를 자신의 스승으로 삼았다.

그의 일기를 보면 분명해진다. 제임스 보즈웰은 단순히 현재를 즐길 때 살아 있음을 느꼈고 온전히 자기 자신일 수 있었다. 현재를 이해하거나 설명하려 할 때가 아니었다. 쌀쌀한 어느 12월 저녁에 보즈웰은 자신이 언제 가장 행복한지를 깨닫는 경험을 하게 된다. 런던은 집 안이나 집 밖이나 매서울 정도로 추웠다.

"이런 것들로 나의 모든 걱정거리를 잠재울 수 있으리라곤 상상도 못 했다. 나는 저녁 내내 차분하고 관대했다. 내 방과 위층에 난롯불이 있다. 나는 오랫동안 혼자서 차를 마셨고 갓 짠 우유처럼 따뜻한 물로 발을 씻었다. 따뜻하게 데워진 침대에 누워 스르르 잠에 빠졌다."

당시 석탄은 비쌌다. 그런데 화롯불이 하나가 아니고 둘이라니. 그리고 그냥 따뜻한 물이 아니라 '갓 짠 우유처럼 따뜻한 물'이란다. 장 자크 루소는 이것을 '현존재의 느낌(le sentiment de l'existence)'으로 이론화했다. 이것은 모든 다른 감정들이 배제되어 있는 현존재의 느낌을 말한다.

제임스 보즈웰의 기분 좋은 저녁에 누락된 부분이 있다. 이 누락된 부분을 한 번 짚고 넘어갈 필요가 있다. 과연 누가 그의 발을 씻겨줬을까? 18세기 하인을 곁에 두는 것은 지극히 당연한 일이었다. 너무도 당연해서 그들은 투명인간 취급을 받았다. 아마도 보즈웰의 살림을 챙겼던 사람은 그의 하녀였을 것이다. 두어 달 뒤 보즈웰의 일기에 그녀가 등장한다.

"아침 8시에 몰리는 화롯불을 피우고 주방에서 식재료를 다듬었다. 그러다 몰리는 나를 부르고 시간을 알려줬다. 나는 나른하게 얼마간 침대에 누워 있었다."

그가 침대에 나른하게 누워 있는 동안, 몰리는 무엇을 했을까?

"몰리는 우유처럼 하얀 냅킨을 식탁에 놓고 아침을 차렸다."

그로부터 몇 달 뒤 몰리는 보즈웰의 일기에 다시 등장한다. 그날은 보즈웰이 밤늦도록 술을 마시고 자정이 지나서야 집에 돌아온 날이었다. 그가 집에 왔을 때 문은 굳게 닫혀 있었다. 당시에는 관례적으로 집 열쇠는 하나만 만들었다. 그래서 하인들이 집 열쇠를 복사해서 엉뚱한 사람들과 공유할 가능성은 극히 낮았다.

"우리는 거의 새벽 3시가 되어서 헤어졌다. 몰리에게 엄청난 곤욕이었을 것이다. 집 열쇠가 하나밖에 없기 때문에 몰리는 내가 올 때까지 잘 수가 없었다. 가엾은 것!"

보즈웰은 밤새도록 자신을 기다린 몰리를 가엾게 생각했던 것 같다. 하지만 그것이 그녀의 일이라고도 생각했다.

◆ 좋은 검과 형편없는 시

많은 이들이 제임스 보즈웰의 정신을 분석하고 다양한 의견을 제시했다. 하지만 그들은 하나같이 '산만한 자아', '대리자 형성', 그리고 '상징적 거세'와 같은 개념에서 교착상태에 빠지곤 했다. 이런 개념보다 덜 전문적인 개념들이 보즈웰이 어떤 사람이었는지를 잘 설명하기도 한다. 그는 항상 아버지 같은 존재를 찾아 헤맸고 지나치게 자애적이었다. 그의 이러한 성향으로 인해 결국 새뮤얼 존슨이 보즈웰의 대리부 역할을 떠맡게 된다.

보즈웰의 지독한 자기애가 드러나는 일화가 있다. 어느 날 보즈웰은 검을 사기로 결심했다. 당시 검은 신사의 필수품이었다. 검을 쓸 줄 아느냐는 중요하지 않았다. 체구가 아주 작은 알렉산더 포프(Alexander

Pope)도 스테이크 나이프보다 크지는 않았지만 항상 검을 옆에 차고 다녔다.

보즈웰은 왕의 검을 만드는 제프리의 가게로 가서 무려 5기니나 하는 검을 집었다.

"나는 동포애 그리고 나의 외모와 말솜씨가 어떤 결과로 이어질지 시험해보기로 결심했다. (중략) 나는 '제프리 씨, 난 이 검을 살 돈이 없습니다. 저를 신뢰하시나요?'라고 말했다. '제 사정을 좀 이해해 주세요. 처음 본 사람에게 공짜로 검을 줄 순 없습니다'라고 그가 말했다. 나는 부드럽게 고개를 숙이며 말했다. '네, 맞습니다. 저도 옳지 않은 일이라 생각합니다.' 나는 가만히 서서 그를 쳐다봤고 그도 나를 쳐다봤다. 제프리 씨는 '이봐요. 난 당신을 믿겠어요'라고 소리쳤다."

이 짤막한 장면에는 여러 가지 의도가 복잡하게 얽혀 있다. 보즈웰은 게임과 도박을 했다. '과연 이런 식으로 검을 가질 수 있을까? 실패하면 굉장히 굴욕적일 텐데.' 그리고 연극도 했다. 가만히 서서 제프리 씨를 쳐다보는 것처럼 약간의 극적인 효과를 집어넣었고 가게 주인이 자신의 역할을 받아들이도록 부추겼다. 동족 의식도 깔려 있다. '신사인 나를 반드시 신뢰해야 한다.' 그리고 자기애도 존재한다. 뽐내기를 좋아하는 보즈웰은 항상 불안했다. 자기애가 강한 사람은 타인으로부터 긍정적인 반응을 이끌어내 자신의 불안한 자존감을 확인받고자 한다.

"나는 가만히 서서 그를 쳐다봤고 그도 나를 쳐다봤다."

그의 시험은 성공이었다.

반대로 보즈웰은 부정적 비판을 받으면 바짝 약 올라 했고 상처를 받았다. 토마스 셰리든의 아내 프랜시스(Frances)가 희곡 〈엘비라(Elvira)〉의 공연을 준비하고 있을 때였다. 보즈웰은 한 등장인물의 운문 프롤로그를 자신이 쓰겠다고 제안했다. 그는 자랑스럽게 완성본을 셰리든 부부에게 보여줬고 그들의 평가를 기다렸다. 평가는 참담했다.

토마스 셰리든: 미완성이고 내용이 가볍네요.
제임스 보즈웰: 좋지 않다고요?
토마스 셰리든: 네, 정말 별로예요.

보즈웰은 어느 부분이 어떻게 마음에 들지 않는지 말해 달라고 했다. 셰리든은 무례할 정도로 신랄하게 그리고 어설픈 조롱을 섞어 보즈웰이 쓴 운문 프롤로그의 단점을 지적했다. 그의 비판에 보즈웰은 큰 상처를 받았다. 보즈웰은 "나는 조롱 섞인 평가에 상처를 받았다. 나 자신이 우월한 존재라고 느껴지지 않아서 불만스러웠다"고 일기에 썼다.

기분을 전환하려고 그는 서둘러 노섬벌랜드 백작부인의 집으로 갔다. 노섬벌랜드 백작부인과 그녀의 친구들은 그가 무엇을 필요로 하는지 금방 알아차렸다.

"나는 그들에게 그 비통한 이야기를 들려줬다. 그들은 진짜 화를 냈고 내가 짜증을 내는 이유에 공감했다. 나는 내가 쓴 프롤로그를 반복해서 읽었다. 그들은 꽤 좋은 운문이라고 생각했다. 그러고 나서 나는 토마스 셰리든의 비평을 반복해서 읽었다. 그들은 그것이 지루하고 어리석다고 생각했다. 그리고 자신들은 셰리든이 지루한 인간이라고 항상 생각했다고 분명히 말했다. 이 말은 정말 유쾌했고, 전에 느꼈던 불안이 여전히 조금 남아 있었지만, 기분이 다시 좋아졌다."

물론 노섬벌랜드 백작부인과 그녀의 친구들은 그의 운문 프롤로그가 좋다고 말했다. 이 말 말고 상처받은 그에게 그들이 해줄 수 있는 말이 뭐가 있었겠나?

그로부터 6주 뒤 〈엘비라〉가 개봉했다. 연극을 본 보즈웰은 그것이 그저 그런 작품임을 확인하고 기뻐했다. 연극을 함께 보던 뎀스터가 보즈웰에게 야유를 보내자고 제안했다. 하지만 보즈웰은 조용히 있어야만 할 것 같은 생각이 들었다.

"야유를 보내면, 나의 운문 프롤로그를 거절한 것에 대한 복수처럼 들릴 것 같았다."

며칠 뒤 보즈웰은 셰리든에게 정말 복수를 했다.

"나는 그의 아내의 희극에 쏟아졌던 조롱 섞인 평가를 그에게 반복적으로 들려줬다. 내가 너무 환한 미소를 띠고 있어서 그는 감히 화를 낼 수가 없었다. 나에겐 의도하지 않은 듯한 인상을 풍기며 사람들을 짜증나게 하는 기막힌 재주가 있다. 나는 이런 재주를 좀처럼 사용하지 않지만, 이번에 아주 유용한 재주임을 깨달았다."

보즈웰의 기발한 허영심은 자기 회의에 대한 방어 기제였다. 그가 사람들과 어울려 유쾌하게 떠들며 보내는 시간은 우울증으로부터의 도피였다. 현대 극작가 모스 하트(Moss Hart)는 연기자 대다수의 어린 시절은 불우하고, 불행한 어린 시절을 보낸 배우는 사랑과 존경을 받으려고 자신이 아닌 다른 누군가를 연기한다고 했다. 이는 마치 제임스 보즈웰을 두고 한 말 같다.

제임스 보즈웰은 아주 가끔 우울증의 고통에 대하여 일기를 썼다. 하지만 이것만으로도 그가 지속적으로 조울증에 시달렸음이 충분히 확인된다. 어느 추운 겨울밤에 그는 "나는 엄청 우울했고 음울하고 불만족스러운 생각을 했다. 모든 것들이 검게 보였다. 기분이 다시 좋아질 것 같지 않았다. 내 삶은 아무런 가망이 없었다"라고 썼다. 하지만 일주일 뒤에 "오늘 오후 나는 기분이 엄청 좋았고 의욕적이었다"고 썼다. 그로부터 두 달 뒤에 그는 친구 윌리엄 템플에게 편지를 썼다.

"우울해. 왜 그런지 모르겠네. 지금의 난 누군가 실수로 촛불을 꺼버린 방 같다네."

월리엄 템플은 놀리듯 답장을 보냈다.

"하늘을 날 것처럼 기분이 좋다네. 왜 그런지 모르겠어. 지금 내 기분을 분명히 표현할 방도가 없구려. 난 왁스 양초로 갑자기 불을 밝힌 어두운 방과 같다네."

그의 답장은 보즈웰에게 별 도움이 안 됐다.

제임스 보즈웰이 런던 생활을 기록한 일기에는 통찰력이 돋보이는 부분들이 있다.

"난 적극적이라기보다는 수동적이다. 나의 기분을 다른 사람에게 분명히 이해시키는 것은 어렵다. 수동적으로 행동한다고 이야기하는 것이 좋겠다. 진심을 다하는 것은 아니지만, 난 나의 행동이 가져올 이런저런 결과를 생각한다. 아무리 고민하고 생각해도 결론은 안 나니, 나는 그냥 하려던 일을 하고 만다."

아마도 20세기 실존주의자들은 이것을 모베즈 푸아(mauvaise foi), 즉 자기 기만이라 불렀을 것이다. 타인이 그렇게 행동할 것이라 기대하기 때문에 기계적으로 행동하는 것 말이다. 보즈웰은 "실제론 관심도 없고 상상 속에만 존재한다고 생각하는 것을 신경 쓰는 것은 매우 어렵다"고 썼다. 평생 그는 세속적인 성공을 갈망했고 거기서 오는 궁극적인 공허함을 마음에 품고 살았다.

몇 년 뒤에 제임스 보즈웰은《더 히포콘드리악크》에서 이런 생각을 인상적으로 풀어냈다. 그는《더 히포콘드리악크》에서 3인칭 시점으로 자신을 등장시킨다.

"그는 나태함과 수치심 사이에서 갈등한다. 그는 집중할 수 없다. 모든 종류의 노동이 그에게 귀찮을 뿐이다. 하지만 그는 익숙한 일을 그만둘 결단력도 없다. 그는 경멸은 아무것도 아니라고 속으로 합리화하지만, 습관적인 사고의 흐름은 그에게 경멸의 대상이 되는 것을 피하라고 한다. 그래서 그는 노예처럼 행동한다. 의지를 갖고 살아 움직이는 것이 아니라 두려움 때문에 어쩔 수 없이 움직인다."

나태함에 대한 죄책감은 양심이 스스로에게 가하는 체벌이다. 반면 나태함에 대한 수치심은 다른 사람들에게 들키는 것에 대한 두려움이다.

◆죽음

1763년 봄, 제임스 보즈웰은 소름끼치는 호기심에 못 이겨 타이번(Tyburn)의 공개 처형을 보러 갔다. 교수대는 지금 마블 아치가 있는 곳 근처에 설치됐다. 소년 시절에 그는 《기결수들의 삶(Lives of the Convicts)》을 씹어 먹을 듯 탐독했다. 그 이후 그는 공개 처형에 대해 일종의 지독한 열망을 가지게 됐다.

마음의 준비를 위해, 그는 공개 처형 전날 뉴게이트 교도소를 찾았다. 거기서 노상강도를 하던 폴 루이스라는 이름의 사형수를 만났다.

"그는 그저 〈거지오페라〉의 주인공 맥히스였다. 그는 하얀 코트와 파란 실크 베스트를 입고 있었다. 그의 머리는 단정했고 실버 레이스가 달린 챙이 멋지게 위로 젖혀진 모자를 쓰고 있었다. (중략) 그는 한 치의 흔들림 없이 상쾌하게 예배당으로 걸어갔다. 그의 발목에 달린 쇠사슬이 달가닥거렸다."

맥히스는 〈거지오페라〉의 마지막 장면에서 족쇄를 차고 등장한다. 당시 미국의 갱스터처럼 노상강도는 사람들의 상상력을 자극했고, 사람들은 그들이 여성들의 귀중품을 대신 들어줬기 때문에 기사도 정신에 따라 행동한다고 생각했다.

사형 집행 날에 제임스 보즈웰과 친구는 교수대 가까이에 있는 운명의 나무 위로 올라갔다. 그 덕분에 두 사람은 그 음울한 광경을 뚜렷하게 볼 수 있었다. 공개 처형을 구경하기 위해 구름 같은 관중이 몰렸다. 이를 본 보즈웰은 엄청난 충격에 빠졌고 깊은 우울감에 젖어들었다. 특히 끔찍했던 것은 사형수의 목이 한 번에 빠르고 깔끔하게 잘리지 않는다는 것이었다. 대신 사형수들은 목이 졸린 채로 30분 동안 고통스럽게 서서히 죽음을 맞이했다. 그들의 친구들은 그 고통을 빨리 끝내주려 사형수의 다리에 매달렸다.

뉴게이트 교도소의 폴 루이스가 죽는 것을 본 뒤, '음울한 공포'가 보즈웰을 옥죄었다. 너무나 무서웠던 그는 어스킨(Erskine)에게 그날 밤 한 침대에서 같이 자자고 애원했다. 다음 날 밤에도 여전히 두려움에 떨던 보즈웰은 뎀스터와 함께 잤다.

《알비온의 운명의 나무(Albion's Fatal Tree)》는 18세기 범죄와 처벌을 다룬 중요한 작품이다. 블레이크(Blake)의 시에서 제목을 가져왔다. 윌리엄 블레이크는 보즈웰처럼 '운명의 나무'란 단어를 시에 사용했다. 아마도 이 단어는 당시 하나의 관용구처럼 사용됐던 것 같다. 지금은 믿기 어렵지만, 18세기 말까지는 무려 250여 가지의 범죄에 대해 사형이 내려졌다(1850년까지는 겨우 두 가지 유형의 범죄에 대해서만 사형이 내려졌다). 사형 선고를 받는 범죄의 거의 대부분이 주로 재산적인 법익을 침해하여 재산상의 손실을 입혀서 성립하는 범죄였다. 강 위에 떠 있는 배에서 무언가를 훔치거나(수로에 있는 배에서 일어난 절도는 예외다), 가게에서 5실링 상당의 물건을 훔치거나, 타인으로부터 1실링 상당의 물품을 훔치거나, 사냥감이나 토끼를 죽일 의도로 타인의 토지에 들어가는 경우 사형이 선고됐다. 하지만 죽일 듯이 달려들어 누군가를 때리더라도 피해자가 살아 있다면, 사형이 선고되지 않았다. 여기에는 계

19. 윌리엄 호가스가 그린 공개 처형 장면

급적 편견이 반영되어 있었다. 부유하거나 귀족 출신의 사람은 누군가를 공격할 수는 있었지만, 그들이 다른 누군가의 물건을 훔칠 가능성은 거의 없었다.

하지만 실제론 많은 사형수들은 실제 사형되기보다는 식민지로 이송됐다. 이를 두고 권력층은 죄인에게 공정과 자비를 아울러 행사한다고 주장했다. 하지만 범죄자들은 뭐가 되었든 죄를 지으면 자신들의 목숨이 위태로워진다는 것을 알고 있었다. 공개 처형은 범죄를 억제하는 효과적인 수단으로 여겨졌다. 그래서 매년 타이번에서 몇몇 사형수들이 공개 처형됐다(그림 19).

한번은 새뮤얼 존슨이 실로 냉담한 발언을 했다. 여기엔 약간의 설명이 필요하다.

"이 시대는 혁신에 미쳐 있다. 이 세상의 모든 것이 새로운 방식으로 진행된다. 심지어 교수형도 새로운 방식으로 집행된다. 타이번도 맹렬

20. 사형수의 유언

한 혁신의 광기로부터 안전하지 않다."

혁신으로 인해 타이번 주변에서 급속한 젠트리피케이션이 진행되고 있었다. 그 결과 더 이상 타이번에서 교수형을 집행할 수 없었고, 뉴게이트의 보다 낙후된 지역에서 교수형이 집행됐다.

새뮤얼 존슨이 타이번에서 더 이상 공개 처형이 집행되지 않는 것에 대해 유감을 표현한 데는 이유가 있었다. 그는 공개 처형이 사람들로 하여금 스스로를 되돌아보는 계기가 되기를 바랐다. 《더 램블러》에서 그는 한 네덜란드 의사의 말을 인용했다.

"그는 교수형대로 끌려가는 범죄자를 보며 '이 자가 나보다 훨씬 더 비난받아 마땅한지를 그 누가 알까?'라고 자문하지 않은 적이 없었다."

새뮤얼 존슨은 또 다른 강력한 주장을 했다. 사형 집행이 급증하는데, 도대체 왜 도둑은 자신의 죄가 드러나지 않도록 피해자를 죽이지 않고 단지 도둑질만 하는 것일까?

"선한 자는 누군가에게 가벼운 상처만 입혀도 사형에 처해질 수 있다는 생각에 죄를 저지르지 않는다. 하지만 교수대에 오른 도둑이 또 다른 범죄로 자신의 안전을 확보할 수 있었지만 오직 자신에게 남아 있는 선함으로 자제했다는 사실을 잊지 않는다면, 범죄는 더 이상 발생하지 않을 것이다."

사형 집행 뒤에는 사형수의 유언을 파는 사람들이 등장한다. 물론 다른 사람이 사형수의 유언을 대필했다. '런던의 12가지 울부짖음 시리즈'에는 누더기를 걸친 한 여자가 사형수의 유언을 팔고, 저 멀리 교수대에는 사형수가 여전히 매달려 있는 그림이 있다(그림 20).

제임스 보즈웰은 죽음에 익숙해지기 위해서 공개 처형을 보러 갔다고 본인 입으로 직접 말했다. 공개 처형을 보면서 죽음이 덜 무시무시한 존재가 되기를 바랐던 것이다. 하지만 정반대였다. 공개 처형을 본 뒤 그는 교수형에 처해지는 악몽을 자주 꿨다. 그는 자신이 왜 그런지 모르겠지만 범죄자라고 느꼈던 것 같다. 그의 아버지는 판사였지만 그의 그릇된 생각이나 행동을 바로잡아 주지는 못했다. 5월에 오킨렉 경은 아들에게 길고 잔인한 편지를 보냈다. 그 편지에는 아들의 과거 행동이 자신을 얼마나 화나게 만들었었는지에 대한 내용이 적혀 있었다.

"타오르는 초에서 악취가 풍기도록 내버려두는 것보다 그 촛불을 완전히 끄는 것이 더 좋다고 생각한다. 그래서 난 너의 이해할 수 없는 행동을 보며 모든 것을 팔아치우겠다고 다짐했다."

이 말은 제임스 보즈웰의 상속권 박탈을 의미했다.

"너로 인한 고통과 수치심을 나와 함께 나누는 너의 훌륭한 어머니가 나를 말렸다."

결국 어머니 덕분에 보즈웰은 상속권을 박탈당하지 않았다.

◆섹스

그 일 이후 보즈웰은 코벤트 가든 주변의 유흥업소에는 잘 가지 않았다. 그는 주로 밤이 되면 거리로 뛰쳐나가 고주망태가 되도록 술을 마시고 거리의 매춘부와 공원이나 어두운 골목에서 관계를 가졌다. 그는 스릴을 즐겼던 것 같다. 튼튼하고 쾌활한 어린 처녀를 웨스트민스터 브리지로 데려간 적도 있었다.

"우리가 성관계를 맺는 동안 곁에서 흘러가는 템스 강이 나를 더 흥분시켰다. 짐승 같은 욕정을 채운 뒤에 나는 이 천한 불쌍한 아이와 관계를 맺은 나 자신을 경멸하지 않을 수 없었다."

이 일은 새벽 3시가 되기 몇 분 전에 일어났다. 그가 숙소로 돌아갔을 때, 문은 굳게 잠겨 있었다. 이번에 몰리는 그를 기다리지 않았던 것이다.

평소에 보즈웰은 자신은 자연의 섭리를 따르는 것이라고 스스로 합리화했다. 마치 자신이 구약 성서의 족장인 양, 그는 '문란한 축첩'이란 표현을 즐겨 사용했다. 런던에서 교회를 다녔을 때, 그는 스코틀랜드의 장로 제도의 경고를 까맣게 잊고 지낼 수 있어서 행복했다. "인간의 마음이란 것이 이 얼마나 기이하고 모순된 것인가"라고 그는 혼잣말을 했다.

거리의 매춘부들 대부분은 24시간 매춘을 하지는 않았다. 힘든 시기에 조금이라도 돈을 벌어 보고자 거리로 나온 여성들이었다. 그들은 가능한 빨리 그 일에서 손을 떼고 싶어 했다. 1758년 더 스트랜드 주변에서 일하는 매춘부 25명을 대상으로 진행된 조사에 따르면 그들의 평균 나이는 18세였고, 대다수가 14살 또는 이보다 더 어린 나이에 매춘을 시작했다. 22세가 넘어서 모두 매춘생활을 접었다. 그 25명 중에 17명이 고아였고 5명은 부모로부터 버림받았다.

여자를 찾아 거리를 배회하기 전 보즈웰은 항상 취해 있었다. 이 사실에 주목할 필요가 있다. 포틀(Pottle)은 "그가 술에 취했던 것은 매춘을 하기 위한 일종의 방어 수단이었다"고 말했다. 그리고 다른 평론가는 "양심은 '술'용성"이라고 냉담하게 말했다.

오스카 와일드는 "나를 유혹할 수 있는 건 오직 유혹뿐"이라고 말한 것으로 잘못 인용된다. 《도리언 그레이의 초상(The Picture of Dorian Gray)》에서 그가 정말 했던 말은 더 흥미롭고 제임스 보즈웰에게 적용되는 말이다.

"유혹을 떨쳐버릴 유일한 방법은 그 유혹에 굴복하는 것일세. 저항할수록 자네의 영혼은 금지된 것들에 대한 갈망과 극악무도한 법칙으로 추악해진 허락되지 않는 욕망으로 고통 받게 될 것이야."

하지만 제임스 보즈웰의 양심은 성 아우구스티누스에게로 거슬러 올라가는 아주 엄격한 윤리의식으로 고통 받았다. 성 아우구스티누스는 저서 《고백록(Confessions)》에서 "의지의 비정상적인 행위로부터 욕망은 자라난다. 욕망이 충족될 때 습관이 형성된다. 습관이 아무런 저항을 받지 않고 계속 유지될 때 강박적인 충동이 시작된다. 이 긴밀하게 짜인 연결고리가 나를 지탱한다"고 말했다.

◆루이자

런던에서 지내는 동안, 제임스 보즈웰은 한 여인과 밀회를 즐겼다. 1762년 말, 보즈웰은 거리에서 만난 여성들과 관계를 맺는 일에 진저리가 났다. 그는 "쾌활한 여인과 나누는 육욕적인 애정이 이 지구상의 남자가 누릴 수 있는 최대의 행복"이라고 일기에 썼다. 그리고 "남자는 그 관계 속에서 자신이 우월한 존재라 느끼며 기뻐 날뛰고 그의 성관계에 대해 자존감은 높아진다"고 덧붙였다.

보즈웰은 서로가 원할 때 육욕적 사랑을 나눌 쾌활한 여인으로 앤 루이스(Anne Lewis)를 선택했다. 그보다 한 살 연상인 앤 루이스는 코벤트 가든 극장의 여배우였고 그와는 에든버러에서 잠깐 알고 지냈다. 보즈웰은 그녀를 일기에서 루이자라고 불렀다. 그녀는 보즈웰을 공손하게 대했고, 두 사람은 차를 마시며 대화를 나눴다. 보즈웰은 "그녀는 기분 좋게 옷을 벗었고 매우 예뻤다"고 말했다. 다음날 그는 다시 그녀를 불러들였고 그녀에 대한 자신의 욕정이 어느 정도인지 보여줬다. 그날 이후 그는 자신의 욕정이 진짜라고 확신했다. 그는 이를 다소 진부하게 일기에 표현했다.

"나는 편리한 기쁨을 만끽하고자 그녀와 비밀 정사를 나눴다. 하지만 기분 좋은 괴로움이 나의 가슴을 움켜잡았다. 나는 사랑의 광희를 느꼈다."

첫 만남 이후 이주일이 지났다. 보즈웰은 자신의 마음을 그녀에게 고백하기로 했다.

"난 제멋대로 굴기 시작했다. '아니, 생각해보죠.' '아, 부인!' '안 돼요. 정말 나를 잠식해 들어오네요.' 여기서 나는 더 자유롭게 행동했다. 매력적인 속치마를 들어올렸다. '세상에나!' '부인, 참을 수가 없어요. 난 당신을 사모해요. 당신은 내가 좋나요?' 그녀는 따뜻한 키스로 나에게 답했다. 나를 자신의 젖가슴으로 누른 채로 그녀는 '오, 보즈웰!'이라고 탄식하듯 말했다."

제임스 보즈웰은 루이자와의 밀회를 진부하게 표현하기도 했다.

"나는 부드럽게 방으로 들어갔고 달콤한 망상에 빠져 침대에 누웠다. 그리고 즉시 눈처럼 하얀 그녀의 팔을 움켜쥐고 우유처럼 하얀 그녀의 젖가슴을 짓눌렀다."

'육욕적인 애정의 성적 유희', '섹시한 여성의 감미로운 향연', '신과 같은 정력', 그리고 '궁극의 황홀'이 이어졌다. 보즈웰은 그녀와의 성관계에 대하여 실제로 이런 상투적인 표현들을 사용했다. 나보코프(Nabokov)의 논평대로, 포르노는 대체로 '진부한 생각들의 결합'이다.

루이자는 매춘부는 아니었지만, 아무하고나 밤을 보내는 여자였다. 그리고 해웃값만 아니라면 보즈웰이 주는 선물을 기꺼이 받았다. 당시 여배우들은 연극만 해선 돈을 많이 못 벌었다. 그래서 소위 '키퍼'가 될 남자와 관계를 맺고 그로부터 선물을 받으며 부족한 수입을 보충했다. 그 대가로 보즈웰은 정숙한 여인 역할을 많이 했던 여배우로서 루이자와의 밀회를 노골적으로 즐겼다. 두 사람 모두 그 관계 속에서 연기를 하고 있었던 것이다.

"나는 당당하게 걸었다. 나는 하룻밤에 한 여인의 욕정을 5번이나 만족시킬 수 있는 용맹한 사내였다. 그리고 이러한 나의 능력과 여러 자질들이 알려진다면, 이 방에 모인 거의 모든 여성들이 나와 사랑을 나누려고 할 것이란 생각에 나는 자신감이 넘쳤다."

마지막 만남 이후 4일이나 지나서 보즈웰과 루이자는 다시 함께 밤을 보냈다. 하지만 두 사람의 관계는 끝나가고 있었다.

"나는 만족스럽게 사랑의 의식을 치렀다. 하지만 루이자에 대한 나의 욕정은 이미 사라지고 없었다. 난 그녀에게 살짝 냉담해졌고 그녀에 대한 나의 애정이 역겨웠다."

더 안 좋은 일이 닥쳤다. 보즈웰은 성병을 피하기 위해서 겨울에 그녀와 성관계를 가졌다. 임질 등의 성병은 주로 더운 여름에 기승을 부렸다. 하지만 경악할 일이 벌어졌다.

"큐피드에게 바쳐진 나의 신체 부위에서 약간의 열기가 느껴지기 시작했다. 비너스가 자신의 숭배자들에게 퍼뜨린 질환과 증상이 아주 비슷했다."

바로 임질이었다. 임질 환자는 몇 주 동안 격리되어 불쾌하고 심지어 위험한 치료를 받았다(치료에 수은이 사용됐다).

이것은 시작에 불과했다. 그 이후 보즈웰은 지속적으로 성병에 시달렸다. 그의 일기를 보면, 그는 최소한 19차례 요도염에 걸렸다. 요도염의 원인은 반복적인 임질 감염이다. 결국엔 이런 질환들로 인해 그는 사망한다.

루이자와의 관계는 12월에 시작해서 이듬해 2월 중순에 끝났다. 그녀와 헤어진 이후, 보즈웰은 집에서만 지냈다. 그는 근위병이 될 수 없다는 사실을 마지못해 인정했다. 이제 그에게 남은 것은 그토록 싫었던 법 공부를 위해 그토록 가기 싫었던 네덜란드로 가는 것이었다. 눈앞이 깜깜했다. 하지만 그때 그는 무엇이 자신을 기다리고 있는지 알지 못했다. 3개월 뒤에 그는 자신의 인생에서 가장 중요한 사람과 운명처럼 만나게 된다.

운명적 만남

◆ **"보십시오, 왕자님. 나타났습니다!"**

제임스 보즈웰이 런던에서 지낸 지 6개월이 지났다. 하지만 그토록 만나고 싶었던 새뮤얼 존슨은 만날 수 없었다. 그는《더 램블러》와《라셀라스》를 읽고 존슨을 지혜의 대가로 존경했다. 에든버러에서 보즈웰에게 웅변술을 가르쳤던 토마스 셰리든은 존슨의 친구였다. 런던에서 셰리든과 재회한 보즈웰은 곧 존슨을 만나게 될 것이라 생각했다. 보즈웰은 셰리든에게 존슨을 만나게 해달라고 부탁했다. 그러자 셰리든은 자신은 더 이상 존슨과 연락하지 않는다고 매몰차게 이야기했다. 존슨이 정부로부터 300파운드의 연금을 받는 것이 너무 경멸스러워서 그와의 연을 끊었다는 것이다. 그리고 나서 셰리든은 총리와 왕실에 대한 비난을 이어갔다.

나중에 보즈웰은 존슨과 셰리든의 관계가 어떻게 된 일인지 그 내막을 전부 알게 됐다. 1762년 정부로부터 연금을 받은 것은 존슨만이 아니었다. 셰리든도 정부로부터 200파운드의 연금을 받았다. 총리 뷰트 경은 스코틀랜드 출신이었다. 그는 스코틀랜드 사람들에게 잉글랜드인처럼 말하는 법을 가르쳐 그들이 공직에서 잘 일할 수 있도록 도와준 것에 대한 감사의 뜻으로 토마스 셰리든에게 연금을 지급했다.

그런데 새뮤얼 존슨은 한낱 배우가 자신처럼 정부로부터 연금을 받는다는 사실에 분개했다. 이 소식을 접한 존슨은 "뭐라고! 정부가 그에게 연금을 준다고? 그렇다면 나는 더 이상 정부로부터 연금을 받지 않겠다"라고 소리쳤다. 이 모욕적인 말이 셰리든에게 전해졌고, 그는 그런 말을 한 존슨을 절대 용서하지 않았다. 존슨은 연금을 포기하겠다는 말을 한 뒤 "하지만 난 셰리든이 연금을 받게 되어 정말 기쁘다. 그는 정말 좋은 사람이다"라고 덧붙였다. 하지만 이 말이 셰리든의 화를 달래지는 못했다.

존슨은 쉽게 발끈하는 셰리든과의 우정이 끝난 것에 대해 마음을 쓰지 않았다. 존슨은 토마스 셰리든을 '셰리 데리(Sherry Derry)'라고 불렀다. 하지만 셰리든은 이렇게 불리는 것을 무척 싫어했다. 존슨은 셰리든을 두고 다음과 같은 농담도 했다.

"셰리는 둔하다. 선천적으로 둔하다. 지금 우리가 알고 있는 그 위치에 오르기 위해서 셰리는 피나는 노력을 했을 것이다. 이토록 과도한 우둔함은 자연스러운 것이 아니다."

존슨은 셰리든이 자신의 농담을 싫어한다는 소리를 듣고 깜짝 놀랐다. 토마스 셰리든 외에도 제임스 보즈웰과 새뮤얼 존슨을 연결해 줄 수 있는 사람이 또 있었다. 파트타임으로 연기를 하던 토마스 데이비스(Thomas Davies)는 코벤트 가든 극장에서 가까운 러셀 스트리트에서 서점을 운영했다(그림 21). 풍자화가 찰스 처칠(Charles Churchill)이 제대로 묘사했다면, 데이비스는 배우에 적합한 인물은 아니었다. 똥개들이 뼈다귀를 입에 문 것처럼 데이비스는 문장을 입에 물고 웅얼거리듯 말했다. 하지만 그는 다정했고 보즈웰과 친구가 되었다. 데이비스는 존슨이 자주 자신의 서점을 찾는다고 보즈웰에게 말했다. 운이 좋다면 보즈웰은 그의 서점에서 존슨과 마주칠 수도 있었다. 레슬리 스티븐(Leslie Stephen)

21. 토마스 데이비스의 서점

이 말했듯, 그 순간이 왔고 마침내 새뮤얼 존슨은 자신의 전기를 쓸 운명을 타고난 보즈웰을 만났다.

1763년 5월 16일은 보즈웰에게 여느 날과 다를 바 없이 시작됐다. 그는 템플과 아침을 먹었다. 오후에 데이비스의 서점에서 그와 함께 차를 마시고 있었는데, 갑자기 존슨이 서점 안으로 들어왔다. 보즈웰은 《존슨전》에서 이 순간이 자신의 인생에서 극적인 전환점이었다고 썼다.

"우리가 앉아 있던 방의 유리문을 통해 그가 걸어오는 것을 본 데이비스는 그가 나를 향해 걸어오고 있다고 말했다. 그 모습은 경외심을 불러일으킬 정도로 장엄했다. 데이비스는 마치 햄릿의 아버지 유령을 보고 '보십시오, 왕자님. 나타났습니다!'라고 햄릿에게 외치는 호레이쇼를 연기하는 배우 같았다."

보즈웰은 실제로 일기에 셰익스피어의 〈햄릿〉을 언급하지는 않았다.

존슨이 가게로 들어오는 순간에 데이비스는 아마도 〈햄릿〉의 한 장면이 떠오르게 행동하지는 않았을 것이다. 그리고 보즈웰도 그가 그렇게 했다고 말하지 않았다. 분명 나중에 이런 표현을 넣는 것이 적절하다고 생각하고 추가했을 것이다. 존슨은 보즈웰에게 정말 이상적인 아버지와 같은 존재가 된다.

데이비스는 보즈웰에게 존슨을 소개해 줬다. 보즈웰은 너무 긴장한 나머지 곧장 말실수를 했다.

"가슴이 너무 두근거렸다. 나는 그가 스코틀랜드 사람에게 부정적인 선입견이 있다는 말은 익히 들어서 알고 있었다. 나는 데이비스에게 '내가 어디서 왔는지 말하지 말게'라고 말했다. '스코틀랜드잖아!'라고 데이비스가 외쳤다. 나는 '존슨 씨, 전 실제로 스코틀랜드에서 왔습니다. 어쩌겠습니까'라고 말했다."

보즈웰은 자신이 스코틀랜드 사람이란 사실을 어쩔 수 없다는 의미로 말한 것이었다. 하지만 존슨은 그의 말을 너무나 많은 스코틀랜드 사람들이 돈을 벌려고 잉글랜드로 밀려든다는 뜻으로 바꾸어 말했다.

"존슨은 '당신의 고향사람들 대다수가 어쩔 수 없는 일이라 생각합니다'라고 말했다. 그의 말에 난 깜짝 놀랐다. 자리에 함께 앉았을 때 나는 아주 당황했고 앞으로 어떤 일이 일어날지 염려스러웠다."

새뮤얼 존슨이 불필요하게 제임스 보즈웰에게 모욕적인 말을 한 것은 아니었을 것이다. 존슨은 허를 찔러 상대방을 테스트하길 좋아했다. 아마도 꿈에 그리던 사람을 보고 완전 반해버린 연약한 청년을 놀리려고 한 말이었을 것이다. 존슨은 보즈웰과 우정을 나누면서 스코틀랜드와 스코틀랜드 사람을 싫어하는 척했다. 순전히 보즈웰을 약 올리기 위해서였고, 보즈웰은 그런 존슨의 말과 행동에 바짝 약이 올랐다.

그 다음 이어진 보즈웰의 발언이 상황을 더욱 악화시켰다. 존슨은 안나 윌리엄스(Anna Williams)에게 주려고 개릭에게 표를 부탁했지만 거절 당했다고 데이비스에게 말했다. 그리고 개릭이 극장은 전석 매진될 것이고 표 한 장이 3실링이나 할 거란 것을 알기 때문에 자신의 부탁을 거절한 것이라고 덧붙였다. 보즈웰이 두 사람의 대화에 끼어들었다.

"그와 어떻게든 대화를 하고 싶어 안달이 났던 나는 불쑥 이렇게 말했다. '선생님, 개릭이 선생님에게 적의를 품고 일부러 공짜표를 주지 않았다곤 생각되지 않네요.' 그러자 존슨은 무서운 표정으로 '난 자네보다 훨씬 더 오랫동안 개릭을 알았다네. 그리고 자네에겐 이 대화에 낄 권리가 없다는 것쯤은 자네도 알고 있다고 생각하네'라고 말했다."

보즈웰은 《존슨전》에서 그날 그와 처음 만났으면서 존슨과 그의 가장 오래된 친구인 데이비드 개릭의 관계에 대해 의견을 밝힌 것은 실로 주제넘은 짓이었음을 인정했다.

이 일화는 제임스 보즈웰의 작법에 대해 흥미로운 부분을 보여준다. 보즈웰의 일기에는 개릭이 안나 윌리엄스에게 줄 표를 존슨에게 주지 않았다거나 존슨이 무서운 표정으로 이야기했다는 내용은 없다. "메모. 개릭이 윌리엄스 부인의 요청을 거절함 등"이라는 보즈웰의 원고 여백에 쓰인 메모만 있을 뿐이다. 이 메모를 바탕으로 보즈웰과 존슨이 실제로 이런 대화를 주고받았다는 사실은 확인된다. 20년 이상의 시간이 지난 뒤, 보즈웰은 《존슨전》에서 자신의 기억을 바탕으로 그날의 대화를 재구성했던 것이다.

제임스 보즈웰은 자신의 실수와 새뮤얼 존슨의 응수에 기가 죽을 만했다. 하지만 그는 절대 기가 죽을 사람이 아니다. 그는 계속 그들과 함께 있었고 아주 가끔 대화에 끼어들었다. 존슨이 떠난 뒤 데이비스는 "불안해할 것 없어. 자네가 마음에 쏙 든 눈치였어"라고 말했다.

일주일 뒤 보즈웰은 용기를 내서 존슨을 찾아갔다. 아마도 데이비스가 그에게 존슨이 집으로 손님이 찾아오는 것을 좋아한다고 말해 줬을 것이다.

"그의 갈색 옷은 매우 낡은 듯 보였다. 그는 주름지고 낡은 가발을 쓰고 있었다. 그 가발은 그에게 너무 작은 듯했다. 셔츠의 목 부분과 반바지의 무릎 부분은 헐렁했다. 그의 검은색 소모사 스타킹은 발목까지 흘러내려져 있었다. 그리고 그는 버클을 풀고 슬리퍼처럼 신발을 신고 있었다. 하지만 그의 지저분한 행색은 그가 입을 여는 순간 모두 잊혀졌다."

보즈웰은 항상 자신의 외모에 대해 강한 자만심을 갖고 있었다. 하지만 그는 존슨의 가치는 의복과는 아무 상관 없다고 생각했다.

다른 손님들이 집으로 돌아가려고 일어서자, 보즈웰도 그들과 함께 자리에서 일어났다.

"하지만 존슨은 '가지 마시게'라고 외쳤다. 나는 '선생님, 제가 말도 없이 이렇게 불쑥 찾아와서 죄송합니다. 그럼에도 불구하고 자애롭게도 선생님과 함께 대화를 나눌 수 있도록 허락해 주셔서 감사합니다'라고 말했다. 존슨은 나의 진심 어린 찬사에 기분이 좋은 듯 보였다."

보즈웰이 떠날 때, 존슨은 그와 다정하게 악수를 했다. "확실히 나는 아주 운이 좋다. 이렇게 훌륭한 사람과 친분을 쌓게 되었다니"라고 일기에 썼다.

《존슨전》에서 보즈웰은 "《영어사전》이 출판된 직후 레이놀즈는 자신의 안락한 의자에 앉아 깊은 명상에 잠긴 존슨의 초상화를 그렸다. 나는 그 초상화를 보며 존슨이 어떤 사람인지 정확하게 파악할 수 있었다. 레이놀즈는 아주 친절하게 그 초상화를 나에게 줬다. 나는 그 초상화로 판화를 만들어 이 책의 머리그림으로 사용했다."

22. 《존슨전》 머리그림

하지만 실제로 그런 일은 일어나지 않았다. 그 초상화(그림 22)는 미완성이었고, 대중에게 공개되거나 복제되지도 않았다. 그리고 보즈웰은 이 당시 조슈아 레이놀즈와 만난 적도 없었다. 그의 기억이 잘못되었거나 《존슨전》의 독자들에게 존슨의 첫인상을 보다 긍정적으로 심어줄 필요가 있었을 것이다. 출판되지 않은 그의 일기에 존슨은 무례하고 으르렁거리듯 말하는 인물로 묘사되어 있다. 보즈웰은 레이놀즈가 그린 존슨의 초상화를 《존슨전》의 머리그림으로 사용해서 독자들이 새뮤얼 존슨에 대한 자신의 묘사를 직접 이미지로 전환할 수 있도록 했다. 레이놀즈가 그린 존슨의 초상화는 마치 '그에 대한 존경으로 가득 찬 젊은이의 눈을 통해' 존슨을 바라보는 것 같았다. 존슨보다 14살 어린 레이놀즈는 그의 초상화를 그릴 당시만 해도 그의 친구는 아니었다.

두 사람이 만나고 3개월이 채 안 됐을 무렵 보즈웰은 네덜란드로 떠났다. 이미 두 사람은 서로에게 없어서는 안 될 소중한 친구였고 지속적으로 만남을 가졌다. 존슨은 보즈웰에게서 "세상에 뭔가 기여하고 싶은 간절한 욕구를 지닌 존재"를 봤다. 두 사람의 관계는 21년 동안 지속됐다. 1784년 존슨이 세상을 떠나면서 두 사람의 우정도 끝이 났다. 우정을 나누는 동안 보즈웰은 끊임없이 존슨에게 의지했다. 보즈웰은 그에게서 아버지로부터는 받지 못한 조언, 격려 그리고 사랑을 받았다. 이렇게 《존슨전》은 두 사람의 오랜 우정에서 시작됐다. 이 위대한 전기는 '강인한 인간에게 바치는 나약한 인간의 본의 아닌 헌사'다. 하지만 다분히 의도적인 헌사였다. 보즈웰이 살면서 유일하게 도전했던 것이 바로 《존슨전》을 완성하는 것이었기 때문이다.

새뮤얼 존슨은 나이 먹는 것에 대해 압박감을 느끼고 있었다. 1년 전 53살이었을 때 친구에게 편지를 썼다.

"고향에 내려갔지. 내가 떠나왔을 때보다 길이 더 좁아졌고 짧아졌더구먼. 거기에 사는 사람들은 대부분 나를 잘 알지 못했다네. 어린 시절에 함께 놀았던 친구들도 많이 늙었더군. 그들을 보니, 나도 더 이상 젊지 않다는 생각을 했어."

하지만 이제 그에게는 느긋하게 이야기 나누며 즐겁게 시간을 함께 보낼 젊은 친구가 있었다. 이것은 보즈웰의 재능 중 하나였다. 여러 해가 흐른 뒤에 존슨은 보즈웰에게 말했다.

"보즈웰, 난 그 누구보다 자네와 있을 때가 가장 편해."

존슨은 사람들 앞에서 보즈웰과 처음 만났던 날이 그의 인생에서 가장 행복했던 날들 중 하루였다고 말했고, 이 말에 보즈웰은 깊이 감동했다.

보즈웰은 존슨을 제자처럼 따랐다. 물론 두 사람에게도 서로 상반되는 부분들도 있었다. 보즈웰은 영주와 그를 따르는 사람들 사이의 봉건적인 애착에 대하여 환상을 가지고 있는 낭만적인 사람이었다. 반면 존슨은 실리적인 실용주의자였다. 존슨은 이성과 자제를 강조했고, 보즈웰은 '감성'에 열중했고 가능하다면 언제나 희열을 느끼고자 했다. 존슨은 스스로 '보편성의 장엄함'이라 불렀던 것을 갈망했고, 보즈웰은 구체성과 흥미진진하고 세세한 정보를 중요하게 생각했다. 존슨의 문체는 신중하게 언어를 선택하고 배치하고 쌓아서 만든 도미문체였고, 보즈웰의 문체는 자유로운 대화체였다.

곧 보즈웰은 존슨의 집을 아무 때나 불쑥 찾아가도 되는 친구가 되었다. 그는 사전에 연락도 없이 이너 템플 레인으로 가서 존슨과 차를 마셨다. 존슨은 1760년 거프 스퀘어에서 대형 건물 입구에 기둥을 받쳐 만든 현관 지붕인 포르티코가 있는 이너 템플 레인의 2층으로 이사를 왔다(그림 23). 그의 친구인 아서 머피(Arthur Murphy)의 말을 빌리자면, 존슨은 이너 템플 레인에서 가난, 무료함 그리고 문학에 대한 자부심

23. 이너 템플 레인

속에서 지냈다.

10년 후에 새뮤얼 존슨은 제임스 보즈웰을 저녁 식사에 초대했다. 초대를 받고 보즈웰은 매우 놀랐다. 일반적으로 아파트에는 부엌이 없었기 때문에, 아파트에 사는 사람들은 주로 밖에서 식사를 했다. 두 사람은 "아주 맛있는 수프, 삶은 시금치를 곁들인 삶은 양다리, 송아지 고기 파이 그리고 라이스 푸딩"을 먹었다. 존슨은 공용 오븐에서 송아지 고기 파이를 가져왔다고 말했다.

존슨과 보즈웰은 주로 플리트 스트리트의 마이터 태번에서 저녁을 보냈다(그림 24). 각자 포트와인 한 병을 마신 뒤에 보즈웰은 존슨에게 와인을 더 시킬지 말지를 조심스럽게 물었다.

"존슨은 '그렇게 하지. 나도 더 주문할 생각이었다네. 각자 와인 두 병이 우리 주량인 것 같네'라고 말했다. 그의 말대로 우리는 각자 와인 두 병씩 마셨다."

그날 저녁이 끝날 무렵에 존슨은 보즈웰의 손을 다정하게 잡고 "여보

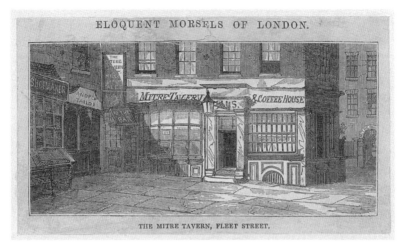

24. 마이터 태번

게, 난 자넬 정말 사랑한다네"라고 말했다. 이 말은 다음날 시달릴 끔찍한 숙취를 보상하고도 남았다.

"진한 포트와인 한 병은 너무나 독했다. 지금 내 혈관 속에서 어젯밤마신 포트와인이 끓어오르고 있다."

보즈웰은 존슨과 술을 마셨던 일을 일기에는 썼지만, 《존슨전》에는 쓰지 않았다. 그는 《존슨전》에서 음주, 특히 자신의 음주에 대한 언급을 최소화했다.

◆ **제임스 보즈웰의 역할극**

제임스 보즈웰은 새뮤얼 존슨을 스승으로 우러러봤다. 하지만 그렇다고 매춘부와 몸을 섞는 일을 관두지는 않았다. 그가 특히나 수치스럽게 생각하는 일이 있었지만 언제나 그렇듯 그는 오직 자기 생각만했다.

"난 거리에서 만난 매춘부와 프리비 가든으로 갔다. 거기서 난 그녀를 탐닉했다. 그런데 이 가엾은 여인이 나의 주머니에서 슬쩍 손수건을 훔치고선 절대 훔치지 않았다고 발뺌하는 것이 아닌가. 집으로 돌아온 난 이토록 미천하고 버림받고 위증하는 좀도둑 년과 친밀한 관계를 맺었단 생각에 엄청 충격을 받았다. 그러곤 다시는 거리의 여인과 몸을 섞지 않으리라 다짐했다. 하지만 키프로스의 사랑의 여신의 격분에 휩싸이면, 난 욕정으로 어린 소녀를 끌어들일 것이다."

비너스는 키프로스에서 태어났다. 여기서 보즈웰이 간과한 부분이 있다. 바로 이름도 모르는 그 여인의 참담한 처지다. 실크 손수건이나 리넨 손수건을 장물로 팔면 푼돈을 손에 쥘 수 있었다. 몇 푼 안 되는 푼돈이지만, 그가 그녀에게 지불한 해웃값보다는 많았다. 그래서 그녀에게 그의 손수건은 훔칠 가치가 있었던 것이다.

《보즈웰의 런던 일기》의 마지막 부분에 성매매와 관련하여 두 가지 일화가 나온다. 그는 하나는 멋지고 다른 하나는 당혹스럽다고 평했다. 두 경우 모두, 자기 자신에 대해선 긍정적으로 생각했다. 그의 자기 이해는 딱 그 정도였다.

첫 번째 성매매는 새뮤얼 존슨을 만나고 2주일 뒤에 일어났다. 보즈웰은 역할극을 좋아했다. 특히 그는 모든 여성들이 돈이 아닌 순전히 자신의 매력 때문에 자신을 갈망한다고 상상하길 즐겼고, 이런 상상을 바탕으로 역할극을 했다.

보즈웰은 연극의 한 장면을 연기하고 소녀들도 장단을 맞춰준다. 재미있게도 세익스피어 태번에서 모퉁이만 돌면 진짜 극장들이 있었다. 보즈웰은 개인방을 빌리고 셰리주 한 병을 샀다. 그러니 그는 절대 빈털터리가 아니었다. 다시 한 번 더 말하지만, 그는 다른 사람인 척할 때 가장 자유롭고 가장 행복했다. 아니나 다를까, 그가 주로 연기한 사람

25. 코벤트 가든 광장의 전경

은 맥히스였다. 대부분의 남자들이 개인 궁전에서 여러 후궁들 중에서 마음에 드는 한 명을 골라 밤을 보내는 터키의 술탄이 되는 판타지를 가지고 있다. 보즈웰도 예외는 아니었다.

셰익스피어 태번은 매춘부들에 대한 정보를 교환하는 장소로 잘 알려져 있었다. 그래서 보즈웰이 만난 종업원에게 그런 일은 늘상 있는 일이었다. 셰익스피어 태번의 어떤 종업원은 《해리스의 코벤트 가든 여인들 명단(*Harris's List of Covent Garden Ladies*)》이란 작은 안내책자를 냈고 매년 업데이트했다. 바지 주머니만한 이 안내책자에는 매춘부들의 생김새와 성적 전문분야가 적혀 있었다. 코벤트 가든 광장의 우아한 회랑은 셰익스피어 태번의 입구로 이어진다(그림 25). 코벤트 가든 극장은 왼쪽 모퉁이를 돌면 바로 있었다. 극장의 소유주였던 존 리치(John Rich)는 기둥 앞에 세워진 의자식 가마가 벽 너머로 보이는 집에서 살았다.

그로부터 2주일 뒤 보즈웰은 또 다른 매춘부와 성관계를 맺는다. 국왕 탄신일은 국경일이었다.

그날 밤 보즈웰은 '블랙가드(blackguard)'가 되기로 마음먹었다. 후에 이 단어는 완전한 악당을 의미하는 데 사용됐지만, 새뮤얼 존슨은 이 단어를 '저속한 용어로 가장 비열한 추접스러운 놈'이라고 정의한다.

보즈웰은 정성들여 의상을 선택했다. 그가 선택한 의상에는 어두운 옷 한 벌, 며칠 동안 세탁하지 않은 셔츠와 "퇴역한 왕실 자원병의 변색된 실버 레이스가 달린 둥근 모자"가 있었다. 분명 소품으로 사용하기 위해서 의도적으로 구입한 물건들일 것이다.

"그리고 나의 손에는 참나무로 만든 지팡이가 있었다. 누가 봐도 나는 완벽한 블랙가드였다."

그는 먼저 세인트 제임스 파크에서 매춘부를 골랐다.

"난 나를 이발사라고 소개했고 6펜스에 섹스를 하는 것으로 그녀와 합의를 봤다. 그러고 나서 우리는 팔짱을 끼고 공원 안으로 들어갔다. 나의 그것을 그녀의 그것에 살짝 담그고 가장 남자답게 행동했다."

6펜스는 큰돈은 아니었다. 왜 퇴역 장교에서 이발사로 바뀌었는지 명확하지 않다. 어쨌든 6펜스를 받았으니, 그녀는 아무것도 묻지 않았을 것이다. 보즈웰은 하층민인 척 행동하길 즐겼다. 이것은 분명 '보즈웰님'이 책임져야 할 일들을 잊는 방법이었을 것이다.

틀림없이 존슨은 보즈웰에게 매춘부들의 어려운 생활에 대한 이야기를 자주 들려줬을 것이다. 하지만 보즈웰은 일기에 그가 매춘부들의 딱한 처지에 대하여 이야기했다고만 적었을 뿐 자세한 내용은 생략했다. 그로부터 두 달 뒤에 또 그런 일이 일어났다. 그때는 보즈웰이 네덜란드로 떠나기 불과 며칠 전이었다.

"밤에 우리는 서로 팔짱을 끼고 스트랜드를 거닐고 있었다. 그 동네에 사는 한 여인이 유혹하듯이 우리에게 접근했다. '아니, 아니란다. 우린 하지 않을 거란다'라고 존슨이 말했다. 그러고 나서 우리는 이 가엾은 여인들의 불행한 현실에 대하여 이야기를 나눴다. 그리고 비정상적인 사랑이 행복보다 얼마나 더 큰 고통을 낳는지에 대해서도 이야기했다."

보즈웰은 항상 자신의 행위를 '사랑'으로 포장했다. 존슨이라면 매춘부와의 성행위를 두고 사랑이라 부르지 않았을 것이다.

새뮤얼 존슨은 돈이 없어 힘들었던 시기에 많은 매춘부들을 알고 지냈다. 《더 램블러》에서 그는 미셀라라는 가상의 인물을 통해 독자들을 시험에 들게 했다. 그녀의 친척 중 한 명은 그녀를 유혹해서 성관계를 맺고 임신시켰다. 그는 미셀라를 정부로 데리고 있다가 매몰차게 버렸다. 그를 증오하는 것 외에 먹고살 길이 없었던 미셀라는 매춘부가 됐다.

이 극도로 비참한 상태로 4년이 흘렀다. 나는 매일 착취당하고 술주정뱅이들의 노리개다. 때론 한 남자의 소유물이 되고, 때론 거리를 배회하는 음탕함의 손쉬운 먹잇감이 된다. (중략) 풍요롭고 안전한 삶을 사는 사람들이 매춘부들이 밤거리를 헤매다 돌아오는 이 음울한 공간에서 단 한 시간 동안 머물면서 폭음으로 제정신이 아니고 기근으로 몹시 창백하고 오물로 메스꺼워하고 병에 걸려 고약한 가엾은 여인들이 서로 뒤엉켜 누워 있는 것을 본다면, 혐오보다는 그 끔찍한 곳에서 그들을 즉시 구해내고 싶은 욕구를 억누르지 못할 것이다.

존슨은 이 이야기의 실제 주인공을 알고 있다고 친구에게 말했다.

당시 사람들은 매춘부를 단순히 불량소녀들이라고 여겼다. 그들을 사회경제 시스템의 희생자라고 생각하지 않았다. 공식적으로 사회경제 시스템은 각종 사회문제를 야기한 원인으로 비난받았지만, 실제론

면죄부를 받았다. 당시에는 정략결혼이 흔했다. 정략결혼에서 가장 중요한 요소가 재정적 조건이었다. 부부의 성적 궁합은 거의 고려되지 않았다. 이혼은 개인적으로 의회 승인을 받은 경우를 제외하고 불가능했다. 사실상 매춘이라는 하위문화는 남성들이 성적 만족을 얻는 창구였다. 보즈웰처럼 미혼 남성들도 마찬가지였다. 이러한 하위문화에선 여성들의 요구는 전혀 고려되지 않았다.

◆ 런던과의 작별

제임스 보즈웰은 런던에 대한 설렘이 희미해지기 시작함을 느꼈다. 그는 런던을 한눈에 보기 위해서 세인트 폴 대성당의 지붕에 올라갔다.

"아무 생각이 없었다. 수많은 기와지붕들과 여기저기 이어지는 좁은 길들이 한눈에 들어왔다. 내가 거닐던 거리와 아름다운 건물은 지붕 위에선 보이지 않았다. 템스 강과 그 주변 그리고 햄스테드와 하이게이트의 아름다운 언덕들은 보기 좋았다. 하지만 불과 얼마 전 이 풍요로운 전망을 보면서 느꼈던 흥분과 열정은 더 이상 느껴지지 않았다."

아버지에게 약속했던 네덜란드 유학길에 오를 생각에 그는 한없이 우울했다.

네덜란드로 떠나기 2주 전, 존슨과 거닐었던 템스 강은 보즈웰에게 평생 잊을 수 없는 모습으로 남았다. 그들은 템스 강에서 배를 탔다. 강물을 따라 유유히 흘러가는 배 위에서 보즈웰은 그리스어와 라틴어에 대한 지식이 누구에게나 장점이 되는지를 존슨에게 물었다. 존슨은 모두에게 장점이 되지는 않을 것이라고 인정했다.

"존슨은 '예를 들어, 이 소년은 노를 저어 우리를 강 건너편으로 데려다주고 있지. 그리스어를 따로 배우지 않았지만 이 소년은 최초 선원들이었던 아르고 호 선원들에게 오르페우스의 노래를 들려줄 수 있다네'라고 말했다. 그러고 나서 그는 소년을 불렀다. '애야, 아르고 호 원정대 이야기를 너에게 들려준다면, 나에게 무엇을 주겠니?' 소년은 '나리, 제가 가진 것을 줄 것입니다'라고 말했다. 존슨 씨는 소년의 대답에 매우 기뻐했다. 그래서 우리는 뱃삯을 두 배로 줬다."

그렇게 두 사람은 소년의 배에서 내렸다.

"우리는 올드 스완에 올랐고 빌링스게이트로 걸어갔다. 이곳에서 우리가 직접 노를 저었고 우리가 탄 배는 템스 강의 은빛 물결을 따라 부드럽게 이동했다."

빌링스게이트(Billingsgate)는 보즈웰이 자주 다니던 장소들과는 완전히 다른 환경이었다. 빌링스게이트는 '음담패설, 상스러운 말'의 동의어가 되었다. 《영어사전》에는 '런던 빌링스게이트에서 차용한 상스러운 말. 런던의 빌링스게이트는 하층민들이 주로 모여 사는 지역으로 싸움이 빈번히 일어나고 욕설이 난무하는 곳'이라고 정의되어 있다. 어부들은 빌링스게이트에서 자신들이 잡은 물고기를 팔았다. 모든 크기의 배들이 런던 브리지를 통과해서 빌링스게이트 안으로 들어갈 수 있는 것은 아니었다.

그림에 빌링스게이트가 어떤 곳인지 잘 표현되어 있다(화보 그림 11). 곳곳에서 사소한 말다툼과 몸싸움이 벌어지고 있고 몇몇 사람들이 바닥에 나뒹굴고 있다. 전경에 술에 취한 생선 장수가 바닥에 널브러져 있고 친절한 어부가 그녀에게 술을 권한다. 개 한 마리는 생선 장수의 생선을 게걸스럽게 먹고 있다.

건물 사이로 보이는 강은 런던 풀(Pool of London)로 알려져 있다. 이곳에서 엄청난 규모의 국제 교역이 이뤄졌다. 1757년에 제작된 판화는 이곳에서 많은 교역활동이 이뤄졌음을 보여준다(그림 26). 정박한 배들

26. 런던 풀

의 수많은 돛대들이 숲을 이루고 저 멀리 런던타워가 보인다. 당시 매년 거의 25만 톤의 물자를 실은 1,500척의 배들이 런던 풀을 드나들었다. 이 판화의 제목은 〈프랑스에서 대영제국으로 들여온 수입품(The Imports of Great Britain from France)〉이다. 이 판화는 7년 전쟁이 발발하고 얼마 지나지 않아 제작되었다. 7년 전쟁으로 영국은 프랑스와의 교역을 일시적으로 중단했다.

전경의 오른쪽에 클라레(보르도산 레드와인), 버건디 그리고 샹파뉴란 상표가 붙은 프랑스 와인 통이 잔뜩 있다. 와인은 보통 목적지에서 병에 담겼다. 와인 통 앞에 와인 병이 담긴 상자가 있다. 그림의 중앙에 우아하게 차려입은 젊은 흑인 하인이 드러내놓고 키스를 하며 서로를 맞이하는 화려한 차림의 연인을 손가락질한다. 수천 명의 흑인들은 서인도 제도에서 온 해방된 노예들이었고 런던에선 백인들의 하인 노릇을 했다.

빌링스게이트에서 보즈웰와 존슨은 다른 배를 탔다.

"즐거운 하루였다. 혼잡한 도심을 벗어나 한적한 지역으로 나오자, 템스 강 양쪽으로 아름다운 들판이 펼쳐졌다."

그들의 짧은 항해는 그리니치에서 끝났다. 새뮤얼 존슨은 25년 전의 시 〈런던〉에서 그리니치를 찬양했다.

> 템스 강의 강둑에 서서 조용히 생각에 잠기고,
> 그리니치가 은빛 홍수 위에서 미소 짓네.
> 엘리자베스가 태어났던 자리에서
> 우리는 무릎을 꿇고 축성된 대지에 키스하네.

엘리자베스 여왕은 그리니치에서 태어났다. 제임스 보즈웰은 새뮤얼 존슨의 시에 표현된 이 장면을 그대로 재현했다. 그의 주머니에는 존슨의 시가 들어 있었다.

"나는 강둑에서 이 구절을 읽고 말 그대로 축성된 대지에 키스했다."

그 뒤 두 사람은 배를 타고 다시 강을 거슬러 올라왔다. 그리고 터크즈 헤드 태번에서 저녁식사를 했다. 이듬해 바로 이곳에서 더 클럽이 모임을 갖기 시작한다. 존슨은 "자네가 가는 모습을 반드시 지켜보겠네. 자네와 함께 하리치까지 갈 거야"라고 말했다. 며칠 전 존슨은 "자네만큼 내가 좋아하게 된 사람이 있을까?"라고 말했다. 보즈웰은 존슨에게 떠날 날이 얼마 남지 않았다고 말했다.

"존슨은 다정하게 '사랑하는 보즈웰! 자네가 떠난다면 난 정말 슬프겠지. 우린 다시는 못 만나겠지?'라고 다정하게 말했다. 그가 너무 다정해서 거의 울 뻔했다."

《존슨전》에서 보즈웰은 '거의 울 뻔했다'는 부분을 생략했다.

런던에서 동쪽으로 70마일 떨어진 하리치에서 출발하는 이유는 템스 강이 혼잡하지 않더라도, 템스 강에선 배를 띄우기에 좋은 훈풍이 잘 불지 않았기 때문이다. 훈풍이 불 때까지 기다리다가 일정이 늦어질 수 있었다. 보즈웰과 존슨은 역마차를 타고 하리치로 갔다. 하리치로 가는 도중, 한 승객이 자식들을 키우면서 단 한 번도 아이들이 나태해지도록 내버려두지 않았다고 말했다. 이 말을 듣고 존슨은 보즈웰을 놀릴 좋은 생각이 떠올랐다.

존슨: "부인, 저도 당신에게서 교육을 받을 것을 그랬습니다. 전 평생 나태하게 살았거든요."

승객: "선생님은 절대 나태하게 살지 않으셨으리라 확신해요."

존슨: "아닙니다. 부인, 정말 사실입니다. 그리고 저기 앉아 있는 저 신사도 (나를 가리키며) 나태하게 살고 있지요. 그는 에든버러에서 나태했습니다. 그래서 그의 아버지는 그를 글래스고로 보내버렸죠. 심지어 글래스고에서도 그는 나태하게 생활했답니다. 그러곤 그는 런던으로 왔죠. 물론 런던에서도 나태하게 생활했어요. 그리고 지금은 위트레흐트로 간답니다. 거기서도 나태할 겁니다."

나는 그에게 조용히 왜 남에게 내 이야기를 하느냐고 물었다.

존슨: "하! 하! 그들은 자네에 대해 아무것도 모른다네. 그리고 내가 한 말에 대해 더 이상 생각하지 않을 걸세."

그날 밤 두 사람은 여인숙에서 머물렀다. 저녁을 먹으면서 존슨은 여생 동안 보즈웰이 겪게 될 고난을 내다보기라도 한 듯 입을 열었다. "촛불 주위를 펄럭이며 날아다니는 나방은 그 촛불에 타죽었다. 존슨은 이 작은 사건을 이용해서 나에게 강력히 충고했다. 다 알고 있다는 듯한 표정과 엄숙하지만 조용한 목소리로 '저 하찮은 생물은 자기 자신이 스스로를 못살게 괴롭혔구먼. 저 생물의 이름은 보즈웰이었을 거야'라고 말했다."

보즈웰은 이 일화를 《존슨전》에 삽입했다.

네덜란드로 떠나는 배에 몸을 실은 보즈웰이 존슨과 작별하는 대목은 잊을 수가 없다.

나의 존경하는 친구는 나와 함께 바닷가까지 걸었다. 거기서 우린 작별인사로 가벼운 포옹을 했고 편지를 주고받기로 약속했다. 나는 "선생님, 제가 멀리 있어도 저를 잊지 말아 주세요"라고 말했다. 존슨은 "난 자넬 잊지 않을걸세. 그보다 자네가 날 잊을 가능성이 크지"라고 말했다. 배가 출항하는 내내 나는 그에게서 눈을 떼지 않았다. 그는 흔히 하던 대로 천천히 육중한 몸을 돌리고 있었다. 마침내 그가 마을로 되돌아가는 것이 보였고 이내 그의 모습은 보이지 않았다.

CHAPTER 6

유학길에 오른 제임스 보즈웰

◆ 고통 받는 영혼

제임스 보즈웰은 위트레흐트에서 착실하게 생활했다. 위트레흐트에는 유명한 대학교가 있었다. 그는 아버지의 바람에 따라 거기서 1년간의 유학생활을 준비했다. 그 대가로, 그의 아버지는 독일, 이탈리아와 프랑스를 여행하는 것을 허락했다. 그리고 여행 자금도 지원해 주기로 했다. 부잣집 도련님들이 1년 정도 유럽 여기저기를 둘러보는 것은 당시 흔한 일이었다. 이런 여행은 소위 '그랜드 투어'라 불렸다. 유럽 전역을 돌아다니며, 그 나라의 언어를 배우고 보다 넓은 세상을 배우는 것이 그랜드 투어의 목적이었다. 그리고 가능하다면 여행을 하면서 쌓은 유용한 인맥을 후에 활용하라는 것도 여행의 목적 중 하나였다.

위트레흐트에서의 유학생활은 보즈웰에게 외롭고 낯설었다. 결국 그는 끔찍한 우울증에 빠졌다. 위트레흐트에서의 유학생활이 기록된 일기는 안타깝게도 남아 있지 않다. 보즈웰은 네덜란드를 떠날 때, 안전하게 보관하기 위해서 일기를 스코틀랜드로 보냈다. 안타깝게도 일기는 스코틀랜드로 배송되는 도중에 어디론가 사라져 버렸다. 하지만 이 시기에 그가 여러 친구들과 주고받은 편지는 남아 있다. 프레더릭 포틀 (Frederick Pottle)은 그를 '고통 받는 영혼'이었다고 말했다.

제임스 보즈웰이 윌리엄 템플(William Temple)과 주고받은 편지는 요행히 남아 있다. 19세기 한 영국 사람이 불로뉴에서 구매한 물건 속에 보즈웰의 서명이 적힌 편지 꾸러미가 들어 있었던 것이다. 이어서 그는 폐지 처리업자로부터 보즈웰과 템플이 주고받은 97통 남짓의 편지를 회수할 수 있었다. 물론 템플은 보즈웰과 주고받은 편지를 모두 보관했다. 하지만 그가 죽은 뒤에 사위가 빚쟁이들을 피해 영국에서 프랑스로 도망칠 때, 그는 보즈웰의 편지도 가지고 갔다. 그가 편지를 가지고 도망친 이유는 알 수 없다. 으레 그렇듯, 그 편지들은 프랑스의 폐지 처리업자의 손으로 들어갔던 것이다.

제임스 보즈웰에게 위트레흐트의 첫인상은 "가장 음울한 곳"이었다. 그는 너무나 절망적이어서 위트레흐트보다 큰 도시인 로테르담으로 도망쳤다. 그렇다고 나아지는 것은 없었다. 그곳에서 보즈웰은 템플에게 편지를 썼다.

"난 완전 바닥이라네. 나의 마음은 칠흑 같은 생각으로 가득해. 그리고 나의 이성은 마비됐다네. 믿을 수 있는가? 난 울부짖으며 미친 듯이 계단을 오르내렸다네. 갑자기 눈물이 왈칵 쏟아졌고 마음 깊은 곳에서 신음소리가 새어나왔지. (중략) 모든 것이 쓸모없어. 모든 것이 음울해. 다신 회복하지 못할 것 같아. 지금이야말로 정말 미쳐버릴 것 같아."

보즈웰이 존슨에게 보낸 대부분의 편지도 유실됐지만, 분명 친구들에게 보낸 편지와 유사한 어조와 내용으로 편지를 썼을 것이다. 존슨은 일부러 석 달을 기다렸다가 답장을 보냈다. 그는 답장에 "자네의 마음 상태는 답장을 이해하거나 받아들이기에 너무나 절망적이네"라고 불평했다. 그가 보즈웰에게 매정하게 굴었다는 사실이 놀라울 수 있다. 아마도 존슨은 보즈웰에게 가장 필요한 것이 정신 차리라는 따끔한 충고라고 생각했을 것이다. 이런 충고는 하기는 쉽지만 따르기는 어렵다. 존슨도 이 점을 잘 알고 있었다.

존슨은 보즈웰에게 복잡한 심정에 휩싸였지만 누구보다 그를 사랑했다. 보즈웰은 이런 존슨에게 깊이 감사했다. 그는 "존슨에게서 답장을 받는 것은 내가 상상할 수 없을 정도로 아주 큰 영광"이라고 메모를 남겼다. 그는 그곳에서 연습삼아 시를 쓰기 시작했다. 어느 습작에서 "위대한 존슨! 그대를 생각하면 / 소심한 난 한없이 작아지네"라고 외쳤다.

이미 보즈웰에게는 새로운 친구들이 있었다. 그들과 함께 있는 동안은 그의 마음에 드리운 먹구름이 걷혔다. 그는 속으로 곪아터지면서 겉으론 아무렇지 않은 척하는 스스로를 자랑스럽게 여겼다. 그리고 "너의 인생엔 기쁨이 전혀 없었다. 너의 종교는 암울했다. 하지만 넌 쾌활했고 노래를 불렀다. 넌 좋은 친구다. 넌 용감하게 맞서 싸우고 있다"라고 스스로에게 메모를 남겼다. 두 달 뒤, 그는 속마음을 털어놓을 수 있는 고향친구인 존 존스턴(John Johnston)에게 절망에 빠져 편지를 썼다.

"끔찍하게도 칠흑 같은 우울감에 다시 빠졌다네. 이 정도로 심각한 우울감은 경험해본 적이 없어. 내가 끔찍한 생각 때문에 얼마나 고통스러운지를 자네에게 전달할 방법이 없네. 내가 느끼는 이 끔찍한 고통을 충분히 표현할 수 있는 언어가 없어. 최근에는 우울감으로 거의 무너져 내렸다네. 신께서 이 끔찍한 우울감이 다시 돌아오지 않도록 나를 보호하시길."

그가 집으로 보낸 편지도 남아 있지 않지만, 아버지에게는 완전히 다른 내용으로 편지를 보냈던 것 같다. 그곳에 정착해서 성실하고 착실하게 지내고 있다는 인상을 주고 싶었을 것이다. 오킨렉 경은 "장담컨대 나만큼 너를 이해하고 공감하는 친구는 없을 것이다. 전지전능한 신은 인간에 대한 자신의 연민을 자신에 대한 아버지의 연민이라고 했다"고 아들에게 답장을 썼다. 그리고 보즈웰에게 그 고통을 물려준 자신의 아버지(제임스 보즈웰의 할아버지)는 일에 몰두할 때 그의 고통은 누그러졌고 나태할 때 그의 고통이 심해졌다고 덧붙였다. 존슨도 항상 이와 같은 조언을 보즈웰에게 해줬다.

보즈웰은 대학에 정식 프로그램을 신청하지 않았고, 원했다면 학업을 소홀히 할 수도 있었다. 하지만 염려했던 것과는 달리 그는 성실하게 공부했다. 매일 강의를 들은 뒤에는 3시간 동안 법률 문서를 읽었다. 그리고 매일 듣던 강의를 맡았던 교수와는 친구가 되었다. 게다가 그는 이미 라틴어에 능숙했지만 라틴어 수업도 들었고, 개인 지도교사의 도움으로 그리스어 실력도 조금이나마 키웠다.

그가 위트레흐트에서 사귄 친구들은 대체로 프랑스어를 사용했다. 그래서 보즈웰은 프랑스어도 열심히 공부했다. 매일 프랑스어로 몇 쪽씩 글을 썼다. 타고난 흉내쟁이들이 그렇듯이, 그는 언어에 놀라운 재능을 가지고 있었다. 물론 자연스럽게 사소한 실수도 했지만, 그는 수월하게 프랑스어를 했고 심지어 프랑스어로 여성에게 추파를 던지기도 했다.

스판 부인: 죄송하지만, 저의 굴렁쇠가 방해가 됐네요.
보즈웰: 괜찮습니다, 부인. 제가 오히려 부인의 굴렁쇠에 방해가 됐죠.

보즈웰은 프랑스어에다가 네덜란드어도 조금 익혔다. 그는 네덜란드어를 "오래되고 강하고 풍부한 언어"라고 평했다. 흥미롭게도 보즈웰은 "나의 혈관에 네덜란드 피가 흐른다"고 자랑했다. 실제로 그의 증조모 중 한 명인 베로니카 반 아르센 반 솜멜스뒤크는 네덜란드 사람이었다.

보즈웰은 성병의 끔찍한 고통을 생생하게 기억하고 있었다. 그래서 위트레흐트에 있는 동안에는 성관계를 삼갔다. 때때로 거리의 매춘부들을 애무했지만 성관계를 맺진 않았다. 게다가 그는 아내를 선택할 때가 왔다고 생각했다. 미래 오킨렉 지주의 배우자가 될 여자를 찾아야 했다. 이는 그에게 아주 중요한 일이었다. 욕정에 따라서 아내를 고를 생각은 전혀 없었다. 보즈웰은 그런 욕정은 금세 불타올라 하얀 재만 남는다는 것을 경험을 통해 알고 있었다.

그에게 자신의 아내가 될 자격을 갖추었다고 생각한 여인이 두 명 있었다. 두 사람 모두 네덜란드 사람이었다. 한 명은 상냥하고 예쁜 과부였다. 하지만 그녀는 보즈웰에게 자신은 냉정한 사람이라고 충고했다. 다른 한 명은 훨씬 더 매력적이고 흥미로운 여인이었고 보즈웰 또래였다. 과부와 달리 그녀는 아주 열정적이었지만 보즈웰이 걱정스러울 정도로 변덕스러웠다. 보즈웰은 그녀를 보면서 자신을 떠올렸다. 한마디로 그녀는 보즈웰의 분신처럼 닮아 있었다.

이 놀라운 여인은 벨러 드 자윌런(Belle de Zuylen)으로 알려진 바로 이자벨라 아흐네타 엘리자베트 반 타윌 반 세로스케르컨(Isabella Agneta Elisabeth van Tuyll van Serooskerken)이었다. 그녀의 필명은 젤리드(Zelide)다(그녀는 위트레흐트 근처 자윌런 성에서 태어났다). 그녀는 이미 프랑스어로 소설 한 편을 출판했고 후에 많은 소설과 희곡을 쓴다. 그녀는 작곡도 했다.

"그녀는 나보다 우월해"라고 보즈웰이 템플에게 보내는 편지에서 그녀를 인정했다. 그리고 "사람들은 자신보다 뛰어난 여자를 싫어해"라고 덧붙였다. 위트레흐트의 한 친구는 "여자는 분별력이 부족해. 그래서 실수를 하지. 설령 남자의 재치와 재능이 여자의 절반에도 못 미친다 하더라도 남자가 여전히 여자보다 우월하다네"라고 말하며 그를 안심시켰다. 친구의 말은 보즈웰에게 위로가 됐다. 그의 친구는 "분별력이 부족하지 않다면, 젤리드는 절대권력을 가지게 될 거야. 남자들을 지배하고 남성의 위엄과 자존감을 무너뜨릴 걸세"라고 덧붙였다. 당시 사회적 시스템과 정치적 시스템은 남성의 권위를 인정하고 지지했다. 이처럼 보즈웰은 남성의 권위를 중요하게 여겼으며 평생 남성이 여성 보다 우월한 존재라고 생각했다.

젤리드도 보즈웰에게 매력을 느꼈다. 젤리드의 주위 남성들은 둔감 했다. 반면 그녀는 보즈웰은 재미있는 사람이라 생각했다. 보즈웰이 네덜란드를 떠난 뒤 얼마 동안 그들은 애정이 듬뿍 담긴 편지를 주고 받았다. 하지만 보즈웰은 자유사상가인 그녀에게 끊임없이 종교적 정 설과 신중한 행동의 중요성에 대해서 설교했다. 특히 자신이 배우자 를 더 이상 깊이 사랑하지 않게 되면 애인을 만들겠다는 젤리드의 말 에 보즈웰은 충격을 받았다. 보즈웰은 그녀의 충격적인 편지에 "애원 하건대, 제발 그런 생각을 하지 마시오. 인류를 존중하고 사회 제도를 준수하시오"라고 답했다. 다른 편지에서 그는 "나처럼 지적이고 마음 이 따뜻한 남자는 드물다오. 하지만 재능 많은 여성은 그렇게 드물지 않죠"라고 말했다.

젤리드는 모든 가식에 진저리가 났다. 그래서 퉁명스럽게 "제가 당 신의 아내감이 아니라고 말할 만해요. 그 부분에 대해선 이견이 없죠. 저에게 재능이 전혀 없어요"라고 그에게 편지로 쏘아붙였다. 보즈웰은 스승을 자처하며 편지에서 끝없이 설교를 늘어놓았다. 그런 그의 편지 에 넌더리가 난 젤리드는 "젊고 분별 있는 남자라고 생각했던 친구에 게서 대 카토의 오만한 엄격함과 함께 어리석은 바보의 유치한 허영 심을 발견하여 충격에 휩싸였고 슬프네요"라고 답했다. 두 사람이 주 고받은 편지 대부분이 남아 있지 않지만, 오히려 그게 다행스러운 일 인지도 모른다.

1771년 젤리드는 남동생의 전 가정교사와 결혼해서 드 샤리에르(de Charriere) 부인이 되었다. 그 후 스위스 뇌샤텔에 정착했다. 거기서 그녀는 계속 글을 썼고 장 자크 루소의 사후 1782년에 《고백(Confessions)》이 출판되도록 도왔으며 뱅자맹 콩스탕(Benjamin Constant) 등 많은 작가들과 서신을 주고받았다. 젤리드는 1805년에 사망했고, 위트레흐트 대학교에는 그녀를 기리는 벨러 반 자월런 교수직이 있다.

◆보즈웰 남작

끔찍한 우울증에서 제임스 보즈웰을 구한 것은 여행이었다. 여행은 항상 그에게 생기를 불어넣었다. 네덜란드에서 10개월을 보낸 뒤에 그는 독일로 향했다. 당시 독일은 아직 통일국가가 아니었다. 프로이센의 국왕 프리드리히(Frederick) 2세가 통치하던 독일은 국가, 대공들이 다스리는 공국, 후작들의 영지 그리고 자유도시의 느슨한 모임에 불과했다. ('이 세상 그 무엇보다 독일이 최고(Deutschland über Alles)'는 정치적 지배에 대한 노래가 아니다. 1841년 이 노래는 반자유주의 국가들을 대체하게 될 통일된 독일을 예언하기 위해 쓰인 노래였다.)

제임스 보즈웰은 대부분의 시간을 궁전에서 보냈다. 독일 궁전은 외국인을 환영했다. 이것은 영국 여행객에게 귀중한 인맥을 쌓는 최고의 방법으로 여겨졌다. 그리고 각 지역의 문화 중심지를 경험할 수 있는 좋은 방법이기도 했다. 새뮤얼 존슨 역시 그가 독일로 떠나기 전에 "나라면 궁전이 모여 있는 곳으로 가서 그곳의 사람들에 대해 배우겠네"라고 했다.

궁전에서 보즈웰은 매번 자신을 '보즈웰 남작'이라 소개했다. 실제로 그는 남작이 아니었지만, 남작이란 단어는 스코틀랜드에서 그의 직위가 어느 정도인지를 꽤 정확하게 보여줬다. 스코틀랜드와 독일에서 남작은 토지 소유권과 관련된 봉건 제도의 작위였다. 스코틀랜드에선 집안의 장남이 이 작위를 계승했다. 이 말인즉, 아버지가 살아 있기 때문에 보즈웰은 실제로 아직 남작은 아니었다. 하지만 그는 적당한 때가 되면 분명 '오킨렉 남작 작위'를 물려받게 될 것이다. 보즈웰은 모르는 척했지만, 불편한 사실이 하나 있었다. 스코틀랜드에는 남작이란 작위는 더 이상 존재하지 않았다. 1707년 스코틀랜드와 잉글랜드가 통합된 뒤에 남작 작위가 폐지됐기 때문이다.

궁전에 모습을 드러낸다는 것은 그에겐 값비싸고 화려한 옷을 살 좋은 핑곗거리였다. 네덜란드에서 그는 이미 재단사에게서 두 벌을 맞췄다. 한 벌은 '은색 레이스가 달린 바다색'이었고 다른 한 벌은 '금색 레이스가 달린 진홍색'이었다. 그의 하인이 작성한 물품 목록에는 흰색 단추가 달린 파란색 코트 한 벌, 금색 단추가 달린 장밋빛 코트 한 벌, 주름 장식을 단 셔츠 15벌, 사슴 가죽으로 만든 반바지 한 벌 그리고 검은색 실크로 된 반바지 한 벌이 있었다. 그리고 물론 '칼자루가 은인 검한 자루'도 포함됐다. 독일에서 보즈웰은 '고급 캠릿과 금색 단추를 이용해 만든 레이스를 달지 않은 여름옷 한 벌'과 '벨벳에 꽃을 수놓고 벨벳 단추를 단 겨울옷 한 벌'을 준비했다. 여기에 레이스가 달린 주름 장식 4쌍을 더 맞췄다.

"이 정도면 충분할 것이다."

벨벳으로 만든 옷에는 5가지 색이 들어갔다. 원래 낙타털로 짜는 캠릿은 실크와 울로 만들어진 곱고 보드라우며 윤나는 천이었다.

5개월 남짓을 독일에서 보낸 보즈웰은 베를린으로 향했다. 대체로 그는 거칠게 다녔고 이 점에 자부심을 가졌다. 주로 무개차에 아무렇게 걸쳐놓은 평평한 널빤지에 앉아서 이동했다. 베를린에선 여인숙의

테이블에서 밤을 보냈고 지푸라기가 깔린 바닥에 얇은 시트를 깔고 소와 말과 함께 밤을 보내기도 했다.

"내 침대머리 근처에 집채만 한 마스티프가 사슬에 묶여 있는 것을 보고 소스라치게 놀랐다. 그 대형견은 끔찍하게 으르렁거렸다. 그 녀석이 움직이면 사슬은 달가닥거렸다. 나는 빵 한 조각을 주인에게 청했고 그걸로 그 녀석과 친구가 되었다. 내 앞에 있는 커다란 접문이 활짝 열려 있었다. 문밖으로 아름다운 밤하늘이 펼쳐졌다. 이렇게 난 아주 만족스럽고 건강하게 잠이 들었다."

여기서 그는 신체적 건강뿐만 아니라 정신적 건강도 언급한다. 보즈웰은 기운을 내기 위해서 항상 격렬한 활동을 했지만, 오히려 활동 부족이 그를 차분하게 만들었다.

궁전에서 유명인사로 대접받는 것은 기분 좋은 일이었다. 보즈웰은 독일어를 조금 익히기 시작했지만, 궁전에선 주로 프랑스어를 사용했다. 그는 귀족들이 쏟아내는 주옥같은 말을 단 한 자도 놓치지 않고 기록하려고 애썼다.

"일요일 밤, 우리는 왕자와 함께 창문 곁에 서 있었다. 그때 왕자는 '일과 유희를 병행한다는 것은 참으로 어려운 일'이라고 말했다."

보즈웰은 귀족을 존경했으며 왕을 숭배했다. 여행의 백미는 단연 프리드리히 2세를 보는 것이었다.

"장엄한 관경이었다. 그는 평범한 푸른빛의 옷을 입고 하얀 깃털이 달린 평범한 모자를 쓰고 있었다. 그의 손에는 지팡이가 들려 있었다. 태양은 눈부시게 빛났다. 주위를 압도하는 단단한 자부심을 풍기며 그는 궁전 앞에 섰다."

흥분한 보즈웰은 나중에 이 우연한 만남을 독일 장군에게 설명했다. 그 독일 장군은 그의 팔을 잡으며 "이보게 진정하게"라고 말했다. 하지만 국왕을 직접 알현할 수 없자, 국왕에 대한 그의 경배는 줄어들었다.

비텐베르크에서 제임스 보즈웰은 루터교 신학자인 필리프 멜란히톤(Philipp Melanchthon)의 무덤 앞에서 새뮤얼 존슨에게 편지를 썼다.

"전 위인의 비석 위에 종이를 놓고 그대에게 편지를 쓰고 있습니다. 개혁가들 중에서 가장 위대한 인물의 비석 위에서 말입니다. (중략) 내가 가장 사랑하고 존경하는 벗이여, 이 무덤에서 저는 그대에게 영원한 우정과 사랑을 맹세합니다. 그대의 삶에 행복이 되기 위해 무엇을 해야 하는지 고민할 것입니다. 만약 그대가 저보다 먼저 죽는다면, 그대를 영원히 기릴 것입니다."

자일스 스트레이치(Lytton Strachey)는 "제임스 보즈웰은 여생 동안 이 날의 맹세를 지켰다"고 했다.

유럽 여행 중 보즈웰은 그 누구와도 성관계를 맺지 않았다. 그는 템플에게 편지를 썼다. "잉글랜드를 떠난 이후 난 은자만큼 순결하다네. 베를린에서 친구들과 윤락업소를 간 적이 있었지. 어떤 곳인지 궁금해서 따라갔다네. 작고 초라한 집에 창녀 한 명만 있더구먼. 그 모습이 만족스러웠다네."

실제로 보즈웰은 그냥 보기만 하고 숙소로 되돌아왔다.

결국 보즈웰은 밤새도록 글을 쓴 뒤에 예기치 못한 기회에 자신과의 약속을 어겼다. 그날의 일에 대하여 독일어와 영어를 섞어가며 일기를 썼다.

난 술에 꽤 취해 있었다. 아침 8시쯤 한 여인이 초콜릿 바구니를 들고 들어왔다. 난 그녀와 장난을 쳤고 그녀에게 아이가 있다는 사실을 알게 되었다. 오! 안전한 여인. 나의 벽장 안으로 이끌며, '합스트 에어 아인 만?(남편이 있나요?)' 하고 물었고 그녀는 '야, 인 덴 가르즈 바이 포츠담(네, 포츠담 경비대입니다.)'이라고 답했다. 곧바로 나의 침대로 그녀를 끌어들였고 우리의 유희는 곧 끝이 났다. 난 차디차게 식은 몸으로 일어나 소스라치게 놀랐다. 화도 났고 웃음도 나왔다. 난 그녀를 내보냈다. 아차! 내가 심지어 간통을 저지른 것인가! 잠깐, 군인의 아내는 그 누구의 아내도 아니지(그녀의 남편은 집에 없기 때문에?). 이제 난 내가 저지른 죄와 1년간의 순결을 잃은 것을 자책하며 지내야 하는 것인가? (중략) 난 오만하지 않으리. 난 온화하고 겸손한 기독교인이 되리라.

몇 주일 뒤, 보즈웰은 스스로를 훈계했다.
"칼을 빼들고 엄숙히 맹세할지니. 여인과 함께하지 않을 것이니라. 단 콘돔이 있는 여인과 스위스 여인은 예외다."
보즈웰이 무슨 이유에서 스위스 여자는 건강하다고 생각했는지 알 수 없다.
보즈웰은 자위를 위험한 유혹이라 생각했던 것 같다. 그의 성장배경과 병력 때문이었을 것이다. 그는 신앙심이 깊은 가정에서 성장했고 가족 중에 정신이상자가 있었다. 보즈웰은 "어제 밤에 자위를 했다. 조심하라. 칼을 빼들고 맹세할지니, 여성의 도움 없이 절대 기쁨을 취하지 않으리라"고 다짐했다. 이렇게 다짐한 뒤 그는 드레스덴에서 거리의 매춘부를 만났다. 하지만 그녀와 직접적으로 성관계는 맺지 않았다.

또다시 나는 쉬운 거리의 소녀들과 함께했다. 그들의 넓적다리 사이를 탐닉했다. 그저 건강을 위해서였다. 난 그들을 품지는 않았다. 우선 그것은 위험했기 때문이고 범법자와 같은 부류가 될 수 없었기 때문이다. 지난밤과 오늘밤 모두 나와 함께했던 소녀들은 나에게서 손수건을 훔쳐갔다. 난 스스로에게 화가 났다. 난 하인에게 '아벡 레 피유(소녀들과 함께)'였다고 고백했다. 때론 남자는 저속하다.

◆장 자크 루소와 볼테르와의 만남

11월에 제임스 보즈웰은 스위스로 넘어갔다. 그는 거기서 당대 유명 작가 2명을 기필코 만나겠노라 다짐했다. 가능하다면 그들에게 깊은 인상을 남기고 싶었다. 첫 번째 인물은 장 자크 루소(Jean-Jacques Rous-seau)였다. 정치적이고 종교적인 글을 썼던 그는 프랑스에서 도망쳐 왔다. 그의 글은 반체제적이라는 평가를 받고 있었다. 두 번째 인물은 계몽주의의 대부 볼테르(Voltaire)였다. 그는 글을 통해 계몽주의를 널리 퍼뜨리고 정치적 종교적 불의에 저항했다.

루소는 프리드리히 2세가 통치하던 뇌샤텔 모티에라는 작은 산촌에서 지내고 있었다. 당시 뇌샤텔은 아직 스위스령이 아니었다. 12월 3일 모티에에 도착한 보즈웰은 눈 덮인 마을을 보고 감탄하며 작은 여인숙에 짐을 풀었다. 루소를 알던 친구가 그에게 추천서를 써줬지만, 보즈웰은 다른 사람들이 자신의 성격에 어떻게 반응하는지 시험하길 좋아했다. "나는 천박한 군중보다 우월하다"고 그는 되뇌었다.

"나는 나의 가치를 인간 본성을 판단하는 위대한 인물의 시험에 들게 할 것이다."

그는 여인숙에 앉아서 프랑스어로 편지를 썼다. 루소의 관심을 끌기 위해서 한 자 한 자 온 정성을 쏟았다. 편지를 쓰기 전 그는 미리 루소의 책을 열심히 읽었다.

"선생님, 전 남을 배려할 줄 아는 인정이 있는 자입니다. 생기 넘치지만 구슬픈 영혼을 가지고 있죠. 아, 제가 겪은 모든 고통이 루소님의 눈에 가치 없는 것으로 여겨진다면, 왜 전 지금의 제가 되었을까요? 왜 그는 그런 글들을 써왔을까요?"

루소는 미끼를 물었다. 그는 만성적인 비뇨기 질환을 앓고 있고 사람을 집에 들일 수 없다고 말했지만, 보즈웰은 5일 동안 하루도 빠지지 않고 그의 집에 나타났다. 웬만큼 뻔뻔하지 않고서는 그렇게까지 할 수 없었을 것이다. 하지만 보즈웰은 철면피라 불릴 만큼 뻔뻔한 자였다.

루소: 그대는 정말 성가십니다. 이것이 저의 본성입니다. 그래서 저도 어쩔 수 없습니다.

보즈웰: 저한테는 너무 격식 차리지 마세요. 루소님. 신경 쓰지 않으셔도 됩니다.

제임스 보즈웰은 즉시 장 자크 루소의 평생의 동반자인 마리 테레즈 르바쇠르(Therese Levasseur)에게 관심을 가졌다. 그녀는 43살이었지만 보즈웰에겐 '생기 넘치고 단정한 어린 프랑스 소녀' 같은 인상을 줬다. 보즈웰은 그녀와 친분을 쌓으려고 애썼다. 다시 이 집을 방문할 구실을 만들어야만 했기 때문이다. 그녀에게 환심을 사기 위해 그는 그녀의 요리를 칭찬했다.

"우리의 저녁 식사는 다음의 순서로 진행됐다. 1. 맛있는 수프. 2. 삶은 소고기와 송아지 고기. 3. 양배추, 순무 그리고 당근. 4. 차가운 돼지고기. 5. 그(장 자크 루소)가 농담으로 혀라고 부른 식초에 절인 송어. 6. 기억나지 않는 음식. 디저트는 씨를 제거한 배와 밤이었다. 우린 레드와인과 화이트와인을 마셨다. 소박하지만 훌륭한 식사였다."

제네바에 도착했을 때 보즈웰은 석류석 목걸이를 사서 르바쇠르에게 보냈다.

루소와의 대화는 그다지 흥미롭지는 않았다. 하지만 보즈웰은 굉장히 인상적인 말을 그에게서 들었다.

"선생님, 전 이 세상을 좋아하지 않습니다. 우리는 상상의 산물(키메라)의 세상에서 살고 있습니다. 전 그런 세상을 있는 그대로 받아들이고 감내할 수 없습니다."

보즈웰은 몰랐겠지만, 위 대목은 루소가 자신의 소설 《줄리(*Julie*)》를 인용했던 것이었다. 이 소설에서 여주인공은 그녀의 연인에게 키메라의 땅만이 살아갈 가치가 있는 유일한 곳이라고 말한다.

보즈웰은 스코틀랜드 사람들이라면 "루소, 그대는 어째서 그 모든 상상의 산물들을 허락하는가? 그대는 그런 주장을 내세우기에는 너무 매력적인 사람이네. 어서 오시게. 어서 와서 다른 사람들처럼 사회에 뿌리내리고 살게나"라고 말했을 것이라고 다소 대담한 발언을 했다. 보즈웰은 일기에 "거기서 그는 엉겅퀴(스코틀랜드의 국화)를 느꼈을 것이다. 마치 내가 '쳇, 멋쟁이 루소, 도대체 왜 그렇게 자네는 변덕스럽나? 자네는 실로 호들갑스러운 어여쁜 사내라네. 힘내게. 그냥 다른 사람들처럼 살 순 없나?'라고 말하는 것 같았다"고 썼다.

보즈웰은 똑똑했지만 지적이진 않았다. 그가 만나고 싶었던 이는 위대한 사상가가 아닌 유명인 장 자크 루소였다.

"문명에 대한 그의 맹렬한 비난과 기타 특이점들은 그의 타락한 마음보다 부족한 이해심에 대한 증거다."

《존슨전》에 쓰인 이 문구에서 그가 루소의 글을 전혀 이해하지 못했다는 사실이 드러난다. 보즈웰은 이해심 면에서 루소보다 우월감을 느꼈다. 이것은 어처구니없는 일이다. 그는 장 자크 루소의 《인간불평등기원론(*Discourse on the Origin of Inequality*)》의 요점을 전혀 파악하지 못했다. 이 위대한 저작에서 루소는 심지어 소위 미개인들도 오래전에 자연상태를 벗어났고, 자연상태가 사회생활보다 더 좋건 나쁘건, 다시 되돌아갈 순 없다고 분명히 말한다.

보즈웰과 루소가 작은 발코니에서 대화를 나눌 때(그림 27), 자신들이 다시 만나게 되리라고는 그 누구도 알지 못했을 것이다. 이 만남으로

27. 장 자크 루소의 모티에 집 발코니

부터 1년 뒤 현지 칼뱅파 성직자가 마을 사람들을 선동해 이른바 무신론자인 루소를 공격했다. 이는 실로 아이러니한 일이었다. 루소는 자신이 신을 믿는 유일한 계몽사상가라고 자주 이야기했기 때문이다. 그날 밤 루소와 르바쇠르가 지내는 집의 발코니로 돌이 마구 날아들었다. 이 사건은 '모티에의 돌팔매(la lapidation de Môtiers)'로 알려지게 된다. 다음날, 루소와 르바세르는 이곳을 떠났다.

볼테르는 세상을 버린 장 자크 루소와는 완전히 달랐다. 프랑수아 마리 아루에(François-Marie Arouet)는 프랑스 파리의 부유한 가정에서 태어났다. 그는 볼테르라는 필명으로 주옥같은 시와 희곡을 발표했고 영리하게 투자해서 부를 쌓았다. 그는 자신이 쓴 글 때문에 박해받았던 프랑스와 국경으로 접해 있는 스위스 제네바 외곽의 한 샤토(대저택)에서 살고 있었다. 장 자크 루소처럼 독창적인 사상가는 아니었지만, 볼테르는 뛰어난 재치를 지니고 사상을 대중들에게 전파하는 영향력 있는 인물이었다. 뿐만 아니라 쉬지 않고 정치적 탄압과 종교적 수난에 저항했다. 그는 유럽 전역에 걸쳐 수많은 사람들과 서신을 교환했고, 위풍당당하면서 공평하게 자신의 집을 찾아오는 사람들을 환영했다. 수년간 영국에서 그를 찾아온 사람만 무려 500명 이상에 달했다. 루소의 집에 초대되어 저녁식사를 함께한 것은 보즈웰에게 대단한 성취나 다름없었다. 하지만 볼테르의 집에 가는 것은 그렇지 않았다.

보즈웰은 볼테르와 가볍고 짧은 대화를 나눴다. 잉글랜드에서 2년 동안 망명생활을 한 볼테르는 영어가 유창했다. 하지만 그는 더 이상 영어를 사용하지 않았다.

"영어를 하면 치아 사이에 혀가 위치하죠. 하지만 지금 전 치아가 없어요."

이것이 볼테르가 영어를 더 이상 사용하지 않는 이유였다.

보즈웰은 끝을 알 수 없는 자신감으로 이 위대한 회의론자에게 기독교에 대해서 설교를 시작했다.

"다른 사람들은 저녁식사를 위해 자리를 떠났다. 응접실에 남아 있던 나와 볼테르는 앞에 놓인 성경을 보며 맹렬한 논쟁을 펼쳤다. 그 순간 그는 한 개인이었고 나 역시 한 개인이었다. 얼마 동안 그와 나는 서로 꽤 팽팽하게 대립했다."

아마 노련한 연기자인 볼테르가 일부러 연기를 하며 자신과의 논쟁을 즐기고 있었다는 사실을 보즈웰은 꿈에도 몰랐을 것이다.

"그의 몸이 미세하게 떨렸다. 볼테르는 '오, 속이 메스껍네요. 머리가 빙빙 돌아요'라고 말했다. 그는 편안한 의자에 털썩 주저앉았다. 그는 기운을 차렸고 나는 대화를 다시 시작했다."

이날을 되돌아보며 보즈웰은 일기장에 "나는 나긋나긋하고 너그러운 태도를 지니고 있다. 함께 있는 사람이 견딜 만한 존재라면, 난 상대방의 논조에 맞춰 이야기하고 행동한다. 그래서 상대가 자신의 또 다른 자아와 함께하는 것처럼 나와 자유롭게 말하고 행동한다. 내가 그 자리를 떠날 때까지 그는 나를 낯선 이방인이라고 생각하지 않는다"라고 만족스러운 듯이 썼다. 어느 정도 그렇게 생각할 수도 있다. 하지만 루소와 볼테르에게는 보즈웰이 생각했던 것만큼 그와의 만남이 인상적이진 않았던 것 같다. 이탈리아에서 보즈웰은 한 제네바인을 만났다. 그는 보즈웰에게 "장 자크 루소는 당신을 비웃었습니다. 볼테르는 매력적이고 열정이 가득한 청년이라면 그가 누구든지 편지를 씁니다. 그리고 그가 누구였는지 잊어버리고 '그 잉글랜드 새끼'라고 부르죠"라고 말했다.

몇 달 뒤 보즈웰은 서신 왕래가 오래 지속되기를 바라며 볼테르에게 편지를 썼다. 하지만 그에겐 빈정대는 회신이 돌아왔다. 게다가 맞춤법도 엉터리였다.

"자넨 영혼이라 불리는 그 어여쁜 것을 염려하는 것 같구먼. 난 아무것도 모른다네. 그것이 존재하는지, 그것이 뭔지 그리고 그것이 무엇이 될지 전혀 몰라. 젊은 학자들과 성직자들은 완벽하게 알지. 나는 단지 무지한 사람일 뿐이야."

거의 1년 뒤에 보즈웰은 우연히 루소와 르바쇠르와 재회했다. 스위스에서 쫓겨나다시피 도망친 루소는 잉글랜드에서 지내라는 데이비드 흄의 제안을 받아들였다. 르바쇠르는 루소가 잉글랜드에서 머무를 곳을 마련한 뒤에 그와 합류할 계획이었다. 파리에서 보즈웰은 르바쇠르가 이곳에 있다는 소식을 듣고 그녀를 만나러 갔다. 르바쇠르가 그에게 함께 이동할 수 있느냐고 물었다. 보즈웰은 그것이 자신이 바라는 것이라고 대답했다. 하지만 그는 그녀의 단순한 길동무가 아니었다. 프랑스 칼레에서 순풍을 기다리던 중 르바쇠르는 보즈웰을 자신의 침대로 초대했다.

오랜 시간 뒤에 수집가 랄프 이샴(Ralph Isham)이 제임스 보즈웰의 일기장을 구매하려고 했다. 그에게 일기장을 팔기 바로 직전에 그 일기장의 소유주는 마리 테레즈 르바쇠르와의 밀애를 포함해 낯 뜨거운 내용이 담긴 부분을 전부 찢어 버렸다. 이샴은 당시 상황에 대해 다음과 같이 회상했다.

"탤벗 부인이 그의 일기장을 보더니, '이런 것을 보관하고 있을 수 없죠!'라고 했고 갑자기 불쾌한 부분을 찢어서 벽난로 안으로 던져 버렸다. 불에 타들어가는 종이를 보는 것은 괴로웠지만, 어쩔 수 없었다."

하지만 이샴은 벽난로에 던져진 종이에 적힌 낯 뜨거운 내용을 얼추 기억하고 있었다. 보즈웰은 자신의 위에 올라타서 내리막을 전속력으로 질주하는 말에 올라탄 사람처럼 흥분한 르바쇠르에 대해 불평했다. 아마도 르바쇠르처럼 적극적으로 성관계에 참여하는 여성을 경험한 적이 없었기 때문일 것이다. 게다가 르바쇠르는 보즈웰에게 그가 성관계에 능숙한 여인은 아니라고 말했고, 성관계를 맺는 동안 손을 적극적으로 사용하라는 조언까지 했다. 그녀의 이런 말은 보즈웰의 감정을 상하게 했다. 이것은 전부 이샴의 전언이다. 하지만 분명히 보즈웰과 르바쇠르는 성관계를 가졌을 것이다. 보즈웰은 도버에서 두 사람의 관계에 대해 일기를 썼다.

"2월 12일 수요일. 어제 아침에는 일찍 잠자리에 들었다. 총 13번 그녀와 사랑을 나눴다. 나는 그녀에게 정말 다정했다."

보즈웰은 그 누구에게도 자신들의 관계를 말하지 않겠다고 르바쇠르에게 약속했다. 하지만 그녀는 모든 사실을 루소에게 털어놨다. 보즈웰은 잉글랜드에서 루소를 만나기를 학수고대했다. 하지만 르바쇠르를 그에게 인도한 뒤엔 보즈웰은 그를 다시는 보지 못했다. 보즈웰은 루소에게 안부를 묻는 편지를 보냈다. 그에게 온 것은 건강이 별로 좋지 않다는 냉랭한 답변과 함께 신랄한 제안이 담긴 편지였다.

"자네의 건강을 꼼꼼히 챙기라는 말을 해주고 싶습니다. 그리고 이따금 피를 뽑아서 질환을 치료하길 바랍니다. 이것이 당신에게 도움이 되리라 생각합니다."

당시에는 정기적으로 피를 뽑는 것이 과도한 성욕을 줄이는 데 도움이 된다고 여겨졌다.

◆ 따뜻한 남쪽

이탈리아는 그랜드 투어를 떠나는 모든 영국 청년들이 선호하는 나라였다. 이탈리아는 높고 험난한 알프스 산길을 올라야만 다다를 수 있는 곳이었다. 당시 여행가들은 산을 추악하고 험난한 장애물이라 생각했다. 자신들의 눈으로 직접 구경할 가치가 있는 것이라고는 생각하지 않았다. 보즈웰은 그르노블의 동쪽에 있는 높이가 거의 7,000피트에 이르는 몽세니 고개를 넘어서 이탈리아로 가기로 했다. 십대였을 때 장 자크 루소는 같은 루트를 걸어서 이탈리아로 갔다. 하지만 보즈웰처럼 부유한 여행가는 두 개의 장대 사이를 노끈으로 엮어 만든 가마에 앉아서 편안하게 고개를 넘었다. 장정 6명이 2명씩 짝을 지어 번갈아가며 그를 날랐다.

보즈웰은 1765년 1월부터 10월까지 거의 10개월 동안 이탈리아에 머물렀다. 그는 토리노, 로마, 나폴리, 베네치아, 밀라노 그리고 시에 나를 여행했다. 로마에서 젊은 스코틀랜드 화가 조지 윌리슨(George Willison)이 그의 초상화를 그렸다(화보 그림 12). 소박함의 주창자인 루소를 만났을 때 입었던 진홍색 레이스가 달린 옷과 테두리에 여우털이 달린 초록색 망토를 입은 보즈웰이 초상화 속에 있다. 보즈웰은 석고상과 올빼미 중에서 초상화의 배경으로 무엇을 선택할지 잠시 고민했던 것 같다. 석고상은 유명인의 흉상이 될 것이다. 하지만 그는 길한 징조이기를 바라며 지혜를 상징하는 아테나의 올빼미를 초상화의 배경으로 선택했다.

보즈웰은 관광에는 전혀 관심이 없었다. 베수비오 산 정상에 올라 그는 "괴물 같은 산. 안개 때문에 아무것도 보이지 않는다"라고만 했다. 그는 미술작품을 감상하는 것에도 큰 감흥이 없었지만 꽤 성실하게 미술작품을 감상했다. 그런데 벨베데레의 아폴로를 보곤 무릎이 아프다고만 썼다. 그가 남긴 메모를 보면 그는 레오나르도 다빈치의 〈최후의 만찬〉도 봤음을 알 수 있다. 그런데 그는 그것에 대해 아무런 말도 하지 않았다. 오직 사람, 특히 여자만이 그의 진정한 관심의 대상이었다.

"라벤나에서 온 의사와 그의 아내와 함께했다. 그녀는 꽤 몸매가 좋았고 그녀의 머리는 아름다운 검은색이었다."

보즈웰은 이탈리아에서 반가운 사람과 우연히 재회했다. 바로 존 윌크스(John Wilkes)였다. 보즈웰은 런던 코벤트 가든 극장의 위에 있는 방에서 모이던 한 사교모임에서 에글린턴(Eglinton) 백작과 저녁식사를 하던 도중 존 윌크스를 처음 만났다. 윌크스는 정치적으로 논란의 중심에 선 인물이었다. 그는 연이어 의원에 당선됐지만《더 노스 브리튼(The North Briton)》에 영국 정부를 신랄하게 비판하는 글을 기고해서 여러 차례 의회에서 추방됐다. 윌크스는 '헬 파이어 클럽'에서 난봉꾼들과 종교를 조롱하는 글을 쓰곤 했다. 그는 순전히 모임만을 위해《여성론(An

Essay on Woman》을 출판했다. 영국 의회는 그가 언어도단인 시를 썼다는 이유로 음란죄 혐의를 씌웠다. 그의 하인 중 한 명이 그 시를 당국에 신고했고 윌크스는 해외로 도망칠 수밖에 없었다.

보즈웰이 그의 시를 봤는지는 알려진 바가 없다. 하지만 만약 윌크스의 시를 봤다면, 그는 시 속에 담긴 철학에 분명 매력을 느꼈을 것이다. 《인간론(*Essay on Man*)》에서 알렉산더 포프(Alexander Pope)는 우주를 "분명한 계획을 지닌 웅장한 미로"라고 불렀다. 윌크스는 이 구절을 《여성론》에서 나름대로 각색했다.

우리에게 허락하소서
(좋은 성교를 몇 번 하고 나면 끝나는 것이 인생이니)
인간이 사랑을 나누는 장면을 자유롭게 상세히 설명할지니
웅장한 음경이 살펴볼 웅장한 미로여

'윌크스와 자유(Wilkes and Liberty)'는 그의 런던 지지자들의 슬로건이었다. 저 멀리 수많은 미국 식민지 주민들도 그를 존경했다. (미국 펜실베이니아의 한 도시의 이름은 존 윌크스와 또 다른 진보적인 정치인의 이름을 따서 지어졌는데, 그 도시가 바로 윌크스-배리다.) 제임스 보즈웰의 정치 성향은 여러 면에서 보수적이었지만, 그는 자유를 낭만적인 단어라고 생각했다. 런던에서 그는 《더 노스 브리튼》을 아주 맛깔스럽게 읽었고, 심지어 주간지의 제목은 스코틀랜드를 연상시켰다(스코틀랜드는 잉글랜드의 북쪽에 있다). 보즈웰은 "이 주간지에는 지독하고 가슴 아픈 신랄함이 있다"고 말했다. 보즈웰은 토리노에 윌크스가 있다는 소식을 들었을 때 자신의 감정을 재미있게 기록했다.

"나는 윌크스 씨가 지금 토리노에 있다고 들었다. 정치가로서 나의

군주의 영혼은 그를 혐오한다. 스코틀랜드 사람으로서 나는 그에게 미소 짓는다. 친구로서 나는 그를 모른다. 동반자로서 나는 그를 사랑한다. 그를 섬기는 것은 온당치 않다고 생각한다. 하지만 난 그가 정말 보고 싶다. 나는 홀로 있고 1시에 테이블 위에는 나쁘지 않은 저녁식사가 차려져 있다."

보즈웰과 윌크스는 곧바로 죽이 맞았다. 몇 년 뒤 그들은 새뮤얼 존슨과 기억에 남을 만한 조우를 하게 된다.

다른 언어들과 마찬가지로 보즈웰은 이탈리아어를 금세 유창하게 구사했다. 항해를 계속 미루는 선원 때문에 몹시 짜증난 그는 이탈리아어로 "이 머저리 거짓말쟁이야! 난 더 이상 이 빌어먹을 곳에 머무르고 싶지 않아! 오늘 밤에 당장 여길 떠나야겠어. 사람을 몽둥이로 두들겨 패서 죽이는 것이 죄가 아니라면, 신께 맹세컨대, 지금 당장 널 패 죽일 거야!"라고 소리쳤다.

네덜란드와 독일에서 보즈웰은 성매매를 하지 않으려고 부단히 애썼다. 하지만 이탈리아에서는 더 이상 자제하지 않았다. 아니나 다를까 그는 이탈리아에서 임질에 다시 걸렸고 다른 성병도 걸렸다.

보즈웰은 언어를 배웠고 유럽문화에 익숙해졌다. 하지만 그는 그랜드 투어의 세 번째 목표를 달성해야 했다. 바로 소중한 인맥을 쌓는 것이었다. 존 윌크스에게 귀국 허가가 떨어진 뒤에 두 사람은 다시 어울리기 시작했다. 하지만 윌크스는 청년이 경력을 쌓는 데 도움이 될 만한 인맥이 아니었다. 그의 평판이 너무 안 좋았기 때문이다. 로마에서 보즈웰은 그가 그토록 바라던 이와 친분을 쌓게 된다. 그보다 4살 어린 마운트스튜어트(Mountstuart) 경은 스코틀랜드 뷰트(Bute) 백작의 장남이었다. 뷰트 백작은 더 이상 총리가 아니었지만, 그의 아들은 거물급 인사로서 적절한 때에 보즈웰의 후원자가 될 수 있는 인물이었다. 보즈웰은 마운트스튜어트 경과 친구가 되었다는 사실을 아버지에게 편지로 알렸다. 아버지는 이 편지를 받고 기뻐했고, 그에게 당초 계획했던 것보다 더 오래 이탈리아에 머물러서 마운트스튜어트 경과의 우정을 더욱 단단하게 다지라고 말했다.

보즈웰과 마운트스튜어트 경은 이탈리아에서 많은 시간을 함께했다. 그리고 장 자크 루소에게 보내는 편지에 보즈웰은 그의 새로운 친구가 "보즈웰, 그대에게 인생을 어떻게 사는 건지 알려 주겠소"라고 말했다고 썼다. 두 사람은 길동무가 되어 함께 여행하기로 했다. 하지만 두 사람은 성격이 잘 맞지 않았고 다툼이 잦았다. 마운트스튜어트 경 앞에서 스스로를 낮추는 것이 싫었던 보즈웰은 고집을 부리거나 거만하게 굴어서 그를 화나게 했다. 결국 그가 그토록 기대했던 후원은 이뤄지지 않았다.

마운트스튜어트 경의 거만한 태도도 분했지만, 보즈웰은 그와 함께 여행하던 개인교사의 멸시도 감당해야 했다. 마운트스튜어트 경의 개인교사는 폴 맬럿(Paul Mallet)이라는 제네바인이었다. "그대가 아는 학문은 아무것도 없군요"라고 맬럿이 보즈웰에게 말했다. 꽤 정확한 판단이었다. "그대는 책을 절대 읽지 않는군요. 그대의 기분을 상하게 하려고 이런 말을 하는 것은 아닙니다. 하지만 공부를 해온 청년들 중에서 그대만큼이나 생각 없는 이는 본 적이 없습니다"라고 덧붙였다. 이세 사람은 함께 여행하는 동안 끊임없이 싸웠다. 한 번은 보즈웰이 맬럿에게 "맬럿 씨, 한번만 더 성가시게 굴면 그대를 짓밟아 버리겠소"라고 선언했다.

◆ 코르시카

마운트스튜어트 경과 헤어진 뒤 보즈웰은 그랜드 투어를 끝내고 코르시카로 향했다. 코르시카는 외부인이 거의 방문하지 않는 지역이었지만, 연일 뉴스에 등장했다. 중세시대부터 그 지역을 지배하던 도시국가 제노바로부터 독립하기 위해 전쟁이 일어났기 때문이다. 파스콸레 파올리(Pasquale Paoli) 장군이 이끄는 코르시카 독립군은 산악으로 둘러싼 내륙을 점령했다. 코르시카 독립군이 승리하여 자유를 얻어낸다면, 이 장군이 코르시카의 첫 대통령이 될 것이었다. 그가 코르시카의 조지 워싱턴이 되는 셈이었다.

《사회 계약론(*Social Contract*)》에서 장 자크 루소는 유럽에서 진정한 공화국이 탄생할 수 있는 유일한 장소가 코르시카라고 했다. 코르시카는 고립되었고 아직 현대화가 진행되지 않은 곳이었다. 루소는 "어느 날 이 작은 섬이 유럽을 크게 놀라게 할 것이란 예감이 든다"고 썼다. 보즈웰은 코르시카에서 기회와 가능성을 봤다. 그는 코르시카 사람들이 스코틀랜드 사람들처럼 바위투성이의 산악지대에서 외세에 맞서 자유를 지키는 용감한 민족이라 생각했다. 이런 생각이 자유에 대한 그의 열정에 불을 지폈다. 만약 파올리 장군과 코르시카 독립군을 알게 된다면, 후에 그들에 대한 책을 써서 명성을 얻을 수 있을 것이라고 판단했다. 영예를 얻고자 그는 많은 꿈을 품었다. 실현되지 않은 다른 수많은 꿈들과 달리, 보즈웰은 코르시카를 통해 큰 명성을 얻게 된다.

파스콸레 파올리는 실로 인상적인 인물이었다. 보즈웰은 그를 보고 플루타르크의 《고결한 그리스인과 로마인의 삶(*Lives of the Noble Greeks and Romans*)》에서 튀어나온 영웅 같다고 생각했다. 이 책에 실린 그림(그림 28)에 조개껍질로 만든 나팔을 불고 있는 여인의 지팡이에 자유의 모자가 걸려 있다. 자유의 모자는 프랑스 혁명 이후 자유의 상징이 된다.

PASCALIS de PAOLI.
Dux Corsorum pro Libertate Pugnantium.
Natus 1725.

L. de Montagna del.   I. E. Nilson fec et excud Aug V.   C. Cer et Priv. S. C. R. M.

28. 파스콸레 파올리

자유의 전사는 무어의 머리가 그려진 코르시카 문양 앞에서 그녀를 응시하고 있다. (코르시카 문양의 기원은 아라곤이 통치하던 시기까지 거슬러 올라간다.) 그리고 파올리 장군이 이들을 내려다보고 있다.

보즈웰은 소만한 코르시카 개들을 보고 놀랐다. 그들은 항상 파올리 장군 곁을 배회했고 암살 시도로부터 그를 지켰다.

"장군은 그들에게 아주 다정했고 개들도 장군을 아주 잘 따랐다. 밤의 어둠을 틈타 장군에게 접근하는 자는 그들에 의해 순식간에 갈기갈기 찢겨질 것이다."

보즈웰은 코르시카 사람들을 보고 고대 스파르타 사람들을 떠올렸다. 루소는 코르시카 사람의 자제력과 국가에 대한 충성심을 우러러 봤다. 유럽의 군주들은 보통 용병을 보냈다. 반면 루소는 자신의 땅과 가족을 지키기 위해 싸우는 시민군을 더 높이 평가했다. 이런 생각들이 영감이 되어 보즈웰은 《코르시카 이야기(Account of Corsica)》를 출판하게 된다.

"코르시카의 호전적인 군대는 대담하고 단호한 민병대로 구성되어 있다. 모든 코르시카 사람은 머스킷총을 들 수 있는 나이가 되면 머스킷총을 사용하는 법을 배웠다. 명사수가 되기 위한 경쟁심은 항상 존재했다. 이런 환경에서 코르시카 사람들은 모두 뛰어난 명사수로 성장했다. 그들은 저 멀리 떨어져 있는 작은 과녁을 단 한 발의 총알로 정확하게 명중시킨다."

코르시카 사람들의 삶은 고전 황금기를 보여주는 듯했다. 보즈웰과 가파른 산을 넘으면서 독립군들은 울창한 밤나무 숲에 돌을 던져 '최고의 와인과 맛있는 석류'를 얻어냈다.

"밤나무 숲에 돌을 던지자 하늘에서 밤들이 비처럼 쏟아져 내렸다. 우리는 땅에 떨어진 밤으로 주머니를 가득 채웠다. 그러고 나서 밤을 아주 맛있게 먹었다. 밤을 먹다가 목이 마르면 옆에 있는 개울에 입을 대고 실컷 물을 마셨다. 숲을 뛰어다니며 도토리를 주워 먹고 개울에서 물을 마시던 옛 원시 부족이 된 것 같았다."

이것은 호라티우스(Horace)의 작품에 등장하는 한 장면이다. 보즈웰은 고전을 인용하는 것을 좋아했고 호라티우스의 시 40편을 외우고 있었다.

◆죽음과 재회

제임스 보즈웰은 코르시카에 6주 동안 머물렀다. 거기서 200마일에 이르는 산악지대를 걸어서 이동했다. 보즈웰은 배를 타고 제노바로 넘어갔고 그곳에서 집으로 돌아갈 준비를 했다. 짐을 배에 실어 보낸 뒤, 그는 걷거나 말을 타고 유유자적 서쪽으로 향했다. 집으로 돌아가는 도중에 리비에라를 들렀다. 당시 리비에라는 지금처럼 매력적인 휴양지가 아니었다.

"나는 앙티브가 아주 작고 빈티가 나서 놀랐다."

보즈웰은 걷거나 말을 타고 마르세유, 엑상 그리고 아비뇽으로 갔고 역마차로 리용으로 갔다. 그리고 마침내 파리에 도착했다. 그가 하리치에서 네덜란드로 떠난 지 거의 2년 6개월 만이었다. 그는 얼마간 파리에 머물 생각이었다. 하지만 곧장 스코틀랜드로 돌아가야 하는 뜻밖의 소식을 접하게 된다. 당시 존 월크스는 파리에 있었다. 그래서 보즈웰은 그를 만나러 갔다. 그는 월크스의 집에서 《세인트 제임스 크로니클(St. James's Chronicle)》에 실린 어머니의 부고 기사를 보고 큰 충격을 받았다. 그는 어머니가 몸이 조금 아픈 것은 알고 있었다. 하지만 그토록 위중한 줄은 모르고 있었다. 보즈웰의 어머니가 어떤 병에 걸려 사망했는지는 알 수 없다.

다음날 어머니의 사망을 알리는 아버지의 편지가 도착했다.

"병환 중에 너의 어머니의 모습을 통해 진정한 종교의 힘을 절실히 느낄 수 있었다. (중략) 너의 어머니는 고통 없이 잠들듯 우리 곁을 떠났다. (중략) 굳이 말할 필요는 없겠지만, 하루 속히 집으로 돌아와주길 바란다. 너의 동생(데이비드)이 너를 아주 그리워한단다. 나 역시 그렇단다, 사랑하는 아들아. 너를 사랑하는 아버지, 오킨렉 경."

보즈웰은 이날의 슬픔을 일기에 기록했다.

"정신이 완전히 나가 버렸다. 미친 듯이 울었다. 독실한 가톨릭신자처럼 성인에게 어머니의 평안을 기원했다."

그랜드 투어의 초반에 그는 이미 뭔가 예감하고 있었다.

"사랑하는 어머니가 보내준 편지는 나에게 큰 위안이 됐다. 하지만 내가 잉글랜드를 떠난 이후 어머니의 소식을 좀처럼 들을 수가 없었다. 나는 어머니가 돌아가셨거나 아프시거나 나에게 화가 나서 연락이 없는 것이라 생각했다."

2월 12일 제임스 보즈웰과 마리 테레즈 르바쇠르는 도버에 도착했다. 다음날 르바쇠르는 장 자크 루소와 재회했다. 보즈웰은 루소를 보고 실망했고, 그 실망감을 2인칭 시점으로 기록했다.

"그는 매우 늙고 병약해 보였다. (그의 나이는 겨우 54살이었다.) 그런 그를 보고 너는 예전에 그에게 가졌던 열의와 존경심을 더 이상 느끼지 못했다."

어쨌든 보즈웰이 가장 보고 싶었던 스승은 새뮤얼 존슨이었다. 그래서 그는 즉시 존슨을 보러 갔다.

"너를 보자마자 존슨은 두 팔 벌려 너를 맞이했다. 너는 무릎을 꿇고 은총을 빌었다. 윌리엄스 양도 네가 돌아온 것을 보고 기뻐했다. 그녀가 나갔을 때, 존슨은 너를 힘껏 끌어안고 툴툴거렸다. '이게 도대체 몇 년 만인가!'"

보즈웰은 어머니의 죽음을 애도했다. 하지만 어머니의 수동적이고 공격적인 연민으로부터 벗어난 것에 안도했다. 그리고 그에게는 이미 자신이 그토록 원하던 아버지 같은 존재가 있었다. 아주 도덕적이고 이성적인 비판이 가능하지만 무턱대고 비판하지 않고 무한한 사랑을 주는 존재가 그에게 있었다. 그가 바로 새뮤얼 존슨이었다. 두 사람은 오랫동안 우정을 나누고 존슨은 보즈웰에게 정신적으로 큰 힘이 된다. 그리고 보즈웰은 존슨에 대한 불멸의 전기를 써서 그에게 진 빚을 갚는다.

CHAPTER 7

더 클럽의 탄생

1763년 새뮤얼 존슨이 제임스 보즈웰과 함께한 기간은 3개월 남짓이었다. 이 기간 동안 보즈웰과 나눈 애정 어린 우정은 그에게 삶의 활력소였다. 하지만 그해 가을 보즈웰이 네덜란드로 떠난 뒤에 존슨은 끔찍한 우울감에 빠졌다. 7년 전에 계약했던 셰익스피어에 관한 원고를 완성하지 못한 것도 원인이었지만, 어린 시절부터 그를 괴롭혀온 치밀어 오르는 강박이 가장 큰 문제였다.

새뮤얼 존슨의 옥스퍼드 동문이었던 윌리엄 애덤스(William Adams)는 개탄스러운 상태의 그를 보고 경악을 금치 못했다. 존슨은 한숨을 쉬고 끙끙거리고 혼잣말을 하고 쉼 없이 이 방에서 저 방으로 서성거렸다. 그러곤 자신이 느끼는 고통에 대해 이야기했다.

"기운을 되찾을 수만 있다면 팔다리를 잘라버려도 좋다네."

고뇌에 차서 고백하는 존슨을 보고 헨리 스레일(Henry Thrale)은 큰 충격을 받았다. 후에 그의 아내인 헤스터(Hester)는 "내 남편은 자기도 모르게 손을 들어 존슨의 입을 막았다. 존슨은 그 누구도 믿지 못할 말을 마구 쏟아내려고 했다. 만약 그 고백이 사실이라면 입 밖에 내서는 안 될 것들이었다"라고 썼다. 헤스터는 존슨이 무슨 말을 하려고 했는지는 기록하지 않았다. 아무래도 성적 욕망과 관련된 것이었을 것이다. 존슨은 성적 욕망을 억누르지 않는 것은 죄악이라 믿었다.

그의 가장 깊은 두려움은 지옥에 떨어지는 것이었다. 매년 부활절이 되면 존슨은 습관적으로 자신의 내면을 점검했다. 1764년 4월 그는 성적 욕망에 대한 두려움을 이렇게 썼다.

"나는 성적 욕망으로 가득하다. (중략) 이상한 망각이 나를 뒤덮었다. 그래서 작년에 어떤 일이 있었는지 기억나지 않는다. 작년에 일어났던 일들에 대한 기억과 지혜가 아무 흔적 없이 사라져버린 것이리라. 이런 삶을 사는 인간은 천국에 갈 수 없다."

자신의 위대한 재능을 낭비한 것에 대한 천벌을 두려워하며 그는 재능에 관한 우화를 곱씹었다.

"이로울 것 없는 하인을 바깥 어둠에 내어 던져라. 거기서 울며 이를 갈음이 있으리라."

존슨의 신앙심은 항상 두려움에 기반을 두고 있었다. 그는 《더 램블러》에서 독자들에게 충분히 두려워하지 않는 것에 대해서 경고하기까지 했다.

"곧 끊어질 목숨에 매달려 영원히 계속되는 형벌의 심연 위에 매달려 있는 자가 공포로 몸을 떨지 않거나 안전하길 간절히 바라지 않고 곧 끊어질 목숨에서 눈을 돌려 주변을 본다면, 그가 충분히 자신의 죄를 깨닫지 못했다는 증거다. 이 사실 외에 그의 행동에 대해 어떤 판결을 내릴 수 있을까?"

《더 스펙테이터》의 스펙테이터 씨라면 절대 이런 글을 쓰지 않았을 것이다.

극심한 우울감에 빠진 존슨이 걱정된 스레일 부부는 그를 자신들의 저택에서 지내도록 했다. 조슈아 레이놀즈가 한 일도 존슨에게 아주 도움이 됐다. 1764년까지 두 사람은 친하게 지냈다. 그래서 레이놀즈는 여러 사람들과 어울리는 것이 자신의 친구를 고통스러운 우울감으로부터 구할 방법임을 잘 알고 있었다. 존슨은 《더 램블러》의 첫 번째 기고글에 "인간이 누군가와 함께하는 것을 참을 수 없을 때, 그에게 무엇인가 잘못된 것이다. 그 잘못된 무언가는 도저히 숨기려야 숨길 수 없다"라고 썼다. 독자들은 알 수 없었지만, 여기서 존슨은 스스로에 대해서 말하고 있었다.

1764년 초반에 레이놀즈는 존슨에게 유쾌하고 매력적인 친구들을 모아서 클럽을 만들고 일주일에 한 번씩 만나 즐거운 시간을 보내자고 제안했다. 두 사람은 클럽 회원으론 9명이 적당하다고 생각했다. 전원이 모임에 참석하지 못하더라도 다양한 주제에 대하여 활발히 대화를 나누기에 적당한 수라고 두 사람은 생각했다. 훗날 더 클럽의 어느 회원은 "아주 쾌활한 사람들을 회원으로 뽑는 것이었고, 9명 중에서 오직 2명만 모임에 나오더라도 그 두 사람이 서로에게 좋은 말동무가 되어주는 것이 더 클럽의 취지였다"고 말했다. 존슨과 레이놀즈는 라틴어 '에스토 페르페투아'를 모토로 삼았다. 이 말은 '영원하라'는 뜻으로, 그 모임이 영원히 이어지기를 바라는 마음의 표현이었다.

더 클럽의 규모가 커지면서 신입회원은 기존회원이 만장일치로 뽑는다는 규칙이 만들어졌다. 단 한 명이라도 반대를 하면, 대상자는 더 클럽에 들어올 수 없었다. 1766년 잉글랜드로 돌아온 보즈웰은 더 클럽에 들어가기를 간절히 바랐다. 하지만 1773년이 되어서야 그는 더 클럽의 회원이 될 수 있었다. 더 클럽의 회원들은 보즈웰을 무척 좋아했지만 그의 장점이라고는 존슨에 대한 헌신밖에 없는 가벼운 사람이라고 생각했던 것이다.

이후 런던에 생겨난 클럽들과 달리, 더 클럽은 건물을 소유하지 않았다. 더 클럽이 창설되고 거의 20년 동안, 회원들은 정기적으로 스트랜드에서 조금 떨어진 제라드 스트리트 9번지에 위치한 터크즈 헤드 태번에서 만났다(화보 그림 13). 웨스트민스터 시의회는 "터크즈 헤드 태번이 있던 자리. 1764년 새뮤얼 존슨 박사와 조슈아 레이놀즈가 여기서 더 클럽을 창설했다"라는 내용의 명판을 건물에 달았다. 후에 한 자선 단체가 가난한 사람들에게 약을 무료로 나눠주기 위해서 터크즈 헤드 태번이 있던 건물을 구입해 진료소로 사용했다. 그리고 현재 이 건물에는 뉴 룬 문 슈퍼마켓이 입점해 있다.

혹자는 더 클럽이 런던에 생긴 첫 번째 클럽이라고 주장한다. 하지만 18세기 초반부터 런던에는 온갖 종류의 클럽이 존재했고, 다른 도시에도 사람들이 각종 클럽을 만들어 활동했다. '클럽'은 커피하우스나 선술집에서 모임을 가진 뒤에 비용을 모임에 나온 사람들이 나눠서 내는 문화에서 유래됐다('club together'는 '갹출하다'란 뜻의 영어 표현이다). 《영어사전》에서 새뮤얼 존슨은 '클럽(club)'을 '특정 조건에서 만나는 좋은 친구들의 모임'이라고 정의했다.

새뮤얼 존슨과 조슈아 레이놀즈를 제외하고 더 클럽의 회원들은 대중적으로 유명한 사람들이 아니었다. 존슨과 레이놀즈는 평판에 상관없이 자신들이 좋아하는 사람들과 함께 더 클럽을 만들었다. 에드먼드 버크(Edmund Burke)는 하원 의원의 개인 비서로 일하고 있었다. 2년 뒤에 그는 의회에 입성했다. 크리스토퍼 뉴전트(Christopher Nugent) 박사는 에드먼드 버크의 장인이었다. 앤서니 채미어(Anthony Chamier)는 증권 중개인이었다. 하지만 그에 대해 알려진 바는 거의 없다. 올리버 골드스미스(Oliver Goldsmith)는 더 클럽 회원 중에서 유일하게 전문적으로 글을 쓰는 작가였다. 그는 새뮤얼 존슨처럼 익명으로 정기간행물을 출판했고, 더 클럽이 설립될 무렵에 막 명성을 얻기 시작했다. 어렸을 때 의

29. 존 호킨스 경

학을 공부했던 그는 '골드스미스 박사'라고 불리는 것을 좋아했다. 하지만 그는 의학 학위가 없고 실제로 병원을 개원하지도 않았다. 새뮤얼 존슨은 항상 그를 '골디'라고 불렀다. 정작 골드스미스는 이 별명을 싫어했다. "나는 존슨에게 골디라고 부르지 말라고 이야기했었지"라고 골드스미스가 보즈웰에게 말했다.

마지막 3명은 존슨이 특히 더 클럽에 들어오기를 바랐던 친구들이었다. 그들은 바로 토펌 보우클레어(Topham Beauclerk)와 베넷 랭턴(Bennet Langton)이라는 두 청년과 치안판사이자 음악학자였던 존 호킨스(John Hawkins)였다(그림 29).

존 호킨스는 고루하고 유머감각이 없는 사람이었다. 몇 년 뒤에 호킨스는 버크와 말다툼을 했고, 그 뒤로 더 클럽의 모임에 나가지 않았다. 그는 그 누구도 자신을 원치 않는다고 느끼고 더 클럽을 탈퇴해 버렸다. (존 호킨스는 늦은 시간까지 오랫동안 이야기를 나누는 것이 싫었다고 했다.)

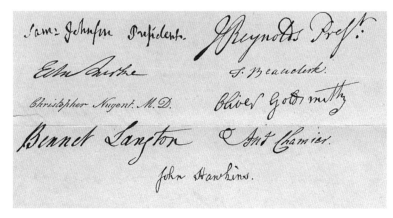

30. 더 클럽의 서명 복제판

얼마간 세월이 흐른 뒤에 프랜시스 버니는 "호킨스는 아주 정직한 사람이지. 그래서 난 그를 신뢰한다네. 하지만 분명 그는 쩨쩨하고 비열하지. 그리고 좀 잔인하고 야만적인 구석도 있어. 이 점에 대해선 호킨스를 두둔할 수가 없구먼"이라고 존슨이 말하는 것을 들었다.

더 클럽의 초대회원들의 면면을 보면, 9명 모두 뚜렷한 개성을 지닌 인물들이었음을 알 수 있다(그림 30). 회원들은 돌아가면서 회장을 맡았고, 회장으로 뽑힌 회원은 그날 모임을 주도했다.

◆ 선술집의 음식과 술

더 클럽의 회원들은 터크즈 헤드 태번의 2층에서 푸짐한 저녁식사를 주문했다. 그들이 어떤 음식을 주문했는지는 기록이 없어 알 수 없다. 하지만 다른 자료를 통해 당시 선술집에선 어떤 음식들을 팔았는지 알 수 있다. 몇 년 뒤에 터크즈 헤드 태번 근처 스트랜드에 위치한 크라운 태번과 앵커 태번의 요리사 2명이 《보편적인 요리사 그리고 도시와 시골의 가정부(*The Universal Cook and City and Country Housekeeper*)》라는 책을 냈다. 이 책에는 그들이 손님에게 내놓는 음식의 조리법이 자세히 적혀 있었다. 물론 모든 음식의 조리법이 실려 있지는 않았다. 메뉴는 계절에 따라 정리되어 있었다(채소는 겨울에는 사용할 수 없는 재료였다).

육류 파트에는 소고기, 양고기, 송아지고기, 돼지고기, 양고기 그리고 토끼고기를 조리하는 방법이 실려 있었다. 가금류 파트는 더욱 다양한 요리가 등장했다. 거위, 오리, 홍머리 오리, 닭, 칠면조, 비둘기, 누른 도요새, 도요새, 종달새, 물떼새, 지고새 그리고 꿩을 요리하는 방법이 실려 있었다. 어류도 빠지지 않았다. 어류 파트에는 가자미, 빙어, 모샘치, 장어, 철갑상어, 서대기 그리고 잉어의 조리법이 나왔다. 새조개, 홍합과 굴의 조리법도 알 수 있었다.

당시 부자들은 전담 요리사를 두고 있었고, 평민들에게 선술집의 푸짐한 식사는 그야말로 융숭한 대접이었다.

물론 식사와 함께 와인이 나왔다. 식사 후에도 와인이 계속 제공됐다. 당시 사람들은 와인보다 독한 술은 잘 마시지 않았다. 오직 아주 가난한 사람들만 독주인 진을 마셨다. 보즈웰은 스코틀랜드 사람이었지만 위스키를 좋아하지 않았다. 사람들은 주로 값싼 포트와인을 즐겨 마셨다. 당시 포트와인은 오늘날 알코올을 첨가한 강화 와인만큼 독하지 않았다. 프랑스 와인에는 포르투갈 와인보다 더 높은 관세가 붙었다. 보즈웰은 세인트 폴 처치야드의 퀸즈 암즈 태번의 주인에게 오래된 포트와인 800다스가 있다고 말했다. 이는 무려 9,600병으로 당분간 와인을 더 들여오지 않아도 될 정도로 충분한 물량이었을 것으로 추정된다.

선술집에선 다른 종류의 주류들도 팔았다. 브랜디에 레몬, 오렌지와 설탕을 첨가한 펀치, 뜨거운 포트와인에 설탕, 육두구와 구운 오렌지를 넣어 만든 비숍와인 그리고 뜨거운 우유에 와인을 넣고 계란 노른자와 계피나 육두구를 첨가한 우유술이 있었다. 당시 사람들은 달콤한 주류를 좋아했다. 보즈웰은 "모든 남자들이 백포도주에 설탕을 넣어 마셨다"고 말했다.

술은 자제할 순 있지만, 적당히 마실 수는 없다며 새뮤얼 존슨은 절주했다. 그렇다고 자신의 친구들이 술을 마시는 것에 대하여 반대하지는 않았다. 그가 금주하던 시기에 친구들이 보르도산 적포도주인 클라레의 맛을 평가해 달라고 청했다. 이미 빛바랜 예전 기억을 떠올려 맛을 평하는 것이 아니라, 지금 당장 한 모금 마시고 그 맛을 평가하라는 것이었다. 클라레를 한 잔 마신 뒤에 존슨은 고개를 저으며 "형편없군! 이보게들, 클라레는 소년들이나 마시는 술이라네. 포트와인이 남자들이 마시는 술이지. 하지만 영웅이 되기를 바라는 자라면 (웃으며) 브랜디를 마셔야지"라고 말했다. 누군가 그에게 지금 이 순간 사람이 행복해지는 것이 가능하냐고 물었다. 이 질문에 그는 "결코 불가능하지. 그가 술에 취해 있다면 모를까"라고 대답했다.

이렇게 주로 달달한 술을 마시던 문화는 다음 세기까지 지속됐다. 토마스 러브 피콕(Thomas Love Peacock)의 소설 《멜린코트(Melincourt)》에 등장하는 한 유쾌한 성직자는 말한다.

"두 가지 이유에서 사람들은 술을 마신다. 하나는 목이 말라서 그 갈증을 해소하기 위해 마시고, 다른 하나는 목이 마르기 전에 갈증을 예방하기 위해 술을 마신다. 나는 목이 마르기 전에 미리 술을 마신다. 예방이 치료보다 더 좋다. 죽음이 무엇인가? 먼지와 재다. 이보다 더 건조한 것은 없다. 삶은 무엇인가? 영혼(spirit)이다. 영혼이 무엇인가? 바로 와인이다." (영어 단어 'spirit'은 '영혼'과 '증류주'란 의미로 사용된다.)

흥미롭게도 더 클럽에선 에일이나 맥주를 마시지 않았다. 당시 에일이나 맥주가 대량으로 소비됐지만, 주로 하층민들이나 마시는 술로 여겨졌다. 18세기 초 인쇄업자로 런던에서 일하면서 벤자민 프랭클린 (Benjamin Franklin)은 맥주를 벌컥벌컥 들이켜는 동료들을 자주 목격했다. 런던에는 대략 7,000개의 맥주집이 있었다. 맥주집 소년이 맥주를 날랐다. 프랭클린의 회사 동료는 아침식사 전에 맥주 1파인트를 마셨고, 아침에 빵과 치즈를 먹으면서 맥주 1파인트를 더 마셨다. 그리고 아침식사와 저녁식사 사이에 맥주 1파인트를 마셨고, 저녁식사를 하면서 맥주 1파인트를 또 마셨다. 오후 6시쯤에 맥주 1파인트를 마시고, 하루 일과를 끝내고 맥주 1파인트를 또 마셨다. 그의 동료는 매일 이렇게 맥주를 마셨다. 근면 성실한 프랭클린은 '배부르도록 먹지 말고 취하도록 마시지 말자'라는 신조를 가지고 있었다. 그래서 그는 이렇게 종일 맥주를 마시는 동료가 못마땅했다.

소고기 구이와 함께 맥주는 영국문화를 상징하는 중요한 음료였다. 윌리엄 호가스(William Hogarth)의 유명한 '진 골목'에는 무력한 주정뱅이들과 자신의 아기를 못에 꽂아 들고 있는 미친 남자를 보고 비명을 지르는 여인이 등장한다. 이 그림과 짝을 이루는 그림이 바로 그가 그린 '맥주 거리'다(그림 31). 그림 아래에 낙관적인 내용의 시가 적혀 있다.

우리 섬의 행복한 산물인 맥주는
근육을 발달시켜 힘을 키워준다.
그리고 피로와 고역으로 녹초가 되면
남자다운 마음에 힘을 북돋아준다.

그림에선 '남자다운' 생선장수가 커다란 머그잔을 손에 쥐고 있다. 이 생선장수는 여자다. 그녀가 머리에 이고 있는 바구니에는 청어가 담겨 있다. 그녀는 아무래도 정어리를 파는 것 같다. 머리에 바구니를 인 채

31. 맥주 거리

로 그녀는 '정어리 어장에 대한 새로운 발라드'를 읽고 있다.

튼튼하고 잘 먹어서 살찐 노동자들이 저녁에 휴식을 취하고 있다. 저 멀리 지붕 위에서 지붕 수리공들이 축배를 들고 있다. 의자식 가마에 앉아 있는 여인은 가마꾼이 뒤에 있는 맥주집에서 가져온 맥주 한 잔을 마실 동안 가마에 앉아 기다린다. 맥주 거리에서 유일하게 장사가 안 되는 집은 전당포다. (진 골목에서 전당포가 제일 장사가 잘 된다.) 그림 속에서 전당포 주인이 기꺼이 맥주잔을 건네받는다. 하지만 가게 밖으로 나갔다가 빚쟁이들에게 붙잡힐 수 있기 때문에, 그는 전당포 문에 난 작은 창문으로 손만 쑥 내민다. 맥주 거리에서 전당포 주인은 너무나 가난하고, 그의 서비스가 필요 없는 이웃들은 번창한다.

◆ 대화

무엇보다 더 클럽은 대화를 위해 존재했다. 시시콜콜한 잡담이 아닌, 온갖 종류의 주제에 대하여 진지하게 서로의 의견을 나누기 위해서 더 클럽이 생겨났다. 존 호킨스는 새뮤얼 존슨과 함께 아이비 레인 클럽을 설립했다. 그때는 존슨이 "선술집의 의자는 인간에게 더할 나위 없는 행복을 주는 왕좌"라고 했을 무렵이었다. 존슨은 선술집 종업원들은 언제나 손님의 말에 귀를 기울이고, 선술집에는 아첨을 떨며 비위를 맞춰야 하는 집주인이 없다고 말했다.

"선술집에서 마시는 와인은 영혼을 아주 기쁘게 만든다. 그 와인을 마시며 나는 내가 가장 사랑하는 이들과 자유롭게 대화하고 생각을 주고받는다. 나는 독단적인 주장을 하고 누군가 나의 주장에 반박한다. 이런 의견과 감정의 충돌 속에서 나는 기쁨을 발견한다."

존슨은 카리스마 있게 대화를 주도했다. 이런 모습을 두고 보즈웰은

"승리를 쟁취하기 위해서 말하는 사람 같다"고 표현했다. 올리버 골드스미스는 "존슨과 논쟁이란 있을 수 없다. 그의 총포가 불발이 되면, 그는 권총 손잡이로 너를 때려 눕힌다"라고 말했다. 보즈웰은 이 재치 있는 농담이 너무나 마음에 들었던지 《존슨전》에서 두 번이나 인용했다.

조슈아 레이놀즈는 보즈웰에게 존슨은 논쟁에 뛰어들 때 결코 주저하는 법이 없다고 말했다. 이에 보즈웰은 "그렇습니다. 존슨은 준비를 하거나 검을 휘두르지도 않습니다. 그는 그냥 상대방에게 순식간에 달려들죠"라고 답했다. 존슨은 대화를 할 때 재미삼아 상대방에게 달려들 듯한 자세를 취했다. 보즈웰은 데이비드 개릭에게 "그렇게 존슨은 논쟁을 시작하죠. 카드 게임에서 착한 편과 나쁜 편이 있습니까?"라고 말했다. 개릭은 "지금 존슨은 어느 편을 들지 생각하고 있지요"라고 대답했다.

동등한 조건을 갖춘 자들이 공정한 싸움을 벌일 때, 굳이 상대를 괴롭히는 말이나 행동을 할 필요가 없다. 레슬리 스티븐은 경쟁적인 대화를 즐기는 문화에서 상대를 깔아뭉개는 존슨의 말은 그의 말이 진짜 모욕적인 경우에만 불쾌하게 받아들여졌다고 말했다. 스티븐은 축구 경기에서 상대 선수의 정강이를 발로 차는 것이 반칙이 아니듯이 그의 날카로운 응수도 게임에서는 반칙이 아니었다고 말했다.

존슨은 특히 에드먼드 버크와 지혜를 겨루는 것을 즐거워했다. 버크는 논거를 제시하고 설득력 있게 주장을 펼치는 재능 있는 논객이었다. "그의 정신의 흐름은 끊임없이 이어진다"고 존슨이 버크를 두고 말했다. 버크는 보즈웰이 받아 적을 수 없을 정도로 많은 말과 생각을 쉴 새 없이 쏟아냈다. 존슨은 그런 버크를 두고 기억에 남을 만한 말을 했다.

"자넨 비가 내리는 날 헛간에서 단 5분도 그와 함께 있을 수 없을 거야. 하지만 한 번도 본 적 없는 아주 위대한 사람과 함께 있다는 확신이 들 걸세."

새뮤얼 존슨이 아플 때 누군가 에드먼드 버크를 언급했다. 그러나 그는 "그 사람은 나의 모든 기력을 소진시킬 거야. 내가 지금 그를 본다면, 모든 기력을 소진해서 난 죽을지도 모르네"라고 외쳤다. 보즈웰은 "존슨은 대화를 경쟁이라고 생각했고 버크를 쓰러뜨려야 할 경쟁자로 여겼다"고 말했다. 버크는 "우리와 논쟁을 벌이는 그는 우리를 대담하게 만들어 우리의 대화의 기술을 날카롭게 벼렸다. 우리가 논쟁을 벌였던 그는 오히려 우리를 도와주는 이였다"라고 존슨에 대해 평했다.

존슨은 기지 넘치는 발언으로 주장을 매듭짓는 것을 좋아했다. 보즈웰은 자신의 재치 있는 발언이 효력을 발휘하는 순간 의기양양하게 주변 사람들의 반응을 살피는 존슨에 대해 말한 적이 있다. 이것도 그에겐 역시 경쟁이었다. 존슨은 베넷 랭턴에게 꿈속에서 누군가가 자신보다 더 재치 있는 발언을 해서 속상했다고 말했다. 꿈에서 깼을 때, 존슨은 재치 있는 발언을 한 그 누군가도 자신이었음을 깨달았다.

그렇다고 존슨이 자신의 의도대로 항상 재치 있는 발언만 했던 것은 아니었다. 하지만 보즈웰은 존슨은 늘 재치 있는 발언만 했다고 생각했다. 한 번은 보즈웰이 스코틀랜드 작가들의 뛰어난 필력을 옹호하며 "하지만, 선생님, 우리에겐 케임스(Kames) 경이 있습니다"라고 항변했다. 케임스 경은 위대한 법학자이자 보즈웰의 좋은 친구였지만 작가로서는 그렇게 유명한 인물이 아니었다. 이에 존슨은 "그렇지, 스코틀랜드엔 케임스 경이 있지. 계속 그를 위대한 작가라고 생각하게나. 하, 하, 하!"라고 굵은 목소리로 말했다.

더 클럽의 회원이 된 이후에 보즈웰은 《존슨전》에서 그 모임에서 들었던 대화의 일부를 여러 차례 인용했다. 더 클럽의 회원들은 자신들이 나눈 대화를 공개해서는 안 된다고 그에게 단호하게 말했다. 그래서 그는 독자들이 눈치 채지 못하게 《존슨전》에서 회원들의 정체를 교

32. 찰스 애덤스가 그린 새뮤얼 존슨

묘하게 숨겼다. 그는 기억에 남는 인상적인 대화를 일기장에 기록했고, 더 클럽에서 일어난 모든 일을 재구성해냈다. 그가 재구성해낸 이야기가 《존슨전》에서 무려 6쪽에 이른다. 별로 특별할 것 없는 대화가 오고갔던 밤이었다. 하지만 수준 높은 지적인 대화였고, 무엇보다도 그들은 편안한 분위기에서 생각에 잠겨 자신들의 의견을 자유롭게 주고받았다.

이 대화는 1778년 4월 3일에 있었다. 보즈웰이 더 클럽의 회원이 된지 5년 뒤의 일이다. 보즈웰은 《존슨전》에서 화자를 알파벳으로 처리했다. 가령 'P'는 화가였던 조슈아 레이놀즈이고 'E'는 에드먼드 버크이다. 하지만 보즈웰의 일기 원본에는 화자가 정확하게 기재되어 있다. 그래서 우리는 누가 그 말을 했는지 정확하게 알 수 있다.

첫 번째 화자는 오서리(Ossory) 경이다. 그는 누군가가 1,000기니를 주고 구입한 고대 로마의 개 조각상에 대해 이야기했다. 그리고 그 조각상의 모델이 된 개는 알키비아데스가 키우던 개였다고 덧붙였다. 알키비아데스는 아테네의 정치가이자 소크라테스의 제자였다. 존슨이 대화에 끼어들었다. "개 꼬리는 바짝 잘려 있었을 겁니다. 알키비아데스가 기르던 개의 특징이죠"라고 말했다. 그의 발언은 권위적이었고 문학적이었다. 이 내용은 플루타르크의 《고결한 그리스인과 로마인의 삶》에 나온다. 존슨은 한 번 읽은 내용을 거의 완벽하게 기억하는 비상한 기억력을 소유하고 있었다.

한편 에드먼드 버크는 가격에 놀란다.

"1,000기니! 그만한 값어치가 있는 동물상은 없습니다."

존슨은 그의 말에 동의하지 않고 철학적인 답변을 내놓는다.

이보게, 그것은 그 조각상의 값이 아니라네. 그 조각상을 만든 기술이 높게 평가받은 거지. 인간의 힘을 극대화하고 누군가 불가능한 일을 해냈음을 보여주는 것들은 모두 가치가 있지. 가령, 코 위에 지푸라기를 올려 균형을 맞춘 최초의 사람이나 한 번에 말 3마리에 올라탄 존슨(유명한 기수)처럼 무언가를 최초로 해낸 사람들은 박수갈채를 받을 자격이 있어. 그들이 한 일의 효용성 때문이 아니라 그들이 보여준 실력 때문이지.

그 자리에 조슈아 레이놀즈도 있었지만, 그는 아무 말도 하지 않았다. 그는 승마 기술과 지푸라기 균형 잡기와 비교하며 순수 미술을 옹호하고 싶지 않았다. 그는 아마도 존슨이 상대를 도발하기 위해서 그런 발언을 하는 것이라 생각했던 것 같다.

이제 대화의 주제는 '식민지로의 이주'라는 정치색이 짙은 이슈로 넘어갔다. 회원들은 본국의 인구가 위험할 정도로 감소하고 있느냐에 대해 의견을 나눴다. 버크는 사실상 이민은 본국의 인구를 증가시킨다고 주장했다. "아주 역설적인 발언이네요"라고 기번이 말했다. 아마도 버크는 상대방을 도발해서 논쟁을 일으키고 싶었던 것 같다. 버크와 존슨은 이렇게 논쟁을 부추기는 것을 즐겼다.

이 당시 에드먼드 버크는 10여 년 동안 의회 의원으로 활동하고 있었고 뛰어난 연설가로 존경받았다. 하지만 리처드 셰리든은 버크의 연설이 좀처럼 법안으로 이어지지 않는다고 불평했다. 이에 버크는 "잉글랜드에서 저는 소수의 의견을 대변합니다. 그리고 저 역시 항상 소수집단이었죠"라고 말했다. 버크의 거의 모든 전기에 이 발언이 등장한다.

이어서 그들은 당대 여행작가들에 대하여 이야기했다. 당시 여행작가들은 여행지에서 만난 사람들을 얕잡아봤다.

버크: 저는 많은 곳을 여행했습니다. 그런 경험을 통해 사람들을 보다 긍정적으로 바라보는 법을 배웠습니다.

존슨: 내가 생각했던 것보다 최근 여행작가들은 상거래에 서툴고 사람을 속일 생각만 하더군. 하지만 내가 상상했던 것보다 서로에게 도움이 되더라고.

기번: 덜 정당하고 더 많은 도움을 주죠.

존슨: 그건 훌륭한 일이지. 자기 자신을 돌보고 눈앞의 악을 물리치기 위해서 얼마나 많은 주의와 관심을 기울여야 하나. 그러니 그들은 타인에게 큰 도움이 되고 있는 걸세.

조슈아 레이놀즈는 자신의 하인을 도둑으로 몰았던 남자의 이야기를 했다. 그 남자는 하인이 돈을 가져가는지 보기 위해서 일부러 탁자 위에 돈을 놔뒀다. 이 사실을 안 판사는 그 남자를 투옥시켰다. 이 이야기를 듣고 존슨은 그다운 관대한 발언을 했다.

"인간적으로 말하면, 어느 정도의 유혹은 모든 선을 마비시키지. 그대가 모든 선을 마비시킬 정도로 누군가를 유혹한다면, 유혹당하는 사람은 다쳐. 그가 유혹에 넘어가면, 그대도 그와 함께 죄를 짓는 거라네."

대화 내내 잠자코 있던 보즈웰은 욕구를 억누르지 못하고 자신만의 비유를 들어 대화에 끼어들었다.

"그렇습니다. 그대는 그를 유혹하는 자이고 그런 그대가 그를 타락시켰도다!"

이날은 그 누구도 자신의 지식을 뽐내려고 하지 않았다. 가끔 존슨은 경쟁하듯 대화에 참여했지만, 그는 다른 사람들과 자연스럽게 섞여 편안하게 대화를 이어갔다. 분명 보즈웰은 압축해서 이날의 대화를 기록했을 것이다. 하지만 모두가 자신의 생각을 말하면 새로운 주제가 나올 때까지 회원들은 진지하게 이야기를 이어갔다. 새로운 주제를 꺼내는 사람은 주로 버크였다.

보즈웰은 그들의 대화에 귀를 기울이고 한 자도 놓치지 않고 기록했다. 그 덕분에 이날의 대화가 이렇게 생생하게 존재할 수 있었다. 셜록 홈즈는 왓슨 박사에게 "그대는 스스로 빛나지 않지만, 그대는 빛의 지휘자"라고 말했다. 보즈웰이 더 클럽의 왓슨 박사이지 않았을까.

더 클럽은 점점 커져갔다. 1760년대 더 클럽은 4명의 신입회원을 뽑았고 1770년대는 21명의 신입회원을 선발했다. 존슨은 더 클럽의 규모가 커지는 것을 유감스럽게 생각했다. 그는 처음처럼 친밀하게 운영되는 더 클럽을 더 선호했다. 하지만 그는 더 클럽의 다양한 업적을 자랑스러워했다. 1777년 그는 헤스터 스레일(Hester Thrale)에게 "우리의 클럽은 이 세상에 그 무엇과도 비견할 수 없는 집단입니다. 레이놀즈는 그림을 그리고, 골드스미스는 시를 쓰죠. 퍼시는 골동품에 조예가 깊고, 뉴전트는 의학에 대하여 전문 지식을 가지고 있죠. 채미어는 무역, 정치 그리고 금융에 정통하답니다. 버크는 뛰어난 연설가이고, 보우클레어는 순수문학을 추구합니다. 다이어의 전문분야는 현대사와 여행이고, 체임버스의 전문분야는 법이랍니다. 랭턴은 기독교 역사를 비롯해여러 학문 분야에 뛰어나답니다. 그리고 호킨스는 사법 제도와 고대 음악의 전문가죠"라고 말했다. 이것은 존 호킨스가 더 클럽에 들어오고몇 년 지나서 새뮤얼 존슨과 헤스터 스레일이 주고받은 대화였다. 존슨이 언급한 인물들 중에서 그렇게 유명하지 않은 사람들도 있다. 그래서 스레일은 존슨의 자랑이 터무니없다고 생각했다.

더 클럽의 회원들의 사회계급을 논하는 것은 의미가 없다. 대부분의사람들은 당연히 상류층이 더 클럽의 회원으로 선출된다고 생각했다.하지만 1777년 오서리 경이 더 클럽에 들어가기 전까지, 더 클럽의 회원들 중에는 귀족이 단 한 명도 없었다. 더 클럽이 창설된 이후 첫 20년동안 선출된 회원 42명 중에서 오직 3명만이 귀족이었다. 당시에는 중산층이란 용어가 존재하지 않았지만, 나머지 회원들 대부분은 중산층에 속했다. 마르크스주의의 뚜렷한 계급으로 구분할 순 없지만, 굳이계급으로 분류하자면 회원 대부분은 '중간 부류'에 속했다. 존슨의 아버지는 지방에서 작은 서점과 무두질 공방을 운영했다. 퍼시의 아버지는 식료품 도매상이었고, 버크의 아버지는 변호사였다. 그리고 레이놀즈와 골드스미스의 아버지는 소박한 교구의 성직자였다.

C. S. 루이스(C. S. Lewis)는 다음과 같이 말했다.

"내가 소년이었을 때, 부르주아 소년이었을 때, 상위계급이 나의 사회적 계급을 부르주아라고 불렀다. 부르주아는 '귀족적이지 않아 천박한 계급'을 의미했다. 하지만 내가 20대가 되었을 때 부르주아의 의미가 변했다. 하위계급이 나의 사회계급을 비난했다. 부르주아는 '노동자계급이 아닌 기생충 같고 반동적인 계급'을 의미하기 시작했다. 그래서 이 계급에 속하는 것은 언제나 치욕적인 일이었다. 하지만 이 세상의 거의 모든 성직자, 시인, 철학자, 과학자, 음악가, 화가, 의사, 건축가 그리고 행정가가 부르주아다."

　소설가이자 시인인 존 웨인(John Wain)은 새뮤얼 존슨의 전기에서 런던 클럽은 20세기 파리의 카페와 유사한 역할을 했다고 말했다. 물론 틀린 말은 아니다. 하지만 프랑스 여류작가 시몬 드 보부아르(Simone de Beauvoir)는 장 폴 사르트르(Jean-Paul Sartre)와 함께 레 되 마고 카페를 드나들었다. 하지만 더 클럽에는 여성 회원이 없었다. 그 누구도 여성을 더 클럽의 회원으로 들일 생각을 하지 않았다. 그런데 존슨은 여성과 대화를 나누는 것을 매우 즐거워했다. 이것이 헤스터 스레일이 자신의 스트레팀 대저택에서 열던 만찬이 일종의 그림자 클럽으로 발전할 수 있었던 이유 중 하나였을 것이다.

◆ 더 클럽 저편

　토마스 매콜리(Thomas Macaulay)는 《존슨전》에서 당시의 화려한 사교계를 생생하게 되살린 제임스 보즈웰에게 찬사를 보냈다.

　방에는 테이블이 있었다. 테이블 위에는 뉴전트를 위한 오믈렛과 존슨을 위한 레몬이 놓여 있었다. (가톨릭신자인 뉴전트는 금요일엔 고기를 먹지 않았고, 당시 존슨은 와인 대신 레모네이드를 마셨다.) 방에는 레이놀즈의 화폭 위에서 영원한 삶을 사는 면면들이 모여 있었다. 버크의 안경과 랭턴의 키 크고 마른 형체, 보우클레어의 정중한 비웃음과 개릭의 빛나는 미소, 코담배갑을 손가락으로 두드리는 기번과 나팔형 보청기를 꽂은 조슈아가 있었다. 전면에는 우리에게 친숙한 낯선 인물이 있었다. 우리 모두를 한 자리에 불러 모은 이 인물은 거대한 체구를 가지고 있었고, 그의 커다란 얼굴에는 병 때문에 흉터가 있었다. 그는 갈색 코트를 입고 검은 소모사 스타킹을 신고 이마가 그을린 회식 가발을 쓰고 있었다. 그의 손은 더럽고 바짝 자른 손톱에는 물어뜯은 자국이 남아 있었다.

매콜리의 기성 형식은 '캐리커처로서 되살아난 정물화'라고 불린다. 그의 시각에서 더 클럽의 회원들은 찰스 디킨스 소설에 나올 법한 등장인물들이었다. 그들은 재미있게도 친숙하다. 그의 묘사에선 그들의 업적은 고사하고 런던에서 그들이 얼마나 대단한 사람들이었는지가 전혀 느껴지지 않는다. 그들은 달변가였다. 그들은 박학다식했고 많은 일들을 해냈으며 자신들의 분야에서 정점에 있었다. 새뮤얼 존슨, 에드먼드 버크, 조슈아 레이놀즈, 데이비드 개릭, 에드워드 기번, 애덤 스미스 등 7인은 당대 최고의 지성인들이었다. 당시 사람들은 올리버 골드스미스와 리처드 셰리든도 당대 최고의 지성인으로 꼽았을 것이다.

보즈웰은 《존슨전》에서 더 클럽의 모든 회원들에 충분한 관심을 쏟지는 않았다. 자연스럽게 새뮤얼 존슨에게 집중했다. 보즈웰은 에드먼드 버크를 깊이 존경했다. 하지만 그의 주옥같은 발언을 모두 기록한다는 것은 불가능했다. 게다가 보즈웰은 버크의 정치사상을 깊이 이해하지 못했다. 보즈웰은 조슈아 레이놀즈와 친했지만, 그림에는 관심이 없었다. 그리고 연극 관람을 좋아했지만, 그는 선구적인 감독이자 극장 관리자였던 데이비드 개릭을 오직 배우로만 여겼다. 에드워드 기번과 애덤 스미스는 《존슨전》에 거의 등장하지 않는다. 보즈웰은 기번을 싫어했고 자신을 가르쳤던 애덤 스미스를 놀라울 정도로 얕잡아봤다. 하지만 이 두 사람 모두 오래도록 기억되는 걸작을 남겼다. 에드워드 기번은 《로마제국쇠망사(*The Decline and Fall of the Roman Empire*)》를 발표했고, 애덤 스미스는 《국부론(*The Wealth of Nations*)》을 남겼다.

33. 토펌 보우클레어

34. 베넷 랭턴

상대적으로 덜 유명한 회원들 역시 훌륭한 벗이자 달변가였다. 그들이 더 클럽의 창립회원이 된 데에는 그만한 이유가 있었다. 존슨과 개인적으로 가까웠던 회원 몇 명은 《존슨전》 곳곳에 등장한다. 보즈웰은 그들을 잘 알고 있었다. 그래서 《존슨전》을 쓸 때, 그는 그들이 들려주는 존슨과의 추억담을 최대한 수집했다.

존슨과 개인적으로 가까운 이들 중에는 더 클럽 창립회원인 토펌 보우클레어(Topham Beauclerk)와 베넷 랭턴(Bennet Langton)이 있었다. 옥스퍼드에서 맺은 존슨과의 각별한 인연이 죽 이어진 것이다. 보우클레어와 랭턴은 보즈웰보다 한두 살 많았다. 존슨은 보즈웰과 달리 그들과 함께 있으면 장난기가 넘쳤다. 존슨은 "이 나이대의 강아지들은 너무나 사랑스럽다. 그들은 우리보다 재치와 유머감각이 넘친다"라고 말했다. 프랜시스 버니(Fanny Burney)는 "토펌 보우클레어에게 최고의 영예는 존슨 박사의 친구가 된 것"이라고 말했다.

보우클레어(그림 33)는 귀티가 나고 부유했다. 그는 재미있지만 냉소적인 좌담가였다. 언젠가 보즈웰이 "드물게도 보우클레어는 날카로운 사람입니다"라고 말하자, 존슨은 "그렇지. 그는 말을 능숙하고 막힘이 없이 잘하지. 칭찬을 하려니 힘이 드는구먼"이라고 답했다. 보즈웰은 "선생님의 한마디는 이목을 집중시킵니다. 이것은 노력한다고 할 수 있는 일이 아니죠"라고 외교적으로 대답했다.

랭턴(그림 34)은 보우클레어와 절친한 사이였지만 보우클레어와 완전히 달랐다. 그는 고전문학에 정통했다. 그러나 좌담에 서툴렀고 심지어 혼란스러워 했다. 그는 매력적이었다. 그는 놀라울 정도로 가냘팠고 그의 키는 6.5피트였다. 누군가는 그를 한 다리로 서 있는 황새에 비유했다. 버크는 랭턴 주변에 있는 여인들을 보고 "메이폴 주위를 돌며 춤추는 처녀들 같다"고 말했다.

보즈웰은 랭턴에게서 존슨과 얽힌 아주 흥미로운 이야기를 듣는다. 어느 날 밤 랭턴과 보우클레어는 몇 시간 동안 쉬지 않고 술을 마셨다. 새벽 3시에 그들은 존슨의 집으로 다짜고짜 쳐들어가서 문을 마구 두드렸다.

"마침내 존슨이 문을 열었다. 그는 셔츠만 달랑 입고 취침용 모자 대신 작은 검은색 가발을 쓰고 있었다. 깡패들이 쳐들어왔다고 생각했는지 손에는 부지깽이가 들려 있었다. 문을 두드린 자들이 랭턴과 보우클레어임을 확인하고 그들이 자신을 찾아온 이유를 들은 존슨은 활짝 웃으며 그들의 제안에 응했다. '뭐야, 그대들이었구먼! 내가 사랑하는 강아지들! 함께 즐거운 시간을 보내자구.'"

보즈웰은 그날 자신도 그 자리에 있었던 것처럼 《존슨전》에 이날의 일을 아주 생생하게 묘사했다.

랭턴은 존슨의 인간적인 면모가 드러나는 일화를 보즈웰에게 들려줬다. 존슨에게는 호지라는 이름의 고양이가 있었다. 그는 호지를 사랑스럽게 쓰다듬고 심지어 굴도 사서 먹였다. 어느 날 존슨은 랭턴에게 마을을 돌아다니며 고양이에게 총을 쏘는 청년에 대해 이야기했다.

"그러더니 존슨은 잠시 몽상에 잠겨 자신이 아끼는 고양이에 대해 곰곰이 생각했다. 그리고는 '하지만 호지는 총에 맞지 않을 거야. 아니, 아니, 호지는 총에 맞지 않을 거야'라고 말했다."

블라디미르 나보코브(Vladimir Nabokov)는 이 일화가 너무나 마음에 들어서 자신의 소설 《창백한 불꽃(Pale Fire)》의 제명으로 이용했다.

CHAPTER 8

조슈아 레이놀즈

◆ 자수성가

더 클럽의 회원 대부분은 자수성가한 사람들이었다. 하지만 더 클럽의 창립자인 조슈아 레이놀즈만큼 자신의 힘으로 엄청난 명성과 부를 쌓은 인물은 없었다. 레이놀즈의 아버지는 데번셔의 성직자이자 교사였다. 그는 아들의 예술적 재능을 눈치 채고 런던 화가의 견습생으로 보냈다. 하지만 당시 화가는 성공과는 거리가 먼 직업이었다.

당시 사람들은 초상화가를 노예같이 사람들의 모습을 재현하는 기술자에 불과하다고 생각했다. 물론 미켈란젤로와 라파엘로가 엄청난 명성을 지니고 있었다. 하지만 그들은 영국 사람도 아니었고 초상화를 그리지도 않았다. 영향력 있는 미학작가인 섀프츠베리(Shaftesbury) 백작은 "18세기 초 초상화는 교양 예술도 아니고 찬탄의 대상도 아니었다. 초상화는 인문학적 소양과 특별한 재능이 없어도, 교육을 받지 않아도, 관습, 윤리학, 수학, 광학에 대한 지식이 없어도 연습만 하면 누구나 그릴 수 있는 저급한 분야였다"라고 말했다. 레이놀즈는 이 비판들이 모두 틀렸음을 증명하기로 결심했다.

당시 사람들은 훌륭한 화가는 모두 외국 출신이라 생각했다. 초상화도 예외는 아니었다. 피터 렐리(Peter Lely) 경은 네덜란드인이었다. 안토니 반 다이크(Anthony van Dyck)는 벨기에 안트베르펜 출신이었다. 고드프리 넬러(Godfrey Kneller) 경은 독일 출신으로 어렸을 때의 이름은 고트프리트 크닐러였다. 그리고 "입을 열면, 그는 여전히 고트프리트 크닐러였다"라고 전해졌다. 1714년 조지 1세가 왕좌에 오른 이후 왕실소속의 수석화가는 대부분이 독일 출신이었다. 사람들은 헨델처럼 독일 작곡가만이 훌륭한 곡을 창조해 내듯이 오직 독일 화가만이 훌륭한 그림을 그릴 수 있다고 생각했다.

1769년 조슈아 레이놀즈는 기사 작위를 서임 받았다. 당시 그의 나이는 46살이었고 더 클럽이 창립된 지 5년이 지난 때였다. 그는 솔직하게 "모두가 명예를 추구하죠. 세상은 칭호나 작위에 가치를 둡니다. 저는 시류를 따르고 있죠"라고 말했다. 자신의 이름 앞에 '경'이라는 칭호가 붙는 것은 정말 대단한 성취였다. 기사 작위를 서임 받은 뒤, 그의 친구들은 항상 그를 '조슈아 경'이라 불렀다.

레이놀즈는 느긋하고 다정한 사람이었다. 기사 작위를 서임 받은 뒤에도 그의 이런 성품은 변하지 않았다. 자신의 우울증에 대해 이야기하며 새뮤얼 존슨은 "이지적인 이들은 그런 성가신 생각을 하지 않지. 조슈아 경은 참 한결같은 사람이야"라고 말했다. 사교성이 거의 전무했던 프랜시스 버니는 레이놀즈의 타고난 친화력을 인정했다.

"그는 아주 유쾌하고 꾸밈없고 기분 좋은 사람입니다. 그래서 유명인들 중에서 그나마 제가 쉽고 편안하게 대화할 수 있는 사람은 그뿐입니다."

레이놀즈는 20대 중반에 자화상을 그렸다(그림 35). 자화상에서 그의 유쾌한 성품과 맹렬한 야심이 잘 드러난다. 그의 자화상은 '미술가의 목표와 야심의 선언'이었다. 레이놀즈는 과거의 미술을 이용해 미래를

35. 조슈아 레이놀즈의 자화상

지향하고자 했다. 과거의 미술로서 그는 빛과 그림자를 이용하는 렘브
란트의 작품을 면밀히 연구했다. 그리고 어깨 윗부분까지만 나오는 초
상화를 그릴 때는 가로 30인치와 세로 25인치인 표준 캔버스를 사용했
지만, 캔버스를 옆으로 세워서 특이한 효과를 냈다.

레이놀즈는 다양한 클럽에서 활동했다. 그는 6개의 클럽에 정기적
으로 나갔다. 그가 정기적으로 나간 클럽은 새뮤얼 존슨과 함께 세운
더 클럽, 데번셔, 유멜리안(제임스 보즈웰도 유멜리안 클럽의 회원이 된다), 목
요일 밤 클럽, 도박 클럽인 알막 그리고 소사이어티 오브 딜레탕트였
다. 소사이어티 오브 딜레탕트는 고대 그리스 로마 예술을 연구하기
위해서 설립됐다. 어쨌든 이것이 소사이어티 오브 딜레탕트의 공식적
인 설립 목적이었다. 호레이스 월폴(Horace Walpole)은 "회원이 되려면 이
탈리아를 단 한 번이라도 갔다 온 경험이 있어야 한다. 하지만 실제로
는 술에만 취할 수 있는 이라면 누구든지 클럽 회원이 될 수 있다"고
비난했다.

존슨은 보즈웰에게 레이놀즈는 상처를 잘 입지 않는다고 말했다.

"그와의 말싸움에서 조슈아 경에게 상처가 될 말을 찾기란 쉽지 않다네."

어느 날 존슨과 레이놀즈는 언쟁을 벌였다. 레이놀즈는 술의 사회적 순기능에 대해서 이야기했고, 존슨은 그의 의견에 동의하지 않았다. 레이놀즈가 좌담의 수준을 높이기보다 술 때문에 모임이 소란스럽고 떠들썩해질 뿐이라고 불평했었던 적이 있었다. 그랬던 그가 술의 사회적 장점에 대해서 칭찬하자 존슨은 "이보게, 자네와 더 이상 논쟁하지 않겠네. 자넨 너무 취했어"라고 버럭 소리를 질렀다. 그의 반응에 상처 받은 레이놀즈는 "내가 많이 취했다는 생각을 했어야 했는데, 못했구먼. 자네가 내게 그런 소리를 칠 정도의 말을 내가 했구먼" 하고 겸연쩍게 대답했다. 존슨은 레이놀즈의 대답에 당혹스러워 하며 "아닐세, 화내지 말게나. 자네 기분을 상하게 할 생각은 없었다네"라고 말했다.

존슨이 눈치 없이 화를 내기는 했지만, 레이놀즈는 모두가 아는 술고래였고, 본인도 이 사실을 부인하지 않았다. 그는 스코틀랜드에 있는 보즈웰에게 "난 엄청난 소음과 터무니없는 말들 속에서 술을 마시며 이렇게 주절주절 쓴 서신을 주고받는 것이 좋다네"라고 편지를 썼다. 더 클럽의 기록에 따르면, 보즈웰에게 편지를 쓴 이날에 그는 보우클레어, 기번 그리고 셰리든과 함께 와인 8병, 클라레 6병과 포트와인 2병을 비웠다.

◆ **프랜시스 레이놀즈**

조슈아 레이놀즈는 여자를 좋아했고, 많은 여인들과 사랑을 나눴다. 하지만 결혼으로 스스로를 속박할 생각은 없었다. 여자 친척들이 그의 집안일을 도왔다. 특히 그가 경제적으로 지원을 해주던 막내 여동생인 프랜시스 레이놀즈(Frances Reynolds)가 그의 집안일을 거의 도맡았다.

프랜시스도 그림에 재능이 있었다. 레이놀즈는 그녀가 자신과 경쟁하지 못하도록 그녀의 기를 죽였다. 하지만 그는 그녀의 도움을 받아 자신의 작품을 복제했다. 프랜시스도 왕립미술아카데미 전시회에 한두 번 작품을 출품했다. 하지만 그녀의 주된 의무는 집안일을 돌보는 것이었다. 오랫동안 그녀는 이 의무를 충실히 수행했다. 그녀는 자신의 비망록에 "여자가 공적인 일을 도모하기 위해서 사적인 가사를 내팽개치는 것은 비정상적인 행동이다. 그래서 나는 그림과 영예로운 가정의 의무가 충돌할 때 너무도 고통스럽다. 애석하게도 모두가 단지 즐거움을 위해서 내가 그림을 그린다고 생각한다"고 썼다. 분명 그녀의 오라버니인 조슈아 레이놀즈는 그녀의 이런 생각을 강화하기 위해서 부단히 노력했을 것이다.

"새뮤얼 존슨은 여성과의 우정을 대부분의 남성들보다 더 높이 평가한다"고 말한 이가 바로 프랜시스 레이놀즈였다. 조슈아 레이놀즈가 자신의 작업실에서 그림을 그리느라 바쁘면, 존슨과 다른 친구들은 그의 집에서 "레니"와 차를 마시고 이야기를 나누며 시간을 보냈다. 존슨은 프랜시스 레이놀즈를 "레니"라는 애칭으로 불렀다. 퍼시와 함께 레이놀즈의 집을 방문했을 때, 존슨은 그 자리에서 퍼시가 수집했던 전통 발라드를 재미있게 각색했다. 그렇게 각색한 발라드로 그는 퍼시를 짓궂게 놀렸다.

그러니 사랑하는 레니, 그대에게 간청합니다.
나에게 크림과 설탕으로 넣은
부드러운 차를

내어주세요.

내가 그 찻잔을 붙잡고 놓지 않는다고

두려워하지 마세요, 나의 다정한 여인이여.

내가 잔의 밑바닥이 보이도록

이 잔에 담긴 차를 모두 마셔 버렸소.

아아! 하지만 이 애절한 진실을 들으시오.

눈살을 찌푸리고 듣지는 마시길.

내가 찻잔을 비우는 속도에 맞춰

그대는 차를 내오지 못하는구나.

존슨은 퍼시가 그만 놀리라고 애원할 때까지 낭송을 멈추지 않았다. 존슨은 끝없이 차를 마셨다. 차에 대한 그의 애정은 존 호킨스가 "존슨은 대단한 차 애호가다. 차에 대한 그의 애정은 믿기 어려울 정도로 크다. 눈앞에 차가 있으면 그는 너무 좋아서 미쳐 날뛴다"고 경탄했을 정도였다. 어느 날 존슨은 《건강에 치명적이고 산업을 저해하고 국가를 빈곤하게 만드는 차에 관하여(*An Essay on Tea, Considered as Pernicious to Health, Obstructing Industry, and Impoverishing the Nation*)》란 논문에 대해 논평을 쓰게 됐다. 그는 자신의 차 마시는 습관을 옹호하는 기발한 논평을 내놨다. 그는 차를 입에 달고 살았다.

"존슨은 차를 부끄러운 줄 모르고 상습적으로 마셨다. 그는 20년 동안 식사 시간에 항상 찻잎을 우려낸 차를 마셨다. 그래서 그의 집에 있는 찻주전자가 차갑게 식을 시간이 없었다. 저녁에 그는 차를 마시며 즐거운 시간을 보냈다. 한밤중에는 차를 마시며 위안을 얻었고 차와 함께 아침을 맞이했다."

존슨은 프랜시스가 화가란 사실을 알고 있었다. 그는 보즈웰에게

"레니는 그림을 그려선 안 돼. 여자가 사람들의 얼굴을 빤히 쳐다보는 것은 상스러운 행동이라네"라고 말했다. 보즈웰은 《존슨전》에서 프랜시스 레이놀즈의 이름을 생략하고 대신 "상스러운 여성"이라고 적었다. 그렇다고 존슨이 프랜시스를 상스럽다고 생각하지는 않았다. 어느 날 헤스터 스레일은 새뮤얼 존슨에게 내면을 이해하기 위해서 고통스러울 정도로 깊이 파고들지 말라고 말했다. 그러면서 "그 누가 그대처럼 끊임없이 자신의 내면을 고통스러울 정도로 파고들까요?"라고 그에게 물었다. 존슨은 "나처럼 끝없이 내면을 파고드는 이는 본 적이 없습니다. 친애하는 레니를 제외하고 말이죠. 그녀는 아주 순수하죠"라고 말했다. 프랜시스를 두고 이렇게 말했던 존슨이 그녀가 초상화를 그려선 안 된다고 한 까닭은 아마도 그는 타인의 눈을 하염없이 바라보면 욕정이 일어날 수 있다고 생각했기 때문이었던 것 같다.

프랜시스는 존슨에게 그의 초상화를 그리게 해달라고 계속 졸랐다. 결국 그는 그녀에게 자신의 초상화를 그리는 것을 허락했다. 그녀가 그린 존슨의 초상화는 실로 감동적이었다(화보 그림 14). 애정 어리지만 아주 솔직한 초상화였다. 그녀는 창밖을 진지하게 응시하는 그의 거대한 몸집, 구부정한 자세 그리고 그가 느끼는 피로감을 정확하게 화폭에 담았다. 무서울 정도로 사실적인 초상화였다. 반면 조슈아 레이놀즈는 이렇게 정직하게 친구들의 초상화를 그리지 않았고 그릴 수도 없었다.

모두가 존슨만큼 프랜시스를 높게 평가했던 것은 아니었다. 헤스터 스레일은 "레이놀즈 양은 적의와 단순함 사이의 애매하고 딱딱한 태도를 보였다"고 말했다. 프랜시스 레이놀즈는 우유부단한 태도로 친구들을 괴롭게 했다. 프랜시스 버니는 "존슨은 그녀의 약점을 딱하게 여겼고 고치려고 부단히 애썼지만 소용없었다. 레이놀즈 양은 늘 당혹감 속에서 살았고 우유부단했다. 이런 약점이 그녀를 쉼 없이 괴롭혔다.

주변 사람들은 그런 그녀를 지루하게 생각했다. 그녀는 오늘 무언가를 하겠노라 계획하고 다음날 그 계획을 뒤집었다. 그녀는 이렇게 무언가를 계획하고 번복하기를 끊임없이 반복했다"고 말했다.

프랜시스 레이놀즈는 오라버니의 요구가 갈수록 부당하게 느껴졌다. 조슈아 레이놀즈는 누이에게 애정이나 고마움을 표현하지 않았다. 스레일은 "보통 오라버니는 누이를 아끼기 마련이다. 하지만 조슈아 레이놀즈는 프랜시스 레이놀즈가 자랑스러운 누이임에도 불구하고 여느 오라버니들처럼 자신의 누이를 사랑하지 않았다. 누이가 그림을 너무도 잘 그렸기 때문이리라. 아니면 라틴어를 너무 많이 배웠거나 자신보다 더 훌륭한 학자였기 때문이었을 것이다. 아마도 이런 이유 때문에 조슈아 레이놀즈는 누이를 아끼지 않았던 것 같다. 누이를 수감자처럼 붙잡아두고 싶지 않았다면, 조슈아 레이놀즈는 왜 그녀에게 연금을 주고 그녀가 원하는 곳에서 원하는 대로 살도록 허락하지 않았을까? 이 불쌍한 여인은 항상 비참하고 언제나 조바심에 어쩔 줄을 모른다. 하지만 그녀는 다정함으로 자신의 자리를 지킬 수 없더라도 아첨을 하면서까지 그 자리를 지키진 않겠다고 결심한 듯하다"라고 말했다.

1770년대 후반 그들의 질녀인 메리 파머가 프랜시스 레이놀즈에게서 집안일을 넘겨받는다. 당시 파머는 25살이었다. 집안일에서 해방된 프랜시스 레이놀즈는 템스 강 근처에 있는 존슨의 리치먼드 저택에서 지내고 싶다고 말했다. 존슨은 리치먼드 저택을 거의 사용하지 않았다. 그는 휴식을 위해서라기보다 지위의 상징으로 리치먼드 저택을 소유하고 있었다. 존슨은 프랜시스에게 자신의 저택을 사용할 용무가 없다고 편지로 답했다. 존슨의 리치먼드 저택에서 지내기를 포기한 프랜시스는 소박한 셋방으로 이사했다. 나중에 그녀는 데번셔 본가로 되돌아갔다. 조슈아 레이놀즈가 죽은 뒤, 그녀는 자신의 오라버니를 '우울한 폭군'으로만 기억한다고 말했다. 이것은 다정한 조슈아 레이놀즈가 다른 사람들에게는 보여주지 않는 숨겨진 모습이었다.

◆ 초상화 공장

조슈아 레이놀즈는 부자였다. 그에겐 멋진 4륜 마차가 있었는데, 4륜 마차는 부의 상징이었다. 그는 자주 만찬을 열었고 만찬이 끝나면 친구들에게 4륜 마차를 기꺼이 내줬다. 그의 친구들은 그가 빌려준 4륜 마차를 타고 집으로 돌아갔다. 하지만 모두가 그의 이런 행동을 좋아했던 것은 아니었다. 꼼꼼함과는 거리가 먼 존슨마저도 보즈웰에게 "이보게, 하인들은 주어진 소임을 다하지 않고 있네. 그들은 테이블 주위에 모여서 만찬 손님들만 구경하고 있어"라고 불평했다. 레이놀즈의 제자이자 전기작가인 제임스 노스코트(James Northcote)는 "가끔 버릇없는 하인들이 두셋 있었다. 하지만 집주인은 하인들이 제멋대로 굴도록 내버려뒀다"고 말했다.

존슨은 레이놀즈처럼 재산이 많지 않았다. 그는 생계를 유지하기 위해 열심히 일하는 노동자들에게 거만하게 행동하는 귀족들을 아주 못마땅하게 여겼다. 존슨은 "오직 돌대가리만 돈을 위해 글을 쓴다"고 말해서 보즈웰을 깜짝 놀라게 했다. 보즈웰이 이 말을 인용할 때, 존슨의 발언을 "이상한 생각"이라고 했다.

프랜시스 레이놀즈의 기억에 따르면, 존슨이 차림새 때문에 공작부인에게 무시당했다고 느낀 적이 있었다. 기분이 상한 존슨은 옆에 앉아 있는 레이놀즈에게 "아침부터 밤까지 열심히 일한다면, 우리 둘 중에서 누가 일주일 동안 돈을 더 많이 벌 것 같은가?"라고 외쳤다.

두 가지 이유에서 이것은 도발적인 질문이었다. 예술은 단지 돈을 벌기 위한 수단이 아니라는 생각을 뒤집어엎었고, 당시에는 공공연하게 돈을 논한다는 것 자체가 저속한 일로 여겨졌다. 그러자 눈치 없는 골드스미스가 헨리 스레일에게 일 년에 얼마나 버는지 진지하게 물었다. 그날 처음 만난 골드스미스가 그런 질문을 하자, 스레일 부부는 충격을 받았다. 하지만 헨리 스레일은 최대한 예의바르게 "저흰 사람들 앞에서 그런 이야기는 하지 않는답니다. 하지만 박사님을 잘 알아서 제가 그 질문에 덜 놀라길 바랍니다"라고 답했다.

가장 명망 있는 예술 장르는 고대 역사나 신화 속 장면을 재창조하는 역사화였다. 당시 사람들은 이런 역사화에는 철학이 담겨 있다고 여겼고, 역사화는 교양 예술이었다. 레이놀즈는 이 사실을 알고 있었다. 하지만 그는 역사화 대신 초상화를 선택했다. 그는 세속적으로 성공하려면 초상화를 그려야 한다는 사실을 알고 있었던 것이다. 윌리엄 블레이크(William Blake)는 "레이놀즈는 많은 것들, 더 정확히 말하면 돈에 주목했다"고 간결하게 말했다. 레이놀즈는 초상화가로 자리를 확실히 잡은 뒤에 머리만 그리면 35기니를 받았고, 전신을 그리면 150기니를 받았다(1기니는 1파운드 1실링이다). 1755년 그는 120명의 초상화를 그렸고, 1758년에는 150명의 초상화를 그려서 1년에 무려 6,000파운드의 수익을 올렸다.

레이놀즈에게 로마에서 공부할 기회가 찾아왔다. 그는 위대한 화가는 모델을 있는 그대로 화폭에 담는 대신 그에게서 이상적인 모습을 창조해 낸다고 생각했다. 그는 "역사화가는 사람을 대강 그리지만, 초상화가는 사람만을 그린다. 그래서 초상화가는 뭔가 결함이 있는, 혹은 개성이 넘치는 인물을 주로 화폭에 담는다"라고 했다. 그렇지만 부분적인 해결책이 존재했다. "최대한 실제 모델과 유사하게 그리기보다 모델의 전반적인 분위기를 화폭에 옮기면 초상화에도 품위를 느낄 수 있다"고 레이놀즈는 말했다.

고상한 소리지만, 그와 다르게 생각하는 냉소주의자들이 있었다. 레이놀즈는 고객에게 아첨하는 법을 알고 있었다. 베첼리오 티치아노(Vecellio Tiziano)와 라파엘로 산치오(Raffaello Sanzio)에게서 큰 영향을 받은 레이놀즈는 모델을 이상적으로 그렸다. 그는 모델을 있는 그대로 그리지 않더라도 그 초상화의 모델이 누구인지는 알 수 있게 그렸다. 그는 초상화의 주인공이 누구인지 알 수는 있지만 어딘가 미묘하게 이상적으로 표현했다. 이런 재능 때문에 초상화를 그려달라고 찾아오는 사람들로 그의 집은 문전성시를 이뤘다.

유명한 초상화가인 윌리엄 해즐릿(William Hazlitt)은 레이놀즈의 작업실을 즐겨 상상하곤 했다.

"조슈아 경은 모델들과 즐거운 시간을 보냈을 것이다. 귀족들, 여인들, 장군들, 작가들, 오페라 가수들, 음악가들, 학자들과 교양 있는 자들이 그의 집 문턱이 닳도록 드나들고, 조슈아 경은 그들을 항상 환영한다. 그의 작업실은 실크의 바스락거리는 소리와 주름장식과 양단이 펄럭이는 소리로 가득하다. 가발과 향수냄새가 자욱하게 작업실을 가득 채운다. 그리고 페리위그를 쓴 모델들이 끊임없이 작업실로 들어온다. 작업실에선 예의바른 말과 호칭이 오고간다."

해즐릿은 레이놀즈가 고객에게 하는 아첨도 솜씨 있게 잡아냈다. 그의 아첨에 넘어간 고객들은 레이놀즈가 그린 초상화를 간절히 원했다.

"그에게는 사람의 기분을 행복하게 하는 마력이 있었다. 이 마력으로 조슈아 경은 그들의 모든 장점을 끌어냈고 그들이 자신들의 결점을 받아들이도록 만들었다. 그는 박식한 친구들에겐 편안함이 깃들게 했고, 지적이고 우아한 미소로 우둔한 상류계층의 얼굴을 환하게 밝혔다."

조슈아 레이놀즈가 초상화를 그려준 사람들 모두가 작위를 가지고 있었던 것은 아니었다. 개중에는 작위가 없는 사람들도 있었는데, 그들은 유명인들이었다. 거기에는 '코르티잔'도 포함되어 있었다. 코르티잔은 단순한 매춘부가 아니라 상류사회 남성의 사교계 모임에서 그의 공인된 정부(情婦) 역할을 하던 우아한 여성들이었다. 그의 초상화는 그들이 명성을 드높이는 데 도움이 됐다. 그래서 많은 코르티잔들이 그에게 자신의 초상화를 부탁했다. 소문에 의하면 레이놀즈는 그들 중 다수와 사랑을 나눴다고 한다.

몇몇 비판가들은 조슈아 레이놀즈가 모델의 비위를 맞춰가며 초상화를 그렸다며 아주 냉소적인 반응을 보였다. 하지만 그가 모델에게 아첨하듯 초상화를 그렸던 것은 아니다. 그는 모델을 있는 그대로 화폭에 담기보다 '전반적인 분위기'를 표현하려 애썼다. 이를 가장 잘 보여주는 것이 그의 아주 친한 친구, 올리버 골드스미스의 초상화다. 올리버 골드스미스를 만난 사람들은 모두 그가 지나치게 수수하다고 생각했고, 많은 이들이 그를 못생겼다고 여겼다. 심지어 조슈아 레이놀즈는 올리버 골드스미스가 돋보일 수 있도록 그림을 그렸지만, 그의 초상화에서도 그의 수수함은 숨겨지지 않았다(그림 36). 프랜시스 레이놀즈는 올리버 골드스미스의 초상화에서 조슈아 레이놀즈의 실력이 여실히 드러난다고 생각했다.

"초상화 속 골드스미스 박사의 얼굴에선 위엄과 품위가 느껴진다. 그러면서도 초상화 속 골드스미스 박사와 실제 골드스미스 박사는 매우 닮아 있다."

옆모습 초상화는 흔하지 않았다. 레이놀즈는 친구에게 보내는 찬사의 의미로 동전과 메달 속에 들어가는 그림처럼 골드스미스의 옆모습을 화폭에 담았다. 동시에 초상화 속 골드스미스는 격식에 얽매이지

36. 조슈아 레이놀즈가 그린
올리버 골드스미스의 초상화

37. 헨리 윌리엄 번버리가 그린
올리버 골드스미스의 초상화

않는 편안한 모습이다. 그는 셔츠 칼라를 풀고 가발을 쓰지 않았다. 아마도 레이놀즈는 이런 모습을 통해 골드스미스의 자연스러운 소박함을 표현하고 싶었던 것 같다.

헨리 윌리엄 번버리(Henry William Bunbury)는 올리버 골드스미스를 정확하게 묘사했다(그림 37). 그는 골드스미스의 튀어나온 이마 그리고 쑥 들어간 턱뿐만 아니라 마맛자국이 있는 얼굴까지 정확하게 그렸다. 프랜시스 레이놀즈는 머리부터 발끝까지 "골드스미스 박사는 하층계급의 미캐닉이란 인상을 줬다. 그를 처음 본 사람들은 그를 특히 재단사라고 생각했다"라고 말했다. '미캐닉(mechanic)'은 주로 손을 사용하는 노동자였다. 그리고 당시 사람들은 재단사라고 하면 발육이 덜 되고 뭔가 어색한 구석이 있는 사람을 떠올렸다.

어느 날 레이놀즈의 집에서 열린 모임에서 골드스미스는 우연히 만난 사람에게서 모욕당했다고 분개했다.

38. 밝은 장밋빛 코트

"이 자는 나를 재단사라고 생각했어!"

그 자리에 모인 사람들은 그의 분통에 억지로 웃음을 참았다.

못생긴 외모를 보완하기 위해 골드스미스는 지나칠 정도로 화려하게 입고 다녔다. 어느 날 존슨과 개릭이 자신의 화려한 옷을 놀리자, 골드스미스는 "이봐, 나의 재단사가 밝은 장밋빛 코트를 가져다주면서 그러더군. '선생님, 부탁드릴 게 있습니다. 어떤 사람이 선생님께 누가 이 옷을 만들었냐고 묻거든, 제발 워터 레인, 해로에 있는 존 필비라고 해주세요.'" 존슨은 "왜 그런 부탁을 했는지 아는가? 그 자는 이 이상한 색이 사람들의 이목을 끌 줄 알았기 때문이네. 자네가 그들에게 자기 이름을 말해 주면, 이 우스꽝스러운 색깔로도 코트를 척척 만들어내는 재단사로 소문이 날 게 아닌가?"라고 대꾸했다.

소설가이자 미술가인 윌리엄 새커리(William Thackeray)는 아주 흥미로운 장면을 화폭에 담아냈다(그림 38). 근시인 존슨이 책에 열중한 채 길

39. 조슈아 레이놀즈의 레스터 스퀘어 저택

을 가고 있다. 그의 옆에 골드스미스가 득의양양하게 걷고 있다. 골드스미스는 지팡이를 가지고 다녔다. 그는 그 지팡이로 자신에게 모욕을 주는 사람들을 두들겨 팼다. 그가 피범벅이 된 얼굴로 더 클럽에 나타난 적도 있었다. 가게 창문에 재단사 필비가 가부좌를 틀고 만족스러운 표정으로 자신이 만든 옷을 보고 있다. 부랑아들이 희망에 부풀어 두 사람을 바라보고 있다. (그 중 한 명은 골드스미스를 장난삼아 흉내 내고 있다.) 그들에게 이 두 사람이 만만해 보였던 것일까?

자신의 작품을 대중에게 알리기 위해서 레이놀즈는 작업 공간뿐만 아니라 충분한 전시 공간이 있는 저택이 필요했다. 1760년 그는 레스터 스퀘어에 저택을 임대하여 갤러리와 작업실을 만들었다(그림 39). 저택을 개조하는 데 상당한 돈이 들어갔다. 갤러리에는 자신의 작품과 유명 화가들의 작품을 전시했다. 그는 몇 년에 걸쳐 유명 화가들의 작품을 수집했고, 그가 죽은 뒤 그 그림들은 1만 파운드 이상에 팔렸다.

조슈아 레이놀즈는 저택 뒤에 건물을 증축했고 그곳을 작업실로 사용했다. 그의 작업실은 커다란 팔각형이었다. 그는 여러 세션에 걸쳐 초상화를 그렸다. 각 세션은 1시간 30분 정도였다. 레이놀즈는 멀리서 바퀴 달린 안락의자에 앉은 모델을 바라보며 초상화를 그렸다. 그는 초상화를 그리는 동안 캔버스와 모델 사이를 정신없이 왔다 갔다 했다. 그에게 초상화를 의뢰한 한 귀족은 "그는 캔버스로 돌진하더니 맹렬하게 붓질을 했다. 가끔 그가 실수로 캔버스가 아닌 나에게 물감을 칠하는 것은 아닐까 걱정스러웠다"라고 말했다.

주문량을 소화하기 위해서 레이놀즈는 사실상 초상화 공장을 차렸다. 그가 모델의 얼굴과 머리를 그리면, 조수들이 나머지를 그렸다. 그는 수년 동안 20여 명의 조수들을 고용했다. 그 중 몇몇은 일당을 받고 그림을 그리는 이들이었다. 나머지는 화가가 되기를 꿈꾸는 젊은 미술가들이었다. 그들은 레이놀즈 밑에서 그림을 배운 대가로 그의 작업을 도왔다. 휘장, 커튼, 가구 등 초상화의 배경을 그리는 것이 그들의 역할이었다. 사실상 머리를 제외한 모든 부분을 레이놀즈의 조수들이 그렸다. 그들의 실력이 최고일 필요는 없었고 실력이 최고도 아니었다. 감정가 호레이스 월폴(Horace Walpole)도 레이놀즈에게 자신의 조카딸 3명의 초상화를 의뢰했고, 결과물을 보고 '가장 아름다운 작품'이라 평했다. 하지만 얼마의 시간이 흐른 뒤에 그는 그 초상화에 대해 점점 비판적이 되어갔다. 특히 월폴은 초상화 속 손을 두고 "끔찍할 정도로 형편없다"고 평했다.

레이놀즈는 자신이 그림을 너무 빨리 그린다는 의견에 민감하게 반응했다. 초상화를 완성하는 데 얼마나 걸리는지 묻는 귀족에게 그는 "평생"이라고 답했다. 레이놀즈는 자신은 머리만 그리고 나머지는 전부 조수들에게 맡기는 작업방식을 자랑스럽게 생각했다. 로렌스 리프킹(Lawrence Lipking)은 "이 기발한 작업방식은 성공적이었다"고 평했다.

조수들에게는 다른 역할도 있었다. 많은 사람들에게 팔 수 있도록 그의 작품을 복제하는 것이었다. 예를 들어, 레이놀즈가 그린 개릭의 초상화는 무려 5점의 복제품이 있다. 자신의 작품을 보다 널리 퍼트리기 위해 레이놀즈는 숙련된 판화가들과 메조틴트(요판 인쇄 기법 중 하나. 선이나 점으로 음영을 표현하지 않고 직접 중간 톤을 인쇄할 수 있는 기법-편집자 주) 미술가들을 고용해서 자신의 작품을 흑백으로 찍어 냈다. 이 책에도 이렇게 찍어 낸 그의 작품들이 실려 있다. 그의 작품이 널리 팔리면서 레이놀즈의 그림은 국내뿐만 아니라 국외에서도 유명해졌다.

첨언하자면 원본보다 솜씨 있게 만들어진 복제품에서 소재가 더 잘 느껴질 때도 있다. 레이놀즈는 재료를 갖고 끊임없이 실험했다. 그가 즐겨 사용했던 몇몇 색상은 시간이 지나면 색이 바랬다. 한 논평가에 따르면, 원작의 물감들의 색이 심각하게 바랬고 복원 전문가들이 지나치게 색을 덧입힌 탓에 현존하는 원작보다 메조틴트를 찍어 낸 동판화가 원형을 더 잘 보존하고 있다. 캔버스의 물감 색이 희미해지기 전에 레이놀즈의 엄격한 감독 아래서 동판화가 제작됐다.

레이놀즈가 초상화만 그렸던 것은 아니다. 그는 말 그대로 거리에서 모델을 섭외해서 그림을 그렸다. 그는 근육질의 튼튼한 짐꾼을 보면서 용감무쌍한 영웅을 그렸다. 그의 그림에 등장하는 어린아이들은 항상 매력적이고 사랑스럽다. 아이들이 지나칠 정도로 매력적이고 사랑스럽게 묘사된 경우도 있다. 하지만 실제 그림의 모델들은 그렇지 않았다. 한 전기작가는 "그가 런던 거리에서 데려온 부랑아들은 포즈를 취하는 동안 너무 피곤해서 잠이 들었다. 레이놀즈는 환한 빛으로 그들을 이상화했고, 그들이 걸친 누더기와 그들을 짓누르는 가난은 그의 붓 끝에서 사라졌다"고 말했다.

빅토리아시대의 화가 윌리엄 프리스(William Frith)는 우연히 1830년대에 어린 시절 레이놀즈에게 모델이 되어준 사람을 만나게 된다. 그는 "어렸을 때 한번 귀가 잘 들리지 않는 신사의 모델이 되어준 적이 있습니다. 그 노신사는 보청기를 끼고 있었지만, 어쨌든 그에게 이야기를 하려면 크게 소리쳐야 했습니다"라고 말했다. "그 늙은 신사는 저에게 바지만 남기고 옷을 전부 벗으라고 했습니다. 그러곤 양치기가 사용하는 손잡이가 구부러진 지팡이를 들고 있게 했습니다. 노신사는 그림에 양도 그려 넣었습니다"라고 덧붙였다. 이때 레이놀즈가 그린 작품이 〈광야의 어린 세례자(The Child Baptist in the Wilderness)〉였을 것이다.

◆ 왕립미술아카데미

1768년 왕립미술아카데미가 설립됐다. 왕이 후원했고 조슈아 레이놀즈가 초대 총장이었다. 그는 무려 24년 동안 왕립미술아카데미의 총장직을 맡았다. 왕립미술아카데미는 말 그대로 학교였다. 교수들이 미술가가 되고 싶은 젊은이들에게 조각, 회화 그리고 기타 과목을 가르쳤다. 왕립미술아카데미의 교수 중에는 레이놀즈의 친구이자 더 클럽 회원인 골드스미스도 있었다. 레이놀즈는 로마사에 관한 저속한 역사서를 펴낸 골드스미스를 고대사 교수로 임명했다.

왕립미술아카데미는 매년 전시회도 열었다. 1780년 템스 강 옆의 서머싯 하우스에 전시장이 완공됐다. 당시 서머싯 하우스는 왕족과 귀족들이 사용하던 왕궁이었다. 매년 여기서 열리는 전시회는 의무적으로 참석해야 하는 일종의 사회 행사가 됐다. 현대인들의 눈에 왕립미술아카데미의 전시회는 정말 이상하게 보일 것이다. 모자이크처럼 전시장의 벽면을 그림들이 빼곡히 채웠다. 1780년 거의 500점에 이르는 작품이 전시됐고, 레이놀즈가 마지막으로 자신의 작품을 전시했던 1790년에는 700점이 넘는 작품이 전시됐다.

40. 왕립미술아카데미 전시회

　1787년 전시회를 묘사한 그림을 보자(그림 40). 벽이 수백 점의 그림들로 도배되어 있고 밑에서는 그림들이 제대로 보이지도 않는다. 그림들을 보려고 애쓰는 사람은 거의 없다. 대신 서로를 쳐다볼 뿐이다. 레이놀즈가 열심히 가르친 영국 왕세자가 그림 전경의 중심에 서 있고, 레이놀즈는 한 손으로 그림을 가리키고 다른 한 손으로 나팔형 보청기를 들고 있다. 전시장 제일 끝에서 오른쪽에 레이놀즈가 그린 제임스 보즈웰의 초상화가 눈에 들어온다(화보 그림 30).

　토마스 롤런드슨(Thomas Rowlandson)은 전시회장의 무질서를 풍자하여 '전시회장 회전계단(The Exhibition Stare-Case)'을 그렸다(화보 그림 15). 가파르고 구불구불한 계단이 그림이 전시된 그레이트 룸으로 이어졌다. 이 계단을 오르는 것은 실로 도전이었다. 세상을 떠나기 3개월 전 존슨은 의사에게 "쉬지 않고 단숨에" 이 계단을 올랐다고 자랑스럽게 말했다. 건축가 윌리엄 체임버스(William Chambers)는 그 계단을 오르면서 사람들이 파르나소스 산을 등반하고 있다고 느끼기 바랐다. 하지만 토마스 롤런드슨의 그림을 보면, 페테르 파울 루벤스의 '최후의 심판(Last Judgement)'이 떠오른다. 그의 풍자화에선 고대 신과 여신을 진지하게 감상하려는 관중들의 눈앞에 영국 여인들의 허연 속살이 펼쳐진다. 그림의 왼쪽에 가발을 쓴 신사들은 감탄하며 여인들을 바라보고 계단 너머 벽감에 비너스가 흐뭇하게 이 광경을 바라본다.

레이놀즈는 왕립미술아카데미 총장직의 명망을 만끽했다. 왕립미술아카데미의 총장으로서 그는 매년 졸업식 때 축사를 했다. 사후에 그의 축사를 모두 엮어《미술에 대한 담론(Discourses on Art)》이란 제목으로 책이 출간됐다. 그는 왕립미술아카데미의 총장직을 맡은 덕분에 출판 작가도 될 수 있었다. 한 축사에서 그는 졸업생들에게 독서로 얻을 수 없는 지식은 학식이 풍부하고 독창적인 사람들과의 대화를 통해 얻을 수 있다고 말했다. 그들과의 대화가 학문을 깊이 추구할 여력이나 기회가 없는 이들에게 깨달음을 얻을 수 있는 최고의 방법이며, 이 시대에는 학식이 풍부하고 독창적인 사람들이 많다고 했다. 분명 레이놀즈는 더 클럽에서의 자신의 경험을 떠올리며 축사에서 이런 말을 했을 것이다. 이 당시 더 클럽이 무려 12년 동안 명맥을 이어가고 있었다.

레이놀즈는 존슨과의 우정을 매우 귀하게 여겼다. 그는 보즈웰에게 "그를 존경한다네. 그는 내가 그릇된 생각을 버리고 올곧은 생각을 하도록 만든 벗이지"라고 말했다. 보편적인 진리에 대한 존슨의 관점을 대단히 신뢰했던 레이놀즈는 학문으로서 미술의 지위를 높이기 위해 미술에 보편성을 적용하여 이론을 만들어냈다. 한 강의에서 그는 이 보편성을 '미술의 이론'이라 불렀다. 요즘이야 특별할 것 없는 표현이지만, 당시에는 미술이라는 분야의 지적 가치를 단언하는 도전적인 표현이었다.

하지만 보편성을 강조하는 레이놀즈의 발언은 어딘가 모순적이다. 보편적 가치를 강조했지만, 그는 항상 네덜란드 그림의 의상과 동양의 양탄자처럼 대상을 자세하게 묘사하는 것을 평가 절하했다. 그는 화가는 어떻게든 소재가 아닌 천의 느낌을 표현해야 한다고 주장했다. "그림 속 인물이 입은 옷은 양모도 아니고 리넨도 아니고 실크나 벨벳도 아니다. 그것은 단지 천이다. 그 이상도 그 이하도 아니다."

잠깐이지만 왕립미술아카데미를 다니는 동안 윌리엄 블레이크는 조슈아 레이놀즈가 자신을 하대한다고 느꼈다. 왕립미술아카데미에 다닐 때 그는 레이놀즈의 《미술에 대한 담론》을 읽고 여백을 저주와 악담으로 가득 채웠다.

"멍청이-허세-악마-거짓말-오 수치스러운 기만-어리석음!-헛소리-조슈아 레이놀즈와 다름에 신께 감사드린다."

블레이크가 이토록 조슈아 레이놀즈에게 적대감을 보인 까닭은 부분적으로 그가 미술 시장을 장악하고 있었기 때문이다. 하지만 레이놀즈의 축사에서 끔찍한 모순들을 발견했기 때문이기도 했다. 레이놀즈는 존 로크의 특수성과 플라톤의 보편성을 결합하려고 했지만, 그 시도는 너무나 어설펐다. 그래서 많은 사람들이 《미술에 대한 담론》에 실린 축사들을 그가 직접 쓴 것인지 아니면 새뮤얼 존슨과 다른 친구들이 그에게 준 글들을 망쳐 놓은 것인지 궁금해 했다.

블레이크는 이 점에 대하여 정곡을 찌르는 발언을 한다.

"조슈아 레이놀즈의 《미술에 대한 담론》에서 나타나는 모순은 그것이 개인의 의견이 아닌 여러 사람들의 의견을 짜깁기해서 만든 것이란 강한 의심이 들게 한다. 하지만 그렇다고 이것이 조슈아 레이놀즈가 그 글들을 쓰지 않았다는 증거는 되지 않는다. 화가이기도 하고 철학자이기도 한 그 자체가 모순 덩어리였다. 그는 학문을 통해 혹은 지인들과

41. 흉상과 함께 있는 조슈아 레이놀즈 　　　42. 안경을 쓴 조슈아 레이놀즈

의 대화를 통해 깨달음을 얻었다."

　윌리엄 블레이크가 이런 발언을 하는 데는 특별한 목적이 있었다. 레이놀즈는 유화를 존경받는 교양 예술로 올려놓으려고 노력했지만, 그와 그의 동료들은 판화를 복제품을 찍어 내는 단순 수작업으로 치부했다. 숙련된 판화가들이 자신의 그림을 대단히 훌륭하게 재해석해 냈는데도 말이다. 윌리엄 블레이크는 전문 판화가였다.

　블레이크는 속표지에 "이 남자는 미술을 침울하게 만든다"라고 적었고, 다음 장에는 "직장 없이 그리고 먹고살 길을 찾지 못한 채 조슈아 경과 그의 교활한 동료들의 억압 속에서 나의 젊음과 천재성을 허비한 나는 이 책에 대해 분노와 억울함 말고는 할 말이 없다"고 썼다. 《미술에 대한 담론》에는 조슈아 레이놀즈의 죽음에 대한 에드먼드 멀론(Edmond Malone)의 글이 담겨 있다. 그의 글을 읽은 블레이크는 운문 형식으로 그 글을 뭉개 버렸다.

조슈아 레이놀즈 경이 죽었을 때
모든 자연이 모멸감을 느꼈다.
왕은 여왕의 귀에 눈물을 떨궜고
그의 모든 그림이 희미하게 바래졌다.

조슈아 레이놀즈는 자화상을 여러 점 그렸다. 그 중에서 인상적인 작품 2점이 이 시기에 완성됐다. 첫 번째 자화상은 1780년에 완성됐다(그림 41). 같은 해에 왕립미술아카데미의 건물이 완공됐다. 레이놀즈는 반 다이크의 작품에 등장하는 포즈를 따라하고 있다. 이 자화상을 보면, 렘브란트의 '호메로스의 흉상을 바라보고 있는 아리스토텔레스(Aristotle Contemplating a Bust of Homer)'가 떠오른다. 하지만 레이놀즈의 자화상에 등장하는 흉상은 그의 영웅인 미켈란젤로다. 한 미술사가는 "자화상에서 조슈아 레이놀즈는 자신감을 뽐내고 있다. 레이놀즈가 의도했든 의도하지 않았든, 심지어 그늘이 진 미켈란젤로의 흉상도 그에게 경의를 표하며 고개를 숙이는 듯하다"고 평했다. 레이놀즈는 옥스퍼드 대학교에서 명예박사를 받을 때 상으로 받은 가운과 모자를 쓰고 있다. 레이놀즈는 이 가운과 모자를 아주 자랑스럽게 여겼다.

또 다른 자화상은 1788년에 완성됐다(그림 42). 당시 사람들은 일상생활에서 안경을 착용했지만, 안경을 쓴 사람을 그리는 것은 흔치 않았다. 레이놀즈도 평소에 안경을 썼다. 그가 안경 쓴 모습을 그린 까닭은 아마도 이 자화상을 통해 사람들에게 자신은 단순한 화가가 아니라 독자이자 작가이고 심지어 비전을 제시하는 철학가임을 보여주기 위해서였을 것이다.

CHAPTER 9

에드먼드 버크

◆숭고함과 아름다움

　더 클럽의 회원들 중에서 에드먼드 버크가 가장 지적이고 문학적 소양이 뛰어난 교양인이었다. 새뮤얼 존슨보다 20살 어린 에드먼드 버크는 더블린에서 태어났다. 그의 아버지는 변호사였고 가톨릭교에서 프로테스탄트로 개종했다. 가톨릭신자들은 대학을 다닐 수 없었고 기본적으로 전문직에서 일하는 것이 금지됐다. 그래서 버크의 아버지는 가톨릭교에서 프로테스탄트로 신중하게 개종을 택했다. 다른 가톨릭신자들은 그의 행보를 두고 분개하지 않았다. 그들은 가톨릭에서 분리되어 나온 교파인 프로테스탄트들이 궁지에 몰린 자신들의 처지를 조금이나마 개선할 수 있으리라고 생각했다.

　아버지가 가톨릭교에서 프로테스탄트로 개종한 덕분에 버크는 더블린의 트리니티 칼리지에 입학할 수 있었다. 1748년 트리니티 칼리지를 졸업한 뒤 그는 런던으로 이주하여 법학을 공부했다. 하지만 얼마 지나지 않아 공부를 중단했다. 생활비를 벌기 위해서 그는 새뮤얼 존슨과 올리버 골드스미스처럼 익명작가로 활동했다. 이 시기에 세 사람이 서로를 알게 됐을 것으로 추정된다. 1758년 버크는《애뉴얼 레지스터(*Annual Register*)》의 편집자가 됐고 연간 100파운드를 벌었다. 《애뉴얼 레지스터》는 지적 수준이 상당한 기사와 논평을 엮은 책 크기의 정기 간행물이었다.

에드먼드 버크를 위대한 정치작가로 알고 있는 현대인들은 그가 미학에 관한 논문으로 유명해졌다는 사실에 아마도 깜짝 놀랄 것이다. 그를 유명 저술가로 만든 논문이 바로 1757년에 나온 《숭고와 아름다움의 관념의 기원에 대한 철학적 탐구(*Philosophical Enquiry into the Origin of Our Ideas of the Sublime and Beautiful*)》다. 표지에 그의 이름이 적혀 있진 않았지만, 이 논문은 발표되자마자 사람들의 찬사를 받았다. 그리고 논문이 발표되고 얼마 지나지 않아 논문의 저자가 그임이 사람들에게 알려졌다.

초기 예술이론은 모방을 강조했다. 어느 유서 깊은 예술이론은 예술은 외부 환경을 있는 그대로 복제하는 것이라고 했다. 마치 예술이 햄릿의 '자연을 비추는 거울'이 되어야 한다는 것이다. 예술작가와 특히 문학평론가는 정해진 '법칙'에 따른 예술을 독단적일 정도로 강조했다. 이와 달리 버크는 심리적인 부분을 강조했다. 이런 관점은 당시 독자들에게 신선하게 다가왔다. 그는 예술 작품을 보며 사람들이 느끼는 감정에 주목했다. 사람들이 예술 작품을 보면서 자연에서 느꼈던 바로 그 감정을 느낄 수 있다고 생각했다. 그는 사람들은 '아름다움'에 반응한다고 생각했다. 그 아름다움이 풍경 속 아름다움이든 한 개인이 지닌 아름다움이든 중요치 않다. 아름다움은 사람들에게 어떤 감정을 유발시킨다. 즉 아름다움은 심리적인 것이다. '숭고함'도 마찬가지로 심리적인 것이라고 생각했다. 버크는 압도적인 광활함과 위험 때문에 사람들이 격렬한 뇌우나 해상 폭풍에서 숭고함을 느낀다고 생각했다.

그래서 버크는 거울처럼 세상을 있는 그대로 보여주는 것이 예술의 역할이라고 생각하지 않았다. 현실에서 숭고하거나 아름다운 경험으로 인해 생기는 강렬한 감정을 똑같이 이끌어내는 것이 예술의 역할이라 생각했다. 하지만 어느 정도의 거리를 둬야 한다고 주장했다. 바다의 맹렬한 폭풍을 묘사한 그림은 위험하다는 감정을 유발하지만, 우리는 그것이 단지 이미지임을 알기에 안정감을 느낀다. 바다에 빠져 죽을 위험은 실제로 존재하지 않기 때문이다.

그는 숭고함을 광활하고 위험한 무언가가 유발하는 신경계의 긴장 상태로 정의했다. 반면, 아름다움은 매끈하고 섬세한 것에서 비롯되고 무섭기보다 기분을 좋게 한다고 했다. '점진적인 변화'는 성적인 반응으로 설명했다.

"아름다운 여인의 가장 아름다운 부분은 목과 가슴 주위일 것이다. 그 부분을 관찰하라. 매끄럽고 부드러운 곡선의 변화를 보면 마음이 편안하고 결국 무감각해진다. 목에서 가슴으로 이어지는 표면은 어디 하나 똑같은 부분이 없다. (중략) 이어지지만 어느 시점에서 거의 인식하지 못하는 이런 변화야말로 아름다움의 중요한 구성 요소 중 하나이지 않을까?"

아름다움을 설명하기 위해 여성을 거론한 것은 에드먼드 버크의 독자에게 자연스러운 일이었다. 아름다움은 여성이 지니는 속성이다. 하지만 아름다움에 대한 심리적 반응은 결코 이런 성적인 요소에만 국한되지 않는다. 점진적인 변화는 어느 맥락에서나 즐거운 것이다. 버크는 '매끄러움'도 여성과 연관시켰다. 하지만 우리는 셀 수 없이 많은 방식으로 매끄러움을 인식한다.

"부드러운 이불이 매끄럽게 깔린 침대는 대단한 사치품이다. 여기서 저항은 무의미하다. 침대의 매끄러움은 인간을 보편적인 휴식으로 빠져들게 하고, 그 무엇보다 잠이라 불리는 존재를 불러들인다."

제임스 보즈웰은 침대에 깔린 이불에서 '매끄러움'의 진가를 알아봤을 것이다.

버크는《숭고와 아름다움의 관념의 기원에 대한 철학적 탐구》에서 특별히 언어의 숭고함과 아름다움을 논했다. 그리고 인간은 단어의 문자적 의미뿐만 아니라 소리와 그 단어가 연상시키는 것들에서도 어떤 감정을 느낀다고 주장했다. 그는 이런 주장을 꽤 설득력 있게 풀어냈다. 요즘 어디서나 흔히 볼 수 있는 말이란 가축은 유용하다. 그리고 아름다울 수도 있지만 절대 숭고하지는 않다. 하지만 버크가《킹 제임스 성경(King James Bible)》의 한 구절을 다른 단어로 바꾸어 표현하자, 말은 상징성을 지니게 됐다.

"목에 우레를 두르고 콧구멍에선 영광을 뿜는다. 그 녀석은 맹렬하고 격렬하게 땅을 집어삼킨다. 그 누구도 그것이 나팔 소리라고 믿지 않는다."

이 구절에서 버크는 "말의 유용성은 완전히 사라지고 끔찍하고 숭고한 감정이 모두 발산된다"고 말했다. 이러한 언어의 힘을 이해할 수 있는 작가가 훗날 가장 주목받는 위대한 연설가가 된다는 것은 그리 놀랄 일이 아니다.

이듬해 에드먼드 버크는 메리 뉴전트(Mary Nugent)와 결혼했다. 그녀의 아버지는 가톨릭신자이자 의사인 크리스토퍼 뉴전트(Christopher Nugent)였다. 훗날 뉴전트는 버크와 함께 더 클럽의 창립회원이 된다. 건강이 안 좋고 정신적 스트레스에 시달리던 버크는 요양을 위해 바스로 갔는데, 뉴전트는 바스의 개업의였다. 뉴전트는 버크를 성공적으로 치료했으며, 버크는 그에게 시로 감사의 마음을 전했다. 이 시에 등장하는 '그'가 바로 뉴전트다.

그가 몸과 마음이 허약하고 병든 젊은이를 만난 이후

가을이 두 번 지났네.

그는 그 젊은이에게 인간이 묻거나 줄 수 있는 모든 것을 주고

그 젊은이의 삶을 회복시키고 그 젊은이에게 사는 법을 가르쳤네.

에드먼드 버크와 결혼할 당시, 메리 뉴전트는 겨우 십대 소녀였다. 두 사람은 행복한 결혼생활을 했고 아들을 낳아 리처드 또는 '딕'이란 이름을 지어주고 사랑으로 키웠다.

버크는 정치에 관심이 있었다. 무일푼의 아일랜드 청년에게 정계에 입문해서 성공하는 유일한 방법은 후원을 받는 것이었다. 이를 염두에 두고 그는 윌리엄 제라드 해밀턴(William Gerard Hamilton) 하원 의원의 비서가 되었다. 공교롭게도 윌리엄 제라드 해밀턴은 제임스 보즈웰의 6촌이었다. 몇 년 뒤에 프랜시스 버니(Fanny Burney)는 해밀턴을 만난 뒤 "해밀턴 씨는 굉장히 키가 크고 잘생겼다. 거만함과 우월감을 뿜어낸다. 그는 지적이고 딱딱하고 빈정대며 영리하다"고 썼다. 그에게는 '단 하나의 연설 해밀'이란 별명이 있었다. 해밀턴의 의회 처녀 연설은 굉장히 성공적이었다. 하지만 이것이 그의 처음이자 마지막 의회 연설이 됐다.

얼마 뒤 해밀턴은 버크에게 만족스러운 임금과 함께 종신 비서직을 제안했다. 버크는 그의 제안을 거절했고, 거절당한 해밀턴은 몹시 분개했다. 버크는 비서직을 성공을 위한 발판이라 생각했다. 그렇지만 자신이 종신 비서직을 수락하면, 자신은 해밀턴의 노예가 될 것이라 생각했다. 어쩔 수 없이 자유를 포기하고 자멸을 초래하는 선택이라 여겼다. 그리고 그는 자신의 능력이 과소평가되는 것을 참지 않았다.

◆ 재담가

프랜시스 버니가 에드먼드 버크를 처음 만난 해가 1782년이었다. 당시 버크는 정치인으로서 정점에 올라 있었다. 버니는 동생에게 편지를 썼다.

"그는 키 크고 귀족적이며 위풍당당하단다. 그의 연설은 우아하며 그의 목소리는 뚜렷하고 날카로우며 듣기 좋고 강렬하지. 그의 어휘력은 방대하고 다채롭고 유창해. 그는 매력적이야. 그와의 대화는 즐거워! 그와의 대화는 끊임없이 이어진단다. 그래서 그가 한 말을 거의 전달할 수가 없어. 버크는 빠르게 여러 주제를 오가며 즐겁게 대화를 이끌지. 그는 아주 매력적인 재담가란다. 그래서 그가 한 말이지만 그의 입에서 나오지 않으면 그 힘이 반감되지."

버크에 대한 버니의 묘사를 보면, 더 클럽의 회원 모두가 훌륭한 작가였다는 사실을 다시금 상기하게 된다. 동시에 그들은 터크즈 헤드 태번 뿐만 아니라 어디서든 대화를 중요하게 생각했다. 그들은 일상적인 대화를 즐겼으며 자유롭게 경험, 의견과 사상을 교환하는 것도 가치 있게 여겼다. 특히 자신의 생각을 강렬한 어휘로 설득력 있게 전달하는 회원을 존경했다. 서로 마음이 맞는 사람끼리 모여 즐거운 시간을 보내기 위해서 터크즈 헤드 태번에 모였고, 이것이 더 클럽이었다.

에드먼드 버크는 입담이 좋았다. 하지만 그는 조용히 상대방의 말에 귀를 기울이는 법도 알고 있었다. 이 책에 실린 그의 초상화는 열변을 토하지 않을 때 침착하고 사려 깊은 그를 보여준다(그림 43).

당시 사람들은 풍자와 기지 넘치는 발언을 귀하게 여겼다. 하지만 버크는 풍자와 기지가 넘치는 사람은 아니었다. 보즈웰이 "버크는 재치가 넘치지 않나요?"라고 묻자, 존슨은 "내 생각은 다르다네. 실제로 버크는 재치 있는 말을 계속 시도하지만, 번번이 실패하지. 재치 있

43. 에드먼드 버크

는 말을 시도했지만 실패하는 사람을 보는 것만큼 즐거운 일도 없다네. 도랑을 뛰어넘으려다 그 도랑에 빠지는 꼴이야"라고 답했다. 랭턴(Langton)도 존슨과 비슷한 의견을 내놨다. 하지만 존슨보다 더욱 재치있게 표현했다.

"버크는 자신의 재치를 모루대에 놓고 두들겼지. 하지만 그의 재치는 차갑게 식어 있었다네. 그 모루대 주위로 불꽃이 튀거나 날아다니지 않았거든."

버크는 말장난을 좋아했다. 말장난을 할 때면 그는 순리에 어긋났다. 《더 스펙테이터》에서 말장난을 '거짓 재치'라고 비난했던 애디슨(Addison)처럼 존슨은 말장난 혹은 사소한 트집을 싫어했다. 특히 셰익스피어의 말장난을 개탄스럽게 여겼다. 셰익스피어 희곡을 편집할 때 그는 서문에 "빈약하고 소득 없는 트집은 그에게 큰 기쁨이다. 그래서 그는 이성, 예의와 진실을 포기하고 트집을 선택했다. 트집은 그에게 치명적인 클레오파트라다. 이 트집으로 그는 세상을 잃었고 세상을 잃음에 만족했다"라고 남겼다.

《영어사전》에서 존슨은 '트집(quibble)'을 '말꼬리를 물고 늘어지는 저속한 비유, 즉 말장난'이라 정의했다. 그 용례를 설명하기 위해 그는 아이작 왓츠(Isaac Watts)의 엄숙한 성명을 인용했다.

"기이한 말이나 트집으론 진실을 추구할 수 없다."

헤스터 스레일은 만찬에서 아일랜드 출신의 정치인 멀그레이브(Mulgrave) 경이 버크의 극도로 불쾌한 말장난을 듣고 그에게 거칠게 항의한 적이 있었다고 말했다.

"멀그레이브 경은 위대한 버크의 불쾌할 정도로 도가 지나친 말장난을 들었다. 그는 거칠게 버크에게 소리쳤다. '도대체 왜! 버크, 자넨 오늘 왜 그렇게 제멋대로 구는 것인가? 존슨이 가 버렸네.' 난 분노와 수치심에 그토록 치를 떠는 사람을 본 적이 없었다. 멀그레이브 경은 버크의 말장난을 이해하지 못했던 것 같다."

사실 버크는 고심에 고심을 거듭한 끝에 말장난을 했다. 보즈웰은 버크에게 의회 위원회에 생기를 불어넣을 수 있다면, 의회 위원회에서 올림포스 신들이 통치하기 전 세상을 다스리던 거대하고 막강한 신족인 '타이탄(Titan)'이 될 것이라고 말했다. 이 말을 듣고 버크는 "네, 아주 타이트한 종족(tight one)이요"라고 말장난을 쳤다. 이를 두고 보즈웰은 "그는 말장난을 사랑했다. 하지만 그의 말장난은 형편없었다"고 평했다. 평소 보즈웰은 그의 노력을 가상히 여겼다.

"버크는 늘 그렇듯이 생기와 장난기가 넘쳤다. 햄(ham) 근처에 앉아서 그는 '나는 햄-버크(Ham-Burke)입니다(햄버그를 햄버크로 말장난함)'라고 말했다."

우리도 그 자리에 있었어야만 했다.

버크에게 말장난은 그야말로 유희였다. 그를 아는 어떤 사람은 "그는 한껏 신이 나서 어린아이들과 장난쳤다. 그는 아이들과 카펫 위에서 뒹굴었고 난처할 정도로 형편없는 말장난도 즐겼다. 그러면서 가장 숭고한 장면을 만들어냈다"고 말했다. 왕립미술아카데미의 만찬에서 그를 만난 한 음악가는 버크의 재미있고 장난기 넘치는 일화와 말솜씨에 놀랐다.

"나는 지금껏 그토록 활기차거나 매혹적인 이야기를 들어본 적이 없다. 아마도 앞으로도 듣지 못하리라. 우리는 그의 별나고 재치 넘치는 이야기를 들으며 거의 2시간 동안 배가 아플 정도로 웃었다."

버크의 말장난을 다른 관점에서 살펴보자. 심지어 그의 끔찍한 말장난조차도 말이다. 아일랜드의 언어 대가인 조너선 스위프트는 창의력을 겨루는 게임인 양 친구들과 말장난을 주고받았다. 그는 단어의 '정확한' 의미를 바탕으로 단어를 조합하여 새로운 단어를 만들어내기를 좋아했다. 스위프트는 친구 스텔라(Stella)에게 한 일화를 들려줬다. 정치 동료가 자신과 시인 매슈 프라이어(Matthew Prior) 사이에 프린지 냅킨을 놓자, 스위프트는 "프라이어와 각하 사이에 이런 프린지십(fringeship)을 볼 수 있어 기쁩니다"고 정치 동료에게 말했다. 이 말을 들은 프라이어는 자신이 들었던 말장난 중에서 최악이라고 단언했다. 스위프트 역시 자신도 그렇게 생각했다고 스텔라에게 말했다. 스위프트는 친구는 아니지만 적당한 거리를 두고 유지하는 주변인과 같은 두 사람의 관계를 표현하기 위해서 '주변의'를 의미하는 '프린지(fringe)'와 '어떤 상태나 특질'을 나타내는 '-십(-ship)'을 결합하여 '프린지십'이란 단어를 만들어냈던 것이다.

또 한 명의 아일랜드의 위대한 작가인 제임스 조이스(James Joyce)도 조너선 스위프트와 마찬가지로 말장난을 즐겼다. 사람들이 그에게 그의 말장난이 하찮다(trivial)고 불평하면 그는 "네, 그 중 일부는 4학과죠(quadrivial)"라고 되받아쳤다. 중세의 교육 과정은 문법, 논리학 그리고 수사학의 3학과(trivium)로 시작하여 산술, 음악, 기학 그리고 천문학의 4학과(quadrivium)가 추가됐다. 'trivial'은 '3학과의'란 의미도 가지고 있는데, 조이스는 '4학과'라는 말장난으로 응수했던 것이다.

◆ 정치인 그리고 웅변가

윌리엄 제라드 해밀턴은 버크가 자신의 제안을 거절했음에도 그의 후원자가 되어줬다. 해밀턴은 상무위원회의 핼리팩스(Halifax) 경에게 에드먼드 버크를 추천했다. 해밀턴의 비서직은 민간직이었지만, 이 자리는 관료직이나 마찬가지였다. 상무위원회에서 일하면서 버크는 정부가 어떻게 움직이는지 배울 수 있었다. 그리고 《애뉴얼 레지스터》로 벌어들인 연간 수입의 3배인 300파운드를 연봉으로 받았다. 1765년 버크는 런던에서 30마일 떨어진 웬도버라는 작은 마을을 대변하는 하원의원으로 선출된다. 이것은 그가 더 클럽의 창립회원이 된 지 1년 뒤에 일어난 일이었다.

이 당시 버크는 런던 서쪽의 버킹엄셔 비콘스필드에 저택과 600에이커의 토지를 마련했다. 떠오르는 정치인이었던 그는 저택과 토지를 이용해 손님들을 정성껏 대접했다. 그는 오랜 친구이자 동문에게 "난 이 나라에 작은 뿌리를 내리기 위해서 나의 전 재산과 친구들의 도움을 받아 이 저택과 토지를 구매했다네. (중략) 정말 좋은 곳이야. 일이 뜻대로 풀리지 않으면, 진지하게 농부가 될까 생각 중이야"라고 편지를 썼다. 실제로 그는 농사짓는 법을 열심히 공부했고 현대적인 토지개량운동에 열정적으로 참여했다.

저택과 토지를 구매하는 데 무려 2만 파운드가 들었다. 버크는 거의 전부를 친구들과 지인들에게 빌려서 돈을 마련했다. 이 덕분에 그는 평생 빚에 쫓기게 된다. 하원 의원으로 있는 동안에도 빚 때문에 언제 붙잡혀 갈지 모르는 불안 속에서 지냈다. 그는 동인도회사 주식에 투자했다. 동인도회사에서 일하던 가까운 친구의 조언으로 주식에 투자했기에 큰돈을 벌 수 있으리라 믿었다. 하지만 주가가 폭락했다. 이 끔찍한 일로 인해 버크는 식민 개척의 선봉에 서서 큰 결실을 맺게 되는 동인도회사에 적개심을 품게 된다.

18세기 정계는 어제의 동료가 오늘은 적이 됐고 내분이 끊이질 않았다. 이해관계가 복잡하게 얽히고설킨 곳이었지만, 전반적인 상황은 그렇게 복잡하지 않았다. 18세기 정치판이 오늘날의 정치판과 같지 않았다는 점을 이해해야 한다. 당시엔 의회에서 투표권을 통제하는 당의 규율이 없었다. 그리고 모든 당원들이 동의하는 당의 이념도 존재하지 않았다. 에드워드 기번(Edward Gibbon)은 휘그당원이었지만 토리당의 로드 노스(Lord North)를 지지했다. 그가 충성심만 보여주면 얻을 수 있는 한직에 있었기 때문이다. 몇 년 뒤에 친구에게 보내는 편지에서 에드워드 기번은 "휘그와 토리는 어리석고 더 이상 쓸모없고 혐오스러운 말"이라고 비난했다.

넓은 관점에서 보면 당시 영국 정치는 두 그룹으로 나누어져 있었다. 전반적으로 휘그당은 런던의 금융과 상업세력과 동맹을 맺었다. 그래서 그들은 대영제국이 번창하기를 간절히 바랐고 번영에 도움이 될 것으로 여겨지는 해외 전쟁을 적극 지지했다. 토리당은 스스로를 군주에게 충성하고 가톨릭교를 신봉하는 전통주의자들이라 여겼다. 자신들이 낸 토지세가 전쟁자금으로 쓰인다는 사실에 분개하는 지방의 상류 지주 계층은 토리당을 지지했다. 하지만 두 정당의 경계에는 구멍이 많았다. 성공한 상인은 주로 자신의 자녀들을 귀족 가문과 혼인시켰고 지방에 부동산을 소유하고 있었다.

1774년 버크는 더 중요한 자리에 선출된다. 상업 도시인 브리스틀을 대표하는 하원 의원이 된 것이었다. 의원은 자기 선거구의 유권자들의 판단이 아닌 자기 판단을 따라야 한다는 것이 그의 확고한 신념이었다. 유명한 연설 중 하나인 〈현재 불만에 대한 생각(Thoughts on the Present Discontents)〉에서 버크는 정치인은 '정부의 정당한 목적'을 달성할 정당한 수단을 찾는 행동하는 철학자여야 한다고 주장했다. 그리고 다른 연설에선 스스로를 내과의사라고 칭했다.

"사람들은 고통 받는 환자입니다. 사람들은 병 때문에 어디가 어떻게 아프다며 증상을 호소합니다. 우리 의원들은 그 병의 원인을 정확히 파악하고 보편적 원리에 따라 치료약을 어떻게 처방해야 하는지를 알고 있습니다."

이 부분에서 버크와 존슨의 생각이 일치했다. 두 사람은 국가의 이익을 고취하기 위해 자기 판단에 따라 행동하는 것이 진정한 애국자가 해야 할 일이라고 생각했다. 버크가 더 클럽에서 언급했듯이 설령 그것이 항상 소수집단을 대변하는 일이라도 말이다. 버크는 항상 소수파였다. 존슨은 "애국심이란 악당 새끼들의 마지막 도피처다"라고 말했다. 그가 본래 어떤 맥락에서 이런 말을 했는지에 대한 이해도 없이 많은 사람들이 이 말을 인용했다. 존슨은 야당이 자신들의 목적에 따라 '애국심'을 들먹이는 행태를 꼬집기 위해 이 말을 했다. 한 야당은 토리당 정부가 국가의 신임을 배반하고 있다고 주장했다. 《더 페이트리엇》에서 존슨은 실제로 애국심이 무엇이어야 하는지에 대해 설명했다.

"애국자는 단일 동기에 따라 공적 행위를 하는 자다. 단일 동기는 바로 자기 국가에 대한 사랑이다. 의원은 자신을 위한 희망이나 두려움을 가져서는 안 되고, 자기 이익을 위해 친절을 베풀거나 적개심을 품어선 안 된다. 모든 것은 공공의 이익과 연결되어야 한다."

에드먼드 버크의 브리스틀 유권자들은 그의 독자적인 태도를 달가워하지 않았다. 브리스틀을 대변하는 6년 동안, 버크는 딱 2번 도시를 방문했다. 1780년 브리스틀 유권자들은 그의 재임을 거부했다. 그래서 다른 자치구가 그를 위해 만들어졌다. 이 시기에 버크는 이미 휘그당 내 소수파의 수장인 로킹엄(Rockingham) 경에게는 없어서는 안 될 인재였다. 동시대 정치평론가들은 버크는 단지 로킹엄 경의 오른팔이 아니라 그의 양손이었다고 평가했다.

로킹엄파의 목표는 연립 정부의 우두머리가 되는 것이었다. 1782년 그 일이 일어났다. 요크타운에서 패배하며 로드 노스에 대한 지지도가 바닥으로 추락했다. 버크가 그토록 고대하던 정계에 입지를 굳힐 좋은 기회가 찾아왔다. 그는 육군 경리감에 임명됐고 한 해 수입이 무려 4,000파운드에 달했다. 로킹엄파가 주도권을 유지한다면, 그는 빚을 완전히 갚을 수 있었다. 하지만 로킹엄파가 토리당의 주도권을 잡은 지 1년이 채 되지 않아 로킹엄 경의 사망으로 로킹엄파는 좌초됐다. 존슨은 "버크의 가족은 이 혁명으로 연간 1만 2,000파운드를 잃은 것으로 추산된다. 그야말로 영고성쇠였다"고 동정 어린 발언을 했다. 존슨이 추산한 손해에는 급여 이외에도 고위관료가 받는 기타 수입까지 포함되어 있었다.

558명의 하원 의원 대다수는 꿈에도 의회에서 연설할 생각을 하지 않았다. 하지만 스타 연설가는 한 번에 몇 시간 동안 의회 연설을 했다. 의회에서 연설을 하려면 설득력 있는 웅변은 필수였고, 격렬한 논쟁에서 빠르게 치고 빠지는 순발력도 필요했다. 버크는 이 두 가지 모두에 뛰어났다. 의회 연설이나 격론은 언론에 보도되지 않았다. 그래서 존슨이 《젠틀맨즈 매거진》에 기고한 의회 연설이나 격론은 거의 그가 지어낸 것이었다. 하지만 의회 연설가들은 후에 언제든지 자신의 연설을 묶어 책으로 발표할 수 있었다. 버크도 정기적으로 소책자 형식으로 자신의 연설을 대중에게 공개했다.

그는 단숨에 연설의 달인으로 불렸다. 동시대인은 "빈틈없는 비유로 논리를 풀어낸다"고 버크의 연설에 대해 감탄했다. 나중에 매슈 아놀드(Matthew Arnold)는 "그는 영국에서 거의 유일하게 정치와 관련된 사상을 연설에 가져온 인물이었다. 그래서 에드먼드 버크는 위대하다. 그는 정치에 사상을 가득 녹여낸다"고 말했다.

그럼에도 불구하고 대다수의 사람들은 버크를 미덥지 않은 아일랜드 승부사라고 여겼다. 그의 탁월한 처녀 연설 이후 호레이스 월폴은 "능변으로 그의 명성이 아주 높아졌다"라고 말했다. 하지만 이어서 "그의 이름은 에드먼드 버크다. 가톨릭교를 믿는 가정에서 태어난 아일랜드인이고 사실상 그 신앙과 결혼했다. 그는 《숭고와 아름다움의 관념의 기원에 대한 철학적 탐구》와 기타 기발한 글의 저자로 대중에게 이름을 알렸다. 하지만 가난에 항상 발목 잡혔고 주로 서적상들을 위해 글을 쓰고 받은 돈으로 먹고살았다"라고 비아냥거렸다.

토마스 코프랜드(Thomas Copeland)는 월폴의 발언에 숨겨진 의미를 자세히 설명했다.

"틀리는 법이 없는 월폴은 이 새로운 인물의 사회적 갑옷에서 가장 취약한 부분 4개를 찾아냈다. 버크는 아일랜드 출신이었다. 그는 가톨릭교와 관련되어 있었고 가난했다. 그리고 그가 '서적상을 위해 글을 쓴다'는 루머가 돌았다."

《애뉴얼 레지스터》가 성공했지만, 월폴과 같은 귀족들은 한낱 펜장난에 지나지 않는 글을 쓴 작가에게 절대 머리 숙이지 않았다.

잉글랜드에선 아일랜드에 대한 반감이 들끓고 있었다. 특히 버크는 수상쩍은 인물이었다. 그가 아일랜드를 정치적으로 억압할 정책을 반대하는 운동을 벌였기 때문이었다. 그는 항상 아일랜드 사투리를 사용했다. 아일랜드 출신이라서 고상하지 않다는 속물적인 편견에 맞서야만 했다.

제임스 보즈웰이 이탈리아에서 만난 휘그당원인 존 윌크스(John Wilkes)는 "버크는 연설을 잘했지만, 올바른 종류의 연설을 잘하는 것은 아니었다. 그의 능변은 아일랜드적인 능변이었다. 아펠레스가 그린 멋진 여성은 누군가 그녀가 장미를 먹고 산다고 말할 정도로 아름다운 살결을 가지고 있었다. 버크의 예술도 우리에게 멋진 여성을 보여준다. 하지만 그녀는 토마토와 위스키를 먹고 살 것 같다"라고 말했다. 《존슨 전》에서 이 말을 인용하며 보즈웰은 버크를 직접 언급하지 않았고 '아일랜드적인'이란 단어를 삭제했다. 하지만 독자들은 "탁월한 상상력과 재치가 넘치는 유명 연설가"의 정체를 쉽게 추측해냈다.

심지어 헤스터 스레일도 버크를 은근히 헐뜯었다. 비콘스필드에서 버크 부부와 시간을 보낸 뒤에 스레일은 버크 부부가 만취했고, 버크는 상스러운 욕을 입에 올렸으며, 그들의 비싼 그림과 동상에는 거미줄이 쳐져 있고, 먼지가 뿌옇게 앉아 있었다고 했다. 그리고 그녀는 "왜 그런지 아일랜드의 로마 가톨릭신자는 항상 외국인 같다. 더럽고 차려 입기 좋아한다. 마치 못에 옷을 걸듯이 옷을 겹겹이 껴입는다"고 덧붙였다.

버크의 정적들은 그가 몰래 가톨릭신자 행세를 한다는 거짓말을 하고 다녔다. 이것이 사실이면 그는 영국 정계에서 활동할 수 없었다. 그들은 심지어 그가 청년일 때 예수회 소속 사제가 되기 위해서 공부했다는 거짓말도 퍼뜨리고 다녔다. 만화가들은 주기적으로 에드먼드 버크를 그런 식으로 풍자했다(그림 44). 그림에서 버크는 안경을 쓰고 있다.

44. 예수회 사제의 모습을 한 에드먼드 버크   45. 웅변가인 에드먼드 버크

이를 통해 그가 근시였음을 알 수 있다. 하지만 이 그림은 그가 근시안적인 관점을 지닌 인물임을 보여주기 위해 그려진 풍자화다.

의회에서 중요한 토론이 있는 날이면 방청실은 참관자들로 꽉 들어찼다. 특히 버크가 연설자로 나서는 날이 더 그러했다. 보즈웰 역시 그곳에서 버크의 연설을 직접 듣고 다른 참관자들처럼 깊은 감동을 받았다. 하지만 그는 통찰력 있는 논평도 잊지 않았다.

"그의 입에서 온갖 비유가 쏟아져 나왔다. 실로 믿기 힘든 광경이었다. 하지만 그의 웅변술은 그의 대의명분을 지지하기보다 그를 두드러지게 만들 뿐이었다. 설득보다는 유희에 가까운 연설이었다. 무대에 오른 인기 배우를 보는 듯했다. 그럼에도 불구하고 내가 그였다면 대단히 행복했을 것이다."

또 다른 그림은 버크가 얼마나 극적으로 연설을 이어나가는지 보여준다(그림 45).

골드스미스 역시 버크의 연설에 대하여 보즈웰과 유사한 평을 내놨다. 그는 에드먼드에게 보내는 가상의 비문으로 자신의 생각을 표현했다.

여기 우리의 좋은 벗이었던 에드먼드가 있습니다.
우린 그의 천재성을 찬양하거나 비난할 수 없습니다.
우주를 위해 태어난 그의 천재성은 그를 편협하게 만들었고
그는 정당을 위하여 인간이길 포기했습니다.
모든 학문으로 무장했으나 이것이 그의 목을 졸랐고,
토미 타운센드를 설득하여 자신에게 투표하도록 했죠.
청중들에게 너무나 심오했던 그의 연설은 계속 심오해졌습니다.
청중들은 그의 연설이 설득력 있다 생각했지만,
실상은 오직 먹을 생각만 했습니다.

보즈웰은 토마스 타운센드(Thomas Townshend)가 존슨의 연금 수령을 비난했기 때문에 골드스미스가 그를 언급했을 것이라 생각했다.

에드먼드 버크에게는 절친한 정치적 협력자가 있었다. 더 클럽이 탄생하고 10년이 흐른 뒤에 신입회원이 된 이 사람도 이 책에서 언급할 만한 인물이다. 바로 풍자만화가들이 사랑했던 찰스 제임스 폭스(Charles James Fox)다. 초상화에서도 그의 뚱뚱하게 나온 배와 두 턱이 도드라진다(그림 46). 그는 아침에 면도를 했으나 저녁 무렵이 되면 수염이 거뭇거뭇하게 자랐다.

폭스의 출신과 생활방식은 버크와는 완전히 달랐다. 귀족가의 차남으로 태어난 그는 한량이었고, 여성들에게 인기가 많았으며, 정치적으로는 버크보다 훨씬 급진적이었다. 결국 두 사람은 이런 차이 때문

46. 찰스 제임스 폭스

에 사이가 틀어지게 된다. 폭스는 연설가로서 버크의 라이벌이었다. 동시대인은 그를 "우레 같은 능변을 지닌 현대의 데모스테네스, 찰스 제임스 폭스"라 불렀다. 두 사람이 함께하면, 그 누구도 이 둘을 막을 수 없었다.

　부유했던 폭스는 두려움을 모르는 도박꾼이었다. 24살에 진 도박 빚이 무려 14만 파운드였다. 그는 다음 판에 이겨서 빚을 갚겠다는 생각으로 계속 도박을 했다. 그는 주로 카드 게임을 했다. 카드 게임을 한 번 시작하면 24시간 동안 카드를 손에서 놓지 않았다. 한 시간 동안 500파운드를 잃은 적도 있었다. 그는 통상 24시간 동안 도박을 하고 다음날 하원에서 연설을 했다. 폭스 형제는 3일 밤 연속 카드 도박을 해서 무려 3만 2,000파운드를 잃기도 했다. 부유한 한량들이 하는 도박이 카드 게임만 있는 것은 아니었다. 그들은 거의 모든 것에 즉흥적으로 돈을 걸고 도박을 했다. 화려한 화이트 클럽에서 창문에 묻은 두 개의 빗방울로 내기를 한 귀족들도 있었다. 그들은 제일 먼저 창틀에 떨어지는 빗방울을 맞추는 내기를 했고 내기 판돈으로 무려 3만 파운드를 걸었다.

폭스는 단박에 버크의 빚을 갚을 수 있었다. 하지만 버크의 빚을 대신 갚아줄 생각은 그에게 없었던 것 같다. 그리고 동료이자 친구인 그의 자선을 받아들이는 것은 분명 버크에게 수치스러운 일이 될 것이다.

◆ 국민을 위한 정부

에드먼드 버크와 찰스 제임스 폭스는 선거권을 확대하는 방안과 의석을 할당하고 통제하는 방식의 오래된 문제의 해결방안을 두고 대립했다.

반세기 후인 1832년 제1차 선거법 개정안이 통과될 터였다. 당시 폭스는 휘그 연합에서 꽤나 급진적인 비주류세력을 이끌고 있었다. 반면 버크는 존슨처럼 철저한 전통주의자였다. 그들은 당대 지성인들 그리고 일반인들과 이념을 공유했다. 일반인들의 이념이 무엇인지 이해하는 것은 중요했다. 좁은 의미에서 버크와 존슨은 정치적 동지는 아니었다. 버크는 휘그당원이었고, 존슨은 항상 휘그당을 싫어하는 척했다. (하원 의원이 '자유의 정신'이 파괴되고 있다고 발언했을 때, 존슨은 "나리, 전 당신이 제가 절대 용납할 수 없는 휘그당원이라 생각합니다"라고 소리쳤다.) 하지만 넓은 의미에서 두 사람은 유사한 세계관을 공유하고 있었다.

버크는 국민에 의한 정부를 옳다고 생각하지 않았다. 자격을 갖춘 소수가 이끄는 국민을 위한 정부를 지지했다. 대부분의 미국 건국자들도 이와 유사한 생각을 갖고 있었다. 19세기 존 퀸시 애덤스(John Quincy Adams)는 잭슨(Jackson)적 인기영합주의자들은 '민주주의는 가장 순수한 자, 강력한 자, 부유한 자, 현명한 자가 아닌 오직 모든 국민의 정부'라고 그릇된 주장을 했다고 항변했다. 존슨은 인기영합주의자들을 애덤스보다 훨씬 더 준엄하게 비판했다.

"저속한(vulgar) 자들은 국가의 어린아이들이다. 그러므로 어린아이들처럼 가르쳐야 한다."

이 시기에 'vulgar'는 굳이 부정적인 의미만 함축된 단어가 아니었다. 《영어사전》에서 존슨은 'vulgar'를 '평범한 사람'으로 정의한다. 그래서 그가 말한 '저속한 자들'은 '평범한 국민'을 뜻한다.

존슨과 버크는 사회 질서를 유지하기 위해선 '종속'이 반드시 필요하다고 생각했다. 오늘날 이 단어는 노예상태나 심지어 탄압을 의미한다. 하지만 그들에게 '종속'은 사회를 무정부상태가 아닌 협조적이고 평화롭게 유지하는 존중의 전통적인 체계를 의미했다. 존슨은 "나는 사회의 행복을 달성하는 데 가장 이로운 종속관계를 지지한다. 통치하고 통치받는 것에는 상호간의 기쁨이 존재한다"고 말했다.

당시 잉글랜드는 요즘 말로 최소주의 국가였다. 실질적으로 경찰 조직이 없었고, 상품에 세금을 부과했지만 소득에는 세금을 부과하지 않았다. 정부의 직접적인 통제가 거의 없었다. 화재 예방, 고속도로 유지보수, 물 공급, 교도소 관리 등 지금 우리가 당연히 정부의 책임이라고 여기는 영역들의 대부분이 당시에는 거의 존재하지도 않던 민간기업의 영역이었다.

그러므로 지역 주민들에게 상당한 영향력을 행사하는 현지 시의원과 지주가 지역의 니즈를 지역 안에서 해결해야만 했다. 가끔 지역을 순회하는 판사가 순회 재판소를 열어 심각한 범죄를 심리했다. 그 외에는 지주가 보안판사가 되어 일종의 지역 규율에 따라 경범죄에 대해 판결을 내렸다. 필딩(Fielding)의 《톰 존스의 역사(The History of Tom Jones)》에 등장하는 지주 올워시는 이런 책임을 진지하게 받아들이고 임했다.

하지만 그의 이웃인 지주 웨스턴은 아니었고 비서가 그에게 인내심을 갖고 법을 설명해 줘야 했다.

당시 'conservative'란 단어에는 '보수주의'란 함축적 의미가 담겨 있지 않았다. 18세기 말에 프랑스 혁명에 대한 반작용으로 이 단어에 이런 함축적 의미가 담기게 되었다. 대다수의 휘그당원들과 토리당원들은 대부분의 국민들이 자신의 사회적 지위를 필연적인 것으로 받아들일 때 사회적 안정이 달성된다고 믿었다. 로렌스 스톤(Lawrence Stone)은 "엘리트 계층이 겉으로 잘 드러나지는 않지만 서로 단합하고, 그들의 밑에 있는 자들이 아무 의문을 가지지 않고 그들을 존경한 덕분에 사회적 안정이 유지됐다. 매일 행동과 기도를 통해 이런 계급체계를 재차 강조하고 상류계층에게 재산상의 손실을 입히는 가난한 하층계급에 사형을 선고하여 처벌한 덕분에 사회적 안정이 유지됐다. 이런 이유로 18세기 국가 기구의 권력은 취약했지만, 사회 질서가 붕괴되지 않고 유지될 수 있었던 것이다"라고 말했다.

자신은 휘그당원도 토리당원도 아니라고 했던 데이비드 흄(David Hume)은 에세이 〈원시계약에 대하여(Of the Original Contract)〉에서 "복종이나 순종은 너무나 익숙한 개념이 되었다. 그래서 대부분의 사람들은 이것의 기원이나 원인에 대해 의문을 갖지 않는다. 그들은 중력의 원리, 저항 혹은 자연의 보다 보편적인 법칙에 의문을 품을 뿐이다"라고 했다. 흄은 이것이 좋은 일이라고 생각했고, 존슨과 버크도 그와 같은 생각이었다.

제임스 보즈웰의 정치적 견해는, '견해'가 옳은 단어라면, 촌스럽지만 낭만적인 편이었다. 누군가 공화국을 지지하는 발언을 하면 그는 집으로 가서 "분명히 왕실이 이끄는 제한적인 정부가 인간을 행복하게 하는 최고의 조직이다. 나의 의견은 공화국은 가장 혼란스럽고 저속한(vulgar) 시스템이라는 것이다. 반면 군주제에서 우리는 유쾌한 사상에 대한 영감을 얻는다"고 썼다. 여기서 'vulgar'는 현대의 부정적인 의미가 함축되어 있다.

새뮤얼 존슨은 이런 식으로 절대 말하지 않았다. 그의 입장은 실리적이었고, 그는 심리적으로 상황 판단이 빨랐다. 보즈웰과의 대화에서 그는 사회계급의 핵심은 자의성이라 했다. 어떤 사람들이 대부분의 가치를 지니고 있다는 주장에 동의하기는 어렵지만, 그들이 지위 혹은 계급을 물려받는 것에 대해 반박할 자는 없다.

"폭도들이 폭동을 일으켜 당신과 같은 신사들을 자리에서 끌어내려 '이제 우리가 신사가 될 차례다'라고 주장하지 못하게 막는 권위가 쉽게 존경받는다네. 이보게나, 건방지게 자신의 힘으로 권위를 얻어낸 자들보다 아버지가 가지고 있던 권위를 물려받은 자가 사람들로부터 존경받기 훨씬 쉽다네. 그래서 사회가 보다 쉽게 지탱되는 거지."

존슨은 그런 의미에서 자신도 대단한 업적에도 불구하고 '건방지게 권위를 얻어낸 자'이고 '폭도들' 중 한 명임을 인정했다. 미래의 오킨렉 지주인 보즈웰은 당연히 귀족이었다. 보즈웰은 자신의 가문이 노르만 정복에도 참여했다고 자랑스럽게 이야기했다. 하지만 존슨은 "나는 복종을 가치 있게 여기고 영광스럽게도 이 세상에 태어났으나, 나의 선조에 대하여 거의 이야기할 것이 없다"고 말했다.

심지어 스스로를 급진주의자라 여겼던 이들마저 흔히 이렇게 생각했다. 존슨은 이를 설명하기 위해 위대한 공화주의자 캐서린 매콜리(Catherine Macaulay)의 만찬에서 일어났던 일에 대하여 이야기했다.

나는 아주 용감하게 그녀에게 "부인, 전 그대의 의견에 동의합니다. 그리고 그대의 의견을 받아들이게 되었습니다. 저 역시 모든 인류가 평등하다 믿습니다. 그대에게 의심할 수 없는 증거를 보여주지요. 자, 여기 그대의 하인이 있습니다. 그는 매우 합리적이고 정중하고 예의 바른 동료 시민입니다. 그도 우리와 함께 이 만찬을 즐겼으면 합니다"라고 말했다. 그렇게 나는 그녀에게 평등이란 개념의 모순을 보여줬다. 그 이후 그녀는 나를 싫어했다. 평등주의자들은 스스로를 최대한 낮추지만, 다른 이들을 자신들의 수준으로 높이는 것을 견디지 못한다. 그들 모두 자신들의 아래에 일부 사람들을 두면서, 왜 자신들 위에 일부 사람들이 서는 것은 받아들이지 못하는가?

종속의 원칙에서 소수집단은 그 지위를 가지고 있기 때문에 그 지위에서 나오는 특권을 누릴 자격이 있었다. 에드워드 기번(Edward Gibbon)은 《로마제국쇠망사》에서 "근면하고 유용한 노동자"는 대부분의 사람들이고 "우연히 노동자들 위에 서게 된 선택된 소수는 자신의 시간을 이익이나 영예를 추구하고 부동산의 가치를 높이거나 학문을 닦거나 사회적 의무, 즐거운 행위 그리고 심지어 사회적으로 어리석은 행위를 하는 데 쓴다"고 했다.

에드워드 기번은 세상에서 자신의 지위를 정확하게 이런 식으로 이해하고 있었다. 그는 자신이 운이 좋아서 적지 않은 재산을 물려받았고 일하지 않고 원하는 일을 하면서 살 수 있는 기회가 주어졌다고 생각했다. 회고록에서 그는 로마제국에서 태어났다면 "나의 지위는 노예, 미개인 또는 무식쟁이였을 것이다. 그러면 나는 자유로운 문명화된 나라에 과학과 철학의 시대에 행운을 타고난 훌륭한 가정에 태어나게 해준 자연의 너그러움에 대해 깊이 생각할 수도 없었을 것이다"라고 썼다.

복종은 절대 다수의 범죄, 심지어 죽음으로 처벌받아야 할 범죄조차도 재산상 손해를 입히는 것이라고 여기는 냉혹한 현실의 철학적 토대였다. 존슨은 법이 너무나 가혹하다고 생각했다. 하지만 대부분의 지성인들은 그렇게 생각하지 않았다. 《로마제국쇠망사》에서 기번은 "사회의 내부 평화를 깨트리는 범죄의 대다수는 필요하지만 불공평한 규제 때문에 발생한다. 물권법은 다수가 탐내는 물건을 극소수만 소유하도록 제한하여 인류의 욕망을 억누른다"고 했다.

기번이 우정을 나눈 애덤 스미스도 법학 강의에서 정확하게 동일한 주장을 했다.

"법과 정부는 가난한 자들을 억압하는 부유한 자들의 결합체로 봐야 한다. 법과 정부는 가난한 자들의 공격으로 파괴될 불평등을 부유한 자신들을 위해 보전한다. 하지만 정부는 법으로 가난한 자들의 공격을 막을 수 없으면 그들을 자신들과 평등한 지위에 두고 노골적인 공격을 가한다."

루소(Rousseau)와 마르크스(Marx)는 애덤 스미스보다 더 훌륭하게 불평등을 풀어냈다. 차이점은 애덤 스미스는 불평등을 좋은 것으로 봤고 《인간불평등 기원론》에서 루소가 한 주장을 반박했다는 점이다. 1749년 루소는 《인간불평등 기원론》에서 사회와 사법 시스템의 발전을 "자연 상태의 자유를 돌이킬 수 없을 정도로 파괴하고, 소유와 불평등의 법칙을 영원히 확립하고, 노련한 권리 침해를 바꿀 수 없는 권리로 둔갑시키고, 소수의 이득을 위해 탐욕스러운 인간들이 타인의 노동력을 착취하고 노예로 만들고 빈곤으로 고통받게 만드는 재앙"이라고 했다.

휘그당이든 토리당이든 영국의 사상가들은 대체로 복종의 본질적인 보증인을 종교라 여겼다. 토리당은 영국 국교회에 특권이 주어지길 바랐다. 영국 국교회의 교리가 다른 종교의 교리보다 우월했기 때문이 아니었다. 단지 영국 국교회가 영국 사회에 확실히 자리를 잡고 인정을 받고 있었기 때문이었다. 프랑스 혁명에 이은 공황상태에서 버크는 "인간의 몸은 자신의 마음속에 뿌리 내리지 않은 허울뿐인 주장을 통해 자연스러운 복종의 원리를 깨달아선 안 된다. 인간은 반드시 자신들이 취할 수 없는 속성을 존경해야 한다. 그들은 노동으로 얻을 수 있는 것을 얻기 위하여 노력해야 한다. 노력에 걸맞은 성공이 따라오지 않음을 깨달을 때, 그들은 영원한 정의를 통해 위안을 깨우치게 될 것이다"라고 썼다. 오늘날 특권층과 그들의 정치 동지들은 자신들의 지위를 숨기기 위해 애쓴다. 버크는 이 글에서 그들이 그토록 숨기려고 하는 것을 아주 적나라하게 폭로하고 있다.

에드먼드 버크와 에드워드 기번 같은 보수적인 휘그당원들은 권력이 지주계급에 집중되어야 한다고 확신했다. 상인과 투기꾼은 국가의 이익을 희생시켜 스스로 배를 불리지만, 지주계급 혹은 귀족은 국가의 이익을 생각하는 계급이라고 생각했다. 버크는 대다수 귀족들이 완전한 명청이라는 사실을 결코 부정하진 않았지만, 귀족계급의 특권을 열렬히 옹호했다. 그는 한 명의 귀족으로서 누리는 특권이 아닌 귀족계급으로서 지니는 계급적 특권을 옹호했던 것이다.

존슨과 마찬가지로 버크 역시 자신의 지위가 철저히 현실적이고 실리적이라 생각했다. 1772년 그는 정치 동지인 리치먼드(Richmond) 공작에게 "그대와 같은 대단한 가문과 세습된 영예와 재산이 있는 자들은 나와는 다릅니다. (중략) 우리는 한 계절을 살고 소멸하는 일년생 풀에 지나지 않죠. 우리는 이 세상을 떠난 뒤에 그 어떤 흔적도 남기지 않는답니다. 그대는 국가에 그늘을 드리우고 대대손손 그대의 특권을 영속시키는 웅장한 참나무죠"라고 썼다. 전체 맥락을 무시하고 이 구절만 보면, 버크가 귀족계급을 몹시 숭배하는 것처럼 보인다. 폴 랭퍼드(Paul Langford)는 "버크는 쉽게 다른 것에 눈을 돌리는 산만한 정당 지도자들이 자신들의 의무를 다하도록 만들려고 부단히 애썼다. 이것은 그런 그의 수많은 시도 중 하나였다"고 말했다.

버크는 점진적인 변화를 강조했다. 그는 폐단을 개혁할 것을 강력히 주장했지만, 완전히 새로운 무언가로 대체하기 위해 세습구조를 해체하려고 하진 않았다. 하지만 미국의 건국자들은 그렇게 할 생각이 없었다. 그들은 런던의 지배를 거부하면서 자신들의 사회가 예전과 변함없기를 기대했던 정치인들이었다. 존슨은 "개혁은 날이 저물면 서서히 드리워지는 그림자처럼 점진적이고 조용히 진행된다"고 썼다. 보즈웰이 "그래서 선생님은 정치적 진보를 비웃으시는군요?"라고 묻자, 존슨은 "왜? 정치적 진보를 위한 대부분의 계획은 아주 터무니없는 것이지"라고 답했다.

◆ 혁명 속 에드먼드 버크

후세는 에드먼드 버크를 1789년 프랑스 혁명과 연관을 짓는다. 프랑스 혁명으로 군주제가 전복됐고, 수만 명의 귀족들이 처형됐다. 주변 국가들은 프랑스 혁명에 영향을 받아 자국민들이 봉기할까봐 두려움에 떨었다.

이미 영국에서 반란의 움직임이 있었다. 1768년 런던에서 '윌크스와 자유'를 외치며 폭동이 일어났다. 존 윌크스(John Wilkes)가 하원 의원에서 제명된 것이 그 시발점이었다. 그 당시 벤자민 프랭클린(Benjamin Franklin)은 혁명적인 인물이 아니었다. 펜실베이니아 식민지를 대변하기 위해 그는 영국 사람들이 배은망덕하게 그 어떤 국가도 가져보지 못한 최고의 헌법과 최고의 왕을 학대하고 있다고 편지를 썼다. 다른 서신에서 그는 "일반 국민들은 이제 법과 정부를 더 이상 존경하지 않는 듯하다. 그들은 선동적인 작가들의 영향을 받아 질서를 유지하던 권위와 모든 법과 제도를 짓밟는다"고 썼다.

'윌크스와 자유' 폭동은 오래가지 않았다. 하지만 1780년 런던은 '고든 폭동'에 휘말려 타올랐다. 가톨릭에 대한 극심한 편견이 시발점이었다. 폭도들은 가톨릭 성당과 가톨릭신자의 집을 약탈했고, 뉴게이트 교도소를 불태웠고, 양조장을 때려 부쉈다. 박살난 양조장에서 진이 배수로로 흘러내렸다. 위험한 무리들이 헨리 스레일의 맥주 공장을 쳐들어갔다. 다행히도 공장장인 존 퍼킨스가 맥주로 그 성난 무리를 달랜 덕분에 피해를 줄일 수 있었다. 당시에는 이렇다 할 경찰 병력이 존재하지 않았다. 그래서 폭동을 진압하고 질서를 되찾기 위해 군대가 나섰다. 고든 폭동이 일어나고 일주일 뒤에 거의 1,000명의 사람들이 목숨을 잃었다. 그들 중 수백 명이 군인의 총에 사살됐다.

고든 폭동을 통해 대다수 국민들의 마음에 서린 분노가 밖으로 표출됐다. 상류계층은 두려움에 떨었다. 보즈웰은 고든 폭동을 "문명국가에 불명예를 안겨준 일련의 잔학 행위"라 묘사했다.

1789년 프랑스 혁명이 발발했을 때, 버크의 정치 동지인 셰리든과 폭스 등 많은 휘그당원들은 처음에는 프랑스 혁명의 민주적인 이념에 공감했다. 그들과 달리 버크는 프랑스 혁명을 맹렬히 비난했다. 이로 인해 그는 대다수 휘그당원들과 영원히 척을 지게 된다. 그리고 1791년 버크는 사실상 휘그당원이 아니었다.

1790년 초 버크는 《프랑스 혁명에 관한 고찰(*Reflections on the Revolution in France*)》을 발표했다. 《프랑스 혁명에 관한 고찰》에서 그는 어떻게 선의의 혁명이 대학살과 카리스마 있는 독재자의 등장으로 이어질 수 있는지를 설득력 있게 풀어냈다.

"군인들을 다루는 법을 알고 진정한 지도력이 있는 대중의 지지를 받는 장군이 사람들의 이목을 자신에게 집중시킬 것이다. 그리고 그 사건이 발생하는 순간 군대를 이끄는 자가 그대의 주인이 된다."

극적인 프랑스 혁명의 자극을 받아 혁명의 의미가 변하고 있었다. 존슨은 《영어사전》에서 혁명(revolution)을 '모든 것이 움직이기 시작한 지점으로 되돌아가는 과정'이라 정의했다. 이 과정은 사실상 돌고 돈다. 정치적 맥락에서 혁명은 '정부나 국가의 상태 변화'를 의미했다. 단순히 전체 사회 구조에 의미 있는 변화 없이 한 통치자가 다른 통치자를 대체하는 것도 혁명일 수 있다. 버크는 혁명에 극적이고 대규모의 변화라는 현대적 의미가 추가되는 데 기여했다.

에드먼드 버크는 사회 계약을 거미줄처럼 복잡하게 얽힌 연대라고 생각했다. 다시 말해 살아 있는 자와 살아 있는 자의 연대일 뿐만 아니라 살아 있는 자, 죽은 자 그리고 태어난 자의 연대인 것이다. 결정적으로 버크는 국민에게 정부의 시스템을 바꿀 권리가 있다는 것을 부인했다. 토마스 페인(Thomas Paine)은 "버크는 살아 있는 자의 권리와 자유보다 죽은 자의 권위를 더 중요하게 생각한다. (중략) 정부는 살아 있는 자들을 위한 것이지 죽은 자들을 위한 것이 아니다. 그러므로 정부에 대하여 그 어떤 권리를 행사할 수 있는 것은 오직 살아 있는 자"라고 응수했다. 블레이크(Blake)는 〈지옥의 격언(Proverbs of Hell)〉에서 "죽은 자들의 유골 위로 그대의 수레를 끌고 쟁기질을 하라"고 썼다.

18세기에 자유주의자라 불리던 이들과 닮은 현대 보수주의자들은 에드먼드 버크를 보수주의의 토대가 된 사상가라고 이상화한다. 그의 사상이 여전히 영향력 있는 것은 사실이다. 하지만 미국의 건국자들에게 영감을 준 이는 에드먼드 버크가 아닌 토마스 페인이었다. 1770년대 버크는 식민지의 비과세 권리를 옹호했지만, 단 한 번도 그들의 자치권을 옹호하진 않았다.

1790년대 혁명협회는 국민이 자신들의 통치자를 선택하고 위법 행위를 저지르면 그들의 직을 박탈할 권리가 있다고 주장했다. 그리고 필요하다면 국민이 직접 정부의 틀을 잡을 수 있다고 주장했다. 버크는 "이 새롭고 지금까지 한 번도 들어본 적 없는 권리 장전은 비록 전 국민의 이름으로 만들어졌지만 귀족들과 그들의 파벌의 것이다. 잉글랜드 국민은 그 권리 장전과 관계가 없다. 잉글랜드 국민은 권리 장전에 대한 권리를 완전히 포기한다. 그들은 자신의 목숨과 모든 것을 걸고 그 권리 장전의 실질적 행사에 저항할 것이다"라고 《프랑스 혁명에 관한 고찰》에 썼다. 잉글랜드 국민들은 정치적 권리가 없었을 뿐만 아니라 정치적 권리를 가지지 않기 위하여 죽을 때까지 투쟁했을 것이다.

혁명의 소용돌이가 영국까지 미칠 것이란 두려움으로 인해 버크의 인도주의적 정치관이 더욱 확고해졌다. 1794년 흉작으로 식량이 부족했다. 그해 겨울은 몹시 추웠고 굶주림에 시달린 군중들이 빵을 얻기 위해 폭동을 일으켰다. 몇몇 의원들은 굶주린 국민을 도와줄 것을 정부에 요청했다. 버크는 《국부론》에서 아이디어를 얻어, 수요와 공급에 정부가 개입해선 안 된다고 주장했다. 심지어 그는 기근이 전지전능한 신의 의지라고 말했다. 굶주림에 시달리는 가난한 자들을 도와야 한다면, 민간 자선단체가 나서야만 한다고 생각했다. 그들을 돕는 것은 결코 정부의 일이 아니라고 그는 생각했다.

에드먼드 버크는 《결핍에 관한 고찰과 세부 내용(Thoughts and Details on Scarcity)》에서 아주 냉혹한 주장을 한다. 그는 의원들에게 "가난한 자들에게 필수품들을 공급하는 것이 정부나 심지어 부유한 자들의 법적 권한 내에 있다는 바로 그 생각에 단호하게 저항하라. 필수품들이 신의 섭리에 따라 잠시 동안 가난한 자들에게 주어지지 않는 것일 뿐이다. 우리에게 닥쳤거나 우리를 위협하는 재앙을 제거하기 위하여 신의 불쾌감을 누그러뜨리는 것은 상법을 어기는 것이 아니라, 자연의 법칙 그리고 결과적으로 신의 법을 어기는 것임을 이해해야 한다"고 주장했다.

　그리고 버크는 가난한 자들이 자신들의 고된 운명을 받아들일 수 있도록 그들에게 증류주를 권장해야 한다고 제안했다("맥주는 아무리 마셔도 취하지 않는다"). 그는 "만약 음식이 아니라면, 술을 마셔서 약간의 영양분을 섭취할 수 있다"고 설명했다.

　버크를 포함하여 많은 이들이 프랑스 혁명을 보고 소스라치게 놀랐다. 영국의 유산계급은 피해망상에 시달렸고 머지않아 단두대에 끌려갈지도 모른다고 두려워했다. 버크의 거의 모든 친구들은 그와 같은 생각이었다. 보즈웰은 프랑스 혁명에 공감하는 듯 보이는 성직자에게 "그 혁명은 잔혹한 무정부상태의 공포를 초래했다"고 편지를 썼다. 프랑스에서 공포정치가 시작되기 2년 전인 1791년 프랑스 지도자들은 고매한 사상을 품은 혁명가들이었다.

　1792년 "폐하의 신하의 권위를 훼손하고 국가의 평화, 질서 그리고 평온을 어지럽히는 선동적인 소책자를 쓰고 출판한 모든 이들을 엄벌에 처한다"는 칙령이 선포됐다. 이 칙령에는 모든 불법적인 모임도 금한다는 내용이 담겨 있었다. 이에 동조하여 출판사인 스테이셔너즈 컴퍼니는 결연하고 단호하게 모든 종류의 선동적인 출판물에 반대한다고 선언했다. 오늘날의 잣대로 보면 아주 약간 급진적일 뿐인 글을 쓴 저널리스트들마저도 이 칙령으로 투옥됐다.

CHAPTER 10

데이비드 개릭

◆성공

1717년에 태어난 데이비드 개릭(David Garrick)은 새뮤얼 존슨보다 8살 어렸다. 그 역시 존슨처럼 리치필드에서 자랐다. 그의 성은 본래 프랑스어인 드 라 가리그였다(이것은 프랑스 남부의 잡목으로 덮인 가리그를 의미한다). 그의 할아버지는 위그노 난민이었고, 그의 아버지는 육군 장교로서 리치필드에서 성직자의 딸과 결혼하고 그곳에 정착했다.

개릭은 존슨이 리치필드에 세웠던 기숙사 학교를 다녔다. 존슨의 리치필드 기숙사 학교의 학생 수는 8명을 넘긴 적이 없었고, 오래지 않아 문을 닫았다. 그 이후 존슨은 런던으로 가서 작가로서 생계를 꾸리기로 결심했다. 그는 런던에서 〈아이린〉을 발표하면 명성을 얻으리라 기대했다. 그는 〈아이린〉을 집필하는 데 1년이라는 시간을 투자했다. 테띠는 그가 런던에 정착할 때까지 리치필드에서 기다리기로 했다. 한편 개릭은 런던 너머에 있는 로체스터에서 공부를 계속할 계획이었다. 이런 인연으로 개릭과 존슨은 런던까지 함께 움직이기로 했다.

바로 이맘때 개릭의 아버지가 세상을 떠났다. 그래서 런던까지 함께 가기로 했던 두 사람의 계획에 차질이 생겼다. 개릭 형제는 각각 1,000

파운드를 상속받았다. 큰돈은 아니었지만 어디서든 자립하기에 충분한 돈이었다. 그들은 와인 사업에 뛰어들기로 결심했다. 피터 개릭(Peter Garrick)은 리치필드에 와인 가게를 열고, 데이비드 개릭은 런던에서 와인 조달을 담당할 계획이었다.

몇 년 뒤 존슨과 개릭은 자신들의 시작이 얼마나 보잘것없었는지 회상했다. 그럴 때면 두 사람은 항상 과장되게 이야기했다. 개릭과 함께한 저녁 만찬에서 존슨은 "내가 런던에 왔을 때 나의 수중에는 2펜스 반 페니밖에 없었고, 데이비드는 고작 3펜스 반 페니밖에 없었지"라고 말했다. 이에 개릭은 "우린 말 한 마리를 교대로 타고 왔죠"라고 말했다. 존슨과 개릭은 런던까지 말 한 마리를 번갈아가며 타고 왔다. 한 명이 얼마간 말을 타고 달리고 말뚝이 보이면 거기에 말을 묶어두고 걸어간다. 그러면 다른 한 명이 말뚝에 묶어놓은 말을 타고 앞 사람을 따라잡는 식이었다.

런던에 도착하자마자 개릭은 자신이 사업에 흥미가 없다는 사실을 깨닫고, 와인 사업의 전 지분을 형에게 팔았다. 그는 배우가 되고 싶었다. 하지만 그의 가족은 배우를 불명예스럽게 여겼고 전문직으로 생각하지도 않았다. 런던의 어느 극장에서 수습생활을 시작한다면, 가족에게 발각될 것이 뻔했다. 그래서 그는 몰래 지방 극단에서 연기를 배우기 시작했다. 당시 그는 가명을 사용했다. 1740년 그의 어머니가 돌아가셨다. 이후 그는 마침내 자신의 소망대로 배우의 길을 자유롭게 걸었다. 당시 그 누구도 개릭이 배우로 성공하리라 생각지 못했다. 그리고 그가 배우의 위상을 이렇게 드높이리라곤 그 누구도 예상하지 못했다. 어느 날 에드먼드 버크는 "그는 연기라는 분야를 교양 예술로 격상시켰다"고 말했다.

런던에는 허가를 받은 극장이 2곳 있었다. 바로 코벤트 가든 극장과 근처에 있는 드루어리 레인 극장이었다. 엘리자베스 1세 시대 이후 정부는 정치 풍자극을 금했다. 하지만 1730년대 새로운 바람이 불었다. 로버트 월폴(Robert Walpole) 경의 행정부에 반대하고 풍자하는 작품들이 주로 무대에 올랐다. 존슨과 개릭이 런던에 도착한 1737년에 로버트 월폴 경이 인가법을 통과시켰다. 인가법은 1968년까지 유효했고 체임벌린(Chamberlain) 경에게 연극을 검열하는 권한이 주어졌다. 풍자극으로 명성을 날리던 헨리 필딩(Henry Fielding)은 인가법 때문에 극작가를 그만 둘 수밖에 없었다.

몇몇 비인가 소극장은 티켓 판매를 하지 않는 척하며 작품을 무대에 올렸다. 고발을 피하기 위한 묘안이었다. 그 중에 굿맨즈 필즈라는 소극장이 있었다. 굿맨즈 필즈는 1741년 〈리처드 3세(Richard III)〉를 무대에 올렸다. 굿맨즈 필즈는 그것이 전문 배우가 아닌 취미로 연기를 하는 사람들이 꾸미는 무료 공연이라고 홍보했다. 다시 말해 연주회의 막간을 채우는 작품이라고 홍보한 것이었다. 이것이 런던에서 데이비드 개릭의 데뷔 공연이었다. 그는 아무 무대나 오르지 않는 신사로 알려져 있었다. 그를 흔한 배우나 무명의 신인이 아닌 신사로 홍보하는 것은 좋은 전략이었다. 런던에서 개릭은 무명 배우에 지나지 않았지만, 그는 이미 다른 곳에서 무대경험을 많이 쌓았다.

〈리처드 3세〉는 대성공을 거뒀다. 개릭은 일약 스타가 됐고, 그의 연기를 본 사람들은 한 번도 그렇게 박력 있는 연기를 본 적이 없다고 입을 모았다. 끔찍한 환영을 본 리처드 3세를 연기하는 장면에서 찬사가 쏟아졌다. 개릭은 계속해서 〈리처드 3세〉에 출연했다. 그의 친구인 호가스(Hogarth)는 리처드 3세를 연기하는 개릭을 화폭에 담았다(화보 그림 16). 세로 6피트와 가로 8피트의 거대한 캔버스에 담긴 '리처드 3세를 연기하는 개릭' 뒤로 자연스러운 배경이 눈에 띈다. 이 그림을 복사한 홍보물이 널리 퍼져나갔다.

호가스는 보즈워스 전투 전날 밤의 리처드 3세를 연기하는 개릭을 그렸다. 그림에서 저 멀리 군인 막사와 모닥불이 있다. 리처드 3세의 갑옷이 바닥에 나뒹굴고 그의 왕관은 그의 곁에 있는 탁자에 놓여 있다. 리처드 3세는 희생자들이 유령이 되어 그의 임박한 죽음을 예언하는 꿈을 꾸고 깜짝 놀라 깨어난다. 그의 머리는 헝클어져 있고 미간이 찡그려져 있다. 왼손으론 단검을 움켜쥐고, 상상 속의 위협을 저지하기 위해 오른손을 내젓는다.

오늘날 우리에겐 그림 속 개릭의 자세가 너무 정형화되고 과장되어 보인다. 하지만 당시 사람들은 흠칫 놀라는 모습을 진짜처럼 표현해 내는 그를 보고 깜짝 놀랐다. 사람들은 그의 연기가 정말 공포에 질린 사람의 표정이고 행동이라고 생각했다. 그리고 공포에 떨며 읊조리는 그의 대사에도 깊은 감동을 받았다.

다른 말을 내다오! 나의 상처를 꿰매어라!
예수 그리스도여, 자비를 베푸소서! – 나약한 난 꿈을 꾸었노라.
오 비겁한 양심이여, 어찌 나를 이리 고통스럽게 하는가!
등불이 푸른빛을 내면서 타는구나. 지금은 정확히 자정이다.
차가운 공포의 방울이 나의 떨리는 살결 위에 있다.
내가 두려워하는 것은 무엇인가? 나 자신? 나 말곤 아무도 없다.
리처드는 리처드를 사랑한다. 나와 나 자신뿐이다.

새뮤얼 존슨은 일약 스타가 된 데이비드 개릭을 보며 만감이 교차했다. 불과 4년 전 그들이 리치필드를 떠났을 때, 자신은 작가 지망생이었고 개릭은 와인 사업을 할 어린 제자에 불과했다. 하지만 지금 개릭은 하룻밤 사이에 영국에서 가장 유명한 배우가 됐고 부자가 될 것이었다. 몇 년 이내 그는 드루어리 레인 극장의 관리자가 될 테지만, 존슨은 서적상의 글품팔이로 가난한 무명작가 신세를 면치 못할 것이 뻔했다.

오랜 시간이 흘러 두 사람 모두 유명해졌을 때, 존슨은 런던에 와서 어려운 시간을 보내고 있는 한 가련한 여인의 이야기를 듣게 된다. 어디서 왔는지 묻자, 여인은 리치필드에서 왔다고 답했다. 하지만 런던에는 그녀가 알았던 사람은 아무도 없었다.

"전 데이비드 개릭이란 사람을 알고 있습니다. 그가 유랑극단에 들어갔다는 이야기를 들었죠. 그리고 오래전에 죽었다고 들었습니다. 그리고 저는 새뮤얼 존슨이라는 잘 알려지지 않은 사람도 알았습니다. 그도 아주 좋은 사람이었습니다. 하지만 가여운 존슨을 그 누가 알겠습니까?"

새뮤얼 존슨은 그녀의 이야기를 듣고 그녀를 위해서 친구들에게서 돈을 모았다.

극장 지배인으로서 개릭은 뛰어난 경영 능력을 발휘했다. 또 다른 동생인 조지 개릭(George Garrick)이 그를 도왔다. 드루어리 레인 극장은 브리지스 스트리트, 러셀 스트리트 그리고 드루어리 레인이 경계를 이루는 삼각형 형태의 특이한 지형의 부지에 있었다. 라이벌 극장이 있는 코벤트 가든의 동쪽에 위치했다. 부지는 가로 길이가 대략 50피트이고 세로 길이가 대략 100피트에 달했다. 그리고 에이프런스테이지 쪽으로 부드럽게 경사진 무대는 너비가 45피트이고 높이가 30피트였다. 후에 관객석은 늘어났지만, 극장 건물 자체는 그대로였다.

드루어리 레인 극장의 극단은 컸다. 연극은 대규모 출연진이 필요했다. 그래서 두 극장은 매 시즌마다 몇 개의 연극을 교대로 공연했다. 1747년과 1776년 사이에 드루어리 레인 극장은 매년 평균 68편의 연극을 무대에 올렸고, 코벤트 가든 극장에선 70편의 연극이 무대에 올랐다. 배우들은 항상 두 극장에서 공연하는 연극에 출연할 준비가 되어 있었다. 아무리 촉박하게 들어온 배역이라도 배우들은 훌륭하게 그 배역을 소화해냈다. 그때부터 다년간 특정 배역을 개인 소유물처럼 도맡아 하는 배우들도 있었다. 개릭이 드루어리 레인 극장을 넘겨 받았을 때, 극단 인원은 무려 70명이었다. 남녀배우가 53명, 댄서가 15명 그리고 가수가 2명이었다. 나중에 인원은 더 늘어났다.

당시에는 연극 전체를 총괄하고 전체적인 리허설을 이끄는 감독이 없었다. 극단 단원들은 각자 비공식적으로 리허설을 진행했다. 리허설이라고 해봐야 상대 배우의 대사는 신경 쓰지 않고 오로지 자기 대사만 외우는 것이 전부였다. 무대 위에서 배우들은 연설하듯 자기 대사만 읊조린 뒤에 쉬어 자세로 서 있었다. 몸을 움직여서 연기를 할 생각은 하지도 않았다. 개릭은 배우들에게 몸을 움직이고 상대방과 눈을 마주보면서 대사를 주고받는 법을 가르쳤다. 그리고 현대 감독처럼 연극의 전체 리허설을 이끌었다. 배우이자 극장 지배인으로서 그는 무대를 완전히 장악했다.

자존심이 센 배우들을 이끄는 것은 쉬운 일이 아니었다. 제임스 보즈웰이 새뮤얼 존슨을 처음 만났던 서점의 주인인 토마스 데이비스(Thomas Davies)는 "극장이라는 좁은 사회에서도 이해관계가 충돌했고, 아주 명백한 이유에서 시기와 불신이 팽배했다"고 말했다. 배우는 두 극장 중 한 곳과만 계약을 체결할 수 있었다. 데이비스는 "다른 직업을 가진 사람들처럼 배우들은 자신들의 상품을 여러 시장에서 여러 구매자들에게 팔 수 없었다"고 언급했다.

드루어리 레인 극장에선 셰익스피어의 연극과 함께 왕정복고시대에 사랑받던 작품이 주로 공연됐다. 개릭은 성공을 자신하고 늘 해오던 연극과는 다른 새로운 연극을 무대에 올렸다. 그의 친구인 아서 머피(Arthur Murphy)는 자신의 작품 중에서 여러 편을 드루어리 레인 극장의 무대에 올렸다. 그래서 그는 드루어리 레인 극장의 전속 극작가로 불렸다. 당시 머피의 작품은 좋은 평가를 받았다. 하지만 오늘날 그의 작품은 사람들의 기억에서 잊혀졌다.

셰익스피어는 아주 유명했다. 하지만 그의 작품은 17세기 후반 이후 당시 관객들의 입맛에 맞게 각색되어 무대에 올려졌다. 개릭이 처음 〈맥베스〉를 연기했을 때, 맥베스를 연기했던 제임스 퀸(James Quin)은 "악마가 너에게 천벌을 내릴지니. 이 두려움에 얼굴이 하얗게 질린 멍청아!"라는 이상한 표현은 어디서 배웠냐고 그에게 물었다. 개릭은 셰익스피어의 원작을 봤다고 답했다.

개릭은 셰익스피어의 원작을 복원하려고 작으나마 그만의 연출력을 덧붙이려고 노력했다. 그와 동시에 그는 관객의 기대에 완전히 부응했다. 햄릿이 그의 어머니에게 하는 욕설은 삭제됐고, 비극에서 저속하거나 웃긴 장면도 삭제됐다. 〈리어 왕(King Lear)〉에서 바보광대는 사라졌고, 〈맥베스〉에서 술 취한 짐꾼도 사라졌다. 그리고 〈햄릿〉에선 무덤지기가 등장하는 장면과 펜싱 시합을 하는 장면이 사라졌다.

설상가상으로 그들은 비극 작품에서 희극적 요소를 제거했을 뿐만 아니라 비극적 요소도 대부분 제거했다. 믿기 어렵겠지만, 1681년 네이엄 테이트(Nahum Tate)가 각색한 〈리어 왕〉은 해피엔딩이었다. 코델리아는 마지막에 죽지 않았고 에드거와 사랑에 빠져 결혼하고 리어 왕의 왕국을 물려받았다. 한편 리어 왕은 왕좌에서 물러나 글로스터와 켄트와 함께 평화로운 노년을 보냈다. 아서 머피에 따르면, 이 해피엔딩을 본 관객은 환희에 휩싸여 끊임없이 눈물을 흘렸다. 1823년이 되어서야 비극적 결말이 복원됐고, 바보광대는 1838년에 〈리어 왕〉에서 다시 모습을 드러냈다.

셰익스피어의 작품을 편집할 때 새뮤얼 존슨은 원작을 복원했고 〈리어 왕〉의 원래 엔딩의 강렬함에 대하여 이야기했다. 하지만 그 역시 동시대인들의 의견을 받아들였다.

"대중들에게 결정권이 있었다. 네이엄 테이트의 시대에 코델리아는 항상 승리감과 더할 나위 없는 행복감에 젖어 무대에서 내려왔다. 설명하기 힘든 내 기분을 굳이 설명하자면, 나 역시 수년 전에 코델리아의 죽음에 큰 충격을 받았다. 그래서 편집자로서 작품을 편집하기 전까지 다시 이 희곡의 마지막 장면을 끝까지 읽어낼 수 있을지 알 수 없었다."

◆ 여배우들과 아내

데이비드 개릭은 잠깐 마가렛 워핑턴(Margaret Woffington)과 동거했다. 그는 더블린 순회공연에서 마가렛을 만났다. 마가렛은 〈리어 왕〉에서 개릭의 상대역인 코델리아였다. 두 사람은 1744년 헤어졌고, 마가렛은 여러 남성들과 염문을 뿌렸다. 토마스 셰리든은 마가렛이 여동생을 배우 휴게실로 데려왔던 날을 똑똑히 기억했다. 셰리든이 여동생의 앞으로의 계획에 대하여 묻자, 마가렛은 "내 여동생이 절대 해선 안 되는 것이 두 개 있습니다. 하나는 매춘부이고 다른 하나는 여배우입니다. 제 곁에서 이 두 인생이 얼마나 불편하고 괴로운지 충분히 봐 왔죠"라고 답했다.

당시 조슈아 레이놀즈가 초상화를 그리지 않은 사람은 손에 꼽아야 할 만큼 드물었지만, 그는 마가렛의 사랑스러운 모습도 화폭에 담았다. 그녀는 특히 남자 복장이 잘 어울렸다. 그녀는 남자다운 자세와 몸짓을 그럴듯하게 흉내 냈다. 한 동료 배우는 "신사숙녀들에게 그녀가 고운 여인인지 예쁘장한 소년인지를 알아내는 재미가 있었다"고 했다.

몇 명의 여성을 더 만난 뒤에 개릭은 에바 마리 바이겔(Eva Marie Veigel)
이란 젊은 댄서와 깊은 사랑에 빠졌다. 고향인 비엔나에서 춤을 배운
바이겔은 20대 초반이었고 드루어리 레인 극장에서 가장 인기 있는 댄
서였다. 그녀는 '라 비올렛'이란 가명으로 춤을 췄다. 개릭과 바이겔은
1749년에 결혼했다. 개릭은 〈헛소동(Much Ado about Nothing)〉에서 "여기
베네딕트가 있어요. 결혼한 사나이 베네딕트요. 아마 사람들이 저를
죽어라고 조롱하고 놀리겠죠. 전 오랫동안 결혼을 욕했거든요"라는 대
사로 관객들을 박장대소하게 만들었다.

바이겔은 개릭과 결혼한 뒤에 은퇴했다. 그녀는 자신이 비엔나 귀족
가문 출신이라고 주장했다. 하지만 그녀의 출신은 잘 알려져 있지 않
다. 확실히 그녀는 마리아 테레지아(Maria Theresa)의 후원을 받았다. 그
리고 잉글랜드에선 대부호 벌링턴 백작부인의 후원을 받았다. 개릭 부
부는 귀족의 대저택에 초대받았다. 한낱 배우가 귀족의 대저택에 초
대받는 일은 거의 없었다. 두 사람은 소위 잉꼬부부였다. 결혼생활 30
년 동안 개릭이 죽을 때까지, 두 사람은 단 하룻밤도 떨어지지 않았다.

마가렛 워핑턴은 계속 인기가 있었다. 하지만 1757년 44살이었던 그
녀는 갑작스럽게 연기를 그만뒀다. 〈뜻대로 하세요(As You Like It)〉에서
로잘린드를 연기하던 중 그녀는 "오 신이시여! 오 신이시여!"를 외치
며 쓰러졌다. 뇌졸중이 왔던 것이다. 그 이후로 그녀는 다시 연기를 할
수 없었다.

◆ 데이비드 개릭의 자연스러운 연기

동시대인들은 위대한 배우라면서 데이비드 개릭에게 아낌없는 찬사

를 보냈다. 위대한 연기자에게 보내는 여느 찬사와 크게 다르지 않았기 때문에, 동시대인들의 찬사에서는 개릭에 대해서 많은 정보를 얻을 수가 없다. 20살이었을 때, 프랜시스 버니는 〈리처드 3세〉를 봤고 개릭의 연기에 매혹됐다.

"개릭은 숭고하게 소름끼쳤다. 맙소사! 그가 무대에 등장할 때마다 온몸에 소름이 돋았다. 그는 끔찍할 정도로 역할을 잘 소화했다. 보고도 믿을 수 없을 정도였다. 그렇게 흉한 모습의 그를 다시는 보지 못할 것이다. 그는 진짜로 연기하는 괴물 같았다. 심지어 무대 위에서 연기하는 그를 볼 때마다 분노가 치밀었다. 그는 우레와 같은 박수갈채를 받았다. 박수갈채 때문에 극장이 무너져 내리는 것은 아닌지 걱정이 될 정도였다. 우리가 앉아 있는 의자가 들썩일 정도였다."

대단한 극찬이다. 하지만 도대체 어떤 점에서 개릭이 숭고하게 소름끼쳤다는 것일까?

다행스럽게도 개릭의 특정 연기에 대한 통찰력 있는 후기가 몇 개 존재한다. 토마스 윌크스(Thomas Wilkes)란 아일랜드 배우는 리어 왕을 연기하는 개릭에 대해서 다음과 같이 평했다.

"무대의 한쪽 구석에서 내려오는 백발의 그는 내가 한 번도 본 적 없는 모습이었다. 그의 머리카락은 곤두서 있고 얼굴은 공포에 질려 있으며 손은 쭉 펴져 있다. 그에게 지독한 침통함이 느껴진다. 나는 그런 그의 모습을 보고 큰 충격을 받고 그가 느끼는 모든 고뇌를 함께했다. (중략) 나는 어두운 먹구름과 거센 폭풍을 느꼈다."

드루어리 레인 극장의 무대는 대충 만든 촛불 조명으로 인해 어둑어둑했다. 이 무대에서 개릭은 관객에게 폭풍을 느끼게 만들 수 있었다. 그는 전달력이 아주 좋은 배우였다. "그는 아주 다정하게 '제발 나를 비웃지 말아 주오. 내가 남자인 것처럼 / 내 생각에 이 여자는 내 딸 코델

47. 리어 왕을 연기하는 데이비드 개릭

리아 같은데'라는 대사를 내뱉었다. 도대체 그 다정함은 어디서 온 것일까?"라고 윌크스는 덧붙였다.

"내가 한 번도 본 적 없는 모습"이라는 윌크스의 말에 주목해야 한다. 같은 역할을 반복해서 연기하는 개릭을 여러 번 봤음에도, 윌크스는 볼 때마다 그의 연기에 압도당했던 것이다.

리어 왕을 연기하는 개릭이 그려진 그림에서 폭풍이 눈에 보인다(그림 47). 충직한 켄트는 리어 왕의 손을 잡고, 가엾은 톰으로 변장한 에드거는 그들을 바라보고 있다. 그들 머리 위로 번개가 친다. 늙은 왕을 처음 연기했을 때 개릭은 겨우 24살이었다. 그는 자신의 작은 키가 연기에 불리한 조건이 될까봐 걱정했다. 그는 겨우 5피트 3인치였다. 하지만 그의 작은 키는 그에게 오히려 놀라운 연기력의 근본이 됐다. 리어 왕을 허약하고 혹사당한 늙은이로 표현한 최초의 인물이 바로 데이비드 개릭이었다. 그는 오셀로와 같은 영웅 역은 거절했다. 자신이 설득력 있게 역할을 소화하지 못할 것이라 생각했기 때문이었다.

개릭은 아서 머피에게 리어 왕이란 인물을 그렇게 묘사하게 된 배경에 대해서 이야기했다. 어느 날 그는 두 살배기 딸을 안고 창가에 서 있는 이웃집 남자를 봤다. 그 순간 그 남자의 딸이 마당으로 떨어졌고 즉사했다. 남자는 멍하게 서 있더니 슬픔에 휩싸여 비명을 질렀고, 곧 이성을 잃었다. 개릭은 그를 위로하려 했지만, 그 이웃집 남자는 집요하게 그날의 사건을 재현했다. 상상 속의 아이를 어루만지는 시늉을 하더니 이내 고통스럽게 비명을 질렀다. "바로 그거였지. 그 남자의 광기를 흉내 냈다네. 그의 광기 덕분에 리어 왕이 성공할 수 있었어"라고 개릭이 말했다.

현재의 연극배우의 관점에서 보면 개릭의 연기는 상당히 인위적으로 보일 수 있다. 하지만 그는 뛰어난 대배우였다. 그는 무대에서 억지로 연기하는 것이 아니라 아주 자연스럽게 생각하고 행동했다. 프랜시스 버니의 소설 속 여주인공은 말한다.

"그가 종이에 쓰인 대본을 봤다는 사실이 믿겨지지 않아. 그의 대사하나하나가 그 순간에 즉흥적으로 그의 머리에서 나오는 것 같았어."

머피도 이와 같은 말을 했다. 개릭이 햄릿을 연기했을 때, 그는 말 그대로 생각나는 대로 말하는 것 같았다.

"그의 목소리와 자세는 민첩하게 변했고, 포즈마다 그의 얼굴에 그의 생각이 그대로 드러났다."

1775년 독일 작가 게오르크 크리스토프 리히텐베르크(Georg Christoph Lichtenberg)는 데이비드 개릭의 햄릿을 보고 햄릿이 유령을 보는 장면을 연기하는 배우의 연기력에 대해 평했다. 개릭은 〈리처드 3세〉와 매우 유사하게 흠칫 놀라는 연기를 했다. 햄릿인 개릭이 흠칫 놀라는 장면역시 홍보물로 널리 사용됐다. 하지만 그의 연기는 거짓이 아닌 진짜 흠칫 놀라는 듯했고, 이에 관객들은 깊은 감동을 받았다.

여기서도 개릭의 전달력은 뛰어났다. 리히텐베르크는 "그의 표정과 자세는 그가 입을 열기도 전에 소름이 끼칠 정도로 공포에 질려 있었다. 불안감과 공포에 질린 관객들 때문에 그는 더욱 공포에 질린 듯 보였다. 마침내 그는 떨리는 목소리로 '천사들과 은총의 사자들이여 우리를 지켜주소서!'라는 대사를 힘겹게 내뱉었다"고 말했다.

헨리 필딩의 《톰 존스》에는 개릭의 아주 자연스러운 연기에 바치는 재미있는 찬사가 나온다. 톰 존스와 그의 순진해 빠진 친구 파트리지(Partridge)는 〈햄릿〉을 보러 간다. 연극을 본 뒤에 톰 존스는 어느 배우가 가장 좋았냐고 파트리지에게 묻는다. 파트리지는 클로디어스 왕을 연기한 배우가 가장 좋았다고 말한다. 그러자 톰 존스는 개릭이 살아 있는 최고의 배우로 존경받는다고 반박한다. 이에 파트리지는 "나도 그만큼 잘 연기할 수 있어. 내가 그처럼 유령을 봤다면, 나도 그와 똑같이 행동했을 거야!"라고 소리친다. 이어서 파트리지는 진정한 연기가 무엇인지 이야기한다.

"전에 시골에서 연기를 본 적이 있지. 내 생각으로 그가 왕을 연기했을 거야. 그는 모든 단어를 또박또박 발음했고 억양에 변화도 거의 없었어. 누가 봐도 그가 진정한 배우지."

올리버 골드스미스가 유랑극단에 대한 글에서 언급했듯이, 지방의 관객들은 자연스러운 연기를 좋은 연기라고 생각하지 않았다.

"마을이나 시골에서 관객을 즐겁게 하는 방법은 울고, 몸을 비틀어 짜고, 움츠러들고, 강조해서 대사를 읊고, 주머니를 찰싹 때리고, 간질에 걸린 사람처럼 애쓰는 것이다. 이것이 박수갈채를 받는 연기다."

개릭은 자신의 배역에 완전히 몰입했고 개성 있게 표현해냈다. 당시 관객들은 무대 위에 있는 사람이 개릭임을 알았지만, 리처드 3세나 햄릿이나 리어 왕을 보고 있다고 느꼈다. 한 익명의 경구는 이 점을 데이비드 개릭과 그의 경쟁자인 스프랭거 배리를 대조하여 강조한다.

배리가 연기하네.
그래, 왕이구나! 과연, 속속들이 왕이야.
하지만 개릭의 왕은 확연히 다르구나.
그는 속속들이 리어 왕이구나.

개릭은 키도 작았지만, 낭만적인 역할에 어울리는 외모도 아니었다. 그가 드루어리 레인 극장에서 로미오를 연기하고 있을 때, 코벤트 가든 극장의 로미오는 스프랭거 배리였다. 두 사람이 연기하는 로미오를 모두 본 누군가는 만약 자신이 개릭의 줄리엣이었다면 로미오가 발코니를 기어 올라올 때까지 기다렸겠지만, 스프랭거 배리의 줄리엣이었다면 직접 발코니를 기어 내려갔을 거라고 했다.

특이하게 개릭은 비극뿐만 아니라 희극도 잘 소화했다. 조슈아 레이놀즈는 미덕과 쾌락 사이에서 고민하는 헤라클레스를 그린 고전작품인 '헤라클레스의 선택'을 모방하여 데이비드 개릭의 매력을 화폭에 담았다(그림 48). 허리에 단검을 찬 비극이 개릭을 근엄하게 바라보며 하늘을 가리킨다. 하지만 빙그레 웃고 있는 개릭은 추파를 던지는 희극의 정령에 확실히 마음이 기울어진 듯하다.

개릭의 가장 유명한 희극 역할은 벤 존슨의 〈연금술사(*The Alchemist*)〉의 담배 가게 주인 아벨 드러거다(그림 49). 사기꾼들의 희생양인 아벨 드러거는 얼간이들에게 떼돈을 벌게 될 것이라고 이야기한다. 리히텐베르크는 아벨 드러거를 연기하는 개릭에 대해서 다음과 같이 평했다.

48. 리어 왕을 연기하는 데이비드 개릭

49. 〈연금술사〉의 아벨 드러거를
연기하는 데이비드 개릭

점성술사들이 별을 보고 부자가 될 이의 이름이 아벨 드러거라고 말하자, 잘 속아 넘어가는 가엾은 영혼은 정말 기쁘게 "그게 제 이름입니다"라고 말한다. 개릭은 기쁨을 억누른 채 이 대사를 내뱉는다. 모두들 앞에서 기쁨을 대놓고 표현했다면 그렇게 멋진 장면이 만들어지지 않았으리라. 개릭은 옆으로 살짝 비켜서서 잠시 동안 기쁨을 만끽하듯 행동하더니, 실제로 그의 눈 주위에 큰 기쁨을 느끼면 나타나는 붉은 고리가 생긴다. 기쁨을 억지로 억누르며, 마침내 "그게 제 이름입니다"라고 혼잣말한다. 신중하게 기쁜 감정을 억제하고 내뱉는 대사의 효과는 형언할 수 없을 정도다. 그는 단지 잘 속아 넘어가는 얼간이로만 보이지 않는다. 개릭의 아벨 드러거는 남몰래 승리감에 휩싸여 스스로를 세상에서 가장 교활한 악당이라 생각하는 훨씬 더 우스꽝스러운 인물이 된다.

프랜시스 버니도 같은 시즌에 아벨 드러거를 연기하는 데이비드 개릭을 봤다. 그녀는 이미 가족의 친구인 그를 잘 알고 있었지만, 그의 연기를 보고 연신 감탄했다.

"사람이 그렇게 감쪽같이 변할 수 있는지 몰랐다. 극한의 광기, 상스러움, 저속한 재치, 멍한 표정 그리고 볼품없는 모양새. 자신과 정반대의 캐릭터를 그렇게 완벽하게 소화해 내다니 놀라울 따름이다."

데이비드 개릭의 형인 피터 개릭은 리치필드 식료품 잡화상이 연극을 보고 와서 하는 말을 듣고 즐거웠다. 그는 데이비드가 대단한 부자라는 이야기를 들어서 알고 있었다. 그래서 "그가 너의 동생이지만, 그는 내 평생 본 사냥개들 중에서 가장 허름하고 비열하고 불쌍한 사냥개였다네"라는 식료품 잡화상의 말을 도저히 믿을 수가 없었다.

그러던 어느 날 개릭은 "다시 인생을 시작한다면, 그런 저속한 역을 절대 맡지 않을 것"이라고 진지하게 말했다. 이 말은 들은 보즈웰은 잘못된 생각이라며 손사래를 쳤다. 그리고 "다양한 역할을 너무나 잘 그리고 개성 넘치게 소화해내는 위대한 배우"라고 말했다. 이 말을 듣고 존슨이 웃자, 보즈웰은 "개릭은 왜 그렇게 말하는 걸까요?"라고 물었다. 존슨은 "왜냐니, 자네 입에서 그런 말이 나오도록 만들려고 그러는 거지"라고 답했다. 보즈웰은 그 말에 놀랐다. "몰랐습니다, 선생님. 너무나 진지하게 그런 생각을 하고 있는 듯 보였거든요"라고 말했다. 이어지는 존슨의 대답에서 그가 개릭을 아주 잘 알고 있다는 사실을 확인할 수 있다. "그렇게 깊이 파고들지 않았을 걸세. 아마도 그 말을 똑같이 20번은 했을 거야"라고 존슨이 말했다.

한번은 누군가가 개릭의 친구이자 동료 배우인 톰 킹(Tom King)에게 관객에게서 그렇게 강렬한 감정을 불러일으키니 개릭 자신이 그렇게 강렬한 감정을 품고 있음에 틀림없다고 말했다(본문 133쪽의 그림 17에 등장하는 커피하우스는 톰 킹의 부모님의 것이었다).

"풋, 그는 그런 감정들에 시달리지. 그와 함께 〈리어 왕〉에 출연했었지. 가장 열정적이고 충격적인 장면에서 모든 관객이 눈물바다가 되었을 때, 개릭이 나에게로 고개를 돌리더니 속삭이더군. '돌아버리겠군. 톰, 내가 먹힐 거라고 했지?'"

데이비드 개릭이 파리를 방문했을 때, 디드로(Diderot)를 포함해 철학자들이 그에게 연기를 보여 달라고 애원했다. 그들 대부분이 영어가 유창하지 않다는 점을 눈치 챈 개릭은 대사보다는 몸짓으로 감정을 전달하는 장면을 선택해 연기했다. 그의 연기를 본 철학자들은 깜짝 놀랐다. 《문예 통신(Correspondance Littéraire)》을 편집한 프리드리히 멜키오르 그림(Frederick Melchior Grimm)은 개릭의 분위기와 눈빛이 한순간에 바뀌는 것에 감탄했다.

그는 비극인 〈맥베스〉의 단검 장면을 연기했다. 그냥 방에서 일상복을 입은 채로 무대 효과도 없이 연기를 시작했다. 그의 시선은 허공에 움직이는 단검을 쫓았다. 너무나 훌륭한 연기에 그 자리에 있던 모든 사람들이 감탄했다. 다음 순간 비극적인 장면을 연기한 사람이 페이스트리 전문 제빵사의 소년을 흉내 냈다. 머리에 파이 쟁반을 이고 걸으면서 입을 헤 벌린 채로 주변을 둘러봤다. 그러다가 쟁반을 배수로에 빠트렸다. 배수로에 빠진 쟁반을 보고 처음에는 깜짝 놀라 얼빠진 표정을 짓더니 마침내 울음을 터트렸다. 한 사람이 짧은 시간에 이 두 가지 연기를 모두 했다고 하면 누가 믿겠는가?

개릭은 무대 위에서 뿐만 아니라 일상생활에서도 연기하듯 행동했다. 골드스미스는 가상의 비문에 그런 개릭을 실감나게 묘사했다.

무대 위의 그는 자연스럽고 단순하고 충격적이었네.
심지어 무대에서 내려왔을 때도 그는 연기했네.
일부러 애쓸 필요도 이유도 없이,
그는 하루에 10번씩 완전히 변하고 달라졌네.
그것들이 재간과 속임수로 만들어낸 모습이었다면 다행이나,
어쨌든 아주 멋진 모습이었네.
그는 자신이 원할 때 친구들을 다시 불러낼 수 있음을 알았기에
외로운 사냥꾼처럼 친구들을 멀리 떠나보냈네.

마찬가지로 레이놀즈 역시 개릭이 사람들의 뇌리에 강하게 남는 깊은 인상을 남길 궁리만 하는 자라고 생각했다.

"명성에 대한 과도한 욕망은 옛 친구들에 대한 완전한 방치로 이어진다. 아니면 우리는 명성만을 쫓는 이들에겐 처음부터 친구가 없었

다고 말한다.”

어느 날 프랜시스 버니는 고도의 예술적 기교가 돋보이는 공연을 보고 있었다. 그런데 하인이 그녀의 아버지인 음악학자 찰스 버니(Charles Burney)에게 존 호킨스가 문 앞에 있다고 말했다. 그 말을 듣고 버니는 경악했다. 그녀의 아버지는 호킨스를 몹시 싫어했고, 더 클럽의 신입 회원 선출 투표 때문에 그를 협박했던 것이다. 버니는 하인에게 그를 들이지 말라고 말했지만, 이미 때는 늦어 버렸다.

“주인님, 저의 뒤를 따라오고 있습니다! 바로 문 앞까지 왔습니다! 멈추지 않을 듯합니다!”

이어서 달갑지 않은 손님이 들어왔다. 그는 길고 무거운 외투를 입고 구부정하게 모자를 쓰고 있었다. 치통 때문인지 손수건으로 입을 가리고 있었다. 그는 위압감을 뿜어내며 벽난로 옆에 놓인 안락의자에 조용히 앉았다. 그 모습에 버니를 포함해서 그 자리에 있던 모든 사람들이 놀랐다. 놀라움이 채 가시기도 전에 이 불청객이 입을 가리고 있던 손수건을 불 속으로 던져 넣었다. 그 순간 호킨스는 온데간데없고 생기 넘치고 쾌활한 모습에다 반짝이는 두 눈에 활짝 웃고 있는 개릭이 나타났다.

이 대목에서 기가 막히게 변장을 잘했던 또 다른 인물이 떠오른다. 바로 셜록 홈즈다.

“4시에 문이 열렸다. 술에 취한 듯, 한 사내가 방 안으로 들어왔다. 옷매무새는 헝클어져 있었고 구레나룻이 있는 얼굴은 격앙되어 있었다. 변장의 귀재인 친구에게 익숙했던 나였지만, 3번을 쳐다보고 나서야 그가 진짜 내 친구임을 확신했다.”

◆ 데이비드 개릭과 새뮤얼 존슨

제임스 보즈웰은 새뮤얼 존슨과의 첫 만남에서 당시 잘 알지도 못했던 데이비드 개릭에 대해 경솔한 발언을 했다. 보즈웰은 개릭이 존슨의 부탁을 거절하지 않을 것이라고 말했다. 그 말은 들은 존슨은 "난 자네보다 훨씬 더 오랫동안 개릭을 알았다네. 그리고 자네에겐 이 대화에 낄 권리가 없다는 사실도 알고 있지"라고 단호하게 응수했다. 보즈웰은 존슨과 개릭 사이에 흐르는 언제 터질지도 모르는 긴장감을 감지했다. 존슨과 개릭을 아는 사람들은 존슨이 개릭의 명성과 부를 시기했기 때문에 두 사람 사이에 긴장감이 흐른다고 생각했다.

존슨은 개릭을 염두에 두고 《더 램블러》의 마지막 편을 집필했던 것 같다. 《더 램블러》의 마지막 편에는 명성과 부를 얻은 옛 친구의 집을 방문한 이야기가 나온다.

"우리는 함께 사회에 진출했고 오랫동안 곁에서 힘들거나 어려울 때도 서로를 도왔습니다."

하지만 이제 '프로스페로'는 옛 친구가 거닐지도 못하는 값비싼 카펫이 깔린 대저택과 너무 좋아서 쓸 수도 없는 도자기를 소유하게 되었다. 램블러 씨는 그런 사람들은 자신들의 허영심이 만들어내는 고통을 알지 못하고 단지 자신들만 즐겁기 위해 타인을 모욕한다고 말했다. 존슨은 프로스페로라는 인물의 모델이 자신이란 사실을 안 개릭이 작가를 절대 용서하지 않았다고 시인했다.

실제로 개릭은 호화로운 생활을 했다. 하지만 그는 결코 이기적인 사람은 아니었다. 존슨은 그가 런던에서 그 누구보다 많은 돈을 기부한다고 감탄스러운 듯 말했다. 그는 기꺼이 친구들을 도왔다. 그는 못 돌려받는다는 것을 알면서 버크에게 1,000파운드를 빌려줬다. 머피는 존슨이 친구들에게 불우한 이들을 돕자고 이야기할 때면, 그는 개릭으로부터 가장 많은 돈을 받았고 그 액수는 항상 그가 생각했던 것 이상 이었다고 말했다.

개릭은 대저택을 두 채나 보유하고 있었다. 하나는 아델피라는 새로운 개발 지구에 있는 6층 타운하우스였다. 그의 타운하우스는 템스 강에서 바라본 런던 전경에서 제일 왼쪽에 있었다(화보 그림 17). 중앙에 세인트 폴 대성당이 있고, 1769년에 완공된 블랙프라이어스 다리가 석양으로 붉게 물든다. (현재의 다리는 빅토리아시대 때 교체된 것이다.)

'형제들'을 뜻하는 아델피는 애덤 사형제의 야심찬 개발 지구였다. 달마티아 스플리트의 디오클레티아누스의 궁전을 본떴다. 여기에는 24채의 타운하우스가 있었다. 대지가 강 쪽으로 가파르게 기울어져 있었기 때문에 아래에 커다란 아치 모양의 입구가 있는 창고들이 있었다. 개릭 부부가 이사했을 때, 유명 건축가 로버트 애덤(Robert Adam)이 바로 옆집에 살았고 토펌 보우클레어(Topham Beauclerk)가 이웃이었다.

개릭 부부는 치펜데일즈에서 가구를 주문했다. 방이 족히 24개였기 때문에 가구가 많이 필요했다. 아델피는 1930년대 철거됐다. 고전 건축을 사랑하는 이들에게는 경악할 일이었다. 하지만 개릭 부부의 장식용 천장과 대리석 벽난로는 지금도 빅토리아 앤드 알버트 박물관에서 볼 수 있다.

개릭 부부의 다른 거주지는 시골 별장이었다. 부유한 신사라면 의무적으로 시골 별장 한 채 정도는 가지고 있어야 했다. 버크와 달리, 개릭 부부는 시골 별장을 살 여유가 있었다. 그들의 별장은 햄프턴의 템스 강 유역에 있었다(그림 50). 개릭은 셰익스피어를 기리기 위해 별장에 팔각 신전을 만들었다. 신전 안에는 저명한 조각가 루빌리악(Roubiliac)이 만든 셰익스피어 상이 있었다. 이 조각상은 현재 영국 박물관에 있다. 개릭이 직접 조각상의 모델이 됐다. 이외에도 셰익스피어가 꼈던

50. 데이비드 개릭의 햄프턴 별장

것으로 여겨지는 가죽 장갑 등 이것저것 다양한 유물들이 신전에 있었다. 개릭은 셰익스피어의 아버지가 스트랫퍼드의 장갑 장수라고 확신했다.

집 앞의 잔디를 묘사한, 요한 조파니(Johann Zoffany)의 유명한 그림도 있다(화보 그림 18). 바이에른인인 요한 조파니는 런던에서 작품활동을 했던 외국 태생 화가들 중 한 명이었다. 에바 개릭(Eva Garrick)은 남편이 주문해서 셰익스피어의 정원에 있던 것으로 알려진, 뽕나무로 제작한 고급 의자에 앉아 있다. 개릭 부부의 제자였던 극작가 지망생 한나 모어(Hannah More)는 "그 의자에 앉았지만 아무런 영감이 떠오르지 않았다"고 말했다.

사이먼 샤마(Simon Schama)는 이 장면을 "최초로 화폭에 담긴 영국 주말의 목가적 풍경"이라 말했다.

"사람들은 강가에서 한가롭게 차를 마시고, 킹 찰스 스패니얼이 잔디 위에 누워 있다. 조심스러운 하인이 차를 따를 준비를 하고, 가족의 친구가 자기 집처럼 편안하게 지낸다. 데이비드 개릭은 동생 조지를 가리키며 이야기를 한다. 조지는 낚시를 하고 있지만 데이비드가 하는 이야기를 들으려고 고개를 돌리고 있다."

새뮤얼 존슨의 〈아이린〉이 드루어리 레인 극장에 올랐지만, 흥행에는 실패했다. 존슨의 친구들은 이것이 그가 개릭에게 복합적인 감정을 느끼는 이유 중 하나라고 생각했다. 개릭은 〈아이린〉을 흥행시키기 위해 최선을 다했고 가까스로 9일 동안 〈아이린〉을 공연했다. 9일 동안 〈아이린〉을 공연하는 것은 존슨에겐 아주 고마운 일이었다. 3번째, 6번째 그리고 9번째 공연 수익은 극작가의 몫이었다. 존슨은 선수금 200파운드를 받았고, 로버트 도즐리(Robert Dodsley)로부터 100파운드를 받았다. 도즐리는 《욕망의 공허(The Vanity of Human Wishes)》와 《라셀라스》의 출판인이고 존슨에게 사전 편찬을 처음 제안했던 사람이었다. 분명 도즐리도 개릭처럼 존슨을 돕고 싶었던 것이다.

〈아이린〉은 무운시다. 애석하게도 존슨은 무운시에는 재능이 전혀 없었다. 그리고 〈아이린〉은 지독히도 무대에 적합하지 않은 작품이었다. 존슨은 희극은 배우들이 암송할 연설문의 모음집이라 생각했고 극적인 동작에 대해 아는 바가 전혀 없었다. 개릭은 생기를 불어넣기 위해서 동작 몇 개를 집어넣었다. 존슨은 그의 이런 행동에 기분이 상했다. 보즈웰의 친구는 〈아이린〉은 노바 젬블라 섬만큼 냉랭했다고 말했다. 가끔 빙하를 건드려서 발산되는 약간의 열기만 느껴질 뿐이었다고 덧붙였다.

존슨은 〈아이린〉의 흥행 실패로 상처를 입었다는 사실을 결코 인정하지 않았다. 그는 보즈웰에게 크리스토퍼 렌(Christopher Wren) 경의 런던 대화재 기념비처럼 자신은 흥행 실패에도 견고하고 흔들리지 않았다고 말했다. 런던 대화재 기념비는 높이가 200피트에 달한다. 본인은 인정하지 않았지만, 〈아이린〉은 형편없었다.

셰익스피어 작품 모음집이 개릭과 존슨 사이에 긴장감을 유발했던 적도 있었다. 개릭은 셰익스피어 작품이 실린 4절판으로 된 책들과 희귀 도서들을 보유하고 있었다. 존슨이 셰익스피어 작품을 편집할 때 빌리려고 했던 자료들이었다. 하지만 개릭은 그의 요청을 일언지하에 거절했다. 그도 그럴 것이 존슨은 빌린 책을 심하게 훼손시키는 것으로 악명이 높았다. 조슈아 레이놀즈의 새뮤얼 존슨 초상화 중에는 그가 빌린 책을 훼손하는 장면도 있다(340쪽의 그림 60). 개릭의 거절에 존슨은 깊은 모욕감을 느꼈다.

게다가 존슨은 전반적으로 연기를 얕잡아 봤다. 시력과 청력이 나빠서 연극을 마음껏 즐길 수도 없었다. 보즈웰은 존슨에게 〈셰익스피어의 서문(Preface to Shakespeare)〉에서 개릭을 예우하지 않은 이유를 물었다.

"배우를 언급해서 내 작품을 수치스럽게 만들진 않을 걸세. 개릭은 셰익스피어를 입에 올리고 후한 대가를 받았지. 하지만 그는 셰익스피어를 이해하지 못해."

몇 년 동안 존슨은 개릭이 더 클럽에 들어오는 것을 반대했다. 개릭이 그에게 더 클럽에 들어가고 싶다고 언질을 줬을 때, 존슨은 보즈웰에게 불평했다.

"그가 더 클럽에 들어오면 익살스러운 짓을 해서 대화를 방해할 걸세."

마침내 1773년 개릭은 더 클럽의 회원으로 선출됐고, 같은 해 보즈웰 역시 더 클럽의 회원이 되었다.

존슨이 개릭에게 했던 것으로 여겨지는 말이 있다. 이 말은 《존슨전》이 발표되면서 유명해졌다.

"더 이상 무대 뒤로 가지 않겠네. 여배우들의 실크 스타킹과 허연 가슴이 나의 성욕을 자극하네."

보즈웰은 제삼자를 통해 이 말을 듣고 그 원천의 신뢰성에 대해 의

51. 드루어리 레인 극장의 분장실

심했다. 실제로 이런 말이 오고갔다면, 존슨은 절대 '성욕'이란 단어를 사용하지 않았을 것이다. 보즈웰은 이 일을 바로잡으려고 했다. 개릭 본인에게서 직접 들었다고 말한 흄에 따르면, 존슨이 실제로 했던 말은 "자네 여배우들의 허연 젖가슴과 실크 스타킹이 나의 생식기를 흥분시켜"였다.

토마스 롤런드슨(Thomas Rowlandson)의 수채화 속 여배우들은 단정함에 대해 전혀 개의치 않는 듯하다(그림 51). 보즈웰은 존슨이 그 말을 하는 것을 듣지는 못했지만, 그는 가끔 그런 식으로 말을 하긴 했다. 누군가가 만찬에서 존슨에게 가장 큰 즐거움이 무엇인지 물었다. 존슨은 "섹스"라고 답했고, 두 번째로 가장 즐거운 것은 음주라고 덧붙였다. 그리고 그는 모두가 섹스를 할 수 있는 것은 아니지만 누구나 술을 마실 수 있는데, 왜 술고래가 더 없는지 모르겠다고 이야기했다. 이 만찬 자리에는 아일랜드 성직자도 있었다.

두 사람 사이에 어떤 갈등이 있었든지 존슨은 자신을 제외한 다른 사람이 개릭을 비난하는 것을 용납하지 않았다. 보즈웰은 존슨을 약 올릴 생각으로 개릭이 자신의 명성에 대해서 너무 자만한다고 이야기했다. 이 말을 듣고 존슨이 보즈웰을 쏘아붙였다.

"이보게, 개릭이 겸손한 걸세. 생각해보게나. 자네가 언급했던 유명 인사들은 저 멀리 떨어져서 박수갈채를 받지. 하지만 개릭은 면전에서 박수갈채를 받고 그 소리가 귀에 생생하게 들리지. 그리고 매일 밤 수많은 찬사와 박수갈채를 마음에 담고 집으로 돌아간다네. (중략) 이 모든 일이 나에게 벌어졌다면, 친구 두어 명에게 긴 막대기를 두고 내 앞을 걸어가라고 하겠네. 그러면서 그 긴 막대기로 내가 가는 길을 막는 사람들을 넘어뜨리게 말이야."

개릭은 존슨을 흉내 내는 것이 즐거웠다. 개릭은 '개릭에겐 뭔가 유쾌한 구석이 있지만 무익한 친구일 뿐이야'라고 새뮤얼 존슨을 흉내 냈다. 이 말을 들은 보즈웰은 개릭이 존슨의 어조와 분위기를 완벽하게 흉내 냈다고 말했다.

보즈웰은 개릭과 존슨의 애정 어린 모습을 상당히 멋지게 묘사해냈다. 어느 날 보즈웰은 레이놀즈, 골드스미스, 머피 그리고 데이비스도 함께 두 사람을 자신의 런던 집으로 초대했다.

"개릭은 존슨의 주위에서 쾌활하게 장난쳤다. 코트의 가슴팍을 움켜쥐고 능글맞은 미소를 머금은 얼굴로 그를 올려다보며 건강해서 다행이라고 말했다. 현자는 고개를 저으며 부드럽고 다정하게 그를 바라봤다."

아무래도 개릭은 존슨과 자신의 관계에 대해 민감했던 것 같다. 언젠가 그는 퍼시벌 스톡데일(Percival Stockdale)이란 성직자에게 존슨이 자신을 어떻게 생각하는지 알아봐 달라고 부탁했다. 그래서 스톡데일은 갑자기 생각났다는 듯이 "개릭이 걸출한 배역을 맡고 엄청난 명성을 누릴 자격이 있다고 생각하나요?"라고 존슨에게 물었다. 그는 존슨의 대답을 개릭에게 서둘러서 전했다.

"오, 선생님. 개릭은 자신이 획득한 모든 것을 누릴 자격이 있습니다. 그는 셰익스피어의 영혼을 꽉 움켜쥐고 구현해 냈습니다. 그리고 전 세계로 셰익스피어의 명성을 알렸죠."

존슨의 대답을 전해 들은 개릭은 눈물을 흘리며 "오, 스톡데일! 그 사람에게서 그런 찬사를 받다니! 과거 섭섭했던 감정들이 씻은 듯 사라지는구려"라고 소리쳤다.

◆ 슬픈 최후

당시 사람들은 빨리 늙었다. 드루어리 레인 극장의 무대 디자이너의 스케치처럼 데이비드 개릭도 예외는 아니었다(그림 52). 1776년 59살의 개릭은 은퇴를 선언했고 자신의 가장 유명한 역할로 연이어 고별 공연을 했다. 그가 마지막으로 리어 왕을 연기했을 때, 거너릴과 리건을 연기한 여배우들은 무대 위에서 공연 내내 눈물을 흘렸다.

개릭이 무대 위에서 마지막으로 연기한 배역은 셰익스피어 작품의 등장인물이 아니었다. 마지막 무대에서 셰익스피어의 작품 속 인물을 연기하는 것은 신체적으로나 정신적으로 부담이 컸다. 그래서 그는 수잔나 센틀리버(Susanna Centlivre)의 〈비밀의 여인(*The Wonder: A Woman Keeps a Secret*)〉에 등장하는, 질투심 많은 연인 돈 펠릭스를 연기했다. 공연이 끝나고 개릭은 무대 앞으로 걸어 나와 짤막한 감사의 인사를 전했다. 아서 머피는 "극장 안에 있는 모든 사람들의 얼굴이 슬픔으로 어두웠

52. 늙은 데이비드 개릭　　　53. 사망한 해의 데이비드 개릭

다. 극장 여기저기서 관객들은 눈물을 쏟았다. 모두가 그가 무대를 떠나는 것을 슬퍼했다. 우레와 같은 박수갈채 속에서 여기저기서 '잘 가시오'라는 작별 인사가 울려 퍼졌다. 관객들은 빛나는 무대의 태양이 지평선 아래로 사라지는 것을 지켜봤다. 더 이상 그 태양은 떠오르지 않을 것이다"고 개릭의 마지막 공연 날을 묘사했다. 그 이후 개릭은 오랜 벗인 토마스 킹(Thomas King)에게 자신이 가장 아끼는 무대 소품인 검에 '잘 가시오, 나를 잊지 마시오!'라는, 〈햄릿〉에 나오는 유령의 대사를 새겨서 선물했다.

　개릭 부부는 행복한 노년을 기대하고 있었다. 하지만 그들의 노년생활은 그리 행복하지 않았다. 개릭은 수년간 심각한 병을 앓았다. 1762년 초 그는 형 피터에게 "신장의 통증 때문에 불안해서 밤을 꼬박 새웠어요"라고 편지를 보냈다. 그의 신장에는 문제가 있었다. 그는 마치 하나의 신장만을 가지고 태어난 것 같았다. 문제는 그가 갖고 태어난 신장이 감염으로 심각하게 손상됐다는 것이었다. 1779년 그가 사망하기 직전에 메조틴트 기법으로 제작된 동판화 속 개릭에게선 유쾌함과 명랑함이 사라지고 없다(그림 53).

샤마(Schama)는 "황소처럼 커다란 눈은 그를 유명 배우로 만들었던 바로 그 강렬함으로 구경꾼을 주시한다"고 했다. 일찍이 프랜시스 버니는 개릭이 겉늙어 보인다고 말을 했다. 이 말을 들은 존슨은 "그 누구에게서도 그만큼 지치고 힘든 기색을 찾아볼 수 없지"라고 대답했다. 버니는 사망하기 이틀 전에 개릭을 찾았다. 그리고 그토록 표정이 풍부했던 사람의 기력 없는 모습에 충격을 받았다.

"난 그를 보고 있었지만, 그는 나를 보고 있는 것 같지 않았다. 이 지구상의 그 무엇도 보고 있지 않은 듯했다. 대화를 하면서 잠시도 가만히 있지 않았던 그의 표정은 대리석처럼 굳어 있었다. 마치 무생물 같았다."

데이비드 개릭이 죽은 뒤, 에바 개릭은 충격에서 헤어나질 못했다. "심장이 거의 찢어지는 듯이 고통스러워! 그 이후로 먹지도 자지도 못하고 있어. 편지를 쓰는 이 순간에도 눈물이 자꾸 앞을 가려"라고 친구에게 편지를 썼다. 한나 모어(Hannah More)는 에바 개릭을 위로했다.

"그녀는 내 팔 안으로 달려들었어. 우리는 잠시 동안 아무 말 없이 그렇게 껴안은 채로 있었지. 마침내 그녀가 '이렇게 잠시 그의 관을 껴안았어'라고 속삭였지."

문상객들이 마차 34대에 나눠 타고 웨스트민스터 사원으로 갔다. 마차 4대에는 더 클럽의 회원들이 타고 있었다. 극작가 리처드 컴벌랜드(Richard Cumberland)는 늙은 새뮤얼 존슨이 셰익스피어 기념비 발치에 있는 데이비드 개릭의 무덤 곁에 서서 눈물을 흘리는 것을 봤다고 말했다.

CHAPTER 11

올리버 골드스미스와 리처드 셰리든

데이비드 개릭은 더 클럽에서 유일한 배우였다. 하지만 개릭 외에도 연극 업계에 몸담고 있는 회원이 더 있었다. 영국에서 극작가들의 활동이 지지부진하던 시기에 두 명의 더 클럽 회원이 희극을 발표했다. 작품들은 발표와 동시에 많은 사랑을 받았고, 줄곧 대중들에게 즐거움을 안겨줬다. 그 두 사람이 바로 올리버 골드스미스와 리처드 셰리든이었다. 골드스미스는 1773년 〈수치를 무릅쓰고 사랑을 쟁취한 그녀(*She Stoops to Conquer*)〉를, 셰리든은 1777년 〈추문패거리(*The School for Scandal*)〉를 발표했다.

두 사람은 극과 극의 인생을 살았다. 더 클럽의 창립 회원인 골드스미스는 〈수치를 무릅쓰고 사랑을 쟁취한 그녀〉가 연극 무대에 올려지고 1년 뒤에 세상을 떠났다. 당시 그의 나이는 46살이었다. 반면 26살의 셰리든은 자신의 작품을 연극 무대에 선보여 대히트를 쳤고, 그 덕분에 더 클럽의 회원이 될 수 있었다. 그러고는 바로 극작활동을 그만두고 정치인으로 변신했다. 정계 입문은 그가 오랫동안 바라던 일이었다.

드루어리 레인 극장과 코벤트 가든 극장은 불과 2블록 떨어져 있었다. 하지만 두 극장은 전혀 다른 작품들을 공연했다. 코벤트 가든 극장은 대사 없이 동작이나 시각적인 요소로만 웃음을 전달하는 사이트 개그와 어이없는 실수로 웃음을 전달하는 희극을 주로 선보였다. 반면 드루어리 레인 극장은 코벤트 가든 극장에 비해 엄숙하고 고상한 작품을 무대에 올렸다. 1674년 크리스토퍼 렌 경이 설계한 드루어리 레인 극장이 코벤트 가든 극장보다 세워진 지 더 오래됐지만, 초기 설계와 거의 달라진 점이 없었다. 왕이 의뢰하여 세워진 드루어리 레인 극장은 왕립 극장으로 알려져 있었다.

존 리치(John Rich)가 1732년에 문을 연 코벤트 가든 극장도 왕립 극장이었다. 존 리치는 코벤트 가든 극장을 열기 4년 전에 존 게이(John Gay)의 〈거지오페라〉로 대히트를 쳤다. 사람들은 이 작품으로 존 게이는 부유해지고(rich) 존 리치는 명랑해졌다고(gay) 말했다(두 사람의 이름으로 한 말장난으로 'rich(리치)'는 '부유한'을 뜻하고 'gay(게이)'는 '명랑한'을 뜻한다). 존 리치는 1761년 사망할 때까지 코벤트 가든 극장을 소유했다.

1747년 데이비드 개릭이 드루어리 레인 극장을 넘겨받았고, 1776년 은퇴하면서 리처드 셰리든에게 넘겨줬다. 셰리든이 개릭으로부터 극장을 넘겨받을 쯤, 로버트 애덤(Robert Adam)은 극장에 인상적이고 고전적인 파사드를 설계하여 설치했다. 1794년 리처드 셰리든은 극장을 증축했지만, 1809년 화재로 소실됐다. 현재의 드루어리 레인 극장은 1812년 재건축된 것이다.

토마스 롤런드슨(Thomas Rowlandson)의 코벤트 가든 극장 풍자화에서 보이듯(그림 54), 많은 관객들이 일층의 등받이가 없는 벤치에 빼곡히 앉아 있었고 부자들은 무대 양 옆의 박스석에 편안하게 앉았다. 무대 바로 밑에 공연 전과 막 중간에 음악을 연주하는 오케스트라가 있었다. 극장의 뒤와 옆의 상부에는 2단계의 전용 관람석이 있었다. 이 풍자화

54. 코벤트 가든 극장

에서 조지(George) 3세와 샬럿(Charlotte) 왕비가 무대의 먼 쪽 양 편에 있는 박스석에 앉아 있다.

예약석은 없었다. 그래서 관객들은 일찍 극장에 도착해서 극장 문이 열릴 때까지 주변을 배회하다가 극장 문이 열리면 자리를 잡기 위해서 우르르 몰려들었다. 인기 공연의 경우 대다수의 사람들이 서서 공연을 관람했다. 심지어 박스석에도 예약석이 없었다. 그래서 귀족들은 하인들을 미리 보내서 자리를 맡도록 했다.

빈지문이나 무대 평판이 무대의 양쪽 끝의 홈에서 나와 무대를 가렸다. 빈지문이나 무대 평판이 걷히면 무대 배경이 바뀌어 있고, 다음 장면에 출연하는 연기자들이 무대 위에 자리 잡고 있었다. 연극 소품은 거의 없었고 무대를 현실적으로 꾸미지도 않았다. 19세기가 되어서야 흔히 소품이 사용되고 무대가 현실적으로 제작됐다.

물론, 스포트라이트도 없었다. 하지만 반사판이 달린 조명이 연기자의 발 아래쪽에서 위쪽을 향하여 투사되는 각광 역할을 했다. 오늘날의 극장과 달리 무대를 제외한 관객석도 어둡지 않았다. 초가 가득 꽂힌 샹들리에가 객석을 밝혔고, 관객의 바이플레이를 유도했다. 바이플

55. 드루어리 레인 극장의 일층 객석

레이는 중심 연기를 부각시키기 위하여 사용하는 보조 연기다. 보즈웰은 바이플레이에 참여하는 것을 좋아했다.

저녁 공연은 일종의 마라톤 공연이었다. 공연 시간이 무려 5시간에 달했고 5막으로 구성된 연극, 3막으로 구성된 뮤지컬 그리고 '애프터피스'로 구성되어 있었다(애프터피스는 주된 극이 끝난 뒤에 공연되는 익살맞은 단막극이다. 18세기 초 영국에서 성행한, 노래와 춤을 곁들인 희극을 말한다). 그래서 저녁 공연은 주로 오후 6시쯤에 시작됐고, 관객들은 두 시간 전에 저녁을 미리 먹고 극장을 찾았다.

토마스 롤런드슨은 이 무렵의 드루어리 레인 극장을 모델로 풍자화를 2점 더 그렸다. 그의 풍자화는 당시 관객들이 얼마나 활기에 넘쳤는지를 보여준다. 보즈웰이 소의 울음소리를 냈던 일층 객석을 빽빽이 채운 관객들은 즐거운 시간을 보내고 있다(그림 55). 제일 오른쪽의 남성은 어딘가에 머리를 부딪친 듯하다. 후방 객석에 앉아 있는 관객들 중에서 공연을 보고 있는 이는 거의 없다(그림 56). 청년들이 화려하게 차려입은 여인들에게 추파를 던지고 있다.

이 시기의 비극은 그다지 비극적이지 않았다. 희극 역시 그렇게 희

56. 드루어리 레인 극장의 후방 객석

극적이지 않았다. 당시에는 감상희극 또는 눈물 짜는 희극이라 불리는 장르가 유행했다. 1773년 골드스미스는 《웃음과 감상희극의 비교(A Comparison between Laughing and Sentimental Comedy)》에서 감상희극은 희극이 아니고 선하고 지나치게 너그러운 등장인물만이 등장하는 훈훈한 판타지라고 주장했다. 관객들은 감상희극을 보면 눈물을 흘리며 미소를 짓지만 웃지 못했다.

감상희극을 보며 야유했냐는 질문을 받은 한 관객은 "어떻게 야유할 수 있나요? 인간은 야유와 하품을 동시에 할 수 없어요"라고 답했다.

◆착한 남자, 올리버 골드스미스

올리버 골드스미스는 1768년 〈착한 남자(The Good-Natured Man)〉를 발표했다. 이것은 그의 첫 번째 희극이었다. 이것 역시 일종의 감상희극이었다. 주인공 허니우드는 지나치게 착한 남자였고 그래서 쉽게 이용당했다. 이용만 당하는 지독하게 착한 남자보다 최악의 남자들도 수두룩했다. 골드스미스는 스스로를 착한 남자라고 생각했다.

그의 친구들은 이 작품의 성공을 확신할 수 없었다. 그래서 그들은 골드스미스를 응원하기 위해서 단체로 연극을 보러 갔다. 이때 인간의 폐에서 울려 퍼지는 웃음소리 중에서 가장 낭랑하고 전염성 있는 웃음소리를 낼 수 있는 남자를 데려갔다. 연극이 끝나고 열정적인 박수가 쏟아졌고 골드스미스는 갑자기 주목받는 극작가로 발돋움했다.

단체로 골드스미스의 연극을 보러 간 패거리 중에 감상극작가인 리처드 컴벌랜드(Richard Cumberland)가 있었다. 골드스미스는 컴벌랜드를 위해 가상의 비문을 작성했다.

있는 그대로가 아닌 마땅히 그러해야만 하는 모습으로
사람들을 그리는 것이 최대 관심사인 화가가 있었다.
그의 그림 속 청년들은 모두 흠잡을 데 없이 멋지고
그의 여인들은 모두 아주 훌륭했다.
그리고 그의 희극은 너무나 고상했다.

컴벌랜드는 이 시를 읽고 황송해서 몸 둘 바를 몰랐다. 스레일이 언급했듯이, 사람은 너무 노골적으로 조롱을 당하면 자신이 조롱받고 있다는 사실을 인식하지 못한다.

1773년 골드스미스는 〈수치를 무릅쓰고 사랑을 쟁취한 그녀〉를 발표했다. 〈수치를 무릅쓰고 사랑을 쟁취한 그녀〉는 매력적인 플롯과 P. G. 우드하우스의 작품에 등장할 법한 우여곡절을 가지고 있었다. 이 작품의 부제는 '어느 밤의 실수'였다. 주인공 말로우는 케이트의 별장에 도착한다. 케이트는 말로우의 배필로 이름이 거론되던 양갓집 규수였다. 하지만 말로우는 케이트를 단 한 번도 만난 적이 없었다. 안타깝게도 말로우는 자신과 같은 계급의 여인들에게 절망적일 정도로 수줍어했다. 그래서 두 사람이 서로 소개를 받았을 때, 말로우는 케이트의 얼굴을 제대로 쳐다볼 수 없었다. 케이트는 말로우에게 매력을 느꼈고 그를 자신의 남자로 만들기 위해 계획을 세운다.

케이트는 말로우에게 짓궂은 장난을 쳤다. 자신의 집을 여관으로 오해하고 자신의 아버지를 여관 주인으로 착각하도록 만들었다. 그녀의 장난에 넘어간 말로우는 그녀의 아버지에게 아주 거만하게 굴었다. 말로우의 장난에 맞춰서 케이트는 교태를 부리는 술집 여자인 척했다. 술집 여자인 척 연기하면서 케이트는 악센트가 강한 요크셔 억양을 사용했다. 그리고 자신의 하녀에게 "나의 주된 목적은 나의 님의 경계심을 늦추는 것이다. 사랑의 눈에 보이지 않는 전사처럼 내가 공격을 가하기 전에 그 거인 같은 이의 무기를 살펴라"라고 말했다.

케이트는 재치와 자신감이 넘쳤다. 그녀는 셰익스피어 희극 속 여주인공들의 후예였다. 그리고 말로우는 매력적이었다. 말로우는 케이트를 추파를 던져도 괜찮은 하녀라 생각했다. 그는 그녀에게 "당당한 아름다움"과 "활기 넘치는 밉살스러운 눈"을 가졌다고 말했다. 그러고는 "당신 입술의 꿀맛"을 조사하자고 제안했다. 보즈웰은 항상 정확하게 이와 같은 방식으로 계집종의 입술을 훔쳤다. 그러곤 그들도 자신과의 키스를 좋아한다고 확신했다.

그 다음에 케이트는 모든 것이 짓궂은 장난이었음을 밝히지만 자신과 가족은 관계가 좋지 않다고 주장했다. 그녀가 술집 여자라고 생각했을 때, 말로우는 아무 거리낌 없이 그녀를 유혹했다. 하지만 이제 그는 자신이 그녀에게 마음이 진정 끌리고 있음을 깨닫고 청혼한다. 하지만 여전히 그녀가 부자인지는 모른다. 그의 청혼을 받아들인 후, 그녀는 자신의 진짜 신분을 밝힌다. 한마디로 케이트는 수치심을 무릅쓰고 술집 여자인 척 연기해서 말로우를 쟁취해냈다.

〈수치를 무릅쓰고 사랑을 쟁취한 그녀〉가 공연될 때, 보즈웰은 에든버러에 있었고 골드스미스에게 "오랫동안 잠들어 있던 희극의 진정한 정신인 즐거움을 다시 깨워 자연스러운 유머와 진정한 웃음을 되살렸다는 소식을 들어 기쁩니다"라고 편지를 보냈다. 공연이 계속되는 동안 그는 런던으로 돌아왔다. "연극을 보며 실컷 웃었다. 나의 벗 골드스미스가 훌륭한 희극을 발표하고 명성과 부를 얻게 되어 정말 기뻤다. 정말 풍요로운 밤이었다"고 연극을 보고 난 뒤 일기에 썼다. 관례대로 〈수치를 무릅쓰고 사랑을 쟁취한 그녀〉에 이어 애프터피스가 공연됐지만, 보즈웰은 애프터피스를 보지 않고 극장을 나왔다.

"골드스미스가 맺은 열매의 맛이 입 안에서 사라지게 하지 않으리."

보즈웰은 그 길로 곧장 골드스미스의 집으로 갔다.

"그는 자고 있었고 하인은 나를 식당과 서재로 안내했다. 내가 왔다는 소릴 들은 그가 침대에서 '보즈웰!'이라 고함쳤다. 나는 내 이름을 듣고 그에게로 달려갔고, 우리는 서로를 다정하게 끌어안았다."

집에 식당과 서재가 있다는 것은 골드스미스가 출세했다는 의미였다. 하지만 식당과 서재 때문에 그는 많은 빚을 져야만 했다. 그로부터 2주 뒤의 만찬에서 존슨이 외쳤다.

"수년 동안 관객들을 그토록 신나게 만들었던 희극은 없었다네. 그의 희극은 관객을 즐겁게 만든다는 희극의 진정한 목적에 부합했지."

바로 그 자리에 골드스미스도 있었다.

◆ 리처드 셰리든과 엘리자베스 린리

리처드 셰리든의 초년은 외로웠다. 그의 친구들은 그를 딕이라 불렀다. 그의 아버지 토마스 셰리든(Thomas Sheridan)은 제임스 보즈웰에게 웅변술을 가르쳤고 런던에서 스승이 되어 주었다. 토마스 셰리든은 더블린에서 극장을 관리했다. 하지만 정치 폭동으로 극장이 파괴됐고, 그는 아내 프랜시스(Frances)와 장남 찰스(Charles)와 함께 런던으로 이주했다. 당시 3살이었던 셰리든은 여동생과 함께 유모 리씨의 보살핌을 받으며 더블린에 남았다. 그로부터 8년 동안 셰리든은 부모님을 전혀 보지 못했다. 마침내 셰리든이 런던에 왔고 해로의 기숙학교로 보내졌다. 세월이 흐른 뒤에 리씨는 "리처드와 나 그 누구도 행복하지 않았다. 하지만 우린 서로에게 깊이 정이 들어 있었다. 우리에겐 우리 말고 사랑할 사람이 아무도 없었다"고 말했다.

1764년 셰리든이 12살일 때, 그의 부모님은 프랑스로 이주했다. 그곳의 기후가 온화한 만큼 건강이 나쁜 프랜시스가 요양하기에 적당하다고 생각했던 것이다. 2년 뒤에 그의 어머니는 사망했다. 그의 아버지는 일부러 그에게 어머니의 부고를 알리지 않았다. 그래서 셰리든은 기숙학교 교장에게서 어머니의 죽음을 전해 들었다.

잉글랜드로 돌아온 토마스 셰리든은 가족을 바스로 이주시켰다. 그는 바스에서 웅변 학교를 세울 생각이었지만 그가 아일랜드 출신이란 사실이 치명적인 장애가 됐다. 막 20살이 된 젊은 셰리든은 거기서 영화 같은 사랑에 빠졌다. 자신의 아버지가 알고 지내던 음악가에게 엘리자베스 린리(Elizabeth Linley)라는 딸이 있었다. 린리는 숨이 멎을 정도로 아름다웠고 아름다운 목소리를 지닌 성악가였다. 14살일 때 그녀는 유명 성악가였고, 토마스 게인즈버러(Thomas Gainsborough)가 그녀의 사랑스러운 모습을 화폭에 담았다.

엘리자베스 린리와 리처드 셰리든은 깊은 사랑에 빠졌다. 매슈스 (Matthews) 대령의 집요한 구애에 놀란 두 사람은 프랑스로 사랑의 도피를 했고, 그곳에서 가톨릭 사제의 주재로 결혼했다. 하지만 두 사람의 결혼은 잉글랜드에서 인정되지 않았다. 가톨릭교 때문이 아니었다. 두 사람이 성년이 아니었기 때문이었다.

토마스 셰리든은 두 사람을 수소문해서 찾았고 바스로 다시 데려왔다. 이때 매슈스 대령이 문제를 일으켰다. 예정돼 있었던 것처럼 매슈스 대령과 셰리든은 검투를 벌였다. 매슈스 대령은 부상을 당했고 "살려줘"라고 애원했다. 살려준다면 사과하겠다고 약속했지만, 매슈스 대령은 그 약속을 지키지 않았다. 두 번째 검투에선 셰리든이 부상을 당했다. 부상으로 그가 죽을 것이라 생각했지만, 그의 부상은 그리 심각하지 않았다. 셰리든은 린리의 미니어처 초상화를 가슴에 품고 다녔다. 적의 칼날이 그의 심장을 찔렀을 때, 그녀의 초상화가 그를 지켜줬던 것이다.

리처드 셰리든의 전기작가 핀탄 오툴(Fintan O'Toole)은 이 멜로드라마와 같은 사건이 셰리든의 평판에 어떤 영향을 줬는지 설명했다. 셰리든은 이 일로 신사로 확실히 자리 잡게 됐다.

"스스로가 신사라 불릴 만한 존재임을 증명하는 확실한 방법은 그 칭호를 보호하기 위해서 기꺼이 목숨을 바치는 것이다."

해로에서 셰리든은 영국 신사처럼 말하고 행동하는 법을 익혔다. 이제 그는 이 사건으로 자신이 신사임을 만천하에 확인시켰다. 이것은 그가 오랫동안 꿈꿔온 길을 가기 위해서 반드시 필요한 일이었다. 셰리든과 린리는 성공회 성직자의 주재로 적법하게 혼인을 했고, 그들의 로맨스는 두 사람을 단숨에 유명인으로 만들었다.

◆울지 않는 나이팅게일

엘리자베스 린리는 심장을 꿰뚫는 음색을 지닌 소프라노였다. 그녀는 힘들이지 않고 하프시코드에서 가장 높은 음보다 4단계 높은 음을 낼 수 있었다. 대성당 오르간 연주자는 "그녀의 목소리는 놀라울 정도로 달콤하고, 그녀의 음계는 정확하고 완벽하다. 가장 낮은 음계에서 가장 높은 음계까지 그녀의 음색은 한결같다. 그녀의 목구멍은 아주 유연하고 호흡은 느리거나 빠르다. 그리고 음정은 항상 정확하다"고 감탄했다.

프랜시스 버니는 음악가의 딸이었으며, 위대한 음악가들을 많이 알고 있었다. 헨델 오라토리오에서 린리의 노래를 들었을 때 버니는 린리에게 홀딱 빠져 버렸다.

"그녀의 목소리는 부드럽고 달콤하고 분명하고 매력적이다. 그녀는 표현력이 좋고 리듬감도 우수하다."

그 무엇보다도 사람들의 마음을 사로잡는 것은 그녀의 외모였다.

"죄를 지어 남성으로 태어났다면, 나 역시 린리 양에게 구애하는 수많은 이들 중 한 명이었으리라. 그녀는 정말 아름답다. 그녀의 안색은 맑고 사랑스럽고 생기 넘치는 갈색이다. 두 뺨은 활짝 핀 꽃처럼 사랑스럽다. 그녀의 코는 고대 그리스의 조각상처럼 우아하고, 머릿결은 곱고 풍성하다. 이마는 매력적이고 입은 예쁘며 두 눈은 사람의 넋을 빼놓는다."

결혼 후에 셰리든은 린리에게 대중 앞에서 노래하는 것을 그만두라고 요구했다. 그는 정계 입문을 위한 초석을 놓기 위해서 극작가로 활동했다. 극작가로 성공해 일단 자신의 이름을 널리 알리는 것이 목적이었다. 처음에 린리는 반발했다. 그의 첫 번째 작품이 실패할 것으로 보이자, 그녀는 그를 도발했다.

"나의 사랑하는 딕, 전 기뻐요. 전 그대가 극작가로 아무것도 얻지 못할 줄 알고 있었답니다. 당신의 희곡이 실패했으니, 전 다시 대중 앞에서 노래를 부르겠어요. 제가 다시 노래하면 우리는 원하는 만큼 돈을 벌 수 있을 거예요."

그럼에도 불구하고 셰리든은 엘리자베스에게 그만두라고 우겼고, 결국 그녀는 더 이상 대중 앞에서 노래를 부르지 않게 됐다.

그 이후로 린리는 비공개 파티와 버니가 참석했던, 왕명으로 개최된 공연에서 아주 가끔 노래했다. 그녀는 '나이팅게일'이라 불리곤 했다. 이제 그녀는 울지 않는 나이팅게일이었다. 그래서 더 매력적이었다. 그녀의 전설적인 목소리를 들을 기회를 아무나 가질 수 없었기 때문이다.

새뮤얼 존슨은 엘리자베스 린리의 공식적인 은퇴를 지지했다. 보즈웰이 셰리든은 부유하지 않아서 그녀의 수입이 도움이 될 것이라 말했다. 이에 존슨은 고매한 고대 로마의 상원 의원처럼 셰리든이 현명하고 훌륭하게 결단을 내렸고, 어떤 신사가 생활비를 벌기 위해 아내를 대중 앞에서 노래하게 두겠냐고 말했다. 핀탄 오툴은 존슨의 말에서 '신사'라는 단어에 주목했다. 셰리든이 정계에 입문했을 때 그의 아내가 돈을 받고 노래 부르는 성악가라면 그의 신사 지위가 훼손될 수 있었다.

주목할 점이 있다. 셰리든의 어머니는 성공한 작가였다. 그리고 그는 여성들의 지위에 대해 꽤 진보적인 시각을 지닌 인물이었다. 최소한 자신과 결혼하지 않은 여성들에 한해서 말이다. 22살 때 그는 여성 교육에 관한 에세이를 썼다. 이 에세이에서 그는 국왕이 여성들이 천문학, 역사, 어학 그리고 고전문학과 현대문학을 배울 수 있는 대학을 설립해야 한다고 주장했다. 대부분의 과목이 옥스퍼드 대학교와 케임브리지 대학교에서 배울 수 없는 것들이었다. 당시 두 대학교의 커리

57. 성 세실리아로 분한 엘리자베스 셰리든

큘럼은 라틴어와 그리스어에 지나치게 집중되어 있었다.

아마도 셰리든은 존슨의 《라셀라스》의 결말을 기억하고 있었을 것이다. 《라셀라스》에서 공주는 현세에서 최고는 지식이라 생각했고, 모든 과학을 제일 먼저 배우고 싶었으며, 교양 있는 여성들의 대학교를 만들자고 제안했다. 존슨은 친구 엘리자베스 카터(Elizabeth Carter)의 그리스어 실력에 감탄했다. 그녀는 독학으로 그리스어를 익혔다. 프랜시스 버니를 만난 뒤 존슨은 그녀에게 라틴어를 가르치겠다고 제안했다. 하지만 버니의 아버지는 그의 제안을 단칼에 거절했다. 스레일은 일기에 "버니 박사는 자신의 딸이 라틴어를 배우는 것이 싫었다. 심지어 존슨 박사가 가르쳐 준대도 말이다. 존슨 박사는 우정에 대한 보답으로 그녀에게 라틴어를 가르쳐 주겠다고 제안했었다. 존슨 박사는 그녀가 자신만큼 현명하다고 생각했다. 하지만 버니 박사는 라틴어가 여성들이 배우기에는 너무나 남성적인 언어라고 생각했다"라고 썼다.

1776년 엘리자베스 셰리든이 은퇴한 뒤에 조슈아 레이놀즈는 그녀를 음악의 수호성인 성 세실리아로 그렸다(그림 57). 그녀의 천사 같은 아이들이 악보를 보며 노래한다. 엘리자베스 셰리든은 골똘히 구름 사이로 빛이 쏟아지는 하늘을 응시한다. 이 음악의 수호성인은 명백히 대중 앞에서 노래하는 공연자는 아니지만 어머니 같고 가정적이다.

◆ 〈연적〉과 〈추문패거리〉

리처드 셰리든은 1775년부터 1779년까지 총 5편의 희곡을 썼다. 첫 번째 작품은 〈연적(The Rivals)〉이었다. 감상적인 리디아 랭귀시는 무일푼의 남자와 결혼하는 것이 숭고한 일이라 생각했다. 그래서 그녀의 연인은 그녀를 얻기 위해 몹시 가난한 척한다. 신분을 숨긴 탓에 이야기는 복잡하게 얽히고설킨다. 그래서 간략하게 요약하기엔 플롯이 너무 복잡하다. 이것이 핵심이었다. 욕망과 좌절로 인한 불안감이 위험한 대결로 이어지고 종국에는 자유분방한 익살극으로 사라진다.

하지만 〈연적〉은 익살극인 것만은 아니었다. 제인 오스틴(Jane Austen)처럼 셰리든은 현실성과 분별이란 맥락에서 보상이 주어지는 로맨틱한 사랑을 보여준다. "이리로 오시오. 우리의 로맨스는 잠시 제쳐둡시다. 약간의 부와 안락함일지라도 참고 견뎌내야 합니다"라고 연인이 리디아 랭귀시에게 말한다.

셰리든은 기억에 남을 단역을 잘 만들어냈다. 주인공보다 그의 작품 속 단역들이 대중들의 사랑을 한몸에 받았다. 그중에서도 단연 맬러프롭(Malaprop) 부인이 최고일 것이다. 셰리든은 이 이름을 프랑스어 'mal à propos'에서 따왔고 '말라프로피즘(malapropism)'이란 새로운 용어가 이 배역의 이름에서 생겼다. "그녀는 나일 강 강둑의 우화만큼 고집불통이야. 그리고 그는 정말 겸손함의 파인애플이죠"라고 맬러프롭 부인이 소리친다('악어(alligator)'를 '우화(allegory)'로, '절정(pinnacle)'을 '파인애플(pineapple)'로 잘못 발음한 것이다). 그리고 그녀의 태도는 고압적이었다. 오스카 와일드가 맬러프롭 부인에게서 영감을 받아 브랙넬 부인을 만들었다.

"생각해봐요, 아가씨! 당신에게 볼 일이 전혀 없다는 걸 알아요. 사색은 젊은 여성에게 어울리지 않아요."

리처드 셰리든의 걸작은 1777년에 발표한 〈추문패거리〉다. 〈추문패거리〉는 허무맹랑한 소문을 퍼트리는 행태를 풍자하고 부자 삼촌이 자신의 조카인 조셉과 찰스 서피스라는 형제의 됨됨이를 시험한다. 조셉은 겉으로는 고결한 척하지만 실제로는 냉소적인 바람둥이인 위선적인 인물이다. 반면 동생 찰스는 선량한 인물이다. 리처드 셰리든은 헨리 필딩의 《톰 존스》에서 영감을 받았던 것 같다. 톰은 매력적인 범죄자고, 톰의 이복형제로 밝혀지는 블리필은 교활한 위선자다.

소문을 옮기는 수다쟁이들은 자신의 예술적 기교에 자부심을 느낀다. 스네이크라는 인물은 "사람들이 진실을 제대로 알지 못할 때, 스니어웰 부인은 단지 말 한마디나 눈빛 한번으로 소문을 진실로 둔갑시키지. 사건에 대한 자세한 내막을 아는 사람들이 진실을 말해도 사람들이 믿어주지 않는데 말이야"라고 말한다. 조셉 서피스가 젊은 티즐 부인을 유혹하려는 찰나, 부자 삼촌의 시험이 돌연 중단된다. 이 순간 그의 이중성이 만천하에 공개된다. 그로 인해 티즐 부인의 영예는 지켜지고 조셉의 위선이 밝혀진다. "시험 장면"은 항상 관객들에게 깊은 만족감을 준다. 평판이 좋은 조셉에게 모든 재산을 물려줄 생각이었던 부자 삼촌은 그의 위선을 확인하고 동생 찰스에게 재산을 물려준다.

소문을 퍼트리던 사람들은 자신들의 행동을 부끄러워하지 않는다. 스네이크는 돈을 받고 조셉을 배신한다. 모든 진실이 밝혀지고 스네이크는 자신의 선한 행동이 다른 이들에게 절대 알려져선 안 된다고 요청한다. 〈추문패거리〉는 감상희극이 아니지만 분명 마음을 훈훈하게 하는 작품이다. 리처드 셰리든의 〈추문패거리〉는 왕정복고시대의 재치 있는 희극과 닮아 있다. 하지만 〈추문패거리〉의 세상은 왕정복고시대의 희극이 그린 세상에 비해 훨씬 더 명랑하다.

리처드 셰리든이 어떤 출연진들을 염두에 두고 〈추문패거리〉를 집필했는지 살펴보자. 그는 몇몇 뛰어난 배우들을 생각하면서 이 작품을 썼다. 드루어리 레인 극장을 인수하면서 그는 수년 동안 데이비드 개릭과 함께 공연했던 경험 많은 극단도 함께 넘겨받았다. 그 중에서 가장 중요한 인물은 조셉 서피스를 연기한 존 파머였다. 존 파머는 '거짓말쟁이 잭'으로 알려져 있었다. 그는 너무나 설득력이 있어서 그가 거짓말을 하고 있다는 사실조차 사람들은 잊었다. 그래서 그가 맡았던 가장 유명하고 진지한 인물이 〈오셀로〉의 음흉하고 야심 많은 이아고였다는 것은 그리 놀랍지 않다. 그리고 그는 셰익스피어의 〈윈저의 즐거운 아낙네들(The Merry Wives of Windsor)〉과 〈헨리 4세(Henry IV)〉에 나오는 쾌활하고 재치 있는 허풍쟁이 폴스타프와 셰익스피어의 〈십이야(Twelfth Night)〉에 나오는 익살스러운 술고래 토비 벨치도 맡았다. 〈추문패거리〉에 등장한 존 파머를 본 찰스 램은 "역할의 명랑한 배짱, 우아하고 근엄한 말솜씨, 침착한 걸음걸이, 간사한 목소리 그리고 노골적인 악행"에 감탄했다.

〈추문패거리〉 이후, 존 파머는 직접 극장을 열기 위해서 극단에서 탈퇴했다. 그의 탈퇴는 리처드 셰리든에게는 큰 타격이었다. 하지만 존 파머의 계획은 실패했다. 인가 극장인 드루어리 레인 극장과 코벤트 가든 극장이 존 파머를 상대로 소송을 했기 때문이다. 어쩔 수 없이 존 파머는 리처드 셰리든에게 극단으로 돌아가고 싶다고 말했다. "셰리든 씨, 그대가 나의 진심을 볼 수만 있다면"이라고 존 파머가 말하자, 셰리든은 "이보게, 내가 〈추문패거리〉를 썼다는 사실을 잊었는가"라고 대답했다.

〈추문패거리〉에서 찰스 서피스를 연기한 이는 바로 윌리엄 "젠틀맨" 스미스였다. 그는 케임브리지 대학교를 다녔고 고상한 사람들과 어울렸으며 완전히 자연스러운 연기를 선보였다.

리처드 셰리든은 소문을 퍼트리는 인물들을 연기할 배우들도 신중하게 골랐다. 제인 포프는 캔더 부인을 맡았다. 리 헌트는 그녀를 "얼굴 표정 없이 던지는 냉소적인 유머의 대가이자 진지한 표정으로 박장대소할 농담을 던지는 여배우"로 기억했다. 멍청한 벤자민 백바이트는 제임스 윌리엄 도드가 연기했다. 찰스 램은 "그의 표정에서 서서히 어떤 생각이 떠오르는 것을 볼 수 있다. 그 생각이 완전히 정립될 때까지 서서히 조금씩 그는 생각을 정리해나간다. 그의 이마의 한 부분이 씰룩이면 그가 약간의 정보를 입수했음을 보여준다. 하지만 그가 나머지 사람들에게 자신이 확보한 약간의 정보를 전달하는 데 오랜 시간이 걸린다"라고 〈추문패거리〉에서 벤자민 백바이트를 연기하는 제임스 윌리엄 도드의 모습을 기가 막히게 묘사했다. 제임스 윌리엄 도드는 셰익스피어의 〈햄릿〉에 나오는 오즈릭과 셰익스피어의 〈십이야〉에 나오는 겁 많은 멋쟁이 앤드루 에규치크를 맡았다.

조셉 서피스의 유혹에서 성공적으로 벗어난 순진한 젊은 귀족 부인인 티즐 부인은 유명 미녀배우 프랜시스 애빙턴이 연기했다. 그녀는 셰익스피어의 〈오셀로〉와 〈햄릿〉에서 각각 데스데모나와 오필리아를 맡았다. 그녀의 희극 역할도 똑같이 극찬을 받았다. 조슈아 레이놀즈가 프랜시스 애빙턴의 기가 막히게 아름다운 모습을 화폭에 담았다(화보 그림 19). 참고로 그가 그녀와 사랑에 빠졌다고 널리 전해지고 있다.

〈추문패거리〉는 대성공을 거뒀다. 첫 공연날 밤 어느 12살 소년이 드루어리 레인 극장을 지나갔다. 그 순간 엄청난 굉음이 들렸고, 소년은 극장이 무너져 자신을 덮칠지도 모른다고 생각했다. 회고록에서 그 소년은 "겁에 질려 마구 달렸다. 하지만 다음 날 아침 그 소리가 극장이 무너져 내리는 소리가 아니라 4막에서 장막이 떨어지면서 난 소리였음을 알게 되었다. 그 소동에 관객들은 우레와 같은 박수를 보내고 박장대소했다고 한다"라고 썼다. 핀탄 오툴은 '관객들을 열광시킨 공연'이란 제목으로 이 일화를 소개했다.

승리감에 도취된 리처드 셰리든은 밤새도록 술을 마셨고 거리에서 소란을 피웠으며 야경꾼에게 잡혀 구금됐다. 신사의 아내는 대중이 보는 무대 위에서 노래해선 안 된다. 하지만 신사는 술에 취해 소란을 피워서 체포된다고 명예가 실추되지 않았다.

몇 세기 동안 〈추문패거리〉를 통해 걸출한 스타들이 배출됐다. 1937년 타이론 거스리가 연출한 〈추문패거리〉에선 존 길구드가 조셉 서피스를 맡고 마이클 레드그레이브가 찰스를 연기했다. 그리고 알렉 기네스가 스네이크를 연기했고 페기 애쉬크로프트가 티즐 부인을 맡았다. 1949년 로렌스 올리비에가 소속된 올드 빅 프로덕션이 연출한 〈추문패거리〉에선 비비안 리가 티즐 부인을 연기했다. 사람들은 그녀를 "쾌활하고 매우 아름다운 티즐 부인이고, 토마스 게인즈버러의 초상화를 보는 것 같다"고 평했다. 세실 비튼이 무대를 제작했다.

리처드 셰리든의 다섯 번째이자 마지막 작품은 아주 웃긴 단막극 〈더 크리틱(The Critic)〉이었다. 프롤로그에서 그는 왕정복고시대의 유명 풍자극 〈더 리허설(The Rehearsal)〉에서 영감을 얻었다고 밝혔다. 〈무적함대

(The Spanish Armada)〉란 가짜 엘리자베스 1세 시대 연극처럼 리처드 셰리든도 리허설을 했다.

리처드 컴벌랜드는 한 방 먹었다. 프렛펄 플레이저리 씨라는 등장인물은 누가 봐도 그를 모델로 삼은 것이었다. 프렛펄 플레이저리 씨를 연기한 배우는 그가 즐겨 입는 옷차림과 꼭 닮은 의상을 입고 무대에 올랐다. 리처드 컴벌랜드는 아이들을 데리고 〈추문패거리〉를 보러 갔고 질투심에 휩싸였다. 그는 아이들을 꼬집으며 "얘들아, 절대 웃어서는 안 된단다. 웃을 게 하나도 없잖니"라고 소리쳤다. 리처드 셰리든은 이 일을 두고 아주 배은망덕한 짓이라고 평했다. 리처드 셰리든은 "다음날 밤 그의 비극을 보러 갔고 처음부터 끝까지 실컷 웃다가 나왔다"고 말했던 것이다.

〈더 크리틱〉에는 메타극적인 요소가 있었다. 이 때문에 리처드 셰리든이 대성공에도 불구하고 이 작품을 마지막으로 더 이상 희곡을 쓰지 않은 이유가 설명된다. 아마도 그는 상업 연극에 싫증이 났는지도 모른다. 그리고 어쨌든 자신의 극적 재능을 보다 수준 높은 일에 사용하고 싶어 했다. 1780년 리처드 셰리든은 의원으로 선출됐고, 매력적인 웅변가로 빠르게 인정받았다. 그리고 에드먼드 버크와 찰스 제임스 폭스의 정치적 조력자가 됐다. 리처드 셰리든은 1812년까지 의원으로 활동했고 1816년 세상을 떠났다. 그가 더 클럽에 선출된 이후 40년이 지난 때였고, 그와 함께 더 클럽 활동을 했던 다른 회원들은 대부분 세상을 뜨고 없었다.

CHAPTER 12

새뮤얼 존슨과 스레일 부부

◆스트레텀 대저택

1765년 새뮤얼 존슨의 삶이 예기치 않게 180도 변한다. 1765년은 더 클럽이 창설되고 1년이 지난 해였다. 그는 극작가 아서 머피의 소개로 스레일 부부를 만나게 된다. 당시 헨리 스레일은 양조장을 가지고 있는 부유한 지역 유지였다. 스레일 부부와 존슨은 만나자마자 마음이 통했다. 스레일 부부는 매주 목요일 스트레텀 대저택에서 만찬을 열었고 항상 존슨을 초대했다. 스레일 부부의 스트레텀 대저택은 템스 강의 남쪽 도시에서 10마일 떨어진 곳에 있었다. 존슨은 매주 금요일마다 더 클럽 회원들과 모임을 가졌다. 얼마 지나지 않아 스트레텀 대저택은 존슨에게 더 클럽과는 조금 다른, 여러 사람들이 모여 대화를 나누는 활기찬 분위기의 또 하나의 새로운 모임 명소가 됐다.

스레일 부부와 새뮤얼 존슨의 만남은 그들의 인생에서 가장 중요한 우정의 시작이었다. 그와 헨리 스레일은 항상 서로 예의를 갖추며 상대방을 존경했다. 이와 달리 새뮤얼 존슨과 헤스터 스레일에겐 깊은 정서적 유대감이 존재했다. 두 사람 사이의 깊은 유대감은 존슨의 정신 건강에 아주 중요한 역할을 한다. 20년 뒤 존슨은 죽기 바로 직전에 헤스터 스레일에게 "20년 동안 자신의 비참한 삶을 달래준 다정함"에 감사하다는 편지를 보냈다.

1776년에 눈에 띄는 변화가 생겼다. 얼마간 스레일 부부는 존슨을 좀처럼 만날 수가 없었다. 걱정이 되기 시작할 때쯤, 존슨이 거의 10년 동안 끌었던 셰익스피어 희곡 모음집을 마침내 발표했다. 하지만 이 일로 존슨은 스스로를 경멸했다. 자신의 게으름 때문에 거의 10년이 지나서야 작업을 마무리했다고 생각했던 것이다. 그리고 다시 작품을 발표하지 못하리라 확신했다. 그의 런던 숙소를 찾았을 때, 지독한 우울감에 빠져 있는 그를 보고 스레일 부부는 큰 충격을 받았다.

그 즉시 두 사람은 조치를 취했다. 부부는 존슨을 스트레텀 대저택으로 데려왔다. 그날 이후 존슨은 스레일 부부의 스트레텀 대저택에 머물렀다. 그는 볼트 코트(Bolt Court)의 식솔들을 챙기고 더 클럽에 참석하기 위해서 가끔 런던을 찾았다.

스트레텀 대저택은 100에이커의 대정원과 둘레가 20마일인 자갈길로 둘러싸여 있었다(화보 그림 20). 스트레텀 대저택 안에 작은 정자가 있었다(그림 58). 이 정자에서 존슨은 책을 읽고 글을 썼다. 스트레텀 대저

58. 정자

59. 스트레텀 대저택

택을 떠날 무렵, 그는 많은 이들이 최고의 걸작이라 꼽는 《영국 시인전 (*Lives of the English Poets*)》을 발표했다.

열렬한 독서가인 스레일 부부는 스트레텀 대저택에 서재를 하나 더 만들 궁리를 했다. 그들은 존슨에게 도서 구입 자금을 넉넉하게 지원했다. 그 서재는 스트레텀 대저택의 제일 오른쪽에 위치했고 퇴창이 하나 있었다(그림 59). 서재 바로 위에 있는 방이 존슨의 침실이 됐다.

스레일 부부는 서재를 꾸미기 위해서 조슈아 레이놀즈에게 십여 명의 친구들의 초상화를 의뢰했다. 이 중에는 책을 뚫어지게 바라보는 새뮤얼 존슨의 초상화도 있었다(그림 60). 존슨은 레이놀즈가 자신을 '깜빡이 샘'으로 그렸다고 투덜댔다. 존슨을 아는 누군가는 "그는 그 누구보다 책을 잘 읽는 법을 알고 있었다. 그는 곧장 책의 핵심을 파악했고 그 핵심을 낱낱이 파헤쳤다"고 말했다. 존 웨인(John Wain)은 《존슨전》의 권두 삽화 속 새뮤얼 존슨과 이 초상화 속 새뮤얼 존슨이 완전히 다른 모

NATUS
SEPT. VII
1709.

MORTUUS
13 DECRM
1784.

SAMUEL JOHNSON L.L.D.

60. 깜빡이 샘

61. 퀴니 스레일

습임에 주목했다. 《존슨전》의 권두 삽화에서 존슨은 편안하게 책상 앞에 앉아 있다. 하지만 스트레텀 대저택의 서재에 걸린 초상화에서 존슨은 지독한 근시 탓에 책을 코를 박을 정도로 바짝 들고 집중해서 읽는다. 너무 집중한 나머지 그는 책의 앞표지와 뒤표지가 만나도록 반으로 접은 상태에서 모양이 망가질 정도로 책을 꽉 움켜쥐고 있다(이 책은 이전과 같은 상태로 돌아가지 않을 것이다). 책을 꽉 움켜쥐고 있는 그의 손이 눈에 띈다. 크고 두꺼운 손은 지식과 사상을 갈망한다. 마치 지혜가 과일즙인 양 말 그대로 마른 종이와 잉크에서 지혜를 쥐어짜내려는 듯 책을 꽉 움켜쥐고 있다.

이 초상화에서 존슨은 오직 오른쪽 눈으로만 읽는다. 그의 왼쪽 눈은 어린 시절 이후 거의 실명된 거나 다름없었다. "수년 동안 이 작은 악당을 통해 세상을 본 적이 없다"라고 존슨이 말했다고 한다.

존슨에게 스트레텀 대저택에서의 생활은 '새로운 인생'의 시작이나 다름없었다. 스레일 부부는 그를 존경했고 사랑했다. 그리고 테티와의 결혼으로 잠시 행복했지만 오랫동안 외로웠던 존슨도 자신이 그들로부터 사랑받고 있음을 알았다. 그는 스트레텀 대저택에서 하루 종일 한가롭게 하고 싶은 일을 하며 지냈다. 스트레텀 대저택에서의 생활은 호화롭고 편안했다. 자상한 하인들이 그를 살뜰히 챙겼고, 매일 저녁 식사 시간은 유쾌했다.

새뮤얼 존슨은 아이들을 좋아했다. 그는 스레일 부부의 아이들에게 삼촌처럼 다정하게 대했다. 소위 '명예 삼촌' 역할을 했다. 그는 특히 장녀 헤스터(Hester)를 귀여워했다. 존슨은 영특한 헤스터에게 '헤스터 여왕'이란 의미로 '퀴니(Queeney)'라는 별명을 지어줬다. 조파니(Zoffany)는 1766년 2번째 생일을 맞이하기 직전의 사랑스런 퀴니를 화폭에 담았다. 초상화에서 퀴니는 반려동물을 꺼안고 있다(그림 61).

◆ 스레일 부부

존슨이 스트레텀 대저택에 들어왔을 때 헤스터 스레일은 25살이었다. 보즈웰보다 한 살 어렸고 존슨보다 무려 32살 어렸다. 그녀는 웨일스의 외딴 지역에서 자랐다. 그곳에서 그녀의 가족은 사회적으로 명망이 있었지만, 무책임한 아버지 때문에 차상위계층이나 다름없는 생활을 해야 했다. 그래서 그녀의 어머니는 외동딸을 부잣집에 시집보내려고 부단히 애썼다. 그렇게 찾은 사윗감이 헨리 스레일(Henry Thrale)이었다. 옥스퍼드 대학교를 졸업한 헨리 스레일은 헤스터보다 무려 12살 연상이었다. 그녀는 런던 근처에 사는 친척 집을 방문하는 동안 스레일을 만났다. 1763년 22살의 헤스터 솔즈베리(Hester Salusbury)는 스레일

부인이 됐다. 양가 모두 두 사람의 혼인이 정략결혼임을 알고 있었다. 헨리 스레일은 다른 여인과 결혼하려 했지만, 양조장 주인과의 혼인을 원치 않았던 그 여인은 그의 청혼을 거절했다. 헨리 스레일의 양조장은 사업이 잘 되는 해에는 10만 배럴의 맥주를 생산했고 대부분이 선술집으로 들어갔다. 헤스터와의 정략결혼으로 헨리 스레일은 순수 귀족 혈통과 연을 맺게 되었다.

헤스터 스레일은 그와의 결혼에 대해 단 한 번도 불평하지 않았다. 오히려 다행스러운 일이라 여겼다. 헤스터는 "헨리는 내가 생각했던 것보다 훨씬 더 다정한 남편이다. 그는 주변에 사람이 없으면 단 5분도 말을 붙이지 않을 매력 없는 소녀를 아주 다정하게 대했다. 결혼식이 끝난 이후에도 줄곧 다정했다"고 간단한 메모를 남겼다.

부부는 서로를 항상 존중했다. 하지만 서로에게 열정은 없었다. 헤스터 스레일은 거의 매년 출산을 했다. 하지만 남편의 정부를 인정해야만 했다. 그녀는 가죽 표지에 금색으로 '스레일리아나'라고 찍힌 공책에 일기를 썼다. 성병에 걸린 자신을 인내심을 갖고 지극정성으로 돌봐준 아내에게 감사의 뜻으로 헨리 스레일이 선물한 공책이었다.

헤스터 스레일은 키가 4피트 11인치로 아주 작았지만, 매우 지적이고 재치 있고 사교적이었다. 그녀는 뛰어난 언어 구사력을 자랑했으며 독서광이었다. 조슈아 레이놀즈가 헤스터 스레일의 초상화를 그렸고, 두 사람은 훗날 좋은 벗이 된다. 레이놀즈가 그린 그녀의 초상화는 그녀가 얼마나 사려 깊고 똑똑한 여인인지를 잘 보여준다(그림 62). 스트레텀 대저택은 그녀에게 잘 어울렸다. 아이들을 키우고 파티를 열면서 그녀는 자신의 삶에 전반적으로 만족했다. 그리고 그녀의 어머니도 스레일 부부와 스트레텀 대저택에서 함께 살았다. 어머니는 그녀에게 남편이 절대 되어 줄 수 없는 사랑하는 동반자였다.

62. 헤스터 스레일　　　　　　63. 헨리 스레일

헨리 스레일은 아내와 신체적으로 그리고 기질적으로 완전히 달랐다. 보즈웰은 그를 "키가 크고 신체 비율이 좋고 위엄 있는 사람"이라고 묘사했다. 헤스터 스레일 역시 그를 사려 깊고 지적이며 언제 어디서나 예의바른 사람이라고 말했다. 레이놀즈가 그린 헨리 스레일의 초상화는 그의 이런 성품이 잘 드러난다(그림 63). 그가 죽자, 존슨은 "아주 정직하고 개방적이고 한결 같은 그는 과시하는 법이 없고 인위적으로 또는 주도면밀하게 무언가를 꾸미는 법이 없었다"고 라틴어로 비문을 작성했다.

비극적이게도 스레일 부부는 자식을 잃는 슬픔을 자주 겪었다. 당시에는 아이들이 죽는 것은 흔한 일이었다. 14년 동안 헤스터 스레일은 11명의 아이를 낳았고, 그들 중 6명이 사망한 상태로 태어나거나 얼마지나지 않아 죽었다. 부부는 양조장을 물려받을 아들을 간절히 바랐다. 하지만 오직 딸들만 성인으로 성장했다. 헤스터 스레일은 여러 차례 유산도 했다. 노년에 그녀는 결혼생활에서 대야에 머리를 박고 입덧을 하던 6개월은 항상 기뻤다고 말했다.

부부의 자녀들의 사망년도를 보면 자식을 잃은 슬픔이 얼마나 고통스러웠으며 피할 수 없는 것이었는지 알 수 있다. 프랜시스는 1765년에 사망했고, 아나 마리아는 1770년에 부모 곁을 떠났다. 페넬로페는 1772년에 죽었고, 루시 엘리자베스는 1773년에 세상을 떠났다. 랄프와 프랜시스 안나는 1775년에 함께 세상을 떠났고, 헨리(또는 해리)는 1776년에 죽었다.

지금이라면 충분히 막을 수 있는 죽음이 대부분이었다. 하지만 당시에는 정확한 진단을 내리는 것이 거의 불가능했다. 설령 진단이 정확하더라도 치료할 수 있는 의료술이 없거나 오히려 병을 악화시켰다.

그 누구보다 해리의 죽음으로 스레일 부부는 마음에 가장 큰 상처를 입었다. 해리는 양조장을 이을 유일한 사내아이였다. 하지만 1776년 9살의 어린 나이에 사망했다. 해리는 특히 영특했다. 그래서 헤스터 스레일은 "해리는 매우 합리적이고 배려심이 깊고 착한 아이다. 그와 함께 있으면 즐거워하지 않을 사람은 아무도 없다"고 기쁨을 글로 표현했다. 해리는 조숙했다. 가족의 친구가 말에서 떨어질 뻔한 여인을 구했다고 이야기하자, 해리는 "우와! 장담하는데 아저씨는 그 여인과 결국 결혼할 거예요. 톰 존스도 소피 웨스턴 양과 결혼했잖아요"라고 외쳤다. 그의 말에 깜짝 놀란 헤스터 스레일은 《톰 존스》를 읽었냐고 물었다. 당시 《톰 존스》는 논란이 되는 책이었다. "네! 사람이라면 응당 《톰 존스》와 《조셉 앤드루스》를 읽어야죠"라고 해리는 대답했다.

해리는 죽던 날에 기분 좋게 일어나서 빵집에서 페이스트리 몇 개를 샀다. 하지만 오후가 될 무렵 갑자기 고통으로 몸부림치기 시작했다. 의사는 뜨거운 와인, 위스키 그리고 대피의 묘약을 처방했다. 대피의 묘약은 12가지 향신료가 둥둥 떠 있는 브랜디였다. 하지만 그날 오후에 해리는 세상을 떠났다. 해리가 갑자기 고통을 호소한 이유는 맹장염이라고 추측된다. 하지만 맹장염이라고 하기에는 너무나 갑작스럽게 발병했고 해리가 순식간에 사망했다. 패혈증이나 수막염처럼 악성 전염병일 가능성이 더 높다. 지금은 항생제로 패혈증과 수막염 모두 치료할 수 있다.

당시 존슨과 보즈웰은 리치필드에 있었다. 편지로 해리의 사망 소식을 접한 존슨은 "내 인생에서 가장 끔찍한 일 중 하나가 벌어졌다"고 울부짖었다. 이 말을 들은 보즈웰은 왕의 암살과 같은 일이 벌어졌다고 생각했다. 하지만 "스레일 부부가 외동아들을 잃었네"라고 설명했다. 보즈웰이 존슨에게 해리의 죽음에 너무 과민 반응하는 것이 아니냐는 눈치를 주자, 존슨은 "해리의 죽음은 마치 그들이 포로로 팔려가는 것만큼이나 비극적인 일이라네. 스레일 집안의 멸문이나 다름없어"라고 되받아쳤다.

퀴니가 존경했던 쥬세페 바레티(Giuseppe Baretti)도 해리가 죽던 날 스레일 부부와 함께 있었다.

"헨리는 웨이스트코트 주머니에 양 손을 찔러 넣은 채 방의 구석에 놓인 안락의자에 앉아 있었다. 그의 몸은 뻣뻣하게 굳어 있었고, 그의 얼굴은 섬뜩한 미소를 짓고 있었다. 보기에 두려운 모습이었다. 마누치 백작과 하녀는 하얗게 질린 얼굴로 숨을 헐떡였다. 두 사람은 헤스터가 또다시 까무러칠까봐 전전긍긍했다. 헤스터는 몇 번이나 정신을 놓치고 까무러쳤다."

후에 헤스터 스레일은 "이제 이 아이의 죽음을 애도하지 않는 것인가? 그를 잃기 전으로 되돌아갈 수 있단 말인가? 선하고 건강하고 영특하고 지적이고 신체 비율이 완벽한 아이였다. 이제 그는 차가운 지하 납골당에 묻혀 있다. 그리고 남겨진 나에겐 이 세상은 새롭게 시작되리라"라고 말했다. 헤스터 스레일은 결혼 초기에 뜬 스타킹을 오랫동안 보관하고 있었다.

"가엾은 나의 사랑하는 아들은 그 스타킹을 자주 신었다. 그리고 그가 죽던 날도 그 스타킹이 그의 발에 신겨 있었다. 나는 그 스타킹을 벽난로에 던져 태워 버렸다. 아들이 죽고 나서 그 누구도 그 스타킹을 신지 못하게 하려고 그랬다."

◆ 여성들의 세계

각양각색의 사람들이 스트레텀 대저택에 초대됐다. 대다수가 세 번 네 번 초대됐고, 더 클럽의 회원들도 있었다. 특히 조슈아 레이놀즈, 에드먼드 버크, 올리버 골드스미스와 데이비드 개릭이 스트레텀 대저택에 자주 초대됐다. 스레일 부부는 새뮤얼 존슨 덕분에 저명인사들을 스트레텀 대저택으로 초대할 수 있어서 기뻤다. 무엇보다도 스트레텀 대저택에는 당대 지성 여인들이 많이 모였다. 프랜시스 레이놀즈(Frances Reynolds)가 말했듯, 존슨은 여성들과 함께하는 시간을 즐겼다. 존슨은 스트레텀 대저택에서 완전히 새로운 방식으로 여성들과 시간을 보낼 수 있었다. 그들은 존경받는 유명인들이지만 존슨에겐 소중한 친구들이었다. 존슨은 그들과 시시덕거리고 장난을 쳤다. 보즈웰이 한 번도 본 적 없는 모습이었다. 스레일 부부는 보즈웰을 좀처럼 스트레텀 대저택에 초대하지 않았고, 보즈웰은 존슨의 애정을 놓고 헤스터 스레일에게 질투심과 경쟁심을 느꼈다. 그래서 《존슨전》에선 존슨의 애정 어린 모습을 볼 수 없다.

스트레텀 대저택의 명랑한 분위기는 헤스터 스레일의 성격을 그대로 보여준다. 그녀의 성격에 대한 기록은 거의 전무하다. 버지니아 울프(Virginia Woolf)는 "그녀에겐 정의하기 어려운 힘이 있었다. 그 힘에 이끌려 대저택에 초대된 사람들은 테이블에 둘러앉았다. 헤스터는 대담하고 능숙했으며 노련했다. 그녀는 훌륭한 안주인이었다"라고 헤스터 스레일의 모습을 설득력 있게 묘사했다. 혹자는 버지니아 울프가 자신의 어머니를 모델로 창조한 《등대로(To the Lighthouse)》의 램지 부인이 헤스터 스레일과 닮아 있다고 생각했다.

헤스터는 남편의 재력을 이용해서 손님들을 융숭하게 대접했다. 그녀는 지혜와 재치로 대화의 흥을 돋웠다. 스레일 부부는 손님들에게 저녁식사가 아닌 만찬을 대접했다. 1780년 스트레텀 대저택에 초대된 누군가는 "모든 것이 호화롭고 훌륭했다. 각각 21가지 요리로 구성된 2코스 만찬이었다. 리무브와 온갖 종류의 과일, 아이스크림 등 디저트가 나왔다. 모든 요리가 은접시에 푸짐하게 담겨 끊임없이 나왔다. 사이드보드에 음식이 수북이 담겨 있었다. 나는 이렇게 융숭하게 손님을 대접하는 귀족을 본 적이 없다"고 말했다. '리무브'는 코스 요리에서 다음 요리가 나올 동안 제공되는 간단한 요리였다. 모든 요리에 리무브가 따라 나왔다면, 한 사람이 무려 42가지 요리를 먹었을 것이다. 스트레텀 대저택의 온실에서 재배된 과일이 제공됐고, 사시사철 신선한 과일을 맛볼 수 있었다.

스트레텀 대저택을 관리하는 데 많은 고용인이 필요했다. 하인은 18세기 영국에서 가장 큰 직업군이었다. 예를 들어 성공한 변호사는 11명의 고용인을 거느렸다. 남자 주인의 개인 수발을 드는 발렛, 마부, 좌마 기수, 정원사, 가정부, 집안 살림을 돌보는 하녀, 세탁을 전담하는 하녀, 낙농을 전담하는 하녀와 잡일을 처리하는 소년 등이었다. 스트레텀 대저택의 고용인은 무려 20명이었다.

그들은 없어서는 안 될 인물들이었지만, 그들에 대하여 알려진 바는 거의 없다. 그들은 그냥 당연한 존재로 여겨졌다. 호가스(Hogarth)는 자신의 하인 6명을 화폭에 담았다(화보 그림 21). 데이비드 파이퍼(David Piper)는 《영국의 얼굴(*The English Face*)》에서 윌리엄 호가스의 '새우팔이 소녀'에 대하여 감상평을 하며 다음과 같이 덧붙였다.

"몇몇에겐 이 명작에서 보다 심오한 의미가 보일 것이다. 윌리엄 호가스는 자신의 고용인들의 얼굴을 하나씩 하나씩 진지하고 인간적으로 화폭에 담았다. 자신의 초상화가가 자신을 이토록 진실되고 애정 어리게 그려 주리라 기대할 수 있는 왕은 없다."

헨리 스레일은 품위 있게 만찬을 주재했다. 자신의 의견만을 장황하게 늘어놔서 손님들을 지루하게 만들지도 않았다. 그렇다고 그가 재미없는 주인이란 의미는 아니다. 그는 대화의 적재적소에 참여하여 손님들이 격렬하게 의견을 주고받도록 했다.

"헨리는 평온하고 점잖은 인물이었다. 그는 조용히 손님들의 이야기를 경청했고, 영리하고 야심 있는 전투원들의 설전을 부추겼다. 이것이 그의 유일한 즐거움이었다. 스트레텀 대저택에서 벌어진 설전에선 어제의 승리자가 오늘의 패배자가 되기도 하고, 오늘의 패배자가 내일의 승리자가 되기도 했다."

이것은 새뮤얼 존슨에게 완벽하게 어울리는 좌담 방식이었다.

존슨의 명언 중 다수가 스트레텀 대저택의 만찬에서 나왔다. 스트레텀 대저택에 초대됐던 누군가는 바이올린 연주를 들으며 지루해진 존슨이 한 말을 기록으로 남겼다(새뮤얼 존슨은 음악에 거의 관심이 없었다).

"그의 친구는 그가 연주에 더 집중할 수 있도록 바이올린 연주가 너무 어려웠다고 말했다. '그대는 그걸 어렵다고 하는가? 난 불가능했기를 바라네'라고 존슨 박사가 대답했다."

헤스터 스레일은 독설가였고 이에 자부심을 느꼈다. 레이놀즈는 그녀와 딸 퀴니가 함께 있는 모습을 화폭에 담았다. 여느 때와 마찬가지로 은은하고 이상적으로 그린 초상화였다. 이에 헤스터는 다음의 시로 불만을 토로했다.

너무나 얌전하고 지나치게 부드럽고 너무 평화로운 모습 속에
웨일스 여인이 보여준 기지의 흔적은 무엇인가?
냉소에 대한 알랑거림인가.
정서는 올바르나 그 방식은 여전히 틀렸네.
부드러움, 거침 그리고 고상함
이 모든 모순점들이 합쳐진 영혼은 어디에 있나?

보즈웰은 존슨이 헤스터에게 가끔 사람들을 너무 신랄하게 비판한다고 말하는 것을 들었다. 그리고 존슨은 심술궂은 미소로 헤스터가 자신의 사악한 혀를 제지할 수 있는 최초의 여인이며 그 세 치 혀를 지배할 수 있는 유일한 여인이라고 덧붙였다. 헤스터는 존슨의 험담을 기분 좋게 받아들였다. 그녀는 그가 자신을 놀리고 있다는 사실을 알고 있었다. 그리고 남성과 여성을 막론하고 날카로운 재치의 진가를 가장 잘 알아보는 이가 존슨이라는 사실도 알고 있었다.

새뮤얼 존슨은 스트레텀 대저택에 초대된 손님들 중에서 특히 데이비드 개릭의 제자인 한나 모어(Hannah More)를 좋아했다(그림 64). 한나 모어의 여동생은 언니와 존슨이 눈에 띌 정도로 기분이 좋았던 날을 기억했다.

"그날 밤은 언니에게 분명 운이 좋은 밤이었다. 언니가 그렇게 좋은 말을 많이 하는 것을 본 적이 없다. 늙은 천재는 굉장히 유머러스했고

64. 한나 모어   65. 엘리자베스 몬터규

젊은 천재는 상냥했다. 마치 아주 웃긴 희극 공연을 보고 있는 듯 왁자지껄하게 웃음이 터져 나왔다."

그 뒤 존슨과 한나 모어가 다시 만났다.

"존슨 박사와 한나는 격론을 벌였다. 한참 있다가 두 사람은 큰 웃음을 터트렸다. 그 웃음소리에 언쟁을 벌였던 것이 무색해졌다."

데이비드 개릭 역시 눈에 띄는 재담가였다. 그런 그가 존슨을 두고 "라블레(Rabelais)와 다른 사람들의 재치 있는 말은 새뮤얼 존슨과 비교하면 아무것도 아니다. 그의 재치 있는 말은 그대를 웃게 만들 것이다. 만약 그대가 웃지 않으면, 존슨은 강압적인 포옹을 해서 웃을 때까지 그대를 놔주지 않을 것이다"라고 말했다. 강압적인 포옹이 어떤 포옹인지 글로 정확하게 설명할 수 없지만, 그의 재치 있는 말은 글로 충분히 보존될 수 있다.

한나 모어는 이제 막 많은 이들의 주목을 받기 시작했다. 그녀의 시와 희곡은 널리 사랑받았다. 그리고 그녀는 여성 교육의 확대를 위해 노력했고, 아프리카 노예 매매의 폐지를 위한 단체의 주요 여성 회원이었다. 헤스터는 한나를 '여성 재담가들 중에서 가장 영리하다'고 생각했다. 하지만 "우리 중 그 누구도 그 여류작가를 사랑하지 않았다"고 덧붙였다. 헤스터는 모임에서 여성으로서 자신만이 빛나고 주목받기를 바랐다.

엘리자베스 몬터규(Elizabeth Montagu)도 스트레텀 대저택의 단골손님이었다(그림 65). 그녀는 셰익스피어에 대하여 책을 썼고 '블루스타킹'을 대표하는 인물이었다. 블루스타킹은 문학을 좋아하는 지적인 여성이나 여성 문학가를 일컫는 말이다. 그렇다고 그들이 실제로 파란색 스타킹을 신었던 것은 아니다. 그들 중 한 명이 실크 스타킹 대신 청색 모직 양말을 신은 데서 이런 이름이 붙여졌다. 당시 일부 여성들은 사교계 여성으로서가 아니라 지적인 대화를 나눌 벗으로서 서로를 만났다.

존슨은 "몬터규 부인은 정말 비범한 여성이다. 그녀는 마르지 않는 샘처럼 끊임없이 대화를 이어나간다. 그녀와의 대화에는 사상과 의미가 존재한다"고 말했다. 다른 때는 "그녀는 내가 알고 있는 그 어떤 여성보다도, 아마도 거의 모든 남성들보다도 유식하다. 그녀와 말을 해보면 이것이 사실임을 알 수 있을 것이다"고 말했다. 헤스터도 몬터규를 존경했다. 하지만 그녀를 높이 평가하는 친구의 발언은 인정하지 않았다.

"그 여자는 존경스러울 정도로 말을 잘해. 하지만 사람은 때때로 자신의 목소리가 간절히 듣고 싶을 때가 있어."

스트레텀 대저택을 찾는 여자 손님들 중에서 존슨이 정말 좋아했던 사람은 찰스 버니의 딸인 프랜시스 버니였다. 찰스 버니는 음악 교사로 스트레텀 대저택을 처음 방문했으며 후에 중요한 음악 역사서를 발표한다. 1777년 존슨을 처음 만났을 때, 프랜시스 버니는 고작 25살이었고 소설 《에블리나(Evelina)》를 익명으로 발표했다. 《에블리나》는 선풍적인 인기를 누렸다. 풍자적 요소가 다수 등장하는 이 소설은 미숙한 소녀가 런던 사교계에 진출하는 여정을 담고 행복하게 끝을 맺는다.

버니는 익명으로 소설을 발표했다. 소설이 실패할까봐 두려웠던 것이다. 버니는 병적일 정도로 수줍음이 많았다. 이 사실을 알고 있었기에 존슨은 그녀가 당대 최고의 여류작가이자 지식인인 몬터규 부인과 경쟁한다는 사실에 놀라움을 금치 못했다. 버니는 존슨이 자신을 어떤 식으로 부추겼는지 일기에 썼다.

존슨 박사는 이랬다저랬다 했다. 속으론 재미있어 죽겠다는 표정이었다. 가만히 듣고 있더니 갑자기 "그녀를 무찔러, 버니! 무찔러버려! 사정 봐주지 말라고! 공격하고 싸워서 한 방에 보내버려! 자넨 떠오르는 재담가라네. 그녀는 최고의 재담가지. (중략) 내가 자네와 같았을 때, 위대한 재담가들을 무찌르는 게 얼마나 큰 기쁨이었는지 모른다네. 그녀에게 달려들란 말이네. 그녀를 무찔러!"라고 외쳤다. 오, 얼마나 공허한가!

헨리 스레일은 프랜시스 버니가 덜 유명한 작가와 맞붙어야 한다고 제안했다. 이 말을 들은 존슨은 "아니, 아니야. 독수리를 향해 곧장 돌진해야지. 몬터규 부인을 넘어설 거야!"라고 쏘아붙였다.

존슨이 직접 몬터규 부인의 심기를 건드린 일이 있었다. 그가 그녀가 펴낸 셰익스피어에 대한 책을 그다지 높게 평가하지 않는다는 소문이 돌았고, 이 소문이 그녀의 귀에 들어갔다(소문이 아니라 사실이었다). "몬터규 부인은 나와 이제 연락을 하지 않는다네. 누구나 연락을 끊고 싶은 사람이 있지만, 누군가에 의해 연락이 끊기기를 바라는 이는 없다네"라고 말했다.

모든 사람들은 프랜시스 버니를 패니(Fanny)라고 불렀다. 버니에게 글을 쓰는 것은 숨 막히는 억압에서 벗어날 수 있는 유일한 해방구였다. 그녀의 자매 중 누군가는 그녀를 내숭쟁이라 불렀다. 그녀는 누군가가 자신의 일기를 보게 되리라 생각하지 않았다. 그래서 솔직한 심정을 일기에 담았다. 하지만 가끔 자매들끼리 일기를 공유하기는 했다. 자매 중 누군가가 "패니는 평생 스스로를 억눌렀다. 그녀는 아주 겸손했다. 그녀에겐 자신이 사람들 앞에서 억눌러온 감정이나 생각을 표출할 안전한 배출구가 필요했다. 그것이 바로 일기였고, 패니는 일기에 모든 것을 쏟아냈다"라고 말했다.

에드워드 프란체스코 버니(Edward Francesco Burney)는 버니를 매력적으로 화폭에 담았다(화보 그림 22). 그는 그녀의 어린 사촌이었다. 에드워드 버니는 프랜시스 버니에게 연보라색 슬래시트 슬리브의 검은색 반다이크식 가운을 입혔다. 그 모습은 아주 우아했다. 프랜시스 버니는 그가 자신을 미인으로 만들려고 계속 애썼다고 쓸쓸하게 이야기했다.

"그 누가 이 초상화의 모델이 나라고 생각할까? 하물며 초상화를 그리는 동안 의자에 앉아 있었던 나 자신조차도 이 초상화 속 여인이 나라는 생각이 들지 않는데 말이다. 이렇게 모델을 이상화한 초상화가 있을까? 난 에드워드에게 이목구비를 확대하고 안색을 어둡게 하라고 거듭 말했다. 하지만 그렇게 하겠다고 고분고분 말만 하고 행동으로 옮기진 않았다."

버니는 곧 자신에 대한 에드워드 버니의 애정을 깨닫지만, 그의 마음을 받아주지 않았다. 당시 버니는 30살이었고 에드워드 버니는 22살이었다.

헤스터처럼 버니도 체구가 작았다. 그래서 존슨은 그녀를 '작은 버니'라고도 불렀다. 데이비드 파이퍼(David Piper)는 "그녀는 풍성한 깃털이 분수처럼 솟아오르고 챙이 넓은 모자를 써서 조금이라도 키가 커보이게 만들었다"고 말했다. 초상화 속 버니의 높이 치솟은 모자에는 깃털이 없지만, 확실히 키가 커보이게 하는 효과는 있다.

프랜시스 버니는 사랑하는 이와 결혼해서 행복하고 독립적인 삶을 살고자 했다. 하지만 수년 동안 그녀는 아버지에게 꽉 잡혀 살았다. 그녀는 찰스 버니가 아끼고 사랑하는 딸이었다. 부유하게 태어나지 않은 찰스는 아침부터 밤까지 음악을 가르쳤으며, 오르간도 연주하고 오케스트라도 지휘했다(헨델은 그에게 리허설의 지휘를 맡겼다). 이렇게 열심히 일하는 그 덕분에 가족들은 편안한 생활을 할 수 있었다. 그 동안에 그는 심혈을 기울여 《음악사(History of Music)》를 집필했다. 1776년 《음악사》 1권이 출판됐고 1789년에 마지막 권이 나왔다. 존 밀턴(John Milton)의 딸들처럼 그의 딸들도 열심히 일했고 아버지의 재능을 진심으로 자랑스럽게 생각했다. 찰스는 재능을 인정받아 옥스퍼드 대학교에서 명예학위를 받았다. 프랜시스 버니는 조슈아 레이놀즈에게 옥스퍼드 대학교 학위복을 입고 있는 아버지의 초상화를 그려 달라고 부탁했다. 찰스는 1784년 더 클럽의 회원이 됐다(그림 66).

1775년 프랜시스 버니는 23살이었다. 찰스는 아직까지 미혼인 딸에 대해 불안감을 느끼기 시작했다. 누군가가 그녀에게 청혼했지만, 그녀는 그를 사랑하지 않았다. 하지만 찰스는 딸에게 그 청혼을 받아들이라고 종용했다. 버니는 아버지에게 애원하듯 편지를 썼다.

"저에게 있어서 전혀 소중하지 않은 남자와 평생을 함께하라는 아버지의 뜻을 받들 수 없습니다."

그런 딸의 애원에 찰스의 마음이 누그러졌다. 그렇게 두 사람은 감상

66. 찰스 버니

소설에나 등장할 법한 장면을 만들어냈다.

　"너를 위해서 더 많은 일을 할 수 있었으면 좋겠구나, 패니!" 나는 "오 아버지, 전 아무것도 바라지 않습니다. 그냥 아버지와 함께 살게 해주세요!"라고 소리쳤다. "나의 목숨과도 같은 딸아!"라며 아버지가 다정하게 나의 이마에 키스했다. 그리고 "넌 나와 평생 함께할 거란다. 네가 원한다면 말이다. 내가 널 떼어 내려고 한다고 생각하느냐?"라고 아버지가 말했다. "그런 생각은 절대 안 해요. 절대로요, 아버지! 그런 생각을 하고 제가 어떻게 살겠어요?"라고 나는 울부짖었다. 아버지의 사랑스러운 눈에 눈물이 일렁였다. 내가 결코 잊을 수 없는 아버지의 다정한 모습이었다. "신은 아실 거다. 난 나의 사랑하는 딸들과 헤어지길 바라지 않는단다. 너희들은 나에게 가장 큰 위안이란다. 서두르지 말거라!"라고 아버지가 말했다. 그의 말에 안도감을 느끼고 미래의 희망을 되찾은 나는 파멸에서 벗어난 것처럼 가볍고 행복하고 감사하는 마음을 품고 잠이 들었다.

사실은 프랜시스 버니에겐 아버지가 두 명이었다. 그녀는 찰스 버니의 오랜 벗인 새뮤얼 크리스프(Samuel Crisp)와 가까웠다. 새뮤얼 크리스프는 속세를 떠나 조용히 사는 지방의 대지주였다. 그녀는 그를 '대디 크리스프'라고 불렀고 항상 그에게 조언을 구했다. 찰스 버니와 새뮤얼 크리스프는 프랜시스 버니의 《에블리나》의 성공에 기뻐했다. 프랜시스 버니는 연극의 대가인 머피(Murphy)와 셰리든(Sheridan)의 권유에 따라 《더 위틀링즈(The Witlings)》를 썼다. 하지만 그녀의 두 아버지는 《더 위틀링즈》를 없애 버리라고 그녀에게 지시했다. 《더 위틀링즈》는 블루스타킹에 대한 풍자를 담고 있었다. 프랜시스 버니는 블루스타킹을 '서로가 서로를 칭찬하는 아첨꾼들'이라고 생각했다.

문제는 찰스 버니의 수입의 대부분이 블루스타킹에게서 나온다는 것이었다. 그가 가르치는 사람들 대부분이 블루스타킹 부류였다. 찰스 버니는 부유층이 거주하는 화려한 집을 오고가며 하루 종일 음악을 가르쳤다. 새뮤얼 존슨은 찰스 버니가 일주일 동안 무려 57차례 음악수업을 했다고 말했다. 찰스는 아첨의 달인이었다. 헤스터 스레일은 자신은 찰스를 좋아하지만 "그에게 결점이 있다면, 지나친 아부"라고 말했다. 찰스는 딸이 블루스타킹을 조롱해서 그들과 자신의 관계가 위태로워질까 봐 두려웠다. 그래서 그는 딸에게 《더 위틀링즈》를 발표할 생각은 꿈에도 하지 말라고 으름장을 놓았다. 당시 27살이었던 프랜시스 버니는 잠시 동안 저항했지만, 찰스는 마음을 돌리지 않았다. 그녀는 《더 위틀링즈》 원고를 보관했다. 현대에 그녀의 작품을 연극으로 만들려는 시도가 종종 있었다.

비통해하며 프랜시스 버니는 아버지에게 편지를 썼다(당시 그녀는 새뮤얼 크리스프의 저택에 머물고 있었다).

"죽음의 종소리가 울렸습니다. 가엾은 《더 위틀링즈》는 죽은 이들과 함께 어둠 속으로 사라졌습니다. 영원히! 진심으로 말하건대 아버지를 위해서 저는 그 어떤 불명예도 참을 수 있습니다."

하지만 비통함은 숨길 수 없었다.

"이제, 아버지가 완전히 끝내셨습니다. (중략) 제가 예상치 못한 말들이 그 작품의 발목을 잡았습니다. 헤스터는 열렬하게 찬성했고 머피는 거듭 칭찬하고 아부했던 말들이었습니다. 허나 제가 무얼 할 수 있었겠습니까?"

그 이후에도 프랜시스 버니는 소설을 계속 발표했다. 제인 오스틴은 그녀의 작품에 찬사를 보냈다. 버니는 자신의 명성을 마음껏 즐겼다. 하지만 낯선 이들이 자신에게 아낌없는 찬사를 보낼 때 그녀는 항상 불안했다. 그리고 씁쓸하지만 샬럿 레녹스(Charlotte Lennox)와 프랜시스 셰리든(Frances Sheridan)을 제외하고 큰 성공을 거둔 여류작가가 없었다. 그래서 사람들이 자신에게 아낌없는 찬사를 보내는 것이라고 그녀는 생각했다.

"내가 리처드슨이나 필딩이 되살아난 것처럼 훌륭한 글을 쓴다 할지라도, 나는 대중들에게 아름다운 여인이 되도록 노력해야 한다."

그녀는 단지 아름다운 여인이 아니라 젊은 여인이었다.

"나는 몬터규 부인처럼 얼굴에 주름이 있지도 카터 부인만큼 늙지도 않았다. 그리고 모어 부인만큼 뚱뚱하거나 채폰 부인처럼 기형적으로 생기지도 않았다. 그래서 내가 작가라고 하면 사람들은 찬사를 어디서 멈춰야 하는지를 모른다. 그들이 생각할 수 있는 여류작가들은 오직 그들뿐이기에 그들은 그들과 다른 나에게 끊임없이 찬사를 퍼붓는다."

국립초상화미술관에 1779년 리처드 새뮤얼(Richard Samuel)이 그린 '아폴로 신전의 뮤즈들을 대변하는 인물들의 초상화(Portraits in the Characters of the Muses in the Temple of Apollo)'란 제목의 작품이 있다(화보 그림 23). 리처드 새뮤얼은 왕립미술아카데미 소속이었다. 그는 여러 인물들을 한꺼번에 화폭에 담아 인상적인 작품을 그리고자 했다. 이 초상화에는 예술계와 문학계를 대변하는 9명의 여인들이 등장한다. 9명의 여인들은 모두 고전적이거나 약간 동양적인 옷을 입고 자신들이 얼마나 중요한 인물인지 뚜렷하게 보여준다. 《에블리나》는 1년 전에 발표되었기에, 프랜시스 버니는 이 초상화 속에 등장하지 않았다.

리처드 새뮤얼은 9명의 여인들의 초상화를 보면서 작업을 했다. 하지만 등장인물을 너무나 이상적으로 표현한 나머지 누가 누구인지 구분하기가 쉽지 않다. 한 해석에 따르면, 그림의 왼쪽에 서 있는 두 여인 중에서 왼쪽이 새뮤얼 존슨의 벗인 엘리자베스 카터이고, 오른쪽이 시인 안나 리티셔 바볼드(Anna Letitia Barbauld)다. 그리고 화가 안젤리카 코프먼(Angelica Kaufman)은 자신의 이젤 앞에 앉아 있다. 가수 엘리자베스 셰리든(Elizabeth Linley Sheridan)은 리라를 들고 있다. 역사가 캐서린 매콜리(Catherine Macaulay)는 두루마리를 들고 엘리자베스 몬터규를 바라본다. 그들 옆에 한나 모어(Hannah More)가 있다. 그들의 뒤로 오른쪽에 서 있는 여인은 새뮤얼 존슨의 또 다른 좋은 벗인 샬럿 레녹스이고, 왼쪽에 서 있는 여인은 아일랜드 여배우 겸 극작가인 엘리자베스 그리피스(Elizabeth Griffith)다.

엘리자베스 셰리든은 이 그림에서 가장 눈에 띈다. 그림의 중앙에 서 있는 그녀는 혼자서 무리와 떨어져 조각상을 응시한다. 그녀는 막 노래를 부르려는 듯 보인다. 그녀의 노래를 듣고자 하던 일을 잠시 멈춘 나머지 여인들은 글로써 자신들의 이름을 널리 알렸다. 반면 호소력 있는 목소리로 명성을 얻은 이는 오직 엘리자베스 셰리든뿐이었다.

프랜시스 버니와 헤스터 스레일의 관계는 복잡했다. 찰스 버니는 스트레텀 대저택을 정기적으로 방문해서 퀴니에게 음악을 가르쳤다.

그러던 어느 날 헤스터가 《에블리나》의 저자가 찰스의 똑똑한 딸이라는 사실을 알고 그녀를 만나기만을 학수고대했다. 버니 또한 스트레텀 대저택을 꼭 가보고 싶었다. 헤스터가 자신의 소설을 좋아한다는 아버지의 편지를 받고 버니는 너무 기뻐서 "헤스터 스레일이라니! 그녀는 나의 우상이야!"라고 여동생에게 편지를 썼다. 그로부터 얼마 뒤에 버니는 마침내 스트레텀 대저택을 방문하게 되었다. 그리고 일기에 "내 인생에서 가장 중대한 날에 대하여 기록하고 있다. 바로 나의 스트레텀 대저택 방문기야"라고 썼다.

헤스터 스레일과 프랜시스 버니는 곧 서로에게 숨이 막힐 정도로 찬사와 애정을 퍼부었다. 하지만 속으론 상대방과 거리를 뒀다. 헤스터는 자신보다 11살 어린 새로운 벗을 지배하고 싶은 욕구를 참을 수가 없었다. 버니는 그녀의 생각을 알아차렸고 저항했다. 헤스터가 봤을 때, 버니는 관심을 주는 것보다 받는 것에 익숙한 세상물정 모르는 공주님이었다. 그리고 심지어 예의범절도 제대로 배우지 못한 듯 보였다. 헤스터에겐 일종의 속물근성이 있었다.

"그녀는 귀태가 난다. 하지만 상류층 여성보다 여배우처럼 우아하다. 상류층 여성은 그런 식으로 행동하지 않는다. 아무래도 버니 가문은 하류층인 것 같다. 프랜시스가 좀 더 겸손했다면 그녀와의 대화가 더 즐거웠으리라. 그녀의 이른 명성이 그녀와의 대화를 난처하게 만든다. 그리고 자신의 명성 때문에 억지로 우아하게 행동해야 하는 그녀는 자신의 언행에 양심의 가책을 느끼는 듯하다."

오랜 뒤에 버니는 헤스터에 대하여 "그녀는 마음이 따뜻했고 관대했으며 상냥했다. 그리고 친구들에게 열과 성을 다했고 종교에도 아주 헌신적이었다. 헤스터는 재치가 넘쳤고 사교적이었다. 그녀는 사람들을 즐겁게 해주는 힘이 있었다. 내가 본 그 어떤 여인들도 그녀만큼 사람들을 즐겁게 해주지 못했다. 하지만 헤스터는 오만했고 목소리도 컸다. 그녀는 평온하지 않았고 자신의 재능을 과시했다"고 말했다.

병이 날 때마다 버니는 스트레텀 대저택에서 요양을 해야 했다. 마차를 타고 런던으로 돌아가는 여정이 그녀에겐 너무 무리일 거라고 헤스터는 생각했다. 그래서 그녀는 병이 난 버니를 자신의 집으로 불러들여 지극정성으로 간호했다.

프랜시스 버니는 열병이나 스스로 열병이라 부르는 무언가 때문에 나의 집에서 7일 동안 방에 틀어박혀 있었다. 난 직접 그녀에게 약을 먹였고 그녀가 먹다 남긴 음식을 치웠다. 그리고 그녀가 사용한 더러운 컵과 숟가락 등도 직접 정리했고 밥상도 직접 가져다 줬다. 요컨대 나는 그녀에게 의사였고 간호사였으며 하녀였다. 나의 하인들에게 부담을 더 주고 싶지 않았다. 그리고 그들이 그녀의 병수발을 들면서 그녀를 싫어하도록 두고 싶지 않았다. 그녀는 자신에게 베푸는 나의 친절함 때문에 내가 더욱 존경받는 것이라고 감사의 마음을 전했다. 그렇지! 그녀의 말이 옳지 않은가!

29살의 프랜시스 버니는 헤스터 스레일에게 자신이 20년 이내에 죽을 것이라고 말했다. 건강염려증 환자였던 그녀는 타고난 건강함 덕분에 60년을 더 살았다.

제임스 보즈웰은 스트레텀 대저택에서 환영받지 못했다. 존슨을 제외하고 그 누구도 그를 좋아하지 않았다. 그는 술을 너무 많이 마셨고 말도 너무 많았다. 대부분의 사람들은 보즈웰을 존슨이 너무 좋아서 그의 뒤를 졸졸 따라다니는 꼴사나운 스패니얼이라고 생각했다. 한 저녁 만찬에서 보즈웰은 솔직하게 존슨을 숭배한다고 선언했다. 존슨도 참석하기로 되어 있던 만찬이었다. 저명한 역사가 윌리엄 로버트슨(William Robertson)은 "그대들 중 몇몇이 존슨을 망치고 있다네. 그대들은 그를 숭배해선 안 돼. 그대들이 숭배해야 할 사람은 없다네"라고 말했다. 이에 보즈웰은 "그를 숭배하지 않을 수 없습니다. 그는 다른 사람들과 비교하면 너무나 우월한 존재입니다"라고 답했다. 그리고 일기에 "로버트슨에게 이것을 이해시키자!"고 썼다.

프랜시스 버니는 제임스 보즈웰을 처음 본 날을 생생하게 기록으로 남겼다. 과장은 전혀 없었다. 사람들은 아침식사를 위해 식탁에 앉았다. 보즈웰은 버니가 존슨의 바로 옆 자리에 앉는 것을 보고 화들짝 놀랐다. 분개하며 보즈웰은 다른 의자를 가져와서 존슨 바로 뒤에 앉았다. 존슨은 보즈웰이 자신의 뒤에 앉아 있다는 사실을 몰랐다.

보즈웰은 여느 때와 달리 질문에 답하거나 그 어떤 대화에도 끼지 않았다. 마치 자신이 그토록 존경하는 이의 아주 작은 소리라도 놓칠까 걱정하는 듯했다. 갑자기 존슨 박사가 입을 떼자, 보즈웰은 통증이 느껴질 정도로 엄청나게 집중했다. 그의 눈은 열의로 이글거렸다. 그는 존슨 박사의 어깨에 닿을 정도로 귀를 그에게 바짝 대고 입을 떡 벌린 채 그의 말을 한 토씨도 빼먹지 않고 들었다. 그는 단어 하나라도 놓칠까봐 두려워하는 듯 보였다. 그리고 마치 그의 숨소리에 숨겨진 어떤 정보라도 찾으려는 듯 존슨 박사의 숨소리도 놓치지 않으려고 했다.

보즈웰이 자신의 뒤에 바짝 붙어 앉아 있다는 사실을 알아차린 존슨은 꽤 크게 손으로 자신의 무릎을 쳤고 불쾌하다는 듯이 "거기서 무얼 하고 있는 건가? 자네 자리로 돌아가게나"라고 말했다. 놀란 표정으로 보즈웰은 자신의 자리로 돌아갔다.

그 이후 존슨은 "헤스터는 여전히 자네를 아주 마음에 들어 한다네"

라고 보즈웰에게 편지를 보냈다. 이 편지를 받고 보즈웰은 안심했다. 보즈웰은 이 편지를 《존슨전》에 실었다. 버니는 책의 여백에 "가엾은 헤스터! 그녀는 존슨 박사와 좋은 관계를 유지하고 싶어서 어쩔 수 없이 그렇게 말했다"라고 썼다.

스트레텀 대저택의 단골손님 중 한 명에게 끔찍한 일이 닥쳤다. 더클럽의 회원들이 힘을 합쳐 그를 곤경에서 구해줬다. 쥬세페 바레티(Giuseppe Barette)는 1769년 살인죄로 재판을 받았다. 두 명의 매춘부들이 길에서 그의 성기를 움켜잡았다. 놀란 그는 마구 주먹을 휘둘렀고 매춘부들은 비명을 질렀다. 그러자 3명의 불량배들이 그에게 달려들어 공격했다. 겁에 질린 쥬세페 바레티는 주머니에 있던 작은 과도로 자신을 덮친 불량배들 중 한 명에게 치명상을 입혔다. 이 일로 체포되자 그는 더클럽에 급하게 메시지를 보냈다. 그의 친구들 중 몇몇이 더클럽의 회원이었다. 바레티가 메시지를 보냈을 때, 더클럽의 회원들은 터크즈 헤드 태번에 모여 있었다. 레이놀즈와 골드스미스는 마차를 타고 그와 함께 감옥까지 동행했고, 버크와 개릭은 그의 보석금을 냈다.

레이놀즈, 골드스미스, 버크 그리고 개릭이 모두 바레티의 성격 증인으로 나섰다. 존슨과 보우클레어도 성격 증인으로 나섰다. 존슨과 버크가 바레티의 모두진술의 초안을 작성했다. 두 사람은 법정에서 어떤 말을 해야 하는지에 대하여 격론을 벌였다. 후에 누군가가 고작 모두진술을 작성하는 데 너무 열을 냈던 것이 아니냐고 존슨에게 말했다. 그의 말에 동의하며 존슨은 "청중이 없었다면, 버크와 나의 의견이 같았어야 했었는데"라고 말했다.

바레티의 친구들은 그는 온순하고 평화를 사랑하며 심지어 겁이 많은 사람이라고 증언했다. 바레티는 지독한 근시였다. 레이놀즈가 그린 초상화에서 그는 코에 닿을 정도로 책을 눈에 바짝 대고 읽는다(그림 67).

67. 쥬세페 바레티

그러니 그가 강도를 당할 때 무슨 일이 벌어지고 있는지 분명하게 볼 수 없었을 것이다.

판사는 쥬세페 바레티가 정당방위였다고 판결했고, 그는 무혐의로 풀려났다. 오랜 시간이 지난 뒤에 스트레텀 대저택에서 디저트를 먹으면서 바레티는 과일을 자르고 있는 과도가 불량배를 죽인 그 과도라고 말했다.

◆ 치료사, 헤스터 스레일

헤스터는 존슨에게 속마음을 털어놓는 벗 이상의 존재였다. 존슨이 극심한 우울증에 시달리던 몇 년간 그녀는 사실상 그의 치료사나 다름없었다. 하지만 두 사람의 관계에는 비밀이 있었다. 그 누구도 그들이 비밀을 품고 있다고 의심조차 하지 않았던 것 같다. 존슨은 헤스터에게 심리적으로 의지했고, 이것은 마조히즘적 성격을 띠고 있었다.

1949년 캐서린 밸더스턴(Katharine Balderston)은 〈존슨의 비도덕적인 멜랑콜리(Johnson's Vile Melancholy)〉라는 에세이를 발표했다. 그 내용에 존슨 전문가들은 경악했다. 그동안 자신들이 일부러 의미를 두지 않았던 부분을 캐서린이 전면에 내세웠던 것이다. 캐서린은 〈존슨의 비도덕적인 멜랑콜리〉에서 존슨의 정신적 고통의 원인은 두 가지라고 주장했다. 그가 불식시킬 수 없었던 성에 관한 생각들과 여성에 의해 지배되고 심지어 굴욕당하고 싶은 욕구였다.

그녀의 주장을 뒷받침할 충격적인 증거가 존재했다. 헤스터의 유품 중에 "1768년 맡게 된 존슨의 자물쇠"라고 적힌 물건이 있었다. 존슨이 스트레텀 대저택에 들어간 지 2년이 지난 해였다. 그 자물쇠의 용도가 무엇인지 그 누구도 알 수 없다. 하지만 한 가지 가능성은 실성해서 자기 자신이나 타인을 해칠까봐 두려워했던 존슨이 어딘가에 감금되기를 원했을 수 있다. 당시 사람들은 정신병자들을 자기 자신이나 타인에게 위협이 되지 않도록 방에 가뒀다. 심지어 당시에는 발작을 일으킨 조지 3세에게도 수갑을 채웠다. 1771년 존슨은 "족쇄와 수갑에 대한 미친 생각들"이란 의미의 글을 라틴어로 일기에 썼다.

논평가들은 수갑이 정신이상자들을 억제하기 위해 사용되었다는 사실만을 강조했고, 보다 자극적인 가능성을 외면했다. 바로 존슨이 헤스터에게 품고 있는 감정과 그녀가 자신을 대해 주길 바라던 것들에 성적인 무언가가 있었을 수도 있다는 가능성이다. 두 사람만 있었을 때 그들이 무엇을 했는지 알 길은 없다. 하지만 존슨이 헤스터에게 자신들의 관계에 대하여 은밀하게 어떤 이야기를 했는지는 기록으로 남아 있다. 이 기록들을 보면 많은 의문이 생긴다.

1773년 존슨이 헤스터에게 프랑스어로 이상한 편지를 보냈다. 아마도 하인들이 편지를 읽지 못하게 하려고 프랑스어로 썼을 것이다. 더 이상한 점은 이 편지는 우편으로 부쳐진 것이 아니었다는 것이다. 편지는 스트레텀 대저택에 있던 존슨이 직접 또는 하인에 의해 헤스터에게 전달됐다. 그 편지에는 다음의 내용이 적혀 있었다.

"내가 특정 장소에 머무는 것이 그대에게 가장 좋을 것 같구려. 내가 직접 나 자신을 억제하도록 내버려두지 마시오. 그대가 내가 있기를 바라는 장소에서 내가 벗어나지 못하도록 해주시오. 그대가 할 일은 오직 하루에 그곳의 문을 딱 두 번만 열어주는 것이라오. 나의 여주인으로서 해야 될 일이오. 그렇게 해서 그대의 판단력과 경계심이 나의 나약함을 덜어줄 수 있소."

존슨은 헤스터를 "나의 여주인"이라 불렀다. 둘만 있을 때뿐만 아니라 다른 사람들 앞에서도 그녀를 "나의 여주인"이라고 불렀다. 주목할 점은 그가 그녀를 "여주인"이 아니라 "나의 여주인"이라 불렀다는 점이다. 이것은 그가 심리적으로 그녀에게 아주 많이 의지하고 있었음을 보여준다. 참고로 헤스터는 남편 헨리를 "나의 주인"이라 불렀다. 아마도 여기에 반어적인 의미가 있으리라.

헤스터는 존슨의 서신에 다음과 같이 회신했다.

"가능하다면, 몸을 구속하는 족쇄보다 훨씬 더 무거운 마음을 구속하는 그 불안한 생각들을 떨쳐 버리세요. 감금과 고통에 대해서 생각하지 마세요. 당신을 혼자 있게 내버려둬서 미안합니다. 위중하신 어머니와 함께 그대가 있으면 좋지 않다는 것을 예상했습니다."

솔즈베리(Salusbury) 부인은 죽어가고 있었다. 그래서 딸인 헤스터가 항상 곁에 있어야만 했다. 그리고 스레일 부부의 몇몇 아이들도 위독했다.

과연 정말로 존슨은 발작을 일으켰을 때뿐만 아니라 다른 때에도 자신의 '여주인'에 의해 구속되길 원했을까? 이게 가능한 일이었을까? 나아가 존슨은 체벌받기를 갈망했을까? 어쩌면 헤스터가 아이들을 양육

하던 방식과 관련이 있을 수 있다. 헤스터는 아이들에게 자주 체벌을 가했다. 벽난로 위 선반에는 항상 회초리가 놓여 있었다. 이외에도 그녀는 다른 방식으로 자신의 권위를 내세웠다. 헤스터는 상아로 만든 호루라기를 늘 주머니에 넣고 다녔다. 그녀가 호루라기를 불면, 아이들은 서둘러 그녀에게로 달려와야 했다.

과거 학교에선 학생들의 볼기를 때렸다. 대다수 영국 남자들의 성적 환상은 어린 시절에 학교에서 받았던 이런 체벌에서 시작된다. 아마 존슨도 예외는 아니었을 것이다. 존슨은 학교에서 체벌이 점점 사라지는 추세를 안타깝게 생각했다. 그는 체벌이 줄어들면 학습효과가 저해된다고 생각했다.

당시에는 '마조히즘'이란 용어가 존재하지 않았다. 그러니 타인으로부터 육체적 또는 정신적으로 학대를 받고 고통을 받음으로써 성적 만족을 느끼는 심리상태도 알려져 있지 않았다. 런던의 암흑가에서 '범시터(bumsitter)'는 일반적인 매춘부를 뜻했고, '포스처 몰(posture Moll)'은 성적 쾌감을 위해 채찍질을 하는 여성을 일컬었다. 존슨이 자신의 성적 욕구를 이런 여성들을 통해 풀었을 리 없다. 하지만 18세기 말까지 수많은 난봉꾼들이 이 여성들을 통해 자신의 성적 욕구를 해소했다. 프랑스 철학자 클로드 아드리앵 엘베시우스(Claude Adrien Helvétius)는 아내의 하녀들 중 한 명이 자신에게 채찍질을 해야만 아내와 부부관계를 맺을 수 있었다고 한다.

하지만 설령 존슨이 실제로 마조히스트였다 할지라도, 실제로 그와 헤스터 사이에 육체적 또는 정신적 고통을 야기하는 행위가 이뤄졌다는 의미는 아니다. 그보다 루소(Rousseau)가 《고백》에서 털어놓은 비밀과 직접적인 관련이 있다. 루소는 어렸을 때 여성 후견인에게서 엉덩이를 맞으며 쾌감을 느꼈고, 그녀가 자신의 엉덩이를 때려주기만을 학수고대했다. 이를 알아차린 그녀는 다시는 그의 엉덩이를 때리지 않았다고 한다.

헤스터 스레일의 일기에는 새뮤얼 존슨의 마조히즘적 성향을 암시하는 대목이 자주 등장한다. 존슨은 곧잘 불면증에 시달렸다. 그는 잠이 들면 성적 강박관념이 꿈으로 나타났다.

"존슨 박사는 갑자기 나에게 '아들에게 밤에 어떤 꿈을 꾸는지 물어보시게. 난 꿈속에서 처음으로 비도덕적인 행위를 했다네'라고 말했다. '그게 무엇인가요?'라고 그에게 물었다. 그러자 그는 '나에게 묻지 마시게'라고 버럭 화를 내더니 불안해하며 자리를 떠나 버렸다. 나는 그에게 그 비도덕적인 행위가 무엇이었는지 더 이상 캐묻지 못했다."

존슨이 헤스터의 딸들이 아닌 외동아들을 언급한 데에는 특별한 의미가 있을 수 있다.

존슨이 헤스터에게 이런 말도 했다.

"고독을 즐기는 인간은 분명 욕정에 가득 차 있고, 아마도 미신을 믿고 미쳤을 수도 있지. 그의 마음은 쓰임이 부족하여 고여서 썩고 음울해지고 탁한 공기 속 양초의 불처럼 꺼져버린다네."

존슨은 '욕정에 가득 차다'는 의미로 'luxurious'라는 단어를 사용했다. 그는 《영어사전》에서 'luxurious'를 '욕정에 가득 찬', '호색의' 그리고 '육감적인', '쾌락의 노예가 된'으로 정의한다.

존슨은 스트레텀 대저택에서 13년 동안 지냈다. 1779년 헤스터는 "모든 남성은 언젠가 아내, 정부나 여자 친구 등 어떤 여성의 지배하에 살게 된다. (중략) 우리의 근엄한 철학자 존슨 박사는 1767년 또는 1768년 나에게 자신의 목숨보다 훨씬 더 중요한 비밀을 털어났다(그가 스트레텀 대저택에서 지낸 지 얼마 되지 않은 해였다). 그럼에도 불구하고 그는 고결하고 나를 아주 좋아했다. 그날 이후 그는 나에게 비밀을 털어놓은 것을 후회하거나 자신을 지배하는 여인을 덜 사랑스럽게 바라본 적이 없었다"고 일기에 썼다.

이어서 헤스터는 여성, 심지어 아주 평범해 보이는 여성의 지배를 받는 남성들에 대한 자신의 생각을 밝히면서 존슨의 말을 인용했다.

"존슨 박사는 '여성은 남성을 지배할 수 있는 힘을 25살과 45살 사이에 가지지. 이 나이대의 여성은 남성을 기둥에 묶고 채찍질할지도 모른다네'라고 말했다."

실로 놀라운 발언이다. 이 글을 쓰던 헤스터는 당시 35살이었다.

밸더스턴(Balderston)은 헤스터 스레일이 '새뮤얼 존슨이 자각하지 못한 성적 대상'이었다고 결론지었다. 말하자면 존슨이 필요했던 것은 그녀의 여성성이 아니라 그녀의 건전함과 미덕이었다. 그는 그녀가 자신의 육욕을 실현하기를 바라지 않았다. 존슨에게 헤스터는 존경하는 여성이었고 경외와 흠모의 대상이었다. 다시 말해, 헤스터는 그녀만의 미덕과 방식으로 그의 기행을 저지하고 그를 괴롭히는 악마를 몰아낼 수 있는 유일한 여성이었다. 설령 그렇다 하더라도 헤스터는 분명 어떤 식으로든 존슨의 성적 욕망이나 감정을 자극했을 것이다. 헤스터 자신도 그렇게 생각했다. 1779년 그녀는 "이 대단한 사람이 무릎을 꿇고 나의 손, 눈 그리고 발에 얼마나 많이 입을 맞췄는지 모르겠다"고 일기에 썼다.

◆ **여행의 즐거움**

아마도 존슨의 친구들은 그가 헤스터와 성심리적 관계를 맺고 있었다는 사실을 꿈에도 몰랐을 것이다. 하지만 그가 스트레텀 대저택에서 그 어느 때보다 행복한 시간을 보내고 있다는 사실은 분명했다. 스레일 부부는 그를 가족처럼 대했다. 부유한 스레일 부부는 여행을 좋아했고 존슨도 여행을 좋아하긴 마찬가지였다. 런던 너머 더 넓은 세상을 구경하며 그는 활력을 얻었다. 헤스터는 "존슨 박사는 여행 자체를 사랑했다"고 말했다. 존슨은 헤스터의 고향인 웨일스와 프랑스까지 그들과 함께 여행하기도 했다. 그가 영국 땅을 벗어난 적은 스레일 부부와 함께 프랑스를 여행했을 때뿐이었다. 아마 그는 이탈리아도 좋아했을 것이다. 스레일 부부와 새뮤얼 존슨은 이탈리아를 여행할 계획을 세세하게 세웠지만, 해리의 갑작스런 죽음으로 이탈리아 여행은 취소됐다.

대다수의 사람들은 마차 여행을 싫어했다. 덜컥거리는 마차를 타고 여행하는 것은 한없이 불편했다. 하지만 존슨은 마차 여행마저도 좋아했다. 그에게 몸이 불편한 것은 큰 문제가 되지 않았다. 존 호킨스는 "덜컥거리는 마차를 타고 여행하는 것은 그에게 큰 기쁨이었다. 마차에선 가장 나태한 자세로 앉아 있을 수 있었다. 나의 마차로 그와 이동하면서 발견한 사실이 있다. 마차의 소음은 그의 청력에 도움이 됐다"고 회상했다. 호킨스의 기억이 얼마나 정확한지는 알 수 없다. 그리고 호킨스는 마차를 타면 "고막이 어떤 식으로든 더 팽팽해지고 탄력이 생겨 소리를 더 잘 반사시킨다"고 말했다.

호킨스가 말한 마차는 낯선 사람들로 꽉 들어찬 역마차가 아니라 개인 마차였다. 당연히 부유한 스레일 부부는 개인적으로 마차를 소유했다. 그들은 개인 마차를 타고 친구들과 함께 편안하게 여행했다. 헤스터는 아버지로부터 물려받은 부동산을 둘러보기 위해 웨일스로 갔다. 스트레텀 대저택에서 웨일스까지 가는 데 거의 3개월이 걸렸다. 1774년 6월 새뮤얼 존슨, 스레일 부부, 퀴니를 태운 마차가 스트레텀 대저택을 떠났고 9월에 웨일스에 도착했다. 당시 퀴니는 10살이었다(존슨은 웨일스와 프랑스로 가는 내내 일기를 썼고, 그 내용은 형식적인 것들에 불과했다).

스레일 부부는 런던 근교에서 휴가를 즐기기도 했다. 스레일 부부는 브라이튼의 바닷가 별장에서 해수욕을 즐겼고, 서섹스 다운스로 여우 사냥을 갔다. 헨리 스레일은 여우 사냥을 위해 사냥개 무리를 키웠다. 존슨도 여우 사냥에 함께했다. 호킨스는 "그는 대담하게 말을 탔다. 자신의 앞길을 가로막는 생울타리를 뛰어넘거나 뚫고 나아갔다"고 회상했다. 윌리엄 제라드 해밀턴(William Gerard Hamilton)도 그 자리에 있었고 "내가 아는 한 잉글랜드에서 가장 몸치인 그가 말도 잘 탄다"고 소리쳤다.

몇 시간 동안 말을 탄 헨리 스레일이 말에서 내린 뒤에 의자를 뛰어넘으며 자신의 체력을 과시했다. 경쟁심이 강한 존슨이 헨리 스레일을 그대로 따라했다. 이를 두고 헤스터는 "너무 어색하고 어설퍼서 그가 의자를 넘다가 잘못해서 뼈가 부러지는 것은 아닌지 두려웠다. 그래서 웃을 수도 없었다"고 회상했다.

수영을 잘했음에도 존슨은 바다를 좋아하지 않았다. 어느 가을 그는 리치필드에서 멀지 않은 더비셔에 사는 친구들과 시간을 보내고 있었다. 헤스터는 그런 그에게 브라이튼으로 빨리 오라고 편지를 보냈다.

"이곳에서 해수욕을 즐겨요. 나의 주인은 그대가 거친 파도를 헤치고 수영하는 모습을 보기를 간절히 바라고 있어요. 그대에게 얼른 편지를 보내 이곳으로 빨리 오게 하라고 계속 고집을 부린답니다. 나의 주인은 그대 없이 보내는 이 긴 시간에 지쳤습니다."

존슨은 "할 수 있다면 그대에게 한달음에 달려가겠소. 하지만 바다는 너무나 차갑고 그곳 숙소의 방은 너무 음침하다오. 거센 파도가 바위에 부서지는 소리가 너무 듣고 싶구려. 그리고 나의 여주인의 목소리가 너무나 듣고 싶소"라고 회신했다.

스트레텀 대저택과 더 클럽에서의 사교생활과 마찬가지로 이런 여행은 존슨에게 내면 갈등으로부터 잠시나마 벗어나서 한숨을 돌릴 여유를 가져다주었다. 하지만 그게 끝이었다. 웨일스에서 돌아온 지 반년이 지난 1775년 성 금요일에 그는 일기를 썼다.

해마다 나아지고 고치리라 수없이 다짐했지만 태만, 망각, 게으름, 방해물 혹은 병약함 때문에 그 다짐들을 매번 지키지 못했다. 무의미하게 너무나 많은 인생을 허비했고 되돌아보면 제대로 활기차게 일을 한 날이 거의 없다. 그럼에도 나는 왜 다시 다짐하려는 것일까? 개선은 필요하고 체념은 죄악이기에 나는 다시 다짐하고자 한다. 이번엔 신의 도움을 겸손히 바라본다.

2년 뒤 부활절에도 그는 일기를 썼다.
"나의 지난 인생을 살펴보면, 육체적 장애와 광기에 가까운 정신적 장애로 아무런 결실 없이 시간만 낭비했음을 깨닫는다."
아주 가끔 존슨은 필연적으로 나쁜 행실로 되돌아갈 수밖에 없다는 사실을 인정했다. 1770년 그는 다음의 글을 썼다.

모든 인간은 자신은 스스로 다짐한 일을 지킬 수 있다고 확신한다. 오랜 세월을 통한 잦은 실험에도 불구하고 자신의 어리석음을 깨닫지 못한다. 자신만은 다짐한 일을 끝까지 지킬 수 있다는 굳은 믿음 때문에, 인간은 가끔 욕구에 굴복해 다짐을 지켜내지 못한 자를 항상 경멸한다. 그래서 다짐한 일을 매번 어겨 절망에 빠진 자들은 더 이상 다짐하지 않고, 교활해진 자들은 자신들이 무엇을 다짐했는지 말하지 않는다.

하지만 새뮤얼 존슨은 거의 항상 강한 욕구로 인해 다짐한 일을 끝까지 지키지 못했다.

CHAPTER 13

스코틀랜드와 제임스 보즈웰

◆ 애드버킷 제임스 보즈웰

제임스 보즈웰은 스코틀랜드 사람이자 보즈웰 가문 사람이라는 정체성이 강했다. 항상 그렇듯 에든버러와 오킨렉에서의 생활은 그에게 일종의 망명생활이었다. 하지만 런던은 항상 중력처럼 그를 끌어당겼다. 그래서 그는 거의 매년 봄이 되면 두어 달을 런던에서 보냈다. 스코틀랜드 법정이 휴정하면, 보즈웰은 집에 있을 필요가 없었다. 런던에 있을 동안 쓴 일기는 생기로 넘쳤다. 하지만 같은 일상이 지루하게 반복되는 스코틀랜드에서 쓴 일기는 그다지 흥미롭지 못했다.

스코틀랜드에는 애드버킷(advocate)과 에이전트(agent)라는 2종류의 변호사가 있었다(에이전트는 '라이터(writer)'라고도 불렸다). 애드버킷은 법정변론 전담 변호사이고, 에이전트는 고객을 상대로 사건을 수임하고 자세한 법률자문을 제공하는 변호사였다. 에이전트는 법정 사건을 맡을 수 없었지만 법정 변호사인 애드버킷보다 더 많은 돈을 벌었다. 보즈웰은 애드버킷이었다. 잉글랜드에선 법정 변호사를 배리스터(barrister)라고 불렀다.

애드버킷은 몇 년 동안 수습 변호사로 실무를 익혀야 했지만 보즈웰은 수습 과정을 거치지 않았다. 그는 미래의 오킨렉 지주에게 수습생활은 어울리지 않는다고 생각했다. 공판에 참석하고 다른 애드버킷들에게 질문을 하면서 필요한 전문지식을 얻을 수 있으리라 확신했다. 변호사 과정을 대수롭지 않게 여긴 그는 법률 문서를 제대로 공부하지 않았다. 당연히 그는 애드버킷으로 성공하지 못했다. 애드버킷으로서 수입은 그렇게 나쁘지 않았지만, 가족을 부양하기에는 빠듯했다. 부족한 생활비는 아버지가 주는 용돈으로 충당했다.

보즈웰은 애드버킷이란 직업에 전념하지 않았다. 언젠가 아버지로부터 부동산을 물려받게 될 것이란 기대 때문이었다. 대지주가 되면 안락하게 살 수 있고, 에든버러에 타운하우스도 가질 수 있었다. 로렌스 스톤은 한 가문의 장남들이 대체로 직업적으로 성공하지 못하는 이유를 설명할 때 보즈웰을 예로 들었다. 그들은 결국 막대한 재산을 물려받을 것이란 기대 때문에 직업에 전념하지 않았고, 부친이 사망할 때까지 일종의 그림자처럼 살아야 했다.

보즈웰이 맡은 사건들은 흥미롭지 않았다. 주로 계약 위반이나 토지 경계 분쟁에 관한 것들이었다. 프랭크 브래디(Frank Brady)는 보즈웰이 지금이라면 그 누구도 소송하지 않을 푼돈이 걸린 사건들을 주로 맡아서 변론했다고 말했다.

제임스 보즈웰은 하층계급이 연루된 사건을 맡았다. 당시 하층계급은 재산 범죄를 저지르면 사형에 처해질 수 있었다. 지금으로 치면, 일종의 프로 보노 사건을 주로 맡았다. 이것은 그의 명성에 하등의 도움이 되지 않았다. 존 리드라는 양 절도범이 있었다. 보즈웰은 하층계급 범죄자에게 무죄 판결을 받아내는 도전을 즐겼다. 그리고 가난한 범죄자를 변호하면서, 사적 이익을 위해 애드버킷으로 일하는 것이 아니라고 스스로 위안을 얻었을지도 모른다. 보즈웰은 한 노상강도의 교수형 집행을 보기 위해 런던까지 가기도 했다. 그는 어떤 면에서 범죄자들에게서 동질감을 느꼈던 것 같다.

보즈웰은 에드먼드 버크에 버금가는 달변가였지만, 존 리드가 유죄라는 증거가 너무나 명백했다. 결국 존 리드는 유죄 판결을 받았고, 보즈웰은 그의 교수형에 참석했다. 존 리드는 유창하게 유언을 남겼다. 그의 유언은 그가 죽은 뒤에 인쇄되어 1페니에 팔렸다.

나를 후원해 준 많은 이들에게 진심으로 감사드립니다. 특히 아무 대가 없이 나를 변론해 주시고 이것저것 챙겨주신 존경하는 신사에게 감사드립니다. 나의 목숨을 구하기 위해서 최선을 다해 주셨습니다. 하지만 이 세상 만물을 통치하는 신은 그의 수많은 노력이 부족하다고 생각하셨습니다. 가난한 피고들을 대변하는 그의 일이 번창하길 바랍니다. 그가 이 속세의 법정을 떠날 때 하느님 아버지가 가장 믿을 수 있는 지당한 애드버킷으로 환영받을 겁니다. 그리하여 곤경에 처한 이들을 돕기 위한 그의 노고는 완전히 보상받게 될 겁니다. 이제 헛된 세상에 작별을 고합니다.

존 리드는 진심으로 유언을 남겼지만, 이 유언은 실제로는 제임스 보즈웰이 그를 위해 작성한 유언장이었다.

보즈웰의 상황을 보다 복잡하게 만드는 문제가 있었다. 그는 그 문제에 대하여 자신의 생각을 분명히 밝힌 적이 단 한 번도 없다. 그가 변론하는 법정의 판사 중에 아버지가 있었다. 판사인 아버지와 애드버킷인 아들이 법정에서 마주하는 것은 이해충돌로 비춰질 수 있었다. 하지만 그 누구도 이에 문제를 제기하지 않았다. 실제로 아버지가 판사라서 보즈웰을 찾는 고객들도 있었다. 그들은 오킨렉 경이 아들에게 유리한 판결을 내릴 것이라 기대했다. 하지만 오킨렉 경은 아들의 사정을 봐 줘가며 판결을 내리지 않았다. 그럼에도 불구하고 그가 은퇴하자, 보즈웰을 찾는 고객들이 줄어들었다.

때때로 보즈웰은 존슨에게 유죄가 의심되는 피고인을 변호하는 행위의 도덕성에 대하여 걱정스럽게 질문하곤 했다. 그럴 때면 존슨은 일반적인 대답을 했다. 어느 쪽이든 최선의 변호를 받을 권리가 있고, 옳고 그름을 판단하는 것은 판사와 배심원의 몫이란 것이다. 보즈웰이 자신마저도 유죄라고 의심되는 피고인을 계속 변론하는 이유를 추측해 보는 것은 흥미로운 일이다. 정작 본인은 자신이 왜 그런 사건을 계속 맡는지에 대해서 고민하고 분석해 본 적이 없는 듯하다.

보즈웰은 사건의 개요를 자세히 서술한 편지를 존슨에게 보내 변론을 작성해 달라고 애원했다. 그러면 존슨은 별 생각 없이 사무적으로 변론을 대신 써줬다. 보즈웰은 존슨이 쓴 변론 중 몇 편을 《존슨전》에 공개했다. 하지만 독자들이 즐겁게 읽을 만한 글들은 아닐 것이다.

그러나 그 중에 특히 흥미로운 변론이 있다. 이 변론에선 학습 의지가 없는 남학생들의 머릿속에 라틴어 문법을 억지로 집어넣는 행위에 대한 존슨의 생각이 드러난다. 존 헌터(John Hunter) 목사는 리치필드 중등학교에서 학생들을 가르쳤다. 그는 수업시간에 학생에게 체벌을 자주 가했고, 존슨 역시 그에게서 라틴어 문법을 배웠다. 존슨은 제멋대로 가해지는 체벌에 반대했다.

"존 헌터 목사는 가차 없이 우리를 때리곤 했다. 그는 무지와 태만을 구분하지 않았다. 노력하지 않아 응당 알고 있어야 할 것을 모르는 학생과 그냥 모르는 학생을 구분하지 않고 체벌을 가했다. 이보게, 학생들이 모든 질문에 빠짐없이 대답을 할 수 있다면, 그들을 가르칠 교사가 왜 필요하겠나?"

보즈웰은 학생들에게 폭력적으로 체벌을 가한 교사의 변론을 맡았지만, 재판에서 패했다. 런던에 머무르는 동안 보즈웰은 이 사건을 언급했고 존슨은 격정적으로 의견을 피력했다.

"자네는 관행적으로 교사가 학생들에게 체벌을 가할 권리를 가진다는 사실을 보여줘야 했네. 그의 체벌이 과하지 않고 잔혹하지 않다면, 체벌을 폭행과 구타로 몰아갈 수 없네. 그가 체벌한 학생들 중에 불구가 된 이는 아무도 없네. 모두가 사지가 멀쩡하지. 잉글랜드에선 체벌로 인해 불구가 된 학생들이 많아. 그렇다고 교사의 체벌을 두고 소송을 했다는 소린 단 한 번도 듣지 못했네."

존슨은 여기서 'maim'이란 단어를 사용했다. 그가 실제로 이 단어를 '불구로 만들다'라는 사전적 의미로 사용했는지는 알 수 없다. 하지만 그는 《영어사전》에서 'maim'을 '필수적인 부분을 박탈하다'와 '팔다리를 빼앗아 불구로 만들다'라고 정의했다.

◆ 마가렛 몽고메리 보즈웰

보즈웰은 계속해서 매춘부들과 성관계를 맺었고 남편과 별거 중인 유부녀와 연애를 했다. (윌리엄 템플은 두 사람의 관계에 찬성하듯이 "외간남자와 정분이 나서 도망친 부인만큼 손쉬운 연애 상대가 어디 있겠나. 자넨 아주 운이 좋구먼"이라고 말했다.) 그 무렵 보즈웰은 자신이 결혼할 때가 되었다고 느꼈다. 예일 출판사는 1766년부터 1769년까지의 제임스 보즈웰의 일기를 엮어 '아내를 찾는 제임스 보즈웰'이란 제목으로 책을 발표했다.

수많은 아내감이 그를 스쳐갔다. 감수성이 풍부한 보즈웰은 금세 사랑에 빠졌다. 그는 자신이 열정적인 사랑을 하고 있다고 생각했지만, 사랑에 들뜬 감정은 순식간에 사그라졌다. 그리고 그는 사랑에 빠진 여인들의 사회적 지위와 경제력을 평가했다. 열렬히 사랑하는 여인도 예외는 아니었다.

마침내 그는 외사촌인 마가렛 몽고메리(Margaret Montgomerie)를 아내 감으로 점찍었다(화보 그림 24). 마가렛은 보즈웰의 어머니의 여동생인 베로니카(Veronica)의 딸이었다. 그녀는 오킨렉에서 멀지 않고 에든버러의 서쪽에 위치한 레인쇼에서 자랐다. 어린 시절부터 두 사람은 서로에게 좋은 친구였지만 마가렛은 보즈웰의 일기에 거의 등장하지 않는다. 그러다가 1769년 봄 두 사람은 사랑에 빠졌고, 그 이후 마가렛은 보즈웰의 일기에 자주 등장하게 된다. 그는 그녀를 항상 페기라고 불렀고 그녀는 그를 제이미라 불렀다.

당시 사촌끼리 결혼하는 것은 흔한 일이었다. 하지만 두 사람의 결혼을 가로막는 실질적인 걸림돌이 있었다. 페기는 겨우 1,000파운드의 지참금을 준비했다. 오킨렉 경은 신부 지참금이 너무 적다고 생각했고, 두 사람의 결혼을 격하게 반대했다. 보즈웰과 페기는 서로에게 크게 끌렸다. 하지만 두 사람의 관계가 결혼으로 이어질 가능성은 거의 없었다. 1768년 보즈웰은 실제로 페기에게 자신과 결혼하지 않겠다는 내용을 담은 가짜 서류에 서명하도록 했다.

"나의 사촌이자 애드버킷인 제임스 보즈웰과 난 현재 깊이 사랑에 빠져 있다. 내가 선택만 한다면 그를 나의 합법적인 남편으로 만들 수 있으리라. 허나 감정 기복이 너무 심한 제이미가 금세 자신의 선택을 후회할까봐 두렵다. 그는 나를 배우자로 기꺼이 받아들이려 하지 않는다."

레인쇼에서 보즈웰은 캐서린 블레어(Catherine Blair)를 만났다. 캐서린 블레어는 젊은 아일랜드 소녀로 그에게 적당한 아내감이었다. 그는 그녀가 진짜 좋은 아내감인지 확인하기 위해 곧장 더블린으로 향했다. 결과는 실망스러웠다. 그는 "캐서린은 정말 사랑스럽고 어여쁜 소녀이지만, 절망적일 정도로 어린애 같다네"라고 친구인 조지 뎀스터 (George Dempster)에게 편지를 썼다.

한편 보즈웰은 매일같이 페기와 함께 시간을 보냈다. 보즈웰의 아일랜드 여행에 페기도 동행했다. 추측컨대 레인쇼에서 페기와 캐서린 블레어는 친하게 지냈을 것이다. 윌리엄 템플에게 보내는 편지에서 보즈웰은 다음과 같은 말을 했다.

페기는 최고의 동반자라네. 난 그녀를 미칠 정도로 사랑하고 높이 평가한다네. 나에게 누구든지 아내로 삼을 수 있는 완전한 선택권이 주어진다면, 난 그 선택권을 페기에게 행사하겠어. 하지만 그녀는 나보다 2살 연상이야. 그리고 그녀가 가져올 지참금은 1,000파운드밖에 안 되지. 아버지는 우리의 결혼을 결사반대할 걸세. 페기가 돈이나 좋은 인맥을 가져오지 못한다면, 가문의 번창을 바라는 나 역시 그녀와의 결혼에 대하여 아버지와 비슷한 생각이라네.

물론 페기 역시 보즈웰 가문 사람이었다. 하지만 그녀는 보즈웰만큼 가문을 소중하게 생각하지 않았다.

보즈웰은 이 모든 의구심을 극복했다. 무엇보다 페기는 놓치기에 너무나 매력적인 여인이었다. 그리하여 두 사람은 1769년 11월에 결혼했다. 오킨렉 경은 즉시 자신의 뜻을 거역한 아들에게 충격적인 복수를 했다. 62살이었던 오킨렉 경은 아내가 세상을 떠난 뒤 3년 동안 홀로 지내다가 20살 어린 엘리자베스 보즈웰과 재혼했다. 그녀는 오킨렉 경의 사촌이었다. 이뿐만이 아니었다. 그는 에든버러에서 아들인 제임스 보즈웰과 같은 날에 결혼식을 올렸다. 제임스 보즈웰은 레인쇼에서 페기와 결혼식을 올렸다. 이에 제임스 보즈웰은 아버지에게 배신감을 느꼈다. 그리고 오킨렉 경과 엘리자베스 보즈웰 사이에 아들이 태어난다면, 오킨렉의 차기 지주로서 자신의 지위가 위태로워질 수 있었다. 오킨렉 경과 엘리자베스 보즈웰 사이에 아들은 없었지만, 그는 제임스 보즈웰이 걱정하도록 내버려뒀다. 당연히 제임스 보즈웰과 새어머니는 사이가 나빴다.

제임스 보즈웰은 좋은 남편이 되려고 부단히 애썼다. 그리고 얼마 동안 다른 여자에게 한눈도 팔지 않았다. 하지만 예측했던 문제들이 발생했다. 페기와 결혼하기 2년 전에 보즈웰은 지롤라마 피콜로미니(Girolama Piccolomini)로부터 편지를 한 통 받았다. 피렌체에서 그와 열렬하게 사랑을 나눴던 피콜로미니는 "그대는 사랑받을 자격이 충분합니다. 그리고 상대를 행복하게 만들 자질도 모두 갖췄죠. 하지만 이 모든 장점에도 불구하고 그대는 아내를 비참하게 만들 겁니다"라는 조언을 했다.

결혼할 당시 보즈웰은 29살이었다. 그때 이미 그는 4명의 여배우와 사랑을 나눴고, 장 자크 루소의 연인인 테레즈(Therese)와 3명의 유부녀와 불륜을 저질렀다. 여기서 끝이 아니다. 그는 중산층 여성 3명과도 사랑을 나눴고, 60명의 매춘부들과 성관계를 맺었다. 무슨 생각으로 그랬는지 모르지만 그는 그들과의 관계를 모두 기록했다. 심지어 페기와 결혼한 뒤에도 그는 매춘부와 성관계를 맺었다. 그리고 항상 그 일을 페기에게 고백했다. 분명 죄책감을 털고 그녀의 용서를 구하고 싶어서였을 것이다.

스코틀랜드에서 보즈웰에게 생긴 일 중에서 가장 좋은 일이 페기와의 결혼이었다. 페기는 어쩌면 보즈웰에게 과분한 여인이었을지도 모른다. 그녀는 좋을 때나 나쁠 때나 그에게 충실했다. 두 사람은 5명의 자녀를 뒀다. 고통스러운 어린 시절을 보낸 보즈웰은 자신의 아이들에게 든든하고 다정한 아버지가 되어주고자 노력했다.

페기는 보즈웰에게 항상 고마운 사람이었다. 그는 그녀를 '나의 소중한 아내'라고 불렀다. 허나 두 사람은 기질적으로 잘 맞지 않았다. 페기는 보즈웰이 갈망했던 소울메이트가 될 수 없었다.

"나의 소중한 아내는 감각적이고 활기차다. 하지만 나와 정서적으로 어울리진 않는다. 페기는 미신, 열정 그리고 허영심이 없다."

페기는 성생활에도 그다지 열정적이지 않았고 소유욕도 없었다.

"오늘밤 나의 소중한 아내와 깊은 사랑을 나눴다. 그녀는 합리적이고 다정하다. 성관계를 싫어하는 것을 제외하고 내가 바랄 수 있는 모든 것을 갖춘 여인이다. 첩을 둬야겠다는 나의 말에 그녀는 내가 성적 기쁨을 얻을 수 있는 이에게로 가라고 말했다. 그녀는 자주 그렇게 말했다."

보즈웰은 페기에게 성병을 옮기지 않으려고 애썼던 것으로 보인다. 하지만 페기는 같은 계층의 여인과 바람을 피우는 것은 절대 용납하지 않았다. 보즈웰과 상류층 여인의 불륜은 스캔들로 이어질 수 있었다. 보즈웰은 자유롭게 다수의 첩을 거느리는 성서 속 족장에 대해 환상을 가지고 있었다. 어느 날 그는 익명의 손님이 머무르고 있던 방으로 슬그머니 들어갔다.

"그녀는 나를 아주 익숙한 욕정에 빠뜨렸다. 구약 성서를 설파하는 나지만, 그녀 안으로 들어갈 수 없었다."

이 사실을 안 페기는 보즈웰을 아주 이성적이고 단호하게 꾸짖었다.

"그래서 나는 나의 어리석음을 솔직하게 인정했고 올바른 의견에 감동했다. (중략) 난 나의 아내를 소중하게 생각하고 더 열렬히 사랑했다."

◆ 가족

1773년과 1780년 사이에 두 사람에게서 6명의 아이들이 태어났다. 거의 1년에 한 명 꼴이었다. 그 중 한 명은 태어나자마자 세상을 떠났고, 나머지 5명은 건강하게 성인으로 성장했다. 맏이인 베로니카 밑으로 보즈웰의 부모님의 이름을 딴 유페미아와 알렉산더, 그리고 제임스와 엘리자베스가 있었다. 집에서 아이들은 각각 비, 페미, 샌디, 제이미 그리고 벳시라는 애칭으로 불렸다. 1786년 보즈웰과 페기는 3명의 아이들과 함께 초상화를 남겼다(화보 그림 25). 초상화 속 가발과 모자를 쓴 페기의 눈빛이 날카롭다. 살찐 보즈웰은 든든하고 다정한 아버지처럼 보이려고 노력하고 있다.

보즈웰은 아이들을 진심으로 사랑했다. 그는 자신의 아버지와 달리 아이들에게 사랑받는 아버지가 되겠다고 다짐했다. 보즈웰의 음악적 재능을 물려받은 베로니카와 유페미아는 각각 하프시코드 연주자와 가수가 되었다. 베로니카가 12살이었을 때, 아이들의 음악 교사는 자신이 가르치는 학생들을 위해 연주회를 열었다. 그 연주회에서 베로니카와 유페미아는 멋들어지게 하프시코드를 연주했다.

보즈웰은 아이들을 진심으로 사랑했다. 하지만 아이들의 어린 시절에 대해선 거의 언급하지 않았다. 어느 날 보즈웰은 아주 영특했던 베로니카와 꽤 도전적인 주제에 대하여 대화를 나눴다. 당시 베로니카는 6살이었고 부모님과 한 방에서 잠을 잤다.

모두 침대에 든 밤에 베로니카가 자신의 조그만 침대에 누워서 말했다. "전 신이 있다고 생각하지 않아요." 난 "신이시여 우리를 보호하소서. 얘야 그게 무슨 말이니?"라고 딸아이에게 물었다. 베로니카는 "많이 생각해봤어요. 하지만 이야기 안 할래요"라고 대답했다. 나는 혼란스럽고 불안했다. 그래서 신이 없다면 우리가 보고 있는 모든 것이 존재하지 않을 것이라고 딸아이에게 이야기했다. "신이 해를 빛나게 하지"라고 말하니, 베로니카는 "화창한 날에만 해가 뜨잖아요"라고 말했다. 그래서 "신이 너를 만들었단다"라고 했더니, 딸아이는 "어머니가 절 낳았어요"라고 대답했다. 우리의 작은 천사가 그렇게 이야기하는 것을 듣고 있자니 우리 두 사람은 너무나 낯설고 걱정스러웠다.

그로부터 2주 뒤에 보즈웰은 아이들에게 천벌이라는 개념을 심어주는 것이 좋을 것 같다고 생각했다. 아이들에게 천벌이 무엇인지 알려줘서 어린 시절 자신을 괴롭혔던 바로 그 불안함을 심어주고 싶었던 것이다.

"난 저녁에 아이들에게 나쁜 사람이 죽으면 검은 천사나 악마가 그를 지옥이라는 어두운 곳으로 끌고 간다고 이야기했다. (나는 지옥불에 대해선 이야기하지 않았다. 앞으로도 절대 지옥불이 뭔지 아이들에게 이야기하지 않을 것이다.) 그러자 세 아이들 모두 갑자기 공포에 사로잡혔고 울부짖으며 나에게로 달려왔다. (나와 아이들은 응접실에 있었다.) 아이들의 울부짖음을 듣고 페기가 깜짝 놀라서 위층으로 뛰어왔다."

당시 샌디는 겨우 4살이었다. 하지만 몇 달 뒤에 베로니카는 어린 나이에 걸맞지 않은 신학적 지식으로 보즈웰을 즐겁게 했다. 동생 페미가 "그리스도는 마치 신 같아"라고 말하자, 베로니카는 "그는 신의 일부분이야"라고 답했다.

보즈웰은 장자상속을 고집했다. 이런 그의 고집이 페기를 걱정스럽게 만들었다. 이것은 만약 모든 사내아이가 보즈웰보다 먼저 세상을 떠난다면, 모든 재산이 딸들이 아닌 먼 남자 친척에게 상속된다는 의미였다. 장자상속에 더해 한사상속도 있었다. 한사상속이란 제1, 제2, 제3의 상속예정자를 미리 정해놓고 그 순서에 따라 가문의 지위와 명예를 이어받되 토지를 비롯한 재산에 대한 임의적인 처분권은 주지 않는 상속제도였다.

《국부론》에서 애덤 스미스는 장자상속과 한사상속을 격렬하게 비난했다. 그는 장자상속은 봉건시대에는 타당한 상속제도였을 거라고 말한다. 봉건시대는 모든 위대한 지주는 소국의 군주이고 영토를 안전하게 지켜야 안보가 보장되던 시대였기 때문이다. 하지만 장자상속은 현대에는 적합하지 않다는 것이 그의 논리다. 그리고 애덤 스미스는 한사상속도 비난했다.

"한사상속은 얼토당토않은 추정에 근거한다. 그 추정은 바로 대대로 토지와 재산을 물려받은 남자 상속자들은 토지와 가문의 모든 재산에 대해 동등한 권리를 보유하지 않는다는 것이다. 한사상속에 따르면 현세대의 재산은 예를 들어 500년 전에 죽은 조상들의 바람에 따라 통제되고 관리되어야만 한다."

《오만과 편견》 속 베넷 일가가 개탄하던 것이 바로 이것이다. 아들이 없는 베넷 일가는 재산을 상속서열 상 가장 가까운 남자 친척에게 물려줘야 했다. 바로 거만하고 우스꽝스러운 콜린스였다.

보즈웰은 존슨 등 여러 조언자들과 이 문제를 상의했다. 존슨은 보즈웰에게 저명한 법학자인 헤일즈(Hailes) 경과 이야기해 보라고 조언했다. 헤일즈 경과 존슨은 보즈웰을 설득해서 장자상속과 한사상속에 대한 집착을 버리고 딸들에게도 상속권을 주도록 했다.

"이에 나의 아내는 눈물을 흘렸다."

하지만 재산상속을 둘러싼 문제는 발생하지 않았다. 건강하게 자라 성인이 된 알렉산더가 보즈웰의 뒤를 이어 오킨렉의 지주가 되었기 때문이다.

◆ 히포콘드리아와 음주

보즈웰은 주기적으로 정신적 고통에 시달렸다. 기분이 비정상적으로 들떠 병적일 정도로 행복감에 심취해 있다가 극단적으로 우울해했다.

"잠시도 입을 다물고 있을 수가 없다. 마음이 너무나 들뜨고 스스로를 제어할 수 없다. (중략) 기분 좋은 상태가 지속됐다."

이 글을 쓸 당시 보즈웰은 30대 중반이었다.

"어느 파티에서 포동포동한 어여쁜 15살 소녀를 쓰다듬었다. 아내는 소녀를 어루만지고 있는 나를 보고 화를 냈다."

저녁 식사 후 보즈웰은 거리를 배회했다. 그러다 우연히 한 여인과 마주쳤다. 기혼의 늙은 여자는 흔쾌히 그를 따라 들판으로 갔다.

"하지만 나는 잘못됐다는 생각을 했고 덜 음탕하게 놀았다."

그날 밤은 아무 일 없이 저물었다.

"나는 잠시 벌거벗은 채로 침대에 누웠다. 그리고 나의 사랑하는 아내와 마음껏 사랑을 나눴다. 그리고 나서 침대에서 일어나서 편지 몇 통을 썼고 맛있는 수프를 먹었다. 형언할 수 없을 정도로 행복했다."

그로부터 일주일 뒤 보즈웰은 다음의 글을 썼다.

"기운이 넘친다. 오, 신이시여! 과거와 비교하면 지금의 난 너무나 건강하고 활력 넘친다."

하지만 몇 달 뒤 그는 극심하게 우울해졌다.

"너무 끔찍했다. 이성적으로 행동할 수 없다."

2주가 지났고 그는 생기를 살짝 되찾았다.

"거의 아무것도 못했지만 마음이 편안했다."

그로부터 다시 2주가 흘렀다. "진부하고 부질없다"라고 〈햄릿〉을 인용했다. 바로 이 시기에 그는 《더 히포콘드리악크》란 제목으로 에세이를 쓰기 시작했다.

보즈웰은 주로 술을 마시며 우울감을 달랬다.

"말라가 와인을 기분 좋게 마셨다. (중략) 살짝 취기가 돌았다. 9시쯤에 거리로 나갔고 괜찮은 여인을 만났다. 그녀와 블랙프라이어스 와인드로 갔다. 두 번 사랑을 나눴다. 돌아와서 커피를 마시고 휘스트 게임을 했다. 거의 12시가 다 되어서 집으로 돌아왔다. 만족스러운 하루였고 아내는 여전히 건강했다."

마지막 말은 일종의 경고였다. 페기는 이미 폐결핵 증상을 보이기 시작했고 결국 폐결핵으로 사망했다.

우울할 때면 보즈웰은 자유의지와 결정론에 대해 곰곰이 생각했다. 이것은 그에게 알 수 없는 퍼즐과 같은 주제가 아니었다. 그는 자신에게 자유가 없다고 생각했고, 숙명을 강조하는 칼뱅파의 가르침을 떨쳐낼 수 없었다. 이런 때에는 존슨도 도움이 안 됐다. 나쁜 짓 또는 위험한 짓을 하고 싶은 충동으로 불안해하던 존슨은 이 주제에 대하여 보즈웰과 깊은 대화를 나누려 하지 않았다.

"오늘밤 존슨 박사는 운명과 자유의지에 대하여 이야기를 나누려 하지 않았다. 난 운명과 자유의지에 대해 당혹스러운 질문을 던졌다. '이보게나, 우리의 의지가 자유롭다는 것을 알고 있으니, 이 이야기는 여기서 끝내지'라고 그가 말했다."

보즈웰은 한 친구의 집에서 논문 하나를 발견했다.

"논문에는 인간의 모든 행위는 영겁의 시간 동안 이어진 인과관계에 완전히 속박되어 있기에 필연성이 존재한다고 적혀 있었다. (중략) 난 그 논리에 너무나 충격을 받았고 끔찍할 정도로 우울해졌다. 그 길로 숲으로 가서 신음했다."

예상대로 보즈웰의 음주량이 증가했다. 런던에서보다 에든버러에서 술을 더 많이 마셨을 가능성이 크다. 보즈웰의 전기작가는 "18세기 다량의 술을 지속적으로 마시기에 전 세계에서 에든버러보다 좋은 곳은 없었다. 판사, 애드버킷, 귀족, 귀부인, 지방 지주, 무역상 그리고 정부 관료들은 엄청난 양의 와인과 술을 마셨다. 마치 발할라에서 매일 벌어지는 축제의 한 장면을 보는 것 같았다"고 전했다.

제임스 보즈웰의 전기작가들은 그가 알코올 중독자는 아니었다고 주장한다. 그 근거로 그가 가끔 술을 자제했다는 점을 들었다. 하지만 그는 인사불성이 될 정도로 술을 진탕 마시고 다음날에 전날의 일을 전혀 기억하지 못하는 경우가 잦았다. 그리고 술에 취해 비틀거리다가 넘어져서 심하게 다치는 일도 많았다.

자신이 특별히 불행하다고 느낄 때마다 보즈웰은 존슨이 자신을 아낀다는 사실을 확인받고 싶어 그에게 편지를 썼다. 이 책에 실린 편지는 이 시기에 그가 존슨에게 보낸 편지 중 하나다(그림 68).

선생님이 저에게 더 자주 편지를 보내주셨으면 좋겠습니다. 제가 아무리 고집을 부려도 어렵겠죠. 정기적으로 서신을 주고받자고 말씀드려도 소용없겠죠. 그러니 전 선생님을 지혜의 원천으로 생각해야만 합니다. 먼 시내까지 거의 흘러들지 않고 그 근원까지 직접 찾아가야 미덕을 온전히 취할 수 있죠. 오랫동안 선생님과 떨어져 지내면서 이 사실을 분명히 깨달았습니다. 전 기운을 차려야 할 것 같습니다. 선생님이 곁에 있으면 항상 기운이 납니다. 그리고 선생님은 저를 더 좋은 사람, 더 행복한 사람으로 만듭니다. 선생님을 알기 전보다 그리고 제가 생각했던 것보다 말이죠.

이 편지는 "변함없는 존경과 사랑을 담아 당신의 충직하고 겸손한 종인 제임스 보즈웰 드림"으로 끝맺는다. 이 편지를 받자마자 존슨은 답장을 보내 그에 대한 변함없는 애정을 확인시켜 줬다.

My Dear Sir.   Edinburgh
                                          3 March 1772.

It is hard that I cannot prevail with you to write to me oftener. But I am convinced that it is in vain to push you for a private correspondence with any regularity. I must therefore look upon you as a Fountain of Wisdom from whence few rills are communicated to a distance, and which must be approached at its source, to partake fully of its virtues.

I fairly own that after an absence from you for any length of time, I feel that I require a renewal of that spirit which your presence always gives me, and which makes me a better and a happier man than

68. 새뮤얼 존슨에게 보낸 제임스 보즈웰의 편지

존슨은 이런 편지에 늘 답장을 보내 보즈웰을 안심시켜야 한다는 사실에 진저리가 났다. 자연스러운 반응이었다. 5년 뒤 런던에 있던 존슨은 보즈웰에게 편지를 보냈다. 보즈웰은 자랑스럽게 그의 말을 《존슨전》에 인용했다.

　"자네에 대한 나의 애정은 말로 표현할 수 없을 정도로 크네. 하지만 내가 자네에게 얼마나 아끼는지를 계속 반복해서 이야기하지 않겠네. 자네가 들고 다니는 수첩의 첫 장에 이를 적어두고 다시는 자네에 대한 나의 애정을 의심하지 말게나."

　한 사람의 인생을 기록으로 완벽하게 남긴다는 것은 불가능하다. 보즈웰의 기발한 유머감각, 열정과 사교성은 존슨에겐 일종의 활력소였다. 존슨은 보즈웰이 자신에게 조언을 구하고 애정을 확인받으려는 행동이 모두 진심임을 알고 있었다. 보즈웰이 존슨에게서 그토록 바랐던 아버지의 모습을 발견했다면, 존슨은 보즈웰에게서 그가 결코 가지지 못한 아들의 모습을 발견했다. 존슨에 대한 보즈웰의 존경심은 점점 커져 거의 숭배에 이르렀다. 그런 그의 존경심은 존슨의 인정 욕구를 가득 채워 줬을 것이다.

　게다가 존슨은 보즈웰의 즉흥적이고 검열받지 않고 반항적이고 음탕한 행동을 보며 대리만족을 느꼈을 것이다. 보즈웰의 언행은 대체로 가볍고 엉뚱했다. 반면에 존슨의 언행은 심각하고 도덕에 얽매여 있었다. 그래서 존슨은 보즈웰을 보며 작은 위안을 얻었다. 보즈웰은 어린아이처럼 자기중심적이고 자기만족을 중요하게 생각하고 제멋대로 굴었다. 존슨으로서는 감히 상상도 못할 언행과 사고방식이었다. 존슨은 그런 보즈웰을 부모처럼 꾸짖으면서 그를 있는 그대로 받아들이고 사랑했다. 보즈웰 역시 존슨이 자신을 아버지처럼 꾸짖어 주길 원했다.

◆ 코르시카 보즈웰

페기와 결혼하기 전 보즈웰에게 아주 흥미로운 사건이 일어났다. 바로 《코르시카 이야기》의 출간이다. 이 책의 부제는 '코르시카 여행기 그리고 파스콸레 파올리(Pascal Paoli)의 회고록'이었다. 코르시카에 있는 동안 그는 이 책을 쓰기로 마음먹었다. 그는 사람들에게 제노바의 통치에 맞서 싸우는 용감한 코르시카 독립군의 곤경을 알릴 계획이었다. 용감한 코르시카 독립군을 이끄는 장군은 플루타르크의 《고결한 그리스인과 로마인의 삶》에서 튀어나온 영웅 같은 인물이었다. 보즈웰은 코르시카에 머무는 동안 쓴 일기를 살짝 편집해서 책에 실었다. 보즈웰은 그들에 관한 책을 쓴다는 것이 숭고한 일이고 역사적 사실과 지리학적 사실도 많이 집어넣으리라 생각했다.

보즈웰은 존슨과 이 프로젝트에 대해 상의했다. 하지만 존슨의 반응은 신통치 않았다.

"자네는 코르시카 역사에 대해서 충분한 자료가 없네. 다른 사람이 가지고 있지 않은 자료 말일세. 다른 사람은 없을 것 같은 자료 말이야. 자네의 상상력에 그런대로 살을 붙였을 뿐이야. 실연한 이가 투신하는 낭떠러지처럼 단 하나의 생각만으로 불합리하고 비정상적인 소유물을 얻으려는 모든 이들을 위한 치료제가 있으면 좋으련만. 자네의 일에나 신경 쓰게나. 코르시카의 일은 코르시카 사람들에게 맡겨두게. 그대의 새뮤얼 존슨 올림."

이 충고는 어느 정도 존슨의 말이 옳았다. 보즈웰은 이런저런 내용을 짜깁기해서 《코르시카 이야기》를 썼다. 하지만 당시 코르시카는 사람들에게 그리 끌리는 매력이 별로 없는 섬이었다. 그래서 보즈웰은 그 섬의 매력적인 요소를 부각시키기 위해 나름대로 철저하게 조사했고 많은 독자들이 그의 노고를 인정했다. 《존슨전》을 쓸 때, 《코르시카 이야기》를 쓰면서 갈고닦은 기술이 중요한 자산이 됐다.

《코르시카 이야기》는 1768년이 되어서야 세상에 공개됐다. 그 동안 보즈웰은 용맹한 코르시카 사람들에게 정부와 맞서 싸울 무기를 보내기 위해 열정적으로 캠페인을 벌였다. 그는 마련한 자금으로 총 30자루, 총알 2,900개, 포도탄 5,020개 그리고 화약 38통을 주문하여 적절한 때에 파스콸레 파올리에게 보냈다.

그는 영국 정부에 코르시카 전쟁 참전뿐만 아니라 코르시카에 대한 군사원조도 요구했다. 하지만 이 시도는 실패했다. 당시 경리감이었던 홀랜드 경은 "우리가 아무리 어리석다 할지라도 보즈웰이 코르시카에 있다고 참전할 만큼 어리석지는 않다. 이 세상에서 가장 비도덕적인 섬에서 사는 비도덕적인 사람들의 편에 서야 할 이유는 없다"라고 매정하게 말했다.

제임스 보즈웰은 수년간 익명으로 글을 발표했다. 그는 자신의 이름을 걸고 《코르시카 이야기》를 발표하기 전에 홍보활동을 시작했다. 프랑스에 코르시카 특사로 와 있던 로만초(Romanzo)가 자신의 나라를 모독한 무례한 귀족을 폭행했다는 소식이 전해졌다. 그리고 《런던 크로니클(London Chronicle)》은 코르시카 사람들과 함께 싸우고 있는 샘 존스(Sam Jones)라는 영국 사람의 편지를 공개했다.

"난 대령과 이탈리아로 갔다. 거기서 코르시카 사람들에 대한 이야기를 들었다. 그 즉시 나는 코르시카로 향했다. 파올리 장군은 좋은 사람이었고 신이 축복하는 왕 같았다."

그 어디에도 샘 존스라는 영국 사람은 없었다. 그리고 로만초 역시 존재하지 않았다.

보즈웰은 책 서문에 "작가로 불리게 되어 스스로가 자랑스럽다. 문학적 명성을 간절히 바라왔다. 모든 소유물 중에서 문학적 명성이 가장 값지다"고 썼다.《코르시카 이야기》는 유명해졌고 여러 언어로 번역됐다. 파스콸레 파올리는 압제에 대한 저항의 상징이 됐다. 미국 펜실베이니아에 그의 이름을 딴 '파올리'라는 자치구가 생겼다. 사람들이 새뮤얼 존슨은 '사전 존슨'이라 부르듯 그를 '코르시카 보즈웰'이라 부르기 시작했다. 사람들의 열렬한 반응에 보즈웰은 뛸 듯이 기뻤다. 하지만 이때까지도 그의 문학적 명성의 진정한 토대가 될 작품이 무엇인지 전혀 알아차리지 못했다.

《코르시카 이야기》에 제일 처음 등장하는 단어는 '자유'다. 그는 용맹한 코르시카 사람들의 애국심이 최고조에 달하던 순간을 함께했고, 그들의 정신을 세상에 알려야 한다고 생각했다고 말했다. 하지만 책이 출간되고 1년 뒤에 코르시카 독립군이 궤멸됐다. 제노바는 코르시카 통치권을 프랑스에 이양했다. 프랑스는 통치권을 이양받자마자 코르시카를 침략했고 그 이후 지금까지 통치하고 있다. 파스콸레 파올리는 변호사인 카를로 부오나파르테(Carlo Buonaparte) 등 몇몇과 함께 산을 넘어 도망쳤다. 카를로 부오나파르테의 아내는 그로부터 3개월 뒤에 나폴레옹을 출산했다.《사회계약론》에서 어느 날 코르시카가 유럽을 놀라게 할 것이라고 한 장 자크 루소의 예언을 아이러니하게 실현시킬 인물의 탄생이었다.

파스콸레 파올리는 런던에서 망명생활을 하기로 결심했다. 그는 런던에서 제임스 보즈웰과 재회했다. 파올리는 보즈웰의 집에 자주 머물렀다. 두 사람의 우정은 서로에게 이로웠다. 파올리는 영국 정부로부터 1,200파운드의 연금을 받았다. 보즈웰이 쓴 그의 책 덕분이었다.

새뮤얼 존슨과 파스콸레 파올리는 제임스 보즈웰에겐 영웅이었다. 보즈웰은 이 두 영웅이 자신을 통해 서로 만나게 되었다는 사실에 아주 기뻤다.

69. 런던의 파스콸레 파올리

"장군은 이탈리아어를 썼고 존슨 박사는 영어를 사용했다. 그럼에도 불구하고 두 사람은 잘 통했다. 가끔 막히는 부분은 내가 통역을 했다. 나는 마치 두 거대한 대륙을 잇는 지협 같았다."

새뮤얼 존슨과 파스콸레 파올리는 좋은 친구가 됐고 수년 동안 자주 어울렸다.

이 시기에 그려진 파올리의 초상화에는 고국을 다시 볼 수 없을지도 모른다는 사실을 체념한 듯 받아들인 망명정객의 고뇌가 잘 담겨 있다 (그림 69). 그는 존슨과 그의 친구들과 많은 시간을 보냈다. 그리고 영어 실력도 빠르게 향상됐다. 완벽하지 않았지만 매력적인 영어를 구사했다. 프랜시스 버니는 코르시카에서 보즈웰과 처음 만난 일에 관한 파올리의 이야기를 듣고 깜짝 놀랐다.

그는 나에게 누군가의 추천사를 가져왔지. 하지만 난 그가 사기꾼이라 생각했다네. 속으론 그가 스파이일지도 모른다고 생각했지. 그래서 그를 멀리했어. 어느 날 그가 나를 다시 찾아와서 노트를 보여주더군. 맙소사! 거기엔 내가 한 말이 모두 적혀 있었어! 난 너무 화가 났다네. 하지만 얼마 지나지 않아 그가 사기꾼도 스파이도 아니란 사실을 알게 됐어. 나야말로 그가 알아차린 바로 그 괴물임을 알았지. 오! 그는 아주 좋은 사람이야. 난 그를 진심으로 사랑한다네. 그는 정말 쾌활하고 명랑하고 유쾌해! 하지만 처음에는 정말 그를 보고 화가 났었어.

실제로 허락 없이 누군가의 말을 전부 기록하는 것은 아주 무례한 행동이었다. 하지만 보즈웰은 후에 자신의 기억을 돕고자 몇 자만 기록했을 뿐이었다. 그러던 와중에 자신의 이름을 알릴 좋은 기회를 마침내 포착했던 것이다.

◆ 데이비드 개릭과 셰익스피어 주빌리

1769년 스트랫퍼드 어폰 에이번에서 화려한 축제가 시작됐다. 훗날 이 축제는 그레이트 셰익스피어 주빌리로 알려지게 된다. 데이비드 개릭이 스스로를 알리기 위해 기획한 행사가 그레이트 셰익스피어 주빌리의 시작이다. 여러 우여곡절 끝에 그레이트 셰익스피어 주빌리는 영국에서 가장 중요한 축제가 된다. 크리스천 딜먼(Christian Deelman)은 저서《더 그레이트 셰익스피어 주빌리(The Great Shakespeare Jubilee)》에서 누구나 즐길 수 있고 "말도 안 될 정도로 웃기고 인상적인 축제"라고 평했다. 그리고 "이 축제로 많은 이들의 사랑과 존경을 받는 극작가인 셰익스피어는 신이 됐다"고 결론 내렸다.

대부분의 더 클럽 회원들은 행사에 참여하지 않았다. 데이비드 개릭이 사람들의 이목을 끌어 홍보 효과를 누리기 위한 상업적 행사라 생각했기 때문이다. 4년 전에 셰익스피어 작품집을 발표한 새뮤얼 존슨도 이 행사에 일언반구 아무 말도 하지 않았다. 할 수 없이 개릭은 직접 셰익스피어에게 부치는 시를 지었다. 하지만 코르시카 보즈웰은 행사에 참여했고 즐거운 시간을 보냈다.

셰익스피어 주빌리는 우연히 시작됐다. 스트랫퍼드 어폰 에이번의 장로들은 마을회관을 신축하기 위해 자금이 필요했다. 그들은 데이비드 개릭에게 셰익스피어와 그 자신의 초상화를 전시할 공간을 마련해 주겠다고 제안한다면 그가 신축 자금을 댈 것이라 생각했다. 그들은 개릭이 아첨에 약하다는 사실을 익히 들어 알고 있었다. 올리버 골드스미스는 그런 개릭을 이렇게 묘사했다.

칭찬의 대식가, 그는 무엇이든 삼켜 버렸네.
그리고 멍청이의 과찬을 명성이라 생각했네.
그의 기쁨이 냉담해져 거의 병이 될 때까지
최고의 찬사에 취해 기뻐했네.

개릭은 장로들의 제안을 흔쾌히 받아들였다. 개릭은 둔감한 스트랫퍼드 어폰 에이번 사람들은 사업이 성공하지 못할 거라고 생각한다는 것도 알아차렸다. 오래전부터 개릭은 스스로를 '하늘에서 내려 보낸 셰익스피어의 대리인'이라 생각했다.

개릭은 토마스 게인즈버러(Thomas Gainsborough)에게 자신과 셰익스피어가 함께 있는 초상화를 의뢰했다. 셰익스피어 반신상이 애정 어린 눈길로 개릭을 내려다본다. 개릭은 벗인 양 셰익스피어 반신상 받침대에 팔을 올린 채 서 있다. 초상화를 그리고 액자 틀을 맞추는 데 무려 194

파운드가 들었다. 이것은 마을회관 신축 예산의 1/4에 해당하는 엄청 난 거금이었다. 개릭이 비용을 지불할 것이라 기대했던 마을 장로들은 이에 크게 실망했다. 하지만 그들의 실망은 여기서 끝이 아니었다. 딜 먼(Deelman)은 "마을 장로들은 자신들이 감당할 수 없는 아주 큰 물고기 를 잡은 꼴이었다"고 당시를 회상했다.

뛰어난 기획력으로 개릭은 야심차게 대형 축제를 기획했다. 축제 장 소는 에이번 강 옆에 세워질 지붕이 둥근 셰익스피어 극장이었다. 하 지만 빼곡히 들어선 숲에 가려져 극장에선 스트랫퍼드 어폰 에이번이 보이지 않았다. 그래서 그는 극장 앞에 난 나무를 전부 베어 버렸다. 숙박시설이 턱없이 부족했다. 축제 참가자들은 마을에서 여관에 묵거 나 민박을 해야 했다. 마을에서 숙소를 구하지 못한 사람들은 외진 마 을에서 머물러야 했다. 드루어리 레인(Drury Lane) 오케스트라가 소환됐 고, 유명 작곡가인 토마스 아르네(Thomas Arne)가 축제에 사용할 새로운 곡을 작곡했다.

셰익스피어 작품 속 등장인물들로 분장한 드루어리 레인 극장의 배 우들이 가장행렬을 벌였고, 이후 셰익스피어 극장에서 가장무도회가 열렸다. 이 두 행사가 축제의 하이라이트였다. 하지만 축제를 준비하 면서 그 누구도 생각하지 못한 것이 있었다. 바로 날씨였다. 아니나 다 를까, 축제 당일엔 하루 종일 비가 내렸다. 하루 종일 내리는 비로 불 어난 강물이 범람했다. 축제 참가자들은 발목까지 올라오는 물속에서 첨벙거리며 돌아다녀야만 했다. 불꽃놀이도 예정되어 있었다. 하지만 비로 인해 화약에 불이 붙지 않았다. 가장행렬은 취소됐지만, 가장무 도회는 진행됐다. 2,000명의 비에 흠뻑 젖은 사람들이 극장 안을 가득 메웠다.

개릭은 셰익스피어에게 바치는 시를 멋들어지게 낭송하며 가장무도회의 흥을 돋웠다. 그의 시를 들은 관객들은 손바닥에 불이 날 정도로 열렬히 박수를 쳤다. 토마스 아르네의 신곡도 대성공이었다. 개릭이 그의 음악에 가사를 붙였다. 그 중에서 몇몇 가사는 행사가 끝난 뒤에도 많은 이들의 사랑을 받았다. 특히 '워릭셔의 청년들'이란 발라드가 사랑을 받았다. 윌리엄 셰익스피어는 1564년 4월 26일 잉글랜드 워릭셔 주 스트랫퍼드 어폰 에이번에서 태어났다. 지금도 워릭셔 왕실 연대는 행군할 때 이 노래를 부른다.

우리도 유명한 윌리엄 콩그리브의 기량을 뽐낸다,
하지만 윌리엄들 중에서 최고의 윌리엄은 워릭셔의 윌리엄이었네.
워릭셔의 윌리엄,
여전히 비할 데 없는 최고의 극작가,
윌리엄들 중에서 최고의 윌리엄은 워릭셔의 윌리엄이었네.

제임스 보즈웰은 코르시카에서 독립군이 입은 진짜 군복을 가져왔다. 하지만 군복은 에든버러에 있었다. 그래서 그는 런던에서 코르시카 독립군의 군복을 제작했다. 스트랫퍼드 어폰 에이번으로 가는 길에 그는 옥스퍼드에서 하룻밤을 보내면서 당시 약혼녀였던 페기에게 편지를 썼다.

"장담하건대 코르시카 독립군의 복장을 한 난 멋지고 매력적일 것이오. 거울에 비친 코르시카 독립군의 군복을 입은 나를 바라보니 이런 생각이 계속 머릿속을 떠나지 않았소. '그녀는 이토록 멋진 청년의 변함없는 애정과 존경을 받고 있구나.'"

스트랫퍼드 어폰 에이번에서 보즈웰은 예외 없이 사랑의 열병에 휩싸였지만 페기를 위해 자제했다. 그는 코르시카 독립군으로 변장한 채

JAMES BOSWELL Esq.r

In the Dress of an Armed Corsican Chief, as he appear'd at
Shakespeare's Jubilee, at Stratford upon Avon September 1769.

70. 스트랫퍼드 어폰 에이번의 코르시카 보즈웰

로 스트랫퍼드 어폰 에이번을 활보했다. 런던으로 돌아와 그는 코르시카 독립군의 군복을 입은 자신의 모습을 초상화로 그리게 했다. 그리고 이 초상화를 《런던 매거진(*London Magazine*)》에 싣기 위해 판화로 제작했다(그림 70).

축제가 막을 내렸다. 하지만 데이비드 개릭은 엄청난 손실을 입었다. 그 손실이 무려 2,000파운드에 달했다. 그래도 그는 특유의 수완을 발휘해 손실을 빠르게 회복해나갔다. 드루어리 레인 극장에서 그는 축제 당일에 우천으로 취소됐던 가장행렬을 무대에 올렸다. 이 공연은 더 주빌리로 불렸고 역사상 가장 오랫동안 공연됐다. 개릭은 더 주빌리로 손실액 4배 이상의 수익을 올렸다. 첫 공연부터 극장은 사람들로 가득 찼고 무려 91일 동안 공연이 지속됐다. 그 인기는 갈수록 높아져만 갔다.

거리가 아닌 무대라는 이점을 살려 셰익스피어 작품의 등장인물로 분장한 배우들은 무대에서 포즈도 취하고 연기도 했다. 무언극을 하거나 셰익스피어 작품의 한 장면이나 우화의 한 장면을 재현했다. 개릭은 〈헛소동〉의 베네딕트로 분장했다. 사라 시든스(Sarah Siddons)는 비너스 여신으로 드루어리 레인 극장에 데뷔했다. 한 배우는 보즈웰의 코르시카 독립군 복장을 빌려 코르시카 보즈웰을 흉내 냈다. 아쉽게도 당시 보즈웰은 에든버러로 돌아간 뒤라 무대 위의 자신을 연기하는 배우를 직접 볼 수 없었다.

CHAPTER 14

스코틀랜드 고지대와 헤브리디스 제도로의 여행

언제부턴가 영국인들에게 스코틀랜드 고지대와 헤브리디스 제도가 낭만적인 지역으로 알려지기 시작했다. 한 세대 뒤에 등장하는 영국 낭만파 시인 윌리엄 워즈워스(William Wordsworth)는 들판에서 곡식을 거둬들이는 어느 스코틀랜드 고지대의 처녀의 노랫소리를 새의 지저귐에 비유했다.

"머나먼 곳 헤브리디스 제도에서 / 바다의 적막을 깨뜨리는 / 봄철 뻐꾹새의 구슬픈 소리."

하지만 1770년대 영국이나 스코틀랜드 저지대에 사는 사람들 중에서 스코틀랜드 고지대와 헤브리디스 제도를 가본 이들은 거의 없었다. 윌리엄 워즈워스도 헤브리디스 제도와 스코틀랜드 고지대를 가본 적이 없었다. "스코틀랜드의 남부 사람들에게 스코틀랜드 고지대와 섬은 보르네오나 수마트라처럼 미지의 지역"이라고 제임스 보즈웰이 말했다.

이 지역들이 사람들의 관심 밖이었던 이유가 있었다. 스코틀랜드 저지대에 살던 린다 콜리(Linda Colley)는 저서에서 '영국다움'에 대해 언급한다.

"영국 사람들은 고지대 사람들은 자신들과 다른 열등한 인종이라 생각한다. 그들은 고지대 사람들을 폭력적이고 신뢰할 수 없고 가난하며 퇴보한 사람들로 여긴다. 그래서 고지대 사람들을 야만인 또는 원주민이라 부른다."

어느 역사가는 스코틀랜드를 완전히 다른 문화집단 둘로 구분했다. 그에 따르면 게일어를 사용하는 고지대 사람들은 바위투성이의 땅에 농사를 지으며 자급자족하고 잉글랜드의 지배에 깊은 반감을 품고 있었다. 반면, 에든버러와 글래스고를 중심으로 저지대에 사는 자본가인 지주, 상인, 변호사, 성직자와 전문직 종사자는 스코틀랜드 남부에 거주했다. 그들은 1707년 스코틀랜드와 잉글랜드의 통합에 완전히 찬성했고 대다수가 런던에서 일했다.

보즈웰은 스코틀랜드 남부에서 태어났고 그 지역의 가치를 습득하며 성장했다. 그는 런던에서 살기를 갈망했다. 다른 이들과 마찬가지로 스코틀랜드 고지대와 헤브리디스 제도는 그에게 과거에 머물러 있는 낭만적인 지역일 뿐이었다. 그는 부족원들이 족장에게 무조건적인 충성을 맹세했던 세계에 살던 자신의 선조들을 상상하길 즐겼다.

"고지대를 연상시키는 이름이나 백파이프 소리를 들으면 나의 피는 들끓고 구슬픔과 함께 그들의 용기에 존경심이 일어난다."

존슨도 스코틀랜드 고지대와 헤브리디스 제도를 가보고 싶었다. 그가 그토록 그 지역을 보고 싶어 했던 이유는 낭만적인 것이 아니었다. 세계가 발전하면서 과거의 문화가 빠르게 사라지고 있었다. 존슨은 이것이 나쁘다고 생각하지는 않았다. 그는 단지 과거의 문화가 남아 있는 켈트 주변인들이 사는 스코틀랜드 고지대나 헤브리디스 제도에서 산다는 것이 어떤 느낌인지 너무나 궁금했다.

서로 알게 된 지 얼마 지나지 않아 보즈웰은 여행 계획을 세웠다. 존슨은 그의 계획을 듣고 흡족해했다. 오킨렉 경은 어린 보즈웰에게 마틴의 《스코틀랜드 서쪽에 위치한 섬들에 대한 설명서(Description of the Western Islands of Scotland)》를 선물로 줬다. 보즈웰은 그 책에 완전히 사로잡혔고 언젠가 그 지역들을 가보겠노라고 결심했다.

1773년 그 꿈이 실현됐다. 여행을 다녀온 뒤에 새뮤얼 존슨과 제임스 보즈웰은 각자 여행기를 발표했다. 여행을 다녀오고 1년 뒤에 존슨은 《스코틀랜드 서쪽 섬 여행기(A Journey to the Western Islands of Scotland)》를 출간했다. 이 책에는 자신들이 여행했던 지역과 그 지역 사람들의 삶에 대해 간략하게 기록되어 있었다. 반면 보즈웰은 1786년이 되어서야 《새뮤얼 존슨과 함께한 헤브리디스 제도 여행기(Journal of a Tour to the Hebrides with Samuel Johnson)》를 발표했다. 존슨이 세상을 떠난 지 2년이 되던 해였다. 여행을 하는 동안, 보즈웰은 자신들의 여행을 자세히 기록했다. 존슨은 그의 기록을 보고 매우 흡족해했다. 보즈웰은 자신과 관련된 사적인 내용을 삭제하고 현지 사람들이 불쾌하지 않도록 그들에 대한 노골적이거나 공격적인 언급을 완화시켜 책으로 펴냈다. 그것이 바로 《새뮤얼 존슨과 함께한 헤브리디스 제도 여행기》였다.

《새뮤얼 존슨과 함께한 헤브리디스 제도 여행기》 속 존슨은 아주 입체적인 인물이었고, 두 사람이 나눈 대화가 많이 실려 있었다. 독자들에겐 아주 신선한 여행기였다. 《새뮤얼 존슨과 함께한 헤브리디스 제도 여행기》의 성공으로 보즈웰은 자신의 일기를 엮어 《존슨전》을 발표하기로 결심했다.

존슨은 헤브리디스 제도를 둘러보는 보즈웰의 생각에 흔쾌히 동조했다. 하지만 이 지역을 둘러본다는 것은 만만치 않은 일이었다. 당시 헤브리디스 제도는 마차가 다닐 수 있는 길이 거의 없는 험난한 지역이었다. 보즈웰은 존슨이 실제로 여행에 동참하지 않을까봐 두려웠다.

그래서 존슨이 자신과 여행을 가도록 설득해 달라고 친구들에게 부탁까지 했다. 《새뮤얼 존슨과 함께한 헤브리디스 제도 여행기》가 출간됐을 때, 보즈웰은 헤스터 스레일에게 감사의 마음을 전했다.

"특히 스레일 부인에게 고마움을 전한다. 그녀의 마법은 존슨 박사에게 실패하는 법이 없었다. 그가 여행길에 오를 수 있도록 설득해 준 그녀에게 진심으로 감사드린다. '내 그대에게 바람이 될지니 – 당신은 다정하군요'라는 식으로 그를 설득했다."

이것은 고마움을 전하는 말로 보이기는 한다. 하지만 보즈웰은 〈맥베스〉에서 마녀의 대사를 인용하여 은근히 헤스터 스레일을 모욕하려 한 것이었다.

이 여행은 존슨에게 아주 중요한 사건이었다. 당시 그는 소위 '대액년'을 막 넘겼다. 숫자 7과 9에는 수비학적으로 중요한 의미가 담겨 있었다. 이 두 숫자를 곱하면 63이 나오는데, 이것은 '액년'이었다. 당시 사람들은 액년은 운수가 사나워서 액년인 사람은 병에 걸리기 쉽고 자칫 죽을 수도 있지만 액년을 무사히 넘기면 장수한다고 믿었다.

단지 미신을 믿는 사람들만 액년을 심각하게 여기는 것이 아니었다. 애덤 스미스는 한 친구에게 편지를 보내 "올해는 나에게 대액년이라, 건강이 여느 때처럼 좋지 않아. 사람 인생에서 이 제일 위험한 곳을 무사히 헤쳐 나가기 위해 노련한 항해술을 발휘해야겠어. 이 곳을 벗어나서 여생 동안 잔잔한 바다를 항해하길 바란다네"라고 말했다. 애덤 스미스는 이 편지를 쓰고 3년 뒤 세상을 떠났다.

◆ 여행가 새뮤얼 존슨

교통수단이 발달되지 않았던 당시에는 여행길은 더디고 험했다. 그

71. 포스트 체이스를 타고 있는 새뮤얼 존슨과 제임스 보즈웰

럼에도 불구하고 새뮤얼 존슨은 여행을 좋아했다. 존슨과 함께 웨일스와 프랑스로 장거리 여행을 한 경험이 있는 헤스터 스레일은 "존슨 박사는 여행 자체를 좋아했다"고 했다. 최고의 이동수단은 대형 역마차보다 작고 편안한 포스트 체이스(post chaise)였다. 두 마리의 말이 포스트 체이스를 끌었고 탑승인원은 2~3명이었다. 마부는 두 마리의 말 중한 마리 위에 올라타서 마차를 끌었다. 존슨과 보즈웰은 포스트 체이스를 애용했다.

"우리를 실은 포스트 체이스가 빠르게 달렸다. 존슨 박사는 '우리네인생이 이것보다 더 나은 점이 뭐가 그리 많겠나'라고 나에게 말했다."

'곰돌이 푸(Winnie the Pooh)'의 삽화가로 유명한 어니스트 셰퍼드(Ernest Shepard)는 포스트 체이스를 타고 있는 존슨과 보즈웰의 모습을 삽화로그렸다(그림 71). 컨버터블처럼 포스트 체이스는 지붕을 접었다 폈다 할 수 있었다. 그래서 날씨가 좋은 날이면 마부는 지붕을 접은 채로 마차를 몰았다.

당시에 포스트 체이스는 고속 이동수단이었다. 포스트 체이스의 '포스트'란 단어에서 이 마차가 얼마나 빠른지 예측할 수 있었다. 《영어사전》에서 새뮤얼 존슨은 '포스트(post)'를 '빠른 이동 항로나 방법'이라 정의했다. 마부는 10마일이나 15마일마다 역마(驛馬)를 교체했고, 역로(驛路)를 따라 역마를 바꾸어 타던 역참(驛站)이 들어섰다. 참고로 포스트에는 본래 역참에서 다음 역참으로 우편물을 옮긴다는 뜻이 있었다. 19세기가 되어서야 우편함에 편지를 넣어둔다는 뜻이 생겼다. 18세기에는 우편함이 존재하지 않았다.

지금은 상상도 안 가겠지만, 당시 사람들에게 포스트 체이스는 초고속 이동수단이었다. 그들은 포스트 체이스보다 더 빠른 것을 타본 경험이 없었다. 19세기 열차를 처음 타본 어떤 사람은 숨을 헐떡이며 "열차는 시속 23마일로 달렸다. 열차가 너무 빨리 달려서 겁이 날 정도였다. 정말로 열차는 하늘을 날고 있었다. 일어날 가능성이 희박한 사고로 즉사할 수도 있겠다는 생각을 떨칠 수가 없었다. 그래서 열차를 타는 내내 머리가 아팠고, 열차에서 내린 지금도 두통 때문에 머리가 지끈거린다"라고 소감을 밝혔다.

보즈웰과 여행을 하던 존슨은 포스트 체이스를 타고 빠르게 이동하는 것이 너무 즐겁다고 말했다.

"지켜야 할 의무와 되고 싶은 것이 없다면, 나는 어여쁜 여인과 포스트 체이스를 타고 여기저기 빠르게 돌아다니며 살겠네. 하지만 나와 포스트 체이스를 타고 여행할 그 어여쁜 여인은 나를 이해하고 대화가 통하는 사람이어야 한다네."

보즈웰도 존슨과 마찬가지로 포스트 체이스를 타고 여행하는 것을 좋아했다. 그는 포스트 체이스의 속도감뿐만 아니라 포스트 체이스를 타면서 느끼는 자유로움이 자신에게 힘을 북돋아준다고 말했다.

"빠르게 달리는 포스트 체이스에 앉아 있으면, 하늘을 나는 것 같다. 속세의 근심걱정으로부터 자유로워진다. 그리고 모든 것이 더 긍정적으로 다가온다. 포스트 체이스는 안락하고, 타고 있으면 기분이 좋아진다. 이것이 나를 즐겁게 한다."

존슨과 보즈웰은 포스트 체이스를 타고 헤브리디스 제도로 여행을 떠난다.

◆ 여행의 시작

에든버러는 존슨의 관심을 크게 끌지 못했다. 하지만 보즈웰은 존슨이 그에게 에든버러의 지식인들을 소개시켜줘서 후광을 얻기를 간절히 바랐다. 에든버러는 추운 시골 같은 도시였고 고약한 냄새가 났다. 사람들은 쓰레기통과 요강을 아무 거리낌 없이 길거리에 비웠다. 그리고 에든버러는 '올드 리키(Auld Reekie)'라 불렸다. 묵은 연기라는 의미의 올드 리키라는 별명은 이 지역의 난방방식과 관련이 있다. 오래 전부터 석탄과 나무를 태워 난방을 했는데, 굴뚝에서 나온 연기가 온 도시를 뒤덮고 있었기 때문에 생긴 별명이다. 해질 무렵에 하이 스트리트에서 보즈웰의 집까지 걸어 올라가는 내내 거리에서 악취가 진동했다.

"거리를 천천히 걸어가면 존슨 박사는 내 귀에 '이 어둠 속에서 자네 냄새를 맡으며 걷고 있다네'라고 투덜거렸다."

보즈웰의《새뮤얼 존슨과 함께한 헤브리디스 제도 여행기》가 공개된 뒤, 토마스 롤런드슨(Thomas Rowlandson)은 새뮤얼 콜링스(Samuel Collings)의 그림을 판화로 제작하여《보즈웰의 그림 같은 아름다운 모습(Picturesque

Beauties of Boswell)》을 내놨다. 이 판화집에 실린 그림 중 하나에는 '하이 스트리트 오르기'란 캡션이 달려 있다(그림 72). 배가 불뚝하게 나온 보즈웰이 자신의 영웅을 쳐다보며 껑충거리며 하이 스트리트를 걸어 올라가고 있다.

판화집에는 두 사람이 에든버러에서 북쪽 지역으로 여행을 떠나면서 일어난 일화를 묘사한 그림도 실려 있다(그림 73).

"난 스펠딩스를 샀다. 스펠딩스는 대구를 바닷물에 담갔다가 햇볕에 건조시킨 염장 생선이다. 스코틀랜드 사람들은 렐리시에 찍어 스펠딩스를 먹는다. 참고로 렐리시는 과일, 채소에 양념을 해서 걸쭉하게 끓인 뒤 차게 식혀 고기, 치즈 등에 얹어 먹는 소스다. 런던에서도 스펠딩스를 살 수 있다. 하지만 존슨 박사는 스펠딩스를 한 번도 본 적이 없었다. 난 그에게 스코틀랜드의 별미를 권했지만 그는 썩 내켜 하지 않아

72. 하이 스트리트 오르기

73. 스코틀랜드의 별미 맛보기

했다. 난 간신히 그를 설득해서 살짝 맛보도록 했다. 존슨 박사는 스펠
딩스를 좋아하지 않았다."

그림 속 생선장수 여인들은 보즈웰이 존슨에게 강제로 스펠딩스를
먹이는 것을 보며 야유를 보내고 있다.

보즈웰은《새뮤얼 존슨과 함께한 헤브리디스 제도 여행기》에서 여
행을 하는 동안 존슨이 신체적으로 피로감이나 불편한 점들을 대수
롭지 않게 여겼지만, 그는 60대 중반이었고 행동이 민첩하지 못했다
고 밝혔다.

"그는 크고 팔팔했다. 말하자면 그의 몸은 거대해졌고 비대해진 몸
때문에 움직이기 불편해했다."

두 사람은 포스 만으로 가는 도중에 작은 섬에 잠시 머물렀다.

"그는 무성한 엉겅퀴와 쐐기풀 사이에 서 있는 거인처럼 활보했다."

보즈웰은 참나무로 만든 존슨의 튼튼한 지팡이를 헤라클레스의 곤봉에 비유했다.

존슨은 단지 몸집이 거대한 인물이 아니었다. 그는 보즈웰에게 기념비적인 인물이었다. 여행을 하는 동안 보즈웰은 자신이 런던으로 돌아오길 기다리는 데이비드 개릭의 편지를 받고 뛸 듯이 기뻤다. 그는 개릭에게 답장을 보내며 "난 항상 존슨 박사가 영원히 런던을 벗어나지 못하는 런던의 상징적인 건물이라 생각했습니다. 하지만 나와 함께 여행을 하고 있는 그를 보면 세인트 폴 대성당이 어디든 저와 함께하는 것 같아 기쁩니다"라고 말했다. 보즈웰은 이 여행을 '존슨의 스코틀랜드 반구로의 횡단'이라 불렀다. 보즈웰은 왕립학회로부터 금성일식을 관측하라는 임무를 부여받고 태평양의 타히티 섬으로 향한 제임스 쿡(James Cook) 선장을 언급했다. 금성일식은 금성이 지구와 태양 사이를 통과할 때 나타나는 현상이다. 금성일식에서 태양 표면을 가로지르는 작은 흑점이 관측되는데, 이 흑점이 금성이다. 이 비유에서 존슨은 반구를 위풍당당하게 횡단하는 행성의 몸체인 것이다.

두 사람은 보헤미아 출신의 요셉 리터(Joseph Ritter)라는 하인과 함께 여행했다. 보즈웰은 요셉 리터를 "키가 6피트에 달하는 위엄 있는 친구로 유럽 전역을 돌아다녔고 많은 언어를 할 수 있다"고 소개했다. 보즈웰은 7년 전 파리에서 요셉 리터를 만났다. 요셉 리터가 보즈웰의 일기에 거의 등장하지는 않지만, 첫 만남 이후 그를 자신의 하인으로 고용해 쭉 함께 지냈다. 보즈웰은 《새뮤얼 존슨과 함께한 헤브리디스 제도 여행기》에서 그를 언급하며 미안한 마음을 전했다.

"그는 내가 본 하인들 중에서 단연 최고였다. 독자들이여, 그의 소개를 무시하지 말라! 존슨 박사는 그를 두고 '예의 바르고 현명한 사람'이라고 말했다."

두 사람은 에든버러에서 북쪽으로 계속 이동했고, 어느 날 세인트 앤드루스에서 잠시 머물렀다. 세인드 앤드루스에서 만난 어떤 사람이 보즈웰에게 "존슨은 대단한 사람입니다. 그는 자신이 다루는 모든 주제에 통달한 자입니다"라고 말했다. 스코틀랜드 고지대에 사는 한 의사는 존슨에 대하여 "이 자는 엄청난 양식을 품고 있다"라고 평했다.

신실한 영국 성공회교도인 존슨은 장로교도들이 세인트 앤드루스에 있는 오래된 성당을 파괴한 것에 불같이 화냈다. 보즈웰이 존 녹스(John Knox)의 매장지를 묻자, "존슨 박사는 '그가 묻힌 곳이 공공 도로이길 바라네. 난 그의 종교 개혁을 살펴봤어'라고 버럭 소리를 질렀다."

어느 판화가가 보즈웰의 묘사에 기초를 두고 여행 복장을 한 존슨의 이미지를 판화로 제작했다(그림 74).

74. 새뮤얼 존슨의 여행 복장

"존슨 박사는 숱이 풍성한 회색 가발을 쓰고 갈색 단추가 달린 갈색 슈트를 입었다. 무늬가 없는 밋밋한 셔츠를 슈트 안에 받쳐 입고 검정 소모사 스타킹을 신고 은색 버클을 찼다. 이동하는 동안 부츠를 신고 길고 무거운 갈색 코트를 걸쳤다. 그의 2절판《영어사전》2권이 들어갈 정도로 큰 주머니가 코트에 달려 있었다. 그리고 그는 영국 참나무로 만든 커다란 지팡이를 들고 다녔다."

◆스코틀랜드 고지대

새뮤얼 존슨과 제임스 보즈웰은 풍경에는 관심이 없었다. 보즈웰은 존슨을 꼬드겨 아일랜드로 여행을 가려고 "자이언츠 코즈웨이는 볼 만하지 않을까요?"라고 그에게 물었다. 그러나 존슨은 "아무렴. 볼 만하겠지. 하지만 굳이 보러 갈 정도는 아니야"라고 단호하게 답했다.

스코틀랜드 고지대는 아름다운 곳이다. 하지만 존슨은 그렇게 생각하지 않았다. 존슨은 스코틀랜드 고지대를 두고 "황량하고 쓸모없는 곳이다. 자연의 보살핌과 은혜를 받지 못한 지역이고 본래의 광폭한 모습으로 버려진 지역이다. 쓸모없는 초목의 침울한 힘만이 가득한 곳이다"라고 했다. 당시 많은 영국 사람들은 알프스 산맥을 이탈리아로 가는 길에 놓인 끔찍한 얼음 장애물이라 여겼다.

하지만 스코틀랜드 고지대의 황량한 풍경은 존슨에게 새로운 의미로 다가왔다. 황량한 풍경을 보며 존슨은 마음껏 상상의 나래를 펼쳤다.

로맨스 작가인 척 제방에 앉았다. 내 머리 위에 드리운 나무는 없었지만, 발 아래 맑은 강물이 흘렀다. 그날은 고요했고 공기는 부드러웠다. 모든 것이 오만하고 고요하고 고독했다. 내 앞에는 높이 솟은 언덕이 나의 시야를 가로막

75. 슬레인즈 성

앉고, 달리 마음을 즐겁게 할 것을 찾아야 했다. 그 시간을 잘 보냈는지는 모르겠다. 여기 앉아서 가장 먼저 떠오른 것이 바로 이 이야기였다.

　　하지만 풍경에는 전혀 관심이 없었던 존슨과 보즈웰마저도 감탄할 수밖에 없는 풍경이 있었다. 두 사람은 해안가에 자리한 에롤(Erroll) 경의 슬레인즈 성에서 하룻밤을 보냈다. 슬레인즈 성에선 바다가 내려다 보였다(그림 75). 존슨은 "성벽은 마치 아래에서 파도가 끊임없이 치는 수직 암석에서 뻗어 나온 또 다른 암석 같다"고 언급했다. 그리고 그는 에롤 경에게 "성에서 바라본 바다 풍경이 제가 본 것 중에서 가장 숭고합니다"고 말했다. 보즈웰은 에롤 경이 사는 곳의 동쪽에 덴마크 왕이 살고 있었다고 덧붙였다.

　　다음날 아침, 존슨과 보즈웰은 마차를 타고 '불러 오브 버컨'으로 갔

76. 불러 오브 버컨

다. 불러 오브 버컨은 절벽에 난 깊은 동굴이었다. 동굴 안으로 바닷물이 거칠게 밀려들어왔다. 위험을 개의치 않는 존슨은 망설임 없이 좁은 길을 따라 동굴 쪽으로 걸어갔다(그림 76).

"존슨 박사는 조심스럽게 발아래 바다를 내려다봤다. 발을 한 번 잘못 디뎌 미끄러지기라도 하면 끔찍한 높이에서 반대쪽 바위나 바닷물 속으로 떨어질 수 있었다."

그 후에 두 사람은 보트를 타고 동굴 안으로 직접 들어갔다. 어렴풋이 보이는 암석이 숨이 막힐 듯 거대했다.

"측광이 차단되면서 동굴 안은 어둑하고 침울했다. 수직 암석이 우리를 둘러쌌다. 우리 위에 까마득히 높은 곳에 하늘이 있었고, 아래에는 그 깊이를 알 수 없는 바닷물이 있었다."

두 사람은 서쪽으로 이동했고 포레스에 도달했다. 존슨은 "이곳은 영국 사람에겐 유명한 땅"이라고 썼다. 그도 그럴 것이 바로 이곳에서 맥베스가 기이한 자매들을 만나기 때문이다. 존슨이 〈맥베스〉의 대사를 읊자, 보즈웰은 감탄을 금치 못했다.

포레스라 불리는 도시는 얼마나 먼가? 이들은 무엇인가?

너무 메말랐고 낡고 해지고 너저분한 차림이구나.

이 세상 사람으론 보이지 않는데,

여전히 여기 있네?

최근 보즈웰은 오킨렉 인근의 달블레어에 땅을 구입했다. 이에 존슨은 "달블레어 만세! 오킨렉 지주 만세!"라고 외쳤다.

여기서부터 존슨과 보즈웰은 그레이트글렌 대협곡을 따라 남서쪽으로 이동했다. 그레이트글렌 대협곡은 60마일의 단층으로, 이 협곡을 따라 강으로 이어지는 수많은 호수가 자리 잡고 있었다. 그 중에서 가장 유명한 호수가 네스 호다. 여기서부터 길이 제대로 발달하지 못했다. 존슨은 "이제 호화로운 여행과는 작별이군. 앞으로는 마차 바퀴가 단 한 번도 지나간 적이 없는 시골길로 접어들겠지"라고 말했다. 두 사람은 말 4마리를 구입해서 각자 한 마리씩 탔다. 그리고 나머지 한 마리에는 요셉 리터가 탔고 마지막 한 마리에는 짐을 실었다.

여행길에 예기치 못한 여러 사건이 벌어졌고, 보즈웰은 이를 모두 기록에 남겼다. 이는 상황을 기가 막히게 재현하는 보즈웰의 탁월한 재능을 보여주는 좋은 사례다. 네스 호에서 그들은 연기로 자욱한, 어느 노파의 오두막에 머물렀다. 존슨은 이 노파와의 만남을 책에 간단하게 서술했다. 노파의 80살 남편은 숲에서 일하고 있었고, 두 아들은 오트밀을 사러 인버네스로 갔다. 노파는 염소 60마리와 닭 몇 마리를 기르고 있었다.

"노파는 목가적인 환대로 위스키를 마시자고 했다."

존슨이 사용한 '목가적인 환대'란 표현에서 당시 그 지역 사람들이 이방인들을 아낌없이 환영했다는 사실을 알 수 있다.

인버네스에서 존슨은 자신의 장난기를 드러냈다. 당시에는 희귀한 동물이었던 캥거루가 화제로 올랐다. 알렉산더 그랜트(Alexander Grant)라는 성직자가 이날의 일을 다음과 같이 회상했다.

존슨 박사는 의자에서 일어나 자발적으로 동물 흉내를 냈다. 그와 함께했던 이들이 그런 그를 쳐다봤다. 그랜트는 존슨 박사처럼 큰 키에 거대한 몸집을 지닌 심각해 보이는 남자가 캥거루를 흉내 내는 것을 보는 것보다 더 우스꽝스러운 일은 없다고 말했다. 존슨 박사는 꼿꼿이 서서 양 손을 더듬이처럼 들고 커다란 갈색 코트로 캥거루의 주머니를 만들었다. 그러곤 방에서 두세 번 콩콩 뛰어다녔다.

보즈웰은 이 이야기를 책에 싣지 않았다. 하지만 그가 언급하지 않았다고 이 일이 일어나지 않았다는 것은 아니다. 아마도 보즈웰은 이것이 너무 채신없는 행동이라 생각했던 것 같다.

◆보니 프린스 찰리

그들은 서쪽 해안에서 스카이 섬으로 항해했다. 스카이 섬은 헤브리디스 제도에서 가장 큰 섬이다. 그들은 스카이 섬에서 족히 한 달을 보냈다. 스코틀랜드 본토에서 스카이 섬은 고작 1.5마일 떨어져 있었기 때문에 거기까지 항해하는 것이 그리 힘든 일은 아니었다. 지금은 스코틀랜드 본토와 스카이 섬 사이에 다리가 놓여 있다.

분명하게 밝히진 않았지만, 보즈웰에겐 스카이 섬에 가야 하는 뚜렷한 동기가 있었다. 보즈웰이 계획한 스카이 섬까지 가는 경로는 기이했다. 경로를 짜는 목적은 주로 한 장소에서 다른 장소로 이동하는 것이다. 하지만 보즈웰은 다른 생각을 품고 있었다. 그들은 1745년부터 1746년까지 찰스 에드워드 스튜어트(Charles Edward Stuart) 왕자가 이동한 경로를 따라 움직였다. 스튜어트 왕자는 잉글랜드 사람들에겐 '젊은 참주'로, 스코틀랜드 사람들에겐 '보니 프린스 찰리'로 알려져 있었다. 스코틀랜드 저지대 사람인 보즈웰은 '방랑자'로 기억되는 잃어버린 영웅의 낭만적인 도피길을 상상하며, 스코틀랜드 고지대 부족들을 이끌던 족장들에게 향수를 느꼈다.

30여 년 전인 1745년 스튜어트 왕자는 망명생활을 하던 프랑스를 떠나 자신의 선조들의 땅에 도착했다. 그리고 그곳에서 남쪽으로 행군하여 자신의 할아버지인 제임스(James) 2세가 1688년에 일어난 명예혁명에서 잃어버린 왕권을 회복하기 위해서 군대를 모았다. 스튜어트 왕자의 반란군은 인버네스 인근 컬로든에서 벌어진 전투에서 참패했다. 스코틀랜드 사람들은 이날의 참패의 쓴맛을 아직도 기억하고 있다. 스튜어트 왕자는 프랑스로 도망쳤고 다시는 스코틀랜드로 돌아오지 않았다. 반란의 주모자들 중 일부는 처형당했고, 일부는 추방당했으며, 일부는 직위와 영토를 잃어버렸다.

이 전투로 스코틀랜드 고지대 전역의 집들이 불탔다. 영국 군대는 소위 '선무공작'을 펼쳤다. 블랙워치 등 영국 군대의 스코틀랜드 고지대 연대를 제외하고 씨족의 일원임을 상징하는 타탄의 사용을 금지하는 법이 통과됐다. 존슨은 타탄이 그려진 천은 거의 닳지 않는다고 확언했고 고대 관습에 따라 완벽하게 의복을 갖춘 한 남자를 우연히 만났다. 그 남자는 아주 가끔 입고 싶은 생각이 들면 타탄 의복을 입었다.

독일계 하노버 왕족을 왕가에서 쫓아내고, 망명한 찰스 에드워드 스튜어트를 데려오고 싶었던 사람들은 '재커바이트'라고 불렸다. 재커바이트는 명예혁명 후 망명한 스튜어트 가의 제임스 2세와 그 자손을 정통의 군주로서 지지한 정치세력으로, 제임스의 라틴명 '야코부스'에서 유래하였다. 수많은 학자들이 존슨과 보즈웰이 숨은 재커바이트였음을 증명하려고 시도했다. 그러나 두 사람이 재커바이트였을 가능성은 아주 희박하다. 설령 두 사람이 1688년 명예혁명을 유감스럽게 여긴다 할지라도 그들은 혁명은 영속적이고 조지 3세가 정당한 군주라는 사실을 받아들였다. 둘 중 그 누구도 스튜어트 가의 자손을 군주로 복권시키기 위한 처참한 내전이 일어나기를 바라지 않았다.

보즈웰은 독자들이 자신과 존슨을 재커바이트로 의심할 수 있다는 생각을 했다. 그래서 그는 존슨의 입장을 조심스럽게 강조했다.

"존슨 박사는 '내가 오른손을 들었다면 찰스 에드워드 스튜어트 왕자의 반란군이 컬로든 전투에서 승리할 수 있었다고 한들, 내가 오른손을 들어 올렸을지 확신할 수 없다네'라고 분명히 말했다. 존슨 박사는 스튜어트 가가 주장하는 왕권에 대해 확신이 거의 없었고, 대영제국의 왕권을 둘러싼 또 다른 혁명이 일어날까 몹시 두려워했다."

보즈웰이 계획한 여행 경로는 일종의 순례였다. 존슨과 함께 상징적으로 중요한 의미를 지닌 당시의 사건을 재현하고 싶었던 것이다. 팻 로저스(Pat Rogers)는 〈램블러와 방랑자(The Rambler and the Wanderer)〉란 글을 내놨다. 제일 중요한 목적지는 스카이 섬이었다. 스카이 섬은 찰스 에드워드 스튜어트 왕자의 이야기에 등장하는 아주 중요한 무대였고, 수많은 거주민들은 그를 잘 기억하고 있었다.

그들은 스카이 섬에서 스튜어트 왕자의 반란에서 실제로 중요한 역할을 했던 사람들을 만났다. 그 중에서 가장 기억에 남는 인물은 플로라 맥도날드(Flora Macdonald)였다. 그녀는 컬로든 전투에서 패배한 스튜어트 왕자를 스카이 섬에 숨겨주고 프랑스로 도망치도록 도왔다. 당시 그녀의 나이는 24살이었다. 존슨은 플로라 맥도날드를 '부드러운 외모를 지닌 예의바르고 우아한 여인'이라고 묘사했다. 그리고 그녀의 이름이 역사에 기록되고 그녀의 용기와 충심은 명예롭게 사람들의 입에 오르내릴 것이라고 말했다.

존슨은 그녀의 집에서 실제로 찰스 에드워드 스튜어트가 잤던 침대에서 하룻밤을 보냈다. 이것은 보즈웰을 형언할 수 없을 정도로 기쁘게 만들었다.

"스카이 섬의 플로라 맥도날드의 집에서 찰스 에드워드 스튜어트가 사용했던 침대에 누워 있는 존슨을 보니 말로 표현할 수 없는 수많은 생각이 떠올랐다."

찰스 에드워드 스튜어트 왕자의 반란이 실패한 뒤 시작된 영국의 탄압으로 수많은 사람들이 다른 지역으로 이주했다. 물론 일부는 영국의 탄압으로 인한 경제난으로 이주했지만, 영국의 탄압에 대한 적개심 때문에 이주한 이들도 있었다. 1760년과 1775년 사이에 대략 4만 명의 스코틀랜드 사람들이 미국으로 이주했는데 그들 중 대다수가 스코틀랜드 고지대에 살던 사람들이었다. 보즈웰은 감동적인 증언을 기록으로 남겼다.

"매키넌 부인은 마지막 배가 포트리에서 미국으로 떠나던 해에 해변에 남은 사람들은 거의 정신이 나간 채로 자신들의 가족과 친지가 탄 배가 항구를 떠나는 것을 보고 있었다고 말했다. 그들은 슬픔에 바닥에 드러누워 뒹굴었고 입으로 풀을 물어뜯었다."

하지만 보즈웰은 이것을《새뮤얼 존슨과 함께한 헤브리디스 제도 여행기》출판본에는 포함시키지 않았다.

새뮤얼 존슨은 스카이 섬에서 머물렀던 집의 주인들에게 당시 영국의 탄압이 극심하지 않았다면 사람들이 이곳을 떠나지 않았을 거라고 생각하느냐 물었다.

"주인은 기꺼이 자국을 떠나는 사람은 없다고 분노하며 말했다."

스코틀랜드 본토와 스카이 섬 사이에 있는 라세이 섬에서 존슨과 보즈웰은 저녁식사를 하며 그곳 여성들이 모국어인 게일어로 부르는 노래를 들었다. "나는 노래의 주제가 무엇인지 물었다. 한 여인이 말하길 그 노래는 연가라고 했고, 다른 여인은 유행병처럼 번지는 이주 행렬을 따라 미국에서 부를 얻기 위해 섬을 떠나는 섬사람들 중 어느 한 명이 작곡한 작별의 노래라고 했다"라고 존슨이 기록했다. 물론 당시 미국은 영국의 식민지였다. 하지만 그리 오래지 않아 미국은 영국으로부터 독립했다. 존슨은 사람들을 자신들의 고유문화에서 뽑아내어 먼 이국으로 흩어버리는 것은 끔찍한 일이라고 생각했다.

존슨은 《스코틀랜드 서쪽 섬 여행기》에서 이 상황을 예리하게 요약했다.

"사람들을 본래 살던 곳에서 내쫓아 반란을 막고, 다스릴 대상도 없는 곳을 평화롭게 다스리는 것은 정치의 심오함이 결여된 편리한 방편일 뿐이다. 한때 반란이 일어났지만 이제 황량함만이 남은 이곳을 생각하면 그런 방편을 사용한 입법자는 자화자찬도 할 수 없다."

두 사람이 스카이 섬으로 여행가기 3년 전 올리버 골드스미스는 역작인 〈황폐한 마을(The Deserted Village)〉을 발표했다. 표면적으로 잉글랜드가 배경이지만 골드스미스는 이 시에서 실제로 찢어질 듯한 가난에서 벗어나고자 많은 사람들이 다른 곳으로 떠난 아일랜드를 회상했다. 느리지만 애절한 어조로 그는 고국을 떠나는 사람들을 상상했다.

심지어 지금도 나는 생각하네.

바로 이 자리에 서서 곰곰이 생각에 잠긴다.

고국을 떠나는 선량한 사람들이 눈앞에 그려지네.

저기 보이는 정박한 배가 돛을 펼치고

한가로이 기다리던 돛이 강풍을 만나네.

그 구슬픈 무리들이 아래로 움직이네.

해변을 지나 어둠 속으로 사라지네.

◆ 스카이 섬

스카이 섬에서 여인숙을 찾기란 하늘의 별 따기였다. 없는 것이나 다름없었다. 그래서 여행객들은 가끔 농부들의 집에서 머물렀다. 스카이 섬에는 이방인들이 좀처럼 찾아오는 법이 없었다. 존슨은 외지인은 스카이 섬 주민들에게 다른 세계의 존재나 다름없었다고 말했다. 그들은 항상 잠자리를 내어준 사람들에게 2실링을 줬다. 그러면 호스트들은 2실링을 감사하게 받았다. 돈이 거의 돌지 않았던 스카이 섬에서 2실링은 큰돈이었기 때문이다. 스카이 섬에선 가게라곤 찾아볼 수 없었다. 섬주민들은 행상인들로부터 공산품을 구입했다. 존슨은 "스카이 섬에서 편지 쓸 때 사용할 잉크를 구하기가 참 어려웠다. 그리고 어느 여인이 바늘을 부러뜨리면, 새 바늘을 구하지 못해 더 이상 작업을 할 수 없었다"고 기록했다.

농장의 숙박시설은 당연히 열악했다. 거의 원초적이었다. 여행을 하면 몸이 불편할 수밖에 없다. 이런 사실을 아무렇지 않게 받아들이는 스스로를 존슨은 자랑스럽게 생각했다. 스코틀랜드 본토를 떠나기 직전 글레넬그에서 그들은 여인숙을 찾았다. 하지만 여인숙에는 침대가 없었다. "우리에게 잠자리를 내어준 고지대 사람들은 건초를 찾아서 푹신한 잠자리를 만들어 줬다. 하지만 여인숙은 그런 건초조차 내어 주지 않았다. 난 그들에게 건초 더미를 가져오라 시켰고 그 위에 나의 승마용 코트를 깔고 잤다. 나보다 더 섬세한 보즈웰은 바닥에 건초 더미를 깔고 그 위에 자신의 옷을 깔았다. 그리고 그 위에 다시 건초를 깔고 누웠다. 리넨 위에 눕는 신사처럼 말이다"라고 존슨은 기록했다.

대부분의 지역에서 보즈웰 가문의 명성과 존슨의 문학적 명성을 알아본 지역 상류층은 그들을 환영하고 유명 인사로 극진히 대접했다. 스카이 섬의 코이어 채터컨에서 일어난 작은 소동이 보즈웰을 즐겁게 했다. 차를 마시다가 단정한 차림의 어여쁜 소녀가 갑자기 존슨의 무릎에 앉았다. 그리고 함께 차를 마시던 누군가의 요구에 소녀는 존슨의 목을 잡고 그에게 키스했다. 그 소녀의 후손들 중 한 명에 따르면, 그 소녀는 어떤 내기 때문에 그런 행동을 했다. 소녀의 친구들이 존슨이 너무 못생겨서 그 어떤 여인도 그에게 키스하지 않을 것이라고 말했던 것이다. 존슨은 즉시 대꾸했다.

"다시 한 번 해보시게. 우리 중에 누가 먼저 지치는지 봅시다."

보즈웰은 "심각한 철학가인 램블러(Rambler)가 고지대의 어린 처자를 가지고 장난을 치네! 두 사람의 서로 다른 생각과 이해관계가 일치했구나"라고 말했다.

스카이 섬의 던베건에서 매클라우드 씨족의 족장이 자신의 고대 성에서 살고 있었다. 이곳과 얽힌 놀라운 일화가 있다. 노련한 이야기꾼인 보즈웰은 이곳에서 벌어진 일을 느긋하게 묘사하면서 서서히 핵심을 찌르는 말을 던졌다. 여느 때처럼 여자들은 식사를 마친 후 곧장 자신들의 방으로 돌아갔고, 남자들은 자기들끼리 술을 마셨다.

여인들이 사라진 뒤에 우리는 침대에 깔 얇은 천이 없는 고지대 사람들에 대해서 이야기했다. 이 대화는 리넨의 장점으로 이어졌다. "동물에게서 얻어지는 것들은 전부 식물에게서 얻어지는 것들에 비해 덜 청결하지"라고 존슨 박사가 말했다. "플란넬의 재료가 되는 양모는 동물에게 나온 것이지. 그러므로 플란넬은 리넨만큼 깨끗하지 않아. 난 타르를 더럽다고 생각했었지. 하지만 타르가 소나무의 즙에서 나온 물질임을 알았을 때, 나는 타르가 더럽다고 더이상 생각하지 않았다네. 자두나무에서 흐르는 수지를 손가락에 바르는 것은 괜찮아. 왜냐하면 그것은 식물에서 나온 것이니까 말일세. 하지만 양초 기름을 손가락에 발라선 안 돼. 동물 기름을 손가락에 바르는 것이잖나. 손가락에 묻은 양초 기름을 떼어 내지 않으면 자네는 불안할 걸세. 나에게 후궁이 있다면, 그녀들은 모두 리넨 가운이나 면 가운을 입어야만 할 걸세. 식물로 만든 섬유 말일세. 실크는 허락지 않을 거야. 실크가 깨끗한지 더러운지 알 수가 없지 않은가. 더럽다는 것이 눈으로 확인될 때 그 실크는 이미 오래전에 아주 더러워져 있었던 거라네. 리넨은 더러워지면 금방 눈에 보이지."

이에 보즈웰은 다음과 같이 말했다.

"스카이 섬의 어느 집에서 안락의자에 홀로 앉아 권위 있게 후궁을 둔다는 이야기를 하는 도덕적이고 종교적인 지혜의 위대한 스승인 심오한 존슨 박사가 우스꽝스러울 정도로 아이러니하게 다가왔다. 그래서 나는 혼이 나갈 정도로 웃었다. 그는 너무나 자부심이 강해 잠시라도 조롱의 대상이 되는 것을 참지 못했다. 그래서 그는 즉시 날카롭고 냉소적인 재치와 모멸적인 이미지로 응수했다. 보복의 대상은 바로 나였다. 나는 존슨 박사의 냉소적인 비아냥거림을 대부분의 사람들만큼 잘 참아낸다. 하지만 그 자리에 있던 모든 사람들이 그의 반응을 보고 아주 즐거워했지만, 그의 가혹한 응수는 나의 마음에 오랫동안 남아 있었다."

스카이 섬을 한 바퀴 둘러본 뒤 그들은 아마데일로 향했다. 아마데일
에서 그들은 맥도날드 부인에게 초대되어 그녀의 집에서 유쾌한 저녁
을 보냈다(맥도날드 부인은 플로라 맥도날드가 아니고 스코틀랜드 부족의 족장 아
내였다). 보즈웰은 "나는 오늘밤 백파이프 연주에 맞춰 릴을 췄다. 단 한
번도 쳐본 적이 없는 춤이었다. 바닥을 엄청난 힘으로 굴렀다"라고 적
었다. 그리고 "나는 추상적인 학자 행세를 하는 것보다 그들과 함께 술
을 나눠 마시고 춤을 추며 스카이 섬 사람들과 어울렸어야 했다는 생
각이 들었다"고 진지하게 덧붙였다. 하지만 살아생전에 보즈웰이 추상
적인 학자로 오해받는 일은 없었다. 그리고 그는 유쾌한 술자리를 거
절하지도 않았다.

일반적으로 존슨은 음악을 좋아하지 않았다. 그리고 그는 자신의 음
악 지식은 백파이프와 기타의 차이점을 겨우 구별할 정도라고 말했다.
하지만 존슨은 이날의 백파이프 연주에 아주 즐거워했다. 백파이프의
날카로운 소리가 귀머거리나 다름없는 그에게도 또렷이 들렸기 때문이
다. 그리고 그는 저음부에선 백파이프에 바짝 귀를 대고 잠시 동안 서
있곤 했다. "백파이프 연주는 아마데일, 던베건 그리고 콜 섬에서의 나
의 저녁식사를 아주 흥겹게 만들었다"고 스스로 이야기했다.

아마데일에서 존슨은 다른 방식으로 보즈웰을 놀라게 했다. 존슨은
몸으로 무언가를 기가 막히게 흉내 내는 재주가 있었다.

"놀랍게도 존슨 박사는 몸을 앞으로 숙인 채 양 볼에 손을 대고 입을
벌린 맥도날드 부인을 흉내 냈다. 놀라운 솜씨였다. (중략) 나는 존슨 박
사에게 맥도날드 부인을 너무나도 똑같이 흉내 냈으며, 그 분야에 대해
더 연구해보라고 말했다. '그러지'라고 그가 대답했다."

몇 주 뒤에 존슨은 맥도날드 부인에 대해 이야기하며 "그 지루한 아

름다움은 오래가지 못할 걸세. 그리고 그런 여인은 양배추로 만들어졌을 거야"라고 말했다.

여행하는 내내 존슨은 헤스터 스레일에게 편지를 썼다. 그녀에게 보낸 편지는 일종의 여행기가 됐다. 그는 이 편지를 하나로 묶어 여행책을 낼 계획이었다. 스카이 섬에서 그는 호라티우스의 운율에 맞춰 헤스터 스레일의 완벽한 라틴어에 찬사를 보내는 시를 썼다. 다음은 5개의 연 중 세 번째 연이다.

인테르 에로리스 살레브로사 롱기,
인테르 이그노타이 스트레피투스 로퀠라,
퀴트 모디스 메쿰, 퀴드 아가트, 레퀴로,
트랄리아 둘키스!

19세기 시로 번역하면 다음과 같다.

암석과 암석 사이를 굽이굽이 난 길을 통과하여
알려지지 않은 언어의 소음 사이에
하나의 모습이 홀로 나의 영혼을 괴롭히네.
바로 그대의 모습이라네, 온화한 스레일!

헤스터 스레일은 '둘키스'를 지나치게 감상적인 단어인 '온화한(gentle)'보다 '달콤한(sweet)'으로 번역하는 것을 더 좋아했을 것이다. 하지만 그녀의 뜻대로 번역하면 시의 운율이 망가진다.

◆ 귀향길

그들의 긴 여정이 거의 끝을 향해 가고 있었다. 에든버러를 떠난 지 6주가 되어 갔다. 스카이 섬에서 보즈웰과 존슨은 콜 섬 지주의 아들과 함께 콜 섬으로 항해했다. 그들은 그를 '젊은 콜'이라 불렀다. 스카이 섬에서 콜 섬으로 가는 항로는 그들의 여정 중에서 단연 가장 길고 서해 바다를 가장 오래 항해한 경로였다.

거센 폭풍우가 불었고 보즈웰은 폭풍우 때문에 죽을 것이라 생각했다. 보즈웰이 도와줄 것이 없는지 물었을 때, 젊은 콜은 다른 지시가 있을 때까지 특정 밧줄을 바짝 잡고 있으라고 말했다.

"나의 자리에 꼿꼿이 선 채로 비바람을 맞으며, 밧줄을 당기라는 지시가 언제 떨어질지 몰라 긴장한 채로 밧줄을 붙들고 있었다."

얼마 지나지 않아 보즈웰은 자신이 붙잡고 있는 밧줄이 아무 의미 없는 것임을 깨달았다. 젊은 콜은 그가 다른 생각을 못하도록 일부러 밧줄을 붙잡고 있으라고 그에게 시켰던 것이다.

젊은 콜은 존슨과 보즈웰에게 깊은 인상을 남긴 사람들 중 한 명이었다. 1년 뒤에 그들은 젊은 콜이 바다에서 죽었다는 소식을 접하고 그를 애도했다. 존슨은 젊은 콜이 세상과 작별하는 순간에 애도의 말을 전했다.

"여기서 이 쾌활한 남자와 마지막으로 포옹했다. 여기에 적힌 글들은 얼바와 인치 케네스 사이 항로에서 목숨을 잃은 그가 얼마나 선한 인물이었는지를 입증하리라."

후에 그들은 멀 섬으로 갔다. 멀 섬의 남서쪽 끝에는 이오나라 불리는 작은 섬이 있었다. 이오나는 오래전 게일의 수도원 제도의 중심이었다. 그 섬에는 사람들이 거의 살지 않았고 당연히 여인숙도 없었다. 그래서 그들은 헛간의 건초 더미 위에서 잠을 잤다.

보즈웰은 "나는 그날 밤 거기에 누워 있는 매클린즈 지주, 존슨 박사와 내가 얼마나 기이하게 보였을까 하는 생각에 잠을 이룰 수가 없었다"고 썼다.

대성당의 잔해를 보며 존슨은 심각하게 생각에 잠겼다.

"그 무엇이 우리를 이성으로부터 떼어 내더라도, 다시 말해 그 무엇이 과거의 것, 동떨어진 것 또는 미래가 현재를 지배하도록 만들더라도 생각하는 존재의 위엄을 잃지 않고 앞으로 나아가리라. (중략) 저 사람은 부러워하기에 너무 보잘것없다. 그의 애국심은 마라톤 평원에서 힘을 얻지 못하리라. 그렇지 않으면 그의 경건함은 이오나의 폐허 속에서 더 뜨거워지지 않으리라."

무대에 선 연극배우처럼 행동하길 즐기는 보즈웰은 폐허가 된 대성당으로 들어가서 마침 들고 온 성경책의 한 구절과 책의 설교를 큰 소리로 읽었다.

"종교개혁 이후 이 대성당에서 그 어떤 설교도 전해지지 않았으리라고 생각했다. 오그던의 존경스러운 웅변이 이오나의 고대 대성당에 가득 울려 퍼졌다. 그곳에서 나의 목소리를 듣는 것이 너무나 기뻤다."

보즈웰은 항상 자신의 목소리를 듣는 것을 좋아했다.

떠나기 전에 보즈웰은 '순결의 부적'으로 이전 수도원의 벽에 돌을 끼워 넣었다. 분명 그는 순결에 대한 맹세를 할 생각으로 그렇게 했을 것이다.

"이 성스러운 장소를 떠나더라도 나는 모범이 되는 사람이 되기를 바란다. 사람들은 앞으로 더욱 바르게 행동하겠다고 결심하게 되는 순간을 선택하는 이상한 성향이 있다."

스코틀랜드 본토로 돌아와 인버래리에서 보즈웰은 흥미로운 일화 몇 개를 기록했다. 그들은 좋은 벗인 시인이자 철학가인 제임스 비티

(James Beattie)가 연금을 수령하게 되었다는 소식을 접했다. 존슨은 침대에서 일어나 박수를 치며 "오, 브라보!"라고 외쳤다. 이것은 존슨이 기쁠 때 하는 특이한 감탄사였다. 비티는 런던을 자주 방문했고 스트레텀 대저택에 자주 초대됐다. 존슨은 앞전에 보즈웰에게 "우리 모두 비티를 사랑한다네. 스레일 부인은 다른 남편을 얻게 된다면 비티를 또다른 남편으로 삼겠다고 했지"라고 말했다. 나중에 스레일은 다른 남편을 얻게 되지만, 비티는 아니었다.

존슨은 보즈웰과 여행하는 내내 술을 자제했다. 다음의 일화는 그런 그가 여행에서 돌아와 위스키의 맛이 어떤지 확인해달라는 친구들의 요청을 받아들이며 한 말과 관련이 있다. 그는 위스키 잔을 받아들고 소리쳤다.

"자, 스코틀랜드 남자를 행복하게 만드는 것이 무엇인지 알아보지."

보즈웰은 "함께 위스키를 마시자고 말하며 나의 잔에 조금만 위스키를 나눠 달라고 애원했지만, 그는 단숨에 위스키 잔을 비웠다. 나는 스레일 부인에 대해 건배하자고 제안했다. 존슨 박사는 스레일 부인이 위스키를 마시는 것을 허락하지 않으리라"라고 덧붙였다.

존슨은 위스키에 대하여 기록했다. 그의 기록을 보면, 당시 잉글랜드에서 위스키가 낯선 술이었음을 알 수 있다.

물을 의미하는 '위스키'는 증류주의 한 종류다. 북쪽 지방에서 주로 소비되는 위스키는 보리로 만든 술이다. 인버래리의 어느 여인숙에서 시험 삼아 마셔본 것을 제외하곤 위스키를 맛본 적이 없었다. 위스키를 마시면서 나는 영국의 브랜디보다 더 좋은 술이라 생각했다. 위스키는 독하지만 자극적이지 않았다. 그리고 화독내가 나거나 탄 음식 맛이 나지도 않았다. 위스키를 제조하는 방법을 물어볼 기회가 없었지만, 이 독주를 기분 좋게 만드는 기술이 그대로 이어지길 바랐다.

새뮤얼 존슨이 인버래리의 어느 여인숙에서 저녁에 위스키를 마셨을 것이라고 생각할 수 있다. 하지만 존슨의 기록에 따르면 실상은 그렇지 않았다.

"위스키를 한 모금 마신 뒤 얼마 지나지 않아 아침식사를 했다."

에든버러 법정이 곧 시작될 예정이었다. 그래서 보즈웰은 서둘러서 집으로 돌아가야만 했다. 그리고 그는 일기에 아내가 너무나도 그립다고 적었다. 아내를 지독하게 그리워하는 자신이 보즈웰은 쑥스러웠다.

"나약하다 할지 모르나, 나는 연인이 사랑하는 여인과 떨어져 있을 때 느끼는 불안감을 느꼈다. 웃을지도 모르겠지만, 실제로 나는 아내와 오랫동안 떨어져 있었다는 사실에 불안감을 느꼈다. 그리고 내가 이렇게 느낀다는 사실이 기뻤다. 내가 이렇게 느낀다는 것은 우리 부부 사이가 일반적인 금슬 좋은 부부 그 이상이란 의미였다."

정략결혼의 시대에 이것은 의심할 여지 없이 사실이었다. 17세기 프랑스 작가 라 브뤼에르(La Bruyere)는 남편이 자신의 아내와 사랑에 빠질 수 있지만 실제로 아내와 사랑에 빠진 남편을 본 적은 없다고 했다.

보즈웰과 존슨은 에든버러로 가기 전에 오킨렉 대저택을 들렀다. 보즈웰은 자신의 스승과 아버지가 드디어 만난다는 생각에 초조해했다. 그 만남은 잘 풀리지 않았다.

윗대의 이야기를 듣기를 좋아했던 월터 스콧(Walter Scott) 경에 따르면, 오킨렉 경은 항상 아들의 친구관계를 비딱한 시선으로 바라봤다. 그는 아들이 가문에 걸맞은 사람들과 어울리지 않는다고 생각했다. 월터 스콧 경이 들은 이야기에 따르면, 오킨렉 경은 친구에게 "제이미에겐 희망이 없어. 그 녀석은 완전히 정신이 나갔어. 자네는 어떻게 생각하나?

코르시카를 휘젓고 다니던 불한당인 파스콸레 파올리와는 끝냈어. 그런데 지금 누구를 데리고 왔는지 아는가? 도미니 나부랭이를 집에 데리고 왔다네. 늙은 도미니 말이야! 그는 조그만 학교를 세우고 그것을 중등학교라고 불렀다더군."

'도미니(dominie)'는 교사를 뜻하는 스코틀랜드어다. 새뮤얼 존슨은 젊었을 때 아주 잠깐 교사로 일했었다.

오킨렉 경은 존슨에게 자신이 수집한 메달과 기념주화를 보여줬다. 당시 신사들은 이런 물건들을 수집했다. 그 중에 올리버 크롬웰(Oliver Cromwell)이 발행한 기념주화가 있었다. 이 기념주화 때문에 새뮤얼 존슨과 오킨렉 경은 죽는 순간까지 '국민의 순교자'임을 주장한 찰스(Charles) 1세를 숭상하는 토리당에 대하여 격론을 벌였다. 오킨렉 경은 열렬한 휘그당원이었다. 보즈웰은 당시 상황을 조심스럽게 기록했다.

"두 사람은 아주 흥분해서 열띤 격론을 벌였다. 나는 내가 너무나도 존경하는 두 사람이 그렇게 격렬한 설전을 벌이는 모습을 보며 정신을 차릴 수가 없었다. 감히 두 사람 사이에 끼어들 수 없었다. 대중의 즐거움을 위해 나의 명예로운 아버지와 나의 존경하는 친구를 이지적인 검투사로 묘사하는 것은 아주 부적절한 행동일 것이다. 그래서 난 이 극적인 순간에 야단법석을 떨지 않으리라."

보즈웰은 일기에도 이날을 제대로 기록하지 않았다.

월터 스콧 경은 존슨이 올리버 크롬웰이 잘한 일이 무엇이 있냐고 묻자, 오킨렉 경이 "좋소, 박사! 그는 왕들에게 그들도 목관절이 있음을 알려 줬소"라고 답했다고 들었다. 찰스 1세는 교수형을 당했던 것이다.

페기는 에든버러에서 새뮤얼 존슨을 극진히 대접하기 위해서 최선을 다했다. 심지어 존슨이 카펫에 촛농을 자꾸 떨어뜨리는 것도 못 본 척 눈감아줬다. 하지만 존슨은 나중에 그녀가 자신을 그렇게 반기지 않았다고 생각했다. 페기는 솔직하게 보즈웰에게 존슨을 좋아하지 않는다고 말했다. 《존슨전》의 각주에서 보즈웰은 페기의 반응을 이렇게 기록했다.

"대부분의 사람들은 존슨 박사를 알게 되면 그를 매우 존경했다. 하지만 페기는 그렇지 않았다. 그녀는 그가 자신의 남편에게 너무나도 큰 영향력을 행사한다고 생각했다. 이것은 여성에겐 지극히 자연스러운 반응이었다. 페기는 냉담하게 자신의 생각을 분명히 밝혔다. '사람이 곰을 이끄는 것은 많이 봤지만, 곰이 사람을 이끄는 것은 단 한 번도 본 적이 없어요.'"

여행이 끝날 무렵, 보즈웰과 존슨은 거의 101일을 함께 보냈다. 그들이 평생 함께 보낸 나날의 1/4에 해당되는 시간이었다. 여행이 끝난 뒤에 두 사람은 더욱 친밀해졌고 서로를 더욱 존경했다. 보즈웰에게 존슨과의 여행은 연장자로 존경하다가 친구로 사랑하게 되는 사람에게서 보기 드문 강점과 간혹 단점을 알아가는 여정이었다.

◆ 여행의 후유증

새뮤얼 존슨의 《스코틀랜드 서쪽 섬 여행기》는 단순한 여행안내서가 아니었다. 지리학적이고 사회학적인 통찰이 담긴 선구적인 수필이라 불릴 만했다. 가령, 이 책에서 존슨은 산간 지역에 사는 사람들이 외세의 지배에 저항하고, 경쟁적인 부족이나 씨족으로 해체되고, 이런 일들이 끝없이 반복되는 이유에 대해 고심했다. 이것은 20세기 프랑스 역사학자 페르낭 브로델(Fernand Braudel)이 지중해를 둘러싼 산간 지역을 보며 했던 생각들이었다. 여행을 끝마치고 10년 뒤에 존슨은 "여행을 하면서 그 어느 때보다 많은 아이디어를 얻었다. 여행길에서 나와는 아주 다르게 삶을 사는 이들을 만났다"고 말했다.

존슨은 헤스터와 함께 갈 뻔했던 이탈리아에 항상 가보고 싶었다.

"이탈리아에 가본 적 없는 이는 사람이라면 한 번은 꼭 봐야 하는 것을 보지 못했다는 사실에 일종의 열등감을 느낀다. 모든 종교, 거의 모든 법률과 예술 그리고 우리를 야만인보다 우월한 존재로 만드는 거의 모든 것들이 지중해 연안에서 왔다."

지중해 연안과는 완전히 반대되는 헤브리디스 제도로의 여행은 분명 그에게 흥미로운 경험이었을 것이다. 헤브리디스 제도는 문명의 요람이 아닌 원시적인 관습과 생활방식이 사라지지 않고 남아 있는 외딴 지역이었다. 그래서 이 지역을 여행하는 것은 유럽을 둘러보는 그랜드 투어와 상반되는 '반(反) 그랜드 투어'였다.

독자들은 《스코틀랜드 서쪽 섬 여행기》의 한 구절에 분노했다. 이에 존슨은 체스터필드(Chesterfield) 백작에게 편지를 보냈던 것처럼 권위 있게 대응했다. 제임스 맥퍼슨(James Macpherson)은 고대 켈트족의 전설적인 시인인 오시안(Ossian)이 게일어로 쓴 시를 번역했다. 당시 그의 번역을 둘러싸고 논란이 일었다. 제임스 맥퍼슨이 번역한 오시안의 시는 애매하게 영역성서를 연상시켰다. 사람들은 번역시를 읽고 북방의 호메로스에서 나온 유물을 연상했다. 그리고 일부 스코틀랜드 지식인들은 제임스 맥퍼슨이 진짜 오시안이 쓴 시를 번역했다고 주장했다. 반면 제임스 맥퍼슨의 자작시이거나 기껏해야 옛 민담을 수집하여 짜깁기한 서사시라고 주장한 이들도 있었다.

존슨은 제임스 맥퍼슨의 자작시라고 생각하는 쪽이었다. 스카이 섬에서 보즈웰과 대화를 나누면서 그는 제임스 맥퍼슨이 여기저기서 고대 시를 찾아 하나로 엮어서 완전한 서사시를 발견했다고 주장하고 있다고 추정했다. 당시 제임스 맥퍼슨은 원고를 공개하길 거부했다. 수

년 전 휴 블레어(Hugh Blair)가 런던에서 존슨을 소개받았을 때, 그에게 스카이 섬에서 제임스 맥퍼슨의 번역시를 두고 보즈웰과 주고받은 대화에 대해서 말했다. 휴 블레어는 보즈웰의 스코틀랜드 친구였고 오시안의 열렬한 팬이었다. 그는 예의바르게 존슨에게 현대인이 그런 시를 쓸 수 있다고 생각하는지 물었다. 존슨은 "물론이죠. 수많은 남자들, 수많은 여자들 그리고 많은 아이들이 그런 시를 쓸 수 있답니다"라고 답했다.

존슨은 《스코틀랜드 서쪽 섬 여행기》에 제임스 맥퍼슨에게 보다 품위 있지만 모욕적인 글을 남겼다.

"그 편집자 혹은 그 작가는 결코 원본을 보여줄 수 없었다. 다른 누구도 그 번역시의 원본을 본 적이 없다. 증거를 거부하고 합리적인 의심에 보복하는 것은 이 세상에서 그 누구도 본 적 없는 오만함이고, 고집스러운 뻔뻔함은 죄책감의 최후의 피난처다."

젊었을 때 직접 오시안의 시를 들었다고 주장하는 사람들에게 존슨은 그들은 단지 자신들의 조상의 위신을 옹호하고 있을 뿐이라고 말했다. 그리고 "스코틀랜드 사람들은 확고한 도덕주의자임에 틀림없다. 그들은 진실보다 스코틀랜드를 더 사랑하지 않는다"고 덧붙였다.

존슨의 이와 같은 발언에 스코틀랜드 사람들은 극도로 분개했다. 그 중 어느 게일어 시인은 새뮤얼 존슨을 '시적 언쟁'으로 비난했다.

그대는 겁 많은 끈적끈적한 개구리요.
그대는 도랑을 기어 다니는 두꺼비요.
그대는 파충류처럼 기어 다니고 스멀스멀 움직이는 쓰레기 같은 도마뱀이요.

새뮤얼 존슨보다 27살 어린 제임스 맥퍼슨은 해당 발언을 취소할 것을 요구하는 편지를 보냈다. 그리고 그 편지에 그가 병약한 늙은이라서 뭇매를 면한 것이라고도 썼다.

이 편지를 받고 존슨은 만일의 사태에 대비해 침대 밑에 튼튼한 막대를 두고 잤다. 그리고 장문의 편지로 답했다. 존슨은 보즈웰에게 자신이 기억하고 있는 편지의 내용을 받아쓰도록 했고, 보즈웰은 받아쓴 편지의 내용을 《존슨전》에 삽입했다. 지금도 존슨이 제임스 맥퍼슨에게 보낸 실제 편지가 남아 있다. 놀랍게도 제임스 맥퍼슨이 그 편지를 보관했던 것 같다.

제임스 맥퍼슨 씨에게

그대가 보낸 어리석고 무례한 편지를 받았다오. 나는 그대가 나에게 하는 모든 모욕적인 발언을 최선을 다해 반박하고 물리칠 것이오. 내 힘으로 할 수 없는 것은 법의 힘을 빌릴 것이오. 불한당의 협박이 두려워 나의 생각을 사기라 말하지 않을 겁니다. 그대는 내가 나의 발언을 취소하길 원하죠. 도대체 나의 어떤 발언을 취소하란 것이오? 난 처음부터 그대의 책을 거짓이라 생각했소. 보다 확실한 이유가 있어서 그렇게 생각하는 것이라오. 대중에게 내가 그대의 번역시가 그대의 자작시라 생각하는지 이유를 댈 수 있소. 한 번 반박해 보시겠소?

하지만 아무리 그대를 경멸할지라도, 나는 진실을 숭배한다오. 그리고 만약 그대가 그것이 오시안의 시를 진짜로 번역한 것이라는 증거를 보여준다면 나의 잘못을 인정할 것이오. 난 그대의 분노를 견딜 것이오. 그대가 번역한 호메로스의 작품을 읽은 뒤에 그대의 능력은 그리 대단하지 않다고 생각했소. 나는 그대의 도덕성에 대하여 들었소. 그래서 나는 그대의 말보다 실질적인 증거를 더 존중한다오. 이 편지를 공개할 거라면 그렇게 하셔도 좋소.

-새뮤얼 존슨 드림

특히 호메로스에 대한 농담이 압권이었다. 제임스 맥퍼슨은 호메로스의 《일리아드(*Iliad*)》를 오시안 풍의 산문으로 번역해서 출판했다. 하지만 이 번역본을 읽은 모두가 졸작이라 입을 모았다.

CHAPTER 15

새뮤얼 존슨과 제임스 보즈웰

◆"이보게, 그냥 궁금해 하게나."

작가로서 새뮤얼 존슨은 1765년부터 10년 6개월 동안 이렇다 할 작품을 내놓지 못했다. 그는 1765년 셰익스피어 모음집을 발표했고, 그로부터 9년 뒤《스코틀랜드 서쪽 섬 여행기》를 출판했다. 간단한 정치 논쟁글 몇 편을 제외하고,《스코틀랜드 서쪽 섬 여행기》는 존슨의 첫 번째 역작이었다. 그 이후 존슨에게 1779년까지 공백기가 찾아왔다. 그러던 중 일련의 출판업자들의 제안에 따라 그는《영국 시인전》1편을 출간했다.《영국 시인전》시리즈는 그의 최대 걸작 중 하나였다.

이 시기에 작가로서의 활동은 지지부진했지만,《존슨전》에선 다채로운 이야기로 가득한 훌륭한 에세이를 선보인다. 제임스 보즈웰은 여러 달 동안 런던에서 존슨과 함께 시간을 보냈다. 그러면서 보즈웰은 존슨과 있었던 모든 일들을 세세하게 기록했다. 이는 어느 작가가 발표한 작품 목록이 그 작가의 삶을 대변하지 않음을 보여준다. 런던에서 존슨과 보내는 시간들은 보즈웰에게 가장 행복한 시간들이었다. 프랭크 브래디(Flank Brady)에 따르면 런던에서 존슨과 시간을 보내며 보즈웰이 썼던 일기는 강처럼 넓어졌다.

존슨은 문학은 항상 인생에 뿌리를 두어야 한다고 생각했다. 인생 그 자체보다는 제한되고 단순하지만 인생의 단편을 강력한 상상력으로 풍부하게 만들어 내는 것이 문학이라 여겼다. 〈셰익스피어의 서문〉에서 그는 희극과 비극은 결코 섞여선 안 된다는 볼테르의 주장에 반박하여 정곡을 찌르는 말로 응수했다. 볼테르의 주장이 옳다면 그런 규칙을 따르지 않았던 셰익스피어의 희곡은 당연히 열등한 작품일 수밖에 없었다. 존슨은 "셰익스피어의 희곡은 엄밀히 따지면 비극이나 희극이 아니다. 그의 희곡 자체가 독특한 장르다. 그의 희곡은 선과 악, 기쁨과 슬픔이 혼재되어 있으며 우리가 사는 이 현실을 있는 그대로 보여 준다. 그리고 하나를 잃으면 다른 하나를 얻는 이 세상의 순리도 보여 준다. 술에 취한 그는 잔에 담긴 와인을 벌컥 들이켰고, 슬픔에 잠긴 그는 자신의 친구를 땅에 묻었다"라고 적었다.

연극의 사나이인 데이비드 개릭은 존슨과 달랐다. 그는 볼테르의 주장대로 희극과 비극을 구분했다. 그는 볼테르의 비판을 최대한 수용하여 〈햄릿〉을 대대적으로 수정했고, 직접 볼테르에게 편지를 보내 다음과 같이 말했다.

"우리의 셰익스피어가 볼테르, 그대의 마음에 조금이나마 든다면 저는 진심으로 행복할 겁니다! 제가 유럽 최초의 천재에게 연극에 관한 우리의 믿음을 이해시킬 수 있다면, 중국의 황제를 자신의 종교로 개종시킨 열정적인 선교사도 저보다 더 자랑스럽지 않을 겁니다."

반면 존슨은 〈셰익스피어의 서문〉에서 "볼테르의 편협하고 빈약한 비판"을 비판했다.

존슨은 글을 발표하지 못하는 것이 자신이 게으르기 때문일 것이라 생각했다. 이에 대하여 그는 나름의 방어 논리를 폈다. 보즈웰은 조심스럽게 "선생님은 글을 쓰지 않는 것보다 글을 쓰면서 더 많은 기쁨을 느끼지 않으시나요? 어떠신지 궁금하군요"라고 물었다. 이에 존슨은 "이보게, 그냥 궁금해 하게나"라고 답했다.

존슨은 게을러서라기보다 글을 많이 쓰지 않아도 되는 다른 이유가 있었다. 무엇보다 이제 그는 더 이상 생계를 위해서 글을 쓸 필요가 없었다. 1762년 그는 연간 300파운드의 연금을 받았다. 이 연금으로 그는 편안하게 생활할 수 있었고 심지어 저축도 할 수 있었다. 더구나 이 시기에 그는 대부분의 시간을 스트레텀 대저택에서 보냈다. 그가 세상을 떠날 때까지 출판업자인 윌리엄 스트라한(William Strahan)이 그의 연금을 관리했다. 스트라한은 존슨의 재정 상태를 꼼꼼하게 기록했다. 그의 기록에 따르면, 존슨의 총 수입은 죽기 직전까지 21년 동안 7,000파운드에 달했다. 이 중에서 3,000파운드를 저축했고, 이 돈을 몇몇 사람에게 배분한다는 유언을 남겼다.

◆ 더 클럽의 성장

한편 존슨을 제외한 나머지 더 클럽 회원들은 역작을 발표했다. 1773년 올리버 골드스미스는 〈수치를 무릅쓰고 사랑을 쟁취한 그녀〉를 발표했고, 리처드 셰리든은 1777년에 〈추문패거리〉를 공개했다. 1769년 조슈아 레이놀즈는 왕립미술아카데미의 총장으로서 축사를 하기 시작했다. 훗날 그는 이 축사들을 모아 책으로 펴낸다. 1776년 더 클럽의 회원 2명이 가장 기억할 만한 기념비적인 작품을 내놓았다. 에드먼드 기번은 《로마제국쇠망사》를, 애덤 스미스는 《국부론》을 이 시기에 발표했다.

더 클럽도 변했다. 회원이 점점 늘어나면서 초기 회원들 간의 친밀감이 점점 옅어지기 시작했다. 회원들은 더 클럽의 규모를 키우는 것이 좋다고 생각했다. 그래서 1773년에 개릭과 보즈웰을 포함하여 5명의 신규회원을 선출했다. 이듬해 에드워드 기번과 에드먼드 버크의 정치적 동지였던 찰스 제임스 폭스(Charles James Fox)를 포함하여 5명을 또 뽑았고, 1775년에 2명을 더 뽑았다. 그 중 한 명이 애덤 스미스였다. 1777년에 5명의 회원이 추가됐고 이들 중에서 가장 두각을 나타낸 인물이 리처드 셰리든이었다. 그리고 1778년에도 5명의 신규회원이 선출됐다. 이 시기에 존슨은 더 클럽의 취지가 완전히 잊혀져가고 있다고 느꼈다. 그래서 그는 아주 가끔 더 클럽에 참여했다. 게다가 스트레텀 대저택의 활기찬 그림자 클럽 덕분에 이전보다 더 클럽에 참여할 필요성이 줄어들었다.

신규회원들 중에서 후대에 이름을 남길 정도로 대단한 업적을 이룩한 사람은 거의 없었다. 하지만 윌리엄 존스(William Jones) 경은 예외다. 오늘날 윌리엄 존스 경을 아는 이는 많지 않지만, 그는 더 클럽의 회원이 될 자격이 충분한 인물이었다. 존스 경은 1773년 개릭과 보즈웰과 함께 더 클럽에 들어갔다. 당시 겨우 27살이었던 존스 경은 이미 왕립학회의 회원이었다(그의 아버지는 수학기호 π를 최초로 사용한 수학자였다). 존스 경은 페르시아어, 아랍어 그리고 히브리어 등 다수 언어에 능통했다. 해로에서 학교를 다녔을 때 그는 교장보다 그리스어를 더 많이 알았고, 옥스퍼드 대학교에선 아랍어로 쓴 《천일야화(The Arabian Nights)》를 번역했다.

몇 년 뒤에 존스 경은 인도 벵골 주 캘커타에서 고등법원 판사가 되었다. 거기서 그는 인도 문화에 깊이 빠졌고 인도의 문학, 음악, 사법체제 그리고 식물에 대하여 방대한 지식이 담긴 책을 썼다. 그는 하나의 조어에서 산스크리트어, 이란어, 그리스어, 라틴어, 독일어 그리고 켈트어가 나왔다는 설을 지지했다(그는 웨일스어 원어민이었다). 훗날 위 언어들은 인도유럽어족으로 알려지게 된다. 존스 경은 일생 동안 수많은 업적을 남기고 1794년에 세상을 떠났다. 당시 그는 고작 47살이었다.

하지만 대부분의 신규회원들은 이렇다 할 업적을 남기지 못했다. 그 중에 아그몬디샴 베시(Agmondesham Vesey)가 있다. 버크의 친구인 그는 아일랜드 하원 의원이었고, 그의 아내는 유명한 블루스타킹이었다. 베시의 아내의 친구였던 엘리자베스 몬터규(Elizabeth Montagu)는 조슈아 레이놀즈에게 그를 지지할 것을 촉구했고, 레이놀즈는 베시를 지지했다. 하지만 레이놀즈는 "베시는 허세, 질투와 투기가 없는 멋을 아는 사람"이라고 미적지근하게 평했다. 에드먼드 버크는 이 말을 몬터규에게 전했다.

더 클럽에 나가는 것은 의무가 아니었다. 대부분의 회원들이 이따금씩 더 클럽에 나갔다. 1775년부터 1785년까지 10년 동안 출석률이 제일 좋은 회원은 조슈아 레이놀즈였다. 하지만 그가 10년 동안 더 클럽에 나간 횟수는 고작 연간 16회에 불과했다. 레이놀즈 다음으로 모임에 자주 참석했던 회원은 에드워드 기번이었고, 그는 10년 동안 연간 14회 정도 모임에 나갔다. 새뮤얼 존슨은 더 클럽에 거의 나가지 않았다. 1778년에는 더 클럽의 모임에 9번 정도 나갔지만, 이 해를 제외하고는 그가 더 클럽에 나간 횟수가 3회를 넘지 않았다. 존슨은 더 클럽이 개성 없이 단순히 뛰는 사람들의 모임으로 전락했다고 보즈웰에게 말했다.

1774년 올리버 골드스미스가 더 클럽의 회원들 중에서 첫 번째로 세상을 떠났다. 당시 그의 나이는 46살이었다. 슬픈 죽음이었다. 원인을 알 수 없는 질환에 시달렸던 골드스미스는 다량의 치료약을 복용했다. 세상을 떠난 뒤에 골드스미스가 많은 빚을 지고 있었다는 사실이 밝혀졌다. 그래서 일부 사람들은 빚에 허덕이던 그가 자살한 것이라 생각했다. 골드스미스의 사망 소식에 버크는 왈칵 눈물을 쏟았고, 레이놀즈는 하루 종일 아무 일도 하지 않았다. 레이놀즈가 하루 종일 아무것도 안 하고 멍하니 보냈다는 것은 아주 이례적인 일이었다.

일전에 존슨은 골드스미스와 함께 웨스트민스터 사원을 갔었다. 시인의 공간에서 존슨은 로마 시인 오비디우스(Ovidius)의 시를 낭송했다.

"포르시탄 에트 노스트룸 노멘 미스케비투르 이스티스(아마 우리도 여기 이들과 어우러지리라)."

그날 오후 두 사람은 템플 바로 갔다(그림 77). 템플 바에는 사형당한 폭도들의 머리가 창에 꽂혀 있었다. 존슨의 기억을 빌리면, 이를 본 골드스미스는 "포르시탄 에트 노스트룸 노멘 미스케비투르 이스티스"라고 장난스럽게 존슨의 귀에 속삭였다.

골드스미스의 기념비가 웨스트민스터 사원에 세워졌다. 존슨은 그를 기리기 위해 정성 들여 비문을 작성했다.

"올리바리이 골드스미트, 포이타, 퓌시키이, 히스토리키, 퀴드 눌룸 페레 스크리벤디 게누스 논 테티기트, 눌룸 퀴드 테티기트 논 오르나비트(쓰지 않았던 글이 없고 싫어했던 것엔 손대지 않았던 시인이었고 내과의사였고 역사학자였던 올리버 골드스미스에게)"

◆ 새뮤얼 존슨의 식솔

새뮤얼 존슨은 많은 시간을 스트레팀 대저택에서 보냈다. 하지만 항상 그곳에서만 생활했던 것은 아니었다. 그곳에 머무르는 동안에도 존슨은 정기적으로 자신의 집으로 돌아가서 동거인들을 보살폈다. 1765년 그는 이너 템플 레인에서부터 플리트 스트리트에서 조금 벗어난 존슨즈 코트로 이사했다(보즈웰은 그가 자신의 이름과 똑같은 지역으로 이사하는 것이 옳다고 생각했다). 그리고 1776년에는 근처 볼트 코트로 이사해서 여

77. 템플 바

생을 보냈다(그림 78).

헤스터 스레일은 새뮤얼 존슨의 식솔 모두를 경멸했다.

"장님인 윌리엄스 부인, 수종을 앓는 데뮬랭 부인, 검둥이 프랜시스와 그의 백인 아내의 사생아, 가련한 화이트 부인과 존슨 박사가 폴이라 부르는 물건. 그들은 존슨 박사의 연금을 축냈고 그의 평판에 해가 되는 추문을 퍼트렸다. 레벳은 누군가에게서 피를 뽑고 다른 누군가에게 물집을 생기게 만들곤 했다. 그는 아주 유용한 사람이었지만 모두가 그를 불쾌하게 여기리라 생각한다."

새뮤얼 존슨이 폴이라 불렀던 '물건'은 이 책에서 앞서 등장했던 폴 카마이클이란 전직 매춘부였다. 로버트 레벳은 무면허 의사였다. 그는 실용적인 지식을 상당히 많이 갖고 있었고 가난한 사람들로부터 사랑받았다. 하지만 헤스터 스레일에게 그는 돌팔이 의사에 불과했다.

헤스터 스레일이 '검둥이와 그의 아내'에 대해서 이야기했다. 프랜시스 바버(Francis Barber)는 해방된 노예였다. 존슨의 좋은 벗이자 의사였던 리처드 배서스트(Richard Bathurst)의 아버지가 어린 프랜시스 바버를 자메이카에서 잉글랜드로 데려왔다. 배서스트가 서인도제도로 되돌아가면서 바버는 존슨과 함께 살게 되었다.

바버는 일종의 하인이었지만 존슨에게 좋은 동반자였고, 심지어 아들 역할도 했다. 존슨은 바버가 좋은 교육을 받을 수 있도록 재정적으로 지원을 아끼지 않았다. 아주 잠깐 바다로 도망치려고 시도했지만, 바버는 존슨이 세상을 떠날 때까지 그와 함께했다. 그리고 존슨이 세상을 떠난 뒤에 상당한 유산을 상속받았다. 바버는 실제로 영국 여자와 결혼했다.

정작 새뮤얼 존슨 본인은 이런 조합에 대해 오해나 환상을 갖고 있지 않았다. 그를 오랜 세월 동안 봐온 존 호킨스는 그의 비감상적인 성

78. 볼트 코트

격 때문에 이 어중이떠중이들과 함께 지낼 수 있는 것이라 생각했다. 서로 어울리지 않는 사람들을 자신의 집에 들이는 것은 존슨에겐 일종의 자선행위였다. 그들은 그의 자선행위에 대하여 거의 보답하지 않았다. 그래서 새뮤얼 존슨의 너그러움은 보다 고결한 것이었다. 존 호킨스는 존슨이 17세기 작가 제레미 테일러(Jeremy Taylor)를 인용했던 일을 기억했다.

"온화하고 겸손한 이들과 다정하게 사는 것은 그리 대단한 일이 아니다. 하지만 외고집에 제멋대로 굴고 무지하고 짜증을 잘 내는 심술궂은 이들과 다정하게 함께 살 수 있는 이는 진정 관대한 사람이다."

새뮤얼 존슨의 집에서 지내는 거의 모든 사람들이 제멋대로 굴고 무지하며 짜증을 잘 내고 심술궂었다.

하지만 안나 윌리엄스 혹은 윌리엄스 부인은 예외였다(그림 79). 그녀는 지적이고 존슨이 잠들기 두려워할 때 기꺼이 밤늦도록 말동무가 되어 주었다. 존슨은 그녀의 이런 면을 높이 샀다. 윌리엄스 부인은 백내장 수술을 받기 위해서 런던으로 왔다. 불행하게도 수술은 성공적이지 못했고 결국 그녀는 시력을 잃었다. 그녀는 테띠의 좋은 벗이었다. 돈도 없고 연줄도 없는 그녀를 자신의 집에서 지내도록 하는 것은 진정한 자선이었다. 하지만 그녀는 존슨에게 훌륭한 벗이었다.

새뮤얼 존슨의 친구들은 그의 집에서 윌리엄스 부인과 차를 마시곤 했다. 존슨 본인도 으레 그녀와 차를 마셨다. 존슨과의 첫 만남 이후 얼마 지나지 않아, 보즈웰은 그와 함께 저녁 시간을 보냈다. 이때 골드스미스도 함께였다. 이날 골드스미스는 존슨의 집까지 따라갔지만, 보즈웰은 그러지 못했다. 보즈웰은 존슨의 집까지 따라가지 못했다는 사실에 원통했다.

"골드스미스 박사는 특전을 가진 사람이다. 그는 오늘밤 존슨 박사와 함께 갔다. 의기양양하게 존슨 박사의 집으로 향하며 그는 우월감에 빠져서 나에게 큰 소리로 외쳤다. '난 윌리엄스 양에게 간다네.' 그는 이것을 하나의 특전이라 생각했고 자랑스러워하는 듯 보였다. 솔직히 당시엔 그가 부러웠다. 하지만 오래지 않아 나 역시 그와 같은 특전을 누리게 됐다."

윌리엄스 양 혹은 윌리엄스 부인은 작가가 되고 싶었다(당시에는 미혼

79. 안나 윌리엄스

여성을 '양' 혹은 '부인'이라 불렀다). 1766년 존슨은 토마스 데이비스(Thomas Davies)를 설득해서 그녀가 쓴 잡다한 산문과 운문을 엮은 책을 출판하도록 했다. 심지어 자신이 쓴 짧은 이야기 몇 편을 이 책에 기고했다. 윌리엄스 부인의 시는 고상했고 완성도도 나쁘지 않았다. 하지만 기억에 남을 정도의 역작은 아니었다. 존슨의 도움으로 책을 출판한 덕분에 그녀는 적지 않은 수익을 얻었다. 실제로 그녀가 약간의 돈이라도 벌 수 있도록 존슨은 그녀의 책을 홍보했다.

1783년 윌리엄스 부인은 세상을 떠났다. 그녀가 죽은 뒤에 존슨은 엘리자베스 몬터규에게 편지를 썼다.

"그녀는 보편적인 호기심과 아주 방대한 지식을 소유했소. 그녀는 40년 동안 자신의 비참한 인생을 의연하게 견뎌냈다오. 그녀는 30년이 넘는 긴 세월 동안 나의 동반자였지요. 그래서 그녀의 죽음이 나를 너무나 외롭게 만듭니다."

존슨은 의붓딸 루시에게 "윌리엄스 부인은 나에게 30년 동안 여형제나 다름없었단다. 그녀는 지적이고 그녀와의 대화는 즐거웠지. 그녀가 죽고 없는 지금 나는 생기 없는 고독 속에서 살고 있단다"라고 말했다.

헤스터 스레일은 슬픔과 우울함에 빠진 존슨의 든든한 버팀목이 되어줬다. 하지만 그녀는 그의 불안감을 누그러뜨릴 뿐 완전히 없애지는 못했다. 1772년 《영어사전》의 개정 작업을 마무리한 뒤에 존슨은 라틴어로 암울한 시를 썼고 시의 제목을 그리스어로 'ΓΝΩΘΙ ΣΕΑΥΤΟΝ'이라 붙였다. 이것은 델포이 신탁의 모토인 '너 자신을 알라'였다. 그 밑에 라틴어로 '포스트 렉시콘 안글리카눔 아욱툼 에트 에멘다툼(영어사전을 확장하고 정정한 뒤에)'라는 부제를 달았다.

인문학자 스칼리체르(Scaliger)는 사전을 완성한 순간, 고된 사전 편찬 작업에 악담을 퍼부었다. 존슨의 시는 바로 이 장면을 회상하며 시작된다. 하지만 새뮤얼 존슨은 사전 편찬이 너무나 고되지만 꾸준히 해오던 그 작업에서 해방되는 것이 훨씬 더 괴로운 일임을 깨달았다. 아서 머피가 이 시를 번역했다.

최악의 병인 무기력함이 뒤를 이으리.

불편한 안락함을 주는 나태의 극심한 고통.

근심은 또 다른 근심이나 나의 깨질 듯한 머리를 먹고 자라네.

새까만 비애가 소름끼치게 그녀의 옷자락을 적시네.

다정한 안식도 고통을 완화시킬 약도 없네.

한밤중에 클럽들을 전전하는 나

소란스런 위트로 음모를 꾸미는 한밤의 클럽이

더 이상 즐겁진 않아, 나는 외롭게 홀로 침대에 누워

나른한 머리를 진정시키고자 잠을 청하네.

하지만 눈꺼풀에서 잠은 훨훨 날아가 버리네.

슬픈 두려움이 결합된 지독한 공허함에 빠지네.

내가 가진 모든 것을 다 써버린 뒤 나의 황량한 마음이여.

이 시에서 새뮤얼 존슨은 '한밤의 클럽'도 자신의 외로움을 달랠 수 없다고 말한다. 아마도 본래의 취지가 퇴색해버린 더 클럽에 대한 실망감을 이렇게 표현한 것일 것이다.

조슈아 레이놀즈가 그린 존슨 초상화 중에서 가장 인상적인 작품은 아마도 1769년 작품일 것이다(그림 80). 1769년은 존슨이 60살이 되던 해다. 초상화에서 존슨은 셔츠를 풀어헤친 채로 가발도 쓰지 않았다. 그의 손에 경련이 일어난 듯하다. 존슨은 자주 경련이 일어난 듯이 행동했다. 이를 두고 프랜시스 레이놀즈는 다음과 같이 묘사했다.

"존슨 박사는 이상하게 손을 움직였다. 가끔 그는 쥐가 나서 마비가 온 듯이 손가락 몇 개를 구부린 채로 손을 들었다. 그리고 최대 속도로 달리는 기수처럼 가슴 높이로 손을 들기도 했다. 그리고 그는 자주 몇 분 동안 머리 위로 손을 번쩍 들어올렸다."

이런 증상은 강박 장애로 보인다.

◆ 조지 3세와 새뮤얼 존슨

1767년 존슨은 조지 3세를 알현했다. 존슨은 경건하게 이날에 대해 친구들에게 이야기했고, 보즈웰은 그의 이야기를 듣고 그에게 경외심을 품었다. 사회적으로 지위가 높은 사람들에게 왕과 격의 없이 잠깐 대화를 나누는 것은 그리 어려운 일이 아니었다. 많은 이들이 모이는 행사에서 왕은 행사장을 돌아다니며 참석자들과 가벼운 대화를 나누

80. 60살의 새뮤얼 존슨

곤 했다. 하지만 왕의 개인적인 부름을 받고 그와 오랜 시간 대화를 나누는 것은 큰 영광이었다.

조지 3세는 1760년에 22살의 나이로 즉위했다. 그로부터 1년 뒤인 1761년 조지 3세는 샬럿(Charlotte) 왕비를 위해 세인트 제임스 궁전 인근의 버킹엄 하우스를 구입했다. 그녀의 사저로 사용하기 위해서였다. 이후 버킹엄 하우스는 '왕비의 집'으로 알려졌다. 1837년 빅토리아 여왕이 즉위한 뒤, 버킹엄 하우스는 버킹엄 궁전이 됐고 군주의 관저로 사용되기 시작했다. 조지 3세는 책을 많이 읽었고 학문을 권장하는 왕으로 알려지길 원했다. 그래서 그는 라틴어와 그리스어로 씌어진 고전문학, 시, 지리학, 역사, 수학, 법 등 거의 모든 분야를 망라하여 방대한 양의 책을 수집하기 시작했다. 그의 사서는 더 많은 책을 수집하기 위해서 부지런히 일했다. 그리고 왕비의 집에 추가로 방을 만들어서 수많은 책을 보관했다.

학자들과 문필가들은 원하면 언제든지 조지 3세의 도서관을 이용할 수 있었다. 존슨 역시 그 도서관을 자주 이용했다. 1762년 조지 3세는 존슨에게 연금을 인가했고, 그로부터 5년 뒤에 특별히 그와 만나길 원했다. 왕실 도서관 사서 프레더릭 바너드(Frederick Barnard)가 두 사람의 만남을 주선했다. 조지 3세와 존슨은 조지 3세의 서재에서 만났다(화보 그림 26). 조지 3세의 서재는 팔각형의 구조로 웅장했고 벽난로가 있었다. 언젠가 보즈웰이 조지 3세의 서재에 있는 벽난로에 대해 언급한 적이 있다.

조지 3세는 존슨에게 어떤 글을 쓰고 있는지 물었다. 이에 존슨은 자신이 가지고 있던 거의 모든 지식을 세상에 전달하였기에 지금은 글을 쓰고 있지 않다고 답했다. 그리고 더 많은 지식을 습득하기 위해서 독서에 매진해야 할 시기이고 작가로서 자신의 몫을 이미 다했다고 생각한다고 덧붙였다. 조지 3세는 "그대가 그렇게 좋은 글을 쓰지 않았다면, 나 역시 그렇게 생각했을 걸세"라고 말했다. 왕의 말을 보즈웰에게 전하며, 존슨은 "그 누구도 그렇게 멋진 칭찬을 할 수 없었을 거네. 왕이니까 그렇게 할 수 있었던 거야. 그의 칭찬은 결정적이었다네"라고 말했다.

조지 3세는 예의상 문학의 전통적인 후원자로 행동했다. 하지만 앨빈 커넌(Alvin Kernan)의 말대로 당시는 화가나 작가를 후원하는 문화는 이미 막을 내린 시기였다. 조지 3세와의 만남 이후 존슨은 언제나 그랬듯이 서적상들의 요청으로 다시 펜을 잡았다. 하지만 10년 뒤《영국 시인전》이 출간됐을 때, 존슨은 분명 이날 조지 3세가 했던 말을 기억하고 있었다. "국왕 폐하는 영국의 위대한 문인들의 작품과 삶을 기록하고 싶다고 했고, 그 작업을 존슨 박사에게 제안했다. 존슨 박사는 국왕 폐하의 뜻을 따를 준비가 되어 있음을 보여 줬다"고 보즈웰이 기록했다.

《존슨전》을 위해 제임스 보즈웰은 조심스럽게 프레더릭 바너드를 인터뷰했다. 바너드는 평민은 아니었지만 영국 왕세자의 사생아였다. 그는 조지 3세와 새뮤얼 존슨이 서로를 동등하게 대하는 모습에서 감명을 받았다.

"대화를 하는 동안, 존슨 박사는 국왕 폐하에 깊은 경의를 표했다. 하지만 그는 여전히 남자다웠고 그의 목소리는 낭랑했다. 공식적으로 왕을 접견하는 사람들처럼 낮은 어조로 말하지 않았다. 국왕 폐하가 떠난 뒤, 존슨 박사는 국왕 폐하와의 대화에 아주 만족했고 그의 품위 있는 행동에 아주 기뻐했다. 그는 바너드에게 '사람들은 국왕 폐하에 대해 이런저런 말을 하지만, 국왕 폐하는 내가 본 사람들 중에서 가장 훌륭한 신사입니다'라고 말했다."

허나 프랑스 왕이라면, 꿈에서라도 조지 3세처럼 그렇게 구부정한 자세로 걷지 않았을 것이다.

보즈웰은 프레더릭 바너드와의 인터뷰가 독자들의 관심을 끌 것이라 생각했다. 그래서 《존슨전》이 출간되기 1년 전에 8쪽짜리 팸플릿으로 이 인터뷰를 공개했고 비싸게 팔았다.

◆ 기획자 보즈웰

이 시기에 제임스 보즈웰은 런던에 있을 때마다 직접 목격하고 들은 사건들로 《존슨전》을 채워나갔다. 1772년 70대의 제임스 오글소프(James Oglethorpe) 장군이 보즈웰을 자신의 집으로 초대했다. 그의 초대를 받고 보즈웰은 우쭐해졌다. 오글소프 장군은 형법 개혁의 선구자였고 식민지 조지아를 설립했다. 보즈웰은 "존슨 박사와 골드스미스 박사도 함께했다. 나는 완벽하게 행복했다. 나는 가만히 앉아서 마음속으로 나 자신을 포옹했다. 나는 지금 오글소프 장군의 대저택에 있다. 내가 이름을 대자 오글소프 장군도 자기 소개를 했다. 여기 어마어마한 개성을 지닌 존슨 박사가 있고, 유명한 문학가인 골드스미스 박사가 있다. 그 어떤 말로도 우리의 기분을 설명할 수 없다. 몰랑한 부분은 사라지고 알짜배기만 모였다."

보즈웰은 사교생활로 바빴다. 런던에 53일 머물면서 저녁을 먹지 않은 날이 이틀이고 선술집에서 혼자 저녁을 먹은 날도 고작 이틀뿐이었다. 4일을 제외한 나머지 49일 동안 그는 친구들과 함께 저녁을 먹었다.

보즈웰은 자신이 보고 들은 일을 항상 기록했다. 단순히 대화 내용을 기록하는 데 그치지 않고, 그는 대화의 흥을 돋웠다. 그에게 대화를 보다 흥미롭게 이끄는 탁월한 능력이 있었다. 그는 이것을 변호사의 기술이라고 생각했다.

"난 대화를 이끄는 놀라운 재능을 가지고 있다. 하지만 나는 지휘자와 함께 오케스트라를 이끄는 제1바이올린 연주자처럼 대화를 이끌지 않는다. 그보다 증인을 심문하는 변호사처럼 주제를 던지고 사람들이 그 주제에 대해 이야기하도록 유도한다."

가끔 존슨은 증인을 심문하듯 대화를 이끄는 보즈웰에게 짜증을 냈다. 보즈웰의 질문이 끈질기게 이어지자, 존슨은 화가 나서 "이보게, 자네는 꼬리에 꼬리를 무는 질문을 던지는 것이 신사가 할 만한 행동이라 생각하는가? 난 자네의 '무엇'이란 미끼를 물지 않을 걸세. 자넨 '이것은 무엇인가요?', '저것은 무엇인가요?', '왜 소의 꼬리는 긴가요?', '왜 여우의 꼬리는 풍성한가요?'라는 식의 질문으로 대화를 자네가 원하는 방향으로 몰아가지"라고 말했다. 《존슨전》에서 보즈웰은 존슨이 꾸짖은 '신사'가 자신임을 밝히지 않고 어느 질문자라고만 칭했다.

헤스터 스레일은 소장본에 존슨이 보즈웰의 대화술을 두고 이와 유사한 불평을 했다고 적었다.

"오늘 아침에 보찌의 끝없는 질문에 대답하느라 진을 다 뺐습니다. '선생님, 왜 사과는 둥글고 배는 뾰족할까요?'라고 묻더군요. 이런 질문을 받은 사람은 목매어 죽고 싶지 않을까요?"

보찌는 제임스 보즈웰의 별명이었다.

보즈웰이 진정 원했던 것은 무엇일까? 시시콜콜한 질문에 대한 문자그대로의 대답은 아니었을 것이다. 그는 단지 대화를 재미있는 방향으로 이끌고 싶어서 끊임없이 질문을 던졌다. 이것이 그가 진정 원했던 거였다. 실제로 대단치 않은 질문을 던지며 대화를 이끄는 보즈웰을 보며, 헤스터는 그의 의도를 정확히 이해했다.

"호기심은 그 누구보다 보즈웰을 아주 먼 곳으로 이끌었다. 그는 자신이 던진 질문에 전혀 관심이 없었다. 단지 그 질문을 받은 이가 무슨 말을 할지 혹은 무슨 행동을 할지에 관심이 있을 뿐이었다."

보즈웰이 집요하게 질문을 던지지 않았다면 대단치 않은 대화였을 것이다. 이런 방식으로 진행된 대화에서 주로 많이 인용되는 존슨의 주옥같은 발언이 나왔다. 가령 "런던에 싫증난다는 것은 자신의 인생에도 싫증난다는 걸세"와 "분명히 말하는데, 누구든 보름 후에 교수형에 처해진다는 걸 알면 정신은 좋은 쪽으로만 집중하게 되지"라는 말들이 그렇다.

극작가 리처드 컴벌랜드(Richard Cumberland)는 회고록에서 데이비드 개릭과 다른 배우의 설전을 묘사하려다 포기했다. "왜 그들의 대화와 행동을 기록하기 위해서 그 자리에 보즈웰이 없었을까? 나의 멍청한 머리론 그 당시 상황을 생생하게 전달할 수가 없다"라고 컴벌랜드가 말했다. 컴벌랜드가 대화뿐만 아니라 '행동'까지 언급했다는 사실에 주목해야 한다. 보즈웰은 극적인 장면을 재현하기 위해서 몸짓, 표정 그리고 목소리 톤까지 자세하게 기록했다.

때론 예기치 못한 만남이 보즈웰에게 기억에 남을 만큼 인상적인 장면을 연출할 기회를 줬다. 로버트 체임버스(Robert Chambers)의 집에서 새뮤얼 존슨과 만난 날, 예기치 못한 만남이 이뤄졌다. 체임버스는 변호사였고 존슨이 그를 대신해 옥스퍼드 대학교에서 강좌를 대필했던 적이 있었다. 존슨은 체임버스가 베넷 랭턴(Bennet Langton)의 유언장을 작성했다고 말하고 갑자기 이상하게 행동했다. 키 크고 비쩍 마른 베넷 랭턴은 체임버스의 친구이기도 했다.

그는 우리의 친구(로버트 체임버스)가 그(베넷 랭턴)의 유언장을 작성했다는 사실에 미친 듯이 웃었다. 우리는 그가 왜 웃는지 알 수 없었다. 그는 베넷 랭턴을 유언자라 불렀다. 그리고 "아마도 그는 자신이 대단한 일을 했다고 생각할 걸세. 길에서 처음 본 여관의 주인을 불러내서 삶의 필멸성과 불확실성에 대해 말문을 연 뒤에 유언장 작성을 미루어선 안 된다고 여관 주인에게 말하겠지. 그러곤 '이게 제가 방금 작성한 유언장입니다. 영국에서 가장 실력 있는 변호사의 도움을 받아서 작성했죠.'(그는 이 이야기를 하는 내내 웃었다.) 유언자는 자신이 유언장을 작성했다고 믿지만, 그의 유언장을 작성한 사람은 유언자가 아니야. 바로 로버트 체임버스 그대가 그 유언자의 보잘것없는 유언장을 작성했지"라고 말했다.

로버트 체임버스는 자신이 작성한 유언장을 가벼이 여기는 그의 말에 불쾌해했다. 그럼에도 불구하고 존슨은 계속 체임버스가 작성한 유언장을 놓고 유쾌하게 떠들어댔다. 그의 농담은 템플 게이트까지 계속 이어졌다. 그러더니 그는 갑자기 폭발적인 웃음을 터뜨렸고, 몸을 가누기 위해서 도보에 설치된 기둥을 손으로 짚었다. 그 웃음이 너무나 폭발적이어서 마치 그가 발작을 일으키는 듯이 보였다. 그렇게 한참을 그는 큰 소리로 웃었고, 고요한 밤거리에 그의 목소리가 템플 바에서 플리트 디치까지 울려 퍼졌다.

보즈웰은 일기장에 자신도 "유언자 랭턴, 긴 다리 랭턴"이라고 부르며 이 짓궂은 농담에 한몫했다고 적었다. 보즈웰의 농담을 듣고 존슨은 더 격렬하게 웃음을 터뜨렸다.

"그는 이 농담을 너무나 재미있어 했고 심지어 '랭턴이 그 긴 다리들(legs)을 누구에게 남길지 궁금하구먼'이라고 소리쳤다."

분명히 존슨은 '유산'의 프랑스어가 'legs'임을 알고서 이렇게 말했을 것이다('legs'에서 '-s'는 묵음이다). 그들이 존슨의 자택에 도착했다.

"나는 그를 문 앞까지 바래다줬다. 바로 문 앞에서 그는 나에게 축복의 말을 전했다."

이 요상한 일화를 두고 의견이 분분했다. 누군가는 존슨이 유언장이란 법률 문서를 작성하여 죽음에 대한 두려움을 완화시키려는 엄숙한 시도에서 희극적 요소를 발견했다고 해석했다. 그가 사용한 '유언자'란 용어는 과장되고 거만한 용어다. 보즈웰의 농담 덕분에 이 일화는 막대기처럼 마른 베넷 랭턴이 더 이상 쓸모없어진 자신의 긴 두 다리를 누군가에게 넘겨주는 으스스한 상상으로 끝을 맺었다. 적어도 그 폭발적인 웃음은 존슨에겐 카타르시스였다.

"그는 나에게 축복의 말을 전했다."

제임스 보즈웰은 기획자처럼 극적인 상황을 기획하고 후에 글로 생생하게 재현해 내는 뛰어난 재능을 가지고 있었다. 이러한 그의 재능이 1776년 저녁 만찬에서 더욱 빛을 발했다. 그는 이 저녁 만찬에서 새뮤얼 존슨과 존 윌크스(John Wilkes)의 만남을 도모했다. 윌크스는 악명 높은 한량, 외설물 제작자이자 정치적 부랑자였다. 보즈웰은 윌크스와 이탈리아에서 재회한 뒤에 런던에서도 계속 친분을 유지했다. 윌크스와 존슨은 수년 동안 상대방을 모욕하는 글을 발표했다. 1762년 반정부 정기간행물 《더 노스 브리튼》에서 윌크스는 정부로부터 연금을 수령받는 존슨을 비난했다. 존슨은 《영어사전》에 '연금(pension)'을 '누군가에게 업적에 상응하는 대가로 주어지는 수당으로 일반적으로 영국에선 자국을 배신한 대가로 국가의 하수인에게 주는 보수'라고 정의했다.

1770년 초 존슨은 영국 정부를 위해서 정치적 글을 쓰기 시작했다. 많은 사람들은 그가 쓴 정치적인 글들이 그가 말한 '업적'이라 생각했다. 1774년 《더 페이트리엇》에서 존슨은 유권자들에게 지지를 호소하는 것 이외에는 잘하는 일이 없는 윌크스를 '얄팍한 허식가'로 조롱했다.

"그가 황소를 굽거나 부츠를 태우거나 마일 엔드의 모임에 참여하거나 럼버 부대에 등록한다고 해서 그를 애국자라 여길 순 없다. 술고래들 중에서 그는 '마음이 따뜻한 친구'이고 냉철한 수공예자들 중에서

81. 존 윌크스

바른말 하는 신사일지 모른다. 하지만 애국자라고 불리려면 보다 훌륭한 자질을 갖추어야 한다."

윌크스의 지지자들은 런던의 동쪽에 위치한 마일 엔드의 회관에서 만났고, 럼버 부대는 윌크스를 지지하는 클럽이었다. 윌크스의 지지자들은 당시 총리였던 뷰트 백작을 반대했고, 총리를 우롱하기 위하여 부츠를 태웠다.

존 윌크스가 맹비난했던 윌리엄 호가스는 그를 기가 막히게 희화했다(그림 81). 훗날의 프랑스 혁명가와 같이 그의 머리 위에는 고대 로마의 노예 해방을 상징하는 자유의 모자가 있다. 허나 그 모자는 요강을 뒤집어 놓은 것처럼 긴 막대기 끝에 무겁게 매달려 있다. 윌크스는 멋지게 차려 입었지만, 그의 가발은 악마의 뿔처럼 이상하게 뻗어 있다. 그리고 무엇보다 눈길을 끄는 것은 그의 자만심에 찬, 다 안다는 듯한 눈초리다. 실제로 윌리엄 호가스는 윌크스를 있는 그대로 잘 묘사했다. 판화 속 모습과 마찬가지로 윌크스는 갸름하고 뾰족한 턱, 벌어진 치아와 사시를 갖고 있었다. 윌크스 역시 "그것은 훌륭한 캐리커처이거나 자연이 희화한 것을 다시 희화한 캐리커처"라고 인정했다. 존슨이 스카이 섬에서 "자유의 모자가 걸린 막대를 옆에 들고 활짝 웃고 있는 윌크스를 그린 윌리엄 호가스의 판화"를 깔고 앉았을 때, 보즈웰은 그 모습이 실로 흥미롭고 재미있다고 생각했다.

이토록 사이가 나쁜 두 사람을 만나게 하는 것은 아주 어려운 일이었다. 우선, 보즈웰은 에둘러 이야기해서 존슨이 만찬 초대를 받아들이도록 만들었다. 출판업자 찰스 딜리(Charles Dilly)에게서 만찬 초대를 받은 뒤에 보즈웰은 다음과 같이 존슨을 설득했다.

존슨: 이보게, 딜리에게 감사드리고 싶구먼. 그의 만찬에 꼭 참석하겠네.

보즈웰: 딜리는 선생님이 동의하는 사람들만 만찬에 초대할 겁니다.

존슨: 그게 무슨 의미인가? 자넨 나를 어떻게 생각하는가? 자네는 내가 만찬을 여는 신사에게 누구를 초대해야 하는지 지시할 정도로 염치없는 사람이라고 생각하는가?

보즈웰: 죄송합니다. 전 선생님이 싫어하는 사람들을 만찬에서 만나게 되는 불쾌한 상황을 막고 싶어서 그랬습니다. 아마도 딜리는 소위 자신의 애국적인 친구들을 만찬에 초대할 겁니다.

존슨: 음, 이보게. 그게 뭐 어떤가? 내가 그의 애국적인 친구들을 왜 신경 쓰겠나? 하!

보즈웰: 거기에 잭 윌크스도 분명 올 겁니다.

존슨: 잭 월크스가 거기에 오는 것이 나와 무슨 상관인가? 이보게, 이 일에 대해선 이제 그만 이야기하시게나.

보즈웰은 "이렇게 하여 나는 그를 만찬에 잡아뒀다"라고 의기양양하게 일기에 썼다.

보즈웰이 약속한 날 볼트 코트에 나타났을 때, 존슨이 이 일을 까맣게 잊었다는 사실을 알고 충격을 받았다.

"그는 먼지로 뒤덮인 자신의 책들과 씨름하고 있었고, 외출할 준비가 전혀 안 된 상태였다."

추가적으로 넘어야 할 장애물이 있었다. 새뮤얼 존슨은 윌리엄스 부인과 저녁 식사를 함께하기로 약속했고, 그녀와의 약속을 어기길 거부했다. 그래서 제임스 보즈웰은 윌리엄스 부인에게로 가서 사정을 이야기했다. 찰스 딜리가 유명인들을 저녁 식사에 초대했고 새뮤얼 존슨이 식사자리에 나타나지 않는다면 그가 아주 당혹스러워할 것이라고 말했다.

그녀는 나의 애원에 서서히 마음을 열었다. 여인에게 전하는 가장 진심 어린 애원이었을 것이다. 윌리엄스 부인은 모든 것을 고려할 때, 그가 거기에 가야 한다고 생각하고 그 말을 존슨 박사에게 전하라고 나에게 말했다. 나는 먼지를 뒤집어쓰고 있는 그에게로 곧장 갔다. 그리고 그가 무슨 일을 벌이고 있는지 개의치 않고 윌리엄스 부인이 동의했다고 그에게 알렸다. 나는 갈지 아니면 집에 머무를지에 대한 그의 선택에 무관심했다. 존슨 박사는 "프랭크, 깨끗한 셔츠를 가져오게!"라고 소리쳤고 잽싸게 옷을 갈아입었다. 그를 전세 마차에 태운 뒤에 나는 상속녀를 그레트나 그린으로 떠나는 역마차에 태운, 재산을 노리고 결혼하려는 사람마냥 기뻤다.

그레트나 그린은 잉글랜드와 접해 있는 스코틀랜드 마을이다. 이 마을에서 사랑의 도피 행각을 벌인 연인들은 잉글랜드의 법적 제약에서 벗어나 서둘러서 결혼할 수 있었다.

두 사람이 찰스 딜리의 집에 도착했을 때, 정말 존 윌크스가 거기에 와 있었다. 존슨은 자기 자리에 앉아서 마음이 가라앉을 때까지 책에 얼굴을 파묻었다. 윌크스는 만찬에서 사람들의 이목을 끄는 방법을 알고 있었다. 그는 존슨의 옆에 앉아서 서서히 그에게 말을 걸었다. 보즈웰은 이 상황을 참을 수 없을 정도로 재미있게 묘사했다.

존슨 박사보다 더 실컷 음식을 먹거나 산해진미를 음미한 이는 없었다. 윌크스는 그가 좋은 송아지 고기를 먹을 수 있도록 아주 성실히 거들었다. "제발 허락해 주세요. 이 부위가 더 좋습니다. 약간 갈색을 띠고 있는 이 부위 말입니다. 지방도 약간 있고 속도 많이 채워지지 않았습니다. 그레이비 소스도 적당합니다. 버터를 발라서 좀 드셔 보세요. 오렌지 즙을 짜드릴게요. 아니면 레몬 껍질을 드릴게요." 이에 존슨 박사는 "정말 고맙습니다"라고 소리치며 인사했고 그에게로 고개를 돌렸다. 그는 얼마 동안 '퉁명스러운 미덕'으로 바라봤지만, 잠시 만족스러움이 그의 얼굴에 스쳤다.

'퉁명스러운 미덕'은 존슨의 시 〈런던〉에서 인용해온 구절이다.

윌크스와 존슨은 서로 마음이 통하는 친구들인 양 연기하고 있었다. 상황은 절정으로 치닫는다. 두 사람은 함께 보즈웰을 놀리기 시작했다.

존슨: 최근에 나의 친구인 보즈웰에게 영국의 어느 지방에서 진짜 교양 있는 삶이 무엇인지를 보여줬답니다. 저의 고향인 리치필드로 그를 데리고 갔

죠. 그곳에서 보즈웰은 진정한 문명인들의 삶을 목격했을 겁니다. 아시다시피 보즈웰은 스코틀랜드에선 미개한 자들과 어울리고 런던에선 한량들과 어울리죠.

윌크스: 선생님과 저처럼 진지하고 냉철하며 품위 있는 사람들과 함께 있을 때를 제외하면 그렇죠.

존슨: (웃으며) 우리는 그를 부끄러워해야겠어요.

보즈웰은 이날의 일을 에드먼드 버크에게 들려줬다. 그러자 버크는 그 상황에서 그 누가 그 두 사람에 버금가는 외교적인 발언을 할 수 있었겠냐며 즐겁게 말했다.

존슨은 그 모든 것이 보즈웰이 꾸민 일임을 눈치 챘고 그를 놀리기 위해서 기꺼이 윌크스와 힘을 합쳤던 것이다. 이날 이후 존슨과 윌크스는 서로를 친구처럼 대했다. 그로부터 5년 뒤 찰스 딜리의 저택에서 보즈웰은 두 사람이 마주 앉아 이야기를 나누는 모습을 봤다. 존슨과 윌크스는 각자 의자에 비스듬히 기대앉아서 담소를 나누고 있었다. 머리가 거의 닿을 정도로 바짝 붙어 앉아서 서로에게 속삭였다.

극적인 상황을 기획하고 후에 글로 생생하게 재현해 내는 보즈웰의 뛰어난 재능이 빛을 발하는 또 다른 사건이 있었다. 어느 날 보즈웰은 존슨과 함께 템플 바 근처의 부처 로우를 거닐고 있었다(그림 82). 두 사람은 우연히 '점잖게 생긴' 노인과 마주쳤다. 그 노인은 회색 옷을 입고 있었고 컬이 많은 가발을 쓰고 있었다. 그는 마치 존슨을 알고 있다는 듯이 말을 걸었다. 그 노인의 이름은 올리버 에드워즈(Oliver Edwards)였고, 50년 전 존슨과 함께 옥스퍼드의 펨브로크 칼리지를 다녔던 것으로 드러났다. 세 사람이 막 헤어지려고 할 때, 보즈웰은 에드워즈에게 존슨의 집으로 함께 가는 것이 좋겠다고 속삭였다.

82. 부처 로우

"그래서 올리버 에드워즈는 우리와 함께 걸었다. 나는 존슨 박사의 집까지 가는 내내 대화가 끊어지지 않도록 부단히 애썼다."

하지만 세 사람의 대화는 그리 재미있지 않았다. 세 사람은 에드워즈의 서리를 맞은 과일 나무, 직업적 실패와 늙는 것에 대한 유감에 대하여 이야기했다. 하지만 에드워즈는 잊지 못할 말을 남겼다.

"존슨 박사, 그대는 철학자이죠. 전 평생 동안 철학자가 되고자 노력했답니다. 하지만 어떻게 해야 하는지 모르겠어요. 명랑한 성격이 항상 방해가 됐죠."

이 꾸밈없는 발언은 놀라운 동시에 존슨의 성격을 단편적으로 보여준다. 존슨은 항상 근엄하고 뚱했지만 유쾌했다. 같은 장소와 시기에 사회생활을 시작했던 패배한 동급생과는 대조적이었다. 에드워즈와 헤어진 뒤, 보즈웰은 존슨에게 그가 나약한 사람 같다고 말했다. 그러자 존슨은 "그렇지. 이렇다 할 경험 없이 인생을 살아가는 사람이구먼"이라고 대답했다.

뛰어난 패러디 작가인 맥스 비어봄(Max Beerbohm)은 《존슨전》을 좋아했다. 1918년, 새뮤얼 존슨이 살았던 거프 스퀘어 집이 영어사전을 편찬한 그의 업적을 기리기 위해서 박물관으로 탈바꿈했다. 새뮤얼 존슨은 거프 스퀘어 집에서 《영어사전》을 완성했던 것이다. 맥스 비어봄은 이에 영감을 받아 풍자화를 그렸다(화보 그림 27). 그는 그림의 여백에 자신만의 작디작은 글씨로 새뮤얼 존슨과 제임스 보즈웰의 대화를 상상해서 적었다. 그가 적은 상상 속의 대화는 두 사람을 풍자하기 위함이었지만, 두 사람에 대한 애정도 담겨 있었다.

보즈웰: 거프 스퀘어의 집이 국가에 귀속되어 박물관이 된다니 기쁘지 않으세요?

존슨: 아니. 생각해 보시게. 집의 목적은 누군가 거주하는 것이라네. 아무도 거주할 수 없는 집이라면 철거하거나, 시효에 의해 권리를 획득한 쥐새끼들에게 지체 없이 넘겨줘야 한다네. 거프 스퀘어에 있는 수많은 쥐새끼들이 불안해하고 쫓겨날 걸세. (휴 하고 한숨을 내쉬고 몸을 좌우로 흔들며) 이보게, 난 그 쥐새끼들이 불쌍하구먼. 그 쥐새끼들의 불만은 정당하다네.

보즈웰: 하지만 선생님, 그것은 위대한 새뮤얼 존슨의 집입니다. 당연히 보존되어야 하지 않을까요? 그 집이 행복감을 확산시키고 미덕을 고취시키지 않을까요?

존슨: 아니라네. 이 쓸데없는 이야기는 관두세. 그 집은 아무 가치가 없어. 윗가지에 회반죽을 덕지덕지 발라서 만든 집을 숭고한 곳인 양 미화하지 말자고. 그 집에 사는 동안, 내가 세상을 이롭게 하지 않았다는 것을 알고 있다네.

내가 살지 않는 그 집은 유익하지 않으리라 확신하네. 아아, '템푸스 에닥스(게 걸스러운 시간)'가 계란의 노른자를 삼켜버린 뒤에 계란껍질을 보존한다고 해서 얻을 수 있는 것은 아무것도 없다네.

혹은 대화는 다음과 같이 전개될 것이다(변덕스러운 사람은 타인에게 깊은 인상을 심어주기 위해서 어렵고 긴 단어를 사용하기 마련이다).

보즈웰: 거프 스퀘어의 집이 국가에 귀속되어 박물관이 된다니 기쁘지 않으세요?
존슨: 물론이지. (진지하면서 떨리는 목소리로) 사람들이 러시아어로 번역된《더 램블러》를 볼가 강의 강둑에 앉아 읽는다는 소식만큼 나를 이토록 기쁘게 한 것은 없다네.

마지막 발언에서 존슨이 실제로 한 말을 유추할 수 있다. 세상을 떠나기 몇 달 전에 존슨은 이런 말을 했다고 보즈웰이 말했다.
"그는 갑자기 기뻐서 어쩔 줄 몰라 우리들을 불렀다. '이보게, 자네들에게 아주 좋은 소식을 전해야겠어! 러시아 황제가《더 램블러》를 러시아어로 번역하도록 지시했다네. 나의 글이 볼가 강의 강둑에서 읽혀지게 될 거야. 호라티우스는 자신의 명성이 론 강까지 뻗어나갈 것이라 자랑했지. 이제 볼가 강을 타고 나의 명성은 론 강에 다다른 호라티우스의 명성보다 더 멀리 확산될 거야.' 이런 생각이 불현듯 그의 머릿속에 떠올랐던 것이다."

CHAPTER 16

대영제국과 식민지

18세기 영국은 하나의 쟁점에 사로잡혀 있었다. 바로 여기저기 흩어져 있는 영국의 식민지들을 넓히고 유지하기 위한 전쟁이었다. 이 책에 등장하는 모든 인물들에겐 식민지에서 일하는 친구나 친척이 한두 명 있었다. 그 중에는 영구적으로 식민지에 정착한 이들도 있었다.

식민지와 관련된 문제들은 오랫동안 의회의 단골 토론 주제였다. 특히 의회에서 북미 식민지의 상실과 인도에 대한 처우를 두고 열띤 공방전이 벌어졌다. 그 와중에 에드먼드 버크와 리처드 셰리든은 명연설을 했고, 새뮤얼 존슨은 짜증 섞인 비판을 퍼부었다. 한편, 영국에서 노예제도에 대한 도덕적 의구심이 고개를 들기 시작했다.

어떤 의미에서 전쟁은 영국에겐 일상적인 것이었다. 존슨은 살아 있는 동안 스페인계승 전쟁, 4국동맹 전쟁, 오스트리아계승 전쟁, 7년 전쟁 그리고 미국독립 전쟁 등 무려 5건의 전쟁을 목격했다. 1739년과 1783년 사이에 영국은 24년 동안 전쟁 중이었고 20년 동안 평화로웠다. 이렇게 많은 전쟁을 벌인 이유는 단순했다. 영국은 세계 무역을 장악하기로 결심했고, 프랑스와 스페인을 격퇴하는 것이 이 목표를 달성하기 위한 중요한 행보였기 때문이다.

스페인계승 전쟁은 1713년 위트레흐트 조약이 체결되며 종결됐다. 당시 존슨은 4살이었다. 스페인계승 전쟁은 프랑스의 부르봉 왕가에 우호적인 인물이 스페인의 왕위를 계승하여 스페인이 해상 강국으로 떠오르는 것을 막기 위해 벌인 전쟁이다. 이 전쟁에서 영국이 승리하면서 미래가 완전히 바뀌었다. 조지 매콜리 트리벨리언(George Macaulay Trevelyan)의 말을 빌리면, 위트레흐트 조약은 프랑스 왕가의 위험으로부터 유럽을 구했고 국제정세를 완전히 바꿔놓았다. 이 조약으로 대영제국이 해상, 상업과 금융의 패권을 차지하게 됐다. 그리고 스페인은 스페인령 네덜란드와 나폴리를 오스트리아에 양도하고 시칠리아를 사보이아에 할양했다. 이처럼 스페인이 포기한 대부분의 영토가 소위 신성로마제국에게 돌아갔다.

영국은 지브롤터와 캐나다 동부를 획득했다. 위트레흐트 조약에는 끔찍하게도 인간에게 가격을 매겨 사고파는 노예무역에 관한 조항도 있었다. 영국은 프랑스가 점령했던 아시엔토라 불리는 스페인령 미국에서의 독점적인 노예무역권을 확보했다. 이미 영국은 노예들을 배에 태워 본국으로 데려오고 있었고, 이제 독점적으로 서반구 전역에 노예를 수출할 수 있게 된 것이다. 영국 무역선들은 150만 명의 아프리카인들을 카리브 해, 북미와 남미로 실어 날랐다.

가장 치열했던 전쟁은 1756년에 시작된 7년 전쟁이었다. 포르투갈과 프로이센과 동맹을 맺은 영국이 신성로마제국, 스페인, 러시아 그리고 스웨덴과 손을 잡은 프랑스와 대립했다. 이것은 진정한 세계 대전이었다. 7년 전쟁 동안 두 세력은 유럽, 남미와 북미, 서아프리카, 인도 그리고 필리핀에서 치열하게 싸웠다. 1763년 파리 조약이 체결되면서 7년 전쟁이 종식됐다. 제임스 보즈웰이 런던에 막 정착하던 시기였다. 7년 전쟁의 결과로 영국의 영토가 더 넓어졌다. 영국은 몇 개의 카리브 해 섬들, 서아프리카의 세네갈, 뉴프랑스로 알려진 캐나다 지역을 얻었다. 뉴프랑스에는 프랑스 가톨릭신자들이 많이 분포한 퀘벡도 포함되어 있었다.

전쟁을 치르는 데 많은 재원이 들어갔다. 그 비용을 충당하기 위해서 영국은 1767년 타운센드법을 제정하여 미국 식민지들에 세금을 부과했다. 미국 식민지들은 타운센드법에 강력히 반대했고, 타운센드법은 결국 극적인 결과를 낳게 된다.

이 시기에 영국은 인도 아대륙을 빠르게 장악해 나갔다. 엘리자베스 여왕의 통치기에 동인도회사가 인도 아대륙에 설립됐다. 이권을 보호하기 위해서 동인도회사는 인도 통치자들과 그들의 프랑스 조력자들과 접전을 벌였다. 그러다가 결국 두 세력 간 소규모 접전이 전면전으로 번졌다. 로버트 클라이브(Robert Clive)는 부기담당자였지만 뛰어난 군인이기도 했다. 1750년대 그는 사병 조직을 이끌고 전투에 참여했고 여러 차례 승전보를 울렸다. 그러면서 개인적으로 막대한 부도 쌓았다. 상업 조직인 동인도회사가 사실상 인도의 거의 대부분 지역을 지배하기 시작했다. 이 변칙적인 상황을 두고 영국 의회에서 격론이 벌어졌고, 여기서 에드먼드 버크와 리처드 셰리든이 주도적인 역할을 했다.

◆ 제국주의

오랫동안 많은 사람들이 가능한 많은 식민지를 획득하고 그곳에 본국 사람들을 이주시켜야 한다고 생각했다. 존슨은 《영어사전》에서 '식민지로 만들다(to colonize)'를 '먼 곳에 주민을 정착시키다, 새로운 지역에 정착하다, 무리를 정착시키다'로 정의했고 '식민지(colony)'를 '먼 곳에 거주하도록 본국에서 보낸 많은 사람들'로 정의했다. 여기엔 식민지 주민들이 도착하기 전에 식민지에 그 누구도 살지 않았다는 의미가 내포되어 있다. 물론 이는 절대 사실이 아니다. 하지만 정복은 원주민들이 어떻게 사용하는지 모르는 귀한 자원을 활용하기 위한 행위로 정당화되기 시작했다.

존슨의 정의에 따르면, '원주민(native)'은 단순한 단어다. 이 단어는 '어느 지역에서 태어난 자, 원거주민'을 뜻한다. 존슨 본인은 리치필드의 원주민이었다. 하지만 부정적인 함축적 의미가 생기면서 '원주민'은 '미개인'과 같은 뜻을 지닌 단어로 여겨지기 시작했다. 존슨은 '미개인(savage)'을 '무지하고 미개한 사람, 야만인'이라 정의했다. 원주민들을 미개인으로 본다면, 그들을 억압하거나 심지어 몰살시키는 것이 더 쉬워졌다.

'식민지'에 대한 존슨의 정의를 보면, 이 단어가 일반적으로 어떻게 사용됐는지 알 수 있다. 1744년 발표한 《리처드 새비지의 인생》에서 존슨은 저항할 수 없다는 이유로 미개한 국가를 상대로 전쟁을 벌이는 사악함과 자원이 풍부하다고 해서 타국을 침범하는 악의를 맹렬히 비난했다. 이런 입장은 그가 살아 있는 동안 변하지 않았다. 1759년 《디 아이들러》에 실은 에세이에서 존슨은 영국 군대가 영토를 짓밟는 모습을 지켜보는 어느 인디언 추장이 되어 그의 심경을 글로 옮겼다.

"저 침략자들은 분노하여 자신들에게 저항하는 이들을 도륙하고, 항복하는 사람들을 재미삼아 죽이며 이 대륙을 돌아다녔구나. 살아남은 자들 중에서 일부는 커다란 동굴에 들어가 주인을 위해 광물을 캐고, 다른 일부는 토지를 경작하는 일을 하게 되겠지. 외국 폭군들이 목숨 걸고 캐낸 광물과 힘들여 얻어낸 수확물을 집어삼켜버릴 것이다. 원주민들이 그들의 검과 광산에서 목숨을 잃을 때, 그들은 피부색이 다른 사람들을 본국으로 끌고 갔다. 먼 타국으로 끌려간 그 사람들은 노역과 고문으로 죽어갈 것이다."

존슨은 1759년 《세계 여행기(*The World Displayed*)》의 서문을 작성했다. 그가 쓴 서문은 역사적 조사로 시작해서 평화롭게 살던 아프리카 사람들을 총살한 포르투갈 탐험가들을 설명하며 도덕적 분노를 터뜨린다(존슨은 이 비극이 일어난 지역을 구체적으로 밝히지 않았다).

"그들은 포르투갈 사람들을 위협할 수 없다"라고 존슨은 단언했다. "그러니 포르투갈 사람들에겐 그들에게 화낼 이유도 없다. 그들이 타당한 이유 없이 악의적으로 즐거움을 위해 아프리카 사람들을 살해하지도 않았을 것이다. 단지 일제 사격으로 얼마나 많은 사람들이 죽는지 알고 싶어서 그 잔혹한 짓을 벌였으리라. 아니면 살고자 도망치던 사람들에게 실망을 안겨주고 싶어 그리했을 수도 있다"라고 말했다. 그리고 뒤이어 식민지화가 초래한 결과들을 개략적으로 설명했다('식민주의'란 용어는 한참 뒤에 등장했다).

"유럽 사람들은 해안에 발을 들여 자신들의 탐욕을 충족시키고 부패를 확대했다. 권리 없이 영역을 침해했고 유인책 없이 학대를 일삼았다."

당대 지식인들 역시 식민지화에 대하여 새뮤얼 존슨과 유사한 태도를 보였다. 애덤 스미스는 더 온화하고 차분한 어조로 《국부론》에서 존슨과 같은 주장을 펼쳤다.

"어리석음과 부당함이 식민지 건설의 주된 원칙인 듯하다. 금광과 은광을 쫓는 어리석음과 초기 모험가들을 친절하고 따뜻하게 맞이한 악의 없는 원주민들의 땅에서 자원을 탐하는 부당함 말이다."

존슨은 원주민들에 대한 부당한 대우와 식민지를 획득하고 유지하기 위해 벌이는 전쟁의 잔혹함에 충격을 받았다. 1771년 그는 《포클랜드 제도에 관한 최근 거래에 대한 고찰(*Thoughts on the Late Transactions Respect-*

ing Falkland's Islands)》이란 팸플릿을 발표했다.

아르헨티나에서 300마일 떨어진 작은 군도를 두고 영국과 스페인 사이에 위기감이 고조됐다. 다행히 전쟁은 피했다. 그리고 존슨은 가치 있는 것은 아무것도 나오지 않는 척박한 영토를 지키기 위해 전쟁을 벌이는 것은 영국에 이로울 것이 전혀 없다고 설득력 있는 주장을 펼쳤다(그러나 역사가 반복되듯이, 1982년엔 이 군도를 둘러싸고 전쟁이 벌어졌다). 이어서 전쟁의 실상에 대해서 낱낱이 열거했다. 그가 전쟁의 실상을 어떻게 묘사했는지 전문을 읽어보자.

전쟁에 대해 대부분의 인류가 냉랭하고 무관심한 태도를 보인다니 실로 놀랍다. 멀리서 전쟁이 벌어졌다는 소식을 듣거나 책에서 전쟁에 대해 읽었지만 실제로 전쟁의 악폐를 경험하지 못하는 사람들은 전쟁을 재미있는 게임에 지나지 않는다고 생각한다. 선전포고, 군대, 전투 그리고 승리로 구성된 게임 말이다. 허나 실제로 누군가는 승리의 전장에서 죽어간다. 그들은 영예라는 침대에 누워 숨을 거둔다. 잉글랜드의 영광으로 가득한 정복의 기쁨에 취해 미소를 지으며 세상을 떠난다.

영웅소설은 현대 군인의 삶을 사실적으로 보여주지 않는다. 전쟁은 대포와 검보다 더 무시무시한 파괴의 수단들로 가득하다. 최근 벌어진 프랑스와 스페인과의 전쟁에서 전사한 수천, 수만 명의 군인들 중에서 적의 검과 대포에 의해 죽어간 이들은 얼마 되지 않는다. 대부분의 군인들이 축축하고 부패한 막사와 배에서 시들어갔다. 그들은 창백하고 무기력하고 활기 없고 무력했다. 그들은 헐떡였고 신음했다. 오래 지속된 희망 없는 비참함으로 인해 완고해진 이들은 동정을 받지 못했다. 예고도, 추모도 없이 그들은 구덩이에 파묻히거나 바다로 던져졌다. 용기는 쓸모 없고 진취성은 실현 불가능한 불편한 야영지와 건강에 나쁜 주둔지에서 병력이 조용히 줄어들고 군대는 무기력하게 사라졌다.

이는 절대 과장이 아니었다. 당시는 전염병을 예방하거나 치료할 효과적인 약이 없었다. 그래서 전염병에 걸려 사망하는 군인의 숫자는 어마어마했다. 7년 전쟁에서 한 명의 군인이 전투를 벌이다가 사망했다면 무려 88명의 군인들이 전염병으로 목숨을 잃었다. 개인적으로 전쟁을 직접 경험해보지도 못한 존슨이 이토록 분노했다는 사실이 대단히 인상적이다. 전쟁의 악폐를 떠오르게 하는 그의 열렬한 도덕의식 때문에 그는 전쟁에 대하여 그토록 분노했다.

계몽주의 사상가인 애덤 스미스는 전쟁의 참상에 대해선 존슨보다 덜 계몽된 인물이었다. 《도덕감정론》에서 그는 "전쟁에서 사람들은 죽음과 친숙해진다. 그래서 나약하고 미숙한 사람들은 죽음을 직접 목격하며 죽음에 대한 미신적인 공포를 치료한다. 그리고 그들은 죽음을 그저 생명의 손실로 여긴다"라고 단조롭게 말했다. '그저' 생명의 손실이라고 표현하다니, 놀라울 따름이다.

◆ 아일랜드

영국은 식민지를 부당하게 대우했다. 그 사례는 멀지 않은 아일랜드에서 찾아볼 수 있었다. 엄밀히 말하면, 아일랜드는 대영제국의 일부였고 식민지가 아니었다. 하지만 아일랜드의 지위는 스코틀랜드와 매우 달랐다. 1603년 후손이 없는 엘리자베스 1세의 뒤를 이어 스코틀랜드의 제임스 6세가 잉글랜드와 스코틀랜드의 왕으로 즉위했다. 그가 바로 제임스 1세다. 앤 여왕이 영국을 다스리던 1707년 잉글랜드와 스코틀랜드가 통합됐다. 두 국가가 통합되면서, 스코틀랜드 의회가 폐지됐고 영국 의회에 스코틀랜드 사람들을 대변할 의원이 선출됐다. 앤 여왕은 스튜어트 왕가의 마지막 통치자였다.

잉글랜드와 스코틀랜드 사람들이 단일국가란 개념을 완전히 받아들이는 데 수 세대가 걸렸다. 하지만 18세기 내내 '영국다움'에 대한 의식이 서서히 짙어졌다. 스코틀랜드 출신인 조지 1세는 영어를 사용하지 않았지만, 그의 손자인 조지 3세는 "이 나라에서 태어나 교육받은 나는 영국인으로 기쁘다"고 선언했고 신하들은 크게 기뻐했다.

이런 면에서 아일랜드는 전혀 영국적이지 않았다. 내전이 들끓었던 1640년대 아일랜드계 가톨릭신자들은 영국의 왕정주의자들과 손을 잡았다. 청교도 혁명에서 왕당파가 패배하고 찰스 1세는 단두대에 섰다. 그 뒤에 올리버 크롬웰(Oliver Cromwell)은 아일랜드 정벌에서 그야말로 잔인하기 짝이 없는 초토화 작전을 벌였다. 뒤이어 대기근이 아일랜드를 휩쓸었다. 잉글랜드의 식민지 정책이 수립됐고, 크롬웰이 처형한 찰스 1세의 아들인 찰스 2세가 1660년 왕정복고에 따라 왕위에 복위한 뒤에도 식민지 정책이 유지됐다.

17세기 말, 식민 당국은 가톨릭 지주들에게서 모조리 토지를 몰수해서 대부분을 영국의 프로테스탄트신자들에게 배분했다. 토지를 받은 프로테스탄트 대부분이 영국 성공회신자였다. 얼스터의 이주민들은 스코틀랜드에서 온 장로교도들이었고, 그들은 다음 세기 끊임없는 분쟁의 씨앗이었다. 정치적, 종교적 분쟁이 끊이지 않자, 20세기에 프로테스탄트 북아일랜드가 아일랜드 공화국에서 분리됐다.

아일랜드 국민의 대부분은 가톨릭신자들이었다. 하지만 버크와 골드스미스가 자란 세계에선, 아일랜드 인구의 15%에 지나지 않는 소수 프로테스탄트 지배층이 사실상 아일랜드를 통치했다. 아일랜드의 가톨릭신자들은 많은 기본적 시민권을 행사할 수 없었다. 영국 국왕이 아일랜드의 주지사를 임명했다. 이것은 잉글랜드에서 자메이카와 매사추세츠에 총독을 보내는 것과 같은 것이었다.

스코틀랜드 사람들과 달리, 아일랜드 사람들은 의원을 선출할 수 없었다. 영국 정부는 아일랜드 의회의 결정을 자주 기각했다. 미국 식민지들이 "대표자 없이 세금은 없다"고 외치기 시작하자, 아일랜드 사람들도 이 슬로건을 외쳤다.

결정적으로 스코틀랜드와 달리 아일랜드는 잉글랜드와 경제적으로 경쟁할 수 없었다. 모직물 무역은 영국 경제의 대들보였다(오늘날에도 상징적으로 상원 의장은 양모로 채운 의장석에 앉는다). 다량의 양모가 아일랜드에서 생산됐지만, 아일랜드 사람들은 모직물을 해외로 수출할 수 없었다. 법으로 금지되었기 때문이었다. 그래서 아일랜드 사람들은 어쩔 수 없이 실제 이익이 되는 원자재인 양모를 영국 사람들에게만 공급해야 했다.

더블린에는 숙련된 방직공들이 있었다. 1720년대 조너선 스위프트(Jonathan Swift)는 《드레이피어의 편지(Drapier's Letters)》에서 수심 가득한 포목상 드레이피어가 되어 아일랜드의 모직물 수출 금지법을 비난했다. 세인트 패트릭 대성당의 주임 사제였지만, 그는 아일랜드의 애국자였고 소수 프로테스탄트 지배층뿐만 아니라 모든 아일랜드 사람들을 대변했던 최초의 인물들 중 한 명으로 알려져 있다.

〈여호수아서(Book of Joshua)〉를 인용하여 스위프트는 아일랜드의 비참한 상태의 원인에 대하여 세인트 패트릭 대성당에서 분노에 차서 설교했다.

"우리 고통의 첫 번째 원인은 무역의 모든 부문에서 우리가 경험하고 있는 견딜 수 없는 고난이다. 이로 인해 우리는 엄격한 이웃들에게 장작을 패고 물을 길어주는 것처럼 천한 일을 하는 하급 노동자가 됐다."

새뮤얼 존슨의 친한 친구들 중에는 아일랜드 출신이 많았다. 더 클럽의 창립회원 9명 중에서 3명이 아일랜드 출신이었다. 에드먼드 버크,

그의 장인 크리스토퍼 뉴전트와 올리버 골드스미스가 그들이었다. 그리고 토마스 셰리든, 아서 머피 등도 아일랜드 출신이었다. 존슨은 아일랜드 사람들의 역경에 대해 연민을 가졌다. 하지만 그들이 참정권을 누릴 자격이 있다는 사실을 결코 인정하지 않았다. 일찍이 12세기에 노르만족이 아일랜드를 통치했고, 16세기에 튜더 왕조가 아일랜드에서 영국의 통치를 강화했다. 존슨은 속으로 17세기에 일어난 아일랜드 반란은 영국의 탄압에 대한 저항이 아니라 단순한 폭동이라 생각했다.

새뮤얼 존슨과 토마스 캠벨(Thomas Campbell)이 담소를 나누고 있는데, 아일랜드의 권리가 주제로 떠올랐다. 캠벨은 아일랜드 출신의 성직자였다. 으레 과장하는 말투로 존슨은 캠벨에게 장광설을 해댔다.

"이보게, 패전국의 국민으로서 그대는 영국에 충성할 의무가 있어. 내가 장관이었다면 그대를 영국에 복종하도록 만들고 올리버 크롬웰이 했던 것처럼 했을 거야. 그대의 도시를 불태우고 그 화염 속에서 그대가 불타도록 내버려뒀을 걸세."

이 통렬한 비난은 잠시 동안 이어졌고, 캠벨은 눈치 있게 침묵했다.

"이 거침없는 비난에 반박하는 것은 그의 화를 돋울 뿐이었다. 그래서 나는 그가 부들부들 떨며 진정할 때까지 기다렸다."

◆미국

원칙적으로 미국 식민지들도 아일랜드와 아주 유사한 방식으로 통치됐다. 총독은 런던에서 왔고, 영국 군대가 본국의 명령을 집행하기 위해 식민지에 주둔했다. 하지만 실제로 미국 식민지들은 일종의 자주권을 누리고 있었다. 영국과 미국 식민지들이 너무 멀리 떨어져 있었기 때문이었다. 대서양을 건너는 데 보통 6주가 걸렸고, 훈풍이 불지 않으면 그보다 더 오래 걸렸다. 물리적 거리 때문에 영국 정부가 미국 식민지들을 일일이 관리하고 통제하는 것은 거의 불가능했다. 식민지 주민들은 자신들에게 본의 아니게 허용된 자주권에 익숙해졌다. 에드먼드 버크는 이를 두고 다음과 같이 말했다.

"우리가 미국에 대해 말하는 모든 문장의 처음과 끝 사이에는 3,000마일의 대양이라는 삽입 어구가 존재한다."

1770년대 식민지들과 영국 정부 사이에 긴장감이 고조됐다. 이 긴장감은 결국 세금 문제로 폭발했다. 영국 정부는 식민지들을 프랑스와 그들의 인디언 동맹자들로부터 보호하는 데 막대한 재정이 소요되니 마땅히 식민지들이 그 재정을 마련하는 데 도와야 한다는 것이었다. 하지만 식민지들은 "대표자 없이 세금은 없다"고 외쳤다. 버크는 식민지 주민들의 주장에 공감했지만, 존슨은 아니었다.

세금 문제를 넘어 존슨은 대체로 미국 식민지의 주민들을 경멸했고 자주 발끈해서 그들을 비난했다. 미국 정착민들이 인디언들로부터 토지를 빼앗았다는 것이 존슨이 그들을 경멸한 이유 중 하나였다. 1773년 그는 런던의 친밀해진 코네티컷 대변인에게 편지를 썼다.

"저는 무언가를 발견하려는 시도나 노력이 잘되기를 빌어주지 못하겠습니다. 그것들이 정복과 강도짓으로 끝을 맺게 될까봐 저는 항상 두렵습니다."

존슨은 우연히 또 다른 식민지 대변자를 만났다. 그가 바로 벤자민 프랭클린이었다. 프랭클린은 펜실베이니아를 대표하며 런던에 머물렀다. 하지만 두 사람이 실제로 대화를 나눴다는 기록은 없다. 프랭클린은 실제로 보즈웰의 일기에 두어 번 등장한다. 하지만 그가 알아둘 가치가 있는 인물임을 암시하는 내용은 적혀 있지 않았다. 보즈웰은 단지 자신의 직유법을 과시하기 위해서 지나가는 말로 프랭클린의 유머

감각을 언급했다. 보즈웰은 항상 허영심에 차 있었다. 보즈웰은 스코틀랜드 출신의 의사이자 아버지의 오랜 친구인 존 프링글(John Pringle) 경의 런던 저택을 방문했다. 거기서 프랭클린은 존 프링글 경과 체스를 두고 있었다.

"존 경은 훌륭한 사람이지만 기이하고 심술궂다. 프랭클린은 유쾌하고 상냥하다. 나는 속으로 '산성과 알칼리성 같은 극명한 대조구나'라고 생각했다."

존슨은 정착민들은 영국사회의 쓰레기라고 생각했다.

"그들은 죄를 짓고 유죄 선고를 받은 자들이다. 교수형 외에 우리가 그들에게 허락하는 모든 것에 그들은 감사해야 한다."

번창하는 상인들과 농장주들은 부를 쫓아서 문명의 혜택을 포기했다. 이를 두고 존슨은 "지적 즐거움을 느끼는 사람은 야만인들의 땅으로 가서 자기 자신과 후손이 오랫동안 야만성에 노출되도록 하지 않을 것이다"라고 말했다. 《영국 시인전》에서 존슨이 무심코 한 말에서 그의 편견이 드러난다.

"장남은 상속권을 박탈당했고 뉴저지로 쫓겨났다."

미국 식민지들의 참정권에 대한 존슨의 입장은 아일랜드의 참정권에 대한 입장과 같았다. 존슨은 요크타운 전투가 발발한 1781년에 아일랜드 사람들이 화염 속에서 불타 죽어야 한다고 주장했다. 땅을 도둑맞은 미국 원주민들에게 연민을 느꼈지만, 존슨은 그들에게 빼앗은 땅을 돌려줘야 한다고 생각하지 않았다. 다른 사람들도 마찬가지였다. 도덕적으로 이것은 식민주의에 대한 존슨의 견해와 모순된다. 존슨은 결국 실리를 추구하는 실용주의자였던 것이다.

노력해서 얻어낸 식민지들이었지만, 미국 식민지들은 영국 영토나 다름없었다. 식민지 주민들 대다수도 그렇게 생각했다. 미국 건국자들은 모두 자신들이 영국인이라고 생각하며 자랐다. 존슨은 미국 식민지들은 청원서를 제출할 권리는 있지만 저항할 권리는 없다고 생각했다. 식민지에서 그 누구에게도 투표권이 주어지지 않는다면, 제도가 그런 식으로 돌아가는 것일 뿐이었다.

"자발적으로 미국 정착민은 투표권이 있고 빈곤은 없는 나라에서부터 부를 축적할 순 있지만 투표권은 없는 곳으로 떠났다."

이것은 존슨이 《조세 찬성, 탄압 반대(Taxation No Tyranny)》라는 팸플릿에서 한 말이었다. 대부분의 사람들은 그가 정부 연금에 대한 보답으로 이런 글을 썼을 것으로 추측했다. 실제로 그는 팸플릿을 출판하기 전에 고위관료의 조언을 받았다. 보즈웰이 말했다.

"이 팸플릿은 당시 권력자들의 뜻에 따라 작성됐다고 확신한다. 그는 나에게 그들 중 누군가가 이 팸플릿을 수정하고 검열했다고 고백했다."

확실히 초본은 영국 정부의 입장에서 적절한 글이라기에는 도가 지나쳤다. 어쨌든 이 팸플릿이 옥스퍼드 대학교에서 명예박사학위를 받는 데 분명 역할을 했다. 옥스퍼드 대학교는 정치적으로 보수적인 성향을 지닌 조직이었다.

이 팸플릿은 많은 사람들에게 깊은 인상을 남기지 못했다. 보즈웰은 이 글을 "장대한 궤변"이라 불렀다. 옳은 평가였다. 저널리스트들은 이 글에 끊임없는 욕설을 퍼부었다. 그들은 새뮤얼 존슨을 '연금을 받는 성질 더러운 노인네'라고 불렀다. 이것이 그나마 친절한 표현이었다. 작가들은 그를 '반역자들의 도구', '돈만 밝히는 파충류', '글을 파는 창녀'라 비난했다.

놀랍겠지만, 보즈웰은 미국 사람들의 편을 들었다. 변호사로서 그는 권리 헌장에서 식민지 의회도 과세권을 부여받았다고 믿었고 이것은 반드시 지켜져야 할 약속이라 생각했다. 그리고 그는 식민지 주민들이 코르시카 사람들이 얻기 위해 싸웠던 바로 그 자유를 위해 싸우고 있다고 생각했다. 요크타운 전투에서 콘월리스(Cornwallis)가 이끄는 영국군의 패전 소식이 전해지자, 그는 파스콸레 파올리에게 편지를 보내 자신의 기쁜 마음을 전했다.

버크는 미국의 대의명분을 확고히 지지했다. 그래서 그와 존슨은 암묵적으로 미국 식민지들에 관해 이야기하지 않기로 합의했다. 물론 조심성 없는 보즈웰은 그러지 않았다. 어느 날 존슨이 미국 식민지 주민들에 대해서 끔찍한 말을 쏟아냈다. 이를 듣고 있던 보즈웰이 그들을 두둔하는 이야기를 했다(무슨 이야기였는지는 알 수 없다).

"먹구름에 유황 수증기가 가득 찼고 천둥소리를 내며 터졌다."

그런데 대화가 돈을 흥청망청 쓰는 베넷 랭턴(Bennet Langton)의 생활방식과 런던 대신 링컨셔에서 보다 검소하게 사는 것이 타당하다는 이야기로 흘러갔다.

"나는 '그의 친구들 모두가 그와 싸워서 링컨셔로 가게 만들어야 한다'고 말했다. '아니지. 자네를 그에게 보낼 거네. 자네가 곁에 있어도 집을 박차고 나가지 않는다면, 그를 링컨셔로 보낼 방도는 아무것도 없다네'라고 존슨 박사가 짜증스럽게 말했다. 이 말을 듣고 무언가에 한 대 얻어맞은 듯 충격을 받았고 망연자실했다."

하지만 두 사람은 곧 화해했다. 보즈웰이 당시 술에 취해 있었을 가능성이 있다. 이어 그는 와인을 끊을 수 있다면 더 행복할 것 같다고 말했다.

"존슨 박사는 '그렇지. 자넨 와인을 마셔선 안 돼. 절대 마시지 말게나'라고 말했다. 그는 가장 친밀하고 기분 좋게 이 말을 했다."

그런 뒤 보즈웰은 조심스럽게 존슨에게 왜 그날 모욕적인 말을 하기 전에 갑자기 베닛 랭턴의 경제상황에 대해 이야기했는지 물었다.

"존슨 박사는 '왜냐하면 준비된 게 아무것도 없었기 때문이지. 무기가 없는데 공격할 수 없지 않은가'라고 말했다."

보즈웰은 와인에 대한 이야기만 빼고 이날의 대화를 《존슨전》에 공개했다. 대신 지문을 삽입했다.

"새뮤얼 존슨: (미소 지으며) 왜냐하면 준비된 게 아무것도 없었기 때문이지."

보즈웰은 "이것은 솔직하고 기분 좋은 고백이었다"라고 덧붙였다.

버크는 미국에 대한 연설로 웅변가로서 명성을 얻기 시작했다. 1773년 노스 행정부는 차 조례를 통과시켰다. 차 조례로 파산 국면에 빠진 동인도회사는 독점적으로 면세 차를 미국에 수출할 수 있었다. 이것은 인도에서 들여온 차가 미국에서 사실상 더 싸게 판매된다는 것을 의미했다. 당시 타운센드법에 따라 1파운드당 3펜스의 세금이 차와 다른 5개 물품에 부과됐다. 5개 품목에 대한 세금은 이미 할인됐고, 조세 수입을 위해서가 아니라 원칙을 고수하기 위해서 차에 부과되는 세금만 남아 있었다. 보즈웰은 그 원칙은 효력이 없다고 생각했으며, 미국에선 차 조례에 반대하는 시위가 이어졌고 보스턴 차 사건이 발발했다. 보스턴 차 사건은 영국과 미국 식민지들의 정면충돌이 머지않았다는 불길한 징후였다.

1770년부터 1775년까지 버크는 식민지 뉴욕의 런던 대변인이었다. 이 지위가 차 조례와 관련된 일련의 사건들에 대한 그의 견해에 깊은 영향을 줬다. 식민지 뉴욕의 런던 대변인이 되면서 연간 500파운드의 추가 소득이 생겼다. 그리고 무엇보다 식민지 문제에 대해서 깊이 이해할 수 있었다.

차 조례에 대해 버크는 즉시 〈미국 조세에 대한 연설(Speech on American

Taxation)〉로 대응했다. 이어 1775년에 〈식민지와의 우호관계에 대한 연설(Speech on Conciliation with the Colonies)〉이 나왔다. 이것은 명연설이었다. 두 연설 모두 그의 꼼꼼함이 빛났다. 그는 세세한 사항까지 놓치지 않았고 설득력 있는 주장도 펼쳤다. 조세에 대한 연설에서 그는 본국과 1세기 반 동안 관계를 형성해온 거의 200만 명의 식민지 주민들에게 분노할 새로운 이유를 주는 어리석음을 강조했다.

"미국을 무역법으로 구속하는 것에 만족하십시오. 항상 그래 왔지 않습니까. 이것을 그들의 무역을 구속하는 이유로 삼으세요. 그들에게 세금이란 부담을 지우지 마십시오. 여러분들은 처음에 그렇게 하지 않았습니다. 이것을 세금을 부과하지 않는 이유로 삼으세요. 이것은 국가와 왕국의 논거일 뿐입니다. 나머지는 학교에 맡기세요. 오직 학교에서만 안전하게 조세에 대한 논의가 가능할 것입니다."

이렇게 말한 뒤 버크는 연극배우처럼 연기를 선보였다. 감정을 최고조로 끌어올리며 곧 실신할 듯 연기했다.

"이것이 미국의 상태입니다. 피투성이로 여러분의 눈앞에 섰습니다. 여러분이 시작한 곳에서 끝을 맺을 수 있습니다. 그러니까 수익이 없는 곳에 세금을 부과하는 것은 (중략) 목소리가 나오지 않네요. 더 이상 연설을 이어갈 수가 없어요. 혼란스럽네요."

잠시 침묵한 뒤 그는 정신을 가다듬고, 아니면 정신을 가다듬는 척하고, 다시 의장에게 말했다.

"존경하는 의장님, 이제 정신이 좀 듭니다. 자리에 앉기 전에 다른 포인트에 대해 반드시 해야 할 말이 있습니다. (중략)"

버크는 연설에서 비유를 많이 사용했다. 〈미국 조세에 대한 연설〉에서 기막힌 비유가 등장한다. 그는 '캐비닛'을 하나의 가구인 양 글자 그대로 해석해서 윌리엄 피트(William Pitt)를 비난했다(캐비닛(cabinet)은 '정부의 내각'과 '물건을 수납하는 가구'를 뜻한다).

버크의 〈식민지와의 우호관계에 대한 연설〉이 세상에 공개되고 60년이 흐른 뒤에 알렉시 드 토크빌(Alexis de Tocqueville)이 《미국의 민주주의(Democracy in America)》에서 그와 아주 유사한 주장을 한다. 토크빌은 《미국의 민주주의》에서 '마음의 습관'의 중요성을 강조한다. 독일 출생으로 보스턴에서 저널리스트로 활동한 프랜시스 리버(Francis Lieber)가 토크빌에게 《미국의 민주주의》의 근간이 되는 아이디어를 제공했다. 어느 날 프랜시스 리버가 토크빌에게 말했다.

"매일 헌법과 정치 제도는 그 자체로 의미가 없다는 생각이 듭니다. 그것들은 상부구조입니다. 국민의 풍습과 사회 환경이 헌법과 정치 제도에 생명을 불어넣죠."

이 표현은 완전히 버크의 사상을 요약한 것이다.

버크의 동생 리처드 버크의 말을 빌리면, 〈식민지와의 우호관계에 대한 연설〉은 걸작이었다.

"그는 3시 30분에 연설을 시작해서 6시가 될 때까지 연설을 이어갔다. 그가 자리에 앉을 때 청중으로부터 우레와 같은 박수갈채가 쏟아졌다. 그 자리에 있었던 모든 사람들이 함께 박수를 쳤다. 그 이후 그런 박수 소리를 들어본 적이 없다. 버크도 그날에 버금가는 명연설을 하지 못했다."

요즘은 으레 미국 독립 혁명을 프랑스 혁명과 같은 의미의 혁명으로 간주하지 않는다. 이는 사실이다. 신생국가에서의 삶은 혁명 전과 후가 크게 다를 바 없었다. 혁명 전에 권력을 쥔 자들이 혁명 이후에도 단단하게 권력을 움켜쥐고 있었다. 영국에서 독립한 미국에는 공식 헌법이 있었다. 버크는 미국 독립 혁명을 두고 이렇게 썼다.

"위대한 혁명이 일어났다. 기존 국가에서 이전 권력자들의 목을 자르고 새로운 자들이 권력을 잡는 형태의 혁명이 아니다. 이 지구상에 새로운 국가가 탄생했다. 이것은 힘의 관계, 균형 그리고 중심의 변화였다. 태양계에 새로운 행성이 등장한 일과 맞먹는 것이었다."

외부인의 눈으로 영국의 정책을 분석하고 비난하는 것이 버크의 운명이었다. 이것은 그에게 소중한 관점을 제공했다. 하지만 영향력을 행사하길 열렬히 바라는 자들에게 그것은 아주 짜증스러운 것이기도 했다. 1778년 더 클럽에서 장시간의 토론이 이어졌다. 셰리든은 버크의 연설이 실제 법안으로 이어진 적이 단 한 번도 없다고 말했다. 이에 버크는 자신의 연설이 서서히 변화를 만들고 있을 것이라 대답했다. 하지만 그 역시 유감스러운 듯이 "저는 잉글랜드에서 소수집단을 대변해야 한다고 생각합니다. 그리고 실제로 저는 항상 소수집단에 속해 있었습니다."

버크가 옳았다. 그의 사상은 서서히 지지를 얻었다. 그리고 심지어 정적들조차도 그의 뛰어난 정치력을 인정했다. 1782년 전쟁이 끝난 뒤에 존 버고인(John Burgoyne) 장군은 놀랍게도 버크에게 찬사를 보냈다. 1777년 새러토가에서 버고인 장군이 항복한 일은 미국 독립 전쟁의 전환점이었다. 게다가 그는 의회 의원이었다. 버고인 장군은 "버크는 불우한 자들을 걱정하고, 무고한 자들을 억압하고 죽이는 자들에겐 무관심하다. 그리고 이것이 그의 신념의 근원이기에 그를 더욱 존경한다"고 말했다. 데이비드 브로미치(David Bromwich)는 "제국 전쟁에서 패배한 장군은 보통 이런 말을 하지 않는다"고 전했다.

버크에 관한 수필에서 우드로 윌슨(Woodrow Wilson)은 개인적인 경험을 바탕으로 이런 발언을 했다.

"자신의 사상을 뒷받침할 재료를 얻으면, 그는 그것을 그대로 가져다 쓰지 않았다. 재료를 제련하고 다시 주조했다. 연설에 쓸 재료를 책에서 얻었기 때문이 아니라 자신의 연설을 문학으로 변화시켰기 때문에 그는 문인이었다. 에드먼드 버크는 화려한 문장의 대가다. 그의 모든 문장이 놀라운 상상력으로 다채로운 빛깔을 낸다. 이 때문에 그의 연설문을 읽은 독자는 숨이 턱 막히고 심장박동이 빨라진다."

CHAPTER 17

애덤 스미스

18세기 유럽에서 재정 문제가 심각하게 대두되고 있었다. 특히 영국이 심했다. 영국이 전 세계적으로 식민지를 개척하여 세계제국을 설립하려는 주된 목적은 부의 축적이었다. 하지만 이것은 본국 정부에겐 재정적 부담을 가중시켰다. 식민지를 보호하기 위해서 막대한 비용을 쏟아 부어서 전쟁을 치러야 했기 때문이다. 그리하여 유럽 전역에서 재정 확보를 위해 식민지에 세금을 부과하는 정책에 대한 토론이 활발하게 진행됐다. 영국의 국가채무는 눈덩이처럼 불어나고 있었다. 주식을 판매하여 자본 투자를 했고 1770년대 런던증권거래소가 설립됐다. 이로써 커피하우스의 음성적인 주식 거래에 체계가 잡히기 시작했다. 한편 새로운 산업이 속속 등장하면서 경제 구조가 빠르게 변하고 있었다.

이로 인해 논리적이고 일관성 있는 경제학의 필요성이 대두됐다. 당시 '정치경제학'이라 불리던 학문의 범위가 확장되기 시작했다. 새뮤얼 존슨은 '경제(economy)'를 5가지로 정의했다. 그의 5가지 정의 모두 오늘날의 정의와는 다르다. 존슨은 경제를 '가족의 관리, 가정의 통치' 그리고 '절약, 비용의 재량, 돈에 대한 인색함'이라고 정의했다.

정치경제학은 유추를 통해 이해됐다. 간단하게 정치경제학은 누군가 가계를 관리하듯이 국가의 재정을 관리하는 것을 가리켰다. 그래서 정치경제학은 통치자나 행정부가 채택한 구체적인 재정 정책을 의미했다. 하지만 애덤 스미스와 특히 프랑스 사상가들은 경제에 대하여 이론을 세우기 시작했다. 경제는 각각의 논리로 움직이는 인간 외적인 힘들이 거미줄처럼 복잡하게 얽힌 그물망이고, 이런 힘들은 행정행위에 절대 부분적으로 반응하지 않는다.

애덤 스미스는 52살이었던 1775년에 더 클럽에 선출됐다. 당시 그 누구도 그를 경제학자라고 생각하지 않았다. 그는 1759년 사회적 상호작용을 통해 도덕적 가치를 획득할 수 있음을 보여주기 위해서 《도덕감정론》을 발표했다. 그는 자신의 이론의 힘을 알고 있었다. 당시 《도덕감정론》은 널리 읽혔지만, 너무 딱딱하고 추상적인 글이었다. 그래서 애덤 스미스가 다른 무언가를 하지 않았다면, 오늘날 그의 이름을 알고 있는 사람은 아마도 거의 없었을 것이다.

《도덕감정론》에 이어 애덤 스미스는 1776년 걸작을 세상에 내놓았다. 이 책에 삽입된 그의 초상화는 그가 《국부론》의 작가임을 보여준다(그림 83). 한때 그의 제자였던 제임스 보즈웰은 1775년 애덤 스미스를 보기 위해 그의 집에 잠깐 들렀던 일을 간단하게 기록으로 남겼다.

"그는 상업에 대한 책을 거의 마무리 중이라고 말했다."

아마도 보즈웰은 그것이 일상적이고 재미없는 주제라 생각했을 것이다.

애덤 스미스는 유복자였다. 1723년 그의 출생을 6개월 앞두고 그의 아버지는 사망했다. 그의 아버지는 에든버러 북쪽 포스 만에 있는 항구도시 커콜디의 말단 세관공무원이었다. 그의 어머니는 평생 과부로 지냈다. 최근에 쓰인 그의 전기에 따르면 그는 "소중한 유일한 여인,

83. 애덤 스미스

The Author of the Wealth of Nations

즉 자신의 어머니와 함께 기꺼이 평생을 보냈다."

애덤 스미스는 학구적인 청년이었고 장학생으로 6년 동안 옥스퍼드 대학교에서 공부했다. 그가 받은 장학금은 본래 미래의 장로교 목사들을 교육하기 위해서 조성된 것이었다. 하지만 애덤 스미스가 이 장학금을 받을 때는 장로교 목사가 되는 것이 의무사항은 아니었다.

에든버러에서 애덤 스미스는 대학교에서 자리를 얻지 못해 공개강의를 했다. 그 뒤 1751년 그는 글래스고 대학교의 논리학과 형이상학 교수가 됐다. 그로부터 1년 뒤에 그는 윤리학 교수로 선출됐다. 그는 인간의 행동에 지대한 관심을 가지고 있었다. 보즈웰이 들었던 그의 강의는 수사학이었다. 애덤 스미스는 수사학 강의에서 단지 문학 양식뿐만 아니라 키케로의 전통에 따른 설득적인 대중 언어도 가르쳤다. 그는 사회적 도구로서 언어의 기능에 집중했다. 애덤 스미스는 옛 수사학자들이 즐겨 사용했던 정교하고 자세한 언어 대신 직설적이고 분명한 언어를 사용하라고 가르쳤다.

그가 딴 데 정신이 팔려 있어서 주변 상황에 주의를 전혀 기울이지 않는 일이 종종 있었다. 한번은 그는 아침 식사에서 공처럼 돌돌 만 빵과 버터를 찻주전자에 넣고 물을 부어 끓였다. 그렇게 끓인 물을 한 모금 마신 뒤에 그는 평생 마셔본 차 중에서 가장 맛없는 차라며 불평했다.

애덤 스미스는 스스로를 전문 학자라고 생각해본 적이 단 한 번도 없었다. 그는 금방 교수직을 관뒀다. 부유한 후원자 한 명을 가르치면 개인적으로 학생들을 여럿 가르치며 받는 수업료보다 더 많은 돈을 벌 수 있었다. 스코틀랜드에선 학생들을 개인지도해서 버는 돈이 교수들의 거의 유일한 수입이었다. 그래서 애덤 스미스는 버클루(Buccleuch) 경에게 개인 교습을 했다. 당시 십대였던 버클루 경은 훗날 미국 식민지를 분노로 들끓게 한 타운센드법을 후원하는 찰스 타운센드(Charles Townshend)의 의붓아들이었다. 애덤 스미스와 버클루 경의 관계는 단순한 개인교사와 학생의 관계가 아니었다. 두 사람은 서로 마음이 잘 통했고 오랫동안 좋은 관계를 유지했다.

1762년 애덤 스미스는 글래스고 대학교에서 법학박사학위를 받았다. 존슨과 마찬가지로, 사람들이 자신을 '스미스 박사'라고 부르든 부르지 않든 그는 신경 쓰지 않았다. 존슨의 친구인 윌리엄 스트라한(William Strahan)은 그의 출판업자였다. 그는 스트라한에게 "그냥 애덤 스미스라 부르세요. 이름 앞이나 뒤에 다른 말을 붙이지 않으셔도 됩니다"라고 말했다. 주로 골드스미스와 버니처럼 명망을 얻기 위해서 어떤 칭호가 필요한 이들이 자신들의 이름에 박사란 칭호를 사용했다.

애덤 스미스의 가장 친한 친구는 데이비드 흄(David Hume)이었다. 데이비드 흄에 대한 다음의 평가는 애덤 스미스에게도 타당하다.

"그는 스스로를 도덕 철학자라 생각했다. 미학, 윤리학, 정치학, 경제학, 문학, 법, 종교 그리고 역사 등 인간의 행동과 관련된 모든 분야를 연구하는 학생이라 생각했다."

하지만 말년에 흄은 자신을 철학자 대신 '문인'이라 불렀다.

더 클럽의 회원으로서 애덤 스미스는 이상하게 주목받지 못했다. 그는 보즈웰의 《존슨전》에도 거의 등장하지 않는다. 그가 더 클럽의 회원으로 선출됐을 때, 보즈웰은 윌리엄 템플에게 "더 클럽은 고급 클럽으로서 가치를 상실했어"라고 말했다. 하지만 보즈웰은 구제 불능일 정도로 사교적인 인물이었고, 애덤 스미스는 전형적으로 내성적인 사람이었을 뿐이었다. 애덤 스미스는 잘 알고 신뢰하는 이들만 편안하게 느꼈다. 그들과 함께 있으면 애덤 스미스는 완전히 딴 사람이 됐다. 철학자 더걸드 스튜어트(Dugald Stewart)는 애덤 스미스가 말을 화려하게 잘하는 사람이라고 했다. 가끔 런던에 들러 더 클럽에 참석하면 애덤 스미스는 스스로를 과시하기 위해서 경쟁적으로 자기 말만 하는 사람들에게 둘러싸였다. 그래서 그는 자연스럽게 침묵했다.

그는 새뮤얼 존슨과 잘 어울리지 못했다. 존슨은 애덤 스미스를 "자신이 봤던 최고로 멍청하고 따분한 개새끼"라고 불렀다. 그리고 보즈웰에게 "애덤 스미스는 와인을 몇 잔 마시면 정말 무례하고 불쾌한 인간이 된다네. 입에 거품을 물고 말한다니까"라고 불평했다. 이에 보즈웰은 통찰력이 돋보이는 발언을 했다.

"스미스는 노력가였고 그의 마음은 온갖 종류의 주제로 가득했다. 하지만 그에게서 존슨의 힘, 날카로움 그리고 생기는 발견되지 않는다."

애덤 스미스도 다른 사람들에게 말할 자신만의 독창적인 생각들을 가지고 있었다. 단지 그는 그런 생각들을 문서로 설득력 있게 전달하고 싶었을 뿐이었다. 여러 사람들과 어울리는 사교모임에서 말로 전달하면 오해가 생기기 쉽고 다른 사람들의 생각들과 섞일 수 있기 때문이었다. 보즈웰은 "스미스는 책으로 내도 될 정도로 생각이 많은 사람이었다. 그는 그런 자신의 생각을 입 밖으로 내는 것을 꺼려했다. 그는 조슈아 레이놀즈에게 사람들 앞에서 자신의 생각을 말하지 않겠다는 규칙을 만들었다고 말했다"라고 덧붙였다.

《도덕감정론》에서 애덤 스미스는 신중한 사람의 특징을 설명했다. 이것은 사실상 그의 자화상이었다.

"그는 신중하고 조심스럽게 행동한다. 그래서 그는 말을 아끼고 사물이나 사람에 대한 자신의 의견을 성급하거나 불필요하게 제시하지 않는다. (중략) 우정을 쌓을 수 있지만, 그는 항상 사교적이진 않다. 그는 명랑하고 흥겨운 대화를 나누는 것으로 유명한 유쾌한 사교모임에 거의 참가하지 않는다."

딱 봐도 그가 존슨이나 보즈웰이 주로 어울리던 부류는 아니었음을 알 수 있다.

반대로 애덤 스미스는 새뮤얼 존슨의 기행에 어리둥절했다. 익명의 회고록 작가는 그가 존슨에 대해서 했던 말을 공개했다.

"그는 각양각색의 사람들이 모여 있는 자리에서 벌떡 일어서더니, 사전에 아무 말 없이 자기 의자 뒤로 가서 무릎을 꿇고 주기도문을 거듭 외우더군요. 그러더니 아무 일 없었다는 듯이 의자에 다시 앉았습니다. 그는 이 기이한 행동을 계속 했습니다. 아마도 그날 저녁에 5번이나 6번을 했을 겁니다."

아주 믿기 힘든 말일지도 모르겠다. 그 누구도 존슨의 기행을 이야기하지 않았기 때문이다. 아마도 애덤 스미스가 종교에 대한 존슨의 강렬한 신념을 의도적으로 과장해서 표현했던 것일 수 있다. 데이비드 흄처럼, 애덤 스미스는 회의적인 이신론자였다.

존슨은 찰스 버니에게 사람들 앞에서 기도하는 것을 용인하지만 그것을 권장하진 않는다고 말했다. 시인 크리스토퍼 스마트(Christopher Smart)는 존슨의 친구였다. 스마트는 종교적인 대화를 나눈 뒤에는 항상 장소에 상관없이 기도를 했다. 존슨은 그런 그를 측은하게 여겼다.

"광기는 세상의 일반적인 법칙으로부터 불필요하게 일탈함으로써 저절로 모습을 드러내지. 나의 가엾은 친구 스마트는 거리나 부적합한 장소에서 무릎을 꿇고 기도해서 자신의 불안한 마음을 달랜다네."

친구들은 스마트의 안위를 위해서 그를 정신병원에 보냈다. 존슨은 "그를 어딘가에 감금시켜야 한다고 생각하지 않는다네. 그의 허약함은 사회에 유해하지 않아. 그는 사람들에게 자신과 함께 기도하자고 강요할 뿐이었지. 나는 기꺼이 스마트와 기도했어."

감동적이게도 제정신일 때 스마트는 긴 자유시 〈어린양 안에서 기뻐하라(Jubilate Agno)〉를 썼다. 이 시에는 다음의 내용이 포함되어 있다.

"존슨, 존슨의 집을 일종의 가시 돋친 식물 옴팔로카르파로 축복할지니. 신은 새뮤얼 존슨에게 자비로우시네."

애덤 스미스와 존슨은 기질과 종교적 신념뿐만 아니라 지식을 추구하는 방식도 달랐다. 존슨은 사람들이 마땅히 해야 할 행동에 대하여 고민하는 도덕주의자였다. 반면 애덤 스미스는 사람들의 행동을 분석하는 사회과학자였다. 존슨은 기회만 생기면 이런저런 잡다한 글을 많이 발표하는 수필가였지만, 애덤 스미스는 이론가였고 수년 동안 공을 들여 공식적인 논문을 발표했다.

◆ **국부론**

《국부의 본질과 원인에 대한 탐구(An Inquiry into the Nature and Causes of

the Wealth of Nations)》는 《도덕감정론》의 속편이었다. 인간은 도덕적, 지적, 심미적 동기와 함께 경제적 동기를 지닌 존재라고 애덤 스미스는 생각했다. 《국부의 본질과 원인에 대한 탐구》는 흔히 줄여서 《국부론》이라고 부른다. 《국부론》을 발표하기 전에 그는 문학과 철학에 대한 책과 법과 정부에 대한 책도 발표했다.

애덤 스미스는 후에 《국부론》은 "대영제국의 전체 상업 체계에 대한 맹렬한 비판"이라고 밝혔다. 하지만 사람들은 《국부론》을 그가 말한 대로 평가하지 않았다. 오히려 《국부론》은 국부의 원천을 이해하는 데 주요한 돌파구를 마련한 책으로 평가됐다.

전통적으로 국민이 국부의 원천이라고 여겨졌다. 하지만 오직 생산적인 국민만이 국부의 원천으로 간주됐다. 열심히 일하지만 최저생활 수준을 벗어나지 못하는 사람들은 '빈자'라는 오명을 썼다. 빈자는 어떤 식으로든 국가에 기여하는 존재로 간주되지 않았다. 빈자는 종교적으로 자선의 대상일 수는 있었다. 하지만 경제적으로 그들은 한낱 기생충에 불과했다. 중농주의자로 알려진 프랑스 사상가들도 빈자를 이와 유사한 시각으로 바라봤다. 그들에 의하면 국부의 원천은 국민이 아니라 토지였다. 그러므로 정부는 농업을 적극 권장하고 육성해야 했다. 애덤 스미스는 얼마간 프랑스 파리에서 지내면서 중상주의자들을 만났다. 그 중에는 프랑수아 케네(François Quesnay)와 안 로베르 자크 튀르고(Anne-Robert-Jacques Turgot)가 있었다.

애덤 스미스는 이 두 견해를 모두 부정했다. 그는 획기적으로 상업과 나아가 생산성을 촉진하고 임금을 인상하는 방안에 대해 집중했다. 만약 각각의 노동자가 생산성 향상에 기여할 수 있다면, '빈자'는 최하층 계급에서 벗어날 수 있다는 것이 그의 생각이었다.

애덤 스미스는 《국부론》의 초반에 핀 공장의 예를 들었다. 추상적으로 생산성을 이론화하는 대신, 그는 실제로 돌아가는 공장들을 방문했다. 그가 방문한 공장들은 대체로 영세했지만, 공장 주인들은 새로운 개념으로 공장을 운영하고 있었다. 《국부론》의 제1장은 '분업'이다. 애덤 스미스는 핀 공장에서 핀 하나를 생산하는 과정이 18개의 단위 작업으로 이뤄져 있음을 발견했다. 핀 공장에서 본 내용을 바탕으로 애덤 스미스는 한 명의 노동자가 전체 작업을 수행하는 대신 한두 개의 작업을 수행하고, 다른 노동자가 이어서 나머지 작업을 수행하면 생산성이 엄청나게 높아진다는 이론을 제시했다.

한 사람은 철선을 늘이고 다음 사람은 바르게 펴고, 셋째 사람은 자르고, 넷째 사람은 뾰족하게 만들고, 다섯째 사람은 핀 머리를 붙이기 위하여 끝을 간다. 핀 머리를 만드는 데도 두셋의 공정이 필요하며, 그것을 붙이는 것이 특별한 작업이라면 핀을 휘게 만드는 것도 또 다른 작업이며, 핀을 종이에 포장하는 것까지도 하나의 작업인 것이다(그들은 판매를 위해 핀을 종이에 포장했다). 이리하여 핀 제조라는 중요한 일은 약 열여덟 종류의 작업으로 나뉘고, 어떤 공장에서는 이 작업들을 여러 직공들이 나눠서 하게 된다. 나는 이런 종류의 작은 공장을 본 적이 있는데, 거기에서는 겨우 열 명이 일하고 있었고, 그중 몇 사람은 두세 가지의 다른 작업을 겸하고 있었다. 그들은 하루에 약 12파운드의 핀을 제조할 수 있었다. 1파운드의 핀은 중침으로 4,000개 이상이 되므로, 10명의 직공은 하루 4만 8,000개 이상의 핀을 제조할 수 있었던 것이다.

애덤 스미스는 숙련공이라도 혼자서 하루에 20개 이상의 핀을 만들지 못한다는 사실을 알았다.

《국부론》은 19세기 공장 시스템을 예견했다. 이것은 독창적이었다. 그래서 애덤 스미스가 당시 자신의 책이 경제체제에 대한 공격이라고 주장한 이유다. 그가 살던 시대에는 섬유산업이 발달했고 대부분이 가내 수공업으로 이뤄지는 소위 '선대제도'로 운영됐다. 수공업자는 고용주가 제공한 재료를 가지고 집에서 작업을 했다. 하지만 강철과 기계류는 가내 수공업이 불가능했다.

존슨이 젊었을 때, 그가 아내를 만나 결혼한 버밍엄은 상대적으로 작은 마을이었다. 세기 말에 이르러 버밍엄은 거대한 산업도시로 성장했고 금속공업의 중심지가 됐다. 1760년대 매슈 볼턴(Matthew Boulton)과 제임스 와트(James Watt)는 버밍엄에 소호 공장을 세워서 광업용 증기 펌프를 생산했다. 10년 이내 두 사람은 8,000명의 노동자를 거느리게 됐다. 소호 공장에서 1마일 떨어진 곳에 소호 제작소가 있었다. 소호 제작소는 선박 제작이 용이하도록 운하 옆에 위치했다.

1776년 존슨은 보즈웰과 같이 방문한 버밍엄에서 미래를 살짝 엿봤다. 볼턴은 그들에게 소호 공장을 안내했다. 보즈웰은 그날의 일을 일기에 썼다.

"볼턴은 똑똑하고 좋은 사내 같았다. 그가 최근에 발명한 기계를 설명할 때 그의 말을 제대로 이해할 수 없었다. 그래서 기계학을 알아두지 않은 것이 너무나 한탄스러웠다. 볼턴은 최근 발명품을 나에게 보여주며 그 원리를 이해시키려고 부단히 애를 썼다. '저는 전 세계가 가지길 갈망하는 동력을 판답니다'라고 볼턴이 말했다."

보즈웰은 볼턴의 예언과 같은 설명을 아주 어렴풋하게나마 이해했다. 존슨은 소호 공장을 둘러본 일을 일기장에 아주 간략하게 기록했을 뿐이었다.

"그러곤 우리는 볼턴의 공장으로 갔다. 그는 아주 예의바르게 우리를 자신의 가게로 안내했다. 나는 뚜렷하게 그의 기계류를 볼 수 없었다."

이 구절은 존슨이 지독한 근시 때문에 복잡한 기계류를 자세히 볼 수 없었고, 그래서 기계류의 작동 원리 등을 이해할 수 없었음을 보여준다.

애덤 스미스는 분업의 촉진이 사회적 진보로 이어지리라고 생각했다. 그는 노동자들이 중세시대부터 대부분의 거래 형태를 통제했던 클로즈드 숍 독점에서 벗어나 가장 높은 임금을 주는 고용주에게 자신의 노동력을 파는 사회를 상상했다. 그리고 생산성이 몇 곱절 증가하면, 분명 모두가 수익에서 더 큰 몫을 차지하게 될 것이라 생각했다.

그런데 곧 역사를 통해 이것이 잘못된 판단임이 증명됐지만 애덤 스미스는 낙관적이었다. 바로 '보이지 않는 손'이 있었기 때문이다. 보이지 않는 손은 일종의 시장의 자율규제 시스템이다. 보이지 않는 손에 의해 수요와 공급의 법칙이 항상 사회 자원의 최고의 분배를 낳는다고 그는 생각했다. 상인이나 산업가가 자신의 이익을 극대화하려고 노력할 때, "다른 많은 경우와 같이, 개인은 바로 그때 보이지 않는 손에 이끌려 자신이 의도치 않았던 목표를 달성하게 된다. 의도치 않았다고 해서 사회에 나쁜 영향을 끼치는 것만은 아니다. 사회의 이익을 의도적으로 증진시키려 할 때보다, 자신의 이익만을 추구함으로써 개인은 더 자주, 더 효율적으로 사회의 이익을 증진시킬 수 있다."

이 외에도 보이지 않는 손과 관련하여 《국부론》에서 자주 인용되는 부분은 이 대목이다. "정육점, 양조장, 혹은 빵공장 주인들의 선의 덕분에 우리가 저녁을 먹게 된 것이 아니라 그들의 이기심 덕분이다. 우리는 그들의 인간애가 아니라 그들의 이기심에 호소한다. 그리고 우리가 무엇이 필요한지가 아니라 그들이 얻을 수 있는 이득에 대해 그들에게 말한다."

애덤 스미스는 이타심을 신뢰하지 않았고 대부분의 사람들에게 이타심이 없다고 믿었다. 그는 이기심이 그 마음의 본질임에도 불구하고 긍정적인 결과를 낳을 수 있음을 보여주고 싶었다. 그렇다고 그는 맹목적으로 자유방임주의를 믿지 않았다. 그는 자유방임주의라는 용어를 단 한 번도 사용한 적이 없었다. 프랑스의 중농주의자들이 자유방임주의란 용어를 만들어냈고, 1820년대 들어서 영국에서 널리 사용됐다.

《국부론》에서 애덤 스미스는 "인류의 통치자여선 안 될 상인과 제조업자의 독점욕, 즉 비열한 탐욕"을 엄중하게 비난했다. 그의 주장에 따르면 그들은 개인적으론 정직할지 모르나, 자신들의 이익을 대중과 똑같이 하는 법이 없는 사람들이고, 대중을 속이고 나아가 억누를 생각까지도 하는 사람들이며, 그런 까닭에 이제까지도 대중을 자주 속이고 억누르는 존재였다.

이어서 자유방임주의가 아닌 정부의 개입이 필요하다고 애덤 스미스는 주장한다. 그럼에도 불구하고 애덤 스미스는 빈부 격차가 본질적으로 부당하다고 생각하지 않았다. "시민 정부가 재산의 안전을 위해 설립된다면, 그것은 빈자들로부터 부자들 또는 아무것도 가지지 않은 자들로부터 조금이라도 재산을 가진 자들을 보호하기 위해서 설립된 것"이라고 단호하게 말했다.

후기 경제학자들은 경제 행위는 이기적이라 믿는다. 하지만 애덤 스미스는 경제 행위가 오로지 이기적이고 '이성적인 인간'이란 추상적인 개념이 모든 것을 설명할 수 있다고 생각하지 않았다. 그는 이타적 충동, 도덕적 신념과 몸에 깊이 밴 습관들도 중요한 요소임을 잘 알고 있고, 자신이 《도덕감정론》에서 이를 분명한 이론으로 정립했다고 생각했다. 철학자 한스 바이힝거(Hans Vaihinger)가 고전적으로 접근할 때, 그는 《국부론》에서 이기주의를 근본원칙으로 가정하고 경제생활의 본질을 분명히 설명해냈다.

애덤 스미스의 경제 이론은 장기적으로 자유시장이 빈자들에게 이로울 것이라 예견했다. 하지만 이것은 오직 가정에 불과했다. 던컨 폴리(Duncan Foley)는 저서 《애덤 스미스의 오류(Adam's Fallacy)》에서 보이지 않는 손이 정부 정책보다 경제를 더욱 효과적으로 관리할 뿐만 아니라 모두의 삶을 개선한다는 주장은 입증될 수 없다고 주장했다. 애덤 스미스가 도덕 철학에 대한 책을 제일 처음 발표한 데는 충분한 이유가 있었다. 던컨 폴리가 말하듯, 그의 관심은 "적대적이고 비인간적이고 이기적인 사회적 관계들 속에서 어떻게 좋은 사람이 되고 선하고 도덕적으로 살 수 있을까?"라는 도덕적 사고에 끊임없이 시달리는 경제적 인간이었다.

CHAPTER 18

에드워드 기번

1769년 올리버 골드스미스가 《로마사(*The Roman History, from the Founda-tion of the City of Rome to the Destruction of the Western Empire*)》를 발표했다. 솔직히 새로울 것이 없는 책이었다. 골드스미스는 쉽게 얻을 수 있는 자료들을 바탕으로 책을 썼다. 하지만 가독성이 좋아서 여러 세대에 걸쳐 재판됐고 학교에서 교재로도 사용됐다. 골드스미스는 에드워드 기번이 로마제국에 대한 책을 쓰고 있다는 사실을 알고 있었다. 그리고 그의 책이 자신의 책보다 훨씬 더 뛰어난 대작이 될 것임도 짐작했다. 그래서 그는 1774년 기번에게 더 클럽에 들어오는 것이 어떻겠냐고 제안했다. 기번은 만장일치로 더 클럽의 회원으로 선출됐다. 그가 더 클럽의 회원이 된 바로 그 해에 애석하게도 골드스미스가 세상을 떠났다.

골드스미스가 세상을 떠나고 거의 2년 동안, 기번은 더 클럽에 나갈 수 없었다. 1776년 《로마제국쇠망사》 제1권이 세상에 나왔다. 출판되자마자 《로마제국쇠망사》는 명작으로 평가됐다. 하지만 논란을 일으킬 요소를 담고 있었다. 기번은 기독교의 확산은 오직 기적적인 신의 중재로만 설명이 가능하다는 주장에 대해 공공연하게 회의적인 태도로 일관했다. 그는 기독교의 확산을 세속적인 증거들로 충분히 설명할 수 있다고 생각했다. 그리고 기독교의 초기에 일어난 사건들이 역사적으로 실제 사건인가에 대해서도 의문을 제기했다.

존슨과 보즈웰은 기번을 증오했다. 그들은 그를 '불신자'라 불렀다. 그러니 두 사람이 그가 쓰고 있는 책이 무엇인지 알았다면, 아마 반대표를 던져 그가 더 클럽의 회원이 되지 못하게 막았을 것이다. 지금 우리는 존슨과 보즈웰의 눈을 통해 더 클럽을 살펴보고 있다. 그래서 더 클럽의 회원들 중에서 기번이 애덤 스미스보다 훨씬 더 존재감이 없다. 그렇지만 다른 출처를 통해 기번은 더 클럽에 나가 다른 회원들과 대화를 나누는 것을 무척이나 즐겼음을 알 수 있다. 게다가 그는 상당히 열정적으로 대화에 참여했다. 토마스 버나드(Thomas Barnard)는 아일랜드 출신의 주교다. 그는 기번이 더 클럽의 회원이 되고 1년 뒤에 더 클럽에 들어왔다. 버나드는 몇 년 뒤에 보즈웰에게 "나는 스스럼없이 누구하고나 대화를 나눌 수 있는 그의 사교성이 기번의 성격에서 가장 큰 장점이자 가장 사랑스러운 점이라고 생각합니다"라고 말했다. 하지만 보즈웰은 이 말을 《존슨전》에 싣지 않았다.

이례적으로 기번이 《존슨전》에 등장한 부분이 있다. 그의 등장은 1775년 더 클럽의 모임과 관련이 있다. 존슨은 공들여서 역사서를 읽을 이유가 없다고 말했다. 사실을 기록하는 데 특별한 기술은 필요 없고 역사서에는 사실을 제외하곤 전부 추측만이 담겨 있다고 덧붙였다. 보즈웰은 "당시 역사서를 쓰고 있던 기번도 그 자리에 있었다. 그의 역사서는 이듬해 출판됐다. 하지만 그는 역사서를 옹호하지 않고 잠자코 있었다. 존슨을 대적할 엄두가 나지 않아서 아무 말 하지 않고 있었을 것이다"라고 말했다. 존슨은 분명 기번이 역사서를 쓰고 있다는 사실을 알고 있었다. 그래서 의도적으로 그를 힘들게 하려고 그런 말을 했던 것이다.

기번이 존슨을 겁냈을 가능성은 거의 없다. 그는 역사학자는 애매한 사실을 연구하는 사람들임을 그 누구보다 더 잘 알고 있었다. 그리고 역사학자가 그 애매한 사실을 바탕으로 추측한 내용을 사람들에게 전달한다는 사실도 잘 알고 있었다. 기번은 단지 누군가가 자신에게 소리치는 것이 싫었다. 그리고 역사서를 쓰는 것은 말도 안 되게 쉽다고 주장하는 사람에게 역사서를 쓰는 방법에 대해서 입 아프게 설명하고 싶지도 않았다. 그래서 존슨의 말을 듣고도 기번이 잠자코 있었던 것이다. 그의 전기작가 D. M. 로우(D. M. Low)는 신랄하게 다음과 같이 말했다.

"기번은 때를 기다릴 줄 알고 입을 다물 줄도 아는 사람이었다. 보즈웰은 도저히 이해할 수 없는 기술이리라."

◆ **천직**

기번은 1737년 런던에서 태어나 베리턴에서 자랐다. 베리턴은 런던에서 남서쪽으로 60마일 떨어진 햄프셔에 있는 작은 마을이다. 그의 가족은 벽돌로 된 매너 하우스를 가지고 있었다. 기번은 대대손손 부유한 집안에서 태어났지만, 그의 아버지가 빠르게 가문의 유산을 탕진했다.

앞서 말했듯이 기번은 부유하게 태어났지만, 병약했다. 어린 시절에 그는 잔병치레가 잦았다. 회고록에서 그는 "음식보다 약을 더 많이 삼키는 날도 있었다. 내 몸에는 아직도 랜싯 때문에 난 흉터와 이슈 자국이 남아 있다"고 말했다. 존슨은 '이슈(issue)'를 '나쁜 체액을 빼내기 위해서 근육에 낸 구멍'이라고 정의했다. 존슨도 몸에 이슈 자국을 갖고 있었다. 기번이 3살이었을 때, 사내아이가 태어났다. 병약한 첫째가 곧 죽을 것이라 생각한 그의 부모는 그 사내아이에게도 에드워드라는 이름을 붙였다. 후에 이 사실을 알게 된 에드워드 기번은 엄청난 충격을 받았다. 그는 본래 두 번째로 태어난 사내아이의 이름도 에드워드라고 짓는다고 주장했다. 하지만 실제론 그렇지 않았다.

기번은 부모님의 사랑을 듬뿍 받지 못했다. 그의 아버지는 자기중심적이었고 쌀쌀맞았다. 그리고 그의 어머니는 끊임없이 임신을 했고 자신의 아픈 첫째를 무시했다. 아이러니하게도 7명의 아이들 중에서 병약한 첫째만 살아남아 성인으로 성장했다. 그가 9살일 때 그의 어머니는 10년의 결혼생활을 끝으로 세상을 떠났다.

기번은 무계획적으로 교육을 받았다. 일시적으로 개인교습을 받다가 가끔 학교를 다니기를 반복했다. 그에게 개인교습은 한없이 시시했다. 기번은 깡마른 몸에 머리가 큰 소년이었다. 게다가 그의 머리는 새빨간 색이었다(영국 박물관에는 그의 머리 타래가 있다). 이 이상한 모습 때문에 그는 학교에서 괴롭힘을 당했다.

다행히도 이 어린 소년을 아낌없이 사랑해 준 어른이 있었다. 캐서린(Catherine)은 어머니의 미혼 여동생이었는데 기번의 가족과 함께 살았다. 기번은 캐서린을 키티 이모라고 불렀다. 기번이 아플 때, 캐서린은 밤새 그를 간호했다. 그녀는 기번에게 사랑을 듬뿍 줬을 뿐만 아니라 그에게 어린아이답지 않은 독서 습관을 길러줬다. 캐서린의 영향으로 기번은 일찍부터 역사소설을 즐겨 읽었다. 사자왕 리처드 1세와 그의 사라센 적인 살라딘, 티무르 대제, 칭기즈 칸 등 그의 《로마제국쇠망사》에 등장하는 몇몇 인물들은 그가 어린 시절 읽었던 책에 나오던 인물들이었다.

15살의 기번은 우연히 접한 로마사에 푹 빠져 있었다.

"나는 다뉴브 강을 건너는 고트족의 이야기에 푹 빠져 있었다. 저녁 식사를 알리는 종소리가 억지로 나를 지적 연회에서 끌어냈다."

D. M. 로우는 그가 고트족과 함께 다뉴브 강을 건너 로마제국의 심장부로 향했고 다시는 되돌아오지 않았다고 말한다. 이듬해 말, 그는 아랍인, 페르시아인, 타타르인 그리고 터키인에 관한 영어 책을 모두 읽었다. 이들도 《로마제국쇠망사》에 대거 등장하게 된다.

그에게 예기치 못한 위기가 닥쳤다. 기번은 15살에 옥스퍼드의 모들린 칼리지에 입학했다. 당시에는 보통 14살이면 대학교에 들어갔다. 지금처럼 특별히 입학자격이랄 것은 없었고, 지금과 비교해서 훨씬 덜 경쟁적인 시험만이 있었다. 당시 옥스퍼드 대학교는 현대의 대학교라기보다 학업을 마무리하는 학교에 불과했다. 학생들은 그곳에서 라틴어와 그리스어를 제외하고는 거의 배우는 것이 없었다(물론 새 뮤얼 존슨은 라틴어와 그리스어에 집중된 교과 과정을 좋아했다). 그러니 역사는 오죽했을까.

기번은 모들린 칼리지를 아주 잠깐 다녔지만, 그곳에서 보낸 짧은 시간을 경멸했다. 그의 개인교사는 자신이 받을 수업료만 잘 기억하고 자신이 이행해야 할 의무는 완전히 잊고 있었다. 예기치 못한 위기는 그가 모들린 칼리지에 입학하고 1년 뒤에 찾아왔다. 1753년 기번은 갑자기 가톨릭교로 개종한다. 오랜 시간이 흐른 뒤에 그는 자신이 가톨릭교로 개종하게 된 이유를 설명했다. 그의 설명에 따르면, 신학 논쟁을 벌이다가 발끈해서 가톨릭교로 개종해버린 것이었다. 하지만 분명 그것은 아버지에 대한 반항이기도 했을 것이다. 몇 년 뒤에 보즈웰도 기번과 같은 행동을 한다.

그의 아버지의 시각에서 아들의 가톨릭교로의 개종은 가문의 몰락을 초래할 수도 있는 일이었다. 당시의 반(反) 가톨릭법 때문에 가톨릭교로 개종한 기번은 가문의 부동산을 물려받을 수 없었다. 1778년 포퍼리법이 통과되어서야 가톨릭신자들도 토지를 상속받고 구매할 수 있게 되었다. 하지만 이 법은 교황의 세속적인 권위를 거부하겠다고 맹세하는 가톨릭신자들에게만 적용됐다. 이 법은 1780년 고든 폭동을 촉발시킨 원인들 중 하나였다.

기번의 아버지는 지체하지 않고 그를 스위스의 로잔으로 보내 버렸다. 거기서 프로테스탄트 목사와 살면서 자신의 어리석은 행동을 반성하라는 뜻이었다. 기번은 로잔에서 엄청난 문화 충격을 받았다. 그의 호스트이자 개인교사인 다비드 파비야르(David Pavillard)는 영어를 단 한 마디도 못했다. 기번 역시 프랑스어를 전혀 할 줄 몰랐다. 다행히도 기번은 언어에 재능이 있었다. 그는 빠르게 프랑스어를 습득했고 곧 유창하게 프랑스어를 구사했다. 로잔을 떠날 때쯤에 그는 영어보다 쉽게 프랑스어로 생각하고 글을 쓰고 있었다.

이 유창한 프랑스어 실력은 후에 그가 책을 쓸 때 귀중한 자산이 된다. 방대한 양의 프랑스 문헌들이 영어로 번역되지 않았기 때문이었다. 게다가 프랑스어를 유창하게 사용할 수 있었기 때문에 그는 대부분의 영국 사람들이 불신한 프랑스의 계몽사상을 이해할 수 있었다. 프랑스의 계몽주의가 없었다면 그의 위대한 역사서는 빛을 보지 못했을 것이다. 로잔에서 지내는 동안, 그는 라틴어도 열심히 익혔다. 그는 나름 체계적으로 언어를 학습했다. 라틴어로 쓰인 글을 프랑스어로 번역했고 원문이 더 이상 기억나지 않도록 몇 달을 기다렸다. 그리고 나서 번역문을 다시 라틴어로 번역하는 식이었다.

파비야르는 인내심을 갖고 기번을 설득했고 그를 가톨릭교에서 떼어냈다. 하지만 그의 아버지는 서둘러 그를 집으로 불러들이지 않았다. 그렇게 기번은 로잔에서 5년을 살았고 한 여인과 평생 한 번뿐인 사랑에 빠졌다. 수잔 퀴르쇼(Suzanne Curchod)는 어느 스위스 목사의 아름다고 영특한 딸이었다. 그녀는 기번이 주변 남성들과 다름에 매력을 느꼈고, 두 사람은 결혼을 약속했다. 하지만 이 사실을 알게 된 기번의 아버지는 경악했다. 그는 자신의 아들을 무일푼의 외국인과 결혼시킬 생각이 추호도 없었다. 그래서 그는 기번에게 그녀와 결혼하면 유산을 한 푼도 물려주지 않겠다고 으름장을 놨고 즉시 집으로 돌아오라고 명령했다.

베리턴으로 돌아온 기번은 그녀와의 결혼을 허락해 달라고 아버지에게 애원했지만, 소용없었다. 그는 회고록에 "나는 연인으로서 탄식했고 아들로서 복종했다"고 간결하게 썼다. 이 발언으로 그는 냉정한 사람이라 비난받았다. 실제로 기번은 열정적인 사람은 아니어도 분명 다정한 사람이었다. 이 발언이 정말 의미하는 것은 프랑스 고전의 등장인물처럼 결코 양립할 수 없는 두 역할 사이에서 갈등하는 자기 자신을 객관적으로 보려는 노력이다. 수잔 퀴르쇼는 은행가 자크 네케르(Jacques Necker)와 결혼해서 행복하게 살았다. 기번은 몇 년 뒤에 두 사람의 초대로 파리를 방문했다.

베리턴에서 기번은 두 가지 목표를 추구했다. 하나는 역사와 관련된 작품을 연구하는 것이었다. 그는 여유가 되면 언제든지 역사서를 사들였다. 그의 다른 목표를 알게 되면 다소 놀랄지도 모르겠다. 1760년 기번은 아버지와 함께 장교로 민병대에 자원했다. 7년 전쟁이 중반으로 접어든 시기였고 병력을 늘리기 위해서 정부가 고용한 독일 용병들에 대한 분노가 극심했다. 그래서 의회는 영국 민병대 조직을 허용하는 법안을 통과시켰다. 이 법안에 따라 지방의 대지주들이 자원자들로 구성된 민병대를 이끌었다. 아버지는 소령이 됐고 기번은 대위가 됐다.

23살의 기번은 민병대 활동을 즐겼다. 햄프셔 민병대는 적과 직접 전투를 벌인 적이 없었다. 실제로 그들은 잉글랜드에서만 머물렀다. 그들은 훈련을 많이 했지만, 밤에는 함께 어울려 화기애애한 분위기 속에서 술을 마셨다(민병대에서 함께 술을 마시며 어울렸던 장교 중에 존 윌크스도 있었다). 회고록에서 기번은 이 경험은 훗날 작품활동에 귀중한 자산이 됐다고 말했다.

"민병대에서 훈련을 받고 규율을 따르면서 부대와 밀집 전투 대형에 대해서 보다 확실한 개념을 잡을 수 있었다. 그리고 햄프셔 근위 보병 연대의 대위로 있었던 경험은 (이 말에 독자들이 웃을지도 모르겠다) 로마제국을 연구하는 역사학자에게 실로 유용한 경험이었다."

여기서 삽입문은 스스로를 비꼬고 있다. 이것은 기번이 스스로를 풍자하는 데도 서슴지 않는 인물임을 보여준다. 이런 풍자에도 불구하고, 그가 한 말은 사실이었다. 그는 항상 고대 전투에서 사용된 전술과 어리석은 군사 판단의 운명적인 결과에 대단히 관심이 많았다.

기번은 쾌락주의를 추구했다. 그렇다고 극도의 성적 쾌락이 아닌 절제되고 문명화된 쾌락을 추구했다. 그는 17세기 외교관 윌리엄 템플이 은퇴하며 한 말을 즐겨 인용했다. 공적 세계의 만족감은 "태울 오래된 나무, 마실 오래된 와인, 대화를 나눌 오래된 친구 그리고 읽을 오래된 책"과 비교하면 아무것도 아니라고 윌리엄 템플은 말했다.

기번은 상속받은 부와 특권을 수치스럽게 여기지 않았다.《로마제국 쇠망사》에서 그는 현대 문명과 원시 미개를 대조했다. 그는 절대 다수가 생계를 유지하기 위해서 열심히 일하지만, 그렇다고 노동계급은 다른 역할을 지닌 특권층에 대해 분노해선 안 된다고 주장했다.

"필요 이상의 부를 소유한 선택받은 소수는 흥미나 영예를 쫓고, 부동산이나 이해를 개선하고, 사회적 의무를 다하고, 유희를 즐기고, 심지어 어리석은 판단이나 행동을 하면서 시간을 채운다."

이것은 기번이 말한 특권층이 하는 다른 역할이다. 그는 이런 역할을 수행하는 소수는 그런 특권을 누릴 자격이 있어서가 아니라 대대손손

이어지는 재산 때문에 선택된 자들이라고 주장했다.

1764년 기번은 2년 동안 이탈리아로 그랜드 투어를 떠났다. 그의 그랜드 투어가 끝날 무렵에 보즈웰의 그랜드 투어가 시작됐다. 하지만 두 사람은 이탈리아에서 만나지 않았다. 회고록에서 그는 이탈리아에 있는 동안 자신의 걸작의 기원을 좇다가 갑자기 깨달음에 이르렀다고 말했다.

"1764년 10월 15일, 로마에서 나는 카피톨의 잔해 더미에 앉아 생각에 잠겨 있었다. 그때 맨발의 수사들이 주피터의 신전에서 저녁 기도를 올리고 있었다. 그 순간 이 도시의 쇠망에 대하여 글을 써야겠다는 생각이 뇌리를 스쳤다."

당시 고대 로마의 건축물 대부분은 이미 오래전에 사라지고 없었다. 대부분이 건축석재로 사용됐다. 콜로세움처럼 남아 있는 건축물들도 반쯤 허물어진 폐허였다. 변함없이 그대로 남아 있는 고대 건축물은 기독교 종교건물로 사용되던 장엄한 판테온이었다. 기번은 판테온을 바라보며 로마제국 역시 기독교로 대체되었다고 생각했다. 그는 수사들이 저녁 기도를 올렸던 건물이 한때 주피터의 신전이 있었던 자리라고 생각했다(이는 그의 오해였다). 그것은 고대 이교들에게 가장 중요한 상징이었다. 그리고 교회 주변에는 한때 대서양에서 중동으로 그리고 춥고 외딴 영국에서 당시 비옥했던 북아프리카로 뻗어 있던 거대한 제국의 중추부였던 카피톨의 잔해가 놓여 있었다.

◆런던

기번의 아버지의 방만한 관리로 1768년 가세가 완전히 기울었다. 그는 아들에게 엄청난 부담만 떠넘긴 채 1770년에 세상을 떠났다. 기번은 아버지의 죽음에 대해 그렇게 슬퍼하지 않았다. 그 후 2년 동안 그는 부동산을 팔고 부채를 조정했다. 1772년 재정 상황이 회복됐고, 그는 기쁜 마음으로 런던의 타운하우스로 거처를 옮겼다. 마침내 자유롭게 자신이 그토록 원했던 일을 할 수 있게 되었다.

"나는 서재에 앉자마자 역사서 1권을 쓰기 시작했다."

더 클럽의 회원이 된 1774년 그는 의원으로 선출됐다. 이것은 보즈웰이 평생 바랐지만 이루지 못한 일이었다. 기번은 보즈웰에겐 없는 것이 있었다. 바로 호의적인 후원자였다. 콘월에 사는 그의 사촌이 그 지역 의원직을 장악하고 있었다.

콘월 선거구는 외진 만큼 작았다. 기번은 자동으로 재선될 것이라 믿었고 콘월을 단 한 번도 방문하지 않았다. 그는 갈수록 살이 쪄서 거동이 불편하다는 핑계를 댔다. 그가 "왜 뚱뚱한 사람이 콘월 자치구를 대변할까요?"라고 물었고, 누군가 "단 한 번도 자신의 선거구민을 직접 보러 간 적이 없기 때문이죠"라고 답했다.

에드먼드 버크(Edmond Burke)처럼 기번 역시 보수적인 휘그당원이었다. 그는 권력은 많은 토지를 보유한 과두제 집권층에게 집중되어야 한다고 믿었다. 그는 상무원에서 한직을 받았다. 상무원은 하는 일이 거의 없었다. 이에 대한 보답으로 그는 미국 식민지 문제에 대하여 노스(North) 경의 토리당 정부에 지지표를 던졌다. 그리고 심지어 《로마제국쇠망사》를 노스 경에게 헌정했다.

군대생활을 맛본 이 역사가는 이제 정치를 경험하고 있었다. 첫 행보는 굴욕적이었다. 기번은 유창한 연설로 자신의 이름을 알리고 싶었다. 하지만 아무리 용기를 쥐어짜내도 연단에 설 엄두가 안 났다. 몇 달 뒤에 훗날 셰필드(Sheffield) 경이 되는 절친한 친구에게 편지를 썼다.

"아아, 난 눈에 보이지 않고 알 수 없으며 눈에 보이지 않는 힘에 의해 자리에 사슬로 묶여 침묵했다네."

기번은 너무나 괴로워서 '눈에 보이지 않는'이란 표현을 두 번이나 썼다.

미국의 역사가 J. G. A. 포콕(J.G.A. Pocock)은 《로마제국쇠망사》 1권이 거의 마무리 단계였던 1775년에도 기번은 대중 앞에서 입 밖에 낼 수 없었던 연설을 속으로 되뇌었다고 말했다. 하지만 그는 의원으로 활동하면서 많은 것을 배웠다.

"당대 최고의 사람들의 인격, 관점과 열정을 습득하게 됐다. 8번의 의회 회기에서 신중함을 배웠고, 신중함은 역사가가 지녀야 할 가장 본질적인 첫째 덕목이다."

이맘때 조슈아 레이놀즈가 에드워드 기번의 초상화를 그렸다. 이 초상화의 인쇄판에는 토가 차림의 철학자가 생각에 잠긴 듯이 파괴된 콜로세움을 응시하고 있다(그림 84). 늘 그렇듯이 레이놀즈는 모델이 돋보이도록 그림을 그렸다. 기번은 그가 그린 자신의 초상화를 만족스럽게 생각했다. 몇 년 뒤 찰스 제임스 폭스(Charles James Fox)는 그가 이따금씩 벽난로 위 선반에 놓인, 레이놀즈가 그린 자신의 초상화를 만족스러운 듯이 바라봤다고 말했다. 초상화 속에는 기이함과 천박함이 사라진 기번을 닮은 사내가 있었다. 하지만 혹자는 기번의 통통한 얼굴이 아기의 궁둥이를 닮았다고 말했다.

《존슨전》은 기번이 살아 있을 때 출판됐다. 보즈웰은 《존슨전》에 "불신자들에 대한 공격 수단으로 조롱이 꽤 사용되는 것 같다. 만약 그가 못생겼고 터무니없이 자신을 자랑한다면 그에게 더 신랄한 조롱이 쏟아진다"라고 썼다. 이는 분명 기번을 염두에 두고 쓴 글이다.

1782년 기번의 런던생활이 막을 내렸다. 《로마제국쇠망사》 2권, 3권이 출판됐고, 4권이 나올 예정이었다. 당시 버크는 정부 개혁을 위해

84. 에드워드 기번

백방으로 노력했고, 그 결과 상무원이 폐쇄됐다. 상무원의 폐쇄로 기번의 안락한 런던생활을 유지했던 한직도 사라져 버렸다. 그와 버크는 친한 친구였지만, 그렇다고 버크는 정부 개혁에 상무원을 제외시키지 않았다.

하지만 기번은 버크를 이해했고, 상무원이 폐쇄된 것에 대해 그를 원망하지 않았다. 그래도 그는 햄프셔의 외딴 시골로 다시 돌아갈 생각은 없었다. 대신 생활비가 적게 들고 마음이 맞는 친구들이 있는 로잔으로 이주하기로 결정했다. 《로마제국쇠망사》2권을 쓸 당시 그는 조르주 뒤베르덩(Georges Deyverdun)과 함께 살았다. 그리고 이곳에서 회고록에 실을 글들을 조금씩 쓰기 시작했다 하지만 그는 자신의 회고록을 완성하지 못하고 세상을 떠났다(그가 세상을 떠난 뒤에 셰필드 경이 그 글

85. 로잔의 에드워드 기번

들을 일관성 있고 재미있게 엮어 책으로 냈다). 로잔에서 그는 평화롭고 느긋하게 지냈다. 낮에는 글을 썼고 밤에는 마음 맞는 사람들과 어울렸다.

친구들은 계속 살이 찌는 그를 걱정했다. 이 당시 제작된 판화를 보면 그가 얼마나 살이 쪘는지 알 수 있다(그림 85). 셰필드 경은 그에게 바닥에 등을 대고 누우면 거북이처럼 보이고 혼자 힘으로는 일어나지 못할 것이라고 말했다. 항상 멋졌지만 기번을 보고 사람들은 이상하게 인위적인 사람이라 느꼈다. 극작가 조지 콜먼(George Colman)이 로잔에서 기번을 만났다. 당시 기번은 14살의 청소년인 그에게 애써 예의를 차렸다.

"그는 자신의 코담배갑을 손가락으로 툭툭 쳤고 능글맞게 웃었다. 마치 많은 사람들과 대화를 나누고 있는 것처럼 그는 예의바르게 자신의 문장을 마무리했다. 플라톤처럼 감미로운 그의 입은 거의 얼굴 한 중간에 난 동그란 구멍이다."

◆ 새로운 종류의 역사

로마에서 번뜩이는 깨달음을 얻은 순간, 기번은 그 도시의 역사에 관한 책을 써야겠다고 생각했다. 그가 본격적으로 로마의 역사를 책으로 쓰기 시작한 시점에 미국 식민지들은 영국에서 독립하고 있었다. 그래서 제국들과 그들의 몰락은 아주 시사적인 주제였다. '위대한 제국의 쇠망'이란 길고 복잡한 이야기를 되짚는다는 생각은 분명 영국 독자들을 매혹시킬 것이었다. 기번 본인이 그랬던 것처럼 말이다.

마지막 권에서 그는 널리 흩어진 영토를 유지하기 위해 로마가 극복해야 했던 장애물을 다뤘다. 제국을 유지하기 위해 극복해야 했던 장애물은 그가 살던 영국이 직면한 장애물이기도 했다.

먼 지역과 외국을 그들의 의향과 흥미에 반하여 복종시키는 것만큼 인간의 본성과 이성에 반하는 것은 없다. 방대한 제국이 유지되려면 정책과 억압이란 정제된 체제가 뒷받침되어야 한다. 중앙에 절대권력이 집중되어야 하고, 행동은 날래고, 자원은 풍부해야 한다. 그리고 중앙에서 가장 먼 지역과의 의사소통이 신속하고 쉬워야 하고, 반란의 씨앗을 제거할 방어 시설과 중앙의 뜻을 따르는 자를 보호하고 거스르는 자를 벌하는 행정기관이 존재해야 한다. 그리고 불만과 절망을 유발하지 않고 공포를 조장할 잘 훈련된 군대가 필요하다.

영국의 힘은 절대적인 것과 거리가 멀었다. 그리고 신속하고 쉬운 의사소통은 불가능했다. 물론 미국 식민지들은 외국이 아니었지만, 곧 외국이 되었다.

기번은 화제가 되던 주제에 대하여 글을 쓰기 시작했다. 이뿐만 아니라 그는 새로운 종류의 역사를 적어 내려갔다. 그들의 영웅인 볼테르와 함께 계몽사상가들은 자신들이 역사기록학에서 돌파구를 마련했다고 믿었다. 연대순으로 과거 사실을 지루하게 나열하는 대신, 그들은 그 일을 일으킨 근본적인 힘을 밝혀내기 위해 과거 사실의 이면을 깊이 파고들어야 한다고 주장했다. 이것은 '철학적 역사'로 알려졌다.

분명 기번도 과거 사실의 이면을 파고들고 싶었다. 하지만 그는 사실이 없는 이론은 속빈 강정일 뿐임을 이해하고 있었다. 그런 이유로 그는 《로마제국쇠망사》에 대략 8,000개의 각주를 달았다. 몇몇 각주에는 아주 자세한 내용이 담겨 있었다. 그래서 독자들은 그가 어디서 그 정보를 얻었는지 확인할 수 있었다. 그리고 그가 그 정보를 설득력 있게 해석했는지를 나름대로 고민해볼 수도 있었다. 오늘날에는 각주를 다는 것이 당연한 일이겠지만, 당시에는 전례 없는 일이었다. 볼테르조차도 각주를 달 생각을 전혀 못했다. 기번은 볼테르에 대해 다음과 같이 말했다.

"먼 시기를 다룰 때 그는 자신을 가르쳤던 퀴퀴한 냄새가 나는 수도사 같은 작가들을 모방하지 않았다. 그는 여러 기록을 참고하고 자신의 방식으로 마법을 부려 기록을 재해석하여 가장 그럴듯하고 피상적이고 부정확한 이론을 내놓았다."

'수도사 같은'이란 형용사는 지식인들에겐 위험 신호였다. 그들은 중세의 신앙심 깊은 작가들은 선입견을 갖고 글을 쓴다고 생각했다. 그래서 그들의 글을 읽을 가치가 없다고 생각했다. 기번도 그러한 선입견을 가지고 있었다. 하지만 그는 가톨릭신자와 프로테스탄트신자 중에서 신앙심이 깊고 숭고한 지적 진실성을 추구하는 이들이 존재한다는 사실도 알고 있었다. 그런 작가들은 증거를 따져보고 정확하게 제시하고자 정말 최선을 다했다. 감사를 표했듯이, 그들 중 다수가 기번에게 가장 중요한 정보의 출처였다.

다수의 역사가들은 마치 자신이 오래전에 일어난 사건을 완전히 이해하고 있다는 듯이 글을 썼다. 심지어 오늘날의 역사가들도 마찬가지다. 하지만 예나 지금이나 최고의 역사가들은 독자들이 작가와 함께 주어진 기록과 증거를 분석하면서 역사 속 숨겨진 사실들을 통해 더 많은 것을 배운다는 사실을 안다. 대부분의 경우 역사적 사실에 대하여 확실한 증거가 주어지지 않는다. 그러므로 역사가의 역할은 독자가 그 확실하지 않은 증거를 객관적으로 평가할 수 있도록 돕는 것이다. 《로마제국쇠망사》에서 기번은 우리가 확실치 않은 증거를 평가하도록 도우며 역사의 무대 뒤로 안내했다.

기번은 제10장의 전반부에서 3세기 중반의 소위 '재앙을 초래하는 시기'에 대해 다음과 같이 설명했다.

"시대의 혼란과 정확한 기념비의 부족은 이야기의 분명하고 끊어지지 않는 맥락을 보전하려고 시도하는 역사가에게 극복해야 할 난관이다. 항상 축약되고 모호하고 때로 모순되는 불완전한 사료에 둘러싸여 그는 사료를 수집하고 비교하고 추측할 수밖에 없다."

역사가는 "분명하고 끊어지지 않는 맥락"을 밝히고 싶을 것이다. 하지만 그것이 그저 불가능한 경우가 있다. 이때 그는 분명하고 끊어지지 않는 맥락을 밝혀낸 것처럼 굴어선 안 된다.

1761년 완성한 《잉글랜드의 역사(History of England)》로 큰 성공을 거둔 데이비드 흄은 "이를테면 우리 앞을 모든 인류가 분열 행진하는 것을 보기 위해서 역사서를 읽는다. 그들은 역사서를 통해 보는 이의 판단력을 당혹스럽게 만든 변장을 벗어던지고 본색을 드러낸다"고 만족스러운 듯이 말했다. 이는 자신의 날카로운 지성과 객관성으로 실제 상황을 재현할 수 있다고 믿는 '철학적 역사가'의 말이다. 하지만 오늘날은 완전히 사라진 방대한 정보에 접근할 수 있었음에도 고대 로마인은 아우구스투스(Augustus) 황제나 칼리굴라(Caligula) 황제의 세계를 18세기 영국 역사가보다 이해하지 못했다.

기번은 볼테르에게는 '말재주'가 없다고도 했다. 《로마제국쇠망사》는 난해하고 복잡하다. 하지만 이야기에 힘이 있다. 이야기는 기억할 만한 사건들과 인물 묘사로 변함없이 생동감을 유지한다. 인도에서 육군장교였던 윈스턴 처칠(Winston Churchill)은 로마의 몰락 과정을 다룬 기번의 《로마제국쇠망사》를 읽고 또 읽었다.

"나는 줄거리와 형식에 곧장 압도당했다. 반짝이는 인도의 낮 동안, 마구간을 떠났을 때부터 날이 저물어 폴로 게임을 할 시간이 될 때까지 나는 집어삼킬 듯이 에드워드 기번의 《로마제국쇠망사》를 읽었다. 그 뒤에 나는 의기양양하게 끝에서 끝까지 폴로 경기장을 달렸고 폴로 경기를 즐겼다."

윈스턴 처칠은 빅토리아시대의 편집본을 읽었다. 하지만 그는 '건방진 각주'를 읽는 것이 즐거웠다고 덧붙였다. 다음은 윈스턴 처칠이 말한 '건방진 각주'의 예다.

"그의 22명의 첩들과 6만 2,000권의 책이 보관된 서재는 그의 다양한 성향을 입증했다. 그리고 그가 남긴 작품들을 보면 많은 첩과 방대한 양의 책은 과시용이 아니라 실제 사용했던 것 같다."

에드워드 기번의 《로마제국쇠망사》는 로마의 역사를 아주 자세하게 다룬다. 하지만 처칠이 기번의 '이야기'에 푹 빠졌다는 대목에서 《로마제국쇠망사》가 위대한 소설의 장점들도 많이 가지고 있음을 알 수 있다. 기번은 1749년에 출판된 헨리 필딩의 《톰 존스》를 무척 좋아했다. 자신의 회고록에서 그는 "인간의 예의를 표현한 아름다운 그림인 《톰 존스》의 로맨스는 에스코리알 궁전과 합스부르크 왕가의 흰죽지수리보다 더 오래 살아남을 것이다"라고 말했다. 그의 말이 완벽하게 옳았다. 그는 《로마제국쇠망사》에 다음의 《톰 존스》에서 헨리 필딩이 했던 말이 연상되는 각주를 달았다.

"지금 이 순간 내가 앉아 있는 작은 응접실이 더 형편없는 가구로 채워진 상자로 전락할 때, 나를 알지 못하고 본 적도 없는 이들과 내가 알지 못하고 본 적도 없는 이들에 의해 하나의 예로서 내가 읽혀질 것이라고 나를 위로해 주오."

기번은 후대가 자신의 《로마제국쇠망사》를 이와 같이 평가하기를 바랐다.

그는 직업 변호사이자 판사인 헨리 필딩을 존경했다. 그를 존경한 이유는 그가 자신의 소설을 통해 독자에게 겉모습을 불신하라는 교훈을 전달했기 때문이었다. 필딩은 지나쳐버린 동기와 연결성을 찾거나 잘못 해석한 명백한 증거를 다시 살피라고 조언했다. 필딩은 허구적으로 이야기를 꾸며내는 소설가였지만, 그는 오해의 소지가 있는 겉모습의 이면에 안정적인 진실이 존재한다고 주장했다. 《로마제국쇠망사》에서 우리가 근거로 삼아야만 하는 것은 전부 먼 과거에서 온 단편적인 애매한 증거일 뿐이었다. 때때로 그 증거는 그럴듯하게 보인다. 하지만 기번은 당시 누가 그 증거를 작성했는지에 대하여 생각해봐야 한다고 조언한다. 그리고 그가 그 증거를 써내려간 목적이 무엇이었는지도 생각하라 말한다. 역사 속 인물에 대하여 우리가 알고 있는 것들의 대부분은 그들을 증오했던 적들의 기록에서 나온다. 기번의 위대한 업적은 독자가 과거의 사건을 재구성하도록 돕는 것이었다.

《로마제국쇠망사》 1권이 출판됐을 때, 호레이스 월폴(Horace Walpole)은 기번에게 개인적인 찬사를 보냈다. 월폴은 그에게 축하의 글을 써서 보냈다.

"그대는 어떻게 그토록 지식이 풍부하고 좋은 판단을 내릴 수 있습니까? 그대는 어떻게 그토록 철두철미하게 주제를 이해하고 지식을 이용하고 신중하게 판단을 내릴 수 있습니까? 어떻게 자제하고 판단의 독재적인 오만함을 드러내지 않을 수 있나요? 그대는 이 세상에 최고의 역사를 선사했습니다."

데이비드 흄의 《잉글랜드의 역사》를 두고 현대의 어느 편집자는 그의 문체는 "역사 문학에서 가장 빠르고 부드러운 매개체"라고 평가했다. 아마도 이런 문체가 오늘날 가장 높이 평가받는지도 모른다. 하지만 존슨과 마찬가지로 기번의 문체는 이렇지 않았다. 두 사람은 도미문체를 사용했다. 한 문장이 완전한 문단이었다.

"나는 항상 긴 문단을 단일한 형태로 만드는 연습을 했다. 긴 문단을 소리내어 읽어 귀로 들어보고 암기했다. 그리고 작업을 마무리할 때까지 펜을 움직이지 않았다."

기번은 어조가 비슷한 문구를 나란히 두는 균형법을 통해 자칫 걷잡을 수 없을 정도로 혼란스러울 수 있는 도미문체를 일관성 있고 논리정연하게 풀어냈다. 자일스 스트레이치(Lytton Strachey)는 "에드워드 기번은 자신만의 문체로 명료함, 균형감과 정확성을 어디에든 접목시켰고 기적 같은 질서를 천년의 혼란 속에 수립했다"고 말했다. G. M. 영(G. M. Young)은 "그의 문체는 로마 수로교의 계산된 견고함을 지닌다"고 비유적으로 평가했다. 강력한 물줄기가 수로교 위에 있는 수로를 따라 끊임없이 흘러가는 동안, 기번의 화법은 일정한 간격으로 구부러진 거대한 아치형 구조물 위를 전진한다.

기번의 화법은 계속 성장했다. 그는 과거의 사건에서 분명한 인과관계를 찾을 수 있다는 생각에 대해 갈수록 회의적이 되어갔다. 변수가 너무나 많기 때문이다. 기번은 어떤 사건이 다르게 진행됐다면 그 결과가 어떻게 달라졌을지 상상하기를 좋아했다. 그 중 하나가 732년에 발발한 투르푸아티에 전투였다. 프랑크 왕국의 궁재 카를 마르텔(Charles Martel)이 무어인들을 격퇴했고, 전 세계 기독교도들은 "세계의 역사를 바꿀 전투에서 승리한 한 남자의 천재성과 행운"으로 구원받았다. 다시 말해 카를 마르텔이 무어인들 즉 이슬람군을 물리친 덕분에 서유럽의 그리스도교 세계가 이슬람화의 위기에서 구출된 것이었다. 하지만 무어인들이 투르푸아티에 전투에서 승리했다면 어떤 일이 벌어졌을까? 기번은 이렇게 상상했다.

"이슬람군은 해상전투를 벌이지 않고 곧장 템스 강의 어귀까지 진격했을 것이다. 그리고 옥스퍼드 대학교에서 학생들은 코란 해석본을 배웠으리라. 그리고 이슬람교의 설교단은 할례 받은 유대인들에게 이슬람교 창시자인 무함마드의 계시의 성스러움과 진실성을 보여주었을 것이다."

J. W. 버로우(J.W. Burrow)는 "기번은 항상 상황이 달랐다면 어떻게 됐을지 궁금해 했다. 이렇게 의문을 품는 것은 역사가가 반드시 갖추어야 할 자질이다. 기번은 이 자질을 갖추고 있었다"라고 평했다.

◆ **인생작과의 작별**

에드워드 기번은 특이하고 인위적인 사람으로 생각될 수 있다. 하지만 그는 타성에 젖어 개인적 성취와 직업적 성취를 놓치는 사람은 아니었다. 보즈웰이나 존슨과 달리, 그는 아주 일찍이 자신의 천명을 깨달았고 완수했다. 레슬리 스티븐(Leslie Stephen)은 "이상하게 그는 주어진 능력으로 최상의 결과를 끌어내는 모든 자질을 균형 있게 혹은 조화롭게 타고났다"고 말했다. 이 묘사는 정확했고 사무치기도 했다. 레슬리 스티븐은 버지니아 울프의 아버지였다. 그는 《등대로》에서 천명을 완수하지 못해 괴로워하는 철학가 램지 씨로 등장한다.

기번은 운 좋게도 유난히 낙관적인 기질도 타고났다. 60살이었을 때, 존슨은 친구에게 "천사가 후회되는 일주일로 되돌아가게 해주겠다고 말하더라도 기번은 다시 되돌아가고 싶을 정도로 후회되는 일주일을 산 적이 없을 거야"라고 말했다. 기번은 《로마제국쇠망사》에서 임종을 앞둔 코르도바(Cordoba) 칼리프가 마지막으로 남긴 말을 인용했다.

"내가 부를 때 부와 명예, 권력과 쾌락은 달려왔고, 내 행복을 위한 이 땅의 축복은 조금도 부족함이 없는 것처럼 보였다. 이런 상황에서 나는 내가 정말로 순수하게 행복했던 날들이 얼마나 있었는지 열심히 궁구해 보았다. 그러나 그 날들은 겨우 14일뿐이었다. 아, 사람이여, 지금 살고 있는 이 세상에 조금도 신뢰를 두지 말라!"

그리고 그는 각주를 삽입했다.

"나 자신에 대해 말하자면(내가 확실하게 말할 수 있는 유일한 사람이 바로 나 자신이다), 나의 행복한 시간은 스페인의 칼리프의 행복한 시간보다 훨씬 더 길다. 행복한 시간 중 대다수가 현재 작품의 기분 좋은 노동 때문이라고 말해도 아무런 가책이 느껴지지 않는다."

로잔에서도 기번은 다수의 더 클럽 회원들과 아버지와 연락하고 지냈다. 그는 우연히 워런 헤이스팅스(Warren Hastings)의 탄핵 재판이 열리는 날에 잉글랜드를 다시 찾았다. 의회에서 버크와 셰리든의 명연설을 들었다. 셰리든의 연설을 듣다가 그가 자신을 언급한 대목에서 기번은 특히 기뻐했다. 셰리든은 "고대나 현대 역사에서, 로마의 역사가 타키투스의 정확한 역사서나 현대 역사가 기번의 빛나는 역사서에서 죄상이 동일한 사건은 없습니다"라고 단언했다. 기번은 "나는 셰리든의 유창한 연설에 아낌없는 박수를 보냈다. 내가 영국에 있는 이 순간에 그가 나에게 선사한 개인적인 찬사에 감정이 북받쳤다"라고 회고록에 썼다. 하지만 셰리든이 진짜 하려던 말은 '빛나는 역사서'가 아니라 '방대한 역사서'였다는 농담이 돌았다.

《로마제국쇠망사》가 완성되는 데 무려 20년이 걸렸다. 이 서사적인 여정에도 불구하고 에드워드 기번은 책을 조용히 마무리했다. 그는 로마의 주피터 신전에서 들었던 맨발의 수사들의 노래로 시작했다. 이제 배경은 제네바 호수의 저편에 알프스 산맥이 보이는 로잔이었다.

나는 주제넘게 잉태의 순간을 기록했다. 나는 이제 나의 마지막 출산의 시간을 기념하고자 한다. 1778년 6월 27일 밤이 아닌 낮 11시에서 12시 사이였다. 이때 나는 정원에 있는 정자에서 마지막 장의 마지막 문장을 적었다. 펜을 내려놓은 뒤 나는 요람에서 수 차례 뒤척였고 시골, 호수 그리고 산맥이 보이는 아카시아 길을 걸었다. 공기는 온화했고 하늘은 평화로웠으며 달무리가 호수에 반짝였다. 모든 자연이 고요했다. 자유를 되찾았고 명성을 얻었다는 기쁨을 숨기지 않으리라. 하지만 나의 자부심은 곧 사그라졌고, 마음이 통하는 나의 오래된 벗과 영원히 이별하게 되었다는 생각에 나는 우울해졌다. 그리고 나의 앞날에 어떤 일이 펼쳐지든지 역사가의 삶은 짧고 위태롭다는 생각이 나를 우울하게 만들었다.

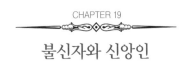

CHAPTER 19

불신자와 신앙인

◆증거와 믿음

에드워드 기번은《로마제국쇠망사》에서 기독교의 기원을 다뤘다. 그는 사실에 근거해서 책을 썼지만, 그의 책은 사회적으로 커다란 파장을 일으켰다. 신앙인들은 공황에 빠졌고 위협을 느꼈다.《로마제국쇠망사》의 출간은 문화사에서 흥미로운 사건이라 할 수 있다.

17세기에 사람들은 당연히 종교적 약속은 신앙에 기초한다고 생각했다. 신앙이란 신의 힘으로 드러난 진실에 대한 내적 확신을 뜻했다. 하지만 18세기에 많은 사람들이 이를 의심했다. 왜냐하면 신앙에서 열정의 향기가 났기 때문이다. 열정을 뜻하는 'enthusiasm'은 '신이 들린'(possessed by a god)을 뜻하는 그리스어에서 비롯됐다. 바로 이 열정이 청교도 혁명에 불을 지폈고 영국을 발칵 뒤집어 놨다. 새뮤얼 존슨은 '열정'을 '사적 계시에 대한 헛된 믿음, 성은에 대한 헛된 확신'이라 정의했다. 존슨은 존 로크(John Locke)의 글에서 이 정의를 가져왔다.

"열정은 이성이나 신의 계시에서 발견되지 않는다. 오만한 뇌의 자만심에서 나온다."

이때 경험주의가 등장했다. 경험주의는 신앙을 종교의 보증인으로 보는 것을 반대했다. 존 로크를 위시한 많은 철학자들은 인간은 모든 것을 감각적 경험을 통해 받아들인다고 주장했다. 다시 말해 인간은 감각을 통해 주변을 인식하고 이해한다는 것이 그들의 주장이었다. 경험주의 철학자들은 다른 믿음과 마찬가지로 신앙도 감각적 경험을 통해 획득되고 논쟁과 입증을 거쳐야만 한다고 주장했다.

존 로크는 1690년에 《인간오성론(*Essay Concerning Human Understanding*)》을 발표하고 엄청난 명성을 얻었다. 《인간오성론》에는 흥미로운 일화가 나온다. 시암의 네덜란드 대사는 네덜란드의 경이로운 것들에 대한 이야기로 시암 왕을 즐겁게 했다. 어느 날 그는 네덜란드에선 겨울이면 물이 딱딱하게 얼어붙는다고 말했다. 겨울이 되면 왕의 코끼리가 딱딱하게 얼어붙은 강 위를 걸을 수 있다고 말했다. 이에 시암 왕은 "지금까지 나는 그대가 하는 모든 이상한 이야기들을 믿었다네. 그대가 냉철하고 온당한 사람이라 여겼기 때문이지. 하지만 지금 그대는 분명 거짓말을 하고 있어"라고 말했다.

시암 왕은 특정 온도에서 액체가 갑자기 고체로 변한다는 사실을 믿을 수 없었다. 그의 입장에선 당연한 일이다. 왜냐하면 시암 왕은 단 한 번도 얼음이란 것을 본 적이 없었기 때문이다. 하지만 경험주의자는 그의 불신을 없앨 확실한 해답을 가지고 있다. 그를 물이 얼 정도로 추운 곳으로 데려가 직접 물이 얼어붙는 모습을 보여주는 것이다. 직접 눈으로 보지도 않고 물이 얼면 딱딱한 고체가 된다는 이야기를 의심하지 않고 믿을 사람은 아무도 없다. 물이 얼어 얼음이 되는 것은 기적이 아니고 눈으로 확인할 수 있는 자연의 법칙이다.

18세기 중반에 많은 사람들이 자신들의 신앙을 실질적 증거로 뒷받침하고자 했다. 사람들은 이것을 험증학이라 불렀다. 주된 증거는 예수가 살았을 때 자주 일어났던 기적들이었다.

로마 가톨릭신자들은 기적은 계속 일어날 것이라 믿었다. 실제로 개인을 성인으로 추대하기 위해서는 그가 평생 또는 죽은 뒤에 적어도 2번의 기적을 행했다는 증거가 있어야만 했다. 하지만 프로테스탄트신자들은 가톨릭신자들이 최근에 기적이라고 주장하는 현상들은 자연적인 이유로 일어난 현상이거나 장난질일 뿐이라고 일축했다. 그들은 더 이상 기적은 일어나지 않지만, 초기 기독교 시대에는 실제로 기적들이 행해졌다고 믿어야만 했다. 이로 인해 프로테스탄트신자들이 곤란해졌다.

하지만 모든 믿음이 경험적 증거에 입각해야 한다면, 가톨릭신자들이 최근에 기적이라고 주장하는 현상들에 대한 증거보다 초기 기독교 시대에 행해진 것으로 여겨지는 기적들이 훨씬 더 불안하고 불확실한 경험적 증거에 기초하고 있지 않을까? 성인으로 추대하기 전에 가톨릭 수사관들은 기적으로 추정되는 현상을 입증하기 위해 진심으로 최선을 다했다. 프로테스탄트신자들은 가톨릭신자들이 주장하는 최근의 기적은 거짓이라 비웃으면서, 그들은 어떻게 1,500년 전부터 전해진 기적은 사실로 받아들일 수 있었을까?

기번은 그럴 수 없다고 생각했다. 그에게 기적이란 진실 아니면 거짓이었다. 그래서 모들린 칼리지를 다닐 때 기적은 모두 진실이라고 주장하는 가톨릭교로 개종을 결심했던 것이다.

이때 믿음과 신앙심에 대한 정설을 곤란에 빠뜨린 책이 나왔다. 1748년 데이비드 흄은 《인간 오성에 관한 탐구(An Enquiry Concerning Human Understanding)》를 발표하면서 10장의 제목을 '기적에 관하여'라 붙였다. 철저한 경험주의자였던 흄은 우리가 감각으로 인식하는 것이 누군가의 입으로 듣고 배운 것보다 훨씬 더 믿을 수 있다고 주장했다. 우리는 항상 가능성을 따져봐야 한다. 그리고 무언가를 직접 경험하지 않았다면, 있을 것 같지 않은 전언을 불신할 필요가 있다. 누군가가 기적을 직접 목격했다고 주장하더라도 그들의 주장이 서로 모순되지 않는지를 따져보고, 기적을 봤다고 주장하는 이들의 의도가 무엇인지 고민해야 한다.

흄은 종교에서 말하는 기적에 대하여 여러 가지 주장을 펼친 뒤에 경험주의적 관점에서 결론을 내렸다.

"전반적으로 기적에 대한 증거나 증언 중에서 그럴듯한 것은 없다. 그러니 증거가 되는 것이 있겠는가."

그는 "우리의 가장 성스러운 종교는 이성이 아닌 신앙에 근거한다"라고 장난스럽게 결론을 내렸다. 흄은 어떤 상황을 진지하게 농담조로 비꼬는 데는 달인이었다. 그는 '우리의 가장 성스러운 종교'에 대해 말하지만, 정작 본인은 그 성스러운 종교에 대한 믿음이 없다.

보즈웰과 존슨의 두 번째 대화에서 '증거'에 대한 이슈가 화제로 등장했다(보즈웰이 꺼냈을 가능성이 높다). 존슨은 다음의 말로 보즈웰을 안심시켰다.

"기독교는 아주 강한 증거를 가지고 있다네. 기독교의 기적은 논리적으로 판단하기에 다소 이상할 수 있어. 하지만 우리에겐 의심할 여지가 없는 역사적 사실이 많이 있다네. 물론 선험적 논리로 그 사실들을 둘러싸고 수많은 논쟁들이 벌어졌지. 하지만 증언의 무게는 대단하지. 그래서 증언이 형세를 일변시키는 것이거든."

존슨은 초기 기독교시대에 직접 기적을 목격한 이들의 '증언'이 변할 가능성은 없다며 기적을 부정하는 자들의 주장을 반박한다. 그 목격자들은 자신들이 목격한 기적에 대해 증언한 이유로 심한 박해를 받았다. 과연 그들은 박해를 받으면서도 굳이 일어나지도 않은 일을 일어났다고 거짓말할 이유가 있었을까?

이로부터 몇 달 뒤에 같은 주제로 두 사람은 다시 대화를 나눴다. 이때 존슨은 기가 막힌 비유를 한다. 캐나다를 직접 가보지 않고는 프랑스가 캐나다를 정말로 영국에게 양도했는지 확인할 방법이 없다. 7년 전쟁에 참전한 군인들이 거짓말을 하는 것일 수 있다.

"자네가 캐나다로 가서 그 지역이 영국 땅임을 확인했다고 치세. 사실을 확인한 자네는 만족스럽겠지. 하지만 자네가 영국으로 돌아와서 본 것을 이야기하더라도 우리는 자네를 믿지 않을 걸세. 아마 자네가 뇌물을 받고 거짓말을 한다고 생각할 거야. 하지만 우리가 아무리 자네가 거짓말을 한다고 그럴듯한 주장을 펼치더라도, 우리는 캐나다가 우리의 영토임을 의심하지 않는다네. 이렇듯 많은 사람들의 입에서 나온 증언의 무게는 어마어마하다네. 그러니 기독교의 증언은 이보다 얼마나 더 강력하겠나."

◆ 에드워드 기번과 기독교

에드워드 기번은 《로마제국쇠망사》 1권의 15장과 16장에서 기독교의 부상을 다뤘다. 후에 그는 이 결정을 후회하게 된다. 기독교는 보다 신중하게 접근해야 할 주제였다. 5년 뒤에 나올 2권을 위해 남겨 뒀더라면 좋았을 주제였다. 그는 기독교의 역사를 핵심적인 역사적 사건이 아닌 단순히 수많은 역사적 현상들 중 하나로 다룰 생각이었다. 초기 작가들은 신이 그들을 위해 직접 나서지 않았다면 잔인하게 박해받았던 무명의 종파가 세계를 정복할 수 없었을 것이라 주장했다. 무자비한 박해 속에서 그들이 살아남았다는 사실은 그들의 신앙과 그들을 위해 행해진 기적의 증거였다.

기번의 전략은 도입부에 신의 섭리에 입각하여 기독교의 부상을 설명하고 끝내는 것이었다. 신의 섭리가 역사에 개입되지 않았음을 증명하는 것은 불가능했다. 그래서 그는 이를 증명하려고 시도조차 하지 않았다. 그는 세속적인 '부차적 원인들'로도 기독교의 성공을 충분히 설명할 수 있다는 사실을 대중들에게 보여주고 싶었다. 그가 제시한 세속적인 부차적 원인들은 많은 사람들을 자신들의 종교로 개종시키려는 초기 기독교 신자들의 열의, 불멸에 대한 그들의 약속, 그들의 순수하고 금욕적인 도덕성과 사회적으로 폭력단체로 간주되는 그들의 조직이었다.

다수의 프랑스 철학자들과 달리, 기번은 기독교 자체를 절대 경멸하지 않았다. 이것은 강조하고 넘어가야 할 부분이다. 그가 초기 기독교의 도덕성은 순수하다고 했을 때, 그 말은 진심이었다. 그는 예수를 깊이 존경했다. 그리고 스스로 몸을 던져 잔인한 고통 속에서도 꺾이지 않는 그의 절개, 그의 자비심과 극단적으로 소박한 행동과 인물됨을 칭찬했다. 하지만 기번은 예수가 인간의 모습을 한 신의 아들이라고는 믿지 않았다. 그는 예수를 위대한 스승이라 생각했다. 후에 신학자들은 예수 본인은 사용하지 않은 그리스의 철학적 개념을 이용하여 예수를 성 삼위일체의 두 번째 위격으로 재창조했다.

기번은 불멸이란 주제에서 구약 성서로 정설을 공격했다. 예상치 못한 공격이었다. 그는 고대 인도, 이집트와 심지어 갈리아에서도 영혼의 불멸성을 가르쳤다고 말했다. 그런데 어떻게 구약 성서를 쓴 사람들은 불멸에 대해 하나도 모르는 것처럼 보일까?

"우리는 자연스럽게 종교에 있어서 필수 신조는 가장 명확하게 팔레스타인의 선택된 사람들에게 모습을 드러낼 것이고, 그 교리가 안전하게 아론의 세습된 사제들에게 맡겨졌기를 바랐는지 모른다. 영혼 불멸의 교리가 모세의 율법에서 생략되었음을 발견할 때, 우리는 신의 섭리의 불가사의한 베풂을 숭배해야 한다. (중략) 유대인들의 두려움과 희망은 좁은 현세에 국한된 듯 보인다."

데이비드 흄이 '우리의 가장 성스러운 종교'에 대해 말한 것처럼, 에드워드 기번은 우리는 반드시 '신의 섭리의 불가사의한 베풂을 숭배해야 한다'고 말한다. 하지만 그 역시 이에 대한 믿음은 없다.

기번은 기적에 대해 훨씬 더 냉소적이었다. 복음서에 따르면 그리스도가 십자가에 못 박혀 죽어갈 때, 하늘은 3시간 동안 어두웠다. 이에 기번은 많은 기독교 작가들이 그 어두움이 천지를 뒤덮었다고 말했다고 각주를 달았다. 하지만 그 시점에 이교도들은 자신들이 경험하고 목격한 모든 지진, 혜성 그리고 일식이나 월식을 기록했다. 왜 이교도들은 이 기이한 어두움 사건을 무시했을까? 기번은 이를 두고 이렇게 말한다.

"그들은 세계 창조 이후 인간이 목격한 가장 위대한 현상을 일부러 언급하지 않았다."

현대 신학자들은 이것을 의미 있는 비판으로 여기지 않았을 것이다. 그들은 복음서 작가들은 일어난 모든 현상을 있는 그대로 기록하는 것이 아니라 상징적인 사건만을 기록했다고 말할 것이다. 하지만 기번의 동시대인들에겐 모든 기적이 진짜여야만 했다. 왜냐하면 그 모든 기적이 기독교의 신성한 권한을 입증하는 없어서는 안 될 증거이기 때문이었다.

초기 기독교신자들에 가해진 박해에 대해서 기번은 일부 끔찍한 사건들도 있었지만 실제로 박해를 받아 죽은 기독교신자들은 많지 않았다는 증거를 어렵지 않게 제시했다. 이뿐만 아니라 대부분의 황제들은 기독교를 박해하지 않았고, 오랫동안 기독교는 공식적으로 용인됐다는 증거도 제시했다. 그는 후대에 전해지는 끔찍한 이야기는 종교적인 거짓말일 뿐이라고 주장했다. 그는 후대 작가들에 비해 훨씬 덜 충격적으로 기독교 박해를 기록한 초기 기독교 교부들의 말을 인용해냈다.

예상대로 《로마제국쇠망사》가 출판된 이후 반발이 불같이 일어났다. 하지만 기번은 흔들리지 않았다. 수많은 비판이 쏟아졌지만, 기번은 대응하지 않았다. 하지만 한 옥스퍼드 대학교 졸업생의 비판은 그냥 넘기지 않았다. 이 자만심에 가득 찬 젊은이는 표절 의혹을 제기했고 틀린 인용문을 찾아냈다고 주장했다. 물론 기번은 손쉽게 그의 주장을 반박해냈다. 이후 《로마제국쇠망사》 후속편에서 기번은 기독교의 지도자들에게 깊은 존경을 표했다. 하지만 존경의 대상은 그들의 교리가 아닌 그들의 실행력이었다. 그는 신학적 논란을 가만히 두고 보지 않았다. 하지만 그는 아타나시우스(Athanasius) 성인과 같은 기독교 작가들의 지성을 깊이 존경했다. 그들이 자신들의 위대한 지성을 잘못 사용했다고 생각했지만, 그래도 기번은 위대한 지식인으로서 그들을 존경했다. 그리고 그는 빈자와 병자를 보살핀다는 점에서 기독교를 존경했다. 제국 정부는 빈자와 병자를 단 한 번도 돌보지 않았다. 하지만 교리에 대해선 그는 은밀하게 계속 공격했다.

예를 들자면, 롬바르드 사람들에 대한 그의 발언이다. 롬바르드 사람들은 독일 내륙에서 왔고 6세기 이탈리아 북부를 점령했다. 이후 이탈리아 북부에서 기독교신자들과 이교도인 롬바르드 사람들 사이에 종교 경쟁이 일어났다. 가톨릭신자들은 롬바르드 왕의 개종을 위해 기도했다.

"더욱 고집스러운 미개인들은 암염소나 포로를 자신들의 선조들의 신들에게 제물로 바쳤다."

기번은 여기에 짓궂은 각주를 달았다.

"로마의 그레고리우스는 이들이 암염소를 숭배한 것으로 짐작한다.

나는 신과 제물이 일치하는 종교는 하나밖에 모른다."

같은 장에서 기번은 "모호한 전승에 따르면 네로에 의해 대경기장에서 천막 제작자와 어부가 처형되었다"고 기록했다. 기독교는 천막 제작자와 어부의 이야기를 '모호한 전승'이라 여기지 않았다. 천막 제작자는 성 바울이고, 어부는 성 베드로다. 예수는 베드로에게 "내가 너희를 사람을 낚는 어부로 만들겠노라"라고 말했다.

이따금 기번은 사람들이 기적을 믿게 된 이유가 드러나는 사건을 언급하기도 했다. 십자군 전쟁 동안 어느 프랑스 성직자는 환영을 통해 십자가에 못 박힌 예수를 찌른 성창이 안티오키아의 성 베드로 성당에 깊이 묻혀 있다는 사실을 알게 됐다(기번은 십자군을 토지를 수탈하는 불량배보다 하나도 나을 것 없는 자들이라 생각했다). 성 베드로 성당으로 가서 구덩이를 팠지만, 아무것도 나오지 않았다. 하지만 다음날 아침 성창이 기적적으로 어제 판 구덩이 속에 나타났다. 사람들은 프랑스 성직자가 간밤에 구덩이에 창을 뒀을 것이라 생각했다. 그는 불의 재판으로 자신의 진실성을 증명해야만 했다.

기번은 다음의 교훈을 얻기 위해서 이 이야기를 했다.

"그러나 다음 세대의 역사가들은 안티오키아의 계시를 엄숙하게 인정한다. 맹신은 매우 빠른 속도로 전파되는 법이어서 바로 그 자리, 그 순간에는 아무리 의심스러운 기적이라도 시공간상으로 적당한 거리가 벌어지면 절대적인 믿음으로 부활하기도 한다."

그리고 기번은 다수의 초기 성인들이 자신들의 삶을 기록으로 남겼지만, 그들은 후에 그들이 행했다고 여겨지는 기적을 단 한 번도 언급하지 않았다고 적었다.

보즈웰은《로마제국쇠망사》에 대해서 존슨과 이야기했고, 대화의 내용을 기록으로 남겼다. 그는 기번을 순진한 독자들을 유혹하는 뱀으로 묘사했다.

"우리는 많은 인기를 얻고 있는 그 책에 대해 이야기했다. 그 책은 감미로운 문체로 쓰였지만 교묘하게 불손한 내용을 담고 있었다. 나는 이렇게 우리를 급습하는 것은 타당하지 않다고 말했다. 그는 화려한 수사로 가득한 그의 정원으로 들어서기 전에 우리에게 위험을 미리 경고해야 했다. 용수철 포와 덫이 설치되어 있다는 경고문을 붙여야만 했다."

지주들은 밀렵꾼들을 잡기 위해서 그들이 토끼를 잡으려고 덫을 놓듯이 땅에 덫을 놓곤 했다. 그리고 부주의한 무단침입자가 방아쇠에 연결된 선을 발로 건드리면 용수철 포가 발사됐던 것이다.

◆영국 성공회

일부 사람들에게 이신론으로 알려진 철학은 종교적 정통에 대한 매력적인 대안으로 다가왔다. 이신론자들은 간단하게 지적 설계를 점검하여 신적인 존재가 이 우주를 창조했음을 확신할 수 있다고 주장했다. 아주 잘 작동하는 시계의 태엽장치와 같은 태양계가 지적 설계의 사례다. 이런 이유로 이신론은 과학처럼 증거에서 진실을 추론하는 '자연 종교'라 불렸다. 하지만 이신론자들은 신의 본성에 대하여 모든 것을 안다고 주장하지 않았다. 더구나 신은 인간에게 자신에게 기도할 것을 요구하고 영원한 삶을 약속하고 자신을 믿지 않는 자들에게 고통을 안겨준다는 것도 몰랐다.

이신론을 매력적이라 여겼던 사람들조차도 이 철학이 널리 확산되면 사회적 계층과 성적 계층을 포함하여 사회를 유지하는 도덕성이 약화될까봐 두려워했다. 어느 의사가 보즈웰에게 말했다.

"이신론을 진짜 종교라고 생각하더라도, 아내에게 이신론이 진짜 종교라고 말하지 않을 걸세."

존슨은 이신론을 경멸했다. 그에게 기독교의 모든 교리는 성경에 기록된 증거와 기독교의 후기 교부들이 확인한 진실이었다. 그래서 존슨은 이신론에 대한 회의론을 단호히 억눌러야만 했다.

물론 이렇게 행동하는 데는 엄청난 결단이 필요했다. 윌리엄 호가스(William Hogarth)에 따르면, 존슨은 단순히 성경을 믿었을 뿐만 아니라 성경만을 믿겠다고 다짐했다. 보즈웰은 《존슨전》에서 이와 아주 유사한 말을 했다.

"그는 거짓이 그토록 널리 퍼져 있다는 사실에 아주 놀라워했다. 놀라운 정황을 전해 듣자마자 그처럼 많은 혐오와 불신을 드러낸 사람은 없었다. 그는 의미심장한 표정과 결단력 있는 어조로 '그렇지 않아. 이 이야기는 다시는 하지 말게'라고 말했다."

고대 로마의 시인 호라티우스(Horatius)는 말했다.

"만약 그대가 나에게 믿을 수 없는 일을 말한다면, 나는 그것을 혐오하고 불신할 것이다."

제도적 종교에 대한 존슨의 입장은 톰 존스의 지도교사인 스와컴(Thwackum)과 크게 다르지 않았다. 스와컴이란 이름에는 그의 교육에 대한 철학이 담겨 있다.

"내가 종교를 거론할 때, 내가 말하는 종교는 기독교를 의미한다. 정확히 말하면 기독교뿐만 아니라 개신교 즉 프로테스탄트도 의미한다."

영국 성공회는 '국교'로 특권을 누렸고 정치성과 사회성이 짙었다. 영국 성공회의 권위는 영국의 국교라는 단순한 사실에서 나왔다. 회중교단, 침례교도 등 다른 프로테스탄트 종파의 신자들은 통틀어 '국교 비가담자'로 알려졌다.

이례적으로 스코틀랜드에서 장로교는 공식 국교였다. 하지만 잉글랜드의 장로교신자들은 국교 비가담자로 여겨졌다.

새뮤얼 존슨은 비록 사람들은 자신들이 바라는 것을 믿을 자유가 있지만, 그들에게 정통에 반하는 견해를 공공연하게 밝힐 자유는 없다고 주저하지 않고 말했다.

"생각해 보시게나. 자네는 아이들을 영국 성공회의 원칙에 따라 교육하고 싶지만, 자네의 아이들을 자신의 원칙으로 전향시키고자 하는 퀘이커 교도가 있다고 치세. 그러면 아마 자넨 그 퀘이커 교도를 자네의 아이들에게서 떼어놓을 걸세. (중략) 이제 그 저속한 이들은 이 나라의 자식이라네. 누군가 국가가 승인한 교리에 반하는 교리를 아이들에게 가르치려고 한다면, 치안판사가 그를 저지할지도 모른다네. 아니 저지해야만 한다네."

영국 성공회는 고등 교육을 독점했다. 다시 말해 '39개조의 신앙고백'에 적힌 가르침에 대해 맹세하지 않은 자는 옥스퍼드와 케임브리지에서 공부하거나 학생을 가르칠 수 없었다. (에드워드 기번은 《로마제국쇠망사》를 쓰기 위해서 역사적 문헌을 연구한 덕분에 과거에 존재했던 신학적 논쟁을 깊이 이해하고 있었다. 기번은 신앙을 지닌 대부분의 사람들은 자기들이 하는 말뿐만 아니라 그가 하는 말의 의미를 이해하지 못했다고 즐겨 말했다.)

주교는 세속적 권력도 가졌다. 그들은 종교적 귀족계층의 대표로서 상원에서 의석을 차지했고 투표권을 행사했다. 존슨은 이것이 아주 적절하다고 생각했다. 하지만 그는 "이제 그 누구도 학식과 독실함으로 주교가 될 순 없다. 의회에 이해관계가 있는 누군가와 연이 있는 자만이 주교가 될 수 있다"고 인정했다. 많은 주교들은 막대한 부를 쌓았다. 보즈웰은 요크 대주교에게 연 수입이 6,000파운드에 달한다는 것이 사실인지 물었다. 대주교는 직설적으로 답했다.

"더 많지요. 7,000파운드 정도 될 겁니다. 바보같은 비용 없이 모든 돈을 저축한다면 말이죠. 하지만 대주교로서 받는 돈이 전부가 아닙니다. 제 아내의 재산도 있죠. 그게 2만 파운드이고 서서히 늘어나고 있습니다."

개혁가들이 개탄했던 것은 '성직록'으로 알려진, 성직자가 교구에 임명되는 방식이었다. 외부와 상의하지 않고 마음대로 자신들의 교구에 성직자를 임명할 수 있는 지방 대지주의 비호를 받는 사람들이 성직록을 받았다. 존슨은 이것을 전혀 문제 삼지 않았다. 존슨은 보즈웰에게 성직록과 관련된 법적 변론을 작성해 준 적도 있었다. 오래전 영주들이 대부분의 영국 교회를 지었으니, 그들의 후손들에겐 자유롭게 그 교회를 돌볼 성직자를 선출할 권리가 있다는 것이었다. 그리고 현재 원래 기증자의 후손들이 성직록을 거의 소유하지 않지만, 성직자 임명권은 교회와 함께 전달되는 일종의 재산이라는 내용도 그 변론에 담겨 있었다.

이런 관행을 비판하거나 교구의 신자들이 성직자를 스스로 선택해야 한다는 제안은 존슨이 항상 걱정했던 사회 분열을 야기하는 행위였다. "어리석은 자들에게 헛된 생각을 심어주고 하층사회가 상류사회를 침범하도록 부추겨 정당한 종속관계를 부수려는 자보다 더 공공의 평화를 위협하는 자는 없다."

제도적 종교와 내적, 개인적 종교는 별개였다. 당시 많은 사람들에게 종교적 소속은 큰 의미가 없었다. 《종교의 자연사(The Natural History of Religion)》에서 데이비드 흄은 "모든 사람들의 항변을 들어라. 그들의 종교적인 교리만큼 분명한 것은 없다. 그들의 삶을 살펴라. 그들이 자신들의 삶은 조금도 신뢰하지 않는다는 생각은 거의 들지 않을 것이다"라고 말했다. 존슨은 사람들을 절대적으로 신뢰했다. 그의 신뢰의 결과는 영적 괴로움이었다.

어느 날 철학가이자 시인인 제임스 비티(James Beattie)는 스스로 없앨 수 없는 충격적일 정도로 불경한 생각으로 괴롭다고 고백했다. 제임스 비티는 《진실의 본성과 불변성에 관한 에세이(An Essay on the Nature and Immutability of Truth)》의 작가다. 존슨은 "이보게, 나의 인생을 1, 2, 3부로 나눈다면, 1부와 2부는 자네가 말한 불경한 생각으로 가득했다네"라고 답했다. 보즈웰은 이 대화를 《존슨전》에 삽입하지 않기로 결정했다. 보즈웰의 친구인 휴 블레어(Hugh Blair)의 설교를 읽은 뒤, 새뮤얼 존슨은 "종교에서 기쁨을 느끼지 않는 사람은 천국에서 가장 멀리 떨어져 있는 자"라는 말에 반대했다. 존슨은 "신에 대한 사랑보다 더 큰 두려움을 느끼는 많은 선량한 자들이 있다. 그런 사람들이 그의 설교를 들으면 좌절할지도 모른다. 그것은 경솔한 표현"이라고 엄하게 말했다. 존슨의 신앙은 '공포에 사로잡힌 정통'이었다.

존슨이 사망하기 6개월 전, 보즈웰은 그와 함께 윌리엄 애덤스(William Adams)를 찾았다. 윌리엄 애덤스는 옥스퍼드 대학교에서 존슨을 가르쳤던 지도교사였고, 지금은 펨브로크 칼리지의 교수였다. 윌리엄 애덤스는 신은 한없이 선하므로 죽음을 두려워할 필요가 없다고 말했다.

새뮤얼 존슨: 완벽한 본성이 허락하는 한 신이 한없이 선하다는 것을 저는 확실히 믿습니다. 하지만 개인은 죄를 짓고 벌을 받을 수밖에 없죠. 그러므로 개인에게 신은 한없이 선하지 않습니다. 제가 구원받을 수 있는 자격을 갖추었는지 모르겠습니다. 그래서 제가 저주받을 인간들 중 하나가 될까봐 두렵습니다(음울한 표정으로).

윌리엄 애덤스: 저주받다니 그게 무슨 말입니까?

새뮤얼 존슨: (격노하여 큰 소리로) 지옥에 떨어져 영원히 천벌을 받는 것 말입니다!

◆ 위대한 불신자

보즈웰이 더 클럽에서 회원들이 나눈 대화를 《존슨전》에 기록할 때, 그는 에드워드 기번을 이니셜 'I'로 지칭했다. '불신자'를 뜻하는 영어단어 'infidel'의 'I'였다. 보즈웰은 신을 믿지 않는 사람을 '불신자'라 불렀다. 아마도 '불신자'가 '종교를 믿지 않는 사람'보다 더 사악하게 들리기 때문이었을 것이다. 《영어사전》에서 존슨은 '불신자'를 '종교를 믿지 않는 사람, 악인, 이교도 그리고 기독교를 부정하는 자'라고 정의했다. 기번은 《로마제국쇠망사》에서 십자군을 다룰 때, 악인을 뜻하는 영어단어 'miscreant'에 각주를 달았다. 이 영어단어는 옛 프랑스어 'mécreant'에서 유래했다. 'créant'는 '종교가 있는 사람'을 뜻한다. 'mécreant'는 '종교가 없는 사람'을 의미한다.

기번은 "우리 선조들의 열의가 드높이 타올랐고, 그들은 종교가 없는 모든 사람들을 악인이라 낙인찍었던 것 같다. 이 단순한 선입견이 스스로 기독교 신자라 생각하는 많은 사람들의 마음속에 여전히 남아 있다"라고 말했다.

실제로 기번에 대한 보즈웰의 경멸은 종교에 대한 의견 충돌보다 개인적인 반감에 뿌리를 두고 있었다. 데이비드 흄 역시 기번과 다름없는 불신자였다. 하지만 보즈웰은 흄을 아주 좋아했고 에든버러에서 자주 만났다. 보즈웰과 흄은 종교에 대해 격론을 벌였다. 이때 보즈웰은 신앙을 옹호했지만, 볼테르와 달리 흄은 자신의 주장을 굽히지 않았다. 그럼에도 불구하고 보즈웰은 흄과 함께 있는 시간을 즐겼다.

"나는 오늘 오후 그와 정말 즐거운 대화를 나눴다. (중략) 데이비드가 이토록 예의바르고 합리적이고 편안한 사람인 줄 몰랐다. 그런 그를 보며 '이것이 바로 위대한 불신자다'란 생각이 떠올랐다."

결혼한 뒤에 보즈웰은 흄에게서 집을 빌리기까지 했다.

86. 데이비드 흄

흄은 통통하고 편안하며 사교적인 사람이었다. 프랑스 파리에서 그는 '사람 좋은 다비드(Le bon David)'라 불렸다. 1739년 《인성론》에서 그는 대화의 기쁨을 찬양했다.

"혈액은 새로운 조류와 함께 흐르고 심장이 부풀어 오른다. 전인(whole man)은 차분한 혼자만의 시간엔 얻을 수 없는 활력을 얻는다. 이런 이유로 그와 함께하는 사람들은 자연스럽게 크게 기뻐한다. 우리처럼 합리적이고 생각하는 존재의 가장 생기 넘치는 모습을 보여주며 자신의 마음속 모든 생각과 감정을 우리에게 전한다. 그리고 자신의 가장 은밀한 감정과 애정을 우리에게 드러낸다. 그리하여 우리는 그의 모든 감정이 만들어지는 바로 그 순간을 목격한다."

앨런 램지(Allan Ramsay)가 그린 데이비드 흄의 초상화는 그의 기분 좋은 상냥함을 정확히 담아낸다(그림 86). 그는 에든버러의 유명 지식인들과 잘 어울렸다. 심지어 그는 그들을 놀리기도 했다. 예를 들어, 흄은 휴 블레어에게 "사람들이 빠르게 우둔하고 무지한 기독교신자로 퇴화하고 있다"고 경고했다. 하지만 공식 장로교인 스코틀랜드 교회는 흄을 혐오했고, 그가 교수로 임명되지 못하도록 방해했다. 흄은 앤더슨이란 이름의 보수적인 성직자를 "경건하지만 악의적이고, 독실하지만 화를 잘 내고, 너그럽지만 가차 없고, 온순하지만 사람들을 못살게 괴롭히고, 기독교신자이나 비인간적이고, 중재자 역할을 하지만 몹시 화가 난 앤더슨"이라고 묘사했다.

흄은 자신의 이야기가 사실이라는 맹세를 자주 했다. 자신이 지은 집이 있는 뉴타운과 에든버러를 가르는 늪지대를 건너다가 그는 늪지대로 미끄러졌고 덩치가 너무 커서 빠져나오지 못하고 허우적댔다. 말과 행동이 거친 여자들이 나타났고, 그녀들은 그가 '사악한 불신자 데이비드 흄'임을 알아봤다. 그들은 그가 주기도문을 암송할 때까지 그를 도와주지 않았다.

존슨이 스코틀랜드에 머무르고 있을 때, 보즈웰은 그에게 흄을 소개하고 싶었다. 하지만 존슨은 그의 제안을 단칼에 거절했다. 그는 외설물을 제작하고 정계에서 버림받은 존 윌크스와는 화해할 수 있었지만, 위대한 불신자와는 화해할 수 없었던 것이다. 추측컨대, 불신자가 옳을지도 모른다는 불안감이 존슨의 내면에 잠재되어 있었는지도 모르겠다. 만약 그들이 옳다면, 존슨은 더 이상 종교의 공포에 복종할 필요가 없었다. 그는 자신이 하찮은 존재라고 생각했고 죄인은 내세에서 벌을 받아야만 한다고 확신했다. 그래서 그는 종교를 버리는 것은 상상조차 할 수 없었다.

보즈웰은 존슨이 놀라운 고백을 했다는 이야기를 들었다. 흄과 같은 인물이 주장하는 회의론에 빠졌고 그 회의론에서 벗어나기 위해 몸부림쳤다는 것이었다.

"데이비드 흄과 많은 혁신적인 회의론자들은 허영심이 가득한 자들이다. 그리고 만족을 위해 무엇이든지 할 사람들이다. 사실은 그들의 허영심을 충분히 채울 수가 없다. 그래서 그들은 할 수 없이 오류를 범한다. 진실은 그런 사람들에게 우유를 주지 못하는 젖소다. 그래서 그들은 우유를 얻기 위해서 황소에게로 간다."

이것은 확실히 재치 넘치는 말이다. 하지만 존슨이 계속 이어서 한 말은 진심이었지만, 자주 인용되지 않는다.

"진실을 희생시켜 나의 허영심을 채우는 것이 허락된다면, 난 엄청난 명성을 얻었을 것이다! 데이비드 흄이 기독교를 반박하기 위해 내세운 모든 주장은 그가 글을 쓰기 전에 이미 내 머리를 스쳐 지나간 것들이다."

1776년 흄은 위암으로 위독했다. 그래서 보즈웰은 그의 병문안을 갔다. 종교가 없는 자가 평온하게 죽어가는 모습을 보는 것은 두려웠다.

1776년 7월 7일 일요일 오전, 교회에 가기에는 너무 늦은 시간에 나는 런던과 바스에서 요양을 마치고 돌아온 데이비드 흄 선생을 보러 갔다. 그는 죽어가고 있었다. 그는 응접실에 혼자 옆으로 누워 있었다. 그는 야위었고 몹시 창백했고 초췌했다. 그는 흰 금속 단추가 달린 회색 옷을 입고 일종의 반가발을 쓰고 있었다. 예전의 포동포동한 모습은 온데간데없었다. 그는 차분하고 심지어 쾌활해보였다. 그는 자신이 마지막 날을 향해 나아가고 있다고 말했다.

눈치 없이 보즈웰은 죽음에 대해서 이야기하려고 했다. 흄은 그런 그를 예의바르게 응대했다. 흄의 침착함에 상당한 위협을 느낀 보즈웰은 꽤 자세하게 그와의 대화를 기록했다.

나는 그가 죽음을 눈앞에 두고도 내세를 믿지 않는지 너무나 궁금했다. 나는 지금 그가 하는 말을 듣고 그의 행동을 보며 그가 여전히 내세를 믿지 않고 있음을 알았다. 나는 그에게 내세가 존재할 가능성이 있지 않냐고 물었다. 그는 불 속에서 석탄 조각이 타지 않을 가능성은 있다고 답했다. 그리고 우리가 영원히 존재할 것이란 상상은 가장 비이성적인 생각이라고 덧붙였다. (중략) 나는 소멸을 생각하면 불안하지 않느냐고 물었다. 그는 전혀 불안하지 않다고 말했다. 루크레티우스의 주장대로 소멸이란 것은 단순한 생각에 불과하다고 말했다. "글쎄요. 흄 선생, 제가 그대를 내세에서 만난다면, 저의 승리가 되겠죠. 기억하세요. 그대는 진정 불신심으로 장난을 쳤다는 사실을 말입니다"라고 말했다. 그러자 그는 "아니죠. 그대가 내세라는 곳에 올 때쯤이면 전 이미 오랫동안 그곳에 머물렀을 테지요. 그러니 저에게 내세는 새롭지 않은 상태일 겁니다"라고 말했다. 이렇게 익살스럽고 경박하게 나는 대화를 이어나갔다. (중략) 하지만 나는 어느 정도 두려웠다. 나의 훌륭한 어머니의 독실한 가르침, 존슨 박사의 숭고한 교훈 그리고 나의 평생의 신앙이 거칠게 흔들렸다. 나는 갑작스럽게 위험에 처하여 방어 무기를 찾는 사람 같았다. 내 앞에는 강력한 재능과 방대한 탐구심을 지닌 사람이 소멸을 생각하며 죽어가고 있다. 그런 그를 보고 있자니 순간의 의구심이 나를 마구 공격했다. 하지만 나는 나의 신념을 지켜냈다.

보즈웰에게 이날의 대화를 전해들은 존슨은 다음과 같이 단언했다. "그는 거짓말했어. 그는 허영에 차서 죽음을 수월하게 받아들이는 척 했을 뿐이지. 익숙한 것들을 남겨둔 채 미지의 상태로 들어가는 것이 죽음이라네. 인간이 이런 죽음을 두려워하지 않을 가능성보다 그가 거짓말을 했을 가능성이 더 크다네."

데이비드 흄은 죽은 뒤에 인간이 그 어떤 '상태'로 들어간다고 생각하지 않았다. 난롯불에 던져진 석탄 덩어리처럼 단지 소멸해버린다고 생각했다. 보즈웰은 다음과 같이 덧붙였다.

"존슨 박사에겐 항상 죽음의 공포가 느껴진다. 오늘밤 그 죽음의 공포가 더욱 강하게 느껴졌다. (중략) 그는 죽음이 소름끼치지 않았던 순간이 단 한 번도 없었다고 말했다."

보즈웰은 이 대화 역시 《존슨전》에 담지 않았다.

작별인사를 위해 흄의 집을 찾은 날로부터 7년 뒤에 보즈웰은 무의식 속에서 위안을 얻었다.

"데이비드 흄의 일기장을 발견하는 기분 좋은 꿈에서 깨어났다. 그는 허영심 때문에 회의론과 불신심에 관한 논고를 발표했지만, 일기장 속 그는 사실은 독실한 기독교 신자였다. 그의 일기장에서 아름다운 구절을 읽었던 것 같다. (중략) 꿈에서 깨어난 뒤에 얼마 동안 그것이 오직 허구였다는 사실을 인식하지 못했다."

흄이 세상을 떠난 뒤, 애덤 스미스는 그를 기리며 따뜻한 헌사를 바쳤다. 그의 헌사는 흄의 저서에 인쇄됐다. 하지만 마지막 문장이 격분을 일으켰다.

"인간의 나약한 본성이 허락하는 한, 나는 항상 데이비드 흄을 완벽하게 현명하고 도덕적인 사람에 근접한 인물이라 생각했다. 그가 살아 있는 동안과 죽은 뒤에도 그렇게 생각했다."

이것은 종교가 없는 자들 중에서 현명하고 도덕적인 인물은 없다고 생각했던 사람들에게 모욕적인 발언으로 여겨졌다. 애덤 스미스는 의도적으로 플라톤이 소크라테스를 두고 한 말을 기억해 냈다.

"이 시대에 우리가 알고 있는 사람들 중에서 그가 가장 용감하고 가장 현명했고 가장 올곧았다."

당시 신앙인들은 비기독교도가 아무리 도덕적일지라도 구원받을 수 있는가에 대해서 열띤 토론을 벌였다.

데이비드 흄에게 바치는 애덤 스미스의 헌사를 읽은 보즈웰은 존슨에게 편지를 썼다.

"도덕 정원에 핀 유해한 잡초를 짓밟기 위해 흄과 스미스의 머리를 찧어 그들이 정신 차리게 해주소서."

이후 《새뮤얼 존슨과 함께한 헤브리디스 제도 여행기》의 재판에서 보즈웰은 거만하게 "나의 옛 윤리학 교수가 적은 이 문장을 읽었을 때, 나는 다윗과 함께 '분명 내가 나의 스승들보다 더 많이 알고 있다!'고 소리치지 않을 수 없었다"라고 썼다.

애덤 스미스는 어느 덴마크 경제학자에게 직접 다음과 같은 말을 했다.

"고인이 된 친구 흄 선생의 죽음에 대해서 악의 없이 글을 썼다네. 그 한 장의 글 때문에 대영제국의 상업체계에 내가 퍼부은 공격적인 글을 썼을 때보다 10배 더 많은 비난이 나에게 쏟아졌지."

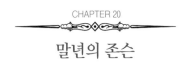

CHAPTER 20

말년의 존슨

◆친구들의 죽음과 쇠약해진 건강

1780년대 새뮤얼 존슨의 건강이 눈에 띄게 나빠졌다. 존슨 본인도 이를 잘 알고 있었지만, 항상 활기차게 생활하려고 애썼다. 신체적으로 하루가 다르게 쇠약해졌지만 정신적으론 멀쩡했다. 이 시기에 그는 또다른 걸작인《영국 시인전》을 발표했고, 이에 스스로도 놀랐다.

친구들은 존슨의 강인한 체력에 찬사와 감탄을 아끼지 않았다. 그가 중년이었을 때 있었던 일이다. 그는 베넷 랭턴(Bennet Langton)의 링컨셔 부동산의 언덕 꼭대기까지 올라가더니, 갑자기 "여기서부터 저 아래까지 데굴데굴 굴러서 내려갈 거네" 하고 선언했다. 랭턴은 놀란 토끼 눈으로 그를 쳐다봤다. 존슨은 주머니를 비우고 언덕 언저리에 평행이 되도록 누웠다. 그리고 실제로 몸을 데굴데굴 굴려서 언덕 아래까지 내려왔다.

1777년 68번째 생일날, 존슨은 헤스터 스레일에게 "나이는 정말 고집스런 병이랍니다"라고 말했다. 아일랜드 출신의 젊은 화가이자 에드먼드 버크의 제자인 제임스 배리(James Barry)가 이맘때 존슨의 모습을 유화로 담았다(화보 그림 29).

얼마 지나지 않아, 그의 몸 여기저기에서 고장이 나기 시작했다. 1782년 존슨은 보즈웰에게 보내는 편지에 "1월 중순부터 6월 중순까지 단 하루도 아프지 않은 날이 없어. 여기가 괜찮으면 저기가 아파"라고 썼다.

현존하는 기록은 현대 의사들이 존슨의 상태에 대하여 명확한 진단을 내리기에 충분하다. 존슨은 류마티스성 관절염, 천식과 만성 기관지염을 앓았고 후에 폐기종과 울혈성 심부전까지 얻었다(당시에는 울혈성 심부전은 수종으로 알려져 있었다). 당시 의사들도 이 질환들에 친숙했지만, 그들이 할 수 있는 일은 거의 없었다.

그는 당대 최고의 의료 서비스를 받았다. 주로 윌리엄 헤버든(William Heberden) 박사가 그를 돌봤다. 1780년 그는 "지난 20여 년 동안 나를 괴롭혀온 가슴의 발작 증세에 일시적이지만 차도가 있다"라고 일기에 썼다. 이것은 분명 협심증이었다. 헤버든 박사가 직접 《왕립의학회 회보》에서 협심증을 발표했다.

"이것은 매우 특이하고 심드렁하고 성가신 위험한 병이다. 목이 졸리는 듯 답답한 증세와 그러한 증세가 나타나는 부위 때문에 저자는 이 병을 협심증이라 명명한다."

존슨은 통풍도 앓고 있었다. 보통 기름진 음식을 먹고 술을 많이 마시는 귀족들이 통풍에 잘 걸렸다. 비만인 기번 역시 통풍에 시달렸다. 존슨은 헤스터에게 "심각하고 고질적인 통풍 때문에 꼼짝도 못하고 집에만 있었습니다. 두 손으로 엉금엉금 기어 다녔죠"라고 썼다.

분명 존슨에겐 고혈압도 있었을 것이다. 당시는 고혈압에 대한 이해가 거의 없었다. 고혈압은 필연적으로 뇌졸중으로 이어졌다. 1782년 버니는 존슨에게 "아주 가슴 아픈 소식을 전하게 되었습니다. 가엾게도 조슈아 경이 마비성 뇌졸중을 일으켰습니다. 입이 완전히 돌아갔고 얼굴이 일그러졌습니다"라고 편지를 썼다. 다행스럽게도 레이놀즈는 완전히 회복했다. 이것은 흔히 '미니 뇌졸중'이라 불리는 일과성 허혈성 발작이었다.

이듬해 존슨도 뇌졸중을 일으켰지만 다행히도 완전히 회복했다. 1783년 6월, 존슨은 헤스터에게 편지를 보냈다.

"3일 전 초상화를 그리기 위해 의자에 하루 종일 앉아 있었지요. 하지만 그날 밤 편안하게 잠자리에 들었답니다. 그런데 머릿속이 혼란스럽고 탁해지는 느낌에 곧장 잠에서 깼습니다."

그는 뇌졸중임을 직감했고 말을 할 수가 없었다. 하지만 마음속으로 라틴어로 기도문을 외울 수 있음을 알고 안도했다.

"그렇게 좋은 기도문은 아니었습니다. 하지만 적어도 그 기도문이 훌륭하지 않다는 것을 전 알았죠. 어쨌든 쉽게 속으로 라틴어 기도문을 외울 수 있었습니다. 그래서 뇌졸중 때문에 어디 고장난 곳이 없음을 알고 안심했답니다."

이 시기에 존슨은 다량으로 아편을 사용하기 시작했다. 당시 아편 사용은 합법이었고 불면증과 통증을 완화하기 위해서 사람들은 자유롭게 아편을 사용했다. 존슨은 아편을 사용하면 일시적으로 우울증에서도 벗어날 수 있다는 사실을 발견했다. 존 호킨스 경은 "습관이 되면, 아편은 확실한 기쁨을 얻을 수 있는 수단이 됐다. 그래서 존슨 박사는 우울해진다 싶으면 반드시 아편을 했다"고 말했다. 그리고 "사람들은 한껏 들떠 있는 그를 보며 그가 술에 취했다고 오해했다"고 덧붙였다.

언제 존슨이 처음 아편을 사용했는지는 아무도 모른다. 테띠의 말년이었을 가능성이 크다. 그녀는 말년에 과도하게 아편을 사용했던 것으로 알려져 있다. 테띠는 1752년에 죽었다.

말년에 존슨은 자신의 아편 사용량이 갈수록 늘어난다는 사실을 눈치 챘다. 그는 아편 사용량을 줄이려고 애썼지만 소용이 없었다. 그런 자신을 걱정하는 친구에게 아편을 덜 사용하려고 자제하고 있다고 말했다. 그의 말 속에서 그가 아편에 의존하는 까닭을 알 수 있다.

"나의 삶을 되돌아보니, 고독하거나 한가하거나 우연히 혹은 어두운 생각 때문에 아편 생각이 날 때, 나는 엄청난 공포심으로 오그라든다네."

당시 중독은 병으로 인정되지 않았지만, 분명 존슨은 약물 중독자였다.

많은 사람들이 존슨이 말년에 좀 부드러워진 것 같다고 입을 모았다. 한나 모어는 "말년의 존슨 박사는 예전보다 더 온화하고 현실에 만족한다. 이런저런 병을 앓더니 전혀 약해지진 않았지만 마음이 누그러진 듯하다. 나는 석양의 온화한 빛에 감명 받았다"고 말했다. 존슨은 친구에게 "난 오해를 많이 받았던 것 같네. 나는 솔직하지 않거나 심각한 사람이 아니야. 가끔 나는 의도한 것보다 더 많은 이야기를 하지. 농담으로 말일세. 그럼 사람들은 내가 심각하다고 믿어버려. 하지만 나는 지금 예전보다 더 솔직하다네. 인간에 대해서 더 많은 것을 알게 되면서 그들에게 덜 기대하게 되지. 그리고 난 이전보다 쉬운 말로 어떤 사람을 좋은 사람이라 말할 준비가 되어 있다네."

그렇다고 존슨이 말년에 친절한 노신사가 되었다고 말할 순 없다. 보즈웰은 1781년에 일어난 한 사건을 기록으로 남겼다. 1781년 어느 날 존슨의 중의적 표현에 사람들이 박장대소했다. 그는 소위 인쇄소의 악마라 불리는 인쇄소의 견습공과 결혼한 작가에 대해서 이야기했다. 인쇄소의 견습공들은 잉크에 얼굴이 번져 얼굴이 까매지는 사람이 많아서 악마라고 불렸던 것이다. 존슨은 그 작가는 그녀를 깨끗이 씻겼다고 말했다. 그리고 "그녀는 그를 수치스럽게 만들지 않았어. 그 여인은 최소한의 양식이 있었다네"라고 덧붙였다(존슨은 '최소한의 양식'과 '감각이 좋은 궁둥이'라는 뜻으로 중의적 표현인 'a bottom of good sense'를 사용했다). 그의 말이 끝나자마자 주변 사람들이 웃음을 터트렸다. 주교는 가까스로 웃음을 참았고, 한나 모어는 자신의 엉덩이를 가렸다. 이것은 존슨에겐 모욕적인 순간이었다.

사람들을 웃기려고 한 말이 아닌 자신의 말을 듣고 사람들이 웃는 것에 그는 자존심이 상했다. 그래서 그는 폭군처럼 무서운 표정으로 주변을 둘러보며 강한 어조로 말했다. "이 쾌활함은 어디서 온 것인가?" 그러곤 마음을 가다듬고 끔찍한 표정을 지었다. 그가 어떻게 감정을 억누르는지 알 수 있을 것 같았다. 그는 훨씬 더 터무니없는 단어를 찾는 듯 보였다. 그리고 천천히 "난 그 여인이 기본적으로 분별 있었다고 말한 걸세"라고 또박또박 말했다. 마치 "웃을 테면 웃어봐"라고 말하는 것 같았다. 우리 모두 장례식장에 있는 것처럼 차분하게 앉아 있었다.

존슨은 《영어사전》에서 영어단어 'fundament'를 '신체의 뒷부분, 즉 궁둥이'라고 정의했다(그는 '기본적으로 분별 있는'과 '쓸 만한 궁둥이를 가진'으로 중의적 해석이 가능한 'fundamentally sensible'이란 표현을 사용했다).

이것은 에바 개릭(Eva Garrick)이 남편이 세상을 떠나고 처음 개최한 만찬에서 있었던 일이었다. 보즈웰과 존슨은 에바 개릭의 집을 나서면서 잠시 아델피 빌딩을 바라봤다(아델피(adelphi)는 형제자매를 뜻하는 그리스어에서 왔다).

"나는 감정적으로 존슨 박사에게 세상을 떠난 친구 2명을 생각하고 있다고 말했다. 한때 저 빌딩에서 살았던 보우클레어와 개릭이었다. '그렇지. 그렇게 좋은 친구들은 또 없을 거야'라고 그는 상냥하게 말했다."

볼트 코트(Bolt Court)의 식솔들도 하나둘씩 세상을 떠났다. 매일 밤 존슨과 차를 마시며 대화를 나눴던 안나 윌리엄스(Anna Williams)가 제일 먼저 그의 곁을 떠났다. 그는 그녀를 무척 그리워했다. 로버트 레벳(Robert Levet)도 그의 곁을 떠났다. 그는 무면허 의사였지만, 실제로 의학적 지식이 풍부한 이였다. 당시 잉글랜드에선 아무나 의사가 될 수 없었다. 레벳은 5년 동안 파리에 머무르며 유능한 전문의들의 강의를 들었다.

볼트 코트에서 20년을 산 레벳은 1782년에 사망했다. 존슨은 그를 알고 좋아했던 어느 의사에게 "우리의 오랜 벗인 레벳 선생이 오늘 아침 세상을 떠났습니다. 지난 밤에 그는 대단히 쾌활했습니다. 그렇게 정말 유능하고 떳떳한 남자의 오랜 삶이 막을 내렸습니다"라고 편지를 보냈다. 보즈웰과 호킨스 경은 다소 상스러운 이들과 존슨의 우정에 경탄했다. 하지만 존슨은 빈자를 너그럽게 보살피는 일을 아주 중요하게 생각했다. 그는 로버트 레벳의 죽음을 기리는 감동적인 애가를 썼다. 다음은 그 일부분이다.

여러 해 동안 많은 시련을 겪은
레벳이 저 무덤 속으로 들어가는 것을 보라.
친구 없는 친구여
그는 거들먹거리고 순결하고 진실된 친구네.
알려지지 않았으나 현명하고 거칠지만 친절한
그는 애정의 눈길을 가득 채우네.
배운 자의 오만과
세련되지 못한 훌륭함에 대한 그대의 찬양을 거부하네. (중략)
잠시 쉬지도 빈 공간도 남기지 않고
그의 미덕은 좁은 길을 거니네.
분명 영원한 주인은 발견했으리.

단 하나의 인재를 이 세상에서 잘 사용했음을.

제임스 보즈웰에 따르면, 인재들에 관한 우화는 새뮤얼 존슨을 끈덕지게 괴롭혔다. "많은 재능을 받은 이에겐 많은 일이 요구될 것"이란 생각이 그의 뇌리를 강하게 스쳤다. 그는 자신이 뛰어난 재능들을 썩히고 있는 것은 아닌지 항상 전전긍긍했다. 반면 로버트 레벳은 단 하나의 재능을 받았고 그 재능을 잘 썼다.

헨리 스레일의 죽음은 존슨에게 가장 가슴 아픈 죽음이었다. 모두가 그의 죽음이 머지않았음을 직감했다. 그 누구도 그의 폭식을 멈출 수 없었고, 심지어 그의 아내조차도 그를 말릴 수 없었다. 남편이 사망하기 4년 전인 1777년 헤스터는 "폭식은 이 시대의 악습이다. 나는 오늘 이 악습의 심각성을 그의 조끼를 통해 확인했다. 배가 부르고 더 불러, 마침내 조끼가 터져 버렸다. 이제 남은 것은 뇌졸중과 돌연사다"라고 말했다.

저녁 만찬에서 헨리는 대체로 무기력했고 자주 졸았다. 1779년 어느 날 헨리에게 심각한 뇌졸중이 찾아왔다. 그는 수년 전 단독으로 대규모 채권을 발행했다. 채권이 회수되면, 무려 22만 파운드가 필요했다. 헨리는 이렇게 많은 돈을 조달할 수 없었다. 그는 뇌졸중에서 부분적으로 회복했지만, 더 이상 예전의 그가 아니었다.

1765년부터 헨리 스레일은 서더크 의회의 의원이었다. 그의 양조장이 서더크에 있었다. 그는 정치에는 큰 관심이 없었지만 의원직을 누렸다. 1780년 선거가 열렸지만, 그는 너무 아파서 대중 앞에 나설 수 없었다. 그즈음 뇌졸중이 두 번 더 찾아왔다. 헤스터가 그를 대신해서 선거인들 앞에 나섰고 좋은 인상을 남겼다. 의심할 여지 없이 그녀는 헨리 스레일보다 더 훌륭한 후보였다. 하지만 결국엔 헨리가 모습을 드러냈고 그렇게 그의 정치생활은 막을 내렸다. "그의 친구들은 그가 죽어가고 있다고 생각했지만, 그의 적들은 그가 이미 죽었다고 생각했다"라고 헤스터는 말했다.

이맘때 헨리 스레일이 세상을 떠날 날이 분명 머지않았다. "잠시도 입을 다물지 않는 남자가 건강할 수가 있을까요"라고 헤스터 스레일이 새뮤얼 존슨에게 말했다. 그해 4월 헨리 스레일은 강박적으로 폭식을 했다. 이를 본 존슨은 "이보게, 오늘 아침 의사들의 말을 듣고도 그렇게 먹는구먼. 그렇게 먹는 것은 자살 행위나 다름없네"라고 엄하게 헨리에게 말했다. 그로부터 3일 뒤 헨리는 배가 터질 정도로 먹고 휴식을 위해 침실로 갔다. 퀴니(Queeney)는 바닥에 누워 있는 그를 발견했다. "무슨 일이에요?"라고 그녀가 아버지에게 고통스러운 듯 말했다. "내가 선택했어. 일부러 이렇게 누운 거란다"라고 헨리는 딸에게 단호하게 대답했다. 하지만 얼마 지나지 않아 뇌졸중이 한 번 더 찾아왔고 그 길로 그는 사망했다. 그의 나이는 고작 52살이었다.

헨리 스레일을 기리기 위해 스트레텀 교회에 대리석 기념비가 세워졌다. 새뮤얼 존슨이 비문을 작성했다.

"그는 기발하고 개방적이며 한결같은 사람이었다. 부질없는 기교나 지나친 보살핌으로 스스로를 과시하는 법이 없었다. (중략) 가족, 동료, 친구와 손님들은 그의 편안하고 상냥한 태도를 진심으로 사랑했다. 그는 아무하고나 자유롭게 대화를 했고, 아첨하지 않고 모두를 즐겁게 했다."

보즈웰은 스레일 부부를 좋아하지 않았다. 그럼에도 불구하고 헨리 스레일의 죽음에 대해 그가 정중하게 행동할 것이라고 사람들은 생각했다. 장례식이 치러진 지 고작 하루가 지났는데, 보즈웰은 헤스터와 존슨의 가상 결혼을 축하하는 천박한 축시를 썼다. 그는 레이놀즈의 집에서 단숨에 이 천박하고 악의적인 축시를 써내려갔다. 존 웨인은 "여느 천박한 취향이 사라진 곳에서 보즈웰은 시작했다"고 논평한다. 다음의 시구가 이를 확인시켜줄 것이다.

사랑의 격정적인 고통 속에서 몸부림친
우리는 아프로디시아스의 지진과 같은 경련을 느낀다.
지친 자연은 마침내 휴식을 취하고
재치와 지혜가 그 깊은 틈을 메우니,
우리의 팔다리가 뒤엉키고
황홀감에 빠져 입술이 입술에 끈적끈적하게 붙네.
마음속에서 서로 부둥켜안은 채로
우리는 상상의 달콤함을 조금씩 마시네.
더할 나위 없는 행복감이 부풀어 오르고
나의 가슴은 정욕으로 불타네.
더 이상 포터(porter)를 찬양하지 않으리.
내가 바로 스레일의 인타이어(entire)다.

마지막 부분은 비열하고 저속한 뜻이 담긴 비유로 가득하다. 헨리 스레일은 맥주 양조업자였다. '포터(porter)'는 맥주의 일종이고, 테띠의 첫 번째 남편의 성이었다. 나아가 '인타이어(entire)' 역시 맥주의 일종이었다. 그리고 '인타이어'란 말은 거세한 말의 반대인 정력이 넘치는 종마를 뜻했다.

보즈웰은 자신의 작품에 너무나 만족했다. 그래서 여러 모임에서 이 축시를 읽거나 심지어 곡을 붙여 노래로 불렀다. 존슨이 이 축시에 대해 들었을 때, 그에게서 오싹한 한기가 느껴졌다. 하지만 아마도 그는 그 모욕적인 축시를 직접 본 적은 없었던 것 같다.

헨리 스레일이 죽은 뒤에 헤스터 스레일이 양조장을 떠맡게 되었다. 당시 그녀의 가장 어린 두 딸이 각각 4살과 2살이었다. 다행히 그녀에겐 유능한 관리인인 존 퍼킨스(John Perkins)가 있었다. 남편이 살아 있을 때 그녀는 양조장 일에 전혀 개입하지 않았다. 그녀는 "상인의 아내는 남편의 매춘부 이외에 남편의 일에 대해선 잘 모른다"고 일기장에 썼다. 그녀는 이제 퍼킨스와 일하면서 양조장을 어떻게 경영해야 하는지 빠르게 익혔다. 하지만 그녀는 사업을 계속할 생각이 없었으며, 그녀의 목표는 사업을 정리하는 것이었다.

새뮤얼 존슨은 사업에 대해 아무것도 몰랐다. 하지만 그는 유언 집행자로 지명됐고 헤스터 스레일에게 도움이 될 수 있다는 생각에 매우 기뻤다. 그는 "양조장에서 보일러와 통을 떼다가 팔 생각은 없다. 하지만 매우 부자가 될 가능성은 있다"라고 외쳤다. 헤스터 스레일은 일기장에 "20년 전 천사가 '사전 존슨'이란 이름의 남자가 어느 날 나의 사업 파트너가 되고, 우리가 함께 혹은 각자 3천~4천 파운드 상당의 어음이나 증서에 서명해야만 한다고 말해 줬다면, 그런 일이 일어날 가능성이 거의 없다고 생각했을 것이다! '가능성이 거의 없다'로는 부족하다. 그런 일이 일어나리라곤 믿지 못했을 거다"라고 냉담하게 썼다.

헤스터는 존슨이 자신의 새로운 역할을 완전히 즐기고 있다고 생각했다. 그리고 채권과 임대차 계약서의 서명란에 자신의 이름을 휘갈겨 쓰는 즐거움으로부터 그를 떼어 내는 것이 힘들 것이라 정확하게 예견했다. 헤스터는 사업을 '나의 황금 맷돌'이라 불렀다. 그녀는 사업으로 많은 돈을 벌었지만, 양조사업은 그녀에게 너무나도 버거운 짐이었다. 결국 그녀는 바클레이란 이름의 양조업자에게 13만 5,000파운드에 양조장을 팔았다. 그녀는 크게 안도하며 다음과 같이 말했다.

"나는 이 거래로 평화와 안정적인 미래를 샀다. 본래 신분을 회복했고 상업적 용어와 사기로 어지럽고 오염된 삶에서 자유로워졌다."

바클레이는 존 퍼킨스와 손을 잡았고 19세기에 양조장은 세계에서 가장 큰 양조장으로 성장했다. 1955년 바클레이와 퍼킨스 회사는 커리지 유한회사를 합병했다. 그때까지 맥주 상표에 새뮤얼 존슨이 등장했지만, 커리지 유한회사를 합병한 뒤에는 커리지 수탉으로 대체됐다.

1782년 마침내 헤스터 스레일은 부채를 모두 탕감했다. 그녀는 스트레텀 대저택을 임대하여 돈을 모으고 딸들과 해외로 여행을 다니기로 결심했다. 10월 6일 존슨은 마지막으로 스트레텀 대저택에서 저녁식사를 했다. 그는 일기장에 그날 먹은 음식을 라틴어로 기록했다.

"잘게 다진 시금치를 곁들인 구운 양 다리, 건포도로 채운 만두, 채끝살, 그리고 어린 칠면조. (중략) 나는 무거운 마음으로 나의 자리에 앉았다."

그는 '스트레아타미암 콴도 레비삼'이라고 끝맺었다. 이것은 '언제 다시 스트레텀을 보게 될까'란 뜻이다. 그 식사를 마지막으로 그는 다시는 스트레텀 대저택을 보지 못했다. 스트레텀에서 마지막 저녁식사를 한 밤에 존슨은 간략한 기도문을 작성했다.

"이곳에서 내가 누렸던 안락함과 편안함을 겸허히 그리고 감사하는 마음으로 기억하고 정중히 떠나보내리라."

◆ 최후의 걸작

새뮤얼 존슨은 자신의 말년을 스트레텀 대저택에서 보냈다. 이곳에서 한 편의 걸작이 탄생했다. 그 누구도 예상하지 못한 일이었다. 그의 말년은 대부분의 사람들이 작가로서 그의 인생이 끝났다고 생각했던 시기였다. 그는 항상 누군가의 의뢰에 의해 글을 써왔다. 1777년 40

명의 서적상으로 구성된 컨소시엄이 그에게 글을 의뢰했다. 그들은 왕정복고 이후 52명의 영국 시인들의 전기와 작품론을 정리하여 여러 권으로 나눠 책을 낼 생각이었다. 그들은 존슨에게 이 작업을 해달라고 의뢰했다. 그들은 저렴하게 존슨을 고용했고 각 시인에 대하여 서문을 제공했다. 작업은 상대적으로 간단해 보였다. 존슨은 보즈웰에게 "나는 영국 시인들의 하찮은 삶과 서문을 정리해서 하찮은 책을 쓰고 있다네"라고 편지를 보냈다. 하지만 곧 그는 작업에 넋을 잃고 몰입했고, "의도했던 바보다 더 열중했다. 이 책이 유용한 기쁨을 독자들에게 제공하길 바란다"라고 책의 서문에 썼다. 하지만 그의 일기장에는 이와는 다르게 적혀 있었다.

"3월의 어느 날, 나는 영국 시인들의 삶을 정리하는 작업을 마무리했다. 여느 때와 다름없이 미적거리다가 마감일에 임박하여 급하게 글을 썼다. 글을 쓰는 것이 싫었다. 열심히 썼지만, 허둥지둥 급하게 진행한 작업이었다."

항상 스스로에겐 엄격한 존슨이었다. 그는 거의 모든 작업을 스트레텀 대저택에서 진행했다. 그곳에서 자신의 원고를 가족들에게 자주 읽어줬다.

대부분의 시인들의 전기와 작품론은 간단하게 정리할 수 있었다. 하지만 밀턴(Milton), 드라이든(Dryden), 포프(Pope) 그리고 스위프트(Swift)의 경우는 달랐다. 전기, 인물평 그리고 그들의 작품에 대한 비평이 각각 책 한 권 분량이었다. 컨소시엄은 현실을 받아들였다. 그리고 이 4명의 시인에 대해선 간단한 서문이 아닌 10권의 책으로 정리했다. 1781년 모든 작업이 마무리됐고 《영국 시인전》이 세상에 나왔다.

새뮤얼 존슨은 소개할 시인을 선정하는 데 자신의 의견을 전혀 피력하지 않았다. 몇몇 시인들은 정말 보잘것없었고 그는 그 사실을 숨기려고 전혀 애쓰지 않았다. 그는 조지 스테프니(George Stepney)에 대해 "때때로 세상은 자격이 없는 것에 찬사를 보내서 낭비한다. 허나 왜 그러는지 이유를 아는 이는 아무도 없다"라고 결론지었다. 그리고 존 셰필드(John Sheffield)에 대해서는 "그는 흔한 주제에 대해 노래했다. 하찮은 시구를 쓰는 이들처럼 그는 자신의 소망, 비통함, 회개, 절망 그리고 기쁨을 주제로 시를 썼다. 그는 위대하려고 거의 노력하지 않았고 즐거우려고 거의 애쓰지 않았다"고 썼다. 존 셰필드는 버킹엄 공작이었고 귀족으로 유명했다.

마크 에이컨사이드(Mark Akenside)는 나름 명망 있는 시인이었다. 하지만 존슨은 그의 시를 비평하길 거부했다. 이것은 참담한 일이었다.

"작품들이 대체로 지루하면 비평하는 데 더 많은 힘이 든다. 아무도 읽지 않은 작품을 평가하고 분석해서 뭐에 쓸 것인가?"

보즈웰과의 대화에서 그는 훨씬 더 직설적이었다.

"형편없는 시 한 편을 읽는 것은 고통스럽지만, 여러 편을 읽으면 병이 나지."

한 시인 때문에 존슨은 엘리자베스 몬터규와 절교했다. 최근 사망한 조지 리틀턴 경은 아주 보잘것없는 시인이었지만, 몬터규가 가장 좋아하는 시인이었다. 그 누구도 그의 작품을 높이 평가하지 않았다. 존슨은 "그의 《사랑의 전진(Progress of Love)》은 목가적이라고 평할 수도 없다. 그의 《블레넘(Blenheim)》에 담긴 무운시는 힘도 없고 고상하지도 않다. 노래든 경구든 그의 보잘것없는 작품들은 때때로 활발하고 때때로 재미없다"라고 평했다. 호레이스 월폴은 한 친구에게 "몬터규 부인과 동료 팬들이 자신들의 어여쁜 리틀턴 경을 경멸한 것을 두고 존슨 박사를 갈기갈기 찢어놓을 거야"라고 유쾌하게 말했다.

비록 조사는 다소 부족했지만, 《영국 시인전》에 실린 시인들의 전기는 아주 훌륭했다. 이뿐만 아니라 전문 비평가의 관점에서가 아니라 일반 독자라고 부를 사람들의 관점에서 나온 신랄한 문학 비평도 《영국 시인전》의 백미다. 그는 "문학적인 편견에 물들지 않은 독자들의 상식에 의해 훌륭하게 다듬어진 미묘한 표현과 학식의 독단주의가 시적인 명예를 누릴 수 있는지의 여부가 마침내 결정되기 때문"이라고 말했다. 버지니아 울프(Virginia Woolf)는 첫 수필집 《보통의 독자(The Common Reader)》의 속표지에 그의 말을 인용했다.

새뮤얼 존슨은 《카울리전(Life of Cowley)》에서 형이상학적 기지에 대한 완전히 독창적인 분석을 발전시켰고 '형이상학파 시인'이란 말을 만들어냈다. 실증주의적인 문학 연구의 한계를 지적하고 문학작품, 특히 시작품 자체만을 분석하고 평가하는 신비평가들은 형이상학파 시인들의 작품을 높이 평가했다. 하지만 존슨은 존 던(John Donne) 같은 형이상학파 시인들의 작품을 좋아하지 않았다. 그럼에도 불구하고 그가 그 시대에 형이상학파 시인들의 지력을 알아본 첫 번째 사람이었다. 그는 형이상학파 시인들의 작품이 지나치게 지적이라 반대했다. 에이브러햄 카울리(Abraham Cowley)의 연애시집에 대해서 "그런 구성은 속죄를 바라는 은둔자나 다른 성별에 대해 들어보기만 했을 뿐 직접 본 적 없는 철학적 시인이 썼을 것"이라고 평했다.

새뮤얼 존슨 시대의 문학 비평은 대체로 오늘날 '이론'이라 불리는 것들에 기반을 뒀다. 하지만 존슨은 문학의 목적을 결코 잊지 않았다.

"상상의 작품들은 독특한 매력과 즐거움으로 돋보인다. 사람들의 이목을 끌고 끝까지 붙잡아놓는 힘이 있다. 독자가 한번 읽고 마는 그 책은 헛되이 훌륭하다. 그는 즐거움으로 마음을 사로잡고 놓아주지 않는다. 사람들은 그의 작품을 한 장 한 장 열심히 정독한다. 그리고 새로운 즐거움을 기대하며 다시 정독한다. 나그네가 떠나는 날을 바라보듯 슬픈 눈으로 그의 결론을 읽어 내려간다."

새뮤얼 존슨은 밀턴, 드라이든과 포프에 특히 집중했다. 그는 그들을 매우 존경했고 그들의 장점에 대해 유창하게 평가했다. 그는 《밀턴전(*Life of Milton*)》을 굉장한 찬사로 마무리했다.

"그의 위대한 작품은 정치적 냉대와 같은 반대와 무지 속에서 탄생했다. 하지만 그는 자신의 손길로 이 모든 어려움을 사라지게 했다. 그는 역경을 극복하기 위해 태어난 사람이다. 허나 최초의 작품이 아니기에 그의 작품은 가장 위대한 영웅시는 아니다."

존슨이 마지막에 이렇게 말한 까닭은 《일리아드(*The Iliad*)》와 《아이네이스(*The Aeneid*)》가 존 밀턴의 《실낙원(*Paradise Lost*)》을 능가하는 훌륭한 작품이었기 때문이다.

영국 시인들의 전기를 기록한 부분은 그들의 인간적 행동에 대한 눈을 뗄 수 없는 의견으로 가득하다. 알렉산더 포프가 강박적으로 자신을 비방하는 팸플릿을 읽은 일화도 실려 있다. 존슨은 조너선 리처드슨 (Jonathan Richardson)이란 화가에게서 직접 이 일화를 전해 들었다. 자신에 대한 악의적인 팸플릿을 접한 포프는 "이런 글들이 나의 머리를 식혀주지"라고 말했다. 포프가 자신의 비방글을 읽는 동안 그의 옆에 앉아 있던 친구들은 그의 얼굴이 고통스럽게 일그러지는 것을 지켜봤다. 친구들이 모두 집으로 돌아간 뒤에 조너선 리처드슨의 아들은 아버지에게 그날 포프처럼 자신의 비방글을 읽으며 머리를 식히는 일이 자신에게 일어나지 않기를 바란다고 말했다.

이 일화를 통해 알렉산더 포프의 성격을 알 수 있다. 비판에 민감했기에 그는 위대한 시를 탄생시킬 수 있었다. 존슨은 항상 최선을 다하지 않는다는 이유로 스스로를 비난했다. 그런 점에서 알렉산더 포프에게 바치는 그의 찬사는 더 감동적이다.

"포프는 천재다. 그는 왕성하게 사고하고 야심 있고 항상 연구하며 무언가를 염원한다. 그는 방대하게 연구함에도 더 파고들려 하고, 높이 날고 있음에도 더 높이 오르고자 한다. 항상 사실보다 더 위대한 무언가를 상상하고 능력보다 더 많이 노력한다."

새뮤얼 존슨의 이전 작품보다 《영국 시인전》은 꾸준히 만족감을 주는 읽을거리다. 자일스 스트레이치(Lytton Strachey)는 "쉽고 나태한 힘, 탐색하는 현실 감각, 분별과 역설이 결합된 구사력, 굽히지 않는 독립적 사고. (중략) 독자들은 과거 누군가와 나눈 친밀한 대화에서 튀어나온 듯한 수려한 문장들에 감탄한다"고 평했다. 또 다른 20세기 작가는 "새뮤얼 존슨의 최후의 걸작인 《영국 시인전》은 사실을 엮은 단순한 모음집이 아니다. 그것은 지혜와 연륜이 담긴 책이고 처세에 대한 논문이며 인간의 운명에 대한 해설이다"라고 결론지었다.

◆ 헤스터 스레일과 가브리엘 피오치

스레일 부부는 특별히 금슬이 좋지는 않았다. 그들 역시 서로를 깊이 사랑하는 부부 관계를 기대한 적은 단 한 번도 없었지만, 두 사람은 스트레텀 대저택에서 서로 만족하는 삶을 살았다. 그러나 헨리 스레일이 세상을 떠나면서 그런 삶이 갑자기 사라졌다. 헤스터 스레일은 40살에 생애 첫 자유로운 삶을 누리게 됐다. 그녀는 새뮤얼 존슨이 아닌 다른 누군가와 사랑에 빠졌다. 존슨이 헤스터와 사랑을 나눌 수 있을 거라고 생각했는지는 알 수 없다. 하지만 그는 헨리 스레일이 죽은 뒤에도 자신들의 관계는 변함없이 친밀하고 강력할 것이라 생각했다. 1783년 존슨은 바스에 있는 헤스터에게 편지를 보냈다.

"가장 오랫동안 사랑한 이들이 최고의 사랑을 나누고 있는 것이죠. (중략) 20년의 우정이 우리의 인생과 얽히고설켜 있죠."

존슨의 바람과는 달리 헤스터 스레일이 사랑에 빠진 사람은 가브리엘 피오치(Gabriele Piozzi)였다. 한 살 연상인 그는 1778년 퀴니의 음악 선생으로 스트레텀 대저택을 처음 찾았다. 그들의 첫 만남은 결코 낭만적이지 않았다. 헤스터는 손님들에게 등을 돌린 채로 피아노를 치며 노래하는 피오치의 뒤에 조용히 섰다. "그녀는 익살스럽게 그를 흉내 냈다. 그녀는 황홀하게 어깨를 으쓱하며 폈고, 머리를 한껏 뒤로 젖히고 손님들을 쳐다봤다. 그녀는 마치 가브리엘 피오치 본인보다 피아노 소리에 훨씬 더 감동을 받은 듯 보였다"라고 프랜시스 버니가 그날을 회상했다.

피오치를 초대한 찰스 버니는 경악했고, 헤스터에게 당장 멈추라고 속삭였다.

"그녀는 그의 책망에 고개를 끄덕이고 자신의 자리로 돌아와 조용히 앉았다. 나중에 그녀는 자신의 인생에서 가장 지루했던 그날 밤의 자신의 행동에 대해 어여쁜 아가씨인 양 수줍게 변명했다."

그리고 "이상하고 참으로 이상하고 가장 이상하도다. 두 사람의 첫 만남이 어떤 결과로 이어졌는지 생각하면 말이다. 헤스터는 자신이 조롱거리로 삼았던 사람과 자신의 관계가 어떻게 될지 전혀 상상하지 못했다. 불과 몇 년 뒤에 그는 그녀의 이상적인 연인이자 운명의 상대가 됐다!"라고 프랜시스 버니는 과장 없이 있는 그대로 덧붙였다.

피오치는 심지어 헨리 스레일이 죽기 전에 헤스터 스레일에게 강한 인상을 남겼다.

"피오치는 내가 굉장히 아끼는 사람이다. 그는 아주 지적이고 안목이 있다. 그래서 그의 조언을 구하지 않는 사람이 없다. 그는 그 누구보다 감각적이고 부드럽고 우아하게 노래한다. 피아노 건반을 치는 그의 손은 매우 부드럽고 달콤하며 섬세하다. 그가 치는 모든 음이 사람의 마음을 울린다."

1783년 피오치와 깊은 사랑에 빠진 헤스터는 그와 결혼하기로 결심했다. 허나 딸들의 후견인들은 두 사람의 결혼을 격렬히 반대했다. 그녀가 가톨릭신자인 이방인과 결혼하면, 자신들이 낭만적으로 결혼할 가능성이 줄어들기 때문이었다. 그리고 음악 선생은 천하게 여겨졌다. 당시 19살이었던 퀴니가 두 사람의 결혼에 대하여 특히 분개했고, 이에 대해 헤스터는 비통한 심경을 글로 남겼다.

나는 비통함에 신음했고 괴로움에 침대에 몸을 던졌다. 나의 어여쁜 딸이 냉담하게 나를 쳐다봤다. 딸아이는 다정한 말로 그와의 결혼을 만류하려고 시도조차 하지 않았다. 그녀는 차갑게 내가 그와 결혼하기 위해 자식들을 버릴 것이고 피오치가 나를 무시할 것이라고 말했다. 딸아이는 그가 나를 싫어한다고 생각했다. 내가 나의 자식들을 연못에 빠진 강아지 신세로 만들 것이라고 했다. 자연의 섭리에 따라 헤엄쳐서 연못에서 빠져나오거나 물에 빠져 죽게 될 강아지. 그와의 결혼을 강행하면, 퀴니도 다른 고용인들처럼 있을 곳을 찾아야 하고, 다신 내 얼굴을 보려 하지 않을 것이다.

헤스터는 뜬눈으로 밤을 지새웠고 진심으로 기도했다.

"아침에 딸의 침대로 파고들며 그와의 결혼을 포기하겠다는 결심을 전했다. 그리고 자식의 이익을 나의 사랑보다 우선시할 것이라 덧붙였다."

몇 주 뒤에 헤스터는 다른 친구가 있는 자리에서 자신의 결정을 피오치에게 전했다. 그와의 만남이 너무 소중해지지 않도록 그리고 그와의 이별이 너무 가슴 아프지 않게 친구를 불렀다.

"그에게 이별을 고한 뒤에 나는 내가 가장 아끼고 사랑하는 친구인 버니의 가슴에 얼굴을 묻고 슬픔을 토해냈다."

1783년 4월이었다. 피오치는 이탈리아로 돌아갔고, 헤스터는 체념했다. 프랜시스 버니는 격정에 휩쓸리는 것이 어떤 느낌인지 상상조차 할수 없었다. 헤스터의 딸들보다 더 나을 것이 없었다. 몇 달 뒤에 버니는 퀴니에게 "헤스터처럼 고결한 여인이 억누를 수 없는 열정에 휩쓸려 스스로를 고통스럽게 만드는지 이해할 수 없구나"라고 말했다. 버니는 언제나 자신의 열정을 제어했다.

"나는 사랑에 광분하지 않지만 우정에 열정을 쏟는 사람이라 진심으로 행복하다. 난 사랑에 아주 소극적인 사람이다. 심지어 G. C. 선생도 예외가 아니다."

버니가 말한 'G. C. 선생'은 조지 오웬 케임브리지(George Owen Cambridge)였다. 케임브리지는 버니에게 관심이 아주 많았다. 구애하기 전에 그녀가 자신에게 분명한 신호를 주기만을 기다리고 있었다. 하지만 버니는 그에게 영영 신호를 보내지 않았다.

그러나 결국 헤스터는 용기를 냈고, 딸들과 친구들의 반대에도 불구하고 피오치에게 돌아오라고 편지를 보냈다. 1784년 7월 헤스터와 피오치는 이틀 간격으로 각각 가톨릭과 영국 성공회의 예법과 절차에 따라 결혼했다. 50년이 지난 뒤에도 버니는 자신의 생각을 굽히지 않았고 헤스터의 행동에 대해 개탄했다. 자신도 프랑스인과 결혼해서 행복하게 살고 있는데도 말이다. 하지만 그녀의 남편은 천한 음악 선생이 아니라 귀족 신분의 망명자였다. 레슬리 스티븐(Leslie Stephen)은 "이탈리아 음악가는 영국 양조업자보다 열등하지 않다"고 평했다.

버니는 헤스터가 자신의 열정을 억제하려 애썼다고 인정했다.

"하지만 아주 소량의 독이 예기치 않게 아무런 저항을 받지 않고 그녀의 혈관으로 들어갔다. 결국 그녀의 몸 전체에 독이 퍼졌다. 그녀의 몸에서 그 독을 빼낼 수 없었고, 그녀의 몸에 들어간 독은 그녀의 일부분이 됐다."

어느 의사는 억지로 피오치를 포기하게 만들면, 그녀가 자살을 하거나 미쳐버릴 것이라 생각했다.

두 사람의 결혼이 분명해지자, 버니는 그녀에게 직설적으로 절교를 선언했다.

"그대는 다섯 아이를 둔 어머니죠. 그 중에 세 명은 키가 그대만하죠. 열정이 이성을 지배해버린 어머니는 결코 용서받을 수 없답니다. (중략) 자식, 종교, 친구, 국가, 인격. 그 무엇이 이것들을 대신할 수 있을까요? (중략) 그 누구도 혼자 힘으로 태어나지 않습니다. 저는 기회가 있을 때마다 관용을 베풀었습니다."

이 편지를 보내고 얼마 지나지 않아, 어린 헨리에타가 4살의 어린 나이에 세상을 떠났다. 이제 살아 있는 스레일 부부의 자식들은 20살의 퀴니, 14살의 수잔나, 13살의 소피아와 7살의 세실리아였다.

항상 고지식할 정도로 올곧은 블루스타킹들은 두 사람의 결혼 소식에 경악했다. 엘리자베스 몬터규는 그들의 결혼식 날에 친구에게 편지를 썼다.

"난 그 불쌍한 여인이 미쳤다고 믿고 있어. 그리고 오랫동안 그녀의 정신 상태가 온전치 않다고 생각해왔지. 그녀는 최고의 어머니, 최고의 아내, 최고의 친구 그리고 가장 쾌활한 사회 구성원이었어. (중략) 내 판결은 '그녀는 미쳤다'라네."

블루스타킹 중 한 명인 헤스터 채폰(Hester Chapone)도 몬터규와 같은 생각이었다.

"분명 조금이라도 미치지 않고서야 이런 일을 벌일 수가 없습니다.

그토록 압도적인 열정은 '중년 여인의 뼈' 속에서 자연스럽지 않습니다."

당시 모두가 당연히 40대의 여인은 연애감정과 욕정을 억눌러야 한다고 생각했다. '중년 여인의 뼈'는 햄릿이 자신의 어머니에게 퍼부은 비난에서 인용한 표현이다.

헤스터는 또 다른 사람에게서 심판을 받아야 했다. 결혼을 목전에 두고 그녀는 새뮤얼 존슨에게 편지를 보냈다. 그의 회신은 그답지 않게 잔인했다(그림 87).

부인,

그대의 편지를 제대로 이해했다면, 그대는 불명예스러운 결혼을 하는구려. 만약 아직 결혼하지 않았다면, 우리 한번 함께 이야기를 나눕시다. 그대가 아이들과 종교를 버렸더라도 신은 그대의 나약함을 용서할 것이오. 그대의 명성과 국가를 빼앗겼다면, 그대의 어리석음이 더 이상 해를 끼치지 않기를 바라오.

아직 결혼이 거행되지 않았다면, 그대를 사랑하고 존경하고 숭배하고 섬기는 제가, 오랫동안 그대가 최고라고 생각했던 제가 그대의 운명을 되돌릴 수 없는 순간이 되기 전에 그대를 한 번 더 볼 수 있기를 간청합니다.

한때는 그대의 진정한 벗이었던 샘 존슨 올림

왼쪽 여백에 수직으로 "그대가 허락한다면 내가 내려가겠소"라고 적혀 있다. 후에 헤스터가 존슨에게 받은 편지를 공개할 때, 이 부분은 삭제했다.

하지만 그녀는 품위 있게 답장을 보냈다.

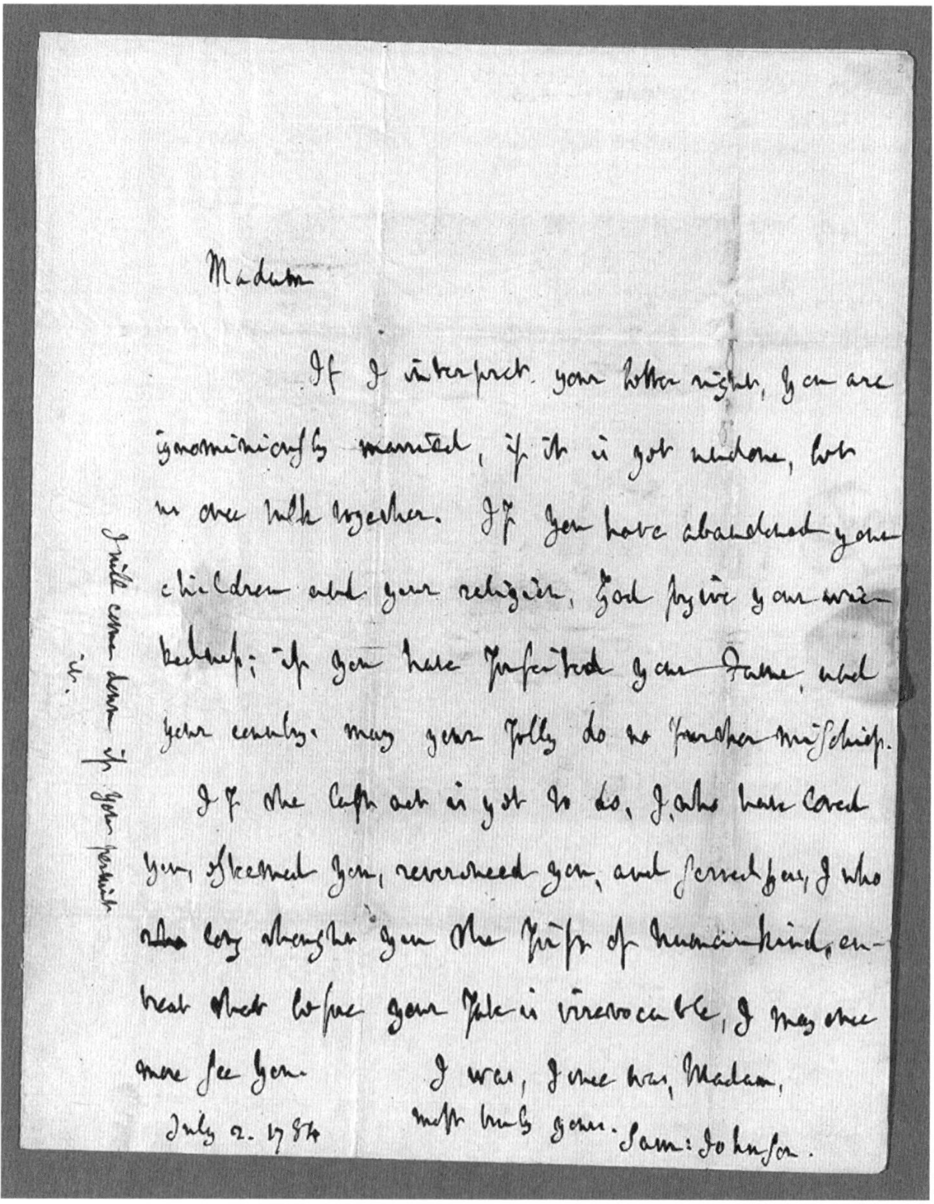

Madam

If I interpret your letter right, you are ignominiously married, if it is yet undone, let us once talk together. If you have abandoned your children and your religion, God forgive your wickedness; if you have forfeited your fame, and your country, may your folly do no further mischief.

If the last act is yet to do, I, who have loved you, esteemed you, reverenced you, and served you, I who long thought you the first of humankind, entreat that before your fate is irrevocable, I may once more see you. I was, I once was, Madam, most truly yours.

July 2. 1784 Sam: Johnson.

I will come down if you permit it.

87. 헤스터 스레일에게 보내는 새뮤얼 존슨의 편지

나의 두 번째 남편의 신분은 첫 번째 남편보다 더 비천하지 않습니다. 그리고 그의 감정들과 직업 역시 비천하지 않습니다. (중략) 제가 저의 명예를 박탈했다고 하셨습니다. 지금까지 제가 들어본 모욕적인 말 중에서 가장 모욕적인 말이었습니다. 저의 명예는 눈처럼 순수합니다. 그렇지 않으면 그는 저의 명예를 보호해야 한다고 생각하지 않을 테니까요. (중략) 전 항상 그대를 존경했습니다. 그리고 전 단 한 번도 가혹한 말로 우리의 우정을 유린한 적이 없습니다. 하지만 그대가 피오치에 대한 생각을 바꿀 때까지 그대를 만나지 않겠습니다. 신의 축복이 있기를!

이제는 존슨이 모욕당했다고 느낄 차례였다. 그는 마지막으로 헤스터에게 편지를 보냈다. 지금까지 그녀에게 보낸 편지 중에서 가장 감동적인 편지였다. 그는 드라이든의 베르길리우스 번역본을 그대로 인용했다. 여기에는 '되돌아갈 수 없는 강'인 저승의 강 스틱스가 등장한다. 그리고 그는 후에 자신을 처형시키는 사촌 엘리자베스 여왕의 권력에 도전했던 낭만적인 스코틀랜드의 여왕 메리의 삶에서 결정적인 순간을 회상한다.

친애하는 부인에게,
난 그대의 행동에 대해 분개할 생각은 없습니다. 저에게 전혀 해롭지 않으니까요. 그대의 행동이 너무나 애통하지만 말입니다. 그러니 저는 마지막으로 다정하게, 아마 쓸모없겠지만 진심으로 한숨짓습니다.
신이 그대를 축복하길 바랍니다. (중략) 그리고 그대의 행복을 위해 내가 할 수 있는 일이 무엇이든 저는 피폐한 20년의 삶을 어루만져준 그대의 친절함에 보답할 준비가 되어 있습니다. (중략)
메리 여왕이 잉글랜드에 피신할 결심을 했을 때, 그녀를 만류했던 세인트 앤드루 대성당의 대주교는 그녀를 동행했습니다. 그들이 잉글랜드와 스코틀랜드를 가르는 되돌아갈 수 없는 강에 도달했을 때, 그는 그녀의 곁에서 함께 걸어서 강을 건넜죠. 강을 절반 정도 건넜을 때 그는 메리 여왕이 탄 말의 고삐를 움켜잡고 그녀를 기다리는 위험과 그녀를 향한 애정으로 다시 그녀에게 스코틀랜드로 되돌아가자고 했습니다. 그러나 메리 여왕은 뒤돌아보지 않고 강을 건넜습니다. 그대와 메리 여왕이 이토록 닮아 있을 수 있을까요. 눈물이 앞을 가리는구려.

대주교가 메리 여왕을 막을 수 없었던 것처럼 존슨 역시 헤스터를 만류할 수 없었다. 하지만 그녀를 떠나보내는 그의 슬픔은 엄청났다. 헤스터는 이 편지도 공개했다.

하지만 존슨은 헤스터와의 절교에도 수그러들지 않았다. 4개월 뒤에 프랜시스 버니는 존슨을 찾아갔다. 이것이 그와의 마지막 만남이 될 것임을 그때 그녀는 알지 못했다. 버니는 존슨에게 헤스터와 연락을 하는지 물었다.

"아무것도 없다네. 이젠 편지도 보내지 않는다네. 그녀를 나의 마음에서 거의 몰아냈어. 그녀는 스스로 자신의 명예를 실추시켰지. 그리고 친구들과 지인들의 명예도 실추시켰고 그녀와 같은 여성들의 명예도 훼손시켰어. 나아가 인류에 대한 모든 기대를 저버렸어! 만약 그녀가 나에게 편지를 보낸다면, 그 즉시 편지를 태울 거야! 가지고 있는 그녀의 편지를 모두 불태웠지. 그녀와 다신 이야기하지 않을 거라네. 그리고 그녀의 소식을 더는 듣고 싶지 않아."

답답함과 억울함을 담아 존슨이 소리쳤다. 존슨은 버니와 이 대화를 나누고 나서 3주 뒤에 세상을 떠났다.

캐서린 밸더스턴(Katharine Balderston)은 새뮤얼 존슨과 헤스터 스레일이 마조히즘적인 관계를 맺고 있었다고 제일 먼저 주장한 학자다. 그녀는 존슨이 헤스터와 절교한 후의 비참한 심경을 다음과 같이 설명한다.

그는 깊은 상처를 입은 사람처럼 행동했다. 그녀에 대한 기억을 짓밟아야지만 고통으로부터 잠시나마 벗어날 수 있었다. 그리고 그는 공황상태에 빠진 사람처럼 행동했다. 나는 그가 실제로 공황상태에 빠졌었다고 믿는다. 자신의 가장 나약한 모습을 비굴하게 그대로 보여준 여인에게 버림받는 것보다 그의 자존감을 무참히 짓밟을 수 있는 것은 없었다. 자신의 숭배의 대상이 진흙 발을 가진 한낱 인간에 불과하다는 사실을 깨닫게 되는 순간에 그는 엄청난 불안감을 느꼈다. 그의 우상은 육신의 매력 그 이상의 우월한 존재였고 자신의 보호자였다. 오셀로처럼 그의 위안은 틀림없이 그녀를 혐오하는 것이었을 것이다.

◆새뮤얼 존슨을 찾아온 죽음

제임스 보즈웰이 새뮤얼 존슨을 마지막으로 본 날은 1784년 여름이었다. 그 해 6월 두 사람은 '부끄럽지 않은 단체'인 더 클럽에 함께 나갔다. 최근 더 클럽은 새로운 장소에서 모임을 열었다. 1783년 터크즈 헤드 태번의 주인과 남편이 죽은 뒤 선술집을 이어받은 아내 모두 세상을 떠났다. 그 뒤 선술집은 가정집으로 개조됐다. 그래서 더 클럽은 피커딜리 인근 색빌 스트리트에 있는 프린스 태번으로 모임장소를 옮겼다.

7월엔 레이놀즈의 집에서 보즈웰과 존슨이 저녁식사를 했다. 그러고 나서 레이놀즈의 마차를 타고 볼트 코트로 되돌아왔다. 존슨은 잠시 집안에 들어갔다가 가라고 했지만, 보즈웰은 다음에 그러마고 하고 자리를 떠났다.

"기분이 가라앉을 것 같았다. 우리는 마차에서 서로에게 애정 어린 작별을 고했다. 존슨 박사는 마차에서 내려서 '안녕히 가시게'라고 외쳤고, 뒤도 돌아보지 않고 집으로 들어갔다. 활기찬 그의 모습이 애처로웠다. 자신의 불안감을 감추려고 애쓰는 듯 보였다. 나는 그와 영영 이별할 날이 머지않았다는 예감이 들었다."

그날 이후 두 사람은 다시 만날 수 없었다.

스코틀랜드에 있던 보즈웰은 존슨의 임종을 곁에서 지켜보지 못했다. 보즈웰은 많은 이들의 입을 통해 그의 마지막 날들이 어땠는지 들었고, 그 내용을 정리하여 《존슨전》에 담았다.

랭턴 선생은 버크 선생과 4~5명의 친구들이 존슨 박사와 함께했던 날에 대해 이야기해 줬다. 버크 선생은 존슨 박사에게 "너무 많은 사람들이 한꺼번에 찾아온 것이 아닌지 걱정스럽습니다"라고 말했다. 그러자 존슨 박사는 "절대 그렇지 않습니다. 아닙니다. 제 몸 상태가 형편없으면 모를까, 여러분이 찾아온 것이 너무 기쁩니다"라고 대답했다. 버크 선생은 애정이 듬뿍 담긴 다정한 목소리로 "사랑하는 친구여, 그대는 항상 저에게 너무 다정하군요"라고 말했다. 그러곤 곧장 그 자리를 떴다.

베넷 랭턴은 거의 매일 존슨과 함께했다. 존슨은 그런 그에게 "테 테네암 모리엔스 데피키엔테 마누"라며 로마의 서정시인 티불루스를 인용했다. "죽어가는 나의 약한 손을 잡아주소서."

몇몇 의사들이 존슨의 곁을 지켰다. 하지만 그들이 할 수 있는 것이라곤 퉁퉁 부어오른 다리의 고통을 완화시켜 주는 것이 전부였다. 그들 중 한 명은 존슨에게 희망을 주고자 좋아지고 있다고 말했다. 이에 존슨은 "아닙니다. 죽음을 향해 빠르게 달려가는 저를 그대는 멈출 수 없습니다"라고 답했다. 한 통의 편지를 받은 존슨은 "이상한 생각이 머리를 스쳤습니다. 무덤에선 편지를 못 받겠지요"라고 말했다.

또 다른 의사와 대화를 나누던 존슨은 "밤새 저는 죽어가고 있답니다"라고 소리쳤고, 갑자기 맥베스의 대사를 읊었다.

> 그대는 교란된 마음의 병을 고칠 수가 없단 말이냐?
> 뿌리 깊은 근심을 기억으로부터 뽑아내고
> 뇌수에 스며든 고통을 지워 버리고,
> 모든 일을 잊게 하는 달콤한 망각제를 써서,
> 답답한 가슴으로부터, 가슴을 짓누르는 위험한 생각들을
> 깨끗이 씻어내 후련하게 해줄 수 없단 말이냐?

그와 대화를 나누던 의사는 "거기선 환자가 직접 처방을 했을 겁니다"라고 대답했고, 존슨은 아주 만족스러워했다.

존슨은 의사들이 자신의 퉁퉁 부은 다리에서 나쁜 체액을 빼내기 위해 너무 깊은 상처를 낼까봐 두려워한다는 것을 눈치 챘다. 그는 가위를 움켜잡고 서투르게 자신의 다리에 직접 상처를 냈다. "나 좀 더 살고 싶습니다. 그대들이 나에게 고통을 줄까봐 두려워한다는 것을 알고 있습니다. 하지만 저는 그대들의 두려움에 관심 없습니다"라고 외쳤다.

임종을 앞두고 존슨은 기억에 남을 만한 말들을 쏟아냈다. 그는 한 친구에게 "나는 정복당하겠지만, 굴복하지 않을 거야"라고 말했다. 그리고 또 다른 친구에게 "얌 모리투루스"라고 했다. 이것은 "난 곧 죽을 거야"란 뜻이었다. 그는 검투사들이 로마 황제에게 했던 "모리투리 테 살루타무스"를 기억했던 것이다. 이 말은 "죽음을 앞둔 우리가 그대에게 경의를 표합니다"란 뜻이다.

그의 마지막 날들에 프랜시스 바버는 등장하지 않는다. 하지만 그는 그 누구보다 죽어가는 존슨을 자주 찾았던 인물이었다. 보즈웰은 동생 데이비드 보즈웰에게 바버를 인터뷰하도록 했다. 데이비드 보즈웰은 형에게 "모리스 양이 존슨 박사의 축복을 청했습니다. 프랜시스 바버는 그녀와 함께 그의 방으로 들어가서 그녀의 말을 전했죠. 그의 말을 들은 존슨 박사는 침대에서 몸을 돌려 그녀에게 '그대에게 신의 축복이 있기를!'이라고 말했다고 합니다"라고 편지를 보냈다. 존슨은 유언으로 프랜시스 바버에게 상당한 유산을 남겼다.

죽을 날이 다가오면서 그는 아편을 거부했다. 죽는 날까지 맑은 정신을 유지하고 싶었던 것이다. 12월 13일 저녁 그는 2층 밀실에서 편안하게 숨을 거뒀다. 그의 임종을 곁에서 지켜보던 이들이 거의 눈치 채지 못할 정도로 아무런 고통 없이 존슨은 세상을 떠났다.

보즈웰은 존슨의 친구 윌리엄 제라드 해밀턴(William Gerard Hamilton)의 말을 고별사로 대신했다. 해밀턴은 정계에 처음 입문했을 때 에드먼드 버크와 함께 일했다.

"그가 떠나고 우리의 가슴에 아주 깊은 구멍이 남았습니다. 그 무엇도 이 구멍을 메울 수 없을 겁니다. 하지만 그 무엇도 가득 채워지지 않는 법입니다. 존슨은 죽었습니다. 그 다음으로 가장 훌륭한 벗을 사귑시다. 하지만 그런 사람은 없습니다. 그 누구도 새뮤얼 존슨을 대신할 수 없습니다."

당시 그 누구도 해밀턴이 존슨이 《더 램블러》에 했던 말을 떠올렸음을 알지 못했다.

"사람은 다른 사람을 압제할 수 없다. 이것은 아마도 신의 섭리일 것이다. 한 개인이 은퇴하거나 사망하여 이 세상에 깊은 구멍을 남길 정도로 아주 중요한 존재여선 안 된다."

하지만 새뮤얼 존슨은 예외였다.

그의 사망 소식이 스코틀랜드에 있던 보즈웰에게 전해졌다. 물론 그는 존슨의 임종이 얼마 남지 않았음을 이미 알고 있었다. 그럼에도 그는 그의 사망 소식에 아주 큰 충격을 받았다.

"나는 망연자실했고 소스라치게 놀랐다. (중략) 나는 눈물을 흘리지 않았다. 나는 큰 충격을 받았고 인사불성이 됐다. 나중에 더 고통스러워질 것임을 알았다."

웨스트민스터 사원에서 존슨의 장례식이 열렸다. 더 클럽의 회원들이 거기까지 가기 위해서 많은 마차가 필요했다. 레이놀즈는 세인트 폴 대성당에 존슨의 동상을 세울 것을 강력히 주장했다. 적절한 절차였다. 하지만 존슨은 실제로 웨스트민스터 사원에 안치됐다. 토마스 타이어스(Thomas Tyers)는 "개릭과 존슨이 같은 곳에 누워 마지막 안식을 얻으리라고 그 누가 생각했을까?"라고 말했다.

CHAPTER 21

내리막길 위에 선 보즈웰

◆오킨렉 지주가 된 제임스 보즈웰

제임스 보즈웰은 새뮤얼 존슨이 세상을 떠나고 11년을 더 살았다. 그는 이미 내리막길을 걷고 있었다. 내려가는 속도는 갈수록 빨라지고 있었다. 그는 법조계와 정계에서 성공할 만한 재능이 없었다. 그럼에도 불구하고 그는 계속 변호사로서 그리고 정치인으로서 크게 성공하기를 꿈꿨다. 주변 평가에 상관없이 그는 스스로를 아주 높이 평가했다. 그는 "공중에 누각을 짓는 이들이 많다. 하지만 나는 공중누각에서 살려고 시도한 첫 번째 인물이라 생각한다"고 말했다.

적어도 보즈웰은 학수고대했던 것을 손에 넣었다. 1782년 오킨렉 경이 세상을 떠난 뒤 그는 오킨렉의 9번째 지주가 됐다. 보즈웰 가문의 장남이 16세기부터 대대로 오킨렉을 물려받았다. 그는 아버지의 죽음을 가슴아파하지 않았다. 그의 아버지는 죽는 날까지 잔인했고 빈정댔다. 죽을 날을 몇 주 앞두고 그는 가엾은 존에 대해 모욕적인 발언을 했다.

"나는 충격을 받았고 아버지에게 '그는 당신의 아들입니다. 그리고 신께서 그를 창조했어요'라고 말했다. 아버지는 '나의 아들들이 명청이인데, 내가 어쩌겠느냐?'라고 냉담하게 말했다."

오킨렉 경은 보즈웰 역시 그 멍청한 아들들 중 하나라고 생각했다.

데이비드 보즈웰(David Boswell)은 보즈웰의 막냇동생이었다. 런던에 자리를 잡기 전에 데이비드는 수년 동안 스페인에 살았고 상인이었다. 그는 기질적으로 우울했지만 멍청이는 아니었다. 존 보즈웰(John Boswell)은 안타까운 경우였다. 그는 집안 대대로 이어진 정신병을 심하게 앓았고 인생의 대부분을 정신병원에서 보냈다. 보즈웰이 병문안을 갈 때마다, 존은 극심한 고통에 정신이 나간 상태였다. 때때로 몇 시간 동안 단 한 마디도 하지 않았다. 입을 여는 날이면 그의 정신병은 더 심각해졌다.

"존은 내가 정말 살아 있는 사람인지 물었다. 그는 내가 유령이라 생각했다. 나는 내가 유령이 아니라는 사실을 존이 확신할 수 있도록 그의 손을 세게 잡고 흔들었다. (중략) 존은 '갇혀 있어서 감각을 잃었습니다. 전 분명 죽어가고 있어요'라고 말했다. 가엾은 사람. 그 때문에 마음이 무너져 내렸다."

보즈웰의 계모는 그가 아버지의 임종을 지키는 것을 허락하지 않았다.

"그녀는 놀라울 정도로 단호했다. 나는 아버지의 곁을 지키고 싶었다. 그녀는 '그대가 곁에 있으면 경이 혼란스러워할 거야. 마지막 순간까지 그를 괴롭히지 마시게'라고 말했다. 나는 어이가 없었고 그 자리를 떠났다. 슬펐다. 그녀와 나 사이엔 애정은 없었다."

오킨렉 경이 자신의 아들이 언젠가 세계적으로 유명한 작가가 될 것임을 알았다면, 그는 아들이 자신의 임종을 지키는 것을 신경 쓰지 않았을지도 모른다.

새로운 지주에게 새로운 특권과 의무가 주어졌다. 서로 알게 된 지 오래 되지 않았을 때, 존슨은 "자네에게 할 말이 있네. 스코틀랜드에는 그대에게 의지하고 그대를 사랑하는 많은 가족들이 있지. 그런 곳의 지주가 된다는 것은 아주 영예스러운 일이라네"라고 보즈웰에게 말했다. 보즈웰은 이론적으론 동의했지만 그는 실제로 그 역할을 기쁘게 받아들이지 않았다.

이제 그는 100개가 넘는 농장의 소작인들을 책임져야 했다. 오킨렉 경이 사망하기 몇 년 전 보즈웰은 "오킨렉의 지주는 우아한 저택을 소유했습니다. 저택 앞에서 10마일을 달려야 자신의 영지의 끝에 이르렀죠. 그리고 그를 따르는 사람들이 600명이 넘었습니다. 저택에는 아름다운 암석, 나무 그리고 호수로 가득했죠"라고 자랑스럽게 존슨에게 말했다. 실제로 오킨렉에는 이보다 훨씬 더 많은 사람들이 살았다. 2만 7천 에이커의 부지에 거의 1,000명의 주민들이 거주했다.

하지만 보즈웰은 아름다운 풍경에는 전혀 관심이 없었다. 그는 자신이 오킨렉을 물려받게 되면 아주 잠깐 머무르는 별장으로 사용할 것이라고 존슨을 안심시키기 위해서 오킨렉의 아름다운 풍경을 언급했을 뿐이었다. 오킨렉의 아름다움에 대해 이야기하면서 그는 런던을 '지구상에 존재하는 천국'이라 불렀다. 이에 존슨은 "난 자네만큼 런던을 좋아하는 사람은 본 적이 없네"라고 말했다. 보즈웰은 "런던에 싫증난다는 것은 자신의 인생에도 싫증난다는 거죠"라고 대답했다.

보즈웰은 땅에 대한 믿음이 있었다. 오킨렉을 물려받은 뒤에 그는 인근에 거대한 소작지를 구매하기 위해 막대한 빚을 졌다. 그를 걱정한 친구가 핀잔을 주자, 그는 "난 우리 가문의 일부였던 옛 속령이 낯선 이의 손아귀에 있는 것을 지켜보는 것이 너무나 짜증스러웠다네"라고 말했다. '속령'은 실로 허세가 가득한 단어였다. 존슨은 '속령'을 '왕자들이 어린 자녀들의 양육비를 위해 따로 떼어둔 토지'라고 정의했다.

스코틀랜드의 시골에서 자란 페기는 에든버러에서 60마일 떨어진 오킨렉에서 영원히 살기를 바랐다. 그랬다면 그녀는 더 행복했을 것이다. 오킨렉 경이 죽은 지 6주가 지난 1782년 10월에 보즈웰과 페기는 오킨렉으로 내려갔다. 그곳에서 페기의 건강이 빠르게 좋아지는 듯 보였다.

"지금 페기는 아주 건강하다. 아내는 처녀 때처럼 생기 넘쳤고 에어 주변을 산책했다. (중략) 나는 사랑하는 아내가 건강하고 우리의 관계가 훌륭해서 너무 기뻤다. 인류가 π를 즐기며 얻는 기쁨에 맞먹었다."

보즈웰은 수학기호 'π'를 페기와의 성관계를 나타내는 상징 중 하나로 사용했다.

제임스 보즈웰은 초라하게 늙어갔다.

"지금 살이 너무 많이 쪘고 배도 너무 많이 나왔다. 아마 나의 체액은 역겨울 것이다. 자주 경험하지 못한 무기력함이 느껴진다. (중략) 나는 꽤 관능적이다. 우아하게 관능적이지 않고 다소 추잡하게 관능적이다."

당시 사람들은 체액이 균형 있게 유지되면 건강하다고 여겼다.

세월이 흐르면서 보즈웰이 오킨렉에서 보내는 시간이 점점 줄어들었다. 로버트 번스(Robert Burns)는 멀지 않은 곳에 살았고 보즈웰을 만나길 바랐다. 하지만 보즈웰은 끝내 번스를 만나지 않았다. 번스는 1786년 《주로 스코틀랜드 방언에 의한 시집(Poems, Chiefly in the Scottish Dialect)》을 발표했다. 보즈웰은 스코틀랜드 민요를 좋아했고 '달콤하고 우울하며 자연스럽다'고 평했다. 하지만 그가 번스의 시집을 읽었는지는 알 수 없다. 보즈웰은 번스의 정치적 성향이 급진적이란 사실을 알고 그를 피했는지도 모른다.

존 던(John Dun)은 보즈웰의 가정교사였다. 보즈웰과 존슨이 헤브리디스 제도를 둘러본 뒤에 오킨렉을 잠깐 들렀다. 이때 존 던이 두 사람에게 식사를 대접했다. 하지만 그들의 만남은 유쾌하게 마무리되지 못했다. 장로교 목사인 존 던은 존슨 앞에서 탐욕스러운 주교와 게으른 주임 사제에 대해 이야기했다. 그의 말을 듣고 존슨은 "선생, 그대는 미개한 호텐토트 사람들보다도 우리의 종교를 모르는구면"이라고 응수했다.

◆ 런던으로의 이주

보즈웰은 친구들에게 런던으로 가서 변호사를 하겠다고 거듭 이야기했다. 그러나 그의 말을 들은 친구들은 하나같이 그를 만류했다. 런던에선 이너 템플의 변호사가 될 수 있었다. 이너 템플에 실제로 거주하는지를 증명하는 방법은 그곳에서 정해진 횟수만큼 저녁을 먹는 것이었다. 보즈웰은 1775년부터 단속적으로 이너 템플에 머무르면서 저녁식사를 했다. 하지만 영국의 관습법은 스코틀랜드의 법과는 매우 달랐다. 독학으로 필요한 지식을 쌓는다 하더라도 40대의 보즈웰이 필요한 전문성을 획득한다는 것은 유능한 변호사가 되는 것보다 더 어려웠다.

게다가 보즈웰에게는 런던에 갈 수 없는 치명적인 이유가 있었다. 그는 막대한 빚을 지고 있었다. 런던 물가는 스코틀랜드 물가의 2배였다. 그래서 빚이 많은 보즈웰은 런던 생활비를 감당할 여력이 없었다. 다른 하나는 페기의 건강이었다. 몇 년 동안 페기에게서 결핵 증상이 나타났다. 그녀는 오킨렉에서의 삶에 만족했다. 매연으로 자욱한 런던의 공기는 그녀의 건강에 나쁠 것이 불 보듯 분명했다. 이런 장애물에도 불구하고 보즈웰은 런던에서 사는 꿈을 포기하지 않았다.

새뮤얼 존슨이 세상을 떠나고 2년이 지난 1786년에 보즈웰은 런던으로 이사를 하기로 마음을 굳혔다. 그는 "이너 템플로 갔음. 정해진 횟수를 모두 채웠음. 마지막으로 학생 식탁에서 저녁 식사를 함"이라고 기록했다. 그 즉시 그에게 법정변론 전담 변호사의 자격이 주어졌다. 수여식에 참석한 학생들은 보즈웰보다 무려 20살 어린 친구들이었다. 새로운 법정변론 전담 변호사들은 관례에 따라 이너 템플에서 정찬을 먹었다. 법정변론 전담 변호사가 된 것은 보즈웰이 런던에서 달성한 유일한 최고의 직업적 성취였다.

"우리는 생선 코스 요리, 햄 코스 요리, 닭 요리와 콩 요리, 소고기 구이와 애플파이, 치즈와 과일 디저트를 먹고 마데이라 와인, 포트 와인, 그리고 최고의 클라레를 마셨다."

더 클럽 회원들 중에서 유일하게 조슈아 레이놀즈만 그의 수여식에 참석했다.

정식 법정변론 전담 변호사 된 보즈웰은 두 가지 방향으로 노력했다. 하나는 영국 고등법원의 왕좌부의 재판에 참석하고 재판 내용을 최대한 자세히 기록하는 것이었다. (그의 일기를 편집한 편집장들은 "한심하게도 그렇게 기록한 노트가 그에게 영국법을 체계적으로 학습하는 방법"이라고 말했다.) 다른 하나는 판사와 그를 수행하는 변호인단과 함께 북부 순회를 떠나는 것이었다. 판사와 수행 변호인단은 여러 도시를 순회하며 연속적으로 다양한 사건을 다뤘다. 오킨렉 경도 스코틀랜드를 순회하며 재판을 했다. 이따금 보즈웰도 작은 사건을 맡았지만, 대체로 사람들과 어울리는 것이 그가 하는 일이었다. 북부 순회는 막대한 비용이 들었다. "북부 순회의 변호인단이 되는 꿈을 완벽하게 실현했다. 그리고 나는 우울하거나 쑥스러워하지 않고 랭커셔 여인들과 잘 어울리는 편안한 신사가 됐다."

보즈웰이 스코틀랜드나 잉글랜드에서 절대 하지 않은 일이 있다. 대부분의 신입 변호사들은 법을 완전히 숙지하기 위해서 자리 잡은 변호사의 밑에서 몇 년 동안 일했다. 하지만 보즈웰은 그렇게 하지 않았다.

'여인들과 잘 어울리는 편안한 신사'였던 보즈웰은 자신은 그 고된 일에 어울리지 않는 고귀한 존재라고 생각했다.

런던으로 이주하기 직전에 그는 레이놀즈에게 공식적으로 자신의 초상화를 의뢰했다(화보 그림 30). 레이놀즈는 보통 100파운드를 받고 초상화를 그렸지만 보즈웰에겐 무려 절반 가격에 그려주기로 했다. 그런데 보즈웰은 50파운드조차 지불할 수 없었다. 친절하게도 레이놀즈는 이 사실을 알고 그에게 선물로 초상화를 그려줬다.

1787년 초상화가 왕립미술아카데미에 전시됐다. 어느 관람객은 "이 것은 강렬한 초상화다. 이 초상화의 화가는 자연이 살과 피로 탄생시킨 존재보다 더 훌륭하게 모델을 표현해냈다. 다시 말해 화가는 물감으로 모델의 얼굴에 생기를 불어넣었다"라고 말했다. 최근에 열린 테이트 전시회의 카탈로그를 제작한 편집자들은 보다 구체적인 평을 내놨다.

"제임스 보즈웰은 45살에 어울리는 모습을 하고 있었을 것이다. 하지만 조슈아 레이놀즈는 끊임없는 폭음과 문란한 성생활 때문에 생긴 병으로 유린된 얼굴을 위엄 있어 보이게 표현하려고 최선을 다했던 것 같다."

보즈웰의 전기작가는 보다 너그러운 평을 남겼다.

"노년의 제임스 보즈웰은 푸른 코트를 입고 흰 양말을 신고 가발을 썼다. 그는 흔들림 없고 위엄 있다. 얼굴에선 자신감과 자의식이 넘친다. 입가에는 쾌활함이 살짝 묻어 있고 눈은 초롱초롱하다."

제임스 보즈웰의 후손들은 이 초상화를 다락에 보관했다. 19세기 독자들은 《존슨전》에 등장하는 보즈웰을 우스꽝스러운 뚱보라고 생각했다. 그래서 그의 후손들은 그를 수치스럽게 여겼다. 결국 그의 증손녀는 이 초상화를 거실에 걸어두고 과녁으로 사용했다. 현재 이 초상화는 영국국립초상화미술관에 보관되어 있다.

보즈웰은 그레이트 퀸 스트리트 56번지에 가족들이 머물 집을 임대했다. 오래전 그가 즐거운 시간을 보냈던 코벤트 가든에서 걸어서 멀지 않은 곳이었다. 때마침 십대의 윌리엄 블레이크(William Blake)가 그 인근에서 수습 판화가로 일하고 있었다.

보즈웰은 샌디를 이튼 칼리지에 보냈고 제임스를 웨스트민스터 부속학교에 보냈다. 두 아들이 자라서 사회생활을 할 때 도움이 될 인맥을 쌓도록 하기 위함이었다. 딸들은 집에 머물렀고 가끔 집 근처에서 소수로 학생을 가르치는 부인의 집에서 하숙했다. 보즈웰은 자신의 딸들과 페기가 암울한 고독 속에서 오랫동안 침묵한 채로 지내야 했음을 인정해야 했다.

페기는 오킨렉으로 돌아가야 하는 이유를 설득력 있게 정리해서 보즈웰에게 내밀었다. 그리고 아내의 건강을 위해서 오킨렉으로 돌아간다고 말하면, 사람들은 그가 런던에서 실패해서 오킨렉으로 돌아간다고 생각하지 않을 것이라고 그를 설득했다. 보즈웰은 아내의 말을 충실하게 모두 받아 적었다. 그러나 그녀의 말을 따를 순 없었다.

"난 그 좁디좁은 오킨렉으로 돌아가고 싶지 않았다. 그곳에서 나는 너무나 우울했다. 그리고 영국의 넓은 사회에 편입될 기회에서 멀어지는 것을 참을 수 없었다."

하지만 런던에서의 삶은 그에게 큰 실망을 안겨줬다.

"상상 속의 런던은 금테를 두른 듯이 화려하게 빛났다. 하지만 현실의 런던은 나의 상상 속의 런던과 판이하게 달랐다."

안타깝게도 그는 이 사실을 조금 뒤늦게 깨달았다.

그즈음 보즈웰은 감정 기복이 더 심해졌다. 보즈웰은 새집으로 이사한 것을 기념하기 위해 즐거운 파티를 열었다. 하지만 다음날 그의 기분은 엉망이었다.

"나는 거리로 나섰고 너무 우울해서 두 뺨에 눈물이 흘렀다. (중략) 이 얼마나 비참하고 끔찍한 날인가!"

그로부터 10일 뒤에 그는 완전히 들떴다.

"내 생애 가장 기분 좋은 날이었다."

◆ 페기의 죽음

분명 페기는 서서히 죽어가고 있었다. 1782년 어느 날의 일기다.

"아내는 더 이상 각혈하지 않았다. 하지만 아편 팅크를 복용하지 않으면 밤새도록 마른기침을 토해냈다. 그리고 매일 밤 식은땀을 흘렸다. 어떤 날엔 낮에도 온몸이 불덩어리였고 맥박이 빨리 뛰었다. 아내의 다리는 항상 부었다. 그녀는 애처로울 정도로 야위었고 목과 가슴에 쑤시는 듯 아픈 통증을 호소했다. 이 모든 증상이 신경과민일 수 있었다. 하지만 나와 그녀는 그녀의 가족을 대대로 괴롭혀온 폐결핵이 몹시 두려웠다."

1788년 런던에서 페기는 고열에 시달렸고 그 어떤 치료도 소용이 없었다.

그로부터 며칠 뒤 보즈웰은 다음과 같은 내용을 기록으로 남겼다.

"이전에 나는 아내에게 다정했고 그녀의 건강이 너무나 염려스러웠다. 하지만 이젠 그 다정함과 염려가 사라졌다. 나는 이전보다 침착하게 서서히 죽어가는 아내를 마음의 눈으로 쳐다볼 수 있다. 아마도 이것은 죽어가는 사랑하는 이를 바라보는 고통을 사그라지게 하려는 신의 계시일지 모른다. 하지만 소위 인생의 즐거움을 누리며 사는 나 자신이 너무나 이기적인 것 같아 스스로를 질책했다. 허나 가족과 오킨렉을 향한 나의 열정은 화려한 런던에 몸을 던진 이후 사그라졌다."

페기는 1년을 더 살았다. 죽기 전 1년 동안 그녀는 불안과 공포로부터 자유로웠다. 보즈웰은 아픈 아내에게 창피스러울 정도로 소홀했다. 아내와 떨어져 있을 때면 그는 자신이 아내를 깊이 사랑한다고 장담했다. 하지만 아내와 함께 있을 때면 늘 도망칠 궁리만 했다.

1789년 마침내 죽음이 페기를 찾아왔다. 예상하지 못한 일은 아니었지만, 그녀의 죽음은 끔찍한 충격이었다. 페기는 오킨렉으로 돌아갔고 남편에게 불길한 편지를 보냈다. 그는 런던에 함께 있던 딸 베로니카와 함께 서둘러 오킨렉으로 갔다. 페기는 앙상하게 말랐고 실의에 빠져 있었다. 하지만 그는 선거 유세에 가담하기 위해서 서둘러 떠나 버렸다. 그때까지도 보즈웰은 에어셔 의회에 선출되려는 가망 없는 꿈을 좇고 있었다. 선거 유세 후 집으로 돌아오는 길에 말에서 떨어져 어깨를 크게 다쳤다.

그는 페기가 다시 좋아질 것이라 생각했다. 그녀가 차도를 보였는지, 6주 뒤 그는 런던으로 떠났다.

"나는 '잘 가요!'라던 그녀의 말을 잊을 수가 없다."

런던에 돌아온 지 1주일이 지났지만, 어깨는 여전히 괴로울 정도로 아팠다. 딸 유페미아가 당장 오킨렉으로 돌아오라는 전갈을 보냈다. 보즈웰은 두 아들과 함께 오킨렉까지 단숨에 달려갔다. 런던에서 오킨렉까지 겨우 64시간이 걸렸다.

"허나, 슬프도다! 이렇게 서둘러 왔어도 소용없구나. 우리가 오킨렉에 도착하기 전에 치명적인 뇌졸중이 페기를 저세상으로 데려가 버렸다."

유페미아는 그들을 맞으러 달려갔고, 가슴 찢어지게 흐느끼며 페기의 사망 소식을 전했다.

"오! 템플, 일주일 아니 단 하루라도 다재다능한 그녀와 다시 대화할 수 있다면. 그리고 많은 부정에도 불구하고 내가 열렬히 사랑한다고 그녀에게 말해 줄 수 있기를 바란다네. 이 괴로움과 고통스러운 후회와 속절없는 기대가 나를 고통스럽게 하는구려."

보즈웰은 자신이 아팠다면 페기는 꿈에서라도 아픈 자신을 홀로 내버려두지 않았을 것이라고 말했다.

"난 두 아들이 있는 자리에서 그녀의 관을 바라보며 영결예배를 읽었어. 그렇게라도 할 수 있어서 아주 안도했다네."

페기가 사용했던 지갑, 결혼반지, 머리카락 등 가슴을 뭉클하게 하는 유품들이 발견됐고, 현재 이 유품들은 하버드 대학교의 하이드 컬렉션에 보관되어 있다. "사랑하는 아내가 죽기 전날 들고 있던 백합"이라 적힌 빈 봉투도 있다.

페기가 세상을 떠나고 두 달 뒤에 보즈웰은 악몽을 꿨다.

"내가 있던 방에 존슨 박사가 불쑥 들어왔다. 그는 아주 화난 표정으로 나를 쳐다봤다. 나는 박사에게 '선생님, 저에게 노여워하실 일이 없으실 텐데요'라고 말했다. 그러자 존슨 박사는 엄하게 '그대를 혼낼 일이 없다고 말하는 것인가?'라고 말했다. 나는 불안함에 잠겨서 깼고 그가 E. M.과의 연줄을 말한다고 생각했다."

보즈웰은 성관계를 암시하려고 '연줄'이란 단어를 주로 사용했다. 아마 그도 아내가 죽고 얼마 지나지 않아 새로운 여인과 성관계를 맺은 스스로가 수치스러웠을 것이다. 5년 전에 세상을 떠난 존슨은 꿈속에서도 엄하게 보즈웰을 꾸짖었다.

◆ **존슨전**

모든 일이 잘 풀리지 않고 꼬이기만 했던 시기에 보즈웰은 걸작을 완성했다. 이미 2명의 경쟁자들이 자신들의 작품을 세상에 공개한 상태였다. 가브리엘 피오치와 재혼한 헤스터는 이탈리아에서 살고 있었다. 1786년 런던 출판업자는 그녀의 《세상을 떠나기 전 20년 동안의 고 새뮤얼 존슨에 관한 일화(Anecdotes of the Late Samuel Johnson during the Last Twenty Years of His Life)》를 발표했다. 이 책은 발표되자마자 단숨에 베스트셀러가 됐다. 헤스터는 자신의 책은 새뮤얼 존슨의 전기가 아니라 모자이크처럼 이것저것 마구잡이로 엮은 모음집에 불과하다고 인정했다. 보즈웰은 다른 사람들에게 들은 이야기와 자신의 일기를 바탕으로 그녀의 책이 출판되고 5년 뒤에 《존슨전》을 완성했다. 그는 《존슨전》에서 그녀가 존슨과 나눈 대화를 엉성하게 전달했고 오해했음을 증명했으며 거기에 기쁨을 느꼈다.

또 다른 경쟁자는 존 호킨스 경이었다. 그는 1787년 《새뮤얼 존슨의 인생(Life of Samuel Johnson)》을 발표했다. 이것은 보즈웰보다 존슨을 훨씬 오래 알고 지냈던 사람이 쓴 진정한 전기였다. 그리고 《새뮤얼 존슨의 인생》은 그 누구도 알지 못하는 귀중한 이야기를 담고 있었다. 하지만 존 호킨스의 글이 그렇듯, 이 책은 진이 빠질 정도로 장황했다. 주제와 직접적인 관련이 없는 지엽적인 이야기들로 가득했고 그렇게 훌륭한 책이 아니었다.

새뮤얼 존슨의 전기를 쓰는 것이 보즈웰의 진정한 소명이었다. 새뮤얼 존슨이 세상을 떠나고 2년 뒤인 1786년 발표한 《새뮤얼 존슨과 함께한 헤브리디스 제도 여행기》는 여행하면서 보즈웰이 쓴 일기였다. 그는 자신의 일기를 거의 편집하지 않고 그대로 책으로 냈던 것이다. 이제 그는 수백 장에 이르는 새뮤얼 존슨의 편지를 포함해서 그의 행적을 증명할 수 있는 모든 증거를 찾아서 기록하기로 결심했다.

보즈웰은 생전 처음 무언가에 집요할 정도로 끈질기게 매달렸다. 그는 윌리엄 템플에게 "자료를 모으고 생략된 부분을 채우고 서류 더미

속에서 자료를 찾는 데 얼마나 많은 노동이 드는지 자넨 상상도 못할 걸세. 그리고 이것이 얼마나 당혹스럽고 짜증스러운지도 자넨 꿈에도 모르겠지. 자료를 정리하고 다듬는 것에 비하여 이런 사전작업은 아무것도 아니라네. 몇 번이나 포기할 생각을 했는지 몰라"라고 편지를 썼다. 《존슨전》에서 그는 "때때로 날짜 하나를 바로잡기 위해서 런던까지 단숨에 달려가야만 했다. 그렇게 한다고 해서 그 누구도 나에게 찬사를 보내지 않을 것을 알면서도 난 사소한 부분을 수정하기 위해서 런던까지 갔다. 이런 나의 노력에 대해 그 누구도 칭찬하지 않겠지만, 실수나 오류에 대해서 비난이 쏟아질 것을 알기 때문에 그렇게 해야만 했다"라고 썼다.

보즈웰과 에드먼드 멀론(Edmond Malone)은 친한 친구였다. 이는 보즈웰에게 다행스러운 일이었다. 멀론은 아일랜드 출신의 변호사이자 학자로 셰익스피어 희곡 편집본을 거의 마무리한 상태였다. 멀론은 1782년 더 클럽 회원으로 선출됐다(그림 88). 그의 도움이 없었다면 《존슨전》은 세상에 나올 수 없었을 것이다. 그는 보즈웰을 끊임없이 격려했고 실질적인 조언도 해줬다. 두 사람은 자주 밤늦게까지 작업을 진행했다. 멀론은 보즈웰에게 훌륭한 본보기였다. 보즈웰은 "멀론을 찾아갔음. 볼 때마다 그는 문학 작업에 빠져 있음. 그럼에도 절대 지치지 않음"이란 기록을 남겼다. 멀론은 연구를 너무나도 좋아했다. 그래서 연구는 그를 지치게 하기보다 오히려 그에게 활력을 줬다.

멀론은 지나치게 규칙에 얽매이는 사람이 아니었다. 그는 보즈웰과 함께 작업하면서 전문적인 조언을 아끼지 않았다. 보즈웰은 그런 그를 '예민한 추론자'라 불렀다. 그는 자신과 멀론의 차이가 굴욕적임을 인정해야 했다. 멀론이 역사적, 전기적 연구와 조사에 완전히 몰입해 있는 것을 보고 보즈웰은 "나는 무엇이든 추구하지(pursuit) 않았다"라고

88. 에드먼드 멀론

인정했다. 존슨은 'pursuit'를 '얻기 위해 애쓰다'라고 정의한다.

1791년 《존슨전》이 출간됐다. 보즈웰과 존슨이 토마스 데이비스의 작은 서점에서 운명적인 첫 만남을 가진 지 28년이 되는 해였다. 책에는 '대영제국 전성기의 거의 반세기 동안 살았던 문인들과 문학에 심취한 이들에 대한 기록'이란 부제가 붙었다. 이것은 《존슨전》이 얼마나 방대한 이야기를 담고 있는지 보여주는 부제다.

보즈웰을 연구한 학자들은 인정하려 들지 않지만, 《존슨전》이 결점이 없는 완벽한 책은 아니었다. 《존슨전》은 새뮤얼 존슨의 삶을 균등하게 다루지 않는다. 그렇다고 이것이 보즈웰이 비난받아야 할 일은 아니다. 존슨의 어린 시절에 대해선 자료가 거의 남아 있지 않다. 그럼에도 불구하고 보즈웰은 그 누구보다 자료와 정보를 찾기 위해 최선을 다했다. 《존슨전》에서 존슨이 죽기 전 20년 동안 친구들과 나눈 대화가 지나치게 많은 분량을 차지한다. 하지만 그 어떤 독자도 말년에 그가 친구들과 나눈 대화의 분량이 줄어들기를 바라지 않을 것이다.

단점은 크게 2가지다. 하나는 점잖은 문체다. 보즈웰은 진지한 내용은 점잖게 표현해야 된다고 생각했다. 그래서 《존슨전》은 그의 일기장과 달리 소위 '표현의 자유'가 제한되어 있다. 또 다른 하나는 '참견'이다. 보즈웰은 거의 모든 주제에 대하여 주제넘게 끼어들었고, 자주 자신의 의견을 읽을 수 있는 독자들이 운이 좋다고 말했다. 이에 대하여 매콜리(Macaulay)는 가혹하지만 정당한 평결을 내렸다.

"그가 발표한 모든 책에는 문학, 정치, 종교 혹은 사회에 대해서 평범하지 않거나 불합리하지 않은 발언은 없다."

비록 매번 토를 달기는 했지만, 보즈웰은 자신의 생각과 정반대임에도 불구하고 존슨의 발언을 충실하게 기록했다. 이런 점에 대해선 그를 더욱 존경할 만하다.

보즈웰은 《존슨전》을 '문학의 군주, 존슨의 완전한 미라가 보관된 이집트 피라미드'에 비유했다. 그는 평생 걸출한 인물들과 긴밀한 관계를 유지해온 존슨을 존경했고, 그가 자신의 삶 속에 당대 최고의 인물들을 미라로 만들어 보관했다고 비유했다. 아이러니하게도 고인이 된 존슨을 되살렸다는 극찬을 받는 책에 대하여 이런 비유들이 사용됐다. 보즈웰은 매우 독창적인 인물이었다. 보즈웰 이전에 그 누구도 실제 대화를 전기에 삽입할 생각을 못했다. 심지어 전기의 주인공을 개인적으로 알고 있었더라도 말이다. 그리고 보즈웰만큼 어조, 표정, 웃음과 몸짓을 표현해서 사실성과 생동감을 불어넣는 재능을 지닌 전기작가는 거의 없었다. 《존슨전》은 '새뮤얼 존슨의 재연'이란 극찬을 받았다.

한 익명의 독자가 《퍼블릭 애드버타이저(Public Advertiser)》에서 《존슨전》을 '주인공 1명과 다수의 조연들이 다양한 어조와 효과로 번갈아서 연속적으로 레치타티보를 부르는 오페라'에 비유했다. 이는 빈틈없는 비유였다. 이런 비유를 한 당사자가 보즈웰 본인이었으니 그럴 수밖에 없었을 것이다.

진짜 논평가들은 《존슨전》에 경의를 표했다. 《존슨전》은 경의를 표할 만한 작품이다. 《크리티컬 리뷰(Critical Review)》에 다음의 비평이 실렸다.

우리는 존슨의 활기차고 포괄적이며 안목 있는 식견에 최고의 경의를 표한다. 우리는 그의 엄숙한 판단을 경건한 마음으로 경청한다. 그도 인간이기에 실수를 할 수 있음에도 우리는 심지어 그의 실수에도 귀 기울인다. 그와 함께한 이들도 우리처럼 그를 존경한다. 우리는 생기 넘치고 경박하고 가끔 지적이며 항상 재미있는 그와 함께 웃거나 부담 없이 그를 보며 웃을 수 있다. 그는 기꺼이 우리의 눈높이까지 내려온다. 우리는 결코 그를 떠나지 않는다. 하지만 농담 삼아 그리고 심지어 가끔 그가 기이한 행동을 하면, '더 좋은 사람을 구할 수 있었을 텐데'라고 인정하고픈 충동이 인다.

'가끔 지적이며'에서 보즈웰은 아마 괴로웠을 것이다. 그는 폴스타프를 암시하는 부분에서 실망했다. 폴스타프는 셰익스피어의 〈윈저의 즐거운 아낙네들〉과 〈헨리 4세〉에 나오는 쾌활하고 재치 있는 허풍쟁이다. 하지만 전반적으로 이 논평은 공정하고 심지어 애정 넘쳤다.

호르헤 루이스 보르헤스(Jorge Luis Borges)는 제임스 보즈웰이 의도적으로 《존슨전》에서 스스로를 산초 판사로 그렸다는 의견을 내놓았다.

"산초 판사는 가끔 어리석은 행동을 하지만 돈키호테를 충직하게 따라다니는 시골뜨기 종자다. 주인공의 인격을 돋보이게 하는 인물들이 있다. 제임스 보즈웰이 이것을 몰랐을 리 없다."

제임스 보즈웰을 좋아하지 않는 사람들은 자연스럽게 《존슨전》을 좋아하지 않았다. 헤스터 피오치와 존 호킨스는 《존슨전》속 자신들의 모습에 모욕감을 느꼈고, 엘리자베스 몬터규는 《존슨전》에서 새뮤얼 존슨이 셰익스피어에 대한 자신의 작품을 결코 높이 평가하지 않았다는 사실을 확인하고 몹시 분개했다. 세상물정에 지나치게 밝은 호레이스 월폴은 혐오감을 느꼈다. 그는 보즈웰을 '주정뱅이'라고 불렀고, 책에다가 보즈웰을 비꼬는 시를 적었다.

주정뱅이 보찌가 존슨의 말을 딸꾹질하며 토해 내네.
책의 절반이 당나귀의 울음소리처럼 듣기 싫은 소리로 가득하구나.
스코틀랜드는 다시
당나귀와 짝이 된 잔인한 불독을 봤다.

돈이 절실했던 보즈웰은 출판 전에 계약금 1,000파운드에 솔깃했다. 하지만 그는 인세로 받는 것이 더욱 유리한지를 두고 보기로 결심했다. 확실히 인세로 받는 것이 보즈웰에게 이득이었다. 1권과 2권을 한 세트로 총 1,750세트가 인쇄됐고, 절반이 2주 만에 팔렸다. 1792년 그는 출판업자와 인쇄업자와 정산을 했다. 그 결과 그는 인세로 1,555파운드 18실링 2펜스를 받았다. 제2쇄는 완판이었고 인세는 무려 2,500파운드였다.

◆제임스 보즈웰을 찾아온 죽음

페기가 죽은 뒤 보즈웰은 계속 런던에서 살았고, 오킨렉으로 가는 발길이 점점 뜸해졌다. 사촌인 로버트 보즈웰이 스코틀랜드에서 그의 재정을 관리해 주고 있었다. 1790년 어느 날에 로버트 보즈웰은 그에게 오킨렉으로 돌아오라고 강력히 권고했다.

"그대는 결국 오킨렉으로 돌아와야만 합니다."

이에 제임스 보즈웰은 "살아서든 죽어서든 언젠가는 오킨렉으로 돌아가게 되겠지"라고 답했다. 보즈웰은 죽어서야 오킨렉으로 돌아간다.

그의 삶은 무의미해 보였다. 1793년 더 클럽 모임에서 에드먼드 버크와 찰스 버니와 만난 뒤에 보즈웰은 일기를 썼다.

"기록하는 재능을 잃어버렸다. (중략) 난 오늘 더 클럽을 거의 즐기지 못했지만, 확실히 와인을 즐겼다."

이 시기에 그는 누가 연 연회를 가든지 술을 많이 마셨다. 연회에서 그가 마신 술의 종류는 최소한 9가지였다.

"나는 청량음료, 맥주, 에일, 포터, 사과주, 마데이라 와인, 셰리주, 혹(독일산 백포도주), 포트 와인, 클라레(프랑스 보르도산 적포도주)를 마셨다."

만약 청량음료도 술이었다면, 그가 하룻밤에 마신 음료의 종류는 총 10종류에 이른다.

1793년 로열 아카데미 클럽에서 진탕 마신 뒤 집으로 돌아오는 길에 보즈웰은 미끄러져서 팔꿈치를 다쳤다. 집에 도착한 그는 주머니에 있던 50파운드 지폐가 사라진 사실을 알고 경악했다. 그는 돈을 찾으러 로열 아카데미 클럽이 열린 선술집으로 다시 가봤지만, 돈을 찾을 수 없었다. 다음날 아침, 가정부는 어젯밤에 그가 캐비닛을 여는 모습을 봤다고 보즈웰에게 말했다. 당연히 돈은 그 캐비닛 안에 있었다.

"이상하다. 지난밤에 돈을 캐비닛에 넣은 기억이 전혀 없다. 때때로 술에 취한 자는 놀라울 정도로 신중하고 교활하다."

그해 보즈웰은 술에 취해서 집에 오는 길에 또 넘어졌다.《런던 크로니클》은 "괴한에게 습격당한 제임스 보즈웰이 티치필드 스트리트에 쓰러진 채 발견됐다. 정신을 잃고 쓰러진 그를 본 괴한은 너무 놀라 도망갔다"고 보도했다. 이후 그는 고열에 시달렸고 2주 동안 침대 신세를 져야 했다.

한때 가장 매력적인 벗이었던 보즈웰이 완전히 지루한 사람이 되어갔다. 윌리엄 템플은 데번에서 그를 만나러 런던으로 왔다. 그는 보즈웰에게 직설적으로 "그대만큼 게으른 사람을 본 적이 없다네"라고 말했다. 템플의 일기장에는 더 심한 말이 씌어 있다.

"자기밖에 모른다. 다른 사람의 감정에는 무관심하다. (중략) 말도 함부로 하고 잠시도 가만히 있지 못하고 평정이라곤 찾아볼 수 없다."

존 코트니(John Courtenay) 하원 의원은 보즈웰, 레이놀즈 그리고 멀론과 많은 시간을 보냈다. 사람들은 그들을 '패거리'라고 불렀다. 1791년 코트니는 보즈웰을 두고 말했다.

"가엾은 보즈웰은 기운이 없고 우울하다. (중략) 그의 기운을 북돋우려고 최선을 다했지만, 보즈웰은 성가시고 지루하게 죽음에 대한 지긋지긋하고 진부하고 흔한 이야기로 되돌아갔다. 우리는 점점 늙어간다거나 늙으면 우리는 젊지 않다는 식의 말을 계속 했다. 나는 그를 고치기를 단념했다."

소중한 친구들이 사라져 갔다. 1790년 애정 넘치고 관대한 파스콸레 파올리는 코르시카로 되돌아가기로 결심했다. 이제 코르시카는 프랑스령 섬이 됐고 독립할 가망이 없었다. 하지만 원주민들의 권리가 존중받을 희망이 있었다. 그래서 파올리는 코르시카로 돌아가서 자신의 높은 지위를 되찾을 생각이었다. 보즈웰은 파올리의 송별회를 열었다. 안타깝게도 그가 더 이상 일기를 쓰지 않으면서 그날의 송별회가 어땠는지를 확인할 기록이 남아 있지 않다. 파올리는 코르시카로 돌아갔지만, 자신의 생각대로 일이 잘 풀리지 않았다. 결국 1795년 말에 그는 다시 잉글랜드로 되돌아왔지만, 보즈웰은 이미 세상을 떠나고 없었다.

또 다른 친구와의 작별은 특히 슬펐다. 1793년 보즈웰은 신문을 통해 그랜지의 앤드루 어스킨(Andrew Erskine)의 사망 소식을 접했다. 어스킨이 주머니에 돌을 가득 채우고 바다로 걸어 들어가서 자살한 것으로 밝혀졌다. 어스킨은 보즈웰이 런던에 오자마자 알게 된 친구였다. "자네는 그 누구보다 나에게서 많은 것을 뽑아내지. 자네는 그 누구보다 나에게 많은 자극을 주지"라고 했던 이가 바로 어스킨이었다.

최악은 조슈아 레이놀즈의 죽음이었다. 두 사람은 언제나 가까운 사이였다. 레이놀즈는 나쁜 청력으로 그럭저럭 생활을 이어갔지만, 1790년 시력이 극도로 나빠져 붓을 내려놓았다. 그는 간 질환을 앓고 있던 것 같다. 술을 많이 마셨으니 분명 그의 간은 형편없이 망가졌을 것이다. 그리고 악성 종양이 그의 시신경을 서서히 파괴시켰다. 이로 인해 망막박리가 생겼지만, 당시에는 어떻게 손쓸 방법이 없었다. 1792년 조슈아 레이놀즈는 세상을 떠났고 세인트 폴 대성당에서 성대한 장례식이 치러졌다.

다음해에 보즈웰의 16살 아들 제이미가 런던에서, 오킨렉에 머무르고 있는 그에게 다시는 법조계와 정계에서의 실패를 곱씹지 말라고 편지를 썼다.

"그런 분야에서 명성을 얻은 사람들은 존슨, 볼테르, 루소, 개릭, 골드스미스 등과 같은 사람들에게 알려지지 않았습니다. 그들은 코르시카의 애국자들을 만나지 않았습니다. 아버지는 이 많은 장점을 누리는 대신 부유하지만 지루하고 죽어라 일만 하는 변호사가 되셨을까요? 두 가지를 동시에 가질 수는 없습니다."

말년의 제임스 보즈웰을 그린 그림 2점이 존재한다. 모두 굉장히 빼어난 작품이다. 하나는 베넷 랭턴의 아들인 조지의 스케치다. 조지의 스케치를 새긴 판화가 이 책에 실려 있다(그림 89). 프랜시스 버니는 "보

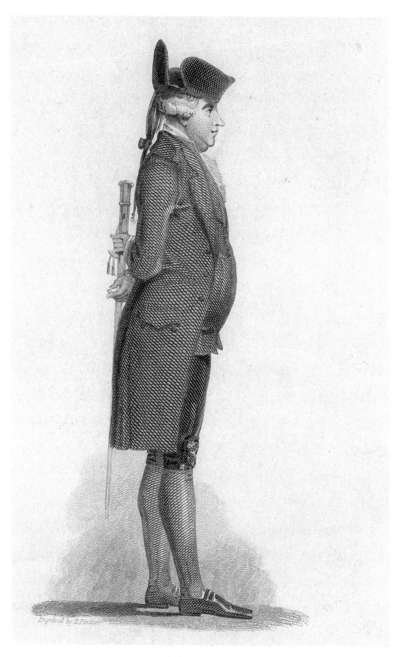

89. 조지 랭턴의 제임스 보즈웰

90. 토마스 로렌스의 제임스 보즈웰

즈웰 씨의 걸음걸이와 옷차림에는 단정치 못한 무언가가 있다"고 말했다. 조지의 스케치에 프랜시스 버니가 말한 '단정치 못한 무언가'가 정확하게 담겨 있다.

다른 그림은 토마스 로렌스(Thomas Lawrence)의 연필 스케치다(그림 90). 토마스 칼라일(Thomas Carlyle)은 이 연필 스케치에 대하여 날카로운 논평을 했다.

"그의 코는 그보다 약한 친구들에 대한 우월감으로, 멀리서 풍겨오는 쾌락의 냄새를 맡기 위해 곧추세워져 있다. 반쯤 채워진 와인스킨(wine-skin)처럼 축 늘어진 두 뺨은 더 많은 와인을 담을 수 있을 것 같다. 야비하게 삐죽 내민 입과 뺨 아랫살이 처져 생긴 이중 턱이 인상적이다."

'와인스킨'은 보즈웰에게 잘 어울리는 단어다(와인스킨은 '와인을 담는 가죽 부대'와 '술고래'를 뜻하는 단어다).

1794년에 보즈웰은 때때로 우울한 노래를 쓰곤 했다. 하지만 두 줄 이상을 넘긴 적이 없었다.

끝났다. 끝났다. 그 꿈은 끝났다.
그리고 인생의 망상도 끝났다.

1795년 4월 14일 보즈웰은 쓰러졌다. 제임스 패링턴(James Farington)은 "보즈웰은 이날 문예 클럽에 나갔고 너무 몸이 안 좋아서 집까지 걸어 올 수 없었다"고 말했다. 그날 이후 보즈웰은 침대에서 일어나지 못했다. 계속 고열, 두통, 메스꺼움과 고통에 시달렸다. 그의 증상을 연구한 현대 의사는 평생을 앓아온 성병이 결국 그의 발목을 잡았다고 말했다. 그는 신우신염과 치명적인 요독증에 걸렸다. 그렇게 한 달을 버티는 그를 보며 사람들은 그가 쾌차할 것이라 믿었다. 하지만 5월 19일 제임스 보즈웰은 끝내 사망했다. 그의 나이는 54살이었다.

의리 있는 에드먼드 멀론은 친구에게 편지를 썼다.

"매일 그가 너무나 그립다네. 그는 거의 매일 습관처럼 나를 찾아왔지. 나는 정신없는 그의 언행에 때때로 불평하곤 했지. 하지만 지금은 그가 만들어내는 소음, 우스꽝스러운 소리와 기분 좋은 우스갯소리가 너무나 그립다네. 가엾은 나의 친구. 보즈웰은 너무나 갑자기 우리의 곁을 떠났어. 나에게 준비할 시간을 주지도 않고 그 친구는 훌쩍 세상을 떠나 버렸어."

6월 8일 제임스 보즈웰은 오킨렉의 가족 지하 납골당에 안치됐다.

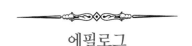

에필로그

제임스 보즈웰이 세상을 떠날 무렵, 올리버 골드스미스, 데이비드 개릭, 토펌 보우클레어, 조슈아 레이놀즈, 헨리 스레일, 애덤 스미스 그리고 새뮤얼 존슨 등 많은 지인들은 이미 죽고 없었다. 새뮤얼 존슨은 75살에 세상을 떠났다. 그의 건강은 나빴지만, 그보다 장수한 친구도 없었다. 데이비드 개릭, 조슈아 레이놀즈 그리고 애덤 스미스는 60대에 사망했고, 헨리 스레일은 52살에 그리고 올리버 골드스미스와 토펌 보우클레어는 40대에 사망했다.

남아 있던 사람들에 대하여 아주 간략하게 살펴보도록 하자. 리처드 셰리든의 〈연적〉에 등장하는 맬러프롭(Malaprop) 부인의 말을 빌리면, "우리의 회고는 모두 미래를 향할 것이다."

◆ 헤스터 피오치

한때 헤스터 스레일이었던 헤스터 피오치는 마침내 자신만의 행복을 찾았다. 새뮤얼 존슨이 세상을 떠난 뒤에 피오치 부부는 2년 동안 이탈리아에서 살다가 잉글랜드로 돌아왔다. 그녀는 사이가 틀어진 사

91. 헤스터 피오치

람들과의 관계를 회복할 생각이 없었다. 헤스터는 이런 자신의 생각
을 일기에 남겼다.

"몬터규 부인은 나와 화해하길 원했다. 그녀가 나와의 관계 회복을
원한다고 감히 말할 수 있다. 하지만 나는 몬터규 부인보다 훨씬 더 소
중하고 가까웠던 사람들과도 화해할 생각이 없다."

펠리시티 너스바움(Felicity Nussbaum)은 이를 다음과 같이 설명했다.

"스레일 피오치는 성범죄를 속죄받길 바라며 제물로 바쳐진 희생양
으로 살기를 거부했다."

조지 댄스(George Dance)는 42살의 헤스터 피오치를 화폭에 담았다(그
림 91).

세입자가 떠난 뒤에 피오치 부부는 스트레팀 대저택으로 들어갔다.
거기서 그들은 성대한 파티를 열었다. 하지만 헤스터 피오치의 딸들은
여전히 그녀를 멀리했다. 헤스터 피오치는 자신을 멀리하는 딸들로 인

해 비통해했다.

"딸아이들은 피오치 부부가 스트레텀 대저택을 얼마나 잘 관리했는지를 다른 사람들의 입을 통해 듣게 될 것이다. 하지만 그들은 나와 나의 남편이 죽기를 간절히 바라리라. 나의 남편이 죽는다면, 그 아이들이 나에게 다시 돌아올지 모른다. 허나 남편이 죽으면 난 이곳에서 6주일, 아니 3주일도 채 혼자 살지 않을 것이다."

1794년 런던에 질린 두 사람은 헤스터 피오치의 고향인 웨일스로 떠났다.

1803년 결혼기념일에 헤스터 피오치는 남편에게 매력적인 시를 선물했다. 단일 각운을 기본으로 변화를 준 시였다(새뮤얼 존슨이 이런 형식의 시를 생일선물로 그녀에게 준 적이 있었다).

우리의 결혼 20주년 기념일에

사랑하는 이여, 이 솔직한 심경을 담은 시를 받으세요.

전 우리가 20년 동안 함께 살며

결혼 20주년 기념일을 맞으리라 기대하지 않았습니다.

우리의 결혼 20주년 기념일에

그대가 통풍에 시달린다면, 나의 머리는 하얗게 세었겠죠.

이것은 대단한 일이 아니랍니다. 하지만 친구들은 말하겠죠.

"아니, 오늘이 그 두 사람의 결혼 20주년 기념일입니다."

1809년 가브리엘 피오치의 임종이 얼마 남지 않았다. 괴저가 온몸으로 퍼졌고 그는 거의 혼수상태로 대부분의 시간을 보냈다. 그가 세상을 떠나자, 헤스터 피오치는 완전히 제정신이 아니었다. 그로부터 일주일이 지나서야 그녀는 30년 전 전남편에게서 받은 노트에 짤막한 글을 썼다.

"모든 것이 끝났다. 나의 두 번째 남편의 죽음은 내가 첫 번째 남편에게서 선물로 받은 이 노트에 결코 기록하고 싶지 않은 내용이었다. 잔인한 죽음 같으니!"

이를 마지막으로 그녀는 이 노트에 그 어떤 기록도 남기지 않았다.

헤스터 피오치는 홀로 12년을 더 살다가 1821년 바스에서 눈을 감았다. 임종을 앞두고 그녀는 딸들과 화해를 했다. 44살에 자신보다 훨씬 나이 많은 제독과 결혼한 퀴니가 어머니의 임종을 지켰다. 여동생 소피아도 함께였다.

"어머니가 우리를 알아봐서 행복했다. 침대 곁에 우리가 있다는 사실에 기뻐하셨다. 그리고 잠에서 깨어날 때마다 어머니는 나와 소피아에게 손을 내미셨다."

헤스터 피오치는 웨일스의 작은 마을인 트레미어치언에 있는 교회 경내에서 가브리엘 피오치의 옆에 안치됐다.

◆ **에드먼드 버크**

1795년 워런 헤이스팅스(Warren Hastings)가 무죄 선고를 받은 뒤에 에드먼드 버크는 의회에서 사직했다. 당시 그의 나이가 64살이었다. 그는 30년의 의회활동의 노고에 대한 감사의 의미로 왕실 연금을 수령 받았다. 이듬해 베드퍼드(Bedford) 공작이 왕실 연금을 받는 버크를 비난했다. 폭스파가 이끄는 휘그당의 당원인 그는 과거 재정 개혁을 부르짖은 자가 연금을 받는 것은 옳지 않다는 이유를 들었다. 하지만 버크는 새뮤얼 존슨처럼 연금을 받을 자격이 충분한 사람이 연금을 받는 것에 대해서는 반대하지 않았다. 그는 《어느 귀족에게 보내는 편지(*Letter to a*

Noble Lord)》로 응수했다.

버크가 예리하게 관찰한 결과, 베드퍼드 공작은 막대한 유산을 상속받을 만한 일을 아무것도 하지 않았다. 그리고 버크와 같은 평민들이 그의 특권을 기꺼이 옹호하는 것은 베드퍼드 공작에게 다행스러운 일이었다.

"나는 그 의견들, 각하가 다른 표현을 더 좋아한다면, 그 낡은 선입견들을 열렬히 지지했고 지켜내는 데 어느 정도 성공했다고 전해 들었습니다. 그대의 귀족 지위, 부와 작위를 지탱하는 그 낡은 선입견들을 말하는 것입니다. (중략) 저는 베드퍼드 공작이 저보다 우월한 존재가 되도록 만드는 그 상황 속에 그가 계속 있을 수 있도록 최선을 다했습니다."

《어느 귀족에게 보내는 편지》에서 버크는 마지막으로 자신의 유창한 말솜씨를 뽐냈다. 베드퍼드 공작은 러셀 가문 사람이었다. 러셀 가문은 헨리 8세의 총애를 받았다(러셀 가문이 런던의 러셀 스퀘어를 개발했다). 버크는 순전히 왕실에서 받은 부로 배를 불리는 젊은 베드퍼드 공작을 상상했다.

러셀 가문이 받는 보조금은 그 액수가 어마어마하여 경제를 능욕할 뿐만 아니라 신빙성을 저해합니다. 베드퍼드 공작은 왕실이 만들어낸 거대한 리바이어던(성서에 등장하는 바다 괴물)입니다. 그는 통제가 어려울 정도로 거대한 몸집을 들썩이며 망망대해와 같은 왕실 하사품 속에서 뛰어놉니다. "그는 넓이가 수천 피트에 이르지만" 그는 여전히 한낱 생물입니다. 그의 갈비뼈, 지느러미, 고래수염, 지방, 소금물을 뿜어내는 공기구멍, 그의 모든 것 그리고 그에 대한 모든 것이 왕실에서 받은 것입니다. 왕실이 베푸는 은혜에 의문을 제기할 사람은 바로 그여야 하지 않을까요?

존 밀턴은《실낙원》에서 사탄은 "그 넓이가 수천 피트에 이른다"고 했다.

말년의 버크는 비통했다. 그는《어느 귀족에게 보내는 편지》에 "폭풍은 나를 휩쓸고 사라졌습니다. 나는 나를 휘젓고 간 지난 허리케인에 휩쓸린 오래된 참나무처럼 누워 있습니다. 나는 모든 영예를 빼앗겼습니다. 나는 뿌리째 뽑혀 땅에 쓰러져 있습니다"라고 썼다.

그로부터 1년 뒤에 에드먼드 버크는 일종의 위장질환으로 세상을 떠났다. 그는 비콘스필드에서 동생과 아들과 나란히 묻혔다. 그로부터 몇 주 뒤에 아들 리처드 버크(Richard Burke)가 갑자기 사망했다. 리처드 버크는 1782년에 더 클럽의 회원으로 선출됐고, 사망할 무렵 막 의원 활동을 시작한 때였다. 그의 아내 제인 뉴전트 버크(Jane Nugent Burke)는 비콘스필드에서 1812년까지 살았다. 1813년 큰 화재가 발생했고 집이 불에 타서 완전히 소실됐다.

◆ 리처드 셰리든과 엘리자베스 셰리든

리처드 셰리든은 연애결혼을 했다. 그의 결혼생활은 유명한 연애결혼의 전철을 밟았다. 두 사람 모두 연인을 들였다. 의도적으로 상대방이 질투할 행동을 하기도 했다. 리처드 셰리든은 앤 크루(Ann Crewe)란 기혼여성과 공공연하게 애정행각을 벌였다. 그녀는 조슈아 레이놀즈와 토마스 게인즈버러가 화폭에 담은 당대 최고의 미인이었다(그녀의 어린 아들은 조슈아 레이놀즈의 〈헨리 8세로 분한 크루 도련님(Master Crewe as Henry VIII)〉의 모델이었다). 크루는 자신의 햄스테드 빌라에서 셰리든의 정치 동료인 에드먼드 버크와 찰스 제임스 폭스를 자주 접대했다. 그리고 그녀는 버니 부부와 스레일 부부와도 친했다. 엘리자베스 셰리든은 앤 크루와 좋은 관계를 유지했다. 아마도 삼자동거가 자신들이 엘리트 사회에 속해 있다는 확언이라 생각했던 것 같다.

그러나 리처드 셰리든의 반복되는 외도는 셰리든 부부의 결혼생활에 부정적인 영향을 끼쳤다. 결국 셰리든 부부는 별거를 결정했다. 엘리자베스 셰리든은 남편의 무신경하고 신중하지 못한 태도에 넌더리가 났다. 리처드 셰리든은 크루 홀에서 앤 크루가 아닌 여자 가정교사와 함께 있는 것을 아내에게 들켰다. 그것은 엘리자베스 셰리든에게 공개적으로 망신을 주는 행동이었다. 엘리자베스 셰리든은 친구에게 "그 사람, 그 장소 그리고 그 시간을 생각하면 동정심, 영예, 섬세함과 예절이 너무나 간절하다"며 불만을 토로했다.

페기 보즈웰처럼, 엘리자베스 셰리든도 수년 동안 폐렴 증상을 보였다. 1790년쯤 그 증상들이 심해졌다. 주치의들은 임신이 그녀의 건강에 치명적일 것이라 생각했다. 하지만 그녀는 남편이 아닌 에드워드 피츠제럴드(Edward Fitzgerald) 경의 아이를 가졌다. 여자 아기가 태어났고 그녀는 출산 이후 36살로 생을 마감했다. 리처드 셰리든은 아내의 임종을 지켰고 매우 슬퍼했다. 그는 그 여자 아기를 자신이 키우기로 피츠제럴드 경과 합의를 봤지만, 아기는 병에 걸려 곧 사망했다.

리처드 셰리든은 정치인으로서 빛을 발하지 못했다. 그는 프랑스 혁명에 공감하지 못했고 의회 개혁을 계속 주장했다. 정치적으로 불안했던 1790년대에 이런 그의 행동과 발언은 그를 위험한 과격분자로 보이게 했다. 그는 왕세자와 친밀한 관계였다. 두 사람이 만났을 때, 왕세자는 21살이었고, 셰리든은 그에게서 후원을 받기를 바랐다. 조지 3세는 거듭되는 광기로 고통받았고 왕세자의 지지자들이 그가 왕위에 오르거나 최소한 섭정으로 지명되길 원했다. 1811년까지 그런 일은 일어나지 않았다. 그 무렵 셰리든은 쇠약해졌고 술을 너무 많이 마셨다. 이 시기에 그를 만난 바이런(Byron)은 "셰리든의 얼굴 윗부분은 신을 닮았다. 그의 이마는 광활하고 두 눈은 총기와 열정으로 빛난다. 하지만 그 아래는 사티로스를 닮았다"라고 썼다.

1815년 셰리든은 파산했다. 주요 수입원인 드루어리 레인 극장이 화재로 파괴됐던 것이다. 의회를 떠나면서 불소추 특권을 상실한 셰리든은 채무자의 감옥에 잠시 수감됐다. 조슈아 레이놀즈가 아내를 성 세실리아로 묘사한 초상화(330쪽의 그림 57)를 포함해 모든 재산을 팔았지만 부채를 탕감할 수 없었다. 그는 "피눈물을 흘리며 이 초상화와 이별하리라"라며 개탄했다.

1816년에 셰리든은 생을 마감했다. 〈연적〉과 〈추문패거리〉의 저자로서 그는 웨스트민스터 사원의 '시인의 공간'에 헨델과 새뮤얼 존슨의 사이에 안치됐다. 가까운 곳에 에드워드 개릭이 있었다. 이것은 분명 그에게 실망스러운 일이었을 것이다. 그는 함께 정치활동을 했던 찰스 폭스 곁에 묻히길 원했다. 현대 논평가는 "심지어 죽어서라도 휘그당은 그가 자신의 처지를 잊지 않도록 했다"고 말했다.

◆ 에드워드 기번

1790년대 에드워드 기번은 스위스 로잔에서 미완성인 회고록을 준비하며 여생을 평화롭게 보냈다. 이 무렵 그는 프랑스 혁명은 야만주의의 새로운 분출을 의미한다고 단언했다. 1793년 잉글랜드의 친한 벗인 셰필드 경의 아내가 세상을 뜨자, 그는 친구에게 뭐라도 도움이 되고자 서둘러 잉글랜드로 돌아왔다. 허나 경악할 정도로 살이 쪘지만, 그는 비만으로 인한 신체적 이상보다 오랫동안 자신을 괴롭힌 통풍을 더 심각하게 생각했다.

아니면, 비만으로 건강에 심각한 이상이 생겼음을 알고 있었지만 아무렇지도 않은 척했는지도 모른다. 가장 심각한 건강 이상은 음낭수종이었다. 20년 전에 햄프셔에서 민병대 활동을 하면서 발생한 탈장 때문에 그의 고환은 기괴할 정도로 부풀어 올랐다. 그의 친구들은 이를 눈치 채고 있었지만, 일부러 이야기하지 않았다.

참다못한 그는 결국 치료를 받고 몇 쿼트의 물을 빼냈다. 하지만 오래되지 않아 다시 물이 차올랐다. 그럼에도 불구하고 기번은 특유의 쾌활함을 잃지 않았다. 1794년 1월 14일 그는 준비하고 있는 여행에 대해서 밤늦도록 이야기했다. 그로부터 이틀 뒤에 그는 세상을 떠났다. 사망 원인은 아마도 오염된 수술 도구로 인한 복막염이었을 것이다. 그의 나이가 56살이었다.

기번이 사망한 뒤에 존 셰필드가 그의 초고를 모아서 회고록을 발표했다. 기번의 회고록은 "나이를 먹으면 자신들을 통해 새로운 삶을 시작하는 유연한 부모와 구름 위에서 할렐루야를 부르는 신앙심 깊은 이들과 자신의 이름과 글을 통해 불멸의 존재가 된 허영에 찬 작가들은 위안이란 희망을 얻는다"로 마무리된다. 기번은 구름 위의 영생에 대한 믿음이 없었다. 그리고 새로운 삶을 시작할 자식들도 없었다. 그에게는 오직 《로마제국쇠망사》가 전부였다.

◆ 베넷 랭턴

공인이 아니었던 베넷 랭턴은 조용히 생을 마감했다. 그가 새뮤얼 존슨의 특별한 친구가 아니었다면, 오늘날에 그를 아는 이는 거의 없었을 것이다.

존슨이 세상을 떠나고 1년이 흐른 뒤에 랭턴은 자신의 초상화를 의뢰뢰했다(화보 그림 31). 초상화 속 그는 존슨의 반신상을 아득하게 바라보고 있다. 이것은 렘브란트의 '호메로스의 흉상을 바라보고 있는 아리스토텔레스'를 모방한 초상화였다. 조각가 조셉 놀켄스(Joseph Nollekens)가 1770년대 후반에 랭턴의 초상화에 등장하는 존슨의 흉상을 제작했다(그림 92). 어느 새뮤얼 존슨 전문가는 이 흉상이 실제 존슨과 가장 많이 닮아 있다고 생각했다. 하지만 존슨은 흉상의 삼단 같은 머리에 불평했다. 놀켄스는 그것이 그를 고대 시인처럼 보이게 할 것이라 주장했을 것이다. 놀켄스의 전기작가는 그가 체구가 다부진 아일랜드 거지의 삼단 같은 머리타래를 보며 존슨의 흉상을 제작했다고 말했다. 노숙자였던 거지는 1시간 동안 놀켄스의 모델이 되어줬다. 작업을 마친 뒤에 놀켄스가 1실링을 주자, 거지는 구걸을 했다면 훨씬 더 많이 벌었을 것이라며 그 돈을 거절했다. 하지만 존슨은 전반적으로 흉상에 만족했다. 그리고 나중에 "나의 친구 놀켄스라면 그들 중 누구든지 목을 잘라낼 수 있을 겁니다"라고 말했다.

랭턴은 1801년 64살로 생을 마감했다. 그가 1764년에 창설된 더 클럽의 원년 멤버 9명 중에서 마지막으로 남아 있던 사람이었다. 그는 유언장을 통해 자신의 대가족에게 막대한 재산을 남겼다. 그가 유언장을 작성했다는 생각에 "존슨은 한참을 큰 소리로 웃었고, 고요한 밤거리에 그의 목소리가 템플 바에서 플리트 디치까지 울려 퍼졌다."

◆ **프랜시스 버니**

1786년 프랜시스 버니의 아버지는 왕실에서 일하라고 그녀를 압박했다. 그녀는 덜컥 겁이 났고 그곳에서의 삶이 비참할 정도로 답답할 것임을 알고 있었다. 그 무렵 그녀는 두 번째 소설《세실리아(*Cecilia*)》를

92. 조셉 놀켄스의 새뮤얼 존슨 흉상

발표했고 스스로를 기성작가라고 생각했다. 그녀는 샬럿(Charlotte) 왕비의 예복을 보관하고 관리하는 2등 예복 관리인이 되어야만 했다. 이것은 하녀나 다름없었고, 자유를 포기하고 가족이나 친구들을 거의 만날 수 없게 된다는 것을 의미했다. 그녀는 아침 7시부터 자정까지 일주일에 칠일을 일했다. 왕비는 따뜻하고 사려 깊었다. 하지만 버니의 직속 상관인 1등 예복 관리인은 독일인 슈벨렌베르크(Schwellenberg) 부인이었다. 그녀는 버니를 가혹하게 대했다.

버니는 이 영예스러운 자리를 거절할 수 없었다. 아버지 찰스 버니(Charles Burney)가 그 자리를 수락하라고 그녀를 종용했다. 그는 딸이 2등 예복 관리인이 되면 자신의 커리어에 큰 도움이 되리라 확신했다. 이뿐만 아니라 이 자리가 딸에게 경제적 안정을 가져다 줄 것이라고 믿었다. 매콜리(Macaulay)가 정당한 평결을 내린 것 같다.

"버니 박사는 너무나 기뻐서 제정신이 아니었다. 하지만 어여쁜 딸을 터키 노예상에게 팔아버린, 체르케스 출신의 아버지가 느끼는 황홀함은 아니었다. (중략) 그는 왕실에 들어가는 것이 천국에 가는 것과 같다고 생각했던 듯하다."

버니는 왕비뿐만 아니라 왕도 좋아했다. 두 사람 모두 언제나 다정했다. 하지만 다른 사람들처럼 그녀도 조지 왕의 광기를 두려워했다.

"처음 그와 우연히 마주쳤을 때 너무나 무서웠다. 여태 살면서 가장 무서운 순간이었다."

하지만 그 첫 만남은 곧 감동스러운 경험으로 변했다. 조지 왕의 광기가 도진 어느 날, 버니는 궁전의 정원을 산책하고 있었다. 갑자기 조지 왕이 그녀를 향해 맹렬히 달려오고 있었다. 그런 그를 수행원들이 뒤쫓았다. 자신에게 돌진하는 조지 왕을 보고 버니도 달리기 시작했다. 그녀를 거의 따라잡은 조지 왕은 다정한 목소리로 왜 도망쳤냐고 그녀에게 물었다.

"왕께서 양 손을 내 어깨 위에 얹고 내 볼에 키스할 때 얼마나 놀랐는지 모른다!"

그녀는 다른 사람들이 왕을 제압할 때까지 계속 달렸다. 다른 사람들이 쫓아와서 왕을 끌고 가버릴 때까지 두 사람은 몇 분 동안 가벼운 대화를 했다. 조지 왕은 자신이 좋아하는 사람과 잠깐이지만 평범한 대화를 나눌 기회에 감사했을 것이다.

영광스러운 연옥에서의 삶은 거의 6년 동안 지속됐다. 버니의 건강이 너무 나빠지자, 찰스 버니는 마침내 딸이 일을 관두도록 해야 하는지를 고민했다. 그녀는 실신했고 원인을 알 수 없는 발작을 일으켰다. 그리고 옆구리에 칼로 찌르는 듯한 통증을 호소했고 호흡 곤란을 일으키기도 했다. 찰스 버니는 딸의 비참한 삶을 끝까지 외면하려고 했다. 하지만 결국 딸의 우울함과 비참함을 이해한 그는 버니에게 건강 때문에 왕실을 떠나겠다고 왕비에게 말하는 것을 허락했다. 버니는 여동생 수잔나(Susanna)에게 "반항할 허락을 얻어서 너무나 기뻤어"라고 말했다. 심지어 반항에도 허락이 필요했다니!

1791년 왕실을 떠난 직후에 버니는 어느 프랑스 망명자와 사랑에 빠졌다. 알렉상드르 다르블레(Alexandre d'Arblay)는 귀품 있고 매력적인 사람이었다. 1793년 버니는 그와 결혼했다. 당시 41살이었던 그녀는 다르블레라는 자신의 왕자를 만나기 전까지는 결혼은 생각지도 못한 사치였을지도 모른다. 결혼한 이듬해 두 사람 사이에서 사내아이가 태어났다. 두 사람은 아버지를 따라 아들의 이름을 알렉산더라고 지었다. 알렉산더는 장성해서 케임브리지의 크라이스트 칼리지에 들어갔고 런던에서 영국 성공회 신부가 됐다.

버니는 세 번째 소설《캐밀라(Camilla, or A Picture of Youth)》와 여러 편의

희곡을 썼다. 〈에드위와 엘기바(*Edwy and Elgiva*)〉라는 이상한 이름으로 드루어리 레인 극장에서 공연을 했다. 이 공연은 대실패였다. 공교롭게도 버니의 이 실패작을 제외하고 그녀의 희곡 중에서 연극으로 제작된 작품은 하나도 없었다(당시에는 앵글로색슨과 관련된 주제가 인기 있었다). 이후에 버니는 연극에는 나름의 극적 한계가 있었다고 인정했다. 하지만 배우들이 대사를 외우지 않고 공연 내내 얼토당토않게 애드리브를 했다고 불평했다. 이런 그녀의 불평은 정당했다. 아마도 왕실에서의 우울한 삶 때문에 그녀가 희곡에서 비극으로 눈을 돌렸던 것 같다. 비평가들은 이 모든 희곡들이 부당한 권력과 학대받는 여주인공을 다루고 있다는 점에 주목했다.

경제적인 이유도 있었다. 어느 정도 성공한 극작가는 소설가보다 훨씬 더 많은 돈을 벌었다. 샬럿 왕비는 버니에게 연간 100파운드를 연금으로 줬다.

찰스 버니는 딸의 결혼을 끝까지 반대했다. 명목적으로는 알렉상드르 다르블레가 가톨릭신자가 아니고 재산을 모두 잃었고 프랑스 혁명 초기에 라파예트처럼 개혁론자였다는 것이 이유였다. 그렇다고 다르블레를 위험한 급진주의자라고 할 수 없었다. 버니는 아버지에게 "그는 귀족입니다!"라고 항의했다. 새뮤얼 존슨처럼 찰스 버니는 초라한 환경에서 태어났지만 최선을 다해서 명성을 얻게 되었다. 그리고 그는 전통적인 위계질서를 열렬히 지지했다. 찰스 버니는 딸의 결혼식에도 참석하지 않았다.

지위와 부를 잃었기 때문에 다르블레가 버니와 결혼했을 것이다. 베티 리초(Betty Rizzo)는 "프랑스였다면 그는 단 한순간도 무일푼에 대단한 가문도 아닌 비가톨릭신자인 전문작가와 결혼하지 않았을 것이다"라고 언급했다.

몇 년 동안 두 사람은 파리에서 지냈다. 버니는 거기서 유방 절제술을 받았다. 물론 마취 없이 수술은 진행됐다. 그녀는 끝없이 이어지는 생살을 찢는 고통을 절절하고 생생하게 묘사했다. 다행히 수술은 성공이었고 그녀는 29년을 더 살았다.

　나폴레옹이 1815년 엘바에서 도망쳤을 때, 버니는 어린 아들과 함께 프랑스에서 도망쳤다. 브뤼셀에서 그녀는 인근 워털루에서 울리는 대포소리를 들었다. 잉글랜드로 돌아온 다르블레 부부는 바스에 정착했다. 과거 바스에서 그녀는 스레일 부부와 자주 시간을 보냈다. 1818년 다르블레가 통풍으로 인한 합병증으로 사망했다. 그녀와 가까웠던 사람들이 한 명씩 세상을 떠나기 시작했다. 남동생 제임스(James)는 1821년에 사망했고(당시 그는 해군 소장이었다), 언니 에스더(Esther)는 1832년에 세상을 떠났다. 아들 알렉산더는 1837년에 눈을 감았고, 여동생 샬럿은 1838년에 세상을 떴다. 찰스 버니는 1814년 퇴역 군인을 위한 첼시 하숙집에서 생을 마감했다. 그곳에서 지내면서 그는 치매 증상이 심해지기 전까지 오르간 연주자로 생계를 유지했다.

　1840년 버니는 향년 87살로 세상을 떠났다. 이 책의 등장인물 중에서 가장 늦게 생을 마감한 사람이다. 그녀가 세상을 떠나고 2년 뒤에 그녀의 일기가 세상에 공개됐다. 하지만 편집이 많이 된 상태였다. 매콜리는 수십 년 전에 이름을 알린 누군가 아주 최근까지 살아남았다는 사실에 감탄했다.

　"그 시기에 수천 개의 명성이 갑자기 꽃망울을 터뜨려 꽃을 피우고 시들어서 사라졌다. (중략) 그녀는 살아서 고전이 됐다."

◆ 더 클럽의 최후

더 클럽도 어쩔 수 없이 변해갔다. 오늘날 더 클럽은 런던 문예 학회 (London Literary Society)란 이름으로 그 명맥을 이어오고 있다. 다음은 회원과 그들이 회원으로 선출된 연도다. 월터 스콧(Walter Scott(1818), 토마스 배빙턴 매콜리(Thomas Babington Macaulay(1839), 윌리엄 글래드스턴(William Ewart Gladstone(1857), 알프레드 테니슨(Alfred Lord Tennyson(1865), 매슈 아놀드(Matthew Arnold(1882), 러디어드 키플링(Rudyard Kipling(1914), 네빌 체임벌린(Neville Chamberlain(1929), 케네스 클라크(Kenneth Clark(1941), T. S. 엘리엇(T.S. Eliot(1942), 맥스 비어봄(Max Beerbohm(1942) 그리고 해럴드 맥밀런(Harold Macmillan(1954).

이들 외에도 수백 명의 회원들이 더 있지만, 대중들에게 많이 알려진 이들은 아니다. 문학계와 예술계가 아닌 정계와 귀족 출신의 회원들의 수가 점점 많아졌다는 부분이 눈에 띈다. 그리고 또 눈에 띄는 점은 러디어드 키플링, 맥스 비어봄 그리고 T. S. 엘리엇이 회원으로 선출됐을 시기에 그들의 경력은 거의 끝나가고 있었다는 사실이다. 새뮤얼 존슨과 에드먼드 버크가 살아 있었다면, 이토록 많이 이들이 회원으로 선출되지 못했을 것이며 어느 누가 새로운 회원으로 선출될 수 있었겠는가? 아마 디킨스(Dickens), 새커리(Thackeray), 트롤로프(Trollope), 하디(Hardy), 로렌스(Lawrence), 오웰(Orwell), 오든(Auden) 그리고 라킨(Larkin)은 회원이 되지 못했을 것이다. 더 클럽에는 보수적인 정치성향을 지닌 총리들도 몇몇 있었지만, 영국의 가장 위대한 총리인 윈스턴 처칠(Winston Churchill)은 없었다. 그리고 조지 엘리엇(George Eliot)이나 버지니아 울프(Virginia Woolf)도 회원으로 선출되지 못했다. 더 클럽은 끝까지 남성들만을 위한 모임이었다.

새뮤얼 존슨, 제임스 보즈웰,
애덤 스미스와 그들의 친구들

더 클럽

초판 1쇄 발행 | 2020년 8월 15일
초판 2쇄 발행 | 2020년 9월 20일

지 은 이 | 레오 담로슈
옮 긴 이 | 장진영
펴 낸 이 | 박효완
기   획 | 정서윤
아트디렉터 | 김주영
책임주간 | 강경수
편집주간 | 맹한승
마 케 팅 | 신용천
물류지원 | 오경수

발 행 처 | 아이템하우스
출판등록번호 | 제2001-000315호
출판등록 | 2001년 8월 7일

주   소 | 서울 마포구 동교로 12길 12
전   화 | 02-332-4337
팩   스 | 02-3141-4347
이 메 일 | itembooks@nate.com

©ITEMHOUSE, 2020, Printed in Korea

ISBN 979-11-5777-118-9

이 도서의 국립중앙도서관 출판예정도서목록(CIP)은 서지정보유통지원시스템 홈페이지(http://seoji.nl.go.kr)와
국가자료공동목록시스템(http://www.nl.go.kr/kolisnet)에서 이용하실 수 있습니다.(CIP제어번호 : 2020029976)

"훌륭하고 명료하고 즐거운 작품이다.
완벽하게 선택된 일화로《더 클럽》은
그들이 살던 시대를 생생하게 되살린다.
-놈 클라크,《존슨 박사의 여인들(*Dr. Johnson's Women*)》의 저자

"담로슈의 서술은 독자들에게 왜 이 서클의 창조성이
끊임없이 매혹시키는지를 상기시켜준다.
엄선된 컬러 플레이트 및 흑백 삽화들로 가득 찬 이 책은
신참자에겐 존슨과 그의 세계에 대한 훌륭한 입문서이며,
숙련자에겐 유쾌한 이야기책이 된다.
-〈라이브러리 저널〉